U0328480

汉语字词使用规范手册

杨　东　孙维张　编著
陆俭明　审订

北京大学出版社
2003年·北京

图书在版编目(CIP)数据

汉语字词使用规范手册/杨东,孙维张编著.—北京:北京大学出版社,2003.1

ISBN 7-301-06032-7

Ⅰ.汉… Ⅱ.①杨…②孙… Ⅲ.汉语-词语-手册 Ⅳ.H136-62

中国版本图书馆 CIP 数据核字(2002)第 093035 号

书　　　名:汉语字词使用规范手册
著作责任者:杨　东　孙维张
责 任 编 辑:江　溶
标 准 书 号:ISBN 7-301-06032-7/H·0813
出 版 发 行:北京大学出版社
地　　　址:北京市海淀区中关村北京大学校内　100871
网　　　址:http://cbs.pku.edu.cn　电子信箱:zpup@pup.pku.edu.cn
电　　　话:邮购部 62752015　发行部 62750672　编辑部 62752022
排　版　者:北京军峰公司
印　刷　者:北京大学印刷厂
经　销　者:新华书店
787mm×1092mm　32 开本　23.25 印张　670 千字
2003 年 1 月第 1 版　2003 年 3 月第 2 次印刷
定　　　价:38.00 元

目　录

上编　正　音

中编　正　形

下编　正　义

附　编

附 录

序

近二十多年，中国发生了令全世界惊叹的变化，我们使用的汉语也随着处于迅速发展变化之中，新词语、新说法不断涌现，旧词语、旧说法逐渐消失，这是完全符合语言文字发展规律的。但是，值得注意的是，随着语言文字的迅速发展，使用语言文字的不规范现象这些年来也像病毒一样在迅速蔓延，侵蚀着我们语言文字的健康机体。在语言文字发展过程中出现一些不规范的现象本是正常的事，但像近些年来这样严重，可以说是已经达到令人触目惊心的程度，则是前所未有的。书籍报刊上的错别字和文理不通的文章时时出现，电视广播里主持人读错别字、荧屏上出现错别字更是司空见惯。前几天我刚刚买到一种小五金商品，印在包装上的使用说明竟赫然把“不再使用”印成“不在使用”！商品装潢从印刷、包装到出厂销售，要经过多个环节，这样明显的错别字竟然没有被发现，实在令人惊异；也许是发现了，但认为是“小节”，改正不改正无所谓，这种态度也足以让人心寒。更令人忧虑的是，对这种现象漠然视之的人比比皆是，影响所及，一些青少年读小学、中学时就不重视语文课，其后也根本不重视自己的语文修养，以致今天有不少博士生、硕士生还摘不掉“别字先生”的帽子。他们没有认识到，语言文字是文化的主要载体，先进的文化只有用准确规范的语言文字才能表达清楚。

新中国建立初期，由于长期战乱和社会动荡，语言文字混乱现象也曾经相当严重。1951 年 6 月 6 日《人民日报》发表了《正确地使用祖国的语言，为语言的纯洁和健康而斗争》的社论，接着连载了吕叔湘、朱德熙合写的《语法修辞讲话》，当时在全国形成了学习语言文字的热潮，报纸上对出现的难字还注明读音以免人误读，语言文字混乱现象很快得到遏止。事隔五十年，中国在各个方面都取得了惊人的进步，可是在语言文字的使用上却出现了明显的倒退，这不能不引人深思。文化大革命十年的文化摧残、语文教育改革的滞后以及学习语言重外轻中的社会风气都是形成明显倒退的原因。彻底扭转这种倒退局面，从根本上说，还有待于教育制度的改革和社会风气的转变，这显然不是短时期内所能做到的，但我们必须认真切实地去做。2000 年 1 月，第九届全国人民代表大会通过了《中华人民共和国国家通用语言文字法》，这是中国第一部语言文字法，语言文字的规范化从此有了法律的依据。现在急需的是对目前的语言文字混乱现象做出科学的整理，指出语言文字“病毒”之所在，防止这些病毒继续蔓延，尽力使我们使用的语言文字达到规范化的要求。

杨东、孙维张二同志合编的这部《汉语字词使用规范手册》正是为防止语言文字病毒继续蔓延而编写的。正文分为“正音”、“正形”、“正义”三部分，相当全面地概括出目前语言文字混乱现象的症结之所在，附编扼要列举语法、逻辑等方面常见错误并加以纠正。全书解释简明扼要，有很强的针对性，相信一定能受到广大语文工作者的欢迎。一切想要提高自己语文水平的人，也都可以从这部规范手册中得到益处。

林　焘

2002 年 11 月于北京大学燕南园

前　言

语言文字是信息和文化的载体,也是文化发展的一种重要标志。语言文字的规范化、标准化对一个国家的稳定和发展有着十分重要的意义。新中国建立以来,党和人民政府一直十分重视语言文字的规范化工作,积极采取各种措施推行国家通用的语言文字,开展了以推广普通话、整理和简化汉字、制定和推行《汉语拼音方案》为主要任务的语言文字工作,取得了很大成就,为巩固人民政权,维护民族团结,扫除文盲和普及教育,促进社会主义精神文明和经济建设做出了巨大贡献。改革开放以来,根据新历史时期的发展特点,语言文字工作进入了一个新的发展阶段。2001 年 1 月 1 日正式施行经九届全国人民代表大会通过的我国历史上第一部语言文字法——《中华人民共和国国家通用语言文字法》,首次明确规定了普通话和规范汉字作为国家通用语言文字的法律地位,为加强语言文字的应用管理和促进语言文字的规范化、标准化提供了法律依据。

但是我们也必须看到,由于种种原因,当前我国语言文字使用的现状,与经济发展和精神文明建设的要求相比,仍存在较大的差距。社会上还存在着比较严重的语言文字使用的混乱现象:读错、写错、用错的现象随时随地都可以发现。更令人忧虑的是,一些宣传、新闻、出版部门的工作者在自己的工作中读错、写错、用错的情况更是常见,而他们对读者和听众所起的误导作用是不可轻视的。为了贯彻《中华人民共和国国家通用语言文字法》,促进普通话的推广普及和语言文字应用的规范化,克服、消除语言文字应用的不规范的混乱现象,我们编写了这本手册。手册以文秘工作者、编辑、记者、节目主持人、播音员、演员等从事宣传、新闻、文艺工作的人员为主要服务对象,同时兼顾中外汉语教学及社会上具有中等文化水平的一般读者的需要。手册以国家正式颁布的语言文字规范标准为依据,参考已经出版的各种相关工具书、资料和著述认真编写,突出资料性、实用性和科学性。正文包括字词的读、写、用三个部分,由于叙述的角度不同,有些字、词则重复出现。除正文外,附有索引及相关资料,尽量便于读者查阅和翻检。

手册的编写得到北京大学出版社有关领导的支持和关注,责任编辑江溶先生更是付出了不少心血。我们的同窗北大中文系教授、博士生导师陆俭明先生,也给我们提供了许多宝贵的建议。尤令我们感动的是,我们的老师林焘先生在百忙中欣然为本书作序,这使我们更体会到从事这项工作的意义。在编写过程中,我们参阅了大量的相关工具书,恕不一一写明,这里一并表示感谢。由于水平所限,手册中疏漏、错误之处在所难免,敬请方家和广大读者批评指正,容来日有机会修订补正。

索　引

J

X

上编　正　音

本编要谈的是字词的误读问题。在社会上,特别是在收听、收看广播电视节目时常常可以发现误读的现象。所谓误读,就是没有按照国家规定的规范读音去读。媒体中这种误读现象对广大群众起了错误的导向作用,是不利于信息的传播和普通话的推广工作的,应该及时指出并纠正。

本编主要章节如下:

一、由于形体相近而容易读错的字

二、由于受声旁影响而容易误读的字

三、容易读错的多音多义字

四、由于有文白异读而容易读错的字

五、容易读错的因词性不同而读音不同的字

六、常用统读字中容易读错的字

七、容易读错的地名用字

八、容易读错的姓氏用字

九、历史专名中容易读错的字

十、成语中容易读错的字

一、由于形体相近而容易读错的字

A

矮(ǎi)/矬(cuó)

矮:身材短,高度小,地位、级别低。如:个子矮/矮墙/矮一个年级。不要错读为“矬”。“矮”的右边是“委”,“矬”的右边是“坐”。

B

浜(bāng)/滨(bīn)

浜:小河。常作地名用字,如:沙家浜。不要错读为“哈尔滨”的“滨”。“浜”的右边是“兵”,“滨”的右边是“宾”。

苯(běn)/笨(bèn)

苯:碳氢化合物,无色有芳香气味的液体。不要错读为“愚笨”的“笨”。“苯”的上边是“艹”,“笨”的上边是“⺮”。

敝(bì)/敞(chǎng)

敝:破旧;旧时自称的谦词。如:敝衣/敝人/敝处/敝帚自珍。不要错读为“宽敞”的“敞”。“敝”的左边是“㡀”,“敞”的左边是“尚”。

薜(bì)/薛(xuē)

薜:薜荔(bìlì),蔓生的木本植物。毛泽东《送瘟神》:“千村薜荔人遗矢”用“薜荔”形容村落因人患血吸虫病死亡而荒凉、冷落的情景。“薜”不要错读为姓“薛”的“薛”。“薜”的下边是“辟”,“薛”的下边是“辥”。

卞(biàn)/卡(qiǎ)

卞:姓氏用字。如:卞和(春秋时楚国人,曾向楚王献宝玉,即和氏璧)、卞之琳(我国当代著名诗人、美学家)。不要错读为“卡车”的“卡”(kǎ)或“卡具”的“卡”(qiǎ)。“卞”的上边是“丶”,“卡”的上边是“⺊”。

彬(bīn)/杉(shān)、(shā)

彬:彬彬,文雅有礼貌的样子。如:文质彬彬/彬彬有礼。不要错读为“杉树”的“杉”(shān)或“杉篙”(撑船的工具)的“杉”(shā)。“彬”的左边是“林”,“杉”的左边是“木”。

簿(bù)/薄(bó)、(báo)

簿:簿子、本子。如:学籍簿/登记簿/账簿。不要错读为“薄弱”的“薄”或“薄饼”的“薄”。“簿”的上边是“⺮”,“薄”的上边是“艹”。

C

豉(chǐ)/鼓(gǔ)

豉:豆豉,用黄豆或黑豆制成的调味品。不要错读为“腰鼓”的“鼓”。“豉”的左边是“豆”,“鼓”的左边是“壴”。

宠(chǒng)/庞(páng)

宠:过分喜爱,偏爱。如:宠爱/宠物/受宠若惊/宠辱不惊/把孩子宠坏了。不要错读为“庞大”、“庞杂”的“庞”。“宠”的上边是“宀”,“庞”的左上边是“广”。

绌(chù)/拙(zhuō)

绌:不够,不足。如:左支右绌/相形见绌。不要错读为“笨拙”的“拙”。“绌”的左边是“纟”,“拙”的左边是“扌”。

舂(chōng)/春(chūn)

舂:把粮食等捣去皮壳或捣碎。如:舂米/舂药。不要错读为“春天”的“春”。舂的下边是“臼”,“春”的下边是“日”。

戳(chuō)/戮(lù)

戳:用手指或细长的物体刺、捅;图章。如:戳脊梁骨/戳穿/把纸戳了个洞/手戳。不要错读为“杀戮”、“戮力”的“戮”。“戳”的左下边是“隹”,“戮”的左下边是“参”。

D

档(dàng)/挡(dǎng)

档:存放卷宗用的带格子的橱架;等级。如:归档/存档/档次/高档/档案。不要错读为“抵挡”、“拦挡”的“挡”。“档”的左边是“木”,“挡”的左边是“扌”。

叼(diāo)/叨(dāo)、(tāo)

叼:用嘴衔住。如:叼烟卷/猫叼老鼠。不要错读为“念叨”、“唠叨”的“叨”(dāo)或“叨扰”的“叨”(tāo)。“叼”的右边是“刁”,“叨”的右边是“刀”。

G

汩(gǔ)/汨(mì)

汩:水流淌的样子。如:汩汩而流。不要错读为“汨罗江”的“汨”(“汨罗江”在湖南省境内,发源于江西省。传说爱国主义诗人屈原即投此江而死)。“汩”的右边是“曰”,“汨”的右边是“日”。

H

盍(hé)/盖(gài)

盍:相当于“何不”。如:盍往视之(何不去看看他)。不要错读为“盖碗”、“盖棺论定”的“盖”。“盍”的上边是“去”,“盖”的上边是“⺷”。

亨(hēng)/享(xiǎng)

亨:顺利,通达。如:亨通/亨顺。不要错读为“享受”的“享”。“亨”的下边是“了”,“享”的下边是“子”。

侯(hóu)/候(hòu)

侯:侯爵,达官贵人。如:王侯/公侯/侯门大户。不要错读为“问候”、“时候”的“候”。“侯”的左边是“亻”,“候”的左边是“亻丨”。

桓(huán)/恒(héng)

桓:姓氏;地名。如:桓宽(西汉著名学者,有《盐铁论》传世)/桓仁(在辽宁省)。不要错读为“永恒”、“恒星”的“恒”。“桓”的左边是“木”,“恒”的左边是“忄”。

J

即(jí)/既(jì)

即:就是;当时;靠近。如:鲁迅即周树人/即日出发/不即不离/即位/即景生情。不要错读为“既然”、“既成事实”、“既来之,则安之”的“既”。“即”的右边是“卩”,“既”的右边是“旡”。

楫(jí)/揖(yī)

楫:船桨。如:舟楫/木楫。不错读为“作揖”(双手合抱放在胸前,古人的一种礼节)、“揖让”的“揖”。“楫”的左边是“木”,“揖”的左边是“扌”。

笳(jiā)/茄(qié)

笳:胡笳,乐器名。不要错读为“茄子”的“茄”。“笳”的上边是“⺮”,“茄”的上边是“艹”。

睑(jiǎn)/脸(liǎn)

睑:眼皮。如:眼睑。不要错读为“脸面”、“丢脸”的“脸”。“睑”的左边是“目”,“脸”的左边是“月”。

扃(jiǒng)/局(jú)

扃:从外边关闭门的门闩。如:“门扃”、“扃钩”。不要错读为“局面”、“局限”的“局”。“扃”的上边是“户”,下边是“冋”;“局”的上边是“尸”,下边是“可”。

雎(jū)/睢(suí)

雎:雎鸠,古书上说的一种水鸟;也作人名用字。如:“雎鸠”(“关关雎鸠,在河之洲”《诗经·周南·关雎》)/范雎(战国时著名纵横家)。不要错读为“恣睢”(放纵,无拘束)、“睢宁”(县名,在江苏省)的“睢”。“雎”的左边是“且”,“睢”的左边是“目”。

K

炕(kàng)/坑(kēng)

炕:北方砌成的睡觉用的台子。如:火炕/炕席。不要错读为“坑”。“炕”的左边是“火”,“坑”的左边是“土”。

窠(kē)/巢(cháo)

窠:鸟兽昆虫的窝。如:蜂窠/鸟窠/窠臼。不要错读为“巢穴”、“倾巢出动”的“巢”。“窠”的上边是“穴”,“巢”的上边是“巛”。

L

剌(là)/刺(cì)

剌:违背常理;乖张。如:乖剌/剌谬。不要错读为“刺伤”、“讽刺”的“刺”。“剌”的左边是“束”,“刺”的左边是“朿”。

泠(líng)/冷(lěng)

泠:形容水清凉或声音清越悦耳。如:泠泠/泠然/“西泠印社”(浙江杭州研究篆刻的团体)。不要错读为“冷热”、“冷淡”的“冷”。“泠”的左边是“氵”,“冷”的左边是“冫”。

M

丏(miǎn)/丐(gài)

丏:遮挡,看不见;也用于人名。如:夏丏尊(现代著名语文教育家、文学家)。不要错读为“乞丐”、“丐帮”的“丐”。“丏”的右肩部是横折

"乛","丏"的右肩部是短横"一"。

赧(nǎn)/赦(shè)

赧:因羞愧而脸红。如:赧然/赧颜/赧颜汗下。不要错读为"赦免"、"大赦"的"赦"。"赧"的右边是"𠬝","赦"的右边是"攵"。

萁(qí)/箕(jī)

萁:豆秸(jiē),即豆科植物的茎。如:豆萁。不要错读为"簸箕"(星宿名)、"箕踞"(像簸箕一样蹲坐着,古人认为是一种不礼貌的行为)的"箕"。曹植《七步诗》"煮豆燃豆萁",不是"豆箕"。"萁"的上边是"艹","箕"的上边是"⺮"。

葺(qì)/茸(róng)

葺:修缮房屋。如:修葺。不要错读为"茸毛"、"参茸"的"茸"。"葺"字的"艹"与"耳"之间有"口","茸"字的"艹"与"耳"之间无"口"。

钤(qián)/铃(líng)

钤:图章;盖图章。如:钤记/钤印。不要错读为"铃铛"、"哑铃"的"铃"。"钤"的右边是"今","铃"的右边是"令"。

券(quàn)/卷(juàn)

券:票据,凭证。如:入场券/债券/国库券。不要错读为"考卷"、"答卷"的"卷"。"券"的下边是"刀","卷"的下边是"㔾"。

R

枘(ruì)/柄(bǐng)

枘:榫(sǔn)子。如:方枘圆凿/枘凿。不要错读为"花柄"、"把柄"的"柄"。"枘"的右边是"内","柄"的右边是"丙"。

S

赡(shàn)/瞻(zhān)

赡:供养父母;丰富,充足。如:赡养/宏赡。不要错读为“瞻仰”、“观瞻”的“瞻”。“赡”的左边是“贝”,“瞻”的左边是“目”。

祟(suì)/崇(chóng)

祟:鬼怪害人,比喻不正当的行为。如:作祟/鬼鬼祟祟。不要错读为“崇高”、“崇敬”、“崇山峻岭”的“崇”。“祟”的上边是“出”,下边是“示”;“崇”的上边是“山”,下边是“宗”。

T

帑(tǎng)/努(nǔ)

帑:国库里的钱财。如:国帑/帑银。不要错读为“努力”的“努”。“帑”的下边是“巾”,“努”的下边是“力”。

荼(tú)/茶(chá)

荼:苦菜;茅草开的白花。如:荼毒/如火如荼。不要错读为“茶”。“荼”的下边是“禾”,“茶”的下边是“木”。

柝(tuò)/析(xī)

柝:打更用的梆子,多用木、竹做成。如击柝/柝声。不要错读为“析”。“柝”的右边是“斥”,“析”的右边是“斤”。

淅(xī)/浙(zhé)

淅:原义为淘米,现为象声词。如:淅淅/淅沥(微风细雨声)。不要错读为“浙江省”的“浙”。“淅”的右边是“析”,“浙”的右边是“折”。

徙(xǐ)/徒(tú)

徙:迁移。如:迁徙/徙居。不要错读为“徒弟”、“门徒”、“徒然”的

“徒”。“徙”的右边是“⻎”,“徒”的右边是“走”。

祆(xiān)/袄(ǎo)

祆:祆教,宗教名称,也叫拜火教。曾流行于波斯(即今天的伊朗)。不要错读为“棉袄”、“皮袄”的“袄”。“祆”的左边是“礻”,“袄”的左边是“衤”。

筱(xiǎo)/莜(yóu)

筱:小竹子;多用于人名、艺名。如:筱俊亭(著名评剧表演艺术家)/筱白玉霜(著名评剧演员)。不要错读为“莜麦”的“莜”。“筱”的上边是“⺮”,“莜”的上边是“艹”。

Y

赝(yàn)/膺(yīng)

赝:伪造的,假的。如:赝币/赝品。不要错读为“荣膺”、“义愤填膺”的“膺”。“赝”的左上边是“厂”,下边是“贝”;“膺”的左上边是“广”,下边是“月”。

幺(yāo)/么(me)

幺:数字,“一”的另一种叫法;姓氏用字。如:呼幺喝六/114(幺幺四)/119(幺幺九)/杨幺(南宋农民起义领袖)。不要错读为“这么”、“那么”、“多么”的“么”。“幺”的左上边是“𠃋”,“么”的左上边是“丿”。

冶(yě)/治(zhì)

冶:熔炼;女子装扮过于艳丽。如:冶金/冶容/妖冶。不要错读为“治理”、“治国”、“法治”的“治”。“冶”的左边是“冫”,“治”的左边是“氵”。

弋(yì)/戈(gē)

弋:用带绳子的箭射鸟,引申为游动。如:弋获/游弋。不要错读为“戈壁”、“兵戈”的“戈”。“弋”,三笔:“一㇂丶”无撇,“戈”四笔有撇。

肄(yì)/肆(sì)

肄:正在学习。如:肄业(在学习途中,没有结业)。不要错读为“肆意”、“放肆”的“肆”。“肄”的左边是“⺻”,“肆”的左边是“镸”。

喑(yīn)/暗(àn)

喑：嗓子哑；不做声。如：喑哑/万马齐喑。不要错读为"黑暗"的"暗"。"喑"的左边是"口"，"暗"的左边是"日"。

隅(yú)/偶(ǒu)

隅：角落，靠边的地方。如：城隅/墙隅/负隅顽抗。不要错读为"木偶"的"偶"。"隅"的左边是"阝"，"偶"的左边是"亻"。

Z

眨(zhǎ)/贬(biǎn)

眨：眼睛不断开合，眨动。如：眨眼/眨巴。不要错读为"贬低"、"贬值"的"贬"。"眨"的左边是"目"，"贬"的左边是"贝"。

柘(zhè)/拓(tuò)

柘：柘树，一种落叶的灌木或乔木。不要错读为"开拓"、"拓荒"的"拓"。"柘"的左边是"木"，"拓"的左边是"扌"。

炙(zhì)/灸(jiǔ)

炙：烤，也指烤熟的肉。如：炙手可热/脍炙人口。不要错读为"针灸"的"灸"。"炙"的上边是"夕"，"灸"的上边是"久"。

胄(zhòu)/胃(wèi)

胄：帝王、贵族的子孙；也指头盔。如：贵胄/甲胄。不要错读为"肠胃"、"胃口"的"胃"。"胄"的上边是"由"，"胃"的上边是"田"。

杼(zhù)/抒(shū)

杼：织布机上的一个部件，也特指梭子。如：机杼/杼轴。不要错读为"抒发"、"抒情"、"抒写"的"抒"。"杼"的左边是"木"，"抒"的左边是"扌"。

纂(zuǎn)/篡(cuàn)

纂：编辑。如：编纂/修纂/纂辑。不要错读为"篡改"、"篡位"的"篡"。"纂"的下边是"糸"，"篡"的下边是"厶"。

二、由于受声旁影响而容易误读的字

现代汉字中绝大多数是由形旁和声旁构成的形声字。由于古今语音的变化，表示声音的声旁很多已经不能表示形声字的读音了，如："瞠"(chēng)字的声旁是"堂"(táng)，但字的声韵调与声旁的声韵调完全不同。如果我们按声旁去类推字的读音就可能出现误读，把"瞠"读成 táng。下面我们列举这一类容易误读的字。

(一) 与声旁声母相同而韵母不同的形声字

A

谙(ān)—声旁是音(yīn)，但谙读(ān，熟悉)，如：谙(ān)熟/谙(ān)练。不读"声音"、"音乐"的"音"(yīn)。

黯(àn)—声旁是音(yīn)，但黯读(àn，昏暗)，如：黯(àn)然/黯(àn)淡。不读"声音"、"音乐"的"音"(yīn)。

B

捭(bǎi)—声旁是卑(bēi)，但捭读(bǎi，分开)，如：捭(bǎi)阖("开合"的意思)。不读"卑鄙"、"卑劣"的"卑"(bēi)。

稗(bài)—声旁是卑(bēi)，但稗读(bài，稗子，微小的)，如：稗(bài)草/稗(bài)子/稗(bài)史。不读"卑鄙"、"卑劣"的"卑"(bēi)。

荸(bí)—声旁是孛(bó),但荸读(bí),如:荸(bí)荠。不读“饽饽”的“饽”(bō)。

婢(bì)—声旁是卑(bēi),但婢读(bì),如:婢(bì)女/奴婢(bì)/奴颜婢(bì)膝。不读“卑鄙”、“卑劣”的“卑”(bēi)。

憋(biē)—声旁是敝(bì),但憋读(biē),如:憋(biē)闷/憋(biē)足了气。不读“敝人”、“敝处”的“敝”(bì)。

擘(bò)—声旁是辟(bì,pì),但擘读(bò,大拇指),如:巨擘(bò)。不读“复辟”的“辟”(bì)或“辟谣”的“辟”(pì)。

C

钗(chāi)—声旁是叉(chā),但钗读(chāi),如:金钗(chāi)/钗(chāi)头凤(词牌名称)。不读“刀叉”、“叉子”的“叉”(chā)。

唇(chún)—声旁是辰(chén),但唇读(chún),如:嘴唇(chún)/唇(chún)齿相依。不读“时辰”、“辰光”的“辰”(chén)。

D

妲(dá)—声旁是旦(dàn),但妲读(dá),如:妲(dá)己(商代帝王纣王的妃子)。不读“元旦”的“旦”(dàn)。

靼(dá)—声旁是旦(dàn),但靼读(dá),鞑靼(dá),俄罗斯联邦境内有鞑靼共和国,不要读成(dádàn)。

靛(diàn)—声旁是定(dìng),但靛读(diàn,深蓝色),如:靛(diàn)蓝/靛(diàn)青。不读“决定”、“安定”的“定”(dìng)。

F

沸(fèi)—声旁是弗(fú),但沸读(fèi),如:沸(fèi)腾/扬汤止沸(fèi)/沸点。不读“拂尘”、“拂晓”、“拂袖而去”的“拂”(fú)。

G

杠(gàng)—声旁是工(gōng),但杠读(gàng),如:双杠(gàng)/高低杠(gàng)/杠(gàng)杆。不读“工作”、“工人”的“工”(gōng)。

觥(gōng)—声旁是光(guāng),但觥读(gōng),如:举觥(gōng,古代的酒杯)/觥(gōng)筹交错。不读“光明”、“光亮”的“光”(guāng)。

H

阂(hé)—声旁是亥(hài),但阂读(hé),如:隔阂(hé)。不读“亥时”、“鲁鱼豕亥”的“亥”(hài)。

劾(hé)—声旁是亥(hài),但劾读(hé,揭发),如:弹劾(hé)/参劾(hé)。不读“亥时”、“鲁鱼豕亥”的“亥”(hài)。

桁(héng)—声旁是行(háng,xíng),但桁读(héng),如:桁(héng)木(即房屋上的檩木)。不读“银行”、“行业”的“行”(háng)或“行走”、“行路”、“人行道”的“行”(xíng)。

珩(héng)—声旁是行(háng,xíng),但珩读(héng),如:珩(héng)玉/佩珩(héng)。不读“银行”、“行业”的“行”(háng)或“行走”、“行路”、“人行道”的“行”(xíng)。

耠(huō)—声旁是合(hé),但耠读(huō),如:耠(huō)地(翻松土壤)。不读“合作”、“合适”的“合”(hé)。

J

拮(jié)—声旁是吉(jí),但拮读(jié),如:拮(jié)据(经济紧张)。不读“吉祥”、“吉利”的“吉”(jí)。

诘(jié)—声旁是吉(jí),但诘读(jié),如:诘(jié)问/反诘(jié)/诘(jié)难。不读“吉祥”、“吉利”的“吉”(jí)。

K

绔(kù)—声旁是夸(kuā),但绔读(kù,裤子),如:纨绔(kù)子弟(指贵族官宦人家讲究玩乐的子弟)。不读“夸奖”、“夸口”的“夸”(kuā)。

L

琅(láng)—声旁是良(liáng),但琅读(láng),如:琅琅(lánglánɡ)上口/书声琅琅(lángláng)。不读“优良”、“良好”的“良”(liáng)。

锒(láng)—声旁是良(liáng),但锒读(láng),如:锒(láng)铛入狱(锒铛,铁链,刑具,形容人被关押在监狱)。不读“优良”、“良好”的“良”(liáng)。

砾(lì)—声旁是乐(lè,yuè),但砾读(lì),如:沙砾(lì)/砾(lì)石/瓦砾。不读“快乐”、“乐意”的“乐”(lè)或“音乐”、“乐器”的“乐”(yuè)。

珞(luò)—声旁是各(gè),但珞读(luò),如:璎珞(luò古代戴在脖子上的装饰品)/珞(luò)巴族(我国少数民族)。不读“各位”、“各种”的“各”(gè)。

M

藐(miǎo)—声旁是貌(mào),但藐读(miǎo),如:藐(miǎo)视。不读“礼貌”、“相貌”的“貌”(mào)。

邈(miǎo)—声旁是貌(mào),但邈读(miǎo),如:邈(miǎo)远/邈(miǎo)阔。不读“礼貌”、“相貌”的“貌”(mào)。

募(mù)—声旁是莫(mò),但募读(mù),如:招募(mù)/募(mù)捐/募(mù)兵。不读“莫名其妙”、“莫须有”的“莫”(mò)。

N

捺(nà)—声旁是奈(nài),但捺读(nà),如:按捺(nà)/最后一笔是一捺(nà,“捺”是现代汉字的基本笔画之一)。不读“奈何”、“无奈”的“奈”(nài)。

讷(nè)—声旁是内(nèi),但讷读(nè),如:语讷(nè,言语迟钝,不善讲话)。不读"内容"、"内部"的"内"(nèi)或"出纳"、"纳入"的"纳"(nà)。

傩(nuó)—声旁是难(nán,nàn),但傩读(nuó),如:傩(nuó)戏(我国古老剧种,由驱逐瘟疫的迎神赛会演变而来)。不读"困难"、"艰难"的"难"(nán)或"患难"、"非难"的"难"(nàn)。

P

胚(pēi)—声旁是丕(pī),但胚读(pēi),如:胚(péi)胎/胚(pēi)芽。不读"丕业"、"丕变"的"丕"(pī)。

抨(pēng)—声旁是平(píng),但抨读(pēng),如:抨(pēng)击。不读"平安"、"和平"的"平"(píng)。

Q

愀(qiǎo)—声旁是秋(qiū),但愀读(qiǎo,脸色突变),如:愀(qiǎo)然作色(形容脸色突变)。不读"秋天"、"秋风"的"秋"(qiū);也不要受"揪"(jiū)的影响而读成(jiū)。

锲(qiè)—声旁是契(qì),但锲读(qiè),如:锲(qiè)刻/锲(qiè)而不舍。不读"契约"、"契合"的"契"(qì)。

S

涮(shuàn)—声旁是刷(shuā),但涮读(shuàn),如:涮(shuàn)锅子/涮(shuàn)羊肉。不读"洗刷"、"刷子"的"刷"(shuā)。

砣(tuó)—声旁是它(tā),但砣读(tuó),如:碾砣(tuó)/秤砣(tuó)。不读"它们"、"它是植物"的"它"(tā)。

W

崴(wǎi)—声旁是威(wēi),但崴读(wǎi),如:三道崴(wǎi)子(地名,在吉林省)/海参崴(wǎi,在俄罗斯联邦远东地区)/脚崴(wǎi)了。不读“威信”、“威武”的“威”(wēi)。

倭(wō)—声旁是委(wěi),但倭读(wō),如:倭(wō)寇(日本海盗)。不读“委托”、“委员”的“委”(wěi)。

涴(wò)—声旁是宛(wǎn),但涴读(wò),如:别涴(wò)了衣服(不要弄脏了衣服)。不读“宛如”、“宛然”的“宛”(wǎn)。

X

舷(xián)—声旁是玄(xuán),但舷读(xián),如:舷(xián)梯/船舷(xián)/舷(xián)窗。不读“玄妙”、“玄密”的“玄”(xuán)。

屑(xiè)—声旁是肖(xiào),但屑读(xiè,碎末,碎片),如:不屑(xiè)一顾/琐屑(xiè)/纸屑(xiè)/木屑(xiè)。不读“肖像”的“肖”(xiào)。

酗(xù)—声旁是凶(xiōng),但酗读(xù),如:酗(xù)酒。不读“凶恶”、“凶狠”的“凶”(xiōng)。

恤(xù)—声旁是血(xiě,xuè),但恤读(xù,怜悯),如:抚恤(xù)金/怜贫恤(xù)老/怜恤(xù)。不读“流了不少血”的“血”(xiě)或“血债”、“血液”的“血”(xuè)。

癣(xuǎn)—声旁是鲜(xiān),但癣读(xuǎn),如:牛皮癣(xuǎn)/癣(xuǎn)疥/白癣(xuǎn)。不读“新鲜”、“鲜明”的“鲜”(xiān)。

绚(xuàn)—声旁是旬(xún),但绚读(xuàn),如:绚(xuàn)丽/绚(xuàn)烂。不读“旬日”、“旬刊”的“旬”(xún)。

Y

揠(yà)—声旁是匽(yàn),但揠读(yà,拔),如:揠(yà)苗助长。不读“土堰”、“都江堰”的“堰”(yàn)。

映(yìng)—声旁是央(yāng),但映读(yìng),如:掩映(yìng)/上映(yìng)/映(yìng)照/反映(yìng)。不读“中央”、“央告”的“央”(yāng)。

鸢(yuān)—声旁是弋(yì),但鸢读(yuān),如:纸鸢(yuān,风筝)/鸢(yuān)鸟(老鹰)。不读“游弋”、“弋阳”(地名,在江西省)的“弋”(yì)。

殒(yǔn)—声旁是员(yuán),但殒读(yǔn,从高空落下),如:殒(yǔn)命。不读“成员”、“员工”的“员”(yuán)。

Z

奘(zàng)—声旁是壮(zhuàng),但奘读(zàng),如:玄奘(zàng,即唐僧,玄奘是他的法号)。不读“雄壮”、“壮美”的“壮”(zhuàng)。

咤(zhà)、(zhā)—声旁是宅(zhái),但咤读(zhà,zhā),如:叱咤(zhà,生气时大声嚷叫);又可作为名字用,如《封神演义》中的金咤(吒)(zhā)、木咤(吒)(zhā)。不读“住宅”、“房宅”的“宅”(zhái)。

渍(zì)—声旁是责(zé),但渍读(zì),如:渍(zì)麻/渍(zì)水/排渍(zì)/油渍(zì)。不读“职责”、“责任”的“责”(zé)。

(二)与声旁的声母、韵母都不同的形声字

A

隘(ài)—声旁是益(yì),但隘读(ài),如:狭隘(ài)/关隘(ài)/隘(ài)口。不读“利益”、“益处”的“益”(yì)。

B

颁(bān)—声旁是分(fēn),但“颁”读(bān),如:颁(bān)布/颁(bān)发。不读“分配”、“分担”的“分”(fēn)。

驳(bó)—声旁是爻(yáo),但驳读(bó),如:反驳(bó)/驳(bó)斥/批驳(bó)。不读“爻卦”、“爻辞”的“爻”(yáo)。

C

扯(chě)—声旁是止(zhǐ),但扯读(chě),如:拉拉扯扯(chě)/扯(chě)坏。不读“停止”、“止住”的“止”(zhǐ)。

D

涤(dí)—声旁是条(tiáo),但涤读(dí),如:洗涤(dí)/涤(dí)荡。不读“条件”的“条”(tiáo)。

碉(diāo)—声旁是周(zhōu),但碉读(diāo),如:碉(diāo)堡。不读“周全”、“周到”的“周”(zhōu)。

G

溉(gài)—声旁是既(jì),但溉读(gài),如:灌溉(gài)。不读“既然”、“既而”的“既”(jì)。

J

椒(jiāo)—声旁是叔(shū),但椒读(jiāo),如:辣椒(jiāo)/胡椒(jiāo)/朝天椒(jiāo)。不读“叔伯”、“叔侄”的“叔”(shū)。

窖(jiào)—声旁是告(gào),但窖读(jiào),如:地窖(jiào)/窖(jiào)藏/冰窖(jiào)。不读“告诉”、“忠告”的“告”(gào)。

K

忾(kài)—声旁是气(qì),但忾读(kài,愤恨),如:同仇敌忾(kài)。不读“气候”、“气息”的“气”(qì)。

窟(kū)—声旁是屈(qū),但窟读(kū),如:魔窟(kū)/窟(kū)窿/狡兔三窟

(kū)。不读“屈服”、“屈从”的“屈”(qū)。

坤(kūn)—声旁是申(shēn),但坤读(kūn),如:乾坤(kūn)/坤(kūn)车(女车)。不读“申明”、“重申”的“申”(shēn);也不要受“珅”(shēn)的影响而误读。

L

酪(lào)—声旁是各(gè),但酪读(lào),如:奶酪(lào)/杏仁酪(lào)。不读“各位”、“各种”的“各”(gè)。

檩(lǐn)—声旁是禀(bǐng),但檩读(lǐn),如:檩(lǐn)木/檩(lǐn)条。不读“禀告”、“回禀”的“禀”(bǐng)。

赁(lìn)—声旁是任(rèn,rén),但赁读(lìn),如:租赁(lìn)/出赁(lìn)/赁(lìn)房。不读“任务”的“任”(rèn)或“姓任”的“任”(rén)。

M

觅(mì)—声旁是见(jiàn),但觅读(mì),如:寻觅(mì)/觅(mì)食。不读“看见”、“见面”的“见”(jiàn)。

N

馁(něi)—声旁是妥(tuǒ),但馁读(něi),如:气馁(něi)/冻馁(něi)/胜不骄,败不馁(něi)。不读“妥当”、“稳妥”的“妥”(tuǒ)。

匿(nì)—声旁是若(ruò),但匿读(nì),如:藏匿(nì)/匿(nì)名。不读“若是”、“假若”的“若”(ruò)。

忸(niǔ)—声旁是丑(chǒu),但忸读(niǔ),如:忸(niǔ)怩(不好意思,不大方的样子)。不读“丑陋”、“丑态”的“丑”(chǒu)。

P

庞(páng)—声旁是龙(lóng),但庞读(páng),如:庞(páng)大/庞(páng)杂/

姓庞。不读“龙凤呈祥”、“属龙”的“龙”(lóng)。

S

瑟(sè)—声旁是必(bì),但瑟读(sè,一种琴;形容风声),如:琴瑟(sè)/瑟瑟(sè)发抖。不读“必定”、“必需”的“必”(bì)。

霎(shà)—声旁是妾(qiè),但霎读(shà),如:霎(shà)时/一霎。不读“妻妾”、“小妾”的“妾”(qiè)。

烁(shuò)—声旁是乐(lè,yuè),但烁读(shuò),如:闪烁(shuò)/烁烁(shuò)放光。不读“快乐”、“乐意”的“乐”(lè)或“音乐”的“乐”(yuè)。

塑(sù)—声旁是朔(shuò),但塑读(sù),如:塑(sù)料/塑(sù)造/塑(sù)像/硬塑(sù)。不读“朔风”、“朔方”的“朔”(shuò)。

溯(sù)—声旁是朔(shuò),但溯读(sù),如:溯(sù)流而上/推本溯(sù)源。不读“朔风”、“朔方”的“朔”(shuò)。

笋(sǔn)—声旁是尹(yǐn),但笋读(sǔn),如:雨后春笋(sǔn)/竹笋(sǔn)。不读“姓尹”、“伊尹”的“尹”(yǐn)。

T

恬(tián)—声旁是舌(shé),但恬读(tián),如:恬(tián)不知耻/恬(tián)静/恬(tián)不为怪。不读“舌头”、“口舌”的“舌”(shé)。

X

挟(xié)—声旁是夹(jiá),但挟读(xié),如:挟(xié)持/要挟(xié)/挟(xié)制/挟(xié)嫌报复/挟(xié)恨/挟(xié)天子以令诸侯。不读“夹被”、“夹衣”的“夹”(jiá)。

轩(xuān)—声旁是干(gān,gàn),但轩读(xuān),如:轩(xuān)昂。不读“干净”的“干”(gān)或“树干”的“干”(gàn)。

Z

绽(zhàn)—声旁是定(dìng),但绽读(zhàn),如:破绽(zhàn)/绽(zhàn)放/开绽(zhàn)。不读“决定”、“规定”的“定”(dìng)。

滞(zhì)—声旁是带(dài),但滞读(zhì),如:停滞(zhì)/滞(zhì)留。不读“一带”、“带子”的“带”(dài)。

拙(zhuō)—声旁是出(chū),但拙读(zhuō),如:笨拙(zhuō)/眼拙(zhuō)/手拙(zhuō)/拙(zhuō)见。不读“出来”、“出去”的“出”(chū)。

灼(zhuó)—声旁是勺(sháo),但灼读(zhuó,烤),如:灼(zhuó)热/灼(zhuó)伤/真知灼(zhuó)见。不读“勺子”、“饭勺”的“勺”(sháo)。

酌(zhuó)—声旁是勺(sháo),但酌读(zhuó),如:斟酌(zhuó)/酌(zhuó)酒/酌(zhuó)情处理。不读“勺子”、“饭勺”的“勺”(sháo)。

(三)与声旁的声母、韵母、声调都不同的形声字

A

蔼(ǎi)—声旁是谒(yè),但蔼读(ǎi),如:和蔼(ǎi)/蔼(ǎi)然可亲。不读“谒见”、“晋谒”的“谒”(yè)。

霭(ǎi)—声旁是谒(yè),但霭读(ǎi),如:暮霭(ǎi)/雾霭(ǎi)/云霭(ǎi)。不读“谒见”、“晋谒”的“谒”(yè)。

C

撑(chēng)—声旁是掌(zhǎng),但撑读(chēng),如:撑(chēng)腰/撑(chēng)杆跳高。不读“掌握”、“手掌”的“掌”(zhǎng)。

瞠(chēng)—声旁是堂(táng),但瞠读(chēng,瞪着眼直看),如:瞠(chēng)目结舌/瞠(chēng)乎其后(比喻赶不上)。不读“课堂”、“堂堂正正”的

"堂"(táng)。

秤(chèng)—声旁是平(píng),但秤读(chèng),如:公平秤(chèng)/秤(chèng)杆。不读"平安"、"公平"的"平"(píng)。

弛(chí)—声旁是也(yě),但弛读(chí),如:松弛(chí)/一张一弛(chí)。不读"你去,我也去"的"也"(yě)。

侈(chǐ)—声旁是多(duō),但侈读(chǐ),如:奢侈(chǐ)/侈(chǐ)谈。不读"多少"、"多么"的"多"(duō)。

憧(chōng)—声旁是童(tóng),但憧读(chōng),如:憧(chōng)憬(向往美好未来)/憧憧(chōng,往来不定,摇曳不定)。不读"儿童"的"童"(tóng)。

怆(chuàng)—声旁是仓(cāng),但怆读(chuàng),如:凄怆(chuàng)/怆(chuàng)然泪下。不读"仓库"、"粮仓"的"仓"(cāng)。

D

耋(dié)—声旁是至(zhì),但耋读(dié),如:耄耋(dié,八九十岁)。不读"至于"、"以至"的"至"(zhì)。

渎(dú)—声旁是卖(mài),但渎读(dú,轻慢,不尽职,对人不恭敬),如:渎(dú)职罪/亵渎(dú)。不读"买卖"的"卖"(mài)。

黩(dú)—声旁是卖(mài),但黩读(dú,玷污;轻率,没有节制),如:穷兵黩(dú)武。不读"买卖"的"卖"(mài)。

G

皈(guī)—声旁是反(fǎn),但皈读(guī),如:皈(guī)依。不读"反对"、"相反"的"反"(fǎn)。

H

涸(hé)—声旁是固(gù),但涸读(hé),如:干涸(hé)/涸(hé)辙之鲋/枯涸(hé)。不读"巩固"的"固"(gù);也不要误读为"干枯"的"枯"(kū)。

踝(huái)—声旁是果(guǒ),但踝读(huái),如:踝(huái)骨。不读"果实"、"结果"的"果"(guǒ)。

讳(huì)—声旁是韦(wěi),但讳读(huì),如:忌讳(huì)/避讳(huì)/讳(huì)疾忌医。不读姓"韦"的"韦"(wěi)。

J

窘(jiǒng)—声旁是君(jūn),但窘读(jiǒng,穷困,为难,使为难),如:窘(jiǒng)迫/窘(jiǒng)境/窘(jiǒng)态。不读"君子"的"君"(jūn)。

K

勘(kān)—声旁是甚(shèn),但勘读(kān),如:勘(kān)探/勘(kān)测/勘(kān)察/勘(kān)验。不读"甚至于"、"甚好"的"甚"(shèn)。

L

瘰(luǒ)—声旁是累(lěi,lèi),但瘰读(luǒ),如:瘰(luǒ)疬(即颈部淋巴结核,俗名鼠疮脖子)。不读"累进"、"连累"的"累"(lěi)或"劳累"、"乏累"的"累"(lèi)。

M

懑(mèn)—声旁是满(mǎn),但懑读(mèn,愤慨,生气,烦闷),如:愤懑(mèn)/烦懑(mèn)。不读"满足"、"满意"的"满"(mǎn)。

N

鲇(nián)—声旁是占(zhàn),但鲇读(nián),如:鲇(nián)鱼。不读"占领"、"占有"的"占"(zhàn)。

啮(niè)—声旁是齿(chǐ),但啮读(niè),如:啮(niè)齿类。不读"牙齿"的"齿"(chǐ)。

P

骈(pián)—声旁是并(bìng)，但骈读(pián，并列成双，对偶)，如：骈(pián)文/骈(pián)俪。不读“并且”、“并行不悖”的“并”(bìng)。

殍(piǎo)—声旁是孚(fú)，但殍读(piǎo)，如：饿殍(piǎo，饿死的人)。不读“深孚众望”的“孚”(fú)。

Q

畦(qí)—声旁是圭(guī)，但畦读(qí)，如：菜畦(qí)/田畦(qí)。不读“圭璋”、“人中之圭”的“圭”(guī)。

堑(qiàn)—声旁是斩(zhǎn)，但堑读(qiàn)，如：天堑(qiàn)/堑(qiàn)沟。不读“斩断”、“问斩”的“斩”(zhǎn)。

R

茸(róng)—声旁是耳(ěr)，但茸读(róng)，如：毛茸茸(róng)/鹿茸(róng)/参茸(róng)。不读“耳朵”、“双耳”的“耳”(ěr)。

蠕(rú)—声旁是需(xū)，但蠕读(rú)，如：蠕(rú)动。不读“需要”的“需”(xū)。

S

谥(shì)—声旁是益(yì)，但谥读(shì)，如：谥(shì)号(我国古代给帝王或其他有地位的人死后起的称号)。不读“利益”、“益处”的“益”(yì)。

墅(shù)—声旁是野(yě)，但墅读(shù)，如：别墅(shù)。不读“野外”、“荒野”的“野”(yě)。

悚(sǒng)—声旁是束(shù)，但悚读(sǒng，害怕，恐惧)，如：悚(sǒng)惧/毛骨悚(sǒng)然。不读“约束”的“束”(shù)。

T

趿(tā)—声旁是及(jí),但趿读(tā),如:趿(tā)拉/鞋趿(tā)拉(拖鞋)。不读“及其”的“及”(jí)。

獭(tǎ)—声旁是赖(lài),但獭读(tǎ),如:水獭(tǎ)/旱獭(tǎ)。不读“耍赖”、“赖皮”的“赖”(lài)。

倜(tì)—声旁是周(zhōu),但倜读(tì),如:倜(tì)傥(作风潇洒、大方)。不读“周全”、“周到”的“周”(zhōu)。

臀(tún)—声旁是殿(diàn),但臀读(tún),如:臀(tún)部/臀(tún)围/丰乳肥臀(tún)。不读“宫殿”、“殿下”的“殿”(diàn)。

X

霰(xiàn)—声旁是散(sǎn,sàn),但霰读(xiàn),如:霰(xiàn)粒(水蒸气在高空中遇到冷空气而凝结成的小冰粒)/下霰(xiàn)。不读“披散”的“散”(sǎn);也不读“散步”的“散”(sàn)。

骁(xiāo)—声旁是尧(yáo),但骁读(xiāo),如:骁(xiāo)勇/骁(xiāo)将。不读“尧舜”的“尧”(yáo)。

楔(xiē)—声旁是契(qì),但楔读(xiē),如:木楔(xiē)/楔(xiē)子。不读“契约”的“契”(qì)。

Z

栈(zhàn)—声旁是戋(jiān),但栈读(zhàn),如:客栈(zhàn)/货栈(zhàn)/栈(zhàn)道。不读“信笺”、“笺纸”的“笺”(jiān)。

幢(zhuàng)—声旁是童(tóng),但幢读(zhuàng),如:一幢(zhuàng)楼房。不读“童年”的“童”(tóng)。

谆(zhūn)—声旁是享(xiǎng),但谆读(zhūn),如:谆谆(zhūn)教诲。不读“享受”的“享”(xiǎng);也不读“万事亨通”的“亨”(hēng)。

三、容易读错的多音多义字

我们使用的汉字中,有一些是单音单义的,但更多的是多音多义的。也就是说一个字有两个或两个以上的读音和含义,如“畜”有两个读音,表示两个含义:读 chù,名词,指家养的动物(家畜/幼畜/牲畜/种畜);读 xù,动词,指畜养(畜养/畜产品/畜牧)。有人把“畜牧研究所”读成 chúmùyánjiūsuǒ;把“家畜”读成 jiāxù,都是错误的。这类误读现象在我们日常生活中可以经常发现。下面我们列举出常见的容易误读的多音多义字。

阿

① 阿(ā) 词的前缀;音译用字:阿毛/阿哥/阿姨/阿拉伯/阿司匹林

② 阿(ē) 迎合;偏袒;(山水)弯曲的地方:阿谀/阿附/阿弥陀佛/阿胶/阿房宫

挨

① 挨(āi) 靠近;依次;挨着:一个挨一个/挨门挨户/挨个儿

② 挨(ái) 遭受;勉强支撑;拖延:挨骂/苦日子挨过来了/挨时间

艾

① 艾(ài) 艾蒿;尽,停止:三年之艾/方兴未艾

② 艾(yì) 治理;悔恨:自怨自艾

熬

① 熬(āo) 把蔬菜等放在锅里用水煮:熬白菜/熬豆腐

② 熬(áo) 把东西放在容器里用文火久煮;忍耐;勉强支撑:熬玉米粥/熬药/熬夜/熬日子

拗

① 拗(ào) 违背;不顺:违拗/拗口

② 拗(niù) 固执;不顺从:脾气拗/执拗

B

柏

① 柏(bǎi) 柏科植物统称:柏树/松柏/柏油

② 柏(bó) 音译用字;姓氏:柏林(德国首都)/姓柏

③ 柏(bò) 黄柏(黄檗树名)

膀

① 膀(bǎng) 鸟类飞行器官;胳膊和躯干相连的部分:翅膀/膀子/臂膀

② 膀(pāng) 浮肿:脸膀了/膀肿

③ 膀(páng) 膀胱

磅

① 磅(bàng) 重量单位;磅秤;用磅秤称:五磅/磅秤/过磅/磅一磅

② 磅(páng) 磅礴

堡

① 堡(bǎo) 堡垒:碉堡/地堡/桥头堡

② 堡(bǔ) 泛指村落,多用于地名:瓦窑堡(在陕西省)/柴沟堡(在河北省)

③ 堡(pù) 同"铺",多用于地名:十里铺/三十里铺

暴

① 暴(bào) 显露;急骤;凶恶;损害;急躁:暴露/暴发/暴涨/暴行/自暴自弃/脾气太暴

② 暴(pù) 晒(同曝):一暴十寒

曝

① 曝(bào) 晒:曝光

② 曝(pù) 晒:一曝十寒

背

① 背(bēi) 用脊背驮;承受:背孩子/背债/背黑锅

② 背(bèi) 脊背;反面;违背;离开:汗流浃背/手背/背约/背离

裨

① 裨(bì) 增补;益处:裨补/裨益

② 裨(pí) 副的;辅佐的:裨将/偏裨

辟

① 辟(bì) 君王;征召;排除:复辟/征辟/辟邪

② 辟(pì) 开拓;透彻;批驳:辟地垦荒/精辟/辟谣/辟缪

臂

① 臂(bei) 胳臂

② 臂(bì) 从肩到腕的部分;动物的前肢;类似臂的东西:振臂高呼/臂膀/长臂猿/起重臂

扁

① 扁 biǎn 图形或字体上下的距离比左右的距离小;物体的厚度比长度、宽度小:扁字/压扁了/鸭子嘴是扁的

② 扁(piān) 小:扁舟

骠

① 骠(biāo) 黄色的马:黄骠马

② 骠(piào) 勇猛:骠悍/骠勇/骠骑将军

屏

① 屏(bǐng) 排除,放弃;抑止:屏除/屏弃/屏住呼吸

② 屏(píng) 障碍物;屏风;遮挡;类似画屏的东西:屏藩/画屏/屏幕/屏蔽

泊

① 泊(bó) 停留;恬静无为:停泊/漂泊/淡泊

② 泊(pō) 湖:湖泊/罗布泊/血泊

伯

① 伯(bó) 弟兄中排行老大的;特指伯父:伯伯/大伯/伯母/老伯

② 伯(bǎi) 丈夫的哥哥:大伯子

簸

① 簸(bǒ) 上下颠动:颠簸/簸一簸/簸粮食

② 簸(bò) 簸箕

C

差

① 差(chā) 不相同;错误;余数;稍微:差别/差价/一念之差/差数/差强人意

② 差(chà) 不相同;有差错;欠缺;不好:差不多/差点儿/走差了/差了二分/质量差

③ 差(chāi) 分派;公务;职务:差遣/鬼使神差/出差/交差/差事

④ 差(cī) 联绵词:参(cēn)差

参

① 参(cān) 加入;考察;拜见;深入研究:参军/参照/参拜/参透

② 参(shēn) 人参;星宿名;人名:参茸/参宿(二十八宿之一)/曾参

③ 参(cēn) 长短、高低、大小不齐:参差(cī)不齐/参差错落

藏

① 藏(cáng) 躲起来;储存;埋藏的矿物:藏身/藏在家里/收藏/矿藏

② 藏(zàng) 仓库:储存东西的地方;佛教或道教经典的总称:宝藏/库藏/大藏经/道藏

场

① 场(chǎng) 开阔的地方或建筑;特定的时间、空间;演出或比赛的地

方;文体活动的单位;一定规模的生产单位:广场/飞机场/剧场/现场/官场/一场足球/牧场/养蜂场

② 场(cháng) 晒粮脱谷的空地;集市;一件事的过程:场院/赶场/一场雪

吵

① 吵(chāo) 大声嚷叫:吵吵

② 吵(chǎo) 声音杂乱扰人;口角:太吵了/一见面就吵/吵架

绰

① 绰(chāo) 抓、拿:绰起棍子/谁绰走了铁锹

② 绰(chuò) 宽松;姿态柔美:绰绰有余/阔绰/绰号/风姿绰约

嘲

① 嘲(cháo) 讥笑;取笑:嘲弄/嘲笑/冷嘲热讽

② 嘲(zhāo) 声音杂乱;细碎:嘲哳(zhā)

车

① 车(chē) 有轮子的交通工具;泛指机器器械:自行车/汽车/车床/闭门造车/车螺丝/车间/试车成功

② 车(jū) 中国象棋中的一个棋子:车被马吃了/闭门造车(旧读)

称

① 称(chèn) 符合;合适:称职/相称/称心如意/匀称/对称

② 称(chēng) 测量轻重;肯定表扬;称呼;名称:称一称/称颂/拍手称快/称便/称兄道弟/称王称霸/称雄

匙

① 匙(chí) 舀东西的勺子:汤匙/羹匙

② 匙(shi) 钥匙

尺

① 尺(chǐ) 长度单位名称;量长短的器具:5 尺/卷尺/曲尺

② 尺(chě) 我国传统的记音符号:工尺

冲

① 冲(chōng) 交通要道;朝目的猛闯;向上升;猛烈碰撞;用开水浇:要冲/冲锋/冲刺/气冲霄汉/冲突/冲犯/冲刷/冲茶

② 冲(chòng) 冲力大;力量大;气味浓;冲压:水流很冲/有股冲劲/气味冲人/冲床/冲模

臭

① 臭(chòu) 不好闻;丑恶的;低劣;狠狠地:臭气/臭不可闻/臭名远扬/臭棋/臭骂一顿

② 臭(xiù) 气味:乳臭未干/无声无臭/铜臭

畜

① 畜(chù) 家养的动物,泛指禽兽:耕畜/牲畜/畜类/种畜

② 畜(xù) 饲养牲畜、禽兽:畜养/畜牧/畜产品

处

① 处(chǔ) 居住;置身;跟别人交往;安排;惩办:设身处地/为人处世/处置/处理/处分/处死

② 处(chù) 地方;事物的方面;单位名称或内部部门:暗处/处所/长处/大处/办事处/处长

〔**注意**〕“处女”、“处士(隐士)”的“处”读 chǔ,不读 chù。

创

① 创(chuāng) 身体受外伤的地方;使受伤害:创口/创伤/创面/重创敌军

② 创(chuàng) 第一次做;前所未有的;获取:创记录/创刊/草创/创举/创见/创收/创汇

伺

① 伺(cì) 伺候:让人伺候/伺候病人

② 伺(sì) 暗中探察;守候:窥伺/伺探/伺机而动

攒

① 攒(cuán) 拼凑;聚集:攒电脑/攒集/攒动/人头攒动

② 攒(zǎn) 积攒：攒钱/攒粪/攒多了再卖

撮

① 撮(cuō) 用手指捏取；摘取；聚拢：撮要/撮药/撮合

② 撮(zuǒ) 量词：一撮儿毛/一撮头发

D

答

① 答(dā) 用口说、笔写或行动回应对方：答理/答茬儿/答讪/答应

② 答(dá) 同"①"；回报他人的好处、恩惠：答题/答复/回答/报答

打

① 打(dá) 量词，一打为12个：一打铅笔

② 打(dǎ) 击打；表示某些动作；与某些词构成复合动词：打鼓/碗打了/打仗/雨打芭蕉/打鱼/打井/打毛衣/打闪/打伞/打工/打车/打报告/打电话/打官司/打比方/打捞/打破

大

① 大(dà) 超过通常情况；程度深；时间久远的：大瓶子/大发展/大红大绿/不大舒服/大清早

② 大(dài) 义同"大(dà)"，用于"大夫(医生)"、"大王"、"大城"、"大黄"等。

〔**注意**〕大夫(古官职名)读 dàfū

当

① 当(dāng) 相对；相称；掌管；主持；承担；承受；阻拦；担任；对着；向着；应当：门当户对/当权/一人做事一人当/一夫当关，万夫莫开/当主席/当众表扬/当场解决/理当如此

② 当(dàng) 适宜；抵得上；当作；以为；抵押：恰当/一人当两人用/安步当车/当铺/典当

〔**注意**〕当年(dāngnián)指过去某一时间；当年(dàngnián)指同一年。

倒

① 倒(dǎo) 由直立变为横卧;垮台;使垮台;某些器官损坏;转换;出倒;买进卖出:跌倒/推倒/倒台/倒阁/倒胃口/酸倒了/三班倒/倒给别人/粮食倒仓

② 倒(dào) 位置颠倒;次序相反的;向后退;使所盛的东西出来:把油桶倒过来/本末倒置/倒退/倒杯水/倒脏土/说得倒轻松

的

① 的(dí) 确实;实在:的证/的确

② 的(dì) 箭靶的中心:目的/众矢之的

③ 的(de) 助词:我的/大的/这样是不行的/回来坐的飞机

钉

① 钉(dīng) 钉子:铁钉/水泥钉

② 钉(dìng) 把钉子打进别的东西里;缝缀:钉钉子/钉橛子/钉扣子

都

① 都(dōu) 表示总结;甚至;已经:一年都练长跑/都是我不好/一句话都不说/都半夜了,快睡吧

② 都(dū) 大城市,特指首都;表示总括:都市/首都/建都/大都

读

① 读(dú) 看文字念出声音;阅读,看;指上学;字的念法:朗读/默读/读高中/走读/读破/破读

② 读(dòu) 文句中意思未完而稍作停顿:句读

肚

① 肚(dǔ) 作食品的某些动物的胃:牛肚/爆肚儿/肚丝儿

② 肚(dù) 肚子、腹部;圆而突出的形状:挺胸凸肚/肚里有数/大肚坛子

度

① 度(dù) 计量长短的标准和器具;法则;角的计量单位;限额;范围;程度;跨过;经历:度量衡/法度/180 度/适度/年度/硬度/飞度/欢度春

节/几度风雨/再度

② 度(duó) 揣测;估计:揣度/猜度/忖度/审时度势

恶

① 恶(ě) 恶心

② 恶(è) 极坏的行为;凶狠;很坏的:罪恶/作恶多端/恶毒/凶恶/穷山恶水/恶习/恶意

③ 恶(wù) 憎恨:可恶/厌恶/好逸恶劳

发

① 发(fā) 送出;发射;发生……:发货/发生/发动/发起/发愁/发财/发展/启发/蒸发/弹无虚发/朝发夕至

② 发(fà) 头发:理发/染发/发卡(qiǎ)

坊

① 坊(fāng) 里巷、胡同;牌坊:白纸坊(在北京市)/百岁坊/忠孝坊

② 坊(fáng) 小手工业者的工作场所:作(zuō)坊/油坊/染坊/磨坊

菲

① 菲(fēi) 花草茂盛;香气浓郁:芳菲/菲菲

② 菲(fěi) 微薄:菲仪/菲薄/菲礼

分

① 分(fēn) 使整体事物变成几部分,使联在一起的事物离开;分配;辨别;分支、部分;分数:分崩离析/这个分给你/分清/分会/二分之一/百分之五

② 分(fèn) 成分;职责、权力等的限度;情谊:盐分/本分/恰如其分/情分/缘分

佛

① 佛(fó) 佛陀,佛教,佛教徒,佛像:佛经/信佛/铜佛

② 佛(fú) 仿佛

服

① 服(fú) 衣服,穿衣服;吃药;担任;服从;使心服;适应:服装/服丧/服药/服役/心服口服/以理服人/水土不服

② 服(fù) 量词,用于中药:三服中药

干

① 干(gān) 盾牌;触犯;求取;关联;天干(中国历法用语);没有水分;枯竭:干戈/干犯/干扰/干禄/干涉/干燥/干涸/干洗

② 干(gàn) 事物的主体;干部;做、从事;能力;担任:躯干/骨干/干群关系/干活儿/才干/干过处长

搁

① 搁(gē) 放置;暂缓进行;放进:搁在桌上/把这事儿搁一搁/搁点儿肉

② 搁(gé) 禁受;承受:搁不住/搁得住

给

① 给(gěi) 使对方得到;构成复合动词:给了他书/给他几句/给我看/请你给洗洗/发给/交给/献给

② 给(jǐ) 供给;富裕充足:给养/配给/自给自足/家给人足

供

① 供(gōng) 拿出钱物给人使用:供给/供电/供养/供销两旺

② 供(gòng) 用香烛、祭品敬奉神佛、祖先,敬奉的祭品;交代案情;交代案情的话:上供/供品/供着果品/供认不讳/口供

勾

① 勾(gōu) 勾儿;勾画;勾抹;调和;招引;结合:鹰勾鼻子/勾脸/勾掉

这笔账/勾芡/勾起我的回忆/勾结/勾通

② 勾(gòu) 勾当(不好的行为)

估

① 估(gū) 揣测:估个价/不可低估/估计/估量

② 估(gù) 出售的旧衣服或质地差的衣服:估衣/估衣铺

骨

① 骨(gū) 骨朵儿/骨碌

② 骨(gǔ) 骨头;精神品格;艺术特色;起支撑作用的架子:软骨/骨气/傲骨/风骨/扇子骨

观

① 观(guān) 察看;看到的景象;对事物的认识态度:观光/观察/观看/奇观/大观/价值观/乐观/人生观

② 观(guàn) 古代的楼台;道士的庙宇:楼观/台观/道观/白云观

莞

① 莞(guǎn) 地名:东莞(在广东省)

② 莞(wǎn) 莞尔(微笑的样子)

龟

① 龟(guī) 龟科爬行动物的统称:乌龟/龟甲/龟缩

② 龟(jūn) 龟裂(皲裂)

H

哈

① 哈(hā) 张嘴呼气;象声词,笑声;弯腰:哈气/哈哈大笑/哈腰

② 哈(hǎ) 哈巴狗/哈达

③ 哈(hà) 哈什蚂(hàshimǎ)(林蛙,满语译音词)

喝

① 喝(hē) 吸食液体食物;特指饮酒:喝茶/喝粥/喝饮料/再喝一盅

② 喝(hè) 大声叫嚷:喝问/喝彩/吆喝/呼幺喝六/大喝一声

和

① 和(hé) 配合协调;温顺;温暖;平息争端;不分胜负;连带;同:和谐/和睦/谦和/平和/和蔼/心平气和/和暖/媾和/和解/和棋/和群众商量/和盘托出/我和你

② 和(hè) 声音相应;依照别人的格律做诗:唱和/和诗一首/附和

③ 和(hú) 打麻将按规定取胜:和了/和了个满贯

④ 和(huó) 将粉状物加水搅拌:和面/和沙子灰/和泥

⑤ 和(huò) 把粉状物混合起来;加水搅拌变稀;洗衣服换水或一服中药煎的次数:和药面/和稀泥/和芝麻酱/洗一和/煎两和药

荷

① 荷(hé) 莲花:荷花/荷塘/荷叶

② 荷(hè) 背;承担;承受的压力:荷锄/荷枪实弹/荷重/重荷/负荷

核

① 核(hé) 果实的中心部分;物体的中心部分;特指原子核;考查:杏核/细胞核/核能/核燃料/核定/审核/考核

② 核(hú) (一些口语词)煤核/梨核/冰核

横

① 横(héng) 跟地面平行的;纵横杂乱;强硬无所顾忌:横额/横渡/横断面/横加干涉/横行霸道

② 横(hèng) 粗暴;意想不到的;不吉利的:蛮横/专横/横财/横祸

浒

① 浒(hǔ) 水边:《水浒传》

② 浒(xǔ) 浒墅关、浒浦,均在江苏省

会

① 会(huì) 聚合;会见;集会;懂得;熟悉:会齐/会晤/大会/庙会/工会/省会/机会/会说英语/会成功/一会儿

② 会(kuài) 总合;合计:会计

混

① 混(hún) 不清楚，不明事理；糊涂：混浊/混水摸鱼/混人/混蛋

② 混(hùn) 掺杂；蒙混；苟且地生活；胡乱：混淆/混同/混日子/混账

豁

① 豁(huō) 裂开；不惜代价：豁嘴/豁口/豁出老命

② 豁(huò) 开阔；开明；免去：豁亮/豁朗/豁达/豁免

几

① 几(jī) 一种小桌子；表示接近某种情况：茶几/条几/几遭虎口/几乎

② 几(jǐ) 询问数目多少；表示 2 至 9 之间的不定数目；代替确定的数目：现在几点了？/二十几岁/屋里只有我们几个人

缉

① 缉(jī) 搜查；捉拿：缉捕/侦缉/通缉/缉私

② 缉(qī) 缝纫方法：缉边儿/缉鞋口

济

① jǐ 人多；河名，地名：人才济济/济济一堂/济水(在山东省)/济南(在山东省)

② 济(jì) 渡河；救助；补益：济河焚舟/赈济/扶危济困/无济于事

间

① 间(jiān) 两种事物当中；一定范围之内；屋子内各部分：课间/工间操/两可之间/区间/夜间/卫生间/车间/三大间房子

② 间(jiàn) 缝隙；两者之间；挑拨；断开：间隙/中间儿/间隔/间作/离间/反间计

监

① 监(jiān) 监视；关押犯人的地方；关押：监工/监考/探监/监禁

② 监(jiàn) 古代某些官府名称；职官名：国子监/钦天监/监生/太监

将

① 将(jiāng) 保养;下象棋用语;用言语刺激;快要;介词,相当于“把”:将养/将息/将他的军/用话将他/将心比心/将晚

② 将(jiàng) 将级军官;带兵:名将/将帅/上将/将兵

角

① 角(jiǎo) 犄角;号角;角落;墙体相交处;几何学术语:牛角/犀角/菱角/天涯海角/墙角/直角/锐角

② 角(jué) 角色;行当;较量;争论;竞争:主角/配角/旦角/丑角/角力/口角/角逐

教

① 教(jiāo) 传授:教书/教了一辈子书/教徒弟

② 教(jiào) 教导,教育;宗教;命令、使:言传身教/求教/教养/教会/传教/他教我来找你

剿

① 剿(jiǎo) 讨伐:剿匪/围剿/追剿

② 剿(chāo) 抄袭:剿说/剿袭

结

① 结(jiē) 植物长出果实或种子:开花结果/结子儿/结巴/结实

② 结(jié) 把条状物系(jì)上;打疙瘩;结合,聚集在一起;结束:结网/领结/喉结/凝结/结晶/结交/结仇/结局/完结

解

① 解(jiě) 分开,打开;解释;了解:解剖/瓦解/解开/注解/解方程

② 解(jiè) 押送:起解/解送/解差

③ 解(xiè) 武术的架势;地名;姓氏:浑身解数/跑马卖解/解州(在山西省)/姓解

芥

① 芥(jiè) 芥菜;小草;细小的堵塞的东西:芥末/芥菜子儿/草芥/芥蒂

② 芥(gài) 芥蓝菜

尽

① 尽(jǐn) 力求达到最大限度;确定极限不得超过;可着,尽先;最:尽早/尽可能/尽这钱买/先尽旧的用/尽南边

② 尽(jìn) 完;死亡;达到极端;全部用出;用力完成;全、所有的:取之不尽/想尽办法/自尽/同归于尽/尽善尽美/尽心尽力/尽职尽责/尽人皆知

劲

① 劲(jìn) 力气;效力;精神;神情;兴致:劲儿大/手劲儿/酒劲儿/药劲儿/闯劲儿/高兴劲儿/这电影没劲儿

② 劲(jìng) 强而有力:劲松/劲敌/刚劲/疾风知劲草/强劲

禁

① 禁(jīn) 承受;控制住;耐得住:禁受/禁得起考验/情不自禁/禁脏

② 禁(jìn) 不准许;不许活动的法令、习俗;帝王居住地;关押:禁运/禁令/查禁/违禁/解禁/入乡问禁/紫禁城/拘禁/禁闭

据

① 据(jū) 拮据

② 据(jù) 占据;凭借;按照;凭证:盘踞/据点/据理力争/字据

倔

① 倔(jué) 倔强(jiàng)

② 倔(juè) 性子直,态度生硬:脾气倔/倔头倔脑

菌

① 菌(jūn) 细菌/真菌/杀菌/抗菌素

② 菌(jùn) 香菌/菌子

卡

① 卡(kǎ) 音译词用字;卡片;录音机装置:卡车/卡路里/卡片/刷卡/

单卡

② 卡(qiǎ) 夹住;夹东西的器具;岗哨或检查站;控制;紧紧按住:鱼刺卡在嗓子里/发卡/关卡/哨卡/卡住走私船/卡脖子

看

① 看(kān) 守护;监视:看护/看青/看守/看住他

② 看(kàn) 主动使视线接触事物;观察;对待;料理;试一试;诊治;断定趋势;提醒;访问:看电视/偷看/我看可以/刮目相看/想想办法看/看病/看好/看摔着/看朋友

扛

① 扛(káng) 用肩膀承载:扛枪/扛行李

② 扛(gāng) 双手举起重物:力能扛鼎

空

① 空(kōng) 里面没有东西;内容浮泛;天空;没有;白白地:空着手/空腹/空虚/空谈/空泛/碧空/航空/人财两空/空城计

② 空(kòng) 使空缺;空缺的;可利用的机会、时间:空一行字/空房子/空额/一点儿空儿都没有/抽空儿/填空儿

溃

① 溃(kuì) 冲破堤防;突破;被打垮;肌肉腐烂:溃堤/溃围/溃败/溃疡

② 溃(huì) 溃烂/溃脓

烙

① 烙(lào) 用烧热的金属器物烫;把面食放在金属炊具上烤熟:烙衣服/烙花/烙馅饼

② 烙(luò) 古代酷刑:炮烙(páoluò)

累

① 累(léi) 用于拟态词:累累(形容果实密集重叠的样子)/累赘

② 累(lěi) 堆积;连续;多次:积累/成千累万/长年累月/累迁

③ 累(lèi) 疲乏;使疲乏;操劳:累坏了/劳累/真累人/累了一天

擂

① 擂(léi) 敲;打:擂鼓/自吹自擂

② 擂(lèi) 擂台:打擂/擂主

量

① 量(liáng) 用工具测定事物的轻重、长短、大小、多少及其他性质;估计:量一量体重/量血压/丈量/测量/估量

② 量(liàng) 测量体积的器物;一定的限度;数量;估计:度量衡/酒量/肚量/不自量力/量体裁衣

撩

① 撩(liāo) 把下垂的东西掀起来;用手舀水往上洒:撩起长裙/撩水

② 撩(liáo) 挑逗:春色撩人/撩拨

淋

① 淋(lín) 液体落在东西上;把液体浇在东西上:淋雨/淋浴/日晒雨淋/淋漓尽致

② 淋(lìn) 过滤;淋病:过淋/淋盐/把杂质淋出来/淋病

偻

① 偻(lóu) 佝偻病(gōulóubìng)

② 偻(lǚ) 脊背弯曲:伛偻(yǔlǚ)

捋

① 捋(lǚ) 用手指顺着抹过去,使物体顺溜或干净:捋胡子/捋麻绳

② 捋(luō) 用手握住条状物向一端滑动:捋袖子/捋榆树钱儿

绿

① 绿(lù) 文读:绿林好汉/鸭绿江/绿营(清朝时由汉人组成的军队)

② 绿(lǜ) 颜色之一:碧绿/绿豆/绿化/绿水青山

M

脉

① 脉(mài) 血脉;脉搏;像血管那样的事物:动脉/号脉/山脉/叶脉

② 脉(mò) 只用于叠音词:脉脉/脉脉含情/含情脉脉

蒙

① 蒙(mēng) 哄骗;胡乱猜测;糊涂;昏迷:蒙骗/瞎蒙/发蒙/打蒙了

② 蒙(méng) 覆盖;遭受;隐瞒;不懂事理:蒙上眼睛/蒙难/蒙哄/蒙昧/启蒙

③ 蒙(měng) 民族名称,国名:蒙古/蒙古国

糜

① 糜(mí) 稠粥;腐烂;浪费:糜粥/肉糜/糜烂/糜费/侈糜

② 糜(méi) 一种杂粮:糜子

模

① 模(mó) 标准;规范;照着做;模范人物:模式/楷模/模拟/劳模

② 模(mú) 使材料成型的工具;形状:模子/铅模/铜模/模样

缪

① 缪(móu) 绸缪(chóumóu):未雨绸缪

② 缪(miù) 错误:纰缪(pīmiù)

③ 缪(miào) 姓

难

① 难(nán) 不容易做的;使感到困难;令人感到不好:难看/真难人/难吃

② 难(nàn) 遭到不幸;质问、责问:患难/逃难/发难/非难/责难

泥

① 泥(ní) 含水的半固体的土;像泥一样的东西:泥塘/淤泥/枣泥/印泥

② 泥(nì) 用泥、灰涂抹墙壁、器物;固执:泥墙/把缝子泥上/拘泥

P

排

① 排(pái) 按次序摆放;排演;用力除去;推开;军队编制单位;西式菜点:排成一行/排戏/力排众议/排水/班排/牛排

② 排(pǎi) 排子车

胖

① 胖(pàng) 肉厚;脂肪多:肥胖/胖子/胖嫂

② 胖(pán) 宽舒;舒坦:心宽体胖

炮

① 炮(páo) 中药制法:炮制/炮炼

② 炮(bāo) 烹调方法;烘烤:炮羊肉/炮花生/炮干

③ 炮(pào) 火炮;爆竹:大炮/炮火/礼炮/鞭炮

喷

① 喷(pēn) 液体、气体、粉末等受压力射出:喷水/喷泉/喷漆/喷灯

② 喷(pèn) (果品、蔬菜生长)一茬;气味扑鼻:这一喷黄瓜/喷香

片

① 片(piān) 片状物(口语,儿化):相片儿/影片儿/照片儿/唱片儿

② 片(piàn) 扁而薄的东西;指电影片、电视剧等;地区内划分的范围;切成薄片;不全的、零星的:纸片/片约/东边那片/片肉片儿/片言只字/片刻

撇

① 撇(piē) 弃置不顾;从液体表面轻轻地舀:撇开/撇弃/撇油

② 撇(piě) 平着抛出;撇嘴;汉字的一种笔画:撇手榴弹/嘴角一撇/撇捺

迫

① 迫(pǎi) 迫击炮

② 迫(pò) 接近;用强力压制;急切:迫近/迫在眉睫/压迫/逼迫/迫切/紧迫/迫不及待

仆

① 仆(pū) 向前倒下:前仆后继

② 仆(pú) 仆人:女仆/公仆/仆从

朴

① 朴(pǔ) 纯真没有修饰:朴实/朴素/淳朴/质朴

② 朴(pō) 朴刀

③ 朴(pò) 朴树统称;药材名:朴树/厚朴/朴硝

奇

① 奇(qí) 特殊;出人意料;惊异;特别:奇观/奇迹/奇异/惊奇/奇冷

② 奇(jī) 单的;数目的零头:奇数/奇偶/奇蹄/奇零

强

① 强(qiáng) 力量大;程度高;强迫;使强大、强壮;优越于;好于:强健/强大/要强/强制/强占/强兵/强身/比去年强

② 强(qiǎng) 迫使;勉强:强迫/强人所难/强词夺理/强辩/牵强

③ 强(jiàng) 态度强硬:倔强/强嘴

抢

① 抢(qiāng) 碰;撞:以头抢地/呼天抢地

② 抢(qiǎng) 争夺;争先;擦伤;抓紧时间:抢夺/抢占高地/抢购/抢救/抢修/抢收/抢掉一层皮

悄

① 悄(qiāo) 没有声音或声音很低:悄悄/静悄悄/悄悄话/悄悄地走了

② 悄(qiǎo) 寂静;声音很低;忧愁:悄寂/低声悄语/悄然

茄

① 茄(qié) 茄子/番茄

② 茄(jiā) 音译用字:雪茄

亲

① 亲(qīn) 父母;血亲;有血缘关系;婚姻;关系近;娶新妇;亲自;跟人亲近;用嘴唇接触:双亲/亲兄弟/姑表亲/结亲/亲密/娶亲/亲手/亲华/亲孩子的脸蛋

② 亲(qìng) 儿女相婚配的亲戚关系:亲家

曲

① 曲(qū) 弯曲;使弯曲;弯曲的地方;不公正,无理;酒曲等:曲线/曲折/歪曲/曲解/河曲/酒曲/大曲

② 曲(qǔ) 歌曲;歌谱;一种韵文:作曲/进行曲/元曲

嚷

① 嚷(rāng) 喊叫;吵闹(仅用于重叠):嚷嚷/乱嚷嚷/闹嚷嚷

② 嚷(rǎng) 喊叫;吵闹:大嚷大叫/嚷了一顿

散

① 散(sǎn) 无约束;零碎的;松开;粉末状药物:散漫/零散/散架子/健胃散

② 散(sàn) 聚在一起又分开;四处分散;排除:离散/散伙/散戏/散传单/散布/散播/散心/散闷

丧

① 丧(sāng) 有关死人的事:治丧/报丧/吊丧/丧钟/丧服/守丧

② 丧(sàng) 丢失;死去;失意:丧失/丧尽天良/丧命/沮丧/懊丧

舍

① 舍(shě) 放弃;把财物送给穷人或出家人:舍弃/锲而不舍/舍粥/施舍

② 舍(shè) 居住的房屋;谦称自己或自己的亲属;饲养家畜的窝:校舍/宿舍/舍下/舍弟/鸡舍/牛舍

省

① 省(shěng) 节约;免掉;行政区划;省政府所在地:省钱/省略/省会

② 省(xǐng) 内心检查自己;探望;醒悟:反省/内省/省亲/发人深省

莘

① 莘(shēn) 莘莘,形容众多:莘莘学子

② 莘(xīn) 莘庄,在上海市

识

① 识(shí) 知道;认得;知识;见识:识趣/识字/识别/常识/胆识

② 识(zhì) 记住;记号、标志:博闻强识/款识/标识/永识不忘

说

① 说(shuō) 用话语表达意思;解释;责备;说合,介绍;意思所指;言论:说明/解说/挨了一顿说/说媒/这话说什么呢/学说

② 说(shuì) 说服别人同意自己的主张:游说/说客

似

① 似(sì) 像;表示不确定;引进比较对象:类似/似是而非/一天好似一天

② 似(shì) 似的(助词)

宿

① 宿(sù) 过夜;平素的;年老的:住宿/宿舍/宿愿/宿怨/宿儒

② 宿(xiǔ) 一夜叫一宿:住了一宿/半宿

③ 宿(xiù) 古代指某些星的集合体:星宿/二十八宿

遂

① 遂(suí) 顺,如意:半身不遂

② 遂(suì) 完成;称心;就:未遂/遂愿/顺遂/服药后腹痛遂止

提

① 提(tí) 垂手拿着;使事物由下往上移;把预定时间往前挪;指出、举出;提取;带犯人;谈及;舀油等的工具:提着篮子/提高/提前/提意见/提款/提讯/旧事重提/酒提

② 提(dī) 提防/提溜

帖

① 帖(tiē) 安定,妥适;驯服:妥帖/服帖/帖伏/俯首帖耳

② 帖(tiě) 写有简短文字的纸片;同“剂”:请帖/名帖/一帖膏药

③ 帖(tiè) 习字或绘画时模仿的样本:碑帖/字帖/画帖

拓

① 拓(tuò) 开辟;扩充:开拓/拓荒/拓展/拓宽

② 拓(tà) 把石碑、器物上的文字图形印下来:拓印/拓本/拓片

圩

① 圩(wéi) 防水、护田的堤岸:圩堤/圩埂/筑圩

② 圩(xū) 集市:圩场/圩市/赶圩

系

① 系(xì) 联结;牵挂;用绳往上下提送东西;栓绑;拘禁;系统;高校教学行政单位;地形系统分类第二级;是:维系/系念/把食物系送到地窖里/系缚/系狱/语系/水系/物理系/白垩系/鲁迅系浙江绍兴人

② 系(jì) 打结(口语单说):系鞋带儿/系领带/系扣子

虾

① 虾(xiā) 鱼虾:大虾/龙虾/虾米/虾皮

② 虾(há) 蛤蟆

吓

① 吓(xià) 害怕;使害怕:吓得浑身发抖/困难吓不倒我们/吓唬

② 吓(hè) 用威胁的话或手段要挟、吓唬:恐吓/恫吓/威吓

纤

① 纤(xiān) 细微;纤维:纤细/纤尘/纤维/纤弱/化纤

② 纤(qiàn) 拉船前行的绳子:拉纤/纤夫

相

① 相(xiāng) 表示动作和情况是双方或多方共同的;表示动作是一方对另一方的;亲自察看:相逢/相亲相爱/相信/相当/相托/相看/相中

② 相(xiàng) 察看;容貌外表;外观;姿势;辅助;最高官员;接待宾客的人:相机行事/扮相/真相大白/吃相/吉人天相/首相/傧相

校

① 校(xiào) 学校;军衔:校庆/校友/校址/母校/校官/上校

② 校(jiào) 比较;比较不同文本;改正文字上的错误:校场(旧日演习武术的场所)/校军场/校对/校订/校样/点校/初校

巷

① 巷(xiàng) 狭窄的街道;小胡同:小巷/街头巷尾/巷战/街谈巷议

② 巷(hàng) 巷道

吁

① 吁(xū) 叹息;喘气声:长吁短叹/气喘吁吁

② 吁(yù) 为某种要求而呐喊:呼吁/吁请/吁求

Y

轧

① 轧(yà) 碾;滚压;排挤:轧棉花/轧路/轧死了/倾轧/挤轧

② 轧(zhá) 压钢坯:轧钢/轧辊/冷轧

芫

① 芫(yán) 芫荽(yánsui,香菜)

② 芫(yuán) 芫花(落叶乔木)

要

① yào 重要;希望得到;需要;须要;将要……:摘要/机要/要看戏,要旅游/要团结/火车要开了

② 要(yāo) 求,强求;姓氏:要求/要挟(xié)

掖

① 掖(yē) 塞;藏:掖在怀里/掖给他两块钱/掖在枕头底下

② 掖(yè) 搀扶;扶助奖励:扶掖/奖掖/提掖

叶

① 叶(yè) 叶子;较长时期的分段;姓氏:树叶/肺叶/中叶/叶公好龙

② 叶(xié) 和谐:叶韵/叶句

殷

① 殷(yān) 黑红色:殷红/朱殷

② 殷(yīn) 丰盛;深厚;殷勤;朝代名;姓氏:殷盛/殷实/殷富/殷切/殷朝/殷夫(左联作家)

应

① 应(yīng) 应该;允诺:一应俱全/理应如此/应声/应允/应许

② 应(yìng) 回应;承诺;适应;处理;符合:答应/呼应/响应/应承/应邀/应运而生/应时/供应/支应/供不应求

佣

① 佣(yōng) 受人雇用;仆人:雇佣/佣工/女佣

② 佣(yòng) 酬金:佣钱/佣金

与

① 与(yǔ) 给;交往;赞助;等待;和;跟:赠与/给与/与人为善/岁不我与/鱼与熊掌/与虎谋皮

② 与(yù) 参与:与会/与闻

晕

① 晕(yūn) 头脑昏乱;昏迷:头晕/晕头晕脑/晕晕糊糊/吓晕了/晕厥

② 晕(yùn) 日月的光圈;色泽周围模糊的部分;使眩晕:日晕/月晕/灯晕/墨晕/红晕/晕船/晕针/晕场/眼晕

Z

载

① 载(zǎi) 年;记录;刊登:一年半载/载入史册/刊载/连载/转载

② 载(zài) 装;充满;表示两种动作同时进行:载客/载重/运载/车载斗量/怨声载道/载歌载舞/载笑载言

占

① 占(zhān) 预测吉凶:占卦/占卜/占课

② 占(zhàn) 用强力据为己有;拥有;处于:霸占/占领/占便宜/占有/占五亩地/占上风/占多数

涨

① 涨(zhǎng) 上升:河水涨了/价格看涨/水涨船高/涨潮

② 涨(zhàng) 体积增大;超过;充满:泡涨了/头昏脑涨/脸涨得通红

挣

① 挣(zhēng) 挣扎

② 挣(zhèng) 用力摆脱束缚;用劳动换取:挣开绳子/挣断绳索/挣钱

中

① 中(zhōng) 中心;里面;中间:中途/空中/发展中/中学/中医

② 中(zhòng) 正对上;恰好合上;遭受:猜中/击中目标/中意/中毒

着

① 着(zhāo) 着数,招法;计策,手段:支着/着法/高着/新着/花着

② 着(zháo) 接触,挨上;燃烧;表示结果:着地/着凉/灯着了/睡着

③ 着(zhuó) 穿;接触;附着;着落;派遣:着陆/着笔/着色/寻找无着/着人去拿来

④ 着(zhe) 助词(轻声),表示动作正在进行:放着/说着/顺着/流着

轴

① 轴(zhóu) 圆柱形器械零件;量词:车轴/中轴/一轴山水/两轴线

② 轴(zhòu) 戏曲演出中的倒数第二场,重头戏,重要曲目:大轴子/压轴子

转

① 转(zhuǎn) 变换;转交:转念/向后转/掉转/转告/转达/转发

② 转(zhuàn) 围绕中心运动;闲逛:飞转/转动/转一转/转了一趟

传

① 传(zhuàn) 注释经文的著作;描写人物生平的著作:《易传》/《左传》/自传/小传

② 传(chuán) 递交;传授;宣扬;命令别人来;表达;传导:传递/传染/遗传/传道授业/传播/传诵/传票/传神/传热

作

① 作(zuō) 手工操作的;有意胡闹:作坊/自作自受/作祸/作妖/作死

② 作(zuò) 起;从事某种活动;写作;装作;当作;发作;作品:振作/作孽/作曲/作态/过期作废/作呕

四、由于有文白异读而容易读错的字

我们使用的汉字中有一些具有文白不同的读音。所谓“文读”,就是“读书音”;“白读”就是“口语音”。文读多在双音节词或成语中使用;白读多在口语中的单音节词中使用。一个字有文、白两种读法,我们称为文白异读,它和多音多义字不同,虽有两种读音,但是表达相同的意义。文白异读是语音发展的结果,已经成为一种多数人的习惯,我们只能尊重这种现状。例如“剥”字,口语中读“bāo”:香蕉要剥(bāo)了皮儿吃;书面语(文读)则读“bō”:剥(bō)夺政治权利终身。二者不得混淆。

下面我们列举出常见的文白异读字。

B

剥

剥(bō),文读:剥夺/剥离/剥落/剥蚀/剥削/生吞活剥

剥(bāo),白读:剥皮儿/剥花生/剥瓜子儿

薄

薄(bó),文读:薄产/薄地/薄技/薄酒/薄礼/薄利/薄面/薄命/薄膜/薄暮/薄情/薄弱/薄幸/薄葬/鄙薄/单薄/菲薄/刻薄/浅薄/轻薄/广种薄收/厚今薄古/薄物细故

薄(báo),白读:薄被/薄饼/薄脆/薄片儿/家底薄/酒味儿薄/薄皮大馅

C

差

差(chā),文读:差别/差池/差错/差额/差价/差距/差失/差误/差异/差可告慰/差强人意/差之毫厘

差(chà),白读:差不多/差不离/差点儿/差劲/差得远/质量差

澄

澄(chéng),文读:澄碧/澄澈/澄清/澄莹/澄江如练

澄(dèng),白读:澄浆泥/澄沙/澄一澄/把汤澄出来

D

逮

逮(dài),文读:逮捕/力有未逮

逮(dǎi),白读:逮老鼠/逮坏蛋/逮住了

H

貉

貉(hé),文读:一丘之貉

貉(háo),白读:貉子/貉绒/貉皮

核

核(hé),文读:核查/核弹/核定/核对/核发/核果/核计/核减/核力/核能/核算/核实/核心/核准/核资/菌核/细胞核/核辐射/核武器/核战争

核(hú),白读:桃核儿/杏核儿/梨核儿/冰核儿/煤核儿

虹

虹(hóng),文读:彩虹/虹膜/虹吸管/霓虹灯/虹吸现象

虹(jiàng),白读:天上出虹了

J

颈

颈(jǐng),文读:颈项/颈椎/颈联/长颈鹿/曲颈瓶

颈(gěng),白读:脖颈子/脖颈儿

嚼

嚼(jué),文读:咀嚼/过屠门而大嚼

嚼(jiáo),白读:嚼舌/嚼子/嚼裹儿/细嚼慢咽/咬文嚼字

L

落

落(luō),文读$_1$:大大落落

落(luò),文读$_2$:落榜/落笔/落标/落差/落潮/落成/落地/落后/落脚/落款/落难/落实/落水/落拓/落网/落伍/落选/零落/沦落/没落/破落/衰落/落花生/落花流水/落井下石

落(lào),白读$_1$:落汗/落架/落价/落忍/落色/落枕/落包涵/落不是

落(là),白读$_2$:落在后面/丢三落四/手提包落在车上了

露

露(lù),文读:露布/露骨/露酒/露水/露宿/露天/露营/露珠/揭露/曝露/吐露/披露/透露/露头角/藏头露尾/抛头露面

露(lòu),白读:露白/露丑/露底/露富/露脸/露面/露怯/露头/露馅儿/露一手/露马脚

绿

绿(lù),文读:绿林/绿营/绿林好汉

绿(lǜ),白读:绿地/绿灯/绿豆/绿肥/绿化/绿卡/绿阴/绿洲/嫩绿/浓绿/绿茸茸/葱心绿/桃红柳绿/青山绿水

络

络(luò),文读:络纱/络绎/络丝/络线/橘络/经络/网络/络腮胡子

络(lào),白读:络子

M

蔓

蔓(màn),文读:蔓草/蔓延/不枝不蔓/蔓生植物

蔓(wàn),白读:豆蔓儿/爬蔓儿/顺蔓儿摸瓜/打蔓儿

N

尿

尿(niào),文读:尿布/尿床/尿素/尿血/糖尿病

尿(suī),白读:尿脬(pāo)/尿(niào)尿(suī)

疟

疟(nüè),文读:疟疾/疟蚊

疟(yào),白读:疟子/发疟子

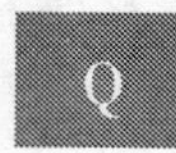

荨

荨(qián),文读:荨麻

荨(xún),白读:荨麻疹

壳

壳(qiào),文读:壳菜/壳斗/甲壳/果壳/地壳/米壳(中药)/金蝉脱壳

壳(ké),白读:贝壳/弹壳/脑壳/蛋壳/卡壳/子弹壳

翘

翘(qiáo),文读:翘楚/翘企/翘首/翘望/连翘

翘(qiào),白读:翘尾巴/翘辫子/往上翘

雀

雀(què),文读:雀斑/雀鹰/雀跃/孔雀/麻雀/雀盲症/门可罗雀

雀(qiǎo),白读:家雀儿/雀蒙眼

塞

塞(sè),文读$_1$:塞擦音/塞音/闭塞/梗塞/搪塞/语塞/敷衍塞责/不塞不流/顿开茅塞/闭目塞听

塞(sài),文读$_2$:塞外/塞北/边塞/要塞/塞翁失马

塞(sāi),白读:塞车/塞子/瓶塞/软木塞/塞住窟窿

色

色(sè),文读:色彩/色胆/色调/色盲/色情/色素/色欲/色泽/货色/景色/成色/夜色/足色/姿色/三色板/五颜六色/面不改色/和颜悦色/行色匆匆/色艺双绝/色厉内荏

色(shǎi(r)),白读:色酒/掉色/落(lào)色/捎(shào)色/套色/走色

杉

杉(shān),文读:杉树/红杉/紫杉/水杉

杉(shā),白读:杉木/杉松/杉篙

葚

葚(shèn),文:桑葚

葚(rèn(r)),白读:桑葚儿

熟

熟(shú),文读:熟谙/熟菜/熟道/熟荒/熟客/熟练/熟路/熟年/熟人/熟识/熟食/熟手/熟睡/熟思/熟悉/熟习/熟语/熟知/熟字/熟能生巧/熟视无睹/轻车熟路/深思熟虑

熟(shóu),白读:饭熟了/蒸熟

T

苔

苔(tái),文读:苔藓/青苔/苔衣

苔(tāi),白读:舌苔

厦

厦(xià),文读:厦门/噶厦(藏语音译词:政府)

厦(shà),白读:高楼大厦/广厦/前廊后厦

削

削(xuē),文读:削减/削弱/削壁/削发/削价/削平/剥削/削足适履

削(xiāo),白读:削铅笔/削苹果皮/削面/削球

血

血(xuè),文读:血癌/血案/血本/血仇/血管/血汗/血红/血迹/血浆/血库/血路/血泪/血脉/血泊/血亲/血肉/血色/血书/血栓/血水/血糖/血统/血污/血洗/血腥/血型/血象/血性/血压/血液/血衣/血印/血缘/血债/血战/血证/血脂/血肿/血渍/血光之灾/血海深仇/血口喷人/血红蛋白

血(xiě),白读:血糊糊/血淋淋/流了一点血/吐血/鸡血/血块儿

熏

熏(xūn),文读:熏风/熏沐/熏染/熏陶/熏蒸/熏制/熏鸡/熏鱼/臭气熏天/利欲熏心

熏(xùn),白读:被煤气熏着了

Y

钥

钥(yuè),文读:锁钥

钥(yào),白读:钥匙

五、容易读错的因词性不同而读音不同的字

有一些汉字，当它表示某种意义，具有某种词性时读一种音；而表示另一种意义，具有另一种词性时是另一种读音。例如："长"表示"长短"意义，具有形容词性时读为 cháng；表示"生长"意义，具有动词性时，或表示客观存在的事物的意义，具有名词性时读为 zhǎng。这就要求我们根据不同的语言环境，构成不同的词，表示不同的意义来读出正确的读音，否则就可能出现误读，把形容词性的读音读成动词性或名词性的读音。要避免这种错误，主要是掌握好词性和词义。

下面我们列举出常见的容易误读的词性变化的字。

B

把

① 把(bǎ)：动词性，表示行为、动作，如：把门/把持/手把手

② 把(bǎ)：虚词性，表示介绍关系，如：把门关上/把书拿来

③ 把(bà)：名词性，表示事物，如：壶把儿/枪把儿("车把""把柄"除外)

刨

① 刨(bào)：名词性，表示事物，如：刨子/平刨/槽刨/刨刃/龙门刨

② 刨(páo)：动词性，用镐或锄刨地，如：刨树根/刨白薯

③ 刨(bào):动词性,用刨子刨平物件,如:刨木板/刨光/刨平

藏

① 藏(cáng):动词性,表示收藏一类行为、动作,如:收藏/隐藏/藏匿/藏身/藏书/埋藏/储藏

② 藏(zàng):名词性,表示有价值事物,如:宝藏/西藏/道藏/大藏经(“矿藏”读 kuàngcáng 除外)

禅

① 禅(chán):名词性,表示与坐禅有关的事物,如:禅宗/禅师/禅房/禅机/禅杖/参禅

② 禅(shàn):动词性,表示禅让行为,如:禅让/禅位

长

① 长(cháng):形容词性,表示长度、特长,如:长征/长波/特长/专长/来日方长/天长地久

② 长(zhǎng):动词性,表示生长,如:长进/增长/长志气/拔苗助长

③ 长(zhǎng):名词性,表示长辈,如:师长/兄长/官长/首长/省长

乘

① 乘(chéng):动词性,表示借助工具、形势的各种行为,如:乘车/乘船/乘坐/乘势/乘胜追击/乘人之危

② 乘(shèng):名词性,表示车辆一类事物,如:万乘之国(有一万辆兵车的国家)

臭

① 臭(chòu):形容词性,表示难闻的气味,如:臭味/臭豆腐/臭不可闻/臭棋/臭骂

② 臭(xiù):名词性,表示气味,如:乳臭未干/铜臭/无声无臭

处

① 处(chù):名词性,表示地方、场所,如:暗处/长处/坏处/去处/办事

处/总务处/大处着眼,小处着手

② 处(chǔ):动词性,表示处置行为,如:处罚/处分/处理/处死/处事/设身处地/地处山区/这人很难处

畜

① 畜(chù):名词性,家养动物,泛指禽兽,如:耕畜/牲畜/畜生/畜类/六畜兴旺/人畜两旺

② 畜(xù):动词性,饲养、喂养,如:畜养场/畜牧/畜产/畜产品

传

① 传(chuán):动词性,表示传递类行为,如:传阅/传染/传讯/传达/传呼/传播/宣传/祖传秘方/传道授业/眉目传情

② 传(zhuàn):名词性,传记性著作,如:小传/自传/立传/传记/列传/树碑立传

D

担

① 担(dān):动词性,用肩膀挑东西,如:担水/担当/承担/担责任/担风险/肩不能担,手不能提

② 担(dàn):名词性,表示担子、任务,如:货郎担/担子/一担水/挑重担

弹

① 弹(dàn):名词性,表示弹丸类事物,如:弹片/弹头/弹弓/枪弹/炮弹/炸弹/手榴弹

② 弹(tán):动词性,表示弹射性动作,如:弹吉他/弹钢琴/弹棉花/弹劾(hé)/弹簧/弹力/弹性

钉

① 钉(dīng):名词性,表示钉子类事物,如:铁钉/图钉/鞋钉/螺丝钉

② 钉(dìng):动词性,把钉子捶进,如:钉(dìng)钉子/钉马掌/钉扣子

敦

① 敦(duì):名词性,古代盛粮食器具,如:敦器

② 敦(dūn):动词性,表示敦促性动作、行为,如:敦促

③ 敦(dūn):形容词性,表示品质、性格方面的性质、状态,如:敦厚/敦睦

E

恶

① 恶(è):形容词性,表示坏、凶恶、恶劣,如:恶毒/恶霸/恶习/恶劣/恶意/罪恶/善恶不分/罪大恶极/穷凶极恶

② 恶(wù):动词性,表示讨厌、憎恨,如:烦恶/可恶/厌恶/憎恶/深恶痛绝/好逸恶劳

③ 恶(ě):动词性,呕吐、作呕,如:恶心

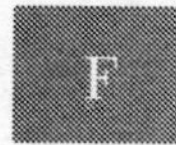

分

① 分(fēn):动词性,使分开、分离,如:分割/分隔/分散/分工/分管

② 分(fēn):名词性,表示分数,划分的时间,如:分子/分母/春分/秋分

③ 分(fèn):名词性,表示成分、限度,如:成分/水分/养分/本分/情分/缘分/分内/分外

缝

① 缝(féng):动词性,用针线连缀,如:缝补/缝纫/裁缝/缝衣服

② 缝(fèng):名词性,小空隙、裂纹,如:墙缝/裂缝/缝隙/无缝钢管

膏

① 膏(gāo):名词性,脂肪、像脂肪的东西,如:民脂民膏/膏腴/膏沃/

牙膏/雪花膏/梨膏/膏药

② 膏(gào):动词性,上润滑油、蘸墨,如:膏车/膏油/膏笔/膏墨

冠

① 冠(guān):名词性,帽子、像帽子的东西,如:桂冠/王冠/衣冠/鸡冠/树冠/花冠/冠心病/冠状动脉/张冠李戴/怒发冲冠

② 冠(guàn):动词性,戴帽子,加上名号,如:冠军/冠礼/夺冠/三连冠/勇冠三军/奋勇夺冠

H

号

① 号(hào):名词性,表示事物,如:名号/记号/号角/称号/国号/年号/封号/符号/番号/分号/逗号/军号/圆号/小号

② 号(háo):动词性,表示喊叫、哭喊性行为,如:号叫/号丧/号哭/干号/哀号/号寒虫

好

① 好(hǎo):形容词性,表示性质优良,如:美好/良好/友好/和好/好看/好闻/好受/好办/好懂

② 号(hào):动词性,表示喜爱、容易发生,如:好客/好奇/好强/爱好/嗜好/好逸恶劳/好高骛远/好流眼泪

夹

① 夹(jiā):动词性,表示两面用力加压力的动作,如:夹剪/夹棍/夹击/夹攻/夹缝/夹角/夹生/夹杂/夹道欢迎

② 夹(jiá):形容词性,表示衣物是双层的,如:夹袄/夹被/一件夹外套

劲

① 劲(jìn):名词性,指力量、力气,如:手劲儿/药劲儿/有劲儿/干劲儿

② 劲(jìng):形容词性,表示有力量,如:劲敌/劲旅/劲松/疾风知劲草

卷

① 卷(juǎn):动词性,把东西弯转裹成圆筒,如:卷铺盖/卷帘子/卷土重来/卷裤腿/风卷残云

② 卷(juǎn):名词性,表示成卷儿的东西,如:行李卷儿/春卷儿

③ 卷(juàn):名词性,书本,试卷,文件,如:卷宗/卷子/案卷/画卷

L

溜

① 溜(liū):动词性,表示滑行、偷着走开,如:溜冰/溜之大吉/溜下山

② 溜(liū):形容词性,表示光滑等性质,如:溜光/溜滑/光溜/滑溜

③ 溜(liù):名词性,迅速的水流,如:大溜/水溜/檐溜

笼

① 笼(lóng):名词性,表示笼子类事物,如:木笼/鸟笼/牢笼/笼屉

② 笼(lǒng):动词性,包裹笼罩,如:烟笼雾罩/晨雾笼住山城/笼络

M

磨

① 磨(mó):动词性,表示摩擦、磨蹭等动作、行为,如:磨光/磨灭/磨刀/打磨/磨洋工/好事多磨

② 磨(mò):动词性,把粮食研磨粉碎,如:磨面/磨豆腐/磨房/磨不过弯

③ 磨(mò):名词性,磨碎粮食的工具,如:石磨/电磨/一盘磨/小磨香油

N

泥

① 泥(ní):名词性,土和水形成的粘稠状物;像泥一样的东西,如:淤

泥/泥塘/泥沙俱下/枣泥/土豆泥/印泥/污泥浊水

② 泥(nì):动词性,用泥、泥样的东西涂抹;受束缚,如:把缝泥严实/泥窗户缝/拘泥/泥古不化

宁

① 宁(níng):动词性,指省视、探望,如:归宁/宁亲

② 宁(níng):形容词性,安静平和,如:宁静/安宁/心绪不宁

③ 宁(nìng):语气副词性,如:宁可/宁愿/宁肯/宁死不屈/宁缺毋滥

屏

① 屏(píng):名词性,屏风一类的事物,如:屏藩/屏风/屏幕/画屏/条屏/四扇屏/荧光屏/孔雀开屏

② 屏(bǐng):动词性,抑止;排除,如:屏息/屏住呼吸/屏弃/屏除

③ 屏(píng):动词性,像屏风一样起遮挡作用,如:燕山山脉是北京天然的屏障/屏蔽

泊

① 泊(pō):名词性,湖(多用于湖名),如:湖泊/水泊/梁山泊/罗布泊

② 泊(bó):动词性,船靠岸;停留,如:泊岸/泊靠/泊位/停泊/漂泊

③ 泊(bó):形容词性,如:淡泊

铺

① 铺(pū):动词性,表示敷设性动作,如:铺轨/铺路/铺床/铺地毯/铺展/铺张/铺植

② 铺(pù):名词性,商店;床铺,如:杂货铺/店铺/药铺/当铺/卧铺

强

① 强(qiáng):形容词性,力量大;程度高,如:强大/强硬/强健/富强/坚强/刚强/强化/强悍/身强力壮

② 强(qiáng):动词性,使用强力、强迫,如:强制/强渡/强占/强固/强行

③ 强(qiǎng):形容词性,表示勉强,如:强求/强辩/强笑/牵强

④ 强(jiàng):形容词性,表示强硬不屈;固执,如:倔强

切

① 切(qiē):动词性,表示切割性动作,如:切除/切断/切削/切肉/切线

② 切(qiè):动词性,表示符合、贴近,如:切合/切近/切题/切脉/咬牙切齿/切肤之痛

③ 切(qiè):形容词性,表示急切、殷切,如:恳切/迫切/关切/切记

曲

① 曲(qū):形容词性,弯曲、不直,如:曲解/曲径/曲线/曲折/弯曲/歪曲/是非曲直

② 曲(qū):名词性,曲霉一类事物,如:酒曲/大曲/红曲/曲子(曲霉)

③ 曲(qǔ):名词性,歌曲及相关事物,如:曲调/小曲/散曲/作曲/谱曲/元曲/曲牌/曲目/曲子(歌谱或乐谱)/曲高和寡

S

丧

① 丧(sāng):名词性,表示与死亡有关的事情,如:丧服/丧钟/奔丧/发丧/吊丧/治丧

② 丧(sàng):动词性,表示丢失、丧失,如:丧命/丧气/丧尽天良/丧家之犬/丧权辱国/闻风丧胆/丧心病狂

苫

① 苫(shān):名词性,草编的遮盖物体的帘子,如:草苫子

② 苫(shàn):动词性,用草帘子等物遮盖物体,如:苫布/苫上油布

扇

① 扇(shān):动词性,摇动扇子扇风,如:扇风/扇扇子/扇动/扇煤炉子

② 扇（shàn）：名词性，扇子、像扇子的东西，如：纸扇/折扇/电扇/门扇/隔扇/吊扇/台扇/排风扇

数

① 数（shǔ）：动词性，查点、计算数目；列举，如：数数儿/不可胜数/屈指可数/如数家珍/数落/数说/历数

② 数（shù）：名词性，表示数目、几个，如：数字/人数/次数/天数/岁数/正数/负数/整数/分数/数人/数月

③ 数（shuò）：形容词性，表示多次，如：数见不鲜

T

梃

① 梃（tǐng）：名词性，棍、棒之类的东西，如：木梃/竹梃/门梃/窗梃

② 梃（tìng）：动词性，用棍棒打，如：梃猪/梃你一顿

W

瓦

① 瓦（wǎ）：名词性，房瓦、泥土制品，如：瓦房/琉璃瓦/瓦盆/瓦罐

② 瓦（wà）：动词性，表示土木建筑行为，如：瓦匠/瓦瓦（wǎ）/瓦刀

兴

① 兴（xīng）：动词性，起来；开始；流行，如：兴办/兴建/兴修/时兴/夙兴夜寐/兴兵作乱/兴师动众/大兴土木/兴长裙子/兴利除弊

② 兴（xīng）：形容词性，兴盛，如：兴隆/兴旺/兴衰

③ 兴（xìng）：名词性，表示情绪，如：兴趣/兴头/兴致/扫兴/助兴/诗兴/雅兴/兴高采烈

咽

① 咽(yān):名词性,咽头,如:咽喉/咽炎/鼻咽管儿/口咽/喉咽

② 咽(yàn):动词性,表示吞食性动作,吞咽/咽下去/咽唾沫/狼吞虎咽/细嚼慢咽/到嘴边的话又咽回去了

③ 咽(yè):形容词性,声音受阻而断续、低沉,如:悲咽/哽咽/呜咽/呜呜咽咽/喇叭声咽

乐

① 乐(yuè):名词性,音乐,如:乐队/乐器/乐曲/乐音/乐章/器乐/声乐/奏乐/乐府

② 乐(lè):动词性,喜欢、愿意做,如:乐意/乐于/乐此不疲/喜闻乐见/津津乐道

③ 乐(lè):形容词性,高兴,如:欢乐/快乐/乐事/乐滋滋/乐极生悲/乐得合不拢嘴

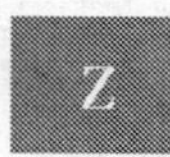

涨

① 涨(zhǎng):动词性,升高;提高,如:涨潮/涨价/水涨船高/股票看涨

② 涨(zhàng):形容词性,体积膨大,如:木耳泡涨了/脸涨得通红/头昏脑涨/钱花涨了

种

① 种(zhǒng):名词性,物种、人种、量词,如:种畜(chù)/种类/稻种/豆种/播种(动宾结构)/传种/配种/黄种人/白种人/火种/孬种/工种/兵种/剧种/税种/品种/某种

② 种(zhòng):动词性,种植,如:种花/种树/种田/播种(并列结构)/耕种/套种/栽种

仔

① 仔(zǎi):名词性,男青年,如:车仔/肥仔/靓仔/马仔/牛仔/打工仔

② 仔(zǐ):形容词性,幼小的、小,如:仔畜/仔鱼/仔细/仔密

钻

① 钻(zuān):动词性,表示旋转深入的动作,如:钻孔/钻谋/钻探/钻研/钻营/钻眼儿/钻木取火/钻进防空洞里去了,太阳从云朵中钻出来

② 钻(zuàn):名词性,钻石;钻孔的工具,如:钻戒/17 钻/钻床/钻头/电钻/风钻/金刚钻/手摇钻

六、常用统读字中容易读错的字

国家语委、国家教委(现教育部)于1988年1月26日正式发布了《现代汉语常用字表》(分2500常用字和1000次常用字)。常用字是指在日常语体的现代汉语书面语中使用频率高的字。这3500个常用字中有相当部分的字在人们的口语中应按《普通话异读词审音表》(国家语委、教委、广播电视部于1985年12月27日联合正式发表)的统读规定去读。所谓统读,即是规定这个字在普通话里,不论用于任何词语中,只读这一个音。然而,在日常生活、工作中这些字经常出现误读的现象,这就须要指出,加以纠正。还有一些字,虽未被列入《常用字表》,但在《审音表》中对它们的读音也有统读的规定。另外也有一些字有习惯性统读。人们在口语中对上述两种字,往往也有误读,现在一并指出。

A

霭(ǎi),不读 ài。如:云霭/烟霭/暮霭

蔼(ǎi),不读 ài。如:蔼蔼/蔼然/和蔼/蔼然可亲

隘(ài),不读 ǎi、yì。如:隘口/隘路/关隘/险隘/要隘

谙(ān),不读 àn、yīn。(熟悉)如:谙达/谙练/谙熟/不谙水性

铵(ǎn),不读 ān。如:氯化铵/碳酸铵/铵肥

埯(ǎn),不读 ān。(点种挖的小坑,挖小坑点种)如:埯豆子/埯瓜/埯豆/

埯种/刨埯儿

昂(áng),不读 āng。如:昂奋/昂贵/昂首/昂扬/气宇轩昂

凹(āo),不读 yáo、wā。如:凹版/凹面镜/凹透镜/凹陷

坳(ào),不读 āo、áo、you。如:山坳/刘家坳(地名)

B

傍(bàng),不读 bāng、páng。如:傍黑儿/傍晌/傍晚/傍午/傍依/傍大款/依山傍水/傍人门户

胞(bāo),不读 pāo。如:同胞/侨胞/胞兄/胞妹/双胞胎

褒(bāo),不读 bǎo。(赞扬)如:褒贬/褒词/褒奖/褒扬/褒义

焙(bèi),不读 péi。如:焙粉/焙干/焙烧/烘焙

蓓(bèi),不读 péi。如:蓓蕾(bèilěi,不读 péiléi)

匕(bǐ),不读 bì。如:匕首/图穷匕现

俾(bǐ),不读 bì、bēi。(使)如:俾昼作夜(把白天当作夜晚)/俾有所悟/俾众周知/俾人说合/俾使

鄙(bǐ),不读 bì。(看不起;谦词)如:鄙薄/鄙陋/鄙人/鄙视/鄙俗/鄙夷/鄙意

庇(bì),不读 pì。如:包庇/庇护/庇荫/庇佑

婢(bì),不读 bēi。如:婢女/奴婢/奴颜婢膝

愎(bì),不读 fù。(固执)如:刚愎自用

痹(bì),不读 pì、pí。如:痹症/风痹/寒痹/麻痹/湿痹

蝙(biān),不读 biǎn、bié。如:蝙蝠

砭(biān),不读 biǎn、fá。(古时用石针扎皮肉治病)如:砭骨/砭石/针砭/痛砭时弊

遍(biàn),不读 piàn。如:遍地/遍布/遍野/遍体鳞伤/普遍/走遍天下

濒(bīn),不读 pín。如:东濒太湖/濒临/濒危/濒于

髌(bìn),不读 bīn。如:髌骨/髌刑

波(bō),不读 pō。如:波浪/波涛/波澜/波兰/风波/电波

菠(bō),不读 bó。如:菠菜/菠萝

舶(bó),不读 pó、pò。如:船舶/海舶/巨舶/舶来品

捕(bǔ),不读 pǔ。如:捕获/捕捞/捕杀/捕食/被捕/逮捕

哺(bǔ),不读 pǔ、fǔ。如:哺乳/哺育/反哺

埠(bù),不读 fǔ、fù。如:埠头/船埠/商埠/外埠/本埠

C

残(cán),不读 cǎn。如:残暴/残害/残破/残余/凶残/摧残

惭(cán),不读 cǎn。如:惭愧/羞惭/大言不惭/面无惭色

惨(cǎn),不读 càn。如:惨案/惨败/惨烈/惨痛/惨绝人寰/悲惨/凄惨

灿(càn),不读 cǎn。(耀眼;鲜明)如:灿烂/金灿灿

糙(cāo),不读 zào。如:糙粮/糙米/粗糙/毛糙

嘈(cáo),不读 zāo、cāo。如:嘈杂

岑(cén),不读 chén。如:姓岑

搽(chá),不读 cá。如:搽碘酒/搽粉/搽油/搽雪花膏

阐(chǎn),不读 shàn。(说明白)如:阐发/阐明/阐释/阐述

羼(chàn),不读 chān。(掺杂)如:羼杂/羼入

忏(chàn),不读 qiān。如:忏悔/拜忏

伥(chāng),不读 chàng。(古代迷信传说人被虎咬死变成鬼又助虎伤人)如:伥鬼/为虎作伥

撑(chēng),不读 zhǎng。如:撑场面/撑门面/撑杆跳/撑破肚皮/撑船/撑伞/支撑

瞠(chēng),不读 táng。(瞪眼直看)如:瞠目/瞠视/瞠目结舌/瞠乎其后

橙(chéng),不读 chén。如:橙色/橙汁/橙子

惩(chéng),不读 chěng。如:惩办/惩处/惩罚/惩戒/惩前毖后/惩一警百

嗤(chī),不读 chí。如:嗤笑/嗤之以鼻

痴(chī),不读 chí、zhī。如:痴呆/痴迷/痴情/痴心/痴人说梦/痴心妄想/如醉如痴

侈(chǐ),不读 chì、chī。(浪费;夸大)如:侈谈/侈靡/奢侈

褫(chǐ),不读 chí。(剥夺)如:褫夺/褫取

炽(chì),不读 zhì。炽烈/炽情/炽热/炽盛/白炽灯

触(chù),不读 zhù、chǔ。如:触电/触动/触发/触犯/触及/触觉/触须/触景生情/触类旁通/触目惊心

绌(chù),不读 chuò、zhuō。(短缺)如:相形见绌/左支右绌

黜(chù),不读 chuò、chū。(罢免)如:黜免/黜退/罢黜/贬黜/废黜

疵(cī),不读 cí、pì、bi。如:疵点/疵品/疵瑕/瑕疵/吹毛求疵

从(cóng),不读 cōng。如:从军/从容不迫/跟从/从而

丛(cóng),不读 cǒng。如:丛集/丛刊/丛林/丛生/丛书/人丛/论丛/刀丛/树丛

璀(cuǐ),不读 cuī。如:璀璨

痤(cuó),不读 cuò。如:痤疮

挫(cuò),不读 cuō、cuǒ。如:挫败/挫伤/挫折/顿挫/受挫

搭(dā),不读 dá。如:搭伴/搭帮/搭车/搭档/搭伙/搭界/搭配/搭腔/搭讪/搭架子/搭街坊

呆(dāi),不读 ái。如:呆板/呆傻/呆账/呆滞/呆若木鸡/目瞪口呆

傣(dǎi),不读 tài。如:傣族/傣家

档(dàng),不读 dǎng。如:档案/档次/低档/高档/查档/存档/调档/归档

蹈(dǎo),不读 dào。如:蹈海/蹈袭/手舞足蹈/循规蹈矩/重蹈覆辙/赴汤

蹈火

悼(dào),不读 dǎo。如:悼词/悼念/悼亡/悼唁/哀悼/追悼

堤(dī),不读 tí。如:堤岸/堤坝/堤防/堤围/堤堰/大堤

抵(dǐ),不读 dí。如:抵触/抵挡/抵赖/抵事/抵牾/抵押/抵御/收支相抵/一个不抵一个

蒂(dì),不读 tì。如:烟蒂/花蒂/并蒂莲/根深蒂固/瓜熟蒂落

缔(dì),不读 tì。(结合)如:缔交/缔盟/缔约/缔造/取缔

跌(diē),不读 dié。如:跌宕/跌荡/跌份儿/跌价/跌落/跌足/跌跌撞撞/大跌眼镜

蝶(dié),不读 diě。如:蝴蝶/粉蝶/蝶泳/蝶恋花/采茶捕蝶

订(dìng),不读 dīng。如:订单/订购/订户/订婚/订货/订金/订阅/审订/修订

咄(duō),不读 duó、chū、chuò。(表示呵叱、惊异)如:咄咄逼人/咄咄怪事

踱(duó),不读 dù。如:踱步/踱来踱去

婀(ē),不读 ā、ě。如:婀娜/婀娜多姿

阀(fá),不读 fà。如:阀门/阀阅/军阀/门阀/气阀/水阀

法(fǎ),不读 fà。如:法宝/法场/法国/法警/法统/法网/法则/法兰西/法西斯

砝(fǎ),不读 fà。如:砝码

帆(fān),不读 fán。如:帆布/帆船/帆樯/扬帆/征帆/千帆竞发/一帆风顺

藩(fān),不读 fán。如:藩篱/藩屏/藩属/藩镇/外藩

梵(fàn),不读 fán。如:梵宫/梵刹/梵语/梵钟/梵蒂冈

妨(fáng),不读 fāng。如:妨碍/妨害/无妨

防(fáng),不读 fāng。如:防备/防范/防腐/防身/防疫/防不胜防/防患未然/防微杜渐

沸(fèi),不读 fú。如:沸点/沸泉/沸水/沸腾/沸反盈天/沸沸扬扬/扬汤止沸

氛(fēn),不读 fèn。如:氛围/气氛

汾(fén),不读 fēn。如:汾河/汾酒/临汾

讽(fěng),不读 fēng。如:讽刺/讽谏/讽喻/嘲讽/冷嘲热讽

肤(fū),不读 fú、fǔ。如:肤泛/肤浅/肤皮潦草/切肤之痛

敷(fū),不读 fú。(涂、搽;布置,铺设;足够)如:敷陈/敷设/敷衍/敷粉/敷药/入不敷出

浮(fú),不读 fóu。如:浮报/浮尘/浮荡/浮泛/浮夸/浮礼/浮面/浮漂/浮石/浮皮潦草

拂(fú),不读 fó。如:拂尘/拂拭/拂晓/拂煦/吹拂/拂袖而去

幅(fú),不读 fǔ。如:幅度/幅面/幅员/篇幅

辐(fú),不读 fǔ。如:辐条/辐辏/辐射

甫(fǔ),不读 pǔ。(古时在男子名字下加的美称,刚刚、刚才)如:台甫(旧时询问别人名号时的用语)/神甫/喘息甫定

讣(fù),不读 pǔ、bǔ。如:讣告/讣电/讣闻

附(fù),不读 fú、fǔ。如:附笔/附带/附和/附加/附录/附逆/附庸/附注/附庸风雅

阜(fù),不读 fǔ。如:物阜民丰/民康物阜

复(fù),不读 fú。如:复辟/复仇/复方/复命/复印/答复

腹(fù),不读 fǔ。如:腹地/腹稿/腹膜/腹腔/腹泻/腹背受敌

G

噶(gá),不读 gǎ、gé。如:噶伦/噶厦/噶达娃节(藏族节日)

尬(gà),不读 gǎ、jiè。如:尴尬
冈(gāng),不读 gǎng。如:山冈/高冈/井冈山/景阳冈
睾(gāo),不读 gǎo。如:睾丸/附睾
戈(gē),不读 gě。如:戈比(俄罗斯货币名)/戈壁/干戈/同室操戈
割(gē),不读 gé。如:割爱/割除/割断/割据/割裂/割弃/割让/割鸡焉用牛刀
亘(gèn),不读 gèng。如:绵亘/亘古未有/横亘千里
肱(gōng),不读 hóng。(胳膊从肘到肩的部分,泛指胳膊)如:肱骨/股肱(旧指得力助手)/曲肱而枕
佝(gōu),不读 jū。如:佝偻
梏(gù),不读 gào。如:桎梏
锢(gù),不读 gū。(熔化金属堵塞空隙;禁锢)如:锢蔽/党锢/禁锢
犷(guǎng),不读 kuàng。如:犷悍/粗犷
瑰(guī),不读 guì。如:瑰宝/瑰丽/瑰奇/瑰玮/瑰异/玫瑰
刽(guì),不读 kuài。如:刽子手
国(guó),不读 guǒ。如:国标/国耻/国度/国格/国家/国力/国门/国旗/国库券/保家卫国
帼(guó),不读 guǒ。如:巾帼

H

罕(hǎn),不读 hān。(稀少)如:罕见/罕有/人迹罕至
壑(hè),不读 huò。如:沟壑/丘壑/千山万壑/以邻为壑
褐(hè),不读 hé。如:褐煤/褐铁矿/褐色/短褐
鹤(hè),不读 háo。如:丹顶鹤/仙鹤/松鹤同龄
黑(hēi),不读 hē。如:黑色/摸黑/墨黑/颠倒黑白
亨(hēng),不读 héng。(通达,顺畅)如:万事亨通

訇(hōng),不读 hòng。(大声)如:阿訇(伊斯兰教主持教仪、讲经布道之人)/訇然/訇的一声

讧(hòng),不读 hōng。(混乱,溃败)如:讧争/内讧

囫(hú),不读 hū。如:囫囵吞枣

桦(huà),不读 huá。如:桦树/桦木/白桦林

徊(huái),不读 huí。如:徘徊

踝(huái),不读 guǒ。如:内踝/外踝/踝子骨

浣(huàn),不读 wǎn。(洗涤)如:浣衣/浣纱/浣溪纱

鲩(huàn),不读 wǎn。如:鲩鱼(草鱼的学名)

肓(huāng),不读 máng。如:病入膏肓/膏肓之疾

诲(huì),不读 huǐ。如:教诲/训诲/诲人不倦/诲盗诲淫

晦(huì),不读 huǐ。(昏暗不明)如:晦暗/晦暝/晦气/晦涩/隐晦/韬晦/风雨如晦

诨(hùn),不读 hūn、hún。(开玩笑的话)如:诨号/诨名/插科打诨

霍(huò),不读 huǒ。(迅疾,快速)如:霍地/霍乱/霍然/霍闪/霍霍

蠖(huò),不读 hù。如:尺蠖(虫名)

获(huò),不读 hù、huái。如:获得/获救/获取/获悉/缴获/收获/如获至宝

畸(jī),不读 qí。(不正常的,不规则的)如:畸变/畸零/畸形/畸轻畸重

羁(jī),不读 jì。(束缚;停留)如:羁绊/羁勒/羁留/羁縻/羁押

圾(jī),不读 jí。如:垃圾

激(jī),不读 jì。如:激昂/激变/激愤/激化/激活/激进/激灵/激切/激扬/偏激/刺激/激浊扬清

即(jí),不读 jì。如:即便/即或/即刻/即将/即景/即位/即席/即兴/立即/若即若离

疾(jí),不读 jī。如:疾病/疾驰/疾风/疾患/疾苦/疾书/疾恶如仇/疾风劲草/痛心疾首/疾言厉色

汲(jí),不读 jī。(从井中打水)如:汲引/汲取/汲水

棘(jí),不读 jǐ。如:棘刺/棘手/荆棘/披荆斩棘

嫉(jí),不读 jì。如:嫉妒/嫉恨/嫉恶如仇/嫉贤妒能

脊(jǐ),不读 jī、jí。如:脊背/脊梁/脊檩/脊鳍/脊柱/脊椎

绩(jì),不读 jī、jí。如:绩麻/纺绩/成绩/功绩/丰功伟绩

迹(jì),不读 jī。如:迹地/迹象/痕迹/奇迹/事迹/人迹罕至

寂(jì),不读 jí。如:寂静/寂寥/寂寞/寂然/沉寂/孤寂/圆寂

浃(jiā),不读 jiá。如:汗流浃背

戛(jiá),不读 jiǎ、gā。如:戛然而止/戛玉敲金

歼(jiān),不读 qiān。如:歼敌/歼匪/歼击/歼灭/围歼

笺(jiān),不读 jiàn。如:笺注/信笺/便笺

趼(jiǎn),不读 jiǎng。如:趼子/手趼/老趼

缰(jiāng),不读 gāng。如:缰绳/信马由缰

膙(jiǎng),不读 jiǎn。如:膙子

较(jiào),不读 jiǎo。如:较量/较劲/较真/比较/计较

酵(jiào),不读 xiào。如:发酵/酵母

嗟(jiē),不读 juē。如:嗟悔/嗟叹/嗟乎/嗟来之食

睫(jié),不读 jiē。如:睫毛/迫在眉睫/目不交睫

浸(jìn),不读 qīn、qǐn。如:浸没/浸泡/浸染/浸润/浸透/浸渍/浸湿/沉浸

觐(jìn),不读 jǐn。(朝见君主或朝拜圣地)如:朝觐/觐见

茎(jīng),不读 jìng。如:茎叶/块茎/花茎/阴茎

粳(jīng),不读 gēng。如:粳稻/粳米

痉(jìng),不读 jīng。如:痉挛

窘(jiǒng),不读 jǔn。如:窘促/窘境/窘况/窘迫/窘态/困窘

究(jiū)，不读 jiù。如：究办/究诘/究竟/推究/研究/违法必究

灸(jiǔ)，不读 jiū。如：针灸

咎(jiù)，不读 jiū。(罪过；过失；处分；怪罪)如：归咎/自咎/咎由自取/既往不咎/咎有应得

鞠(jū)，不读 jú。(抚养，养育；踢球)如：鞠躬/鞠养/鞠育/蹴鞠

掬(jū)，不读 jú。如：笑容可掬

狷(juàn)，不读 juān。(心胸狭窄，急躁)如：狷急/狷介/狷直(耿直)

俊(jùn)，不读 zùn。如：俊杰/俊美/俊俏/俊秀/英俊

K

揩(kāi)，不读 kǎi、kǎ。如：揩干/揩汗/揩拭/揩油

慨(kǎi)，不读 kài。(慷慨；感慨；激愤)如：慨然/慨叹/慨允/愤慨/感慨/慷慨

忾(kài)，不读 kǎi。(愤怒；仇恨)如：同仇敌忾

勘(kān)，不读 kàn。(查看；审查；校对；复核)如：勘测/勘察/勘探/勘误/勘正/校勘

慷(kāng)，不读 kǎng。慷慨陈词/慷慨激昂/慷慨就义

拷(kǎo)，不读 kào。如：拷贝/拷打/拷问

恪(kè)，不读 què。(谨慎；恭敬)如：恪守/恪遵

眍(kōu)，不读 kóu。(眼睛深陷)如：眍䁖

酷(kù)，不读 kū、gào、hào。(极度；残忍、暴虐到极点)如：酷爱/酷吏/酷热/酷暑/酷似

框(kuàng)，不读 kuāng。如：框架/框子/门框/镜框

傀(kuǐ)，不读 kuí。如：傀儡

喟(kuì)，不读 wèi。(叹气)如：喟然/喟叹

篑(kuì)，不读 guì。(古时盛土的筐子)如：功亏一篑

括(kuò),不读 guā。如:括号/括弧/包括/概括/综括/总括

廓(kuò),不读 guō。如:廓大/廓落/廓清/廓张/寥廓/轮廓

L

垃(lā),不读 là。如:垃圾

邋(lā),不读 là。如:邋遢

琅(láng),不读 lǎng。如:琅琅上口

锒(láng),不读 liáng。(铁锁链,金属撞击之声)如:锒铛入狱

捞(lāo),不读 láo。如:捞本儿/捞取/捞稻草/捞外快/捞鱼摸虾/捕捞

醪(lāo),不读 láo。(醇酒,浊酒)如:醪糟(江米酒)

礌(léi),不读 lèi。如:滚木礌石

蕾(lěi),不读 léi。如:蕾铃/花蕾/蓓蕾

连(lián)。不读 liān。如:连带/连贯/连接/连连/连日/连通/连用/连载/连锅端/连锁店

敛(liǎn),不读 liàn。如:敛步/敛财/敛钱/敛容/敛足/聚敛/收敛/横征暴敛

殓(liàn),不读 liǎn。如:殓葬/成殓/入殓/装殓

恋(liàn),不读 liān、luàn。如:恋歌/恋人/爱恋/初恋

寥(liáo),不读 liǎo、liào。(稀少,疏朗,空旷)如:寥廓/寥寥/寥落/寂寥/寥若晨星

镣(liào),不读 liáo。如:镣铐/脚镣

劣(liè),不读 liě、luè。如:劣迹/劣绅/劣势/劣质/恶劣/顽劣

捩(liè),不读 lì。(扭转)如:捩转/转捩点

趔(liè),不读 lié。如:趔趄

拎(līn),不读 lìng。如:拎着/拎兜/拎不动

遴(lín),不读 lìn。(慎重选择)如:遴才/遴选

虏(lǔ),不读 luǒ。如:虏获/鞑虏/俘虏

掳(lǔ),不读 luǒ。如:掳夺/掳掠/掳获

闾(lǘ),不读 lǚ。(里门,巷口的门)如:闾里/闾巷/村闾/乡闾/穷闾隘巷

榈(lǘ)不读 lǚ。如:棕榈

孪(luán),不读 lán。如:孪子/孪生兄弟

峦(luán),不读 lán。如:峦嶂/峰峦/冈峦/山峦/重峦叠嶂

挛(luán),不读 lán。如:挛缩/痉挛/拘挛

掠(lüè),不读 lüě。如:掠夺/掠取/抢掠/掳掠/掠过水面

荦(luò),不读 láo。(明显,分明)如:卓荦/荦荦大端

M

漫(màn),不读 mán。如:漫灌/漫漶/漫延/漫溢/弥漫

牤(māng),不读 máng。如:牤牛/牤子

铆(mǎo),不读 mǒu。如:铆钉/铆接/铆足了劲儿

虻(méng),不读 máng。如:牛虻/虻虫

甍(méng),不读 mèng。(高高的屋脊)如:高甍/碧瓦朱甍

弥(mí),不读 ní。(补,合;满,遍;更加)如:弥补/弥封/弥合/弥勒/弥陀/弥天大谎/弥坚/欲盖弥彰

祢(mí),不读 ní。如:祢衡(东汉时人名)

弭(mǐ),不读 mí。(止,息)如:弭患/弭乱/风弭雨停

娩(miǎn),不读 wǎn。如:娩出/分娩

渺(miǎo),不读 miào。(微小;水势辽远;因远而看不清楚)如:渺小/烟波浩渺/渺茫/飘渺

茗(míng),不读 mín。如:香茗/品茗

酩(mǐng),不读 míng。如:酩酊

谬(miù),不读 niù。如:谬论/谬误/谬种/荒谬

嬷(mó),不读 mò。如:嬷嬷(旧时称奶妈为嬷嬷)

墨(mò),不读 mì。如:墨斗/墨海/墨盒/墨迹/墨镜/墨汁/墨水/墨线/墨守成规

眸(móu),不读 mū、mú。如:眸子/回眸/明眸/凝眸/明眸皓齿

N

赧(nǎn),不读 shè。(因羞涩而脸红)如:赧然一笑/赧颜汗下

蝻(nǎn),不读 nán。如:蝻虫

蛲(náo),不读 yáo、ráo。如:蛲虫

讷(nè),不读 nà。(言语迟钝,不善表达)如:讷口/木讷/讷讷

馁(něi),不读 lěi、nèi。(饥饿;缺乏勇气)如:冻馁/气馁/自馁/胜不骄,败不馁

嫩(nèn),不读 nùn、lèn。如:嫩黄/嫩绿/嫩叶/嫩芽/娇嫩

妮(nī),不读 ní。(女孩子)如:妮子

拟(nǐ),不读 ní、nì、yǐ。如:拟订/拟稿/拟声/拟态/草拟/模拟/拟议/拟于不伦

拈(niān),不读 zhān、niǎn。如:拈阄儿/拈香/拈轻怕重/信手拈来

鲇(nián),不读 niān。如:鲇鱼

酿(niàng),不读 ràng。如:酿酒/酿蜜/酿造/佳酿/酝酿

忸(niǔ),不读 niù。如:忸怩作态

脓(nóng),不读 néng。如:化脓/脓肿

暖(nuǎn),不读 nǎn。如:暖房/暖壶/暖瓶/暖气/暖烘烘/暖融融/暖洋洋

衄(nǜ),不读 niǔ、niù。(鼻子流血;战败)如:鼻衄/齿衄/败衄

傩(nuó),不读 nán。如:傩戏/傩舞

O

殴(ōu),不读 ǒu。如:殴打/殴伤/斗殴

呕(ǒu),不读 ōu。如:呕吐/呕心/呕血/呕心沥血

P

葩(pā),不读 bā。(花)如:奇葩/阆苑仙葩

杷(pá),不读 bà。如:枇杷

琶(pá),不读 ba。如:琵琶

湃(pài),不读 bài。如:澎湃

蹒(pán),不读 mán。如:蹒跚

蟠(pán),不读 pān。(屈曲,环绕)如:蟠曲/蟠桃/蟠龙卧虎/龙蟠虎踞

畔(pàn),不读 bàn。如:河畔/湖畔/田畔/桥畔/枕畔

乓(pāng),不读 bāng。如:乒乓/乓的一声

滂(pāng),不读 páng。如:滂沱

脬(pāo),不读 fú。如:尿脬(膀胱)/一脬尿

胚(pēi),不读 péi。如:胚胎/胚芽

澎(péng),不读 pēng。如:澎湖/澎湃

丕(pī),不读 péi。(大)如:丕才/丕杰/丕业

坯(pī),不读 pēi。如:坯布/坯料/打坯/毛坯/脱坯/砖坯

披(pī),不读 pēi。如:披挂/披露/披散/披阅/披坚执锐/披肝沥胆/披沙拣金/披头散发/披星戴月

匹(pǐ),不读 pī。如:匹敌/匹夫/匹配/匹马单枪

睥(pì),不读 pī、bēi、bì。(斜着眼睛看)如:睥睨

媲(pì),不读 bǐ。(比,并)如:媲美

僻(pì),不读 bèi。如:僻静/僻陋/僻壤/僻字/偏僻/孤僻

譬(pì),不读 pǐ、bǐ。如:譬如/譬喻/设譬

剽(piāo),不读 piáo、piào。如:剽悍/剽窃/剽掠/剽袭

殍(piǎo),不读 piáo。如:饿殍

瞥(piē),不读 bì。如:瞥见/一瞥

嫔(pín),不读 bīn、bìn。如:嫔妃

牝(pìn),不读 pǐn、bì。(雌性的鸟兽)如:牝鸡/牝马/牝牡

乒(pīng),不读 bīng。如:乒乓/乒乓作响

颇(pō),不读 pǒ。如:偏颇/颇为费力

鄱(pó),不读 bó。如:鄱阳湖(现作波阳湖)

剖(pōu),不读 pāo。如:剖白/剖腹/剖面/剖析/解剖

抔(póu),不读 bēi。(用手捧东西;量词)如:抔饮/一抔黄土

扑(pū),不读 pú。如:扑鼻/扑打/扑粉/扑棱/扑灭/扑腾/扑朔迷离

璞(pú),不读 pǔ。(未雕琢过的玉石)如:璞玉浑金

蹼(pǔ),不读 pú。如:蹼泳/蹼趾/脚蹼/鸭蹼

戚(qī),不读 qí、qì。(忧愁,哀伤;因婚姻形成的关系)如:哀戚/悲戚/亲戚/休戚相关

漆(qī),不读 qǐ。如:大漆/清漆/油漆/如胶似漆

畦(qí),不读 qǐ、xī。如:畦灌/畦田/菜畦

骑(qí),不读 jì。如:铁骑/坐骑/千里走单骑

企(qǐ),不读 qí。(踮着脚看;希望,期盼)如:企鹅/企及/企求/企图/企望/企足而待

绮(qǐ),不读 qí。如:绮丽/绮思/绮纨

迄(qì),不读 qǐ。如:迄今/迄无音信

葺(qì),不读 róng。如:修葺

憩(qì),不读 qī。如:小憩/休憩/游憩

洽(qià),不读 qiā。(与人联系;谐和)如:洽商/洽谈/融洽

悭(qiān),不读 jiān。(吝啬)如:悭吝

签(qiān),不读 qiàn。如:签订/签发/签名/签收/签署/签证

愆(qiān),不读 yǎn。(错过;罪过)如:愆期/愆尤/罪愆

钤(qián),不读 jīn。(印章;盖印章)如:钤记/钤印/钤盖

潜(qián),不读 qiǎn。如:潜藏/潜伏/潜流/潜入/潜水艇/潜逃/潜心/潜移默化

堑(qiàn),不读 zhǎn。如:堑沟/堑壕/天堑

戕(qiāng),不读 qiáng。(杀害)如:戕害/自戕

跄(qiàng),不读 qiāng。如:跄踉

橇(qiāo),不读 qiào。如:雪橇

怯(qiè),不读 què。如:怯场/怯懦/怯阵/胆怯

挈(qiè),不读 xié。如:挈带/挈眷/提挈/提纲挈领/扶老挈幼

惬(qiè),不读 xiá、jiá。如:惬当/惬怀/惬意/词惬意当

锲(qiè),不读 qì。如:锲刻/锲而不舍

侵(qīn),不读 qǐn。如:侵夺/侵犯/侵害/侵略/侵权/侵扰

衾(qīn),不读 qín。如:衾枕/衣衾棺椁/生同衾,死同穴

倾(qīng),不读 qǐng。如:倾侧/倾倒/倾覆/倾慕/倾诉/倾听/倾家荡产/倾筐倒箧

顷(qǐng),不读 qīng。如:顷刻/顷闻/俄顷/少顷/有顷/碧波万顷

綮(qǐng),不读 qìng、qǐ。(筋骨结合处;要害)如:肯綮

穹(qióng),不读 gōng。如:穹苍/穹隆/穹庐/苍穹/天穹

囚(qiú),不读 qiū。如:囚车/囚犯/囚禁/囚徒/囚衣/囚首垢面

糗(qiǔ),不读 xiù、chòu。如:糗粮/糗饵

诎(qū),不读 chū、chù。如:言迟语诎

祛(qū),不读 qù。如:祛除/祛痰/祛邪/祛疑

瞿(qú),不读 qū、jù。(惊恐四顾)如:瞿然/瞿塘峡(长江三峡之一)

龋(qǔ),不读 yǔ。如:龋齿

趣(qù),不读 qǔ。如:趣事/趣味/趣闻/风趣/兴趣/自讨没趣

悛(quān),不读 jùn。(悔改)如:怙恶不悛

颧(quán),不读 guān、guàn。如:颧骨

蜷(quán),不读 juàn。如:蜷伏/蜷曲/蜷缩

券(quàn),不读 juàn。如:国库券/公债券/入场券/优待券

阕(què),不读 kuí。(停止,终了;量词)如:乐阕/上阕/一阕

R

髯(rán),不读 rǎn。如:长髯/美髯/虬髯

攘(rǎng),不读 yáng。如:攘除/攘夺/攘外

绕(rào),不读 rǎo。如:绕道/绕嘴/绕脖子/绕口令/绕圈子

妊(rèn),不读 rén。如:妊妇/妊娠

扔(rēng),不读 rěng、lēng。如:扔掉/扔下不管

仍(réng),不读 yēng。如:仍旧/仍然

冗(rǒng),不读 yǒng。(多余无用的;繁忙的)如:冗长/冗繁/冗务/冗员/冗杂

孺(rú),不读 rǔ。如:妇孺皆知/孺子可教

蠕(rú),不读 rǔ、nú。如:蠕动/蠕形

缛(rù),不读 rǔ。如:繁文缛节

锐(ruì),不读 ruǐ。如:锐减/锐利/锐意/尖锐/锐不可当

埽(sào),不读 sǎo。如:埽材/束埽/镶埽

森(sēn),不读 shēn。如:森林/森然/森森/森严/阴森

啥(shá),不读 shà。如:干啥/啥时候了/要啥有啥

霎(shà),不读 chà。如:霎时间/一霎

衫(shān),不读 sān。如:衬衫/汗衫/棉毛衫

姗(shān),不读 sān。如:姗姗来迟

讪(shàn),不读 shān。如:讪笑/讪讪/讥讪

嬗(shàn),不读 chán、tán。如:嬗变

赡(shàn),不读 zhān。如:赡养/赡足/丰赡/宏赡

墒(shāng),不读 shàng。如:墒情/保墒/抢墒

韶(sháo),不读 shào。(美,美好)如:韶光/韶华/韶关(在广东省)

劭(shào),不读 zhāo。如:年高德劭

猞(shē),不读 shě。如:猞猁

摄(shè),不读 niè、niē。如:摄取/摄像/摄影/摄政/摄制/拍摄

慑(shè),不读 niè、zhé。如:慑服/威慑/震慑

娠(shēn),不读 chén。如:妊娠

哂(shěn),不读 xī。(微笑)如:哂存/哂纳/哂笑/一哂

渗(shèn),不读 sèn。如:渗井/渗透/渗出

蜃(shèn),不读 chén。如:蜃景/海市蜃楼

眚(shěng),不读 shēng。(眼睛生翳;灾祸;过错)如:目眚/一眚掩大德

矢(shǐ),不读 shì。(箭;发誓)如:矢石/矢忠/弓矢/矢志不移/矢口否认

恃(shì),不读 chí、chì。(依仗)如:失恃/仗恃/有恃无恐

室(shì),不读 shǐ。如:家室/教室/居室/研究室

狩(shòu),不读 shǒu。如:狩猎/巡狩

纾(shū),不读 yú。(缓和,解除)如:纾缓/纾祸/毁家纾难

枢(shū),不读 qū。如:枢纽/枢密/枢要/中枢

姝(shū),不读 zhū。(美丽,美好)如:姝丽/名姝

殊(shū),不读 chū。如:殊荣/殊勋/殊遇/殊死搏斗

叔(shū),不读 shú。如:叔父/叔叔/小叔子

菽(shū),不读 shú。如:菽稷/不辨菽麦

淑(shū),不读 shú。如:淑静/淑女/贤淑

摅(shū),不读 lǜ。(表示,发表)如:略摅己意

蔬(shū),不读 sū。如:蔬菜/果蔬

墅(shù),不读 yě。如:别墅

漱(shù),不读 sù。如:漱口/洗漱/枕流漱石

戍(shù),不读 xū。如:戍边/戍守/卫戍

束(shù),不读 sù。如:束发/束缚/束身/束手/束手就擒/束之高阁

涮(shuàn),不读 shuā。如:涮羊肉/涮锅子

吮(shǔn),不读 sǔn、yǔn。如:吮吸/吮乳/吮血

烁(shuò),不读 lè。(光亮的样子)如:闪烁/烁烁放光

硕(shuò),不读 shí。如:硕果/硕士/肥硕/丰硕/硕果累累

怂(sǒng),不读 cóng。如:怂恿

耸(sǒng),不读 cóng。(高起,直立;惊动)如:耸动/耸肩/耸立/高耸入云/耸人听闻

悚(sǒng),不读 shù。(害怕,恐惧)如:悚惧/震悚/毛骨悚然

艘(sōu),不读 sǒu。如:一艘油轮

嗾(sǒu),不读 suō。如:嗾犬/嗾使/教嗾

速(sù),不读 shù。如:速成/速度/速记/速决/速食/速效

塑(sù),不读 suò、shuò。如:塑封/塑料/塑像/塑造

溯(sù),不读 suò、shuò。如:溯源/回溯/上溯/追溯/追本溯源

虽(suī),不读 suí。如:虽然/虽说/虽则

荽(suī),不读 tuǒ。如:芫荽(俗称香菜)

绥(suí),不读 tuǒ。(安抚,使平定;平安)如:绥靖/时绥/抚绥

髓(suǐ),不读 suí。如:骨髓/脊髓/精髓/脑髓

祟(suì),不读 chóng。(鬼神作怪,借指不光明行为)如:作祟/鬼鬼祟祟

隧(suì),不读 suí。如:隧道/隧洞

隼(sǔn),不读 shǔn、zhǔn。如:隼鸟/鹰隼

唆(suō),不读 suò。(唆使)如:唆使/教唆

娑(suō),不读 shā。如:婆娑

嗍(suō),不读 suó。如:嗍奶嘴/嗍手指头

索(suǒ),不读 suò、suó。如:索道/索贿/索价/索取/索然/索性/索要/索引/索然无味

T

趿(tā),不读 jí。如:趿拉

獭(tǎ),不读 lài。如:水獭/旱獭

挞(tà),不读 dá。如:挞伐/鞭挞

帑(tǎng),不读 nǔ。如:帑银/国帑

涛(tāo),不读 táo。如:波涛/林涛/松涛/涛声/惊涛骇浪

绦(tāo),不读 tiáo。如:绦带/绦子/丝绦

剔(tī),不读 tì。如:剔除/剔骨头/剔透/挑剔

倜(tì),不读 zhōu。如:倜傥

悌(tì),不读 dì。(顺从兄长)如:孝悌

惕(tì),不读 yì。如:警惕

佻(tiāo),不读 tiáo。如:佻薄/佻巧/轻佻

迢(tiáo),不读 zhāo。(远)如:迢远/千里迢迢

听(tīng),不读 tìng。如:听便/听差/听命/听任/听众/听其自然/洗耳恭听

恸(tòng),不读 dòng。(极度悲哀,痛哭)如:恸哭/悲恸

凸(tū),不读 tú、gǔ。如:凸透镜/凹凸不平

突(tū),不读 tú。如:突变/突发/突击/突起/突破/突围/冲突/突飞猛进

荼(tú),不读 chá。如:荼毒/如火如荼

湍(tuān),不读 duān、tuǎn。如:湍急/湍流

颓(tuí),不读 duī、tuī。如:颓败/颓废/颓靡/颓丧/颓唐/倾颓

蜕(tuì),不读 shuì、tuō。如:蜕变/蜕化/蜕皮/蚕蜕/蛇蜕

臀(tún),不读 diàn。如:臀部/臀围

唾(tuò),不读 chuí。如:唾骂/唾沫/唾弃/唾液/唾手可得

柝(tuò),不读 chāi。如:柝声/击柝/金柝

娲(wā),不读 wō。如:女娲

腽(wà),不读 wēn。如:腽肭(wànà,海狗的古称)

崴(wǎi),不读 wēi。如:崴子/海参崴

蜿(wān),不读 wǎn。如:蜿蜒

危(wēi),不读 wěi。如:危殆/危害/危机/危急/危险/病危/危在旦夕/正襟危坐

偎(wēi),不读 wèi。如:偎傍/偎依/依偎/偎在怀里

巍(wēi),不读 wéi、wèi。如:巍峨/巍然/巍巍

韦(wéi),不读 wěi。如:韦革(熟皮子)/韦编三绝

违(wéi),不读 wěi。如:违拗/违背/违犯/违禁/违抗/违误

唯(wéi),不读 wěi。如:惟一/惟利是图

猥(wěi),不读 wēi。如:猥辞/猥陋/猥琐/猥亵/烦猥

韪(wěi),不读 huì。(是,对)如:冒天下之大不韪

萎(wěi),不读 wēi。如:萎落/萎靡/萎缩/萎谢

紊(wěn),不读 wèn。如:紊乱/有条不紊

妩(wǔ),不读 wú。如:妩媚

牾(wǔ),不读 yǔ、wù。(冲突;抵触;不顺从)如:牾逆/抵牾

坞(wù),不读 wū。如:船坞/花坞/山坞

焐(wù),不读 wǔ。如:焐一焐/焐被窝/焐热了

杌(wù),不读 jī。如:杌子/杌凳

X

夕(xī),不读 xì。如:夕烟/夕阳/夕照/除夕/前夕/朝夕相处

汐(xī),不读 xì。如:潮汐

析(xī),不读 xì。如:析疑/解析/剖析/分崩离析

昔(xī),不读 xí。如:昔日/平昔/往昔/抚今追昔

悉(xī),不读 xǐ、xì。如:熟悉/知悉/悉心照料

锡(xī),不读 xí。如:白锡

溪(xī),不读 qī。如:溪流/溪水/山溪/小溪

蜥(xī),不读 xí。如:蜥蜴

惜(xī),不读 xǐ、xí。如:惜别/惜力/爱惜/吝惜/叹惜/惜老怜贫/惜墨如金

息(xī),不读 xǐ。如:息怒/息影/喘息/鼻息/利息/息息相关/息事宁人

熄(xī),不读 xǐ。如:熄灯/熄火/熄灭

樨(xī),不读 xū。如:木樨(桂花)

膝(xī),不读 qī。如:膝盖/屈膝

袭(xí),不读 xī。如:袭击/袭取/奇袭/夜袭

檄(xí),不读 xì。如:檄文/羽檄/传檄而定

徙(xǐ),不读 xí、tú。如:徙居/迁徙

葸(xǐ),不读 sī。(害怕,畏惧)如:畏葸不前

饩(xì),不读 qì。(赠送;古代祭祀或馈赠用的牲畜)如:饩食/饩羊

呷(xiā),不读 yā、jiǎ。(小口地喝)如:呷了一口酒

狎(xiá),不读 jiǎ。(过于亲热而不庄重)如:狎昵/狎弄/狎侮

暇(xiá),不读 jiǎ。如:闲暇/自顾不暇/无暇兼顾

锨(xiān),不读 xīn。如:木锨/铁锨

弦(xián),不读 xuán。如:弦哥/弦子/琴弦/弦乐器/七弦琴

涎(xián),不读 yán。如:涎水/涎皮赖脸/垂涎三尺

陷(xiàn),不读 xuàn。如:陷阱/陷坑/陷落/陷入/陷身/沦陷/缺陷/失陷/天塌地陷

霰(xiàn),不读 sǎn。如:霰弹/霰粒/榴霰弹

向(xiàng),不读 xiǎng。如:向导

骁(xiāo),不读 yáo。如:骁将/骁健/骁勇

淆(xiáo),不读 yáo。如:淆惑/淆乱/淆杂/混淆

哮(xiào),不读 xiāo。如:哮喘/咆哮

些(xiē),不读 xiě。如:快些/慢些/好些个

挟(xié),不读 xiá、jiā。如:挟持/挟嫌/挟制/要挟

携(xié),不读 xī。如:携带/携手/扶老携幼

撷(xié),不读 jié。如:撷取/采撷

屑(xiè),不读 xuè、xiāo。(碎末)如:木屑/铁屑/纸屑/琐屑/不屑一顾

械(xiè),不读 jiè。如:械斗/机械/缴械/枪械

馨(xīn),不读 shēng。(散布很远的香气)如:芳馨/清馨/馨香/温馨四溢

衅(xìn),不读 xùn。如:边衅/挑衅/寻衅

芎(xiōng),不读 qióng。如:川芎(草药)

雄(xióng),不读 xiōng。如:雄辩/雄兵/雄风/雄关/雄浑/雄劲/雄图/雄伟/雄姿/雄才大略

朽(xiǔ),不读 qiǔ。如:朽败/朽坏/朽烂/腐朽/老朽/永垂不朽

诩(xǔ),不读 yǔ。(说大话,夸张)如:自诩

栩(xǔ),不读 yǔ。如:栩栩如生

恤(xù),不读 xuè。(对别人表示同情;救济)如:怜恤/体恤/抚恤金

酗(xù),不读 xiōng。如:酗酒

勖(xù),不读 xūn。(勉励)如:勖勉/勖助

煦(xù),不读 xū、zhào。如:煦暖/和煦/温煦

癣(xuǎn),不读 xiǎn。如:脚癣/牛皮癣

炫(xuàn),不读 xuán。如:炫耀/光彩炫目

眩(xuàn),不读 xuán。如:眩晕/眩于虚名/头晕目眩

穴(xué),不读 xuè。如:点穴/巢穴/洞穴/匪穴/蚁穴/走穴/穴头/穴居野处

学(xué),不读 xiáo。如:学校/学生/入学/活到老,学到老

雪(xuě),不读 xuè。如:雪白/雪耻/瑞雪

谑(xuè),不读 nüè。如:调谑/谐谑/戏谑

询(xún),不读 xùn。如:询问/查询/征询/咨询

驯(xùn),不读 xún。如:驯服/驯顺/驯养

徇(xùn),不读 xún。(依从;曲从)如:徇情/徇私

逊(xùn),不读 sūn。(退避,退让;谦让,恭敬;不及,不如)如:逊位/谦逊/逊色/稍逊一筹

殉(xùn),不读 xún。(为达某种目的而献出生命;殉葬)如:殉国/殉节/殉情/殉葬/殉职

Y

押(yā),不读 yá。如:押送/押运/押韵/在押/抵押

崖(yá),不读 ái、yái。如:崖岸/山崖/云崖

亚(yà),不读 yǎ。(次,次一等的;亚洲)如:亚军/亚洲/亚热带

延(yán),不读 yàn。如:延长/延宕/延搁/延聘/延期/延请/延伸/延续/绵延/拖延/延年益寿

筵(yán),不读 yàn。如:筵席/寿筵/喜筵

俨(yǎn),不读 yán。(恭敬;庄严)如:俨然

焰(yàn),不读 yán。如:焰火/焰心/火焰/气焰/凶焰

佯(yáng),不读 xiáng。(假装)如:佯攻/佯狂/佯言/佯作不知

怏(yàng),不读 yāng。(不满意;不服气)如:怏然不悦/怏怏不乐

肴(yáo),不读 xiáo。如:菜肴/佳肴

杳(yǎo),不读 miǎo。(无影无声;深远)如:杳如黄鹤/杳无音信

舀(yǎo),不读 wǎi、kuǎi。如:舀水/舀两碗米

窈(yǎo),不读 yòu。(美好;幽深辽远)如:窈窕

曜(yào),不读 yuè。(日光;照耀;日、月、星均称曜)如:七曜/日出有曜

耀(yào),不读 yuè。如:耀眼/荣耀/闪耀

椰(yē),不读 yě。如:椰子/椰林

噎(yē),不读 yè、yī。如:噎嗝/因噎废食

伊(yī),不读 yí。如:伊甸园/伊人/下车伊始

蚁(yǐ),不读 yì。如:蚁聚/蚁穴/蝼蚁/蚂蚁

倚(yǐ),不读 yī。如:倚傍/倚靠/倚赖/倚老卖老/倚马可待

屹(yì),不读 qǐ。如:屹立/屹然

轶(yì),不读 yí。(超过;散失)如:轶群/超轶

谊(yì),不读 yí。如:情谊/友谊/深情厚谊

翌(yì),不读 yǐ、lì。(明天,明年)如:翌晨/翌日/翌年

熠(yì),不读 xí。如:熠熠生辉

懿(yì),不读 yí。如:懿德/懿行/懿旨

诣(yì),不读 zhǐ。如:造诣/苦心孤诣

肄(yì),不读 sì。如:肄业

映(yìng),不读 yāng。如:映衬/映射/映现/映照/反映/放映/掩映/首映式/水天相映

拥(yōng),不读 yǒng。如:拥戴/拥护/拥挤/簇拥/前呼后拥

庸(yōng),不读 yǒng。如:庸俗/庸人/庸医

臃(yōng),不读 yǒng。如:臃肿

壅(yōng),不读 yǒng、yòng。如:壅堵/壅塞/壅土

踊(yǒng),不读 rǒng。如:踊跃

邮(yóu),不读 yōu。如:邮寄/邮局/邮票/集邮

莠(yǒu),不读 xiù、yòu。如:莠民/良莠不齐

黝(yǒu),不读 yōu、yòu。如:黝暗/黝黑

囿(yòu),不读 yǒu。如:囿苑/园囿/囿于成规

禺(yú),不读 yǔ。如:番禺/曹禺(现代著名剧作家)

娱(yú),不读 yù、wù。如:娱乐/娱悦/欢娱

愉(yú),不读 yù。如:愉快/愉悦/欢愉

瑜(yú),不读 yù。(美玉;玉石的光彩)如:瑕瑜互见/瑕不掩瑜

伛(yǔ),不读 kōu、yù。如:伛人

妪(yù),不读 ǒu。如:老妪/翁妪

喻(yù),不读 yú。如:喻世/喻义/晓喻/不可理喻/家喻户晓

燠(yù),不读 ào。如:燠热/燠暑

跃(yuè),不读 yào。如:跃进/跳跃/跃跃欲试/跃然纸上/跃居第一

殒(yǔn),不读 yùn。(死亡)如:殒命/殒灭

陨(yǔn),不读 yùn。(坠落)如:陨落/陨石

酝(yùn),不读 yún、wēn。如:酝造/酝酿/佳酝

Z

匝(zā),不读 zhā。(满,遍;周)如:匝地/三匝

簪(zān),不读 zhān、chān。如:簪子/凤簪/玉簪

咱(zán),不读 zá。如:咱俩/咱们

暂(zàn),不读 zǎn、zhàn。如:暂时/暂停/短暂

臧(zāng),不读 zàng。(善,好)如:臧否人物/谋国不臧

凿(záo),不读 zuò。如:凿空/凿子/斧凿/开凿/确凿/凿岩机

贼(zéi),不读 zé。如:盗贼/奸贼/贼眉鼠眼/贼头贼脑

憎(zēng),不读 zèng。如:憎恨/憎恶/面目可憎

摘(zhāi),不读 zhé。如:摘编/摘除/摘记/摘录/摘要

绽(zhàn),不读 dìng。如:绽放/绽裂/绽线/破绽/皮开肉绽

沼(zhǎo),不读 zhāo。如:沼气/沼泽/池沼

召(zhào),不读 zhāo。如:召唤/召集/召见/召开

遮(zhē),不读 zhě。如:遮丑/遮挡/遮盖/遮羞/遮掩/遮人耳目

蛰(zhé),不读 zhí。如:蛰伏/蛰居/惊蛰/入蛰

辙(zhé),不读 zhè。如:车辙/合辙/如出一辙

帧(zhēn),不读 zhèng。如:装帧/一帧山水画

胗(zhēn),不读 zhēng。如:鸡胗肝儿

诊(zhěn),不读 zhēn。如:诊察/诊断/诊疗/诊脉/急诊/门诊

枕(zhěn),不读 zhèn。如:枕藉/枕巾/枕头/枕席/枕戈待旦/高枕无忧

拯(zhěng),不读 chéng、chěng。如:拯救/拯治/拯民于水火之中

诤(zhèng),不读 zhēng。(直率的劝告)如:诤谏/诤言/诤友

脂(zhī),不读 zhǐ。如:脂肪/脂粉/油脂

指(zhǐ),不读 zhī、zhí。如:指标/指导/指甲/指靠/指令/指明/指南/指派/指头/指示/指纹/指责

质(zhì),不读 zhí、zhǐ。如:质变/质地/质量/质朴/质问/质询/质证/质疑问难

掷(zhì),不读 zhī。如:投掷/掷地有声

秩(zhì),不读 chì。如:秩序/六秩

栉(zhì),不读 jié。(梳头;梳子,篦子)如:栉发/栉风沐雨/鳞次栉比

诌(zhōu),不读 zōu。如:胡诌/瞎诌

骤(zhòu),不读 zòu。如:骤然/急骤/风云骤变/暴风骤雨

逐(zhú),不读 zhù。如:逐步/逐渐/逐日/逐年/驱逐/随波逐流

烛(zhú),不读 zhù。如:烛光/烛火/灯烛/火光烛天

杼(zhù),不读 shū。如:机杼/杼轴

筑(zhù),不读 zhú。如:筑路/构筑/建筑/筑室道谋

撞(zhuàng),不读 chuàng。如:撞击/撞见/撞钟/冲撞/碰撞

谆(zhūn),不读 chún。如:谆谆教导

拙(zhuō),不读 zhuó、zhuǒ。如:拙劣/拙作/笨拙/手拙

灼(zhuó),不读 sháo、shuò。如:灼热/灼伤/闪灼/热气灼人

卓(zhuó),不读 zhuō。(高而直;高明,不平凡)如:卓绝/卓越/卓著/远见卓识

擢(zhuó),不读 zhái。(拔)如:擢升/擢用/拔擢/擢发难数

龇(zī),不读 cī。如:龇牙咧嘴

梓(zǐ),不读 xīn。如:梓宫/桑梓/乡梓/梓里

訾(zǐ),不读 cǐ。如:訾毁/訾议

滓(zǐ),不读 zǎi。如:渣滓/沉滓

纵(zòng),不读 zōng、zǒng。如:纵横/纵火/纵酒/纵目/纵容/纵深/纵使/纵欲

粽(zòng),不读 zhòng、zhèng。如:粽叶/粽子

镞(zú),不读 cù。如:箭镞

佐(zuǒ),不读 zuò。(辅助;帮助)如:佐餐/佐理/佐助/辅佐

怍(zuò),不读 zà。(惭愧)如:惭怍/愧怍

七、容易读错的地名用字

由于历史和地域等方面的原因,许多地名用字的读音往往有特殊的要求。在读这类地名的时候要特别注意,否则很容易误读。下面列举出常见的容易读错的地名(包括山水名称),注出正确的读音(黑体字为容易读错的字)。

A

阿城(àchéng),“阿”不读 ā (在黑龙江省)

B

北**碚**(běibèi),“碚”不读 péi (在重庆市)

蚌埠(bèngbù),不读 bàngfù (在安徽省)

泌阳(bìyáng),“泌”不读 mì (在河南省)

秘鲁(bìlǔ),“秘”不读 mì (国名,在南美洲)

柏林(bólín),“柏”不读 bǎi (德国首都)

亳州(bózhōu),“亳”不读 háo (在安徽省)

长**汀**(chángtīng),“汀”不读 dīng (在福建省)

郴州(chēnzhōu),“郴”不读 bīn (在湖南省)

茌平(chípíng),“茌”不读 shì (在山东省)

赤嵌(chìkàn),“嵌”不读 qiàn(在台湾省)

D

大埔(dàbù),“埔”不读 pǔ(在广东省)
大城(dàichéng),“大”不读 dà(在河北省)
儋县(dānxiàn),“儋”不读 zhān、yán(在海南省)
砀山(dàngshān),“砀”不读 yáng、tāng(在安徽省)
滇池(diānchí),“滇”不读 zhēn(在云南省)
丁家畈(dīngjiāfàn),“畈”不读 fǎn(在浙江省)
东阿(dōngē),“阿”不读 ā(在山东省)
东莞(dōngguǎn),“莞”不读 wǎn(在广东省)

F

法兰西(fǎlánxī),“法”不读 fà(国名,在欧洲)
繁峙(fánshì),“峙”不读 zhì(在山西省)
汾河(fénhé),“汾”不读 fēn(在山西省)
汾阳(fényáng),“汾”不读 fēn(在山西省)
涪陵(fúlíng),“涪”不读 péi(在重庆市)
阜阳(fùyáng),“阜”不读 fǔ(在安徽省)
阜新(fùxīn),“阜”不读 fǔ(在辽宁省)
阜平(fùpíng),“阜”不读 fǔ(在河北省)
阜宁(fùníng),“阜”不读 fǔ(在江苏省)
阜成门(fùchéngmén),“阜”不读 fǔ(在北京市)

G

甘肃(gānsù),“肃”不读 sū(省名,在我国西北)

高要(gāoyāo),“要”不读 yào(在广东省)
妫河(guīhé),“妫”不读 wéi(在北京市)
涡河(guōhé),“涡”不读 wō(发源于河南,流入安徽)

H

海参**崴**(hǎishēnwǎi),“崴”不读 wēi(在俄罗斯)
邗江(hánjiāng),“邗”不读 gān、gàn(在江苏省)
菏泽(hézé),“菏”不读 hè(在山东省)
红**磡**(hóngkàn),“磡”不读 kān(在香港特别行政区)
洪**洞**(hóngtóng),“洞”不读 dòng(在山西省)
虎**跑**泉(hǔpáoquán),“跑”不读 pǎo(在浙江省杭州市)
华山(huàshān),“华”不读 huá(在陕西省)
华县(huàxiàn),“华”不读 huá(在陕西省)
华阴(huàyīn),“华”不读 huá(在陕西省)
桦南(huànán),“桦”不读 huá(在黑龙江省)
桦川(huàchuān),“桦”不读 huá(在黑龙江省)
桦甸(huàdiān),“桦”不读 huá(在吉林省)
黄**陂**(huángpí),“陂”不读 pō(在湖北省)
黄**冈**(huánggāng),“冈”不读 gǎng(在湖北省)
黄**埔**(huángpǔ),“埔”不读 bǔ(在广东省)
珲春(hūnchūn),“珲”不读 huī(在吉林省)
浑江(húnjiāng),“浑”不读 huī(在吉林省)

J

蓟县(jìxiàn),“蓟”不读 jī(在天津市)
济南(jǐnán),“济”不读 jì(在山东省)

济宁(jǐníng),“济”不读 jì (在山东省)

济水(jǐshuǐ),“济”不读 jì (发源于河南,流经山东入渤海)

济阳(jǐyáng),“济”不读 jì (在山东省)

济源(jǐyuán),“济”不读 jì (在河南省)

郏县(jiáxiàn),“郏”不读 jiā、shǎn (在河南省)

监利(jiànlì),“监”不读 jiān (在湖北省)

井**陉**(jǐngxíng),“陉”不读 jìng (在河北省)

井**冈**山(jǐnggāngshān),“冈”不读 gǎng (在江西省)

景阳**冈**(jǐngyánggāng),“冈”不读 gǎng (在山东省)

劲松(jìngsōng),“劲”不读 jìn (在北京市)

莒县(jǔxiàn),“莒”不读 lǚ (在山东省)

莒南(jǔnán),“莒”不读 lǚ (在山东省)

鄄城(juànchéng),“鄄”不读 yān (在山东省)

筠连(jūnlián),“筠”不读 yún (在四川省)

即墨(jímò),“即”不读 jì (在山东省)

K

喀什(kāshí),“喀”不读 kè (在新疆)

喀喇沁(kālàqìn),“喀”不读 kè (在内蒙古)

墈上(kànshàng),“墈”不读 kān (在江西省)

L

拉**萨**(lāsà),“萨”不读 sā (在西藏)

阆中(làngzhōng),“阆”不读 liáng (在四川省)

莨山(làngshān),“莨”不读 liáng (在湖南省)

叻(lè),“叻”不读 lì (华侨称新加坡为叻埠)

丽水(líshuǐ),“丽”不读 lì (在浙江省)
蠡县(lǐxiàn),“蠡”不读 lí (在河北省)
梁山泊(liángshānpō),“泊”不读 bó (在山东省)
临汾(línfén),“汾”不读 fēn (在山西省)
临朐(línqú),“朐”不读 jù (在山东省)
六安(lùān),“六”不读 liù (在安徽省)
六合(lùhé),“六”不读 liù (在江苏省)
六枝(lùzhī),“六”不读 liù (在贵州省)
甪里堰(lùlǐyàn),“甪”不读 jiǎo (在浙江省)
甪直(lùzhí),“甪”不读 jiǎo (在江苏省)
罗布泊(luóbùpō),“泊”不读 bó (在新疆)
泺水(luòshuǐ),“泺”不读 lè (在山东省)
泺口(luòkǒu),“泺”不读 lè (在山东省)
漯河(luòhé),“漯”不读 lèi (在河南省)

M

鄚州(màozhōu),“鄚”不读 mò (在河北省)
汨罗江(mìluójiāng),“汨”不读 gǔ、rì (在湖南省)
渑池(miǎnchí),“渑”不读 shéng (在河南省)
沔水(miǎnshuǐ),“沔”不读 gài (在陕西省)
沔县(miǎnxiàn),“沔”不读 gài (在陕西省,今改为勉县)
闽侯(mǐnhòu),“侯”不读 hóu (在福建省)
穆棱(mùlíng),“棱”不读 léng (在黑龙江省)
牟平(mùpíng),“牟”不读 móu (在山东省)

N

硇洲岛(náozhōudǎo),“硇”不读 xìn(在广东省)

讷河(nèhé),“讷”不读 nà(在黑龙江省)

讷漠尔河(nèmòěrhé),“讷”不读 nà(在黑龙江省)

宁蒗(nínglàng),“蒗”不读 láng(在云南省)

P

番禺(pānyú),不读 fānyǔ(在广东省)

郫县(píxiàn),“郫”不读 bēi(在四川省)

淠河(pìhé),“淠”不读 bēi、bì(在安徽省)

鄱阳湖(pōyánghú),“鄱”不读 bó(在江西省,现作波阳湖)

莆田(pútián),“莆”不读 pǔ(在福建省)

蒲圻(púqí),不读 pǔyí(在湖北省)

Q

七里泷(qīlǐlóng),“泷”不读 lǒng(在浙江省)

蕲春(qíchūn),“蕲”不读 jìng(在湖北省)

綦江(qíjiāng),“綦”不读 jī(在海南省)

杞县(qǐxiàn),“杞”不读 jǐ(在河南省)

岍山(qiānshān),“岍”不读 yán(在陕西省)

黔(qián),“黔”不读 jīn(古代黔州,今贵州一带,贵州的别称)

犍为(qiánwèi),“犍”不读 jiàn(在四川省)

邛莱(qiónglái),“邛”不读 gōng(在四川省)

衢州(qúzhōu),“衢”不读 jù(在浙江省)

曲阜(qūfù),不读 qǔfù(在山东省)

曲江(qūjiāng),“曲”不读 qǔ (在广东省)
曲靖(qūjìng),“曲”不读 qǔ (在云南省)
曲沃(qūwò),“曲”不读 qǔ (在山西省)
曲阳(qūyáng),“曲”不读 qǔ (在河北省)

R

任丘(rénqiū),“任”不读 rèn (在河北省)
任县(rénxiàn),“任”不读 rèn (在河北省)
茌平(rěnpíng),“茌”不读 rèn (在山东省)
芮城(ruìchéng),“芮”不读 nèi (在山西省)

S

三亚(sānyà),“亚”不读 yǎ (在海南省)
莎车(shāchē),“莎”不读 suō (在新疆)
汕头(shàntóu),“汕”不读 shān (在广东省)
汕尾(shànwěi),“汕”不读 shān (在广东省)
单县(shànxiàn),“单”不读 dān (在山东省)
歙县(shèxiàn),“歙”不读 xī、hē (在安徽省)
莘县(shēnxiàn),“莘”不读 xīn (在山东省)
嵊泗(shèngsì),“嵊”不读 chéng (在浙江省)
嵊县(shèngxiàn),“嵊”不读 chéng (在浙江省)
十里堡(shílǐpù),“堡”不读 bǎo、bù (在北京市)
泷水(shuāngshuǐ),“泷”不读 lóng (在广东省)
泷冈(shuānggǎng),“泷”不读 lóng“冈”不读 gāng (在江西省)
嵩山(sōngshān),“嵩”不读 gāo (在河南省)
睢县(suīxiàn),“睢”不读 jū (在河南省)

睢宁（suīníng），“睢”不读 jū（在河南省）
濉河（suīhé），“濉”不读 jū（发源于安徽，流入江苏）
绥棱（suíléng），“棱”不读 líng（在黑龙江省）

T

漯河（tàhé），“漯”不读 luò（在山东省）
台州（tāizhōu），“台”不读 tái（在浙江省）
天台山（tiāntāishān），“台”不读 tái（在浙江省）
郯城（tánchéng），“郯”不读 yán（在山东省）
洮河（táohé），“洮”不读 zhào、yáo（在甘肃省）
洮安（táoān），“洮”不读 zhào、yáo（在吉林省）
洮儿河（táoérhé），“洮”不读 zhào、yáo（发源于内蒙古，流入吉林省）
洮南（táonán），“洮”不读 zhào、yáo（在吉林省）
苕溪（tiáoxī），“苕”不读 zhào（在浙江省）
汀泗桥（tīngsìqiáo），“汀”不读 dīng（在湖北省）
烔炀河（tóngyánghé），“烔”不读 tōng、jiǒng（在安徽省）

瓦窑堡（wǎyáobǔ），“堡”不读 bǎo（在陕西省）
万载（wànzài），“载”不读 zǎi（在江西省）
沩水（wéishuǐ），“沩”不读 wēi（在湖北省）
洧水（wěishuǐ），“洧”不读 yǒu（在河南省）
汶河（wènhé），“汶”不读 wén（在山东省）
汶上（wènshàng），“汶”不读 wén（在山东省）
吴堡（wúbǔ），“堡”不读 bǎo（在陕西省）
武陟（wǔzhì），“陟”不读 shè（在河南省）

X

隰县(xíxiàn),"隰"不读 shī (在山西省)

硖石(xiáshí),"硖"不读 jiā (在浙江省)

厦门(xiàmén),"厦"不读 shà (在福建省)

岘山(xiànshān),"岘"不读 jiàn (在湖北省)

洨河(xiáohé),"洨"不读 jiāo (在河北省)

崤山(xiáoshān),"崤"不读 yáo (在河南省)

莘庄(xīnzhuāng),"莘"不读 shēn (在上海市)

荥阳(xíngyáng),"荥"不读 yíng (在河南省)

盱眙(xūyí),不读 yútái (在江苏省)

浒湾(xǔwān),"浒"不读 hǔ (在山西省)

浒浦(xǔpǔ),不读 hǔfǔ (在江苏省)

浒墅关(xǔshùguān),"浒墅"不读 hǔyě (在江苏省)

浚县(xùnxiàn),"浚"不读 jùn (在河南省)

鸭绿江(yālùjiāng),"绿"不读 lǜ (在辽宁省)

亚东(yàdōng),"亚"不读 yǎ (在西藏)

铅山(yánshān),"铅"不读 qiān (在江西省)

兖州(yǎnzhōu),"兖"不读 gǔn (在山东省)

黟县(yīxiàn),"黟"不读 duō (在安徽省)

弋阳(yìyáng),"弋"不读 gē (在江西省)

峄县(yìxiàn),"峄"不读 zé (在山东省)

鄞江(yínjiāng),"鄞"不读 jǐn (在浙江省)

鄞县(yínxiàn),"鄞"不读 jǐn (在浙江省)

荥阳(yíngyáng),"荥"不读 xíng(在四川省)

应县(yìngxiàn),"应"不读 yīng(在山西省)

尉犁(yùlí),"尉"不读 wèi(在新疆)

蔚县(yùxiàn),"蔚"不读 wèi(在河北省)

涴市(yuānshì),"涴"不读 wǎn(在湖北省)

栎阳(yuèyáng),"栎"不读 lè、lì(在陕西省)

乐清(yuèqīng),"乐"不读 lè(在浙江省)

涢水(yúnshuǐ),"涢"不读 yuán(在湖北省)

郧县(yúnxiàn),"郧"不读 yuán(在湖北省)

Z

柞水(zhàshuǐ),"柞"不读 zuò(在陕西省)

湛江(zhànjiāng),"湛"不读 shèn(在广东省)

浙江(zhèjiāng),"浙"不读 zhé(省名)

泜河(zhīhé),"泜"不读 dǐ(在河北省)

中牟(zhōngmù),"牟"不读 móu(在河南省)

沌口(zhuànkǒu),"沌"不读 tún、dūn(在湖北省)

涿鹿(zhuōlù),"涿"不读 zhuó(在河北省)

涿州(zhuōzhōu),"涿"不读 zhuó(在河北省)

枞阳(zōngyáng),"枞"不读 cóng(在安徽省)

八、容易读错的姓氏用字

有一些姓氏用字至今保留着古代流传下来的古音，与今天的读音有一定的差别，人们往往因为不了解而往往误读。下面列举常见的容易误读的姓氏用字，并引古今知名者为例。

B

柏(Bǎi)：不读 bó（柏因：夏代羿之贤臣）
鲍(Bào)：不读 bāo（鲍照：南北朝时著名作家）
贲(Bēn)：不读 pēn（贲享：元代宣武将军）
秘(Bì)：不读 mì（秘彭祖：汉代戴侯，从高祖起于沛）
卞(Biàn)：不读 kǎ（卞和：春秋时楚国人，曾献宝玉）
薄(Bó)：不读 báo（薄一波，老一辈无产阶级革命家）
卜(Bǔ)：不读 pǔ（卜商：字子夏，孔子的著名弟子）

C

岑(Cén)：不读 chén、qín（岑参：唐代著名边塞诗人）
晁(Cháo)：不读 zhào（晁错：西汉著名政治家，主张法治，号称景帝智囊）
谌(Chén)：不读 shèn（谌容：我国当代女作家）
种(Chóng)：不读 zhǒng、zhòng（种师道：北宋末年著名将领，曾大败西夏）
褚(Chǔ)：不读 zhǔ（褚遂良：唐代著名书法家，初唐四大书法家之一）
揣(Chuǎi)：不读 chuāi（揣本：明代永乐时举人）

啜(Chuài):不读 chuò(啜刺真:唐代突厥首领)

D

邸(Dǐ):不读 dī(邸鹏:明洪武进士,擢御史)
都(Dū):不读 dōu(都胜:明代人)

F

苻(Fú):不读 fū(苻坚:前秦国君,淝水之战大败于谢安)
甫(Fǔ):不读 pǔ(甫假:春秋时郑国大夫)

G

干(Gān):不读 gàn(干宝:东汉史学家、文学家,著有《搜神记》)
杲(Gǎo):不读 gào
戈(Gē):不读 gě(戈公振:我国现代著名记者,新闻学家)
葛(Gě):不读 gé(葛洪:东晋时道教首领,医学家,号抱朴子)
盖(Gě):不读 gài(盖文达:唐代崇贤馆学士)
艮(Gèn):不读 gěn、yín(艮当:汉代学者,曾注《乐经》)
缑(Gōu):不读 hóu(缑仙姑:唐代道教人物,入湖南九嶷山仙去)
冠(Guàn):不读 guān
妫(Guī):不读 wéi、wěi(妫昌:西汉政治家)
炅(Guì):不读 jiǒng、līng(炅横:东汉时人)
炔(Guì):不读 què、kuài(炔钦:春秋时齐国人,政治家)
过(Guō):不读 guò(过伯龄:明末清初时著名围棋国手)

H

哈(Hǎ):不读 hā(哈立麻:明代西域乌师藏僧)

华(Huà):不读 huá(华佗:东汉末著名医学家)

J

纪(Jǐ):不读 jì(纪昀:字晓岚,清代著名学者,《四库全书》主编)

郏(Jiá):不读 jiā(郏亶:北宋著名水利家)

监(Jiàn):不读 jiān(监伯阳:后魏经学家)

将(Jiāng):不读 jiàng(将继周:字世修,元代绍兴进士,官居通奉大夫)

教(Jiào):不读 jiāo(教亨:金代高僧)

靳(Jìn):不读 jīn(靳以:原名章万叙,我国现代著名作家)

隽(Juàn):不读 jùn(隽不疑:西汉政治家)

俱(Jū):不读 jù(俱文珍:唐代宦官)

角(Jué):不读 jiǎo(角闳:后汉武将)

K

阚(Kàn):不读 kǎn(阚泽:三国时吴国人,政治家)

蒯(Kuǎi):不读 jīng(蒯通:又名蒯彻。秦末汉初著名说客)

匡(Kuāng):不读 kuàng(匡横:西汉经学家,相传"凿壁偷光"勤奋苦读)

邝(Kuàng):不读 guǎng(邝安堃:我国当代著名内科学家)

L

蔺(Lìn):不读 lín(蔺相如:战国时赵国人,著名政治家,曾出使秦国完璧归赵)

令狐(Línghú):不读 lìnghú(令狐德棻:初唐著名史学家)

泠(Líng):不读 lěng(泠州鸠:周代景王时的乐官)

M

蒙(Méng):不读 měng(蒙恬:秦代名将,相传曾创制毛笔)

祢(Mí):不读 ní、ěr(祢衡:东汉著名文学家,曾击鼓骂曹操)

弭(Mǐ):不读 ěr(弭子立:明代学者)

缪(Miào):不读 miù、móu(缪荃孙:我国近代著名藏书家、校勘版本家)

万俟(Mòqí):不读 wànsì(万俟卨 Mòqíxiè:南宋奸臣,曾参与迫害岳飞)

牟(Móu):不读 mù(牟卿:汉代博士)

N

那(Nā):不读 nà(那嵩:明代沅江土官)

佴(Nài):不读 ěr(佴湛:晋代人)

乜(Niè):不读 miè

宁(Nìng): 不读 níng(宁完我:清初政治家)

O

区(Ou):不读 qū(区六相:字用儒,明代岭南著名诗人)

P

逄(Páng):不读 féng、jiàng(逄蒙:夏代著名射手)

邳(Pī):不读 pēi(邳郑:春秋时晋大夫)

朴(Piáo):不读 pǔ(朴仁老:朝鲜李朝时著名诗人)

繁(Pō):不读 fán(繁钦:字休伯,诗赋家,官至丞相主簿)

莆(Pú):不读 pǔ(莆森:明代秀都知县)

蒲(Pú):不读 pǔ(蒲风:中国现代作家)

濮(Pú):不读 pǔ(濮英:明代将领)

溥(Pǔ):不读 bó(溥光:字玄晖,号雪窗,元僧,工书画)

Q

戚(Qī):不读 qí(戚继光:明代著名抗击倭寇将领)

亓(Qí):不读 qī、kāi(亓斗南:明代莱芜人,著名孝子)

谯(Qiáo):不读 jiāo(谯周:三国时蜀汉人,著名学者、政治家)

覃(Qín):不读 tán、dàn(覃庆元:宋代景德进士,大中祥符间拜御史中丞)

仇(Qiú):不读 chóu(仇英:明代著名画家)

曲(Qū):不读 qǔ(曲波:中国现代作家,长篇小说《林海雪原》的作者)

诎(Qū):不读 chū(诎强:西汉人)

瞿(Qú):不读 jù(瞿秋白:中共早期领导人之一,著名政治家、文学家)

阙(Què):不读 quē(阙礼:北宋学者)

R

冉(Rǎn):不读 rán、zài(冉有:一名冉求,孔子的学生)

任(Rén):不读 rèn(任弼时:中共领导人之一,曾任中央书记处书记)

阮(Ruǎn):不读 yuán(阮籍:三国时魏思想家、文学家)

芮(Ruì):不读 nèi(芮善:字性存,明代洪武进士,历官中书舍人等)

S

撒(Sǎ):不读 sā、sǎn(撒仲谦:明代学者)

萨(Sà):不读 sā(萨空了:我国当代著名新闻学家,民主同盟领导人)

单(Shàn):不读 dān(单雄信:隋末农民起义领导人之一)

少(Shào):不读 shǎo(少嵩:字亚愚,宋代诗僧,有《渔夫词集句》)

召(Shào):不读 zhào(召信臣:西汉著名水利工程家)

折(Shé):不读 zhé(折惟昌:宋代咸昌间拜兴州刺史)

佘(Shé):不读 yú、shē(佘赛花:即佘太君,传为宋代女英雄)

厍(Shè):不读 kù(厍钧:东汉人)

舍(Shè):不读 shě(舍楞:清代土尔扈特族人)

莘(Shēn):不读 xīn(莘融:北宋人)

殳(Shū):不读 yì(殳斨:相传为舜帝时大臣)

T

澹台(Tántái):不读 dàntái(澹台灭明:字子羽,春秋时鲁国人,孔子学生。貌丑但品行端正)

佟(Tóng):不读 dōng(佟麟阁:国民党爱国将领,抗击日寇,英勇殉职)

彤(Tóng):不读 dōng(彤伯:周代人)

拓跋(Tuòbá):不读 tàbá(拓跋珪:北魏开国皇帝)

W

宛(Wǎn):不读 yuàn(宛春:春秋时楚国人)

危(Wēi):不读 wéi(危亦林:元代著名医学家)

韦(Wéi):不读 wěi(韦庄:五代时前楚词人,与温庭筠齐名)

尉(Wèi):不读 yù(尉缭:战国时著名军事家)

X

郤(Xì):不读 què(郤克:春秋时晋国大臣)

鲜于(Xiānyú):不读 xiǎnyú(鲜于枢:元代著名书法家、诗人)

冼(Xiǎn):不读 xǐ(冼星海:我国当代著名音乐家,“黄河大合唱”作者)

洗(Xiǎn):不读 xǐ(洗夫人:隋代高凉人,世为南越首领)

相(Xiàng):不读 xiāng(相世芳:明代正德进士,历官刑部郎中)

解(Xiè):不读 jiě(解缙:明初著名学者,主持编纂《永乐大典》)

兴(Xīng):不读 xìng(兴渠:西汉顺帝时封高望亭侯)

行(Xíng):不读 háng(行思:唐代高僧)

旋(Xuán):不读 xuàn(悬娟:战国时著名舞伎)

穴(Xué):不读 xuè(穴熊:春秋时楚国贵族)

Y

燕(Yān):不读 yàn(燕青:《水浒传》中的人物,绰号"浪子")

要(Yāo):不读 yào(要离:春秋时吴国刺客)

幺(Yāo):不读 mō(幺谦:明代学者)

叶(Yè):不读古音 shē(叶圣陶:我国当代著名教育家、文学家)

殷(Yīn):不读 yān(殷夫:诗人,左联五烈士之一)

应(Yīng):不读 yìng(应玚:东汉末年著名文学家,建安七子之一)

於(Yū):不读 yú(於单:西汉功臣)

虞(Yú):不读 yǔ(虞世南:唐代著名书法家)

庾(Yǔ):不读 yú(庾信:南北朝时北朝诗人)

尉迟(Yùchí):不读 wèichí(尉迟恭:字敬德,唐代著名将领)

乐(Yuè):不读 lè(乐毅:战国时燕国著名将领)

郧(Yún):不读 yuán

员(Yùn):不读 yuán(员半千:字荣期,唐睿宗初累官弘文馆学士)

恽(Yùn):不读 huī、hùn(恽代英:中共早期领导人,著名宣传家)

郓(Yùn):不读 hùn、jūn

Z

载(Zài):不读 zǎi(载永:宋辽时太平年间学子)

臧(Zāng):不读 zàng(臧克家:我国当代著名诗人)

笮(Zé):不读 zuó(笮融:东汉学者)

查(Zhā):不读 chá(查慎行:清代著名诗人)

翟(Zhái):不读 dí(翟让:隋末瓦岗军领袖)

祭(Zhài):不读 jì(祭彤:西汉著名将领)

砦(Zhài):不读 chái

占(Zhān):不读 zhàn(占泰:清代正黄旗人,咸丰间四川提督)

长孙(Zhǎngsūn):不读 chángsūn(长孙无忌:唐代政治家)

仉(Zhǎng):不读 jǐ(仉氏:相传孟子的母亲姓仉)

诸葛(Zhūgě):不读 zhūgé(诸葛亮:东汉末人,著名的政治家、军事家,辅助刘备建立蜀汉政权)

竺(Zhú):不读 zhū(竺可桢:我国当代著名科学家)

禚(Zhuó):不读 gāo(禚方平:明代度州人,曾任南平县官员)

訾(Zī):不读 zǐ(訾顺:汉成帝时封楼虚侯)

驺(Zōu):不读 zhòu(驺衍:一作邹衍。战国时阴阳家代表人物)

俎(Zǔ):不读 qiě(俎可尝:清代进士)

九、历史专名中容易读错的字

某些古代国名、民族名、人名等的用字至今仍保留流传下来的特殊读音，与今天的字音有较大差别，人们往往容易误读。下面列举出常见的容易读错的历史专名。

单于(chányú)：不读 dānyú、shànyú。中国古代北方匈奴等民族君王的称号。

鞑靼(dádá)：不读 dádàn。中国古代北方各游牧民族的统称。今俄罗斯联邦内有鞑靼共和国。

妲己(Dájǐ)：不读 dānjǐ。商朝末代君主纣王的妃子名。

大宛(dàyuàn)：不读 dàwǎn。古代西域国家名称，因出产良马(大宛马，亦称汗血马)而著名。

氐(dī)：不读 dǐ。中国古代西部游牧民族名称。

阿房宫(ēpánggōng)：不读 āfánggōng。秦始皇在秦国首都咸阳建筑的宫殿名称，后被项羽焚毁。

F

范蠡(Fànlǐ):不读 fànlí。春秋时越国人,曾辅佐越王句(gōu)践振兴越国。

G

高句丽(gāogōulí):不读 gāojùlì。中国古代东部国家名称,在今朝鲜半岛上。

皋陶(Gāoyáo):不读 gǎotáo。古史传说中尧时的贤臣。

句践(Gōujiàn):不读 jùjiàn。春秋时越国的君主,曾打败吴国振兴越国。

镐都(hàodū):不读 gāodū。周代初年的国都,在今陕西省西安市的西南。

回纥(huíhé):不读 huíqì。中国古代西域游牧民族的名称,为维吾尔族的祖先。

回鹘(huíhú):不读 huíhuá。“回纥”的另一种音译和写法。

可汗(kèhán):不读 kěhàn。中国古代北部、西北部游牧民族如蒙古族等的统治者的称号。

老聃(Lǎodān):不读 lǎorǎn。春秋时期著名的思想家、哲学家,道家学派的创始人之一,被尊称为老子,著有《道德经》传世。

嫪毐(Lào'ǎi):不读 miùdú。战国时秦国人,后被秦始皇处死。

嫘祖(Léizǔ):不读 luózǔ。传说中黄帝的妻子,发明了养蚕。

李悝（Lǐkuī）：不读 lǐlí。春秋时人，著名政治家。

郦食其（Lìyìjī）：不读 lìshíqí。秦汉之际刘邦的谋士。

蔺相如（Lìnxiàngrú）：不读 Lìnxiāngrú。战国时赵国著名政治家，贤相。曾出使秦国，使赵国和氏璧完璧归赵。

刘禅（Liúshàn）：不读 liúchán。三国时西蜀皇帝，刘备之子。

毛遂（Máosuì）：不读 máosuí。战国时赵国人，曾随平原君赵胜出使楚国求救。

墨翟（Mòdí）：不读 mòzhái。春秋时著名哲学家，墨家学派创始人，著有《墨经》传世。

靺鞨（mòhé）：不读 mókě。我国古代东北的民族，女真族、满族的祖先。

莫邪（Mòyé）：不读 mòxié。春秋时著名铸造宝剑的工匠，所铸造的宝剑也叫莫邪，为传世国宝。

哪吒（Nézhā）：不读 nàtuō。传说中神人。神话小说《封神榜》中人物之一，为托塔天王李靖之子。

女娲（Nǚwā）：不读 nǚwá、nǚwō。传说中神人。曾炼五彩石补天，并创造人类。

龟兹（qiúcí）：不读 guīzī。我国古代西域国家名称。

释迦牟尼（Shìjiāmóuní）：不读 shìjiāmùní。佛教创始人。原为王子，后参

悟得道被尊为佛祖。

叔梁纥(Shūliánghé):不读 shúliángqì。春秋时鲁国人,孔仲尼(孔子)的父亲。

司马相如(Sīmǎxiàngrú):不读 sīmǎxiāngrú。西汉时著名文学家,以辞赋著称于世。

T

吐谷浑(tǔyùhún):不读 tùgǔhùn。我国古代西域国家名称。

瓦剌(wǎlà):不读 wǎcì。我国明朝时西北部蒙古族部落之一,曾入侵明朝,造成“土木堡之变”。

伍员(Wǔyún):不读 wǔyuán。春秋时楚国人,即伍子胥。

兀术(Wùzhú):不读 wūshù。北宋时金国太子,多称“金兀术”,曾率兵攻打北宋,兵败于岳飞。

玄奘(Xuánzàng):不读 xuánzhuàng。唐朝著名僧人,曾出访印度,译述佛经多种。小说《西游记》主要人物之一,俗称唐僧。

荤粥(xūnyù):不读 hūnzhōu。我国古代少数民族名称。

燕(yān):不读 yàn。战国时诸侯国之一,在今辽宁省南部、河北北部一带。做国名、地名、姓氏等用时读 yān,如“燕京”、“燕山”、“燕国”、燕园(北大别称)、“姓燕”等。

阏氏(yānzhī):不读 yúshì。汉朝时匈奴单于正妻的称呼。

月氏(yòuzhī):不读 yuèshì。我国古代西域国家名称。

十、成语中容易读错的字

成语是我们语言中富于表现力的重要组成成分，使用成语能增强言语的生动性和形象性。但是人们往往误读成语中的字、词，以致产生误解误用。下面我们列举出经常容易读错的成语，并做简要的说明。

A

安步当车（ānbù-dàngchē）“当”不要错读为 dāng；“车”不要错读为 jū（“车”只在象棋棋子中读“jū”）。

安分守己（ānfèn-shǒujǐ）“分”是本分的意思，不要错读为 fēn。

傲睨万物（àonì-wànwù）“睨”是斜着眼看的意思，不要错读为 nī。

B

拔本塞源（báběn-sèyuán）“塞”在成语或书面双音节词语中读 sè 或 sài；单用或口语词中读 sāi。在这里不要错读为 sāi。

白头偕老（báitóu-xiélǎo）“偕”不要错读为 jiē。

百发百中（bǎifā-bǎizhòng）“中”在这里表示“中的”的意思，不是“中间”或“中央”的“中”，不要错读为 zhōng。

百年偕老（báinián-xiélǎo）“偕”不要错读为 jiē。

百折不挠（bǎizhé-bùnáo）“挠”是屈服的意思，不要因为声旁的“尧”的影响而错读为 yáo。

傍人门户(bàngrénménhù) “傍”是“依靠”的意思,不要因为声旁的“旁”的影响而错读为 páng。

褒善贬恶(bāoshàn-biǎn'è) “褒”不要错读为 bǎo;“恶”在这里是“丑恶”的意思,不要错读为 wù。

暴虎冯河(bàohǔ-pínghé) “冯”这里指涉水,不要错读为 féng。

暴戾恣睢(bàolì-zīsuī) “戾”不要因“淚”(“泪”的繁体字)的影响而错读为 lèi;“睢”与“雎”形近而不同(目≠且),“睢”不要错读为 jū。

暴殄天物(bàotiǎn-tiānwù) “殄”是灭绝的意思,不要因与“珍”相近而错读为 zhēn。

杯盘狼藉(bēipán-lángjí) “狼藉”形容杂乱的样子。“藉”这里不要错读为 jiè。

奔走呼号(bēnzǒu-hūháo) “号”是呼喊号叫的意思,不要错读为 hào。

闭目塞听(bìmù-sètīng) “塞”这里不要错读为 sāi 或 sài。

别无长物(biéwú-chángwù) “长物”是多余的物品的意思。“长”这里不要错读为 zhǎng 或 zhàng(旧读)。

屏气敛息(bǐngqì-liǎnxī) “屏”是抑止的意思,不要错读为 píng。

病入膏肓(bìngrùgāohuāng) “肓”与“盲”形近(月≠目)。“肓”古人指心脏与膈膜之间的地方,药力往往达不到,不要错读为 máng。

不见经传(bùjiàn-jīngzhuàn) 这里的“传”是古人所说的讲解、注释经书的著述。如《春秋左氏传》就是左丘明对《春秋》(相传为孔丘撰写的鲁国史书)的注释性著述。“经传”泛指文献著述。“传”这里不要错读为 chuán。

不稂不莠(bùláng-bùyǒu) “稂、莠”都是混在禾苗中的野草。“稂”不要错读为 liáng;“莠”不要错读为 xiù。

不入虎穴,焉得虎子(bùrùhǔxué,yāndéhǔzǐ) “穴”不要错读为 xuè。

不塞不流,不止不行(bùsè-bùliú,bùzhǐ-bùxíng) “塞”这里不要错读为 sāi 或 sài。

C

财匮力绌(cáikuì-lìchù)“绌”不要错读为 chū、chuò;又“绌”与“拙”形近,不要受“拙”的影响而错读为 zhuō。

残杯冷炙(cánbēi-lěngzhì)“炙”与“灸”形近,音义都不同。“炙”指烤熟的肉,读 zhì;“灸”是针灸的“灸”,读 jiǔ。“炙”不要错读为 jiǔ。

沧海桑田(cānghǎi-sāngtián)“沧”与“沦”形近而音义不同。“沧”不要错读为 lún。

沧海横流(cānghǎi-hénglíu)“沧”不要错读为 lún;“横”不要错读为 hèng。

沧海一粟(cānghǎi-yīsù)“沧”不要错读为 lún;“粟”与“栗”形近而音义不同,不要错读为 lì。

藏头露尾(cángtóu-lùwěi)“露”这里不要错读为 lòu。

藏垢纳污(cánggòu-nàwū)“垢”不要错读为 hòu。

草菅人命(cǎojiān-rénmìng)“菅”指一种野草,字形与“管”相近,音义不同。“菅”不要错读为 guǎn。

参差不齐(cēncī-bùqí)“参差”联绵词,不整齐的意思,不要错读为 cānchā。

曾几何时(céngjǐhéshí)“曾”这里是曾经的意思,不要错读为 zēng。

差强人意(chāqiáng-rényì)“差”这里是稍微的意思,不要错读为 chà;“强”是“使人感到还可以”的意思,不要错读为 qiǎng。

差之毫厘,谬以千里(chāzhīháolí,miùyǐqiānlǐ)“差”指差别,不要错读为 chà;“谬”不要错读为 niù。

豺狼当道(cháiláng-dāngdào)“当道”:在道路中间,这里“当”不要错读为 dǎng。

馋涎欲滴(chánxián-yùdī)“涎”的声旁是“延”,但不要错读为 yán。

长歌当哭(chánggē-dàngkū)“当”是当作的意思,不是应当。这里不要错读为 dāng。

长吁短叹（chángxū-duǎntàn）"吁"的声旁是"于"，但不要错读为 yú。

怅然若失（chàngrán-ruòshī）"怅"的声旁虽然是"长"，但不要错读为 cháng。

车载斗量（chēzài-dǒuliáng）"载"这里不要错读为 zǎi；"量"这里不要错读为 liàng。

称心如意（chènxīn-rúyì）"称"这里不要错读为 chēng。

瞠目结舌（chēngmù-jiéshé）"瞠"，瞪眼直视。声旁虽然是"堂"，但是不要错读为 táng。

惩前毖后（chéngqián-bìhòu）"惩"不要错读为 chěng。

惩一儆百（chéngyī-jǐngbǎi）"惩"不要错读为 chěng；"儆"不要错读为 jìng。

魑魅魍魉（chī-mèi-wǎng-liǎng）"魑"不要错读为 lí；"魅"则不要错读为 wèi。

叱咤风云（chìzhà-fēngyún）"咤"不要错读为 chà。

重足而立（chóngzú'érlì）"重"是重叠的意思，不要错读为 zhòng。

臭味相投（chòuwèi-xiāngtóu）"臭味"指丑恶的、坏的爱好和趣味。"臭"不要错读为 xiù。

出言不逊（chūyán-bùxùn）"逊"的声旁是"孙"，但不要错读为 sūn。

初露锋芒（chūlù-fēngmáng）"露"这里不要错读为 lòu。

处心积虑（chǔxīnjīlǜ）"处"这里不要错读为 chù。

处之泰然（chǔzhī-tàirán）"处"这里不要错读为 chù。

穿红着绿（chuānhóng-zhuólǜ）"着"是指穿着、穿戴，不要错读为 zháo。

穿凿附会（chuānzáo-fùhuì）"凿"统读为 záo，不要错读为 zuò。

创巨痛深（chuāngjù-tòngshēn）"创"指创伤，这里不要错读为 chuàng。

垂涎三尺（chuíxián-sānchǐ）"涎"的声旁是"延"，但不要错读为 yán。

椎心泣血（chuíxīn-qìxuè）“椎”是击打的意思，这里不要错读为 zhuī；“血”，不要错读为 xiě。

槌骨沥髓（chuígǔ-lìsuǐ）“槌”不要错读为 zhuī；“髓”不要错读为 suí。

绰绰有余（chuòchuò-yǒuyú）“绰”不要错读为 chāo 或 zhuó。

此唱彼和（cǐchàng-bǐhè）“和”这里不要错读为 hé。

刺刺不休（cìcì-bùxiū）“刺刺”形容话多。“刺”与“剌”形近而音义不同，不要错读为 là。

从容不迫（cóngróng-bùpò）“从”今统读为 cóng，不要错读为 cōng（旧读）。

D

大而无当（dà'érwúdàng）“当”这里不要错读为 dāng。

大腹便便（dàfù-piánpián）“便便”形容人肥胖的样子，这里不要错读为 biàn。

大惊失色（dàjīngshīsè）“色”这里应作文读，不要错读为 shǎi。

大气磅礴（dàqì-pángbó）“磅”这里不要错读为 bàng。

大权旁落（dàquán-pángluò）“落”这里不要错读为 lào。

大张挞伐（dàzhāng-tàfá）“挞”的声旁是“达”，但不要错读为 dá。

箪食壶浆（dānshí-hújiāng）“食”这里不要错读为 sì（旧读）。

箪食瓢饮（dānshí-piáoyǐn）“食”这里不要错读为 sì（旧读）。

得心应手（déxīn-yìngshǒu）“应”这里不要错读为 yīng。

等量齐观（děngliàng-qíguān）“量”这里不要错读为 liáng。

堤溃蚁穴（dīkuìyǐxué）“蚁”不要错读为 yì；“穴”不要错读为 xuè。

调虎离山（diàohǔ-líshān）“调”这里不要错读为 tiáo。

丢三落四（diūsān-làsì）“落”这里不要错读为 luò。

独当一面（dúdāng-yīmiàn）“当”是承当的意思，这里不要错读为 dǎng 或 dàng。

咄咄怪事（duōduō-guàishì）“咄”的声旁是“出”，但不要错读为 chū。

咄咄逼人（duōduō-bīrén）“咄”的声旁是“出”，但不要错读为 chū。

度德量力（duódé-liànglì）“度”是“衡量”的意思，不要错读为 dù。

E

阿世媚俗（ēshì-mèisú）“阿”是阿谀的意思，这里不要错读为 ā。

阿谀奉承（ēyú-fèngchéng）“阿”不要错读为 ā。

婀娜多姿（ēnuó-duōzī）“婀娜”不要错读为 ānà。

饿殍遍野（èpiǎo-biànyě）“殍”的声旁是“孚”，但不要错读为 fú。

耳熟能详（ěrshú-néngxiáng）“熟”这里应作文读，不要错读为 shóu。

发人深省（fārén-shēnxǐng）“发”这里是启发的意思，不要错读为 fà；“省”是省察的意思，不要错读为 shěng。

发指眦裂（fàzhǐ-zìliè）“发指”头发竖起来，形容愤怒。“发”不要错读为 fā。

反躬自省（fǎngōng-zìxǐng）“省”这里不要错读为 shěng。

犯而不校（fàn’érbùjiào）“校”是计较的意思，这里不要错读为 xiào。

方枘圆凿（fāngruì-yuánzáo）“枘”与“纳”形近音义不同，不要错读为 nà；“凿”不要错读为 zuò。

方正不阿（fāngzhèng-bùē）“阿”是阿谀的意思，这里不要错读为 ā。

斐然成章（fěirán-chéngzhāng）“斐”不要错读为 fēi。

纷至沓来（fēnzhì-tàlái）“沓”（多而重复）与“杳”（深远沉寂得见不到踪影）形近而音义不同，不要错读为 yǎo。

丰姿绰约（fēngzī-chuòyuē）“绰”不要错读为 chāo 或 zhuó。

风驰电掣（fēngchí-diànchè）“掣”不要错读为 zhì。

风流倜傥(fēngliú-tìtǎng)“倜傥”不要错读为 zhōudǎng。

风靡一时(fēngmí-yīshí)“靡”不要错读为 fēi。

敷衍塞责(fūyǎn-sèzé)“塞”这里应作文读,不要错读为 sài。

扶危济困(fúwēi-jìkùn)“济”是救济的意思,这里不要错读为 jǐ。

负隅顽抗(fùyú-wánkàng)“隅”不要错读为 ǒu 或 yù。

G

干云蔽日(gānyún-bìrì)“干”是“干涉、干犯”、“触及”的意思,这里不要错读为 gàn。

刚愎自用(gāngbì-zìyòng)“愎”不要错读为 fù。

刚正不阿(gāngzhèng-bù'ē)“阿”这里不要错读为 ā。

高山景行(gāoshān-jǐngxíng)“行”这里不要错读为 háng。

高屋建瓴(gāowū-jiànlíng)“瓴”不要错读为 lìng。

高瞻远瞩(gāozhān-yuǎnzhǔ)“瞩”不要错读为 shǔ。

膏肓之疾(gāohuāngzhījí)“肓”与“盲”形近,音义不同。“肓”不要错读为 máng。

个中三昧(gèzhōng-sānmèi)“三昧”指精要、诀窍。“昧”与“味”形近音义不同。“昧”不要错读为 wèi。

亘古未有(gèn'gǔ-wèiyǒu)“亘”不要错读为 héng。

更仆难数(gēngpú-nánshǔ)“更”这里不要错读为 gèng;“数”这里不要错读为 shù。

公诸同好(gōngzhūtónghào)“好”这里不要错读为 hǎo。

供不应求(gōngbùyìngqiú)“供”这里不要错读为 gòng;“应”这里不要错读为 yīng。

功亏一篑(gōngkuīyīkuì)“篑”不要错读为 guì。

觥筹交错(gōngchóu-jiāocuò)“觥”指古代一种酒杯,不要错读为 guāng。

狗血喷头（gǒuxuè-pēntóu）“血”这里应作文读，不要错读为 xiě。
古色古香（gǔsè-gǔxiāng）“色”这里应作文读，不要错读为 shǎi。
刮垢磨光（guāgòu-móguāng）“垢”不要错读为 hòu。
关山迢递（guānshān-tiáodì）“迢”不要错读为 zhāo。
官情纸薄（guānqíng-zhǐbó）“薄”这里作文读，不要错读为 báo。
冠冕堂皇（guānmiǎn-tánghuáng）“冠”这里不要错读为 guàn。
鬼鬼祟祟（guǐguǐ-suìsuì）“祟”与“崇”形近，音义不同。“祟”不要错读为 chóng。
鬼使神差（guǐshǐ-shénchāi）“差”这里不要错读为 chā。
鬼蜮伎俩（guǐyù-jìliǎng）“伎”不要错读为 zhī。
国色天香（guósè-tiānxiāng）“色”这里作文读，不要错读为 shǎi。
过屠门而大嚼（guòtúmén'érdàjué）“嚼”这里应作文读，不要错读为 jiáo。

H

含垢忍辱（hángòu-rěnrǔ）“垢”不要错读为 hòu。
含情脉脉（hánqíng-mòmò）“脉”这里应作文读，不要错读为 mài。
含英咀华（hányīng-jǔhuá）“咀”不要错读为 zǔ。
沆瀣一气（hàngxiè-yīqì）“沆”不要错读为 háng；“瀣”不要错读为 jié。
好为人师（hàowéirénshī）“好”这里不要错读为 hǎo。
好行小惠（hàoxíngxiǎohuì）“好”这里不要错读为 hǎo。
好逸恶劳（hàoyì-wùláo）“好”这里不要错读为 hǎo；“恶”这里不要错读为 è。
涸泽之鲋（hézézhīfù）“涸”水干了的意思，不要错读为 gù。
恒河沙数（hénghé-shāshù）“数”这里不要错读为 shǔ。
呼天抢地（hūtiān-qiāngdì）“抢地”，用头撞地。“抢”不要错读为 qiǎng。

怙恶不悛(hù'è-bùquān)“怙”不要错读为 gǔ;“悛”不要错读为 jùn。
花团锦簇(huātuán-jǐncù)“簇”不要错读为 zú。
黄发垂髫(huángfà-chuítiáo)“髫”不要错读为 zhào。
毁家纾难(huǐjiā-shūnàn)“纾”不要错读为 yú;“难”不要错读为 nán。
诲人不倦(huìrén-bùjuàn)“诲”与“悔”形近音义不同。“诲”不要错读为 huǐ。
绘声绘色(huìshēng-huìsè)“色”这里应作文读,不要错读为 shǎi。
魂不守舍(húnbùshǒushè)“舍”这里不要错读为 shě。
魂飞魄散(húnfēi-pòsàn)“散”这里不要错读为 sǎn。
混淆黑白(hùnxiáo-hēibái)“混”这里不要错读为 hún。
火中取栗(huǒzhōng-qǔlì)“栗”与“粟”形近音义不同。“栗”不要错读为 sù。
豁达大度(huòdá-dàdù)“豁”这里不要错读为 huō。

J

饥寒交迫(jīhán-jiāopò)“迫”不要错读为 pǎi。
畸轻畸重(jīqīng-jīzhòng)“畸”不要错读为 qí;“重”这里不要错读为 chóng。
佶屈聱牙(jíqū-áoyá)“佶”与“结”形近音义不同。“佶”不要错读为 jié。
急公好义(jígōng-hàoyì)“好”这里不要错读为 hǎo。
急转直下(jízhuǎn-zhíxià)“转”这里不要错读为 zhuàn。
疾风知劲草(jífēng-zhījìngcǎo)“劲”这里不要错读为 jìn。
疾首蹙额(jíshǒu-cù'é)“蹙”不要错读为 zú 或 qì。
嫉贤妒能(jíxián-dùnéng)“嫉”不要错读为 jì。
济济一堂(jǐjǐ-yītáng)“济”这里不要错读为 jì。
犄角之势(jǐjiǎozhīshì)“犄”,原作“掎”,不要错读为 qí。

济寒赈贫（jìhán-zhènpín）“济”这里不要错读为 jǐ。

济世之才（jìshìzhīcái）“济”这里不要错读为 jǐ。

家给人足（jiājǐ-rénzú）“给”这里不要错读为 gěi。

戛然而止（jiárán’érzhǐ）“戛”不要因受“嘎”（gǎ）的影响而错读为 gǎ。

假公济私（jiǎgōng-jìsī）“济”这里不要错读为 jǐ。

尖酸刻薄（jiānsuān-kèbó）“薄”这里应作文读，不要错读为 báo。

间不容发（jiānbùróngfà）“间”是“中间”的意思，在这里不要错读为 jiàn；“发”这里不要错读为 fā。

兼权熟计（jiānquán-shújì）“熟”这里应作文读，不要错读为 shóu。

箭在弦上（jiànzàixiánshàng）“弦”不要错读为 xuán。

矫揉造作（jiǎoróu-zàozuò）“矫”，假装、做作，不要因与“娇”形近而错读为 jiāo。

教无常师（jiàowúchángshī）“教”这里不要错读为 jiāo。

嗟来之食（jiēláizhīshí）“嗟”不要错读为 chà、chā 或 jué。

洁身自好（jiéshēn-zìhào）“好”这里不要错读为 hǎo。

解甲归田（jiějiǎ-guītián）“解”这里不要错读为 xiè。

解铃还须系铃人（jiělínghuánxūxìlíngrén）“系”这里不要错读为 jì。

疥癣之疾（jièxuǎnzhījí）“癣”不要错读为 xiǎn。

斤斤计较（jīnjīn-jìjiào）“较”不要错读为 jiǎo。

金蝉脱壳（jīnchán-tuōqiào）“壳”这里不要错读为 ké。

锦上添花（jǐnshàng-tiānhuā）“锦”与“绵”形近，音义不同，锦，不要错读为 mián。

锦囊妙计（jǐnnáng-miàojì）“锦”与“绵”形近，音义不同，锦，不要误读为 mián。

荆棘塞途（jīngjí-sètú）“塞”这里作文读，不要错读为 sài。

兢兢业业（jīngjīng-yèyè）“兢”不要错读为 jìng。

迥然不同(jiǒngrán-bùtóng)“迥”与“迴”形近音义不同,不要把“迥”错读为 huí。

久假不归(jiǔjiǎ-bùguī)假,这里指“借”,不要把“假”错读为 jià。

旧念复萌(jiùniàn-fùméng)“萌”不要错读为 míng。

救火扬沸(jiùhuǒ-yángfèi)“沸”与“佛”形近音义不同,不要把“沸”错读为 fó 或 fú。

救灾恤患(jiùzāi-xùhuàn)“恤”不要错读为 xuè 或 xiě。

居心叵测(jūxīn-pǒcè)“叵”是不可的意思,不要错读为 jù。

K

开门揖盗(kāimén-yīdào)“揖”是作揖的意思,与“缉”形近,不要错读为 jí。

恪守不渝(kèshǒu-bùyú)“恪”不要错读为 gè 或 què。

空穴来风(kōngxué-láifēng)“穴”不要错读为 xuè。

苦心孤诣(kǔxīn-gūyì)“诣”不要错读为 zhǐ。

脍炙人口(kuàizhì-rénkǒu)“脍”不要错读为 huì;“炙”,烤熟的肉,与“灸”形近音义不同,不要错读为 jiǔ。

岿然不动(kuīrán-bùdòng)“岿”不要错读为 guī。

窥间伺隙(kuījiàn-cìxì)“间”,间隙、缝隙,不要错读为 jiān。

揆情度理(kuíqíng-duólǐ)“度”这里不要错读为 dù。

L

狼吞虎咽(lángtūn-hǔyàn)“咽”这里不要错读为 yān 或 yè。

老成持重(lǎochéng-chízhòng)“重”这里不要错读为 chóng。

老调重弹(lǎodiào-chóngtán)“重”这里不要错读为 zhòng。

老牛舐犊(lǎoniú-shìdú)“舐”不要错读为 tiǎn 或 dǐ。

乐善好施（lèshàn-hàoshī）“好”这里不要错读为 hǎo。

里应外合（lǐyìng-wàihé）“应”这里不要错读为 yīng。

立身处世（lìshēn-chǔshì）“处”这里不要错读为 chù。

恋恋不舍（liànliàn-bùshě）“舍”这里不要错读为 shè。

良莠不齐（liángyǒubùqí）“莠”不要错读为 xiù。

量力而行（liànglì'érxíng）“量”，打量、估量，引申为根据，不要错读为 liáng。

量入为出（liàngrù-wéichū）“量”不要错读为 liáng。

量体裁衣（liàngtǐ-cáiyī）“量”不要错读为 liáng。

鳞次栉比（líncì-zhìbǐ）“栉”不要错读为 jié。

令人发指（lìngrénfàzhǐ）“发”这里不要错读为 fā。

龙潭虎穴（lóngtán-hǔxué）“穴”不要错读为 xuè。

屡见不鲜（lǚjiàn-bùxiān）“鲜”这里不要错读为 xiǎn。

履舄交错（lǚxì-jiāocuò）“舄”为古代一种复底鞋，不要错读为 xiè。

落落大方（luòluò-dàfāng）“落落”，形容人们举止潇洒自然，言谈得体，不要错读为 làolào。

落拓不羁（luòtuò-bùjī）“落拓”形容行为散漫。“落”不要错读为 lào。

M

麻痹大意（mábì-dàyì）“痹”不要错读为 pǐ。

买椟还珠（mǎidú-huánzhū）“椟”不要错读为 mài；“还”不要错读为 hái。

卖儿鬻女（mài'ér-yùnǚ）“鬻”不要错读为 zhōu。

满目疮痍（mǎnmù-chuāngyí）“疮”不要错读为 chāng 或 cāng。

满载而归（mǎnzài'érguī）“载”这里不要错读为 zǎi。

毛骨悚然（máogǔ-sǒngrán）“悚”不要错读为 sù。

毛遂自荐（máosuì-zìjiàn）“遂”不要错读为 suí；“荐”不要错读为 cún。

茅塞顿开（máosè-dùnkāi）“塞”这里不要错读为 sāi。

门可罗雀（ménkěluóquè）“雀”这里应作文读，不要错读为 qiǎo。

靡靡之音（mǐmǐzhīyīn）“靡”不要错读为 mí。

绵里藏针（miánlǐ-cángzhēn）“绵”与“锦”形近音义不同，不要把“绵”错读为 jǐn。

面面相觑（miànmiànxiāngqù）“觑”不要错读为 xū。

民怨沸腾（mínyuàn-fèiténg）“沸”不要错读为 fú。

民脂民膏（mínzhī-míngāo）“脂”不要错读为 zhǐ。

谬种流传（miùzhǒng-liúchuán）“谬”不要错读为 niù。

模棱两可（móléng-liǎngkě）“棱”不要错读为 líng。

木朽蛀生（mùxiǔ-zhùshēng）“朽”不要错读为 qiǔ。

沐猴而冠（mùhóu'érguàn）“冠”这里不要错读为 guān。

N

泥塑木雕（nísù-mùdiāo）“塑”不要错读为 suò。

拈花惹草（niānhuā-rěcǎo）“拈”不要错读为 zhān。

拈轻怕重（niānqīng-pàzhòng）“拈”不要错读为 zhān。

拈酸吃醋（niānsuān-chīcù）“拈”不要错读为 zhān。

年高德劭（niángāo-déshào）“劭”不要错读为 zhāo。

宁缺毋滥（nìngquē-wùlàn）“宁”这里不要错读为 níng。

宁死不屈（nìngsǐ-bùqū）“宁”这里不要错读为 níng。

奴颜婢膝（núyán-bìxī）“婢”不要错读为 bēi；“膝”不要错读为 qī。

怒发冲冠（nùfà-chōngguān）“发”这里不要错读为 fā；“冠”这里不要错读为 guàn。

O

呕心沥血(ǒuxīn-lìxuè)“呕”不要错读为 ōu;“血”这里不要错读为 xiě。

P

排山倒海(páishān-dǎohǎi)“倒”这里不要错读为 dào。

排忧解难(páiyōu-jiěnán)“难”指困难,这里不要错读为 nàn。

喷薄欲出(pēnbó-yùchū)“薄”这里不要错读为 báo。

疲于奔命(píyúbēnmìng)“奔”这里不要错读为 bèn。

否极泰来(pǐjí-tàilái)“否”这里不要错读为 fǒu。

迫不得已(pòbùdéyǐ)“迫”不要错读为 pǎi;“已”与“己”形近音义不同,不要把“已”错读为 jǐ。

迫不及待(pòbùjídài)“迫”不要错读为 pǎi。

迫在眉睫(pòzài-méijié)“迫”这里不要错读为 pǎi。

破绽百出(pòzhàn-bǎichū)“绽”不要错读为 dìng。

Q

妻离子散(qīlí-zǐsàn)“散”这里不要错读为 sǎn。

起承转合(qǐ-chéng-zhuǎn-hé)“转”这里不要错读为 zhuàn。

气势磅礴(qìshì-pángbó)“磅”不要错读为 bàng。

弃甲曳兵(qìjiǎ-yèbīng)“曳”不要错读为 xiè。

千里迢迢(qiānlǐ-tiáotiáo)“迢”不要错读为 zhāo。

牵一发而动全身(qiānyīfà'érdòngquánshēn)“发”这里不要错读为 fā。

前倨后恭(qiánjù-hòugōng)“倨”不要错读为 jū。

强词夺理(qiǎngcí-duólǐ)“强”这里不要错读为 qiáng。

强人所难(qiǎngrénsuǒnán)“强”这里不要错读为 qiáng;“难”这里不要

错读为 nàn。

强颜欢笑(qiǎngyánhuānxiào)“强”这里不要错读为 qiáng。

翘足而待(qiáozú’érdài)“翘”不要错读为 qiào。

切肤之痛(qièfūzhītòng)“切”这里不要错读为 qiē。

切中时弊(qièzhòng-shíbì)“切”这里不要错读为 qiē;“中”这里不要错读为 zhōng。

锲而不舍(qiè’érbùshě)“锲”不要错读为 qì;“舍”这里不要错读为 shè。

亲密无间(qīnmì-wújiàn)“间”是“缝隙”的意思,不要错读为 jiān。

沁人心脾(qìnrénxīnpí)“沁”不要错读为 xīn。

轻车熟路(qīngchē-shúlù)“熟”这里不要错读为 shóu。

倾巢出动(qīngcháo-chūdòng)“倾”不要错读为 qǐng。

倾城倾国(qīngchéng-qīngguó)“倾”不要错读为 qǐng。

倾家荡产(qīngjiā-dàngchǎn)“倾”不要错读为 qǐng。

情不自禁(qíngbùzìjīn)“禁”这里不要错读为 jìn。

曲近其妙(qūjìnqímiào)“曲”指“曲折”,不是“歌曲”,不要错读为 qǔ。

曲径通幽(qūjìng-tōngyōu)“曲径”指弯曲的小路。“曲”不要错读为 qǔ。

曲突徙薪(qūtū-xǐxīn)“曲”这里不要错读为 qǔ;“徙”迁移的意思,与“徒”形近而音义不同。“徙”不要错当成“徒”而错读为 tú。

曲意逢迎(qūyì-féngyíng)“曲”这里不要错读为 qǔ。

曲高和寡(qǔgāo-hèguǎ)“曲”指“歌曲”、“曲子”,不要错读为 qū;“和”这里不要错读为 hé。

权倾天下(quánqīngtiānxià)“倾”不要错读为 qǐng。

确凿不移(quèzáo-bùyí)“凿”不要错读为 zuò。

R

热血沸腾(rèxuè-fèiténg)“血”这里不要错读为 xiě;“沸”不要错读为 fú。

人才荟萃（réncái-huìcuì）“萃”不要错读为 zú。

人才济济（réncái-jǐjǐ）“济”这里不要错读为 jì。

人声鼎沸（rénshēng-dǐngfèi）“沸”不要错读为 fú。

人心叵测（rěnxīn-pǒcè）“叵”与“巨”形近而音义不同，不要误把“叵”当成“巨”而错读为 jù。

忍俊不禁（rěnjùn-bùjīn）“禁”这里不要错读为 jìn。

日薄西山（rìbóxīshān）“薄”是“迫近”的意思，不要错读为 báo。

日不暇给（rìbùxiájǐ）“给”这里不要错读为 gěi。

戎马倥偬（róngmǎ-kǒngzǒng）“倥偬”的意思是繁忙，不要错读为 kōngcōng。

冗词赘句（rǒngcí-zhuìjù）“冗”不要错读为 yǒng。

如法炮制（rúfǎ-páozhì）“炮”这里不要错读为 pào。

如火如荼（rúhuǒ-rútú）“荼”与“茶”形近而音义不同，不要把“荼”当作“茶”而错读为 chá。

如履薄冰（rúlǚbóbīng）“薄”这里应作文读，不要错读为 báo。

如丧考妣（rúsàngkǎobǐ）“丧”这里不要错读为 sāng。

如数家珍（rúshǔjiāzhēn）“数”这里不要错读为 shù。

如愿以偿（rúyuànyǐcháng）“偿”不要错读为 shǎng。

乳臭未干（rǔxiù-wèigān）“臭”指气味，这里不要错读为 chòu；“干”这里不要错读为 gàn。

锐不可当（ruìbùkědāng）“当”是面对的意思，不要错读为 dǎng。

弱不禁风（ruòbùjīnfēng）“禁”是经得起的意思，不要错读为 jìn。

弱不胜衣（ruòbùshèngyī）“胜”不要错读为 shēng。

S

塞翁失马（sàiwēng-shīmǎ）“塞”指“边塞”，不要错读为 sè 或 sāi。

三缄其口(sānjiānqíkǒu)“缄”不要错读为 xiān 或 xiǎn。

丧权辱国(sàngquán-rǔguó)“丧”这里不要错读为 sāng。

丧心病狂(sàngxīn-bìngkuáng)“丧”这里不要错读为 sāng。

色厉内荏(sèlì-nèirěn)“色”这里不要错读为 shǎi;“荏”不要错读为 rén 或 rèn。

杀一儆百(shāyī-jǐngbǎi)“儆”指警戒,不要错读为 jìng。

赏不当功(shǎngbùdānggōng)“当”是相当、等于的意思,这里不要错读为 dàng。

赏心乐事(shǎngxīn-lèshì)“乐”这里不要错读为 yuè。

少不更事(shàobùgēngshì)“少”这里不要错读为 shǎo;“更”这里不要错读为 gèng。

舍本逐末(shěběn-zhúmò)“舍”这里不要错读为 shè。

身心交瘁(shēnxīn-jiāocuì)“瘁”不要错读为 zú。

深思熟虑(shēnsī-shúlǜ)“熟”这里应作文读,不要错读为 shóu。

深恶痛绝(shēnwù-tòngjué)“恶”这里不要错读为 è。

神不守舍(shénbùshǒushè)“舍”这里不要错读为 shě。

神出鬼没(shénchū-guǐmò)“没”这里不要错读为 méi。

神魂颠倒(shénhún-diāndǎo)“倒”这里不要错读为 dào。

神色自若(shénsè-zìruò)“色”这里作文读,不要错读为 shǎi。

审时度势(shěnshí-duóshì)“度”这里不要错读为 dù。

生杀予夺(shēng-shā-yǔ-duó)“予”这里不要错读为 yú。

声名狼藉(shēngmíng-lángjí)“藉”这里不要错读为 jiè。

胜不骄,败不馁(shèngbùjiāo,bàibùněi)“馁”不要错读为 tuǒ 或 suí。

失之东隅,收之桑榆(shīzhī-dōngyú,shōuzhī-sāngyú)“隅”与“偶”形近而音义不同,不要把“隅”错读为 ǒu。

十恶不赦(shí'è-bùshè)“恶”这里不要错读为 wù。

拾金不昧（shíjīn-bùmèi）“昧”与“味”形近而音义不同，不要把“昧”错读为 wèi。

矢口否认（shǐkǒu-fǒurèn）“矢”不要错读为 shì。

势不可当（shìbùkědāng）“当”不要错读为 dǎng。

视如敝屣（shìrúbìxǐ）“屣”与“履”形近而音义不同，不要把“屣”错读为 lǚ。

恃才傲物（shìcái-àowù）“恃”不要错读为 chí。

恃强凌弱（shìqiáng-língruò）“恃”不要错读为 chí；“强”这里不要错读为 qiǎng。

舐犊情深（shìdú-qíngshēn）“舐”不要错读为 tiǎn。

首当其冲（shǒudāng-qíchōng）“当”这里不要错读为 dàng。

熟能生巧（shúnéngshēngqiǎo）“熟”这里应作文读，不要错读为 shóu。

熟视无睹（shúshì-wúdǔ）“熟”这里应作文读，不要错读为 shóu。

数米而炊（shǔmǐ'érchuī）“数”这里不要错读为 shù。

数往知来（shǔwǎng-zhīlái）“数”这里不要错读为 shù。

数以万计（shùyǐwànjì）“数”这里不要错读为 shǔ。

肆无忌惮（sìwújìdàn）“惮”不要错读为 tán。

夙兴夜寐（sùxīng-yèmèi）“兴”这里不要错读为 xìng。

夙夜匪懈（sùyè-fěixiè）“懈”不要错读为 jiě。

素昧平生（sùmèi-píngshēng）“昧”不要错读为 wèi。

岁月蹉跎（suìyuè-cuōtuó）“蹉跎”不要错读为 chātā。

所向披靡（suǒxiàng-pīmǐ）“靡”不要错读为 mí。

T

太仓一粟（tàicāng-yīsù）“粟”与“栗”形近而音义不同，不要把“粟”错读为 lì。

谈言微中(tányán-wēizhòng)"中"这里不要错读为 zhōng。
弹指之间(tánzhǐzhījiān)"弹"这里不要错读为 dàn。
螳臂当车(tángbì-dāngchē)"臂"不要错读为 bèi;"当"这里不要错读为 dǎng 或 dàng。
韬光养晦(tāoguāng-yǎnghuì)"晦"不要错读为 huǐ。
提纲挈领(tígāng-qièlǐng)"挈"不要错读为 xié。
啼饥号寒(tíjī-háohán)"号"这里不要错读为 hào。
倜傥不羁(tìtǎng-bùjī)"倜傥"不要错读为 zhōudǎng。
恬不知耻(tiánbùzhīchǐ)"恬"不要错读为 tiǎn 或 guā。
挑拨离间(tiǎobō-líjiàn)"挑"这里不要错读为 tiāo;"间"这里不要错读为 jiān。
同仇敌忾(tóngchóu-díkài)"忾"不要错读为 qì。
图穷匕见(túqióng-bǐxiàn)"见"这里不要错读为 jiàn。
退避三舍(tuìbì-sānshè)"舍"这里不要错读为 shě。
唾手可得(tuòshǒu-kědé)"唾"不要错读为 chuí。

W

外强中干(wàiqiáng-zhōnggān)"强"这里不要错读为 qiǎng;"干"这里不要错读为 gàn。
纨绔子弟(wánkù-zǐdì)"绔"不要错读为 kuà。
玩物丧志(wánwù-sàngzhì)"丧"这里不要错读为 sāng。
万夫不当(wànfū-bùdāng)"当"这里不要错读为 dǎng 或 dàng。
万箭攒心(wànjiàn-cuánxīn)"攒"不要错读为 zǎn。
万马齐喑(wànmǎ-qíyīn)"喑"与"暗"形近而音义不同,不要把"喑"误当作"暗"而错读为 àn。
万事亨通(wànshì-hēngtōng)"亨"与"享"形近而音义不同,不要把"亨"

误当作“享”而错读为 xiǎng。

妄自菲薄（wàngzìfěibó）“菲”不要错读为 fēi；“薄”这里应作文读，不要错读为 báo。

望洋兴叹（wàngyáng-xīngtàn）“兴”这里不要错读为 xìng。

危如累卵（wēirúlěiluǎn）“累”这里不要错读为 léi 或 lèi。

危如朝露（wēirúzhāolù）“朝”这里不要错读为 cháo。

巍然屹立（wēirán-yìlì）“屹”不要错读为 qǐ。

为恶不悛（wéi'è-bùquān）“悛”与“俊”形近而音义不同，不要把“悛”错读为 jùn。

惟妙惟肖（wéimiào-wéixiào）“肖”这里不要错读为 xiāo。

为丛驱雀（wèicóng-qūquè）“为”这里不要错读为 wéi。

为虎作伥（wèihǔ-zuòchāng）“为”这里不要错读为 wéi；“伥”不要错读为 cháng 或 zhǎng。

为民请命（wèimín-qǐngmìng）“为”这里不要错读为 wéi。

为人作嫁（wèirén-zuòjià）“为”这里不要错读为 wéi。

为渊驱鱼（wèiyuān-qūyú）“为”这里不要错读为 wéi。

未雨绸缪（wèiyǔ-chóumóu）“缪”不要错读为 miù。

温情脉脉（wēnqíng-mòmò）“脉”不要错读为 mài。

文恬武嬉（wéntián-wǔxī）“恬”不要错读为 kuò 或 shé。

闻风丧胆（wénfēng-sàngdǎn）“丧”这里不要错读为 sāng。

稳操胜券（wěncāo-shèngquàn）“券”不要错读为 juàn。

握发吐哺（wòfà-tùbǔ）“发”这里不要错读为 fā；“哺”不要错读为 fǔ 或 pǔ。

无可比拟（wúkěbǐnǐ）“拟”不要错读为 nì。

无可讳言（wúkěhuìyán）“讳”与“伟”形近而音义不同，不要把“讳”错读为 wěi 或 wéi。

无隙可乘(wúxìkěchéng)“乘”不要错读为 chèng。

无庸讳言(wúyōng-huìyán)“讳”与“伟”形近而音义不同,不要把“讳”错读为 wěi。

五方杂处(wǔfāng-záchǔ)“处”这里不要错读为 chù。

五颜六色(wǔyán-liùsè)“色”这里应作文读,不要错读为 shǎi。

物薄情厚(wùbó-qínghòu)“薄”这里应作文读,不要错读为 báo。

X

息事宁人(xīshì-níngrén)“宁”这里不要错读为 nìng。

息息相关(xīxī-xiāngguān)“相”这里不要错读为 xiàng。

瑕瑜互见(xiáyú-hùjiàn)“见”这里不要错读为 xiàn。

先我着鞭(xiānwǒ-zhuóbiān)“着”是“接触、挨着”的意思,不要错读为 zháo。

纤毫不爽(xiānháo-bùshuǎng)“纤”不要错读为 qiān。

弦外之音(xiánwàizhīyīn)“弦”不要错读为 xuán。

相濡以沫(xiāngrúyǐmò)“濡”不要错读为 xū。

相形见绌(xiāngxíng-jiànchù)“绌”不要错读为 chuò 或 chū。

响遏行云(xiǎng'èxíngyún)“行”这里不要错读为 háng。

向隅而泣(xiàngyú'érqì)“隅”不要错读为 ǒu。

相机行事(xiàngjī-xíngshì)“相”这里不要错读为 xiāng。

销声匿迹(xiāoshēng-nìjì)“匿”不要错读为 ruò;“迹”不要错读为 jī。

胁肩谄笑(xiéjiān-chǎnxiào)“谄”不要错读为 xiàn。

挟天子以令诸侯(xiétiānzǐyǐlìngzhūhóu)“挟”不要错读为 jiá。

邂逅相遇(xièhòu-xiāngyù)“邂”不要错读为 jiě。

心潮澎湃(xīncháo-péngpài)“湃”不要错读为 bài。

心广体胖(xīnguǎng-tǐpán)“胖”是身体安详舒适的样子,不要错读为

pàng。

心旷神怡（xīnkuàng-shényí）“旷”不要错读为 guǎng。

心力交瘁（xīnlì-jiāocuì）“瘁”不要错读为 zú。

信手拈来（xìnshǒu-niānlái）“拈”不要错读为 zhān 或 zhàn。

兄弟阋墙（xiōngdì-xìqiáng）“阋”不要错读为 ér 或 ní。

汹涌澎湃（xiōngyǒng-péngpài）“湃”不要错读为 bài。

胸无宿物（xiōngwúsùwù）“宿”这里不要错读为 xiǔ 或 xiù。

虚与委蛇（xūyǔwēiyí）“委”这里不要错读为 wěi；“蛇”这里不要错读为 shé。

煊赫一时（xuānhè-yīshí）“煊”不要错读为 huán。

削足适履（xuēzú-shìlǚ）“削”这里应作文读，不要错读为 xiāo。

血口喷人（xuèkǒu-pēnrén）“血”这里应作文读，不要错读为 xiě。

血流成河（xuèliú-chénghé）“血”这里应作文读，不要错读为 xiě。

血气方刚（xuèqì-fānggāng）“血”这里应作文读，不要错读为 xiě。

血肉相连（xuèròu-xiānglián）“血”这里应作文读，不要错读为 xiě。

徇情枉法（xùnqíng-wǎngfǎ）“徇”不要错读为 xún；“枉”不要错读为 wāng。

徇私舞弊（xùnsī-wǔbì）“徇”不要错读为 xún。

睚眦必报（yázì-bìbào）“眦”不要错读为 cī 或 cǐ。

哑然失笑（yǎrán-shīxiào）“哑”不要错读为 è。

揠苗助长（yàmiáo-zhùzhǎng）“揠”不要错读为 yàn。

湮没无闻（yānmò-wúwén）“湮”这里不要错读为 yīn；“没”这里不要错读为 méi。

严惩不贷（yánchéng-bùdài）“惩”这里不要错读为 chěng。

言必有中（yánbìyǒuzhòng）“中”这里不要错读为 zhōng。

言传身教（yánchuán-shēnjiào）“教”这里不要错读为 jiāo。

言简意赅（yánjiǎn-yìgāi）“赅”不要错读为 hài 或 hé。

言者谆谆，听者藐藐（yánzhě-zhūnzhūn，tīngzhěmiǎomiǎo）“谆”不要错读为 hēng 或 chún。

扬汤止沸（yángtāng-zhǐfèi）“沸”不要错读为 fú。

养尊处优（yǎngzūn-chǔyōu）“处”这里不要错读为 chù。

遥相互应（yáoxiānghūyìng）“应”这里不要错读为 yīng。

杳如黄鹤（yǎorúhuánghè）“杳”不要错读为 miǎo。

杳无音信（yǎowú-yīnxìn）“杳”不要错读为 miǎo。

一唱一和（yīchàng-yīhè）“和”这里不要错读为 hé。

一蹴而就（yīcù'érjiù）“蹴”不要错读为 jiù。

一念之差（yīniànzhīchā）“差”这里不要错读为 chà。

一暴十寒（yīpù-shíhán）“暴”这里不要错读为 bào。

一丘之貉（yīqiūzhīhé）“貉”不要错读为 háo 或 luò 或 gè。

一隅之见（yīyúzhījiàn）“隅”与“偶”形近而音义不同，不要把“隅”错读为 ǒu。

一掷千金（yīzhì-qiānjīn）“掷”不要错读为 zhèng。

遗臭万年（yíchòu-wànnián）“臭”这里不要错读为 xiù。

以儆效尤（yǐjǐngxiàoyóu）“儆”不要错读为 jìng。

引吭高歌（yǐnháng-gāogē）“吭”不要错读为 kàng。

引咎自责（yǐnjiù-zìzé）“咎”不要错读为 jiū。

饮鸩止渴（yǐnzhèn-zhǐkě）“鸩”与“鸠”形近而音义不同，不要把“鸩”错读为 jiū。

应接不暇（yìngjiēbùxiá）“应”这里不要错读为 yīng。

应运而生（yìngyùn'érshēng）“应”这里不要错读为 yīng。

勇冠三军(yǒngguàn-sānjūn)"冠"这里不要错读为 guān。

忧心忡忡(yōuxīn-chōngchōng)"忡"不要错读为 zhōng。

有血有肉(yǒuxuè-yǒuròu)"血"这里作文读,不要错读为 xiě。

怨声载道(yuànshēng-zàidào)"载"这里不要错读为 zǎi。

跃然纸上(yuèrán-zhǐshàng)"跃"不要错读为 yào。

跃跃欲试(yuèyuè-yùshì)"跃"不要错读为 yào。

Z

载歌载舞(zàigē-zàiwǔ)"载"这里不要错读为 zǎi。

凿凿有据(záozáo-yǒujù)"凿"不要错读为 zuò。

造谣中伤(zàoyáozhòngshāng)"中"这里不要错读为 zhōng。

崭露头角(zhǎnlù-tóujiǎo)"崭"不要错读为 zàn;"露"这里应作文读,不要错读为 lòu。

战战兢兢(zhànzhàn-jīngjīng)"兢"不要错读为 jìng。

张牙舞爪(zhāngyá-wǔzhǎo)"爪"不要错读为 zhuǎ。

朝发夕至(zhāofā-xīzhì)"朝"这里不要错读为 cháo。

朝令夕改(zhāolìng-xīgǎi)"朝"这里不要错读为 cháo。

正中下怀(zhèngzhòng-xiàhuái)"中"这里不要错读为 zhōng。

只字不提(zhīzì-bùtí)"只"这里不要错读为 zhǐ。

知足不辱,知止不殆(zhīzú-bùrǔ,zhīzhǐ-bùdài)"殆"不要错读为 tái。

直言不讳(zhíyán-bùhuì)"讳"不要错读为 wěi。

炙手可热(zhìshǒu-kěrè)"炙"与"灸"形近音义不同,不要把"炙"错读为 jiū。

栉风沐雨(zhìfēng-mùyǔ)"栉"不要错读为 jié。

众目睽睽(zhòngmù-kuíkuí)"睽"不要错读为 guǐ。

众擎易举(zhòngqíng-yìjǔ)"擎"不要错读为 jìng。

煮豆燃萁（zhǔdòu-ránqí）“萁”不要错读为 jī。

装模作样（zhuāngmú-zuòyàng）“模”这里不要错读为 mó。

锥处囊中（zhuīchǔnángzhōng）“处”这里不要错读为 chù。

惴惴不安（zhuìzhuìbù'ān）“惴”不要错读为 chuāi。

谆谆告诫（zhūnzhūngàojiè）“谆”不要错读为 chún 或 hēng。

着手成春（zhuóshǒuchéngchūn）“着”不要错读为 zháo。

龇牙咧嘴（zīyá-liězuǐ）“龇”不要错读为 cī。

自惭形秽（zìcán-xínghuì）“秽”不要错读为 suì。

自怨自艾（zìyuàn-zìyì）“艾”这里不要错读为 ài。

字里行间（zìlǐ-hángjiān）“行”这里不要错读为 xíng。

总角之好（zǒngjiǎozhīhǎo）“好”这里不要错读为 hào。

纵横捭阖（zòng-héng-bǎi-hé）“捭”不要错读为 bēi。

纵横驰骋（zònghéng-chíchěng）“骋”与“聘”形近而音义不同，不要把“骋”错读为 pìn。

左支右绌（zuǒzhī-yòuchù）“绌”不要错读为 zhuó 或 chū。

中编　正　形

汉语字词的书写是有一定规范的，这种规范就是国家语言文字使用管理机关对汉字书写所作的统一规定，不按统一规定来书写就是违反了规范。汉字书写违反规范主要有三种现象：一种是写错了字的笔画结构，即写出了汉语中原本没有的字；一种是写了异体字，即一个汉字原本有两种或更多种写法，但是经过管理机关规定确定了一种写法，其他写法则予以废止，如果写出了已经废止的写法，也是不规范的；第三是写了别字，即写出的字不表达应该表达的意义，也就是说写出了另外的字。这三种非规范现象，都算是写错了字，都是必须认真加以纠正的。

本篇主要章节如下：

一、由于多写一笔而成错字

二、由于少写一笔而成错字

三、由于弄混笔画、偏旁而写出错字

四、由于形体相近而容易写错的字

五、由于形近音同而容易写错的字

六、由于形体不同读音相同而容易写错的字

七、由于随意简化而写出错字

八、由于由简返繁不当而写出错字

九、容易写错的双音节同音词

十、成语中容易写错的字

一、由于多写一笔而成错字

每一个汉字笔画的多少和形状、结构都是固定的,多写一笔是指在原字的规范的笔画结构之外,加上原字所没有的一笔,从而写出了根本没有的字,或者是已经废止不用的异体字,也可能错写成别的字。

A

爱(ài)——下面的偏旁是“友”,多写一点成为“犮”而写成错字“爱”。

B

柏(bǎi)——右边的偏旁是“白”,多写一横成为“百”,写成“栢”字。“栢”是“柏”的异体字,已经废止。

孛(bèi)——上面的偏旁是“十”,多写一横成为“土”或“士”,而写成错字“孛”或“孛”。以“孛”字作偏旁的字,如:悖、脖、勃都容易犯此类错误。

冰(bīng)——左边的偏旁是“冫”,多写一点为“氵”而写成错字“冰”。

亳(bó)——下面的偏旁是“乇”,多写一横成“毛”而错成“毫”(háo)字。

步(bù)——下面的偏旁是“少”,多写一点成“少”而写成错字“歩”。

C

厕(cè)——左上边的偏旁是“厂”,多写一点成“广”,写成“廁”字。“廁”是“厕”的异体字,已经废止。

丞(chéng)——上面中间的偏旁是“了”,多写三横成“承”字,整个字写成了“丞”而成为错字。以“丞”字为偏旁的,如:蒸、拯等都容易有此类的错误。

冲(chōng)——左边的偏旁是“冫”,多写一点成“氵”而写成“沖”字。“沖”是“冲”的异体字,已经废止。

凑(còu)——左边的偏旁是“冫”多写一点成“氵”而写成“湊”字。“湊”是“凑”的异体字,已经废止。

驮(duò)——右边的偏旁是“大”,多写一点成“犬”而写成错字“驮”。

贰(èr)——右上部的偏旁是“弋”,多写一撇成“戈”而写成错字“贰”。

赋(fù)——右边的偏旁是“武”,多写一撇成“武”而写成错字“赋”。

冠(guān)——上部的偏旁是“冖”,多写一点成“宀”而写成错字“冦”。

轨(guǐ)——右边的偏旁是“九”,多写一点成“丸”而写成错字“轨”。

含(hán)——上部的偏旁是“今”,多写一点成“令”而写成错字“含”。

韩(hán)——右边的偏旁是“韦”,多写一点成“韦”而写成错字“韩”。

翰(hàn)——右边上部偏旁是“人”字,下部偏旁是“羽”字,“人”和“羽”中间多写一横,写成“翕”而写成错字“翰”。

狠(hěn)——右边的偏旁是"艮",多写一点成"良"而错成"狼"(láng)字。

亨(hēng)——下边的偏旁是"了"字,多写一横成"子"而错成"享"(xiǎng)字。

侯(hóu)——左边的偏旁是"亻",多写一小竖成"亻丨"而错成"候"(hòu)字。

厚(hòu)——里面上部的偏旁是"曰",多写一笔成"白"而写出错字"厚"。

忽(hū)——上部的偏旁是"勿",中间多写一点成"匆"而写出错字"怱"。

肓(huāng)——下部的偏旁是"月"字,多写一横成"目"而错成"盲"(máng)字。

荒(huāng)——下部的偏旁是"巟",多写一点成"㐬"而写出错字"荒"。以"荒"为偏旁的字,如:慌、谎等都容易犯此类错误。

J

今(jīn)——下部的偏旁是"フ",多写一点成"マ"而错成"令"(lìng)字。凡是以"今"作偏旁的字,如:妗、衿、矜等都容易犯此类错误。

净(jìng)——左边的偏旁是"冫",多写一点成"氵"而错成"淨"字。"淨"是"净"的异体字,已经废止。

迥(jiǒng)——右上方的偏旁是"冋"多写一横成"回"而错成"迴"字。迴是"回"的异体字,已经废止。

决(jué)——左边的偏旁是"冫",多写一点成"氵"而错成"決"字。"決"是"决"的异体字,已经废止。

K

宽(kuān)——下边的偏旁是"见",多写一点成"寛"字。"寛"是"宽"的异体字,已经废止。

况(kuàng)——左边的偏旁是"冫",多写一点成"氵"而错成"況"字。"況"是"况"的异体字,已经废止。

L

肋(lèi)——右边的偏旁是“力”，多写两点成“办”而错成“胁”(xié)字。

棱(léng)——左边的偏旁是“木”，多写一撇成“禾”而错成“稜”字。“稜”是“棱”的异体字，已经废止。

凉(liáng)——左边的偏旁是“冫”，多写一点成“氵”而错成“涼”字。“涼”是“凉”的异体字，已经废止。

芦(lú)——下部的偏旁是“户”，多写一横成“戶”而写出错字“芦”。

炉(lú)——右边的偏旁是“户”，多写一横成“戶”而写出错字“炉”。

庐(lú)——右下部的偏旁是“户”，多写一横成“戶”而写出错字“庐”。

吕(lǚ)——上下两个“口”字，中间多写一撇，写成“呂”而成错字。以“吕”作偏旁的，如：铝、侣、稆等都容易犯此类错误。

M

幂(mì)——上部的偏旁是“冖”，多写一点成“宀”而写出错字“幂”。

冥(míng)——上部的偏旁是“冖”，多写一点成“宀”而写出错字“冥”。以“冥”作偏旁的，如：螟、溟、暝、瞑等都容易犯此类错误。

Q

凄(qī)——左边的偏旁是“冫”，多写一点成“氵”而错成“淒”字。“淒”是“凄”的异体字，已经废止。

契(qì)——上部右边的偏旁是“刀”，多写一点成“刃”，而写出错字“契”。

黔(qián)——右边的偏旁是“今”，多写一点成“令”而写出错字“黔”。

苘(qǐng)——下面的偏旁是“冋”多写一横成“回”而错成“茴”(huí)字。

庆(qìng)——里面的偏旁是“大”，多写一点成“犬”而写出错字“庆”。

R

染(rǎn)——右上角的偏旁是“九”,多写一点成“丸”而写出错字“染”。

冗(rǒng)——上部的偏旁是“冖”,多写一点成“宀”而错写成“宂”。“宂”是“冗”的异体字,已经废止。

丧(sāng)——又读 sàng。上面的偏旁是“业”,多写一点成“业”而写成错字“丧”。

厦(shà)——左上部的偏旁是“厂”,多写一点成“广”而错成“廈”字。“廈”是“厦”的异体字,已经废止。

折(shé)——右边的偏旁是“斤”,多写一点成“斥”而错写成“拆”(chāi)字。

涉(shè)——右边的偏旁是“步”,“步”字下面是“少”,多写一点成“少”而写出错字“涉”。

刷(shuā)——左下部的偏旁是“巾”,多写一横成“币”而写出错字“刷”。

帅(shuài)——右边的偏旁是“巾”,多写一横成“币”而错成“师”(shī)字。

厮(sī)——左上部偏旁是“厂”,多写一点成“广”而错成“廝”字。“廝”是“厮”的异体字,已经废止。

T

踢(tī)——右边的偏旁是“易”,多写一横成“昜”。“昜”的简化形式是“𠃓”,从而错写成“踼”。

驮(tuó)——又读 duò,见前面“驮”(duò)字条。

武(wǔ)——右上角的偏旁是“弋”,多写一撇成“戈”而写出错字“武”。

X

析(xī)——右边的偏旁是“斤”,多写一点成“斥”而错成“柝”(tuò)字。

冼(xiǎn)——姓氏。左边的偏旁是“冫”,多写一点成“氵”而错成“洗”字。“洗”曾经是“冼”的异体字,只做“洗涤”意义用,已经废止。

厢(xiāng)——左上部偏旁是“厂”,多写一点成“广”而错成“廂”字。“廂”是“厢”的异体字,已经废止。

Y

奄(yǎn)——上部的偏旁是“大”,多写两点成“夾”而写出错字“奄”。以“奄”为偏旁的字,如:淹、掩、阉、俺、埯、庵等都容易犯此类错误。

尧(yáo)——上部的偏旁不是“戈”,而是“戈”,多写一点成为“戈”便写出了错字“尧”。以“尧”为偏旁的字,如:挠、浇、晓等均容易犯此类错误。

沂(yí)——河名,在山东省。右边的偏旁是“斤”,多写一点成“斥”而错写成“泝”字。“泝”是“溯”(sù)的异体字,已经废止。

易(yì)——上部是“日”,下部是“勿”;中间多写一横便错写成“昜”字。凡是以“易”为偏旁的字,如:踢、剔、惕、裼、锡等都容易犯此类错误。

冤(yuān)——上部的偏旁是“冖”,多写一点成“宀”而错写成“寃”字。“寃”是“冤”的异体字,已经废止。

Z

蚤(zǎo)——上部的偏旁是“叉”,多写两点成“叉”而写出错字“蚤”。

贼(zéi)——右边的偏旁是“戎”,多写一竖成“戒”而写出错字“贼”。

折(zhé)——又读 shé,见前面折(shé)字条。

二、由于少写一笔而成错字

字的原有的笔画结构没有写全,缺漏了一笔,结果写出了错字。

B

拜(bài)——右边的偏旁是“手”(四横一竖),少写一横成“扌”(三横一竖)而写成错字“拜”。

辨(biàn)——中间的偏旁是“刂”,少写一点成“丿”而写成错字“辨”。

滨(bīn)——右边的偏旁是“宾”,少写了上面的“宀”成“兵”而错成“浜”(bāng,吴方言,小河)字。

C

拆(chāi)——右边的偏旁是“斥”,少写一点成“斤”而错成“折”字。

初(chū)——左边的偏旁是“衤”,少写一点成“礻”而写出错字“初”。

淳(chún)——右边的偏旁是“享”,少写一横成“亨”而写出错字“淳”。

匆(cōng)——中间两撇之上有一点,少写一点而错成“勿”字。

丛(cóng)——“丛”字下面有一横,少写一横而错成“从”字。

窜(cuàn)——上部偏旁是“穴”,少写两笔成“宀”而写出错字“串”。

D

氐(dǐ)——下面的笔画是一点,少写一点而错成“氏”(shì)字。

F

夆(fēng)——下面的偏旁是“丰”,少写一笔成“丯”而写出错字“夆”。凡以“夆”为偏旁的字,如:逢、蜂、峰、锋、烽等都容易犯此类错误。

G

彀(gòu)——左下角的偏旁是“弓”,弓字上面有一横,少写一横,整个字便成为“彀”而成错字。

国(guó)——里面的偏旁是“玉”,少写一点成“王”而成错字“囯”。

H

褐(hè)——左边的偏旁是“衤”少写一点成“礻”而写出错字“褐”。

候(hòu)——左边的偏旁是“亻丨”,少写一竖成“亻”而错成“侯”(hóu)字。

惠(huì)——上部的偏旁是“叀”,少写一点成“車”而写出错字“惠”。

获(huò)——右下角的偏旁是“犬”,少写一点成“大”而写出错字“获”。

J

秸(jiē)——右边偏旁是“禾”,少写一撇成“木”而错写成“桔”(jié)字。

具(jù)——上部方框里是三横,少写一横成“且”而写出错字“具”。凡是以“具”为偏旁的字,如:惧、俱、犋、飓等都容易出现此类错误。

K

寇(kòu)——上部的偏旁是“宀”,少写一点成“冖”而写出错字“寇”。

溧(lì)——左边的偏旁是“氵”,少写一点成“冫”而错成“凓(lì)”字(“凓”,

水名;溧,寒冷。)

梁(liáng)——下部的偏旁为“米”,少写两点成“木”而错成“梁”(liáng)字。

洌(liè)——左边的偏旁是“氵”,少写一点成“冫”而错成“冽”(liè)字(洌,水、酒清净;冽,寒冷。)

泠(líng)——左边的偏旁是“氵”,少写一点成“冫”而错成“冷”(lěng)字(泠,清凉,清越的水声;冷,寒冷。)

铃(líng)——右边的偏旁是“令”,少写一点成“今”而错成“钤”(qián)字。

隆(lóng)——右下角的偏旁“生”是“生”字上面加一横,少写一横成“生”而写出错字“隆”。

M

贸(mào)——上部的偏旁是“卯”,少写一点成“卯”而写出错字“贸”。

蒙(méng)——下部的“豖”字偏旁上面有一横,少写一横为“豕”而写成错字“蒙”。凡是以“蒙”为偏旁的字,如:檬、朦、礞、蠓、艨等都容易出现此类错误。

N

拗(niù)——又读 ào。右边的偏旁是“幼”,少写一撇成“幻”而错成“抝”字。“抝”是“拗”的异体字,已经废止。

P

庞(páng)——上部的偏旁是“广”,少写一点成“厂”而成为错字“厐”。

胚(pēi)——右边的偏旁是“丕”,少写一横成“不”而错成“肧”字。“肧”是“胚”的异体字,已经废止。

佥(qiān)——上部偏旁“人”字下面有一横,少写一横而错写成“佥”。凡

是以“佥”为偏旁的字，如：检、剑、硷、捡、俭、睑、险、猃、莶等都容易出现此类错误。

R

忍(rěn)——上部的偏旁是“刃”，少写一点成“刀”而成为错字“忍”。

省(shěng)——上部的偏旁是“少”，少写一点成“少”而写出错字“省”。

倏(shū)——左边的偏旁是“⺅丨”，少写一竖成“亻”而写出错字“倏”；右下角的偏旁是“犬”，少写一点成“大”而写出错字“倏”。

淞(sōng)——左边的偏旁是“氵”，少写一点成“冫”而错成“凇”(sōng)字(淞，淞江，水名；凇，雾凇)。

汰(tài)——右边的偏旁是“太”，少写一点成“大”而错写成“汏”字。“汏”是方言字，洗涤的意思。

突(tū)——下部的偏旁是“犬”，少写一点成“大”而写出错字“突”。

涂(tú)——左边的偏旁是“氵”，少写一点成“冫”而错写成“凃”字。“凃”是“涂”的异体字，已经废止。

荼(tú)——下部的偏旁是“禾”，少写一横成“木”而错写成“茶”(chá)字。

柝(tuò)——右边的偏旁是“斥”，少写一点成“斤”而错写成“析”(xī)字。

享(xiǎng)——下部的偏旁是“子”，少写一横成“了”而错成“亨”(hēng)字。

胁(xié)——右边的偏旁是“办”，少写两点成“力”而错成“肋”(lèi)字。

戌(xū)——中间有一横，少写一横而错成“戊”(wù)字。

Y

压(yā)——右下部的偏旁是“圡”，少写一点成“土”而写出错字“圧”。

逸(yì)——右上部的偏旁是“兔”，少写一点成“免”而写出错字“逸”。

猷(yóu)——右边的偏旁是“犬”，少写一点成“大”而写出错字“猷”。

三、由于弄混笔画、偏旁而写出错字

汉字的书写,一笔称为一个笔画,几个笔画构成一个部件。有的部件就是一个独体字,有的部件是字的一部分。部件的分布大都位于字的左右两边(也有位于上下、里外和一角的),故习惯上称为偏旁。笔画、部件、独体字的书写具有连锁性:笔画构成部件,部件构成独体字;独体字又作为部件构成合体字。不同的笔画、部件构成不同的汉字。有的笔画写出来形状极其相似;笔画构成的部件写出来也极其相似,稍不注意就容易弄混。写错了笔画、偏旁就会写出错字。

[丨](gǔn)/[亅](jué)

[丨]:卜、十、下、千、干、巾、中、不、忄、木、午、牛

[亅]:丁、刂、扌、了、子、才、亍、于、小、矛、东

〔**注意**〕[丨]容易误写成[亅]。

[乚](zhá)/[乙](yǐ)

[乚]:扎、轧、札、礼、乱、乳

[乙]:亿、乞、艺、忆、钇

〔**注意**〕[乚]旁为竖折钩,[乙]旁为折撇弯钩。[乚]旁容易误写成[乙]旁;[乙]旁容易误写成[乚]旁。

[十](shí)/[卜(⺊)](bǔ)

[十]:支、卉、早、协、华、卒、卓、阜、毕、南、隼、索、博

[卜(⺊)]:上、卡、占、外、卢、贞、卣、卦、卧、桌、卓

〔**注意**〕[十]旁一横与竖垂直交叉,[卜(⺊)]旁一竖右边一点或一横

与竖垂直。[十]旁容易误写成[⺊(⺊)];[⺊(⺊)]容易误写成[十]。

[十](shí)/[千](qiān)

[十]:(例字见上面)

[千]:仟、阡、忏、扦、迁、芊、钎、纤

〔**注意**〕[十]旁上面没有一撇,[千]旁上面有一撇。[十]旁容易误写成[千],[千]旁容易误写成[十]。

[十](shí)/[忄](xīn)

[十]:(例字见上面)

[忄]:忆、忏、忖、忡、忤、忧、忸、忻、怀、怃、怯、怵、恢

〔**注意**〕[十]旁横与竖垂直交叉,[忄]旁一竖旁边有两点。[十]旁的博、协等容易误写成"愽"、"恊"。

[厂](hǎn)/[广](yǎn)

[厂]:厅、压、厌、厕、厘、厢、厨、厩、厮

[广]:庄、庆、床、序、庐、庞、废、应、库、店、庙、府、度、庭、庵、康、庸、廓

〔**注意**〕[厂]旁上面没有一点,[广]旁上面有一点。[厂]旁的字有写作[广]的,如:廁、廂等现都已作为异体字废除。今天不能混淆。

[冖](mì)/[宀](mián)

[冖]:冗、写、军、冠、冢、冤

[宀]:宁、它、宅、宇、守、完、宠、宥、宛、寇

〔**注意**〕[冖]旁上面没有一点儿,[宀]旁上面有一点。[冖]旁容易错写成[宀]旁,如"宂、寃、寫"(冗、冤、写的异体字);[宀]旁容易错写成[冖]旁,如:"宠、寇"等写成"宠"、"寇"。

[亻]$_1$(rén)/[⺅]$_2$(rén)

[亻]$_1$:仁、仕、仗、佣、侄、例、侯、侨、俟、偷、傀、偏、僵

[⺅]$_2$:攸、修、候、倏

〔**注意**〕[亻]$_1$ 旁少一竖,[⺅]$_2$ 旁多一竖。[亻]$_1$ 旁的字,如:例、侯、傀、偏容易错写成[⺅]$_2$ 旁而成为错字;[⺅]$_2$ 旁的字,容易错写成[亻]$_1$ 旁而成为错字。

[冫](bīng)/[氵](shuǐ)

[冫]:冲、决、况、净、凉、减、凑——冷、冶、准

[氵]:汉、污、池、汤、沽、汽、河、沐、泠、治、淮

〔**注意**〕上例中——线以前的[冫]的字都可以写成[氵]旁,(沖、決、況、淨、淒、涼、減、湊)都是相对应的异体字,都已废止;冷、冶、准等如写成[氵]旁则错成为另外意义的字:泠、治、淮。

[儿](ér)/[几](jī)

[儿]:兀、元、允、兄、尧、光、先、充、克、党、兜

[几]:凡、讥、饥、机、肌、凫、壳、秃、咒、凭、凯、凳

〔**注意**〕[儿]旁上端不封口,[几]旁上端封口。[儿]旁容易误写成[几]旁,[几]旁容易误写成[儿]旁。

[几](jī)/[九](jiǔ)

[几]:(例字见上面)

[九]:仇、尻、轨、旭、旮、旯、鸠

〔**注意**〕[九]旁上端交叉出头,[几]旁不交叉不出头。[几]旁容易误写成[九]旁,[九]旁容易误写成[几]旁。

[九](jiǔ)/[丸](wán)

[九]:(例字见上面)

[丸]:执、芄、纨、孰

〔**注意**〕[丸]旁撇上有一点,[九]旁没有点。[九]旁容易误写成[丸]旁,[丸]旁容易误写成[九]旁。

[几](jī)/[凡](fán)

[几]:(例字见上面)

[凡]:巩、帆、矾、钒、梵

〔**注意**〕[几]旁里面没有点,[凡]旁里面有点。[几]旁容易误写成[凡]旁,[凡]旁容易误写成[几]旁。

[刀](dāo)/[刁](diāo)

[刀]:分、叨、切、忉、召、初、券、剪

[刁]:叼、汈

〔**注意**〕[刀]旁里面为一撇,[刁]旁里面为一挑。[刁]旁容易误写成[刀]旁。

[刀](dāo)/[力](lì)

[刀]:(例字见上面)

[力]:办、劝、功、夯、务、幼、动、劣、劫、历、励、助、男、努、劭、劲、势

〔**注意**〕[刀]旁上面不出头,[力]旁上面出头。[刀]旁容易误写成[力]旁,[力]旁容易误写成[刀]旁。

[刀](dāo)/[刃](rèn)

[刀]:(例字见上面)

[刃]:仞、纫、轫、忍、韧

〔**注意**〕[刀]旁撇上没有点,[刃]旁撇上有点。[刀]旁容易误写成[刃]旁,[刃]旁容易误写成[刀]旁。

[乂](yì)/[又](yòu)

[乂]:义、刈、爻、杀、希、肴

[又]:友、反、邓、劝、双、圣、对、发、戏、观、换、鸡、艰、叔、叙、难、桑、叠

〔**注意**〕[乂]旁上端不封口,[又]旁上端封口。[乂]旁容易误写成[又]旁,[又]旁容易误写成[乂]旁。

[又](yòu)/[叉](chā)

[又]:支、汉、受、变、叟、曼、燮

[叉]:扠、汊、杈、衩

〔**注意**〕[又]旁中心没有点,[叉]旁中心有点。[又]旁容易误写成[叉]旁,[叉]旁容易误写成[又]旁。

[又](yòu)/[义](yì)

[又]:(例字见上面)

[义]:仪、议、蚁、舣

〔**注意**〕[又]旁上端封口,中心没有点;[义]旁上端不封口,中心有点。[又]旁容易误写成[义]旁,[义]旁容易误写成[又]旁。

[又](yòu)/[文](wén)

[又]:(例字见上面)

[文]:刘、齐、汶、纹、蚊、紊、雯

〔**注意**〕[又]旁是乂的上端封口,[文]旁是从亠从乂。[又]旁容易误写成[文]旁,[文]旁容易误写成[又]旁。

[乂](yì)/[叉](chā)

[乂]:(例字见上面)

[叉]:(例字见上面)

〔**注意**〕[乂]旁上端不封口,[叉]旁上端封口。[乂]旁容易误写成[叉]旁,[叉]旁容易误写成[乂]旁。

[卩](dāo)/[阝](yì)

[卩]:叩、卬、印、卯、却、即、卸

[阝]:邓、邝、邦、邢、邪、那、邮、邱、邹、邵、邻、耶、郁、郊、郑、郎、郝、郡、都、郴、郭、鄂、鄙

〔**注意**〕[卩]旁俗称"硬耳刀",中间不内陷;[阝]旁俗称"软耳刀",中间内陷。[卩]旁容易误写成[阝]旁。[阝]旁容易误写成[卩]旁。

[辶](chuò)/[廴](yǐn)

[辶]:边、辽、达、过、还、迫、巡、迴、进、近、迎、道

[廴]:廷、延、建

〔**注意**〕[辶]旁容易误写成[廴]旁,[廴]旁容易误写成[辶]。

[己](jǐ)/[巳](sì)

[己]:记、岂、改、妃、纪、芑、屺、杞、忌、起、配

[巳]:导、异、汜、祀

〔**注意**〕[己]旁上端不封口,[巳]旁上端封口。[己]旁容易误写成[巳]旁,[巳]旁容易误写成[己]旁。

[巳](sì)/[㔾](dāo)

[巳]:(例字见上面)

[㔾]:厄、仓、卮、犯、氾(范)、危(桅、诡、跪)

〔注意〕[巳]封口,[卩]旁为“刀”的变形,不封口。[巳]旁容易误写成[卩]旁,[卩]旁容易误写成[巳]旁。

[土](tǔ)/[士](shì)

[土]:去、圣、圭、寺、至、尘、坚、坐、垄、型、幸、垫、垦、垒、基、堂、堡、墅、壁、墨

[士]:吉、壮、志、壳、声、壶、喜、壹、鼓、嘉

〔注意〕[土]旁下面一横长,[士]旁下面一横短。[土]旁容易误写成[士]旁,[士]旁容易误写成[土]旁。

[干](gān)/[千](qiān)

[干]:刊、邗、汗、奸、杆、轩、旱、罕、肝、秆、竿、赶、岸

[千]:仟、阡、扦、迁、纤、钎

〔注意〕[干]旁顶端是短横,[千]旁顶端是一撇。[干]容易误写成[千]旁,[千]旁容易误写成[干]旁。

[干](gān)/[于](yú)

[干]:(例字见上面)

[于]:圩、吁、迂、宇、芋、纡、盂

〔注意〕[干]旁中间是一竖。[于]旁中间是竖钩。[干]旁容易误写成[于]旁,[于]旁容易误写成[干]旁。

[于](yú)/[亍](chù)

[于]:(例字见上面)

[亍]:行、衍、衔、街、衡、衢

〔注意〕[于]旁中间的竖钩顶上面短横,[亍]旁的竖钩顶下面的长横。[于]旁容易误写成[亍]旁,[亍]旁容易误写成[于]旁。

[丰]/[丰](fēng)

[丰]:𠬤(择、泽、绎、译)、聿(津、律)、奉(俸、捧、棒)、举

[丰]:邦、沣、夆、寿、蚌、艳

〔注意〕[丰]旁是两横一竖,[丰]旁是三横一竖。[丰]旁容易误写成[丰]旁,[丰]旁容易误写成[丰]旁。

[丰](fēng)/[韦](wěi)

[丰]:(例字见上面)

[韦]:伟、违、纬、苇、帏、闱、玮、炜、韪

〔**注意**〕[丰]旁是三横一竖,[韦]旁是两横加横折钩。[丰]旁容易误写成[韦]旁,[韦]旁容易误写成[丰]旁。

[大](dà)/[犬](quǎn)

[大]:太、夯、夸、夹、夺、尖、夷、奁、奈、奔、奇、奄、奕、奖、套、奘、奠、奢、奥、爽

[犬]:状、戾、哭、臭、献、猷、獒

〔**注意**〕[大]旁右上角没有点,[犬]旁右上角有点。[大]旁容易误写成[犬]旁,[犬]旁容易误写成[大]旁。

[犬](quǎn)/[尤](yóu)

[犬]:(例字见上面)

[尤]:优、忧、犹、扰、疣、鱿

〔**注意**〕[犬]旁是"大"字加一点,[尤]旁是"九"字加一点。[犬]旁容易误写成[尤]旁,[尤]旁容易误写成[犬]旁。

[尢](wāng)/[兀](wū)

[尢]:尥、尪、尴、尷

[兀]:阢、杌、尧

〔**注意**〕[尢]旁左边一撇出头,[兀]旁不出头。[兀]旁曾作为[尢]旁的异形,有些字如"尷"写作"尲",今已废除。现[尢]旁不能写成[兀]旁,[兀]旁也不能写成[尢]旁。

[忄](xīn)/[扌](shǒu)

[忄]:忏、忧、快、忻、怆、怕、悄、悍、悱、悼、惜、惮、恽

[扌]:扦、扰、抉、折、抢、拍、捎、捍、排、掉、措、掸、挥

〔**注意**〕[忄]旁容易误写成[扌]旁,[扌]旁容易误写成[忄]旁。

[扌](shǒu)/[木](mù)

[扌]:扒、扛、技、护、抱、披、拍、拐、拢、抵、按、挺、挽、捆、捡、捧、挣、控、

推、扬、揪、搞、摧、撮

[木]:机、杠、枝、栌、枹、柀、柏、楞、栊、柢、桉、梃、棁、梱、检、棒、柠、椌、椎、楸、榷、樶

〔注意〕[扌]旁容易误写成[木]旁,[木]旁容易误写成[扌]旁。

[勺](sháo)/[匀](yún)

[勺]:约、芍、灼、的、钓、尥、豹、酌

[匀]:均、钧、韵、昀

〔注意〕[勺]旁是"勹"内为一点,[匀]旁是"勹"内为一点一提。[勺]旁容易误写成[匀]旁,[匀]旁容易误写成[勺]旁。

[乇](tuō)/[毛](máo)

[乇]:托、吒、宅、亳

[毛]:牦、旄、耄、毫、耗、蚝

〔注意〕[乇]旁为撇横竖折钩。[毛]多一短横。[乇]旁容易误写成[毛]旁,[毛]旁容易误写成[乇]旁。

[彡](shān)/[川](chuān)

[彡]:形、杉、彤、衫、参、须、彦、彩、彪、彬、彭、彰、影

[川]:训、圳、驯、顺、钏

〔注意〕[彡]旁是三撇,[川]是一撇二竖。[彡]旁容易误写成[川]旁,[川]旁容易误写成[彡]旁。

[丷]/[䒑]

[丷]:鬲(隔、塥、嗝、膈、镉、融)

[䒑]:南(喃、楠、腩、蝻、献)

〔注意〕[丷]旁为两点一横一竖,[䒑]旁为两点两横一竖。[丷]旁容易误写成[䒑]旁,[䒑]旁容易误写成[丷]旁。

[广](guǎng)/[疒](nè)

[广]:庞、废、庵、庳、庾、庑、廨

[疒]:疗、疫、疠、疲、疹、疼、症、痕、痛、痰

〔注意〕[广]旁撇上没有两点,[疒]旁有两点。[广]旁容易误写成

[疒]旁,[疒]旁容易误写成[广]旁。

[宀](mián)/[穴](xué)

[宀]:宁、它、宅、宇、守、完、宠、宥、寇

[穴]:究、穷、空、突、窄、窑、窈、窕、窍、窨、窘、窝、窠、窥

〔**注意**〕[宀]旁俗称宝字盖。[宀]旁宝字盖下没有两点,[穴]旁宝字盖下有一撇一捺。[宀]旁容易误写成[穴]旁,[穴]旁容易误写成[宀]旁。

[弋](yì)/[戈](gē)

[弋]:代、式、忒、贰、鸢

[戈]:戊、戎、划、戌、戍、成、戏、戒、我、或、战、咸、威、戚、戡

〔**注意**〕[弋]旁没有撇,[戈]旁有撇。[弋]旁容易误写成[戈]旁,[戈]旁容易误写成[弋]旁。

[尸](shī)/[户](hù)

[尸]:尻、尼、尽、层、屁、尿、尾、局、届、屈、屋、昼、屏

[户]:护、沪、启、戾、肩、所、房、扁、扇、雇

〔**注意**〕[尸]旁上面没有点,[户]旁上面有点。[尸]旁容易误写成[户]旁,[户]旁容易误写成[尸]旁。

[凡](fán)/[卂](xùn)

[凡]:巩、帆、矾、钒、梵

[卂]:讯、迅、汛

〔**注意**〕[凡]旁尸“几”字里面加一点,[卂]旁左边竖“十”,右边是“乙”字的变形。[凡]旁容易误写成[卂]旁,[卂]旁容易误写成[凡]旁。

[昜](yáng)/[易](yì)

[昜]:场、扬、汤、杨、炀、殇、肠、畅、觞

[易]:剔、踢、惕、裼

〔**注意**〕[昜]的繁体字是“昜”比[易]旁多一横。[昜]旁容易误写成[易]旁,[易]旁容易误写成[昜]旁。

[不](bù)/[丕](pī)

[不]:否、钚

[丕]:呸、坯、胚、邳

〔**注意**〕[不]旁下面没有一横,[丕]旁下面有一横。[不]旁容易误写成[丕]旁,[丕]旁容易误写成[不]旁。

[王](wáng)/[壬](rèn)

[王]:汪、弄、狂、匡、闰、枉、旺、班、斑、望

[壬]:任、妊、饪、衽

〔**注意**〕[王]旁上面是一横,[壬]旁上面是一撇。[王]旁容易误写成[壬]旁,[壬]旁容易误写成[王]旁。

[王](wáng)/[主](zhǔ)

[王]:(例字见上面)

[主]:住、拄、注、驻、柱、蛀、炷、疰

〔**注意**〕[王]旁上面没有点,[主]旁上面有点。[王]旁容易误写成[主]旁,[主]旁容易误写成[王]旁。

[王](wáng)/[玉](yù)

[王]:(例字见上面)

[玉]:宝、国、珏、玺

〔**注意**〕[王]旁右下角没有点,[玉]旁有点。“玉”字作偏旁时没有点,如:瑕、瑜等,应视为[王]旁,俗称侧王。[王]旁容易误写成[玉]旁,[玉]旁容易误写成[王]旁。

[木](mù)/[米](mǐ)

[木]:朵、杂、果、采、枭、某、荣、染、柒、栗、梨、梁、蘖

[米]:籴、粟、粜、粢、粲、粱、糜

〔**注意**〕[木]旁上部没有两点,[米]旁上部有两点。[木]旁容易误写成[米]旁,[米]旁容易误写成[木]旁。

[木](mù)/[术](shù)

[木]:(例字见上面)

[术]:怵、述、沭、秫

〔**注意**〕[术]旁右上角比[木]旁多一点。[木]旁容易误写成[术]旁,

[术]旁容易误写成[木]旁。

[天](tiān)/[夭](yāo)

[天]:吞、吴、忝、昊

[夭]:沃、妖、跃、笑

〔**注意**〕[天]旁上面是一横,[夭]旁上面是一撇。[天]旁容易误写成[夭]旁,[夭]旁容易误写成[天]旁。

[天](tiān)/[夫](fū)

[天]:(例字见上面)

[夫]:扶、芙、呋、规、肤、蚨、趺、麸

〔**注意**〕[天]旁两横上端不出头,[夫]旁两横上端出头。[天]旁容易误写成[夫]旁,[夫]旁容易误写成[天]旁。

[夫](fū)/[失](shī)

[夫]:(例字见上面)

[失]:佚、迭、帙、轶、秩、铁、跌

〔**注意**〕[夫]旁左上肩没有撇,[失]旁左上肩有一撇。[夫]旁容易误写成[失]旁,[失]旁容易误写成[夫]旁。

[艹](cǎo)/[⺮](zhú)

[艹]:芊、茏、芭、芴、芼、苐、苗、茬、茄、萗、茼、茿、菂、荟、菅、萡、葙、蓝、蓠、蓬、薄

[⺮]:竿、笼、笆、笏、笔、第、笛、笙、笳、策、筒、筑、箹、签、管、箔、箱、篮、篱、篷、簿

〔**注意**〕[艹]旁是一横两竖,[⺮]旁是撇横点并列;[⺮]旁没有简化,[艹]旁不是[⺮]旁的简化,二者不能混同。

[支](zhī)/[攴](pū)

[支]:伎、技、妓、芰、枝、脂、忮、吱、豉、翅

[攴]:战、敧、敍、敳、敲、敹

〔**注意**〕[支]旁上面是“十”字,[攴]旁上面是“⺊”字。[支]旁容易误写成[攴]旁,[攴]旁容易误写成[支]旁。

[攴](pū)/[夊](wén)

[攴]:(例字见上面)

[夊]:攸、攻、政、故、敌、教、敛、敢、散、数、敬、敷

〔**注意**〕[攴]旁的字有很多与[夊]旁的字是异体字关系,已经废除,但仍有不是异体字没有被废除的,如:"敲",还有一些生僻字仍用[攴]旁,不可一律改为[夊]旁。

[友](yǒu)/[犮](bá)

[友]:友、爱、爰

[犮]:拔、茇、钹、跋、鲅、魃

〔**注意**〕[友]旁的字很少,形与[犮]相近,右上肩少一点。[犮]旁容易误写成[友]旁,[友]旁,如"爱"字,容易误写成[犮]旁。

[仑](lún)/[仓](cāng)

[仑]:伦、论、抡、纶、囵、轮

[仓]:伧、创、苍、怆、抢、沧、呛、枪、炝、戗、疮、跄、舱

〔**注意**〕[仑]旁下部是"匕"旁,[仓]旁下部是"㔾"旁。[仑]旁容易误写成[仓]旁,[仓]旁容易误写成[仑]旁。

[今](jīn)/[令](lìng)

[今]:芩、吟、妗、衿、矜、琴、黔

[令]:伶、冷、邻、拎、泠、苓、岭、囹、玲、铃、领、呤、聆、瓴、蛉、翎、羚、龄、零

〔**注意**〕[今]旁下面没有点,[令]旁下面有一点。[今]旁容易误写成[令]旁,[令]旁容易误写成[今]旁。

[勾](gōu)/[句](jù)

[勾]:沟、构、购、钩

[句]:佝、拘、苟、狗、驹、岣、枸、笱

〔**注意**〕[勾]旁里面是"厶"字。[句]旁里面是"口"字。[勾]旁容易误写成[句]旁,[句]旁容易误写成[勾]旁。

[氏](shì)/[氐](dǐ)

[氏]:芪、纸、昏、舐

[氐]:低、诋、抵、邸、底、柢、砥、羝、骶

〔**注意**〕[氏]旁底下没有点,[氐]旁下面有一点。[氏]旁容易误写成[氐]旁,[氐]旁容易误写成[氏]旁。

[卬](áng)/[卯](mǎo)

[卬]:仰、迎、抑、昂

[卯]:茆、泖、峁、柳、铆、昴、聊

〔**注意**〕[卬]旁比[卯]旁左边少一撇。[卬]旁容易误写成[卯]旁,[卯]旁容易误写成[卬]旁。

[爪](zhǎo)/[瓜](guā)

[爪]:抓、爬

[瓜]:狐、孤、呱、弧、瓠、觚、瓢、瓣、瓤

〔**注意**〕[爪]旁中间为一竖,[瓜]旁中间为竖提点。[爪]旁容易误写成[瓜]旁,[瓜]旁容易误写成[爪]旁。

[牛](niú)/[午](wǔ)

[牛]:牢、牟、牵、犁、牝、牡、牤、物、牯、牲、牴、特、犇

[午]:仵、迕、忤、杵

〔**注意**〕[牛]中间一竖上端出头,[午]旁中间一竖上端不出头。[牛]旁容易误写成[午]旁,[午]旁容易误写成[牛]旁。

[乌](wū)/[鸟](niǎo)

[乌]:呜、邬、坞、钨

[鸟]:鸡、鸣、鸢、鸪、鸭、鹅、鹭

〔**注意**〕[乌]旁上部中间没有点,[鸟]旁上部中间有一点。[乌]旁容易误写成[鸟]旁,[鸟]旁容易误写成[乌]旁。

[户](hù)/[卢](lú)

[户]:护、芦、沪、庐、妒、炉

[卢]:垆、泸、颅、轳、栌、胪、鸬、舻、鲈

〔注意〕[户]旁上端是一点,[卢]旁上端是变形的“卜”。[户]旁容易误写成[卢]旁,[卢]旁容易误写成[户]旁。

[⺗](xīn)/[氺](shuǐ)

[⺗]:忝(掭、添、舔)、恭

[氺]:求、录、隶、泰、黍、漆、暴、滕

〔注意〕[⺗]旁的竖钩左侧为一点,右侧为两点;[氺]旁竖钩两侧各为两点,成相对的侧八字形。[⺗]旁容易误写成[氺]旁,[氺]旁容易误写成[⺗]旁。

[水](shuǐ)/[永](yǒng)

[水]:氽、冰、汞、氶、浆、淼

[永]:泳、咏、脉

〔注意〕[水]旁中间是竖钩,上端没有点;[永]旁中间是横折竖钩,上端有一点。[水]旁容易误写成[永]旁,[永]旁容易误写成[水]旁。

[礻](shì)/[衤](yī)

[礻]:礼、祁、社、祀、视、祈、祜、祖、神、祝、祥、祷、祸、禅、福、禄

[衤]:补、衩、衫、衬、衽、袂、袄、袍、袒、袖、袜、袢、袱、裤、裕、裙、褂、裸、褛、褥、褪

〔注意〕[礻]旁右边是一点,[衤]旁右边是两点。[礻]旁容易误写成[衤]旁,[衤]旁容易误写成[礻]旁。

[尤](yóu)/[龙](lóng)

[尤]:优、扰、忧、犹、疣

[龙]:陇、拢、垄、垅、茏、泷、咙、栊、珑、胧、砻、聋、笼

〔注意〕[尤]旁右边没有一撇,[龙]旁右边有一撇。[尤]旁容易误写成[龙]旁,[龙]旁容易误写成[尤]旁。

[夬](guài)/[央](yāng)

[夬]:决、诀、抉、快、块、袂、缺

[央]:英、怏、泱、映、殃、秧、盎、鞅、鸯

〔注意〕[夬]旁上端左边不封口,[央]旁上端左边封口。[夬]旁容易

误写成[央]旁,[央]旁容易误写成[夬]旁。

[予](yǔ)/[矛](máo)

[予]:序、抒、妤、纾、杼、预、野、舒、豫

[矛]:茅、袤、矜、蟊

〔**注意**〕[予]旁左下没有一撇,[矛]旁左下有一撇。[予]旁容易误写成[矛]旁,[矛]旁容易误写成[予]旁。

[日](rì)/[曰](yuē)

[日]:旦、旧、早、旮、旯、旱、昊、昙、昔、杲、杳、炅、昌、昏、易、春、是、显、星、昝、晋、晨、晃、晁、晏、晕、暑、量、暂、智、景、普、暮、暴

[曰]:旨、曳、者、冒、曷、曼、冕、最

〔**注意**〕[日]旁瘦长,[曰]旁狭长,但是书写起来已无大的差别,完全靠意义来控制。

[月](ròu)/[目](mù)

[月]:肓、肖、肩、育、肴、肾、胃、胄、背、胥、脊、膏、膺

[目]:盲、盾、省、眉、眚、督、睿、瞥、瞽

〔**注意**〕[月]旁是"月"(肉左偏旁)的变形,下端不封口,[目]旁下端不封口。[月]旁容易误写成[目]旁,[目]旁容易误写成[月]旁。

[见](jiàn)/[贝](bèi)

[见]:观、规、觅、视、览、觉、舰、靓、觐、觑

[贝]:贞、负、贡、财、员、责、贤、败、货、质、烦、贩、贪、贫、贬、贯、贵、贸、贾、赁、贿、赏、赡

〔**注意**〕[见]旁最后一笔是竖折钩,[贝]旁最后一笔是点。[见]旁容易误写成[贝]旁,[贝]旁容易误写成[见]旁。

[古](gǔ)/[占](zhàn)

[古]:估、诂、苦、岵、怙、姑、咕、轱、枯、故、牯、胡、鸪、钴、罟、蛄、酤、辜、骷、嘏

[占]:苫、帖、店、阽、沾、贴、毡、点、战、站、钻、粘

〔**注意**〕[古]旁上面为"十"字,[占]旁上面为"卜"字的变形"⺊"。

[古]旁容易误写成[占]旁,[占]旁容易误写成[古]旁。

[旦](dàn)/[且](qiě)

[旦]:但、坦、担、怛、妲、胆、昼、钽、疸、袒、笪、靼、暨

[且]:助、诅、阻、沮、狙、苴、组、俎、祖、疽、租、蛆、龃

〔**注意**〕[旦]旁上面为“日”,[且]旁上面为“月”。[旦]旁容易误写成[且]旁,[且]旁容易误写成[旦]旁。

[旦](dàn)/[亘](gèn)

[旦]:(例字见上面)

[亘]:恒、宣(揎、萱、喧、渲、楦、煊、暄、碹)洹、桓

〔**注意**〕[亘]旁比[旦]旁上面多一横。[亘]旁容易误写成[旦]旁,[旦]旁容易误写成[亘]旁。

[未](wèi)/[末](mò)

[未]:味、妹、昧、寐、魅

[末]:抹、沫、茉、秣

〔**注意**〕[未]旁上面一横短,[末]旁上面一横长。[未]旁容易误写成[末]旁,[末]旁容易误写成[未]旁。

[东](dōng)/[柬](jiǎn)

[东]:冻、陈、栋、岽、胨

[柬]:拣、练、炼

〔**注意**〕[东]旁中间是竖钩,[柬]旁中间是横折竖钩。[东]旁容易误写成[柬]旁,[柬]旁容易误写成[东]旁。

[丐](gài)/[丏](miǎn)

[丐]:钙

[丏]:沔、眄

〔**注意**〕[丐]旁右边中间是一短横,[丏]旁右边中间是横折。[丐]旁容易误写成[丏]旁,[丏]旁容易误写成[丐]旁。

[矢](shǐ)/[失](shī)

[矢]:矣、医、知、矩、疾、矫、短、矮、雉

[失]:佚、迭、帙、轶、秩、铁、跌

〔注意〕[矢]旁上端不出头,[失]旁上端出头。[矢]旁容易误写成[失]旁,[失]旁容易误写成[矢]旁。

[勿](wù)/[匆](cōng)

[勿]:刎、吻、物、忽、囫、笏

[匆]:葱

〔注意〕[勿]旁中间两撇上没有点,[匆]旁中间两撇上有一点。[勿]旁容易误写成[匆]旁,[匆]旁容易误写成[勿]旁。

[市](shì)/[巿](fú)

[市]:柿、铈

[巿]:芾、沛、肺

〔注意〕[市]旁是"亠"加"巾"字,[巿]旁是"巾"字上部贯穿一横,或"帀"字一竖窜出横。[市]旁容易误写成[巿]旁,[巿]旁容易误写成[市]旁。

[犮](bá)/[发](fā)

[犮]:拔、茇、跋、鲅、魃

[发]:拨、泼、废

〔注意〕[犮]旁起笔是一横,[发]旁的起笔是撇折。[犮]旁容易误写成[发]旁,[发]旁容易误写成[犮]旁。

[圣](shèng)/[巠](jīng)

[圣]:柽、蛏

[巠]:刭、陉、劲、迳、茎、径、泾、经、氢、胫、痉、颈

〔注意〕[圣]旁从"又"从"土",[巠]旁从"ス"从"工"。[圣]旁容易误写成[巠]旁,[巠]旁容易误写成[圣]旁。

[冋](jiōng)/[同](tóng)

[冋]:迥、苘、炯、扃

[同]:侗、垌、茼、恫、洞、峒、硐、胴、铜、筒

〔注意〕[冋]旁里面是"口"字,[同]旁里面是"一"加"口"。[冋]旁容

易误写成[冋]旁,[冋]旁容易误写成[冋]旁。

[冋](jiōng)/[回](huí)

[冋]:(例字见上面)

[回]:茴、徊、洄、蛔

〔注意〕[冋]旁下端不封口,[回]旁下端封口。[冋]旁容易误写成[回]旁,[回]旁容易误写成[冋]旁。

[朿](cì)/[束](shù)

[朿]:刺、枣、棘

[束]:剌、速、悚、竦、辣、嗽

〔注意〕[朿]旁中间为"冂",不封口;[束]旁中间为横写的"口"。[朿]旁容易误写成[束]旁,[束]旁容易误写成[朿]旁。

[臣](chén)/[𦣞](yí)

[臣]:卧、臧、藏

[𦣞]:姬、颐、熙

〔注意〕[臣]旁中间不是"口"字,两横与左边的竖相接;[𦣞]旁的中间是"口"字,[臣]旁容易误写成[𦣞]旁,[𦣞]旁容易误写成[臣]旁。

[来](lái)/[耒](lěi)

[来]:莱、崃、徕、涞、赉、铼、睐

[耒]:诔、耕、耘、耗、耙、耜

〔注意〕[来]旁上部中间是两点呈倒"八"字形;[耒]旁上部是三横。[来]旁容易误写成[耒]旁,[耒]旁容易误写成[来]旁。

[余](yú)/[佘](shé)

[余]:徐、馀、途、涂、荼

[佘]:赊、畲

〔注意〕[余]旁下面是"朩",[佘]旁下面是"示"。[余]旁容易误写成[佘]旁,[佘]旁容易误写成[余]旁。

[廷](tíng)/[延](yán)

[廷]:挺、庭、莛、梃、铤、蜓、艇、霆

[延]:诞、涎、蜒、筵

〔注意〕[廷]旁的右上角是“壬”字,[延]旁的右上角是“正”字的变形。[廷]旁容易误写成[延]旁,[延]旁容易误写成[廷]旁。

[臽](xiàn)/[舀](yǎo)

[臽]:掐、谄、陷、萏、馅、阎、焰

[舀]:滔、韬、稻、蹈

〔注意〕[臽]旁的上部是“人”字的变形,[舀]旁的上面是“爪”字的变形。[臽]旁容易误写成[舀]旁,[舀]旁容易误写成[臽]旁。

[辛](xīn)/[幸](xìng)

[辛]:莘、宰、(滓)、梓、锌

[幸]:悻、睾

〔注意〕[辛]旁上面是一点,[幸]旁上面是“十”字。[辛]旁容易误写成[幸]旁,[幸]旁容易误写成[辛]旁。

[啇](shāng)/[商](shì)

[啇]:墒、熵

[商]:谪、摘、滴、嫡、嘀、镝

〔注意〕[啇]旁“冂”内上方是“八”字,[商]旁“冂”内上方是“十”字。[啇]旁容易误写成[商]旁,[商]旁容易误写成[啇]旁。

[巟](huāng)/[㐬](liú)

[巟]:荒(慌、谎)

[㐬]:流、琉、梳、硫、疏、锍、旒

〔注意〕[巟]旁上面是“亡”字,[㐬]旁上面是“𠫓”字。[巟]旁容易误写成[㐬]旁,[㐬]旁容易误写成[巟]旁。

[呈](chéng)/[㘇](niè)

[呈]:郢、逞、埕、程、裎、酲

[㘇]:陧、捏、涅

〔注意〕[呈]旁从“口”从“王”,[㘇]旁从“曰”从“土”。[呈]旁容易误写成[㘇]旁,[㘇]旁容易误写成[呈]旁。

[员](yuán)/[肙](juān)

[员]:陨、郧、损、勋、圆、殒、赏

[肙]:捐、涓、狷、娟、绢、鹃

〔**注意**〕[员]旁下部是"贝"字,[肙]旁下部是"月"的变形。[员]旁容易误写成[肙]旁,[肙]旁容易误写成[员]旁。

[夌](líng)/[夋](suō)

[夌]:凌、陵、菱、绫、棱、鲮

[夋]:俊、峻、浚、唆、骏、梭、竣、睃、狻

〔**注意**〕[夌]旁上端是"土"字,[夋]旁上端是"厶"字。[夌]旁容易误写成[夋]旁,[夋]旁容易误写成[夌]旁。

[豕](shì)/[豖](chù)

[豕]:豚、象、豪、豫、豳

[豖]:诼、涿、啄、琢

〔**注意**〕[豕]旁左边中间两撇上没有一点,[豖]旁左边中间两撇上有一点。[豕]旁容易误写成[豖]旁,[豖]旁容易误写成[豕]旁。

[臾](yú)/[叟](sǒu)

[臾]:谀、萸、庾、腴、瘐

[叟]:搜、嗖、溲、馊、飕、锼、螋、瞍、艘

〔**注意**〕[臾]旁下面是"人"字,[叟]旁下面是"又"字。[臾]旁容易误写成[叟]旁,[叟]旁容易误写成[臾]旁。

[叚](jiǎ)/[段](duàn)

[叚]:假、遐、葭、瑕、暇、霞

[段]:缎、椴、煅、锻

〔**注意**〕[叚]旁左边是"𠃜",[段]旁左边是"𨸏"。[叚]旁容易误写成[段]旁,[段]旁容易误写成[叚]旁。

[爰](yuán)/[爱](ài)

[爰]:谖、援、媛、瑗、缓

[爱]:嗳、嫒、瑷、暧

〔**注意**〕[爰]旁上边是“爫”,[爱]旁上边是“爫”。[爰]旁容易误写成[爱]旁,[爱]旁容易误写成[爰]旁。

[夅](páng)/[夆](fēng)

[夅]:逄、降、涤、绛

[夆]:逢、峰、蜂、烽、锋

〔**注意**〕[夅]旁的下面是“㐄”,[夆]旁的下面是“丰”。[夅]旁容易误写成[夆]旁,[夆]旁容易误写成[夅]旁。

四、由于形体相近而容易写错的字

两个字或由于偏旁相近，或由于整体笔画结构相近，写起来容易相互混淆。偏旁相近，笔画结构相近的字称为形近字，形近字的形体极为相似，但是表义并不相同，二者是不能互相替代的，本应用甲字，无意中写了与甲字形近的乙字，就是写了错字，应当避免。下面列举出形近易混的常用汉字。

哀(āi)/衷(zhōng)

哀:悲哀;悼念;怜悯。从“衣”从“口”,口在衣中。

衷:内心。从“衣”从“中”。

〔**注意**〕哀,容易错写成“衷”;衷,容易错写成“哀”。

爱(ài)/爰(yuán)

爱:热爱,喜欢;友爱。从“爫”从“冖”从“友”。

爰:副词,书面语。何处,哪里。从“爫”从“一”从“友”。

〔**注意**〕爱,容易错写成“爰”;爰,容易错写成“爱”。

B

扒(bā,pá)/朳(bā)

扒(bā):攀附;刨掘;拨动;脱掉。从“扌”从“八”。

(pá):用手或工具把散在的东西搂在一起,扒窃。

朳:书面语。指无齿的耙子。从“木”从“八”。

〔**注意**〕扒，容易错写成“朳”；朳，容易错写成“扒”。

拔(bá)/拨(bō)

拔：拉出，抽出；选拔；超出。从“扌”从“友”。

拨：横向使物体移动，分出一部分；量词。从“扌”从“发”。

〔**注意**〕拔，容易错写成“拨”；拨，容易错写成“拔”。

浜(bāng)/滨(bīn)

浜：方言，小河。从“氵”从“兵”。

滨：水边，靠近水的地方。从“氵”从“宀”从“兵”。

〔**注意**〕浜，容易错写成“滨”；滨，容易错写成“浜”。

棒(bàng)/捧(pěng)

棒：棍子；形容词，强。从“木”从“奉”。

捧：用双手托，吹捧；量词。从“扌”从“奉”。

〔**注意**〕棒，容易错写成“捧”；捧，容易错写成“棒”。

薄(báo，bó)/簿(bù)

薄：不厚；稀薄；不肥沃。上方的偏旁是“艹”。

簿：记事、记账用的本子。上方的偏旁是“⺮”。

〔**注意**〕簿，容易错写成“薄”。

杯(bēi)/抔(póu)

杯：杯子；杯状的锦标。从“木”从“不”。

抔：书面语。用手捧东西；量词。从“扌”从“不”。

〔**注意**〕抔，容易错写成“杯”。

坌(bèn)/岔(chà)

坌：方言，翻土；书面语，尘埃，聚集，粗劣。从“分”从“土”。

岔：分歧的；偏离原来的方向，转移话题，错开时间。从“分”从“山”。

〔**注意**〕坌，容易错写成“岔”。

亳(bó)/毫(háo)

亳：地名，古代商朝东迁后的首都，今安徽省有亳州。下端从“乇”。

毫：细长而尖的毛，一点儿，计量单位。下端从“毛”。

〔**注意**〕亳,容易错写成"毫"。

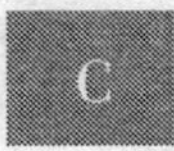

伧(cāng)/**伦**(lún)

伧:书面语。粗野。从"亻"从"仓"。

伦:人伦;条理;同类。从"亻"从"仑"。

〔**注意**〕伧,容易错写成"伦";伦,容易错写成"伧"。

沧(cāng)/**沦**(lún)

沧:水呈青绿色。从"氵"从"仓"。

沦:沉没,没落。从"氵"从"仑"。

〔**注意**〕沧,容易错写成"沦";沦,容易错写成"沧"。

茶(chá)/**荼**(tú)

茶:茶树,茶叶,茶水,茶色。从"艹"从"人"从"木"。

荼:苦菜,白花。从"艹"从"人"从"朩"。

〔**注意**〕荼,容易错写成"茶"。

拆(chāi)/**柝**(tuò)/**折**(zhé)

拆:把组合在一起的东西分开,拆毁。从"扌"从"斥"。

柝:书面语。打更用的梆子。从"木"从"斥"。

折:弄断,损失……折合,折扣;名词,多幕戏曲剧本的一场。从"扌"从"斤"。

〔**注意**〕拆、柝、折三个字不要相互错写。

禅(chán,shàn)/**褝**(dān)

禅:(chán):佛教用语,禅宗,参禅。从"礻"从"单"。

(shàn):帝王让位。

褝:书面语。单衣。从"衤"从"单"。

〔**注意**〕禅,容易错写成"褝";褝,容易错写成"禅"。

抻(chēn)/**伸**(shēn)

抻:拉,扯。从"扌"从"申"。

伸:展开。从“亻”从“申”。

〔**注意**〕抻,容易错写成“伸”;伸,容易错写成“抻”。

沉(chén)/**沈**(shěn)

沉:下落,下陷;形容词,程度深,沉重。从“氵”从“冗”。

沈:河名;地名;姓氏。从“氵”从“冘”。

〔**注意**〕沉,容易错写成“沈”;沈,容易错写成“沉”。

诚(chéng)/**诫**(jiè)

诚:真实的,实在;书面语,如果,果真。从“讠”从“成”。

诫:警告,劝告。从“讠”从“戒”。

〔**注意**〕诚,容易错写成“诫”;诫,容易错写成“诚”。

弛(chí)/**驰**(chí)

弛:放松,松懈;解除。从“弓”从“也”。

驰:快跑;向往;传播。从“马”从“也”。

〔**注意**〕弛,容易错写成“驰”;驰,容易错写成“弛”。

持(chí)/**恃**(shì)

持:拿着;支持;掌管、控制;对抗。从“扌”从“寺”。

恃:依赖;倚仗。从“忄”从“寺”。

〔**注意**〕持,容易错写成“恃”;恃,容易错写成“持”。

饬(chì)/**饰**(shì)

饬:书面语,整顿,严令;形容词,谨慎。从“饣”从“𠂉”从“力”。

饰:装饰;掩饰;扮演。从“饣”从“𠂉”从“巾”。

〔**注意**〕饬,容易错写成“饰”。

舂(chōng)/**春**(chūn)

舂:把东西放在石臼或乳钵里捣、杵。从“𡗗”从“臼”。

春:春季,代指一年。从“𡗗”从“日”。

〔**注意**〕舂,容易错写成“春”。

崇(chóng)/**祟**(suì)

崇:高;重视;推崇。从“山”从“宗”。

祟:鬼怪害人;比喻不正当行为。从"出"从"示"。

〔注意〕祟,容易错写成"崇"。

宠(chǒng)/庞(páng)

宠:宠爱;偏爱。从"宀"从"龙"。

庞:庞大;多而杂乱。从"广"从"龙"。

〔注意〕宠,容易错写成"庞";庞,容易错写成"宠"。

刺(cì)/剌(lá)

刺:扎进物体;暗杀;侦探;讥讽。从"朿"从"刂"。

剌:用刀刃来回锯。又(là):乖张。从"束"从"刂"。

〔注意〕刺,容易错写成"剌";剌,容易错写成"刺"。

猝(cù)/悴(cuì)

猝:副词性,十分突然。从"犭"从"卒"。

悴:忧伤。从"忄"从"卒"。

〔注意〕猝,容易错写成"悴";悴,容易错写成"猝"。

篡(cuàn)/纂(zuǎn)

篡:夺取。从"⺮"从"目"从"大"从"厶"。

纂:编辑。从"⺮"从"目"从"大"从"糸"。

〔注意〕篡,容易错写成"纂";纂,容易错写成"篡"。

D

呔(dāi)/吠(fèi)

呔:叹词,突然大喝一声。从"口"从"太"。

吠:狗叫。从"口"从"犬"。

〔注意〕呔,容易错写成"吠"。

贷(dài)/货(huò)

贷:借贷;推卸;饶恕;名词,贷款。从"代"从"贝"。

货:货物,货币,东西;动词,出卖。从"化"从"贝"。

〔注意〕贷,容易错写成"货"。

蛋(dàn)/蚤(zǎo)

蛋：鸟类和爬虫类所产的卵，卵形的东西。从"疋"从"虫"。

蚤：跳蚤。从"叉"从"虫"。

〔**注意**〕蚤，容易错写成"蛋"。

宕(dàng)/岩(yán)

宕：拖延；放荡。从"宀"从"石"。

岩：岩石、岩石突起而形成的山峰。从"山"从"石"。

〔**注意**〕宕，容易错写成"岩"；岩，容易错写成"宕"。

叨(dāo)/叼(diāo)

叨：不断细说；又读(tāo)，受到好处。从"口"从"刀"。

叼：用嘴夹住。从"口"从"刁"。

〔**注意**〕叨，容易错写成"叼"；叼，容易错写成"叨"。

悼(dào)/掉(diào)

悼：对死者的思念。从"忄"从"卓"。

掉：落下，落后；遗失，减少。从"扌"从"卓"。

〔**注意**〕悼，容易错写成"掉"；掉，容易错写成"悼"。

涤(dí)/绦(tāo)

涤：洗。从"氵"从"条"。

绦：棉丝等织成的带子。从"纟"从"条"。

〔**注意**〕绦，容易错写成"涤"。

钓(diào)/钩(gōu)/钧(jūn)

钓：用钓竿捉鱼鳖等；用一定手段猎取。从"钅"从"勺"。

钩：钩子；钩东西；探求；编织。从"钅"从"勾"。

钧：古代重量单位，指陶器所用转轮。从"钅"从"匀"。

〔**注意**〕钓、钩、钧形体相近，不要互相错写。

跌(diē)/趺(fū)

跌：摔倒；物体落下；物价下降。从"⻊"从"失"。

趺：书面语，脚背，石碑的底座。从"⻊"从"夫"。

〔**注意**〕趺,容易错写成"跌";跌,容易错写成"趺"。

陡(dǒu)/**徒**(tú)

陡:坡度很大;突然变化。从"阝"从"走"。

徒:步行;空手;仅仅;白白地;徒弟,门徒。从"彳"从"走"。

〔**注意**〕陡,容易错写成"徒"。

端(duān)/**瑞**(ruì)

端:头儿上,开头;原因;双手平举,端正。从"立"从"耑"。

瑞:吉祥;姓氏。从"王"从"耑"。

〔**注意**〕端,容易错写成"瑞";瑞,容易错写成"端"。

堕(duò)/**坠**(zhuì)

堕:落,掉。从"阝"从"有"从"土"。

坠:落,使下垂。从"队"从"土"。

〔**注意**〕堕,容易错写成"坠"。

焚(fén)/**梵**(fàn)

焚:烧。从"林"从"火"。

梵:称古代印度,关于佛教的。从"林"从"凡"。

〔**注意**〕梵,容易错写成"焚"。

鈇(fū)/**铁**(tiě)

鈇:书面语。铡刀。从"金"从"夫"。

铁:金属,代指武器;坚定;坚硬;严肃。从"钅"从"失"。

〔**注意**〕鈇,容易错写成"铁"。

巿(fú)/**市**(shì)

巿:古代礼服上的花纹。从"一"从"巾"("巾"的一竖贯穿一横)。

市:城市,集市;中国度量衡单位体系。从"亠"从"巾"。

〔**注意**〕巿,如错写成"市";市,容易错写成"巿"。

赋(fù)/腻(nì)

赋:交给;赋税;古代一种文体。从"贝"从"武"。

腻:油腻;厌烦;细致;黏。从"月"从"贰"。

〔**注意**〕赋,容易错写成"腻";腻,容易错写成"赋"。

G

尕(gǎ)/生(shēng)

尕:乖僻;调皮。从"𠂉"从"土"("土"字的一竖不出"𠂉"头)。

生:生育,降生;生硬,生冷;某种人。从"𠂉"从"土"。

〔**注意**〕尕,容易错写成"生"。

笴(gǎn)/苛(kè)

笴:箭杆。从"⺮"从"可"。

苛:苛刻;烦琐。从"艹"从"可"。

〔**注意**〕笴,容易错写成"苛"。

戈(gē)/弋(yì)

戈:古代兵器;姓氏。一横一斜钩,一撇一点。

弋:带有绳子的箭;用带绳子的箭射鸟。一横一斜钩,一点。

〔**注意**〕戈,容易错写成"弋";弋,容易错写成"戈"。

勾(gōu)/句(jù)

勾:勾画;调和;勾引;不正当结合。从"勹"从"厶"。

句:句子;量词。曾作为"勾"的异体字,现只用于历史名词。从"勹"从"口"。

〔**注意**〕勾,容易错写成"句";句,容易错写成"勾"。

刮(guā)/括(kuò)

刮:风流动。从"舌"从"刂"。

括:包括;使用括号;扎。从"扌"从"舌"。

〔**注意**〕刮,容易错写成"括";括,容易错写成"刮"。

乖(guāi)/乘(chéng)

乖:听话,顺从,伶俐;书面语,背离,不正常。从“千”从“北”。

乘:以交通工具代步;利用。从“禾”从“北”。

〔**注意**〕乖,容易错写成“乘”。

冠(guān)/寇(kòu)

冠:帽子,类似帽子的东西;又读(guàn):戴上帽子,加上称号,取得第一位。从“冖”从“元”从“寸”。

寇:强盗,入侵者;姓氏;敌人入侵。从“宀”从“元”从“攴”。

〔**注意**〕冠,容易错写成“寇”;寇,容易错写成“冠”。

管(guǎn)/菅(jiān)

管:管子,管状的东西;看管,管辖,担任,过问。从“⺮”从“官”。

菅:菅草;姓氏。从“艹”从“官”。

〔**注意**〕管,容易错写成“菅”;菅,容易错写成“管”。

归(guī)/旧(jiù)

归:返回;还给;趋向于;归属于。从“刂”从“彐”。

旧:过去的,从前的,陈旧的。从“丨”从“日”。

〔**注意**〕归,容易错写成“旧”;旧,容易错写成“归”。

柜(guì)/拒(jù)

柜:柜厨,柜台,柜房。从“木”从“巨”。

拒:拒绝;抵抗。从“扌”从“巨”。

〔**注意**〕柜,容易错写成“拒”;拒,容易错写成“柜”。

H

憨(hān)/戆(zhuàng)

憨:痴呆;朴实。从“敢”从“心”。

戆:愚鲁;刚直。从“赣”从“心”。

〔**注意**〕戆,容易错写成“憨”。

扞(hàn)/杆(gān)

扞:同“捍”,扞格(互相抵触)。从“扌”从“干”。

杆:杆子,器物的长柄;又读(gǎn),量词。从“木”从“干”。

〔**注意**〕扞,容易错写成“杆”;杆,容易错写成“扞”。

盍(hé)/盖(gài)

盍:书面语。何不。从“去”从“皿”。

盖:盖儿,动物背部的甲壳;遮掩;打上印;超过;建筑。从“⺷”从“皿”。

〔**注意**〕盍,容易错写成“盖”。

弧(hú)/孤(gū)

弧:圆的一段。从“弓”从“瓜”。

孤:幼年丧父或父母双亡;孤单。从“孑”从“瓜”。

〔**注意**〕弧,容易错写成“孤”;孤,容易错写成“弧”。

怙(hù)/枯(kū)

怙:依靠,依仗;坚持。从“忄”从“古”。

枯:井、河流的水干了;枯萎;肌肉干瘪;枯燥。从“木”从“古”。

〔**注意**〕怙,容易错写成“枯”。

槐(huái)/愧(kuì)

槐:槐树;姓氏。从“木”从“鬼”。

愧:惭愧。从“忄”从“鬼”。

〔**注意**〕槐,容易错写成“愧”;愧,容易错写成“槐”。

缓(huǎn)/绥(suí)

缓:迟慢,延缓,缓和;恢复正常生理状态。从“纟”从“爰”。

绥:书面语。安好,安抚。从“纟”从“妥”。

〔**注意**〕绥,容易错写成“缓”。

幻(huàn)/幼(yòu)

幻:虚幻;没有现实根据;奇异的变化。从“幺”从“𠄎”。

幼:年纪小;小孩儿。从“幺”从“力”。

〔**注意**〕幻,容易错写成“幼”。

籍(jí)/**藉**(jiè)

籍:书籍;籍贯;表示个人对国家、组织的隶属关系。从“⺮”从“耒”从“昔”。

藉:书面语。垫在下面的东西;垫,假托,凭借。从“艹”从“耒”从“昔”。

〔**注意**〕籍,容易错写成“藉”;藉,容易错写成“籍”。

笳(jiā)/**茄**(qié)

笳:中国古代北方少数民族的一种乐器,胡笳。从“⺮”从“加”。

茄:茄子。从“艹”从“加”。

〔**注意**〕笳,容易错写成“茄”。

搅(jiǎo)/**扰**(rǎo)

搅:搅拌;扰乱。从“扌”从“觉”。

扰:故意弄乱;打扰。从“扌”从“尤”。

〔**注意**〕扰,容易错写成“搅”;搅,容易错写成“扰”。

缴(jiǎo)/**檄**(xí)

缴:交纳;迫使交出。从“纟”从“敫”。

檄:檄文,声讨敌人的宣言、文章。从“木”从“敫”。

〔**注意**〕檄,容易错写成“缴”。

睛(jīng)/**晴**(qíng)

睛:眼珠儿。从“目”从“青”。

晴:天空基本无云。从“日”从“青”。

〔**注意**〕睛,容易错写成“晴”;晴,容易错写成“睛”。

颈(jǐng)/**项**(xiàng)

颈:颈项,脖子。从“丞”从“页”。

项:脖子的后部;项目,款项。从“工”从“页”。

〔注意〕颈,容易错写成“项”。

泂(jiǒng)/洄(huí)

泂:书面语。远,水深而阔。从“氵”从“同”。

洄:书面语。水流回旋。从“氵”从“回”。

〔注意〕泂,容易错写成“洄”。

窘(jiǒng)/宭(qún)

窘:穷困;为难,使为难。从“穴”从“君”。

宭:书面语。群居。现多用于人名。从“宀”从“君”。

〔注意〕窘,容易错写成“宭”;宭,容易错写成“窘”。

韭(jiǔ)/非(fēi)

韭:韭菜。从“非”从“一”。

非:错误;不合于;不以为然;不是。三横一竖,一竖三横。

〔注意〕韭,容易错写成“非”。

咎(jiù)/昝(zǎn)

咎:过失;责备。从“处”从“口”。

昝:时间;姓氏。从“处”从“日”。

〔注意〕咎,容易错写成“昝”;昝,容易错写成“咎”。

雎(jū)/睢(suī)

雎:雎鸠鸟;用于人名。从“且”从“隹”。

睢:恣睢;睢县(地名)。从“目”从“隹”。

〔注意〕雎,容易错写成“睢”;睢,容易错写成“雎”。

沮(jǔ)/泪(lèi)

沮:阻止;沮丧。从“氵”从“且”。

泪:眼泪。从“氵”从“目”。

〔注意〕沮,容易错写成“泪”。

屦(jù)/履(lǚ)

屦:古时用麻、葛编织成的鞋。从“尸”从“彳”从“娄”。

履:鞋;脚步;踩;履行。从“尸”从“彳”从“复”。

〔**注意**〕屦,容易错写成“履”。

炕(kàng)/坑(kēng)

炕:火炕;把东西放在火炕上烘干。从“火”从“亢”。

坑:明显洼陷的地方;地洞,地道;活埋,坑害。从“土”从“亢”。

〔**注意**〕炕,容易错写成“坑”。

窠(kē)/巢(cháo)

窠:鸟兽昆虫的窝;窠臼。从“穴”从“果”。

巢:鸟及蜂、蚁等的窝;盗匪盘踞的地方。从“巛”从“果”。

〔**注意**〕窠,容易错写成“巢”。

抠(kōu)/枢(shū)

抠:用手指或细小的东西往外挖,雕刻;不必要的深究;吝啬。从“扌”从“区”。

枢:门上的转轴;重要或中心的部分。从“木”从“区”。

〔**注意**〕抠,容易错写成“枢”;枢,容易错写成“抠”。

辣(là)/棘(jí)

辣:姜蒜辣椒等有刺激的味道;狠毒;辣味对肌体的刺激。从“辛”从“束”。

棘:酸枣树,有刺的草木;刺。从双“朿”。

〔**注意**〕棘,容易错写成“辣”。

廊(láng)/厩(jiù)

廊:房屋的附属建筑。从“广”从“郎”。

厩:马棚,泛指牲口棚。从“厂”从“既”。

〔**注意**〕厩,容易错写成“廊”。

牢(láo)/宰(zǎi)

牢:牲畜圈;监狱;坚固。从“宀”从“牛”。

宰:主宰;宰杀。从“宀”从“辛”。

〔**注意**〕牢,容易错写成“宰”;宰,容易错写成“牢”。

垒(lěi)/叠(dié)

垒:堡垒;垒球;砌,筑。从三“厶”从“土”。

叠:一层加上一层,折叠。从三“又”从“冖”从“且”。

〔**注意**〕叠,容易错写成“垒”。

肋(lèi)/胁(xié)

肋:胸部的侧面。从“月”从“力”。

胁:从腋下到腰的部位;胁迫。从“月”从“办”。

〔**注意**〕肋,容易错写成“胁”;胁,容易错写成“肋”。

棱(léng)/梭(suō)

棱:物体两个方向的平面相交处,物体的条状突起部分。从“木”从“夌”。

梭:织布机上牵引纬线的工具。从“木”从“夋”。

〔**注意**〕棱,容易错写成“梭”;梭,容易错写成“棱”。

例(lì)/列(liè)

例:做样子的事物;调查统计时归纳记载的事物;规划体例。从“亻”从“歹”从“刂”。

列:安排,列入;行列,类,各;量词。从“歹”从“刂”。

〔**注意**〕例,容易错写成“列”。

栗(lì)/粟(sù)

栗:栗子树,栗子树结的果实。从“西”从“木”。

粟:谷子、小米;姓氏。从“西”从“米”。

〔**注意**〕栗,容易错写成“粟”;粟,容易错写成“栗”。

赁(lìn)/货(huò)

赁:租用。从“任”从“贝”。

货:货币,货物;指人(詈骂语);卖出。从“化”从“贝”。

〔**注意**〕赁,容易错写成“货”。

抡(lūn)/抢(qiǎng)

抡:用力呈弧线形挥动;又读(lún),书面语,挑选,选拔。从“扌”从“仑”。

抢:争夺,争先,赶紧;刮掉。从“扌”从“仓”。

〔**注意**〕抡,容易错写成“抢”;抢,容易错写成“抡”。

裸(luǒ)/棵(kē)

裸:露出,没有遮盖。从“衤”从“果”。

棵:量词。从“木”从“果”。

〔**注意**〕裸,容易错写成“棵”。

M

埋(mái)/理(lǐ)

埋:覆盖住,藏,隐没。从“土”从“里”。

理:条纹,纹理;自然科学;管理,整理;答理。从“王”从“里”。

〔**注意**〕埋,容易错写成“理”;理,容易错写成“埋”。

瞒(mán)/蹒(pán)

瞒:把事实真相掩藏起来。从“目”从“卄”从“两”。

蹒:蹒跚。从“⻊”从“卄”从“两”。

〔**注意**〕蹒,容易错写成“瞒”。

尨(máng)/龙(lóng)

尨:长毛的狗;杂色。从“尤”从“彡”。

龙:传说中的神异动物。从“尤”从“丿”。

〔**注意**〕尨,容易错写成“龙”。

盲(máng)/肓(huāng)

盲:看不见东西,瞎,不能分辨,盲目。从“亡”从“目”。

肓:古代医学指人的心脏和膈膜之间的部位,药力达不到的地方。从

“亡”从“月”。

〔**注意**〕肓,容易错写成“盲”。

昴(mǎo)/昂(áng)

昴:星名,二十八宿之一。从“日”从“卯”。

昂:仰着头,高昂。从“日”从“卬”。

〔**注意**〕昂,容易错写成“昴”;昴,容易错写成“昂”。

沬(mèi)/沫(mò)

沬:地名,商代的都城,又名朝歌(zhāogē,在今河南省汤阴县南)。从“氵”从“未”。

沫:沫子,泡沫,唾液。从“氵”从“末”。

〔**注意**〕沬,容易错写成“沫”;沫,容易错写成“沬”。

汨(mì)/汩(gǔ)

汨:汨罗(Mìluó)江,发源于江西,流入湖南。从“氵”从“日”。

汩:汩汩,水流动的声音和样子。从“氵”从“曰”。

〔**注意**〕汨,容易错写成“汩”;汩,容易错写成“汨”。

绵(mián)/锦(jǐn)

绵:丝绵;绵延;薄弱;柔软。从“纟”从“帛”。

锦:有彩色花纹的凸凹丝织品;彩色鲜明华丽。从“钅”从“帛”。

〔**注意**〕绵,容易错写成“锦”。

杪(miǎo)/抄(chāo)

杪:树梢;指年月或季节的末尾。从“木”从“少”。

抄:誊写,抄袭;搜查并没收;从近路、小路走;抓取,拿。从“扌”从“少”。

〔**注意**〕杪,容易错写成“抄”;抄,容易错写成“杪”。

冥(míng)/莫(mò)/寞(mò)

冥:昏暗;深奥;糊涂;阴间。从“冖”从“日”从“六”。

莫:书面语。没有任何人或物;不,不要;表示揣测和反问;姓氏。从“艹”从“日”从“大”。

寞:安静;冷落。从“宀”从“莫”。

〔**注意**〕冥,容易错写成“莫”、“寞”。

溟(míng)/漠(mò)

溟:书面语。海。从“氵”从“冥”。

漠:沙漠;冷淡。从“氵”从“莫”。

〔**注意**〕溟,容易错写成“漠”。

N

难(nán)/唯(wéi)

难:做起来费事,感到困难,不容易。从“又”从“隹”。

唯:单单,只有,只是。从“口”从“隹”。

〔**注意**〕难,容易错写成“唯”;唯,容易错写成“难”。

挠(náo)/扰(rǎo)

挠:用手指或爪等轻轻地抓;阻挠;弯曲。从“扌”从“尧”。

扰:故意弄乱,打扰;书面语,局面混乱。从“扌”从“尤”。

〔**注意**〕挠,容易错写成“扰”;扰,容易错写成“挠”。

淖(nào)/焯(chāo)

淖:湖泊,多用于地名。从“氵”从“卓”。

焯:把青菜放在水里烫一下。从“火”从“卓”。

〔**注意**〕淖,容易错写成“焯”;焯,容易错写成“淖”。

馁(něi)/绥(suí)

馁:饥饿;失掉勇气;书面语,腐烂。从“饣”从“妥”。

绥:书面语。安好,安抚。从“纟”从“妥”。

〔**注意**〕馁,容易错写成“绥”。

溺(nì)/搦(nuò)

溺:淹没在水里;沉迷不悟。从“氵”从“弱”。

搦:持,握,挑;惹。从“扌”从“弱”。

〔**注意**〕搦,容易错写成“溺”。

拈(niān)/沾(zhān)

拈:捏,捏取;选取。从“扌”从“占”。

沾:浸湿,沾染;附着上,借助于。从“氵”从“占”。

〔**注意**〕拈,容易错写成“沾”。

苶(nié)/茶(chá)

苶:疲倦,精神不振。从“艹”从“人”从“小”。

茶:茶树,茶叶,茶水,类似茶水的饮料。从“艹”从“人”从“木”。

〔**注意**〕苶,容易错写成“茶”。

蘖(niè)/檗(bò)

蘖:树枝截断后发出的新芽,泛指植物茎部长出的分枝。从“薛”从“木”。

檗:树木的一种,黄檗的简称。从“辟”从“木”。

〔**注意**〕蘖,容易错写成“檗”;檗,容易错写成“蘖”。

P

俳(pái)/悱(fěi)

俳:诙谐;古代指滑稽戏。从“亻”从“非”。

悱:想说又不知道怎么说;悱恻。从“忄”从“非”。

〔**注意**〕俳,容易错写成“悱”;悱,容易错写成“俳”。

抨(pēng)/枰(píng)

抨:书面语。弹劾。从“扌”从“平”。

枰:棋盘。从“木”从“平”。

〔**注意**〕抨,容易错写成“枰”;枰,容易错写成“抨”。

坯(pī)/坏(huài)

坯:毛坯,特指土坯。从“土”从“丕”。

坏:缺点多的,品质恶劣的;无用,有害,使变坏;坏主意。原为“坯”的异体字,汉字简化后已废除,改为现在的意义和用法。从“土”从“不”。

〔**注意**〕坯,容易错写成“坏”。

瞟(piǎo)/膘(biāo)

瞟:斜着眼睛看。从"目"从"票"。

膘:牲畜的肥肉。从"月"从"票"。

〔**注意**〕瞟,容易错写成"膘";膘,容易错写成"瞟"。

票(piào)/栗(lì)

票:作为凭证的纸片;钞票。从"西"从"示"。

栗:栗子树,栗子树结的果实。从"西"从"木"。

〔**注意**〕栗,容易错写成"票"。

聘(pìn)/骋(chěng)

聘:聘请;定亲;女子出嫁。从"耳"从"由"从"丂"。

骋:纵马快跑;放开。从"马"从"由"从"丂"。

〔**注意**〕聘,容易错写成"骋";骋,容易错写成"聘"。

朴(pō)/扑(pū)

朴:朴刀。(pò):(一种树)。(piáo):姓氏。从"木"从"卜"。

扑:突然前冲伏在物体上;把全部身心用上;拍打。从"扌"从"卜"。

〔**注意**〕朴,容易错写成"扑";扑,容易错写成"朴"。

缉(qī)/辑(jí)

缉:缝纫方法,用相连的针脚密密地缝。从"纟"从"口"从"耳"。

辑:编辑,辑录;整套书的一个分册。从"车"从"口"从"耳"。

〔**注意**〕缉,容易错写成"辑";辑,容易错写成"缉"。

讫(qì)/纥(hé)

讫:完结,截止。从"讠"从"乞"。

纥:中古时回纥族的用字。从"纟"从"乞"。

〔**注意**〕讫,容易错写成"纥";纥,容易错写成"讫"。

搴(qiān)/蹇(jiǎn)

搴:书面语。拔,撩起,揭起。从"宀"从"共"从"手"。

蹇:书面语,跛,不顺利;姓氏;指“驴”。从“宀”从“井”从“足”。

〔**注意**〕搴,容易错写成“蹇”;蹇,容易错写成“搴”。

钤(qián)/**铃**(líng)

钤:书面语,图章,盖图章;锁(比喻管束)。从“钅”从“今”。

铃:铃铛,像铃铛的东西;悬垂的花蕾。从“钅”从“令”。

〔**注意**〕钤,容易错写成“铃”;铃,容易错写成“钤”。

侵(qīn)/**浸**(jìn)

侵:侵入,侵略;接近。从“亻”从“彐”从“冖”从“又”。

浸:放在液体里,液体渗出或渗入;书面语,逐渐。从“氵”从“彐”从“冖”从“又”。

〔**注意**〕侵,容易错写成“浸”;浸,容易错写成“侵”。

芩(qín)/**苓**(líng)

芩:芦苇一类植物,黄芩。从“艹”从“今”。

苓:茯苓。从“艹”从“令”。

〔**注意**〕芩,容易错写成“苓”;苓,容易错写成“芩”。

苘(qǐng)/**茴**(huí)

苘:麻的一种,俗称“青麻”。从“艹”从“同”。

茴:茴香。从“艹”从“回”。

〔**注意**〕苘,容易错写成“茴”。

诎(qū)/**绌**(chù)

诎:书面语。缩短,言语迟钝。从“讠”从“出”。

绌:书面语。不够,不足。从“纟”从“出”。

〔**注意**〕诎,容易错写成“绌”;绌,容易错写成“诎”。

屈(qū)/**届**(jiè)

屈:弯曲,使弯曲;屈服,理亏,委屈,冤枉;姓氏。从“尸”从“出”。

届:到(时候);量词(相当于“次”)。从“尸”从“由”。

〔**注意**〕屈,容易错写成“届”;届,容易错写成“屈”。

悛(quān)/俊(jùn)

悛:悔改。从“忄”从“夋”。

俊:相貌清秀,才智出众。从“亻”从“夋”。

〔**注意**〕悛,容易错写成“俊”。

拳(quán)/豢(huàn)

拳:拳头,拳术;拳曲。从“龹”从“手”。

豢:豢养,喂养。从“龹”从“豕”。

〔**注意**〕豢,容易错写成“拳”。

麇(qún)/麋(mí)

麇:书面语。成群。从“鹿”从“禾”。

麋:麋鹿。从“鹿”从“米”。

〔**注意**〕麇,容易错写成“麋”;麋,容易错写成“麇”。

R

冉(rǎn)/再(zài)

冉:冉冉(慢慢地,柔软下垂)。从“冂”从“土”。

再:副词,又一次,更加,重复前面的行为、动作,另外有所补充。从“一”从“冉”。

〔**注意**〕冉,容易错写成“再”。

饶(ráo)/骁(xiāo)

饶:丰富,多;另外添上;姓氏。从“饣”从“尧”。

骁:勇猛。从“马”从“尧”。

〔**注意**〕骁,容易错写成“饶”。

戎(róng)/戍(shù)

戎:书面语。兵器,军事,军队。从“ナ”从“戈”。

戍:防守。从“人”从“戈”。

〔**注意**〕戎,容易错写成“戍”;戍,容易错写成“戎”。

戎(róng)/成(chéng)

戎:(见上条)

成:完成,成功,成全,成为;成果。成就。从“丿”从“㇆”从“戈”。

〔**注意**〕戎,容易错写成“成”;成,容易错写成“戎”。

S

撒(sǎ)/撤(chè)

撒:分散扔出,散布,散落。从“扌”从“散”。

撤:除去,退。从“扌”从“育”从“攵”。

〔**注意**〕撒,容易错写成“撤”;撤,容易错写成“撒”。

潵(Sǎ)/澈(chè)

潵:水名,在河北。从“氵”从“散”。

澈:水清,清澈。从“氵”从“育”从“攵”。

〔**注意**〕潵,容易错写成“澈”;澈,容易错写成“潵”。

嗓(sǎng)/噪(zào)

嗓:嗓子,喉咙,嗓音。从“口”从“桑”。

噪:虫鸟叫,大声叫嚷;广为传扬。从“口”从“喿”。

〔**注意**〕嗓,容易错写成“噪”。

杉(shā)/彬(bīn)

杉:杉木,高大挺直;又读(shān)。从“木”从“彡”。

彬:彬彬(形容文雅)。从“林”从“彡”。

〔**注意**〕杉,容易错写成“彬”;彬,容易错写成“杉”。

歃(shà)/插(chā)

歃:歃血(古时盟会时嘴唇涂上牲畜血以示真诚)。从“臿”从“欠”。

插:挤入,刺入,从中间加入。从“扌”从“臿”。

〔**注意**〕歃,容易错写成“插”。

霎(shà)/雯(wén)

霎:短时间。从“雨”从“妾”。

雯:书面语,有花纹的云彩。从“雨”从“文”。

〔**注意**〕雯,容易错写成“雯”;雯,容易错写成“雯”。

赡(shàn)/瞻(zhān)

赡:赡养;丰足。从“贝”从“詹”。

瞻:往前看,往上看。从“目”从“詹”。

〔**注意**〕赡,容易错写成“瞻”。

赏(shǎng)/尝(cháng)

赏:奖赏,欣赏;赏赐、奖赏的东西;姓氏。从“⺌”从“员”。

尝:吃一点试试,经历,体验;副词,曾经。从“⺌”从“云”。

〔**注意**〕赏,容易错写成“尝”。

慑(shè)/蹑(niè)

慑:害怕,使害怕。从“忄”从“聂”。

蹑:放轻;追随;踩。从“⻊”从“聂”。

〔**注意**〕慑,容易错写成“蹑”;蹑,容易错写成“慑”。

深(shēn)/琛(chēn)

深:从上到下、从里到外的距离大;深奥,深刻;深厚;颜色浓;时间久;副词,很。从“氵”从“冖”从“木”。

琛:书面语。珍宝,多用于人名。从“王”从“冖”从“木”。

〔**注意**〕琛,容易错写成“深”。

师(shī)/帅(shuài)

师(shī)$_1$:老师,学习的榜样;掌握专门学术或技术的人;对和尚的尊称;由师徒关系产生的;效仿,学习。从“刂”从“帀”。

师(shī)$_2$:军队,军队的编制单位。从“刂”从“帀”。

帅:军队中最高的指挥员;英俊,潇洒,漂亮。从“刂”从“巾”。

〔**注意**〕师,容易错写成“帅”;帅,容易错写成“师”。

史(shǐ)/吏(lì)

史:历史,史官;姓氏。从“口”从“乂”。

吏:旧时的公务员,旧时泛指官吏。从“一”从“史”。

〔**注意**〕吏,容易错写成“史”。

戍(shù)/戌(xū)

戍:防守,守卫。从“人”从“戈”。

戌:地支的第十一位;十二属相的第十一位(“狗”)。从“⺊”从“戈”。

〔**注意**〕戍,容易错写成“戌”;戌,容易错写成“戍”。

沭(Shù)/沐(mù)

沭:水名,发源于山东,流入江苏。从“氵”从“术”。

沐:洗头发;书面语,蒙受待遇或恩惠。从“氵”从“木”。

〔**注意**〕沭,容易错写成“沐”。

衰(shuāi)/哀(āi)

衰:由盛变弱。从“衣”从“口”从“一”。

哀:悲哀;悼念;怜悯。从“衣”从“口”。

〔**注意**〕衰,容易错写成“哀”;哀,容易错写成“衰”。

涮(shuàn)/刷(shuā)

涮:洗涮;把肉、菜放在开水里烫着吃。从“氵”从“刷”。

刷:刷子;用刷子清除或涂抹。从“尸”从“巾”从“刂”。

〔**注意**〕涮,容易错写成“刷”。

爽(shuǎng)/奭(shì)

爽:明朗,率直,舒服;书面语,违背,差失。从“大”从双“爻”。

奭:书面语。盛大的样子。从“大”从双“百”。

〔**注意**〕爽,容易错写成“奭”;奭,容易错写成“爽”。

似(sì)/拟(nǐ)

似:像;如同,似乎;表示比较,有超过的意思。从“亻”从“以”。

拟:设计,起草,打算,模仿,猜测,假设。从“扌”从“以”。

〔**注意**〕似,容易错写成“拟”;拟,容易错写成“似”。

T

獭(tǎ)/癞(lài)

獭:水獭、旱獭、海獭的统称。从“犭”从“赖”。

癞:麻风病。又读(là),头上的黄癣。从“疒”从“赖”。

〔注意〕獭,容易错写成“癞”。

泰(tài)/秦(qín)

泰:平安,安宁;书面语,极,太,过甚。从“龹”从“水”。

秦:秦国,秦朝;陕西省的别称;姓氏。从“龹”从“禾”。

〔注意〕泰,容易错写成“秦”;秦,容易错写成“泰”。

汰(tài)/汏(dà)

汰:淘汰。从“氵”从“太”。

汏:方言。洗,涮。从“氵”从“大”。

〔注意〕汰,容易错写成“汏”;汏,容易错写成“汰”。

贪(tān)/贫(pín)

贪:贪污;贪图;贪婪。从“今”从“贝”。

贫:穷,缺少;旧时自称表示的谦逊词头(贫僧)。从“分”从“贝”。

〔注意〕贪,容易错写成“贫”;贫,容易错写成“贪”。

帑(tǎng)/努(nǔ)

帑:国库里的钱财,公款。从“奴”从“巾”。

努:使出力气;凸出。从“奴”从“力”。

〔注意〕帑,容易错写成“努”。

誊(téng)/誉(yù)

誊:重新抄写清楚。从“龹”从“言”。

誉:名誉;称赞。从“兴”从“言”。

〔注意〕誊,容易错写成“誉”;誉,容易错写成“誊”。

恬(tián)/怙(hù)

恬:恬静;满不在乎;坦然。从“忄”从“舌”。

怙:依靠;依仗;坚持。从“忄”从“古”。

〔**注意**〕恬,容易错写成“怙”;怙,容易错写成“恬”。

贴(tiē)/**粘**(zhān)

贴:粘贴;紧挨;贴补;量词。从“贝”从“占”。

粘:黏的东西附着在物体上;用黏的东西将物体连接。从“米”从“占”。(做姓氏用时读(nián))

〔**注意**〕贴,容易错写成“粘”;粘,容易错写成“贴”。

湍(tuān)/**喘**(chuǎn)

湍:急流形成旋涡;急流的水。从“氵”从“耑”。

喘:急促呼吸;哮喘。从“口”从“耑”。

〔**注意**〕湍,容易错写成“喘”;喘,容易错写成“湍”。

望(wàng)/**塑**(sù)

望:远望;探望;盼望;名望;希望。从“亡”从“月”从“王”。

塑:塑造;塑料。从“䒑”从“月”从“土”。

〔**注意**〕塑,容易错写成“望”。

韪(wěi)/**讳**(huì)

韪:书面语。不韪(过失,反对)。从“是”从“韦”。

讳:忌讳,名讳;有所忌而不敢说、不敢做。从“讠”从“韦”。

〔**注意**〕韪,容易错写成“讳”。

味(wèi)/**昧**(mèi)

味:气味,味道,意味;食品;体味;量词。从“口”从“未”。

昧:糊涂。隐藏;书面语,昏暗,冒犯。从“日”从“未”。

〔**注意**〕昧,容易错写成“味”。

胃(wèi)/**胄**(zhòu)

胃:消化器官;星宿名,二十八宿之一。从“田”从“月”。

胄:古代称皇帝或贵族的子孙;盔甲中的头盔。从“由”从“月”。

〔注意〕胄,容易错写成“冑”。

慰(wèi)/熨(yùn)

慰:心安,使心安;安慰。从“尉”从“心”。

熨:烫平。从“尉”从“火”。

〔注意〕慰,容易错写成“熨”;熨,容易错写成“慰”。

稳(wěn)/隐(yǐ)

稳:稳固,稳定,稳妥;使稳定。从“禾”从“急”。

隐:潜伏的;隐藏不露;隐私。从“阝”从“急”。

〔注意〕稳,容易错写成“隐”;隐,容易错写成“稳”。

呜(wū)/鸣(míng)

呜:象声词。从“口”从“乌”。

鸣:鸣叫,发出声音;表达。从“口”从“鸟”。

〔注意〕呜,容易错写成“鸣”;鸣,容易错写成“呜”。

侮(wǔ)/悔(huǐ)

侮:欺负;轻慢。从“亻”从“每”。

悔:懊悔,后悔。从“忄”从“每”。

〔注意〕侮,容易错写成“悔”。

芴(wù)/笏(hù)

芴:有机化合物名称,做染料、杀虫剂、药物用。从“艹”从“勿”。

笏:古代臣子上朝时手中所持的、狭长的、记事的板子。从“⺮”从“勿”。

〔注意〕芴,容易错写成“笏”;笏,容易错写成“芴”。

误(wù)/娱(yú)

误:错误;耽误;使受损害;不是故意的。从“讠”从“吴”。

娱:快乐,使快乐。从“女”从“吴”。

〔注意〕娱,容易错写成“误”。

X

夕(xī)/歹(dǎi)

夕:傍晚,泛指晚上。从“夕”从“丶”。

歹:坏。从“一”从“夕”。

〔注意〕夕,容易错写成“歹”;歹,容易错写成“夕”。

析(xī)/折(zhé)

析:分析;分开;姓氏。从“木”从“斤”。

折:断,弄断;损失;返回;折扣,折叠;折子。从“扌”从“斤”。

〔注意〕析,容易错写成“折”;折,容易错写成“析”。

淅(xī)/浙(zhè)

淅:书面语,淘米;象声词。从“氵”从“析”。

浙:浙江省的简称。从“氵”从“折”。

〔注意〕淅,容易错写成“浙”;浙,容易错写成“淅”。

锡(xī)/钖(yáng)

锡:一种金属。从“钅”从“易”。

钖:古代一种金属制的装饰物。从“钅”从“昜”。

〔注意〕锡,容易错写成“钖”;钖,容易错写成“锡”。

徙(xǐ)/徒(tú)

徙:迁移;书面语,调动官职。从“彳”从“止”从“走”。

徒:步行;徒步;空手;空的;突然;白白地。从“彳”从“走”。

〔注意〕徙,容易错写成“徒”;徒,容易错写成“徙”。

屣(xǐ)/屦(jù)/履(lǚ)

屣:书面语。鞋。从“尸”从“徙”。

屦:古时用葛麻编织成的鞋。从“尸”从“彳”从“娄”。

履:鞋;脚步;踩;履行。从“尸”从“彳”从“复”。

〔注意〕屣、屦、履形体相近,不要混淆写错。

祥(xiáng)/佯(yáng)

祥:吉利;姓氏。从“礻”从“羊”。

佯:假装。从“亻”从“羊”。

〔注意〕佯,容易错写成“祥”。

枭(xiāo)/凫(fú)

枭:猫头鹰一类的鸟。从“鸟(省去“一”)”从“木”。

凫:野鸭子。从“鸟(省去“一”)”从“几”。

〔注意〕枭,容易错写成“凫”;凫,容易错写成“枭”。

萧(xiāo)/肃(sù)

萧:萧索,萧条;姓氏。从“艹”从“肃”。

肃:恭敬,严肃;肃清。从“⺻”从“丿”从“丨”从“八”。

〔注意〕萧,容易错写成“肃”;肃,容易错写成“萧”。

销(xiāo)/锁(suǒ)

销:熔化金属;除去;销售;消费。从“钅”从“肖”。

锁:锁头,锁头类工具;锁上,锁扣眼(缝纫方法)。从“钅”从“⺌”从“贝”。

〔注意〕销,容易错写成“锁”;锁,容易错写成“销”。

筱(xiǎo)/莜(yóu)

筱:书面语,小竹子;同“小”,多用于人名。从“⺮”从“攸”。

莜:莜麦。从“艹”从“攸”。

〔注意〕筱,容易错写成“莜”;莜,容易错写成“筱”。

絜(xié)/挈(qiè)

絜:书面语。衡量物体的周长,泛指衡量。从“丰”从“刀”从“糸”。

挈:举,挈带。从“丰”从“刀”从“手”。

〔注意〕絜,容易错写成“挈”;挈,容易错写成“絜”。

忻(Xīn)/沂(yí)

忻:地名,忻州(在山西省);姓氏。从“忄”从“斤”。

沂:水名,沂河,发源于山东;地名,沂蒙(在山东省)。从“氵”从“斤”。

〔注意〕忻，容易错写成“沂”；沂，容易错写成“忻”。

歆(xīn)/钦(qīn)

歆：书面语。羡慕。从“音”从“欠”。

钦：钦佩；皇帝亲自所做的；姓氏。从“钅”从“欠”。

〔注意〕歆，容易错写成“钦”。

衅(xìn)/畔(pàn)

衅：嫌隙，争端。从“血”从“半”。

畔：江、湖、道路的旁边，田地的边界。从“田”从“半”。

〔注意〕衅，容易错写成“畔”。

汹(xiōng)/酗(xù)

汹：汹汹(形容波涛的声音，形容气势凌人的样子，形容众人争论的声音或纷扰的样子)。从“氵”从“凶”。

酗：喝酒过量滋事。从“酉”从“凶”。

〔注意〕酗，容易错写成“汹”。

羞(xiū)/差(chā，chà)

羞：羞臊，羞耻，难为情，使羞臊。从“⺶”从“丑”。

差：不相同，不相合；错误，缺欠，不好。从“⺶”从“工”。

〔注意〕羞，容易错写成“差”；差，容易错写成“羞”。

旭(xù)/昶(chǎng)

旭：初出的阳光。从“九”从“日”。

昶：书面语，白天的时间长；舒畅，畅通；姓氏。从“永”从“日”。

〔注意〕昶，容易错写成“旭”。

押(yā)/柙(xiá)

押(yā)$_1$：把财物交给对方作为保证；暂时把人扣留不准自由行动；跟随着照料、看管；下赌注或类似下赌注的行为。从“扌”从“甲”。

押(yā)$_2$：作为凭信所签的名字；签名作为凭信；姓氏。从“扌”从“甲”。

柙:关野兽的笼子。从“木”从“甲”。

〔**注意**〕押,容易错写成“柙”;柙,容易错写成“押”。

延(yán)/廷(tíng)

延:延长,向后推迟;聘请;姓氏。从“正”的变体,从“廴”。

廷:朝廷。从“壬”从“廴”。

〔**注意**〕延,容易错写成“廷”;廷,容易错写成“延”。

兖(Yǎn)/衮(gǔn)

兖:地名,兖州,在山东。从“六”从“允”。

衮:古代君王的礼服。从“衣”从“公”。

〔**注意**〕兖,容易错写成“衮”;衮,容易错写成“兖”。

赝(yàn)/膺(yīng)

赝:伪造的。从“雁”从“贝”。

膺:胸。从“雁”从“月”。

〔**注意**〕赝,容易错写成“膺”;膺,容易错写成“赝”。

姚(Yáo)/洮(Táo)

姚:姓氏。从“女”从“兆”。

洮:水名,洮河。从“氵”从“兆”。

〔**注意**〕姚,容易错写成“洮”;洮,容易错写成“姚”。

杳(yǎo)/沓(tà)

杳:远得不见踪影。从“木”从“日”。

沓:多而重复。从“水”从“日”。

〔**注意**〕杳,容易错写成“沓”;沓,容易错写成“杳”。

冶(yě)/治(zhì)

冶:熔炼。又读(yě):妖冶。从“冫”从“台”。

治:治理;医治;消灭;惩办;研究;安定,天下太平;旧称地方政府所在地(县治)。从“氵”从“台”。

〔**注意**〕冶,容易错写成“治”;治,容易错写成“冶”。

贻(yí)/胎(tāi)

贻:赠送;遗留。从“贝”从“台”。

胎:胚胎,怀孕的次数;棉花胎,轮胎,泥胎。从“月”从“台”。

〔**注意**〕贻,容易错写成“胎”。

宧(yí)/宦(huàn)

宧:古代指屋子的东北角。从“宀”从“𦣞”。

宦:官吏;宦官;做官;姓氏。从“宀”从“臣”。

〔**注意**〕宧,容易错写成“宦”。

遗(yí)/遣(qiǎn)

遗:遗失,遗漏;留下的;排泄。从“贵”从“辶”。

遣:派遣,打发;消除。从“中”从“一”从“目”从“辶”。

〔**注意**〕遗,容易错写成“遣”;遣,容易错写成“遗”。

亿(yì)/仡(gē)

亿:一万万,古代指十万。从“亻”从“乙”。

仡:仡佬族的“仡”。从“亻”从“乞”。

〔**注意**〕仡,容易错写成“亿”。

肄(yì)/肆(sì)

肄:学习过。从“匕”从“矢”从“聿”。

肆:放肆;门脸全面开放的铺子。从“镸”从“聿”。

〔**注意**〕肄,容易错写成“肆”;肆,容易错写成“肄”。

溢(yì)/谥(shì)

溢:充满而流出来;过分。从“氵”从“益”。

谥:帝王、大臣、贵族死后被授予的称号。从“讠”从“益”。

〔**注意**〕谥,容易错写成“溢”。

赢(yíng)/羸(léi)

赢:胜了;获利。从“贝”从“亡、口、月、凡”。

羸:瘦弱。从“羊”从“亡、口、月、凡”。

〔**注意**〕赢,容易错写成“羸”;羸,容易错写成“赢”。

忧(yōu)/扰(rǎo)

忧:忧愁,忧虑;使人忧愁的事。从“忄”从“尤”。

扰:故意弄乱,打扰;书面语,局面混乱。从“扌”从“尤”。

〔**注意**〕忧,容易错写成“扰”;扰,容易错写成“忧”。

幽(yōu)/豳(Bīn)

幽:深远僻静;昏暗;隐蔽的;沉静;囚禁;地名,幽州;阴间;姓氏。从“山”从双“幺”。

豳:古地名,在今陕西省。从“山”从双“豕”。

〔**注意**〕豳,容易错写成“幽”。

卣(yǒu)/卤(lǔ)

卣:古代盛酒的器具。从“⺊”从“囗”。

卤:盐卤,卤素,卤汁;用卤汁加工食品。从“⺊”从“口”从“乂”。

〔**注意**〕卣,容易错写成“卤”;卤,容易错写成“卣”。

恽(Yùn)/挥(huī)

恽:姓氏。从“忄”从“军”。

挥:挥舞,挥洒;指挥;散出。从“扌”从“军”。

〔**注意**〕恽,容易错写成“挥”。

Z

昝(Zǎn)/咎(jiù)

昝:姓氏。从“处”从“日”。

咎:过失,罪过;责备;书面语,凶险。从“处”从“口”。

〔**注意**〕昝,容易错写成“咎”;咎,容易错写成“昝”。

粘(zhān)/黏(nián)

粘:黏的东西附着在物体上,或互相连接;用黏的东西把两个物体连接起来。从“米”从“占”。又读(nián),只做姓氏用。

黏:糨糊、胶水一类东西所具有的能使两个物体粘在一起的性质。从“黍”从“占”。

〔**注意**〕黏,容易错写成“粘”。

蘸(zhàn)/**醮**(jiào)

蘸:在液体、粉末或糊状的东西里沾一下。从“艹”从“醮”。

醮:古代结婚时用酒祭神的礼仪。从“酉”从“焦”。

〔**注意**〕蘸,容易错写成“醮”;醮,容易错写成“蘸”。

柘(zhè)/**拓**(tuò)

柘:柘树,灌木或小乔木。从“木”从“石”。

拓:开辟。从“扌”从“石”。

〔**注意**〕柘,容易错写成“拓”;“拓”,容易错写成“柘”。

枝(zhī)/**技**(jì)

枝:植物主干或主茎分出来的枝杈;量词。从“木”从“支”。

技:技能,本领。从“扌”从“支”。

〔**注意**〕枝,容易错写成“技”;技,容易错写成“枝”。

祗(zhǐ)/**祇**(qí)

祗:书面语。恭敬。从“礻”从“氐”。

祇:书面语,神祇,地神;“只”的异体字,已废除。从“礻”从“氏”。

〔**注意**〕祗,容易错写成“祇”;祇,容易错写成“祗”。

抵(zhǐ)/**抵**(dǐ)

抵:侧手击掌。从“扌”从“氏”。

抵:支撑;抵挡,抵抗,抵偿,抵押,抵消;相当。从“扌”从“氐”。

〔**注意**〕抵,容易错写成“抵”;抵,容易错写成“抵”。

炙(zhì)/**灸**(jiǔ)

炙:烤;书面语,烤熟的肉。从“夕”从“火”。

灸:中医疗法,用燃烧的艾绒薰烤一定的穴位。从“久”从“火”。

〔**注意**〕炙,容易错写成“灸”;灸,容易错写成“炙”。

雉(zhì)/**薙**(tì)

雉:野鸡,也叫山鸡。从“矢”从“隹”。

薙:书面语,除去野草;同“剃”。从“艹”从“雉”。

〔注意〕雉,容易错写成“薙”;薙,容易错写成“雉”。

稚(zhì)/雅(yǎ)

稚:稚嫩,幼稚。从“禾”从“隹”。

雅:高雅;书面语,合乎规范的,雅乐。从“牙”从“隹”。

〔注意〕稚,容易错写成“雅”。

杼(zhù)/抒(shū)

杼:旧时织布机上控制经线的部件。从“木”从“予”。

抒:表达,抒发。从“扌”从“予”。

〔注意〕杼,容易错写成“抒”;抒,容易错写成“杼”。

幢(zhuàng)/憧(chōng)

幢:量词,一座房子称一幢。从“巾”从“童”。

憧:憧憧;憧憬。从“忄”从“童”。

〔注意〕幢,容易错写成“憧”;憧,容易错写成“幢”。

惴(zhuì)/揣(chuǎi)

惴:又发愁又害怕的样子。从“忄”从“耑”。

揣:估计,忖度。从“扌”从“耑”。

〔注意〕惴,容易错写成“揣”;揣,容易错写成“惴”。

拙(zhuō)/绌(chù)

拙:笨;谦辞,称自己的。从“扌”从“出”。

绌:不足,不够。从“纟”从“出”。

〔注意〕绌,容易错写成“拙”。

斫(zhuó)/砍(kǎn)

斫:书面语。用刀斧砍。从“石”从“斤”。

砍:用刀斧猛力把东西断开;削减。从“石”从“欠”。

〔注意〕斫,容易错写成“砍”。

孳(zī)/孽(niè)

孳:繁殖。从“兹”从“子”。

孽:邪恶,罪恶;书面语,不忠。从“薛”从“子”。

〔注意〕孳,容易错写成“孽”;孽,容易错写成“孳”。

渍(zì)/绩(jì)

渍:浸,沤,沾;污痕;地面的积水。从“氵”从“责”。

绩:纺绩;功业。从“纟”从“责”。

〔注意〕渍,容易错写成“绩”。

诅(zǔ)/沮(jǔ)

诅:书面语。诅咒;盟誓,发誓。从“讠”从“且”。

沮:书面语。阻止;沮丧。从“氵”从“且”。

〔注意〕沮,容易错写成“诅”;诅,容易错写成“沮”。

晬(zuì)/啐(cuì)

晬:书面语。婴儿一周岁。从“日”从“卒”。

啐:用里从嘴里吐出来;叹词,表示唾弃、斥责、辱骂。从“口”从“卒”。

〔注意〕晬,容易错写成“啐”;啐,容易错写成“晬”。

五、由于形近音同而容易写错的字

两个字形体结构相近，而且读音相同，人们容易把该写的字写成另外的字。有时候意义上根本讲不通，既不成词也不成句，如把“时候”写成“时侯”；有时候虽然讲得通，但所表达的意思完全不一样，很容易造成误解，如把“费”写成“废”，用来构词就会大错特错了。如“废料”和“费料”，前者是没有任何用途的材料，后者仅仅是“浪费了材料”。这种错误叫做“同音替代”，因为形体相近，读音又相同，最容易写错。

B

班/斑(bān)

班：从反“匕”，从“玨”。“匕”是一把刀，原意为将整块的玉切分为相等的两半，故有等分、分班、排列的意思。

斑：从“文”，从“玨”。表示物体上的花斑、花纹的意思。

〔**注意**〕花斑、斑斓、斑纹、斑马、斑竹中的“斑”不要误写成“班”。

扳/板(bǎn)

扳：从“扌”，从“反”。方言。改正不良习惯，控制某种情绪、行为使不再发生。(又读 bān)。

板：从“木”，从“反”。片状较硬物体；呆板，死板，表情严肃；发硬。

〔**注意**〕“你的脾气得扳一扳”、“扳不住”中的“扳”不要误写成“板”。

拌/绊(bàn)

拌：从“扌”，从“半”。将两种东西混合在一起；拌嘴(指你一句我一句,两个人的言语混合在一起了)。

绊:从"纟",从"半"。用丝线、绳索缠绕住使之不能动,脚下被物体挡了一下。

〔**注意**〕"绊马锁"、"绊脚石"、"绊手绊脚"中"绊",不要误写成"拌"。

毙/毖(bì)

毙:从"比",从"死"。死亡,使死亡(含贬义)。

毖:从"比",从"必"。使谨慎小心。

〔**注意**〕"毖"不要误写成"毙"。

敝/弊(bì)

敝:从"㡀",从"攵"。破旧,破乱,衰败;谦辞词头,称与自己有关的事物。

弊:从"敝",从"廾"。欺诈,蒙骗,占便宜等不良行为。

〔**注意**〕"弊病、弊端、舞弊"中的"弊"不要误写成"敝";"敝人、敝屣"中的"敝"不要误写成"弊"。

辩/辨/辫(biàn)

辩:从"讠",从"辡"。用言语来进行辩论,辩解。

辨:从"刂",从"辡"。分辨,辨别;本义为用刀来分割牲体。

辫:从"纟",从"辡"。辫子,像辫子似的物件。

〔**注意**〕根据意义的区别来分别书写,如:"分辩(辩解)"不能误写成"分辨(辨别)"。

博/搏(bó)

博:从"十",从"尃"。广博,多而丰富;取得。

搏:从"扌",从"尃"。搏斗,搏动,搏击;跳动。

〔**注意**〕不要把争斗、跳动意义的"搏"误写成"博",如"脉搏";也不要把"博取(用自身的价值赢得,不是搏斗而得)"的"博"误写成为"搏"。

C

采/彩(cǎi)

采:从“爫”,从“木”。采摘,开采,搜集,选取;精神,神色。

彩:从“彡”,从“采”。颜色,特指彩绸;欢呼声;花样;获胜的东西;负伤流血。

〔**注意**〕不要把“开采、采摘、采取”和“神采”等的“采”误写成“彩”。

揣/踹(chuài)

揣:从“扌”,从“耑”。挣扎,同“膪”(软肋、腹部的肥肉)。又读 chuǎi:估计,揣测,揣度。

踹:从“⻊”,从“耑”。用脚使劲往外踢,踩。

〔**注意**〕不要把用手动作的“揣”误写成用脚动作的“踹”,反之亦然。

到/倒(dào)

到:从“至”,从“刂”。到达,动作实现,准备要到达某目标。

倒:从“亻”从“到”。上下、前后或左右颠倒;相反的,使相反;反转容器把东西倾倒出来。又读 dǎo。

〔**注意**〕不要把“颠倒、倒转”的“倒”误写成“到”。

洞/峒(dòng)

洞:从“氵”,从“同”。物体上的深孔;洞穿;深远,透彻。

峒:从“山”,从“同”。山洞,多用于地名。

〔**注意**〕不要把地名的“峒”误写成“洞”。

赌/睹(dǔ)

赌:从“贝”,从“者”。赌博,泛指争输赢。

睹:从“目”,从“者”。看见,用眼睛看物。

〔**注意**〕不要把“赌钱、赌博”的“赌”误写成“睹”;反之,不要把“目睹、睹物”的“睹”误写成“赌”。

度/渡(dù)

度:从“广”,从“廿”,从“又”。程度;法度;风度;度过;量词。

渡:从“氵”,从“度”。由这一岸到那一岸,载运过江河,渡口名称。

〔**注意**〕只有与水有关的动作、行为才能用“渡”,其他一律用“度”。

E

垩/恶(è)

垩:从“亚”,从“土”。白垩,俗称白土子;用白垩涂抹。

恶:从“亚”,从“心”。坏的,犯罪的,丑恶的;凶恶,恶劣。

〔**注意**〕根据词义正确书写,不要把“垩”误写成“恶”。

腭/颚(è)

腭:从“月”,从双“口”,从“亏”。人的口腔上壁:软腭,硬腭。

颚:从双“口”,从“亏”,从“页”。动物的取食器官:上颚,下颚。

〔**注意**〕指人的器官用“腭”,人只有上腭;指动物的器官用“颚”。

F

反/返(fǎn)

反:从“厂”,从“又”。颠倒的,方向相背的,往回的;反抗,背叛,类推;反动、反革命的简称;连词:反而。

返:从“反”,从“辶”。回去。

〔**注意**〕“返”只表示“返回”这样的具体动作、行为,其他义用“反”。

G

竿/杆(gān)

竿:从“⺮”,从“干”。竹竿。

杆:从“木”,从“干”。各种材料制成的细长的支柱。又读(gǎn)。

〔**注意**〕只有竹竿才写成“竿”,其他材料做成的一律写成“杆”。

杆/秆(gǎn)

杆:从“木”,从“干”。杆儿(器物的细长的中空或实心的部分)。

秆:从“禾”,从“干”。某些植物的茎。

〔**注意**〕只有某些植物的茎,才写成“秆”,如:烟秆儿/麦秆儿/麻秆儿;器物的一律写成“杆”,如:钢笔杆儿/秤杆儿/枪杆儿。

垢/诟(gòu)

垢:从“土”,从“后”。污秽,肮脏;脏东西。

诟:从“讠”,从“后”。辱骂;受到辱骂;怒骂。

〔**注意**〕“垢”形容物或指物;“诟”指使用语言来侮辱人。

挂/卦(guà)

挂:从“扌”,从“圭”。动词性,悬挂;打电话;断开电话线路;牵挂;挂失。量词:一挂鞭炮。

卦:从“圭”,从“卜”。名词性,占卦、算卦的“卦”。

〔**注意**〕动词性的“挂”,不要写成名词性的“卦”;名词性的“卦”,不要写成动词性的“挂”。

H

捍/悍(hàn)

捍:从“扌”,从“旱”。动词性,保卫,防御。

悍:从“忄”,从“旱”。形容词性,勇猛,凶狠。

〔**注意**〕动词性的“捍”,不要写成形容词性的“悍”;形容词性的“悍”,不要写成动词性的“捍”。

侯/候(hòu)

侯:从“亻”,从“矦”。地名,闽侯,在福建省。又读(hóu):侯爵,诸侯;姓氏。

候:从“亻丨”,从“矦”。等待;问候;候选;时节,气象;情况,征候。

〔**注意**〕地名、姓氏、官称时不要误写成“候”;时节、征候时不要误写成“侯”。

滑/猾(huá)

滑:从"氵",从"骨"。形容词性,光滑,油滑;动词性,滑动,搪塞、蒙混过去;名词性,姓氏。

猾:从"犭",从"骨"。形容词性,狡猾。

〔**注意**〕做形容词性用法时,"滑"的贬义程度轻,"猾"的贬义程度重。油滑的"滑"不要误写成"猾";狡猾的"猾"不要误写成"滑"。

换/涣/焕(huàn)

换:从"扌",从"奂"。动词性,交换,调换,变换,更换,兑换。

涣:从"氵",从"奂"。形容词性,涣散,消散。

焕:从"火",从"奂"。形容词性,光明,光亮。

〔**注意**〕动词性的"换"不要误写成"涣"和"焕",形容词性的"涣"和"焕"不要误写成"换"。形容词性用法时,"涣"的意义消极,"焕"的意义积极,二者不要混用。

惶/遑(huáng)

惶:从"忄",从"皇"。表示恐惧的心理。

遑:从"辶",从"皇"。匆忙的样子。

〔**注意**〕表示心理状态时,不要误为"遑";描写神态时,不要误为"惶"。

辉/晖(huī)

辉:从"光",从"军"。闪耀的光彩;照耀。

晖:从"日",从"军"。阳光。

〔**注意**〕只有指阳光时,才能写成"晖";描写其他事物时,一律用"辉"。

混/浑(hún)

混:从"氵",从"昆"。浑浊,糊涂。又读(hùn)。

浑:从"氵",从"军"。浑浊;糊涂;天然的;全;水名,浑河,又名沈河,在辽宁省;姓氏。

〔**注意**〕表示"浑浊、糊涂"意义时,二者等同;作"天然的、全"的意义和姓氏用法时,只能写成"浑"。

诨/混(hùn)

诨:从“讠”,从“军”。戏谑,开玩笑。

混:从“氵”,从“昆”。掺杂;蒙混;苟且地生活;胡乱地。

〔**注意**〕只有在表示“戏谑,开玩笑”的意义时才能写成“诨”,如“诨名”。

J

记/纪(jì)

记:从“讠”,从“己”。记忆,记录,记载;标志,符号,一种文体,出生时带来的皮肤上的斑;量词:一下。

纪:从“纟”,从“己”。同“记”(指用于记录或记载年代),比较长的年代。

〔**注意**〕“纪”只用于表示年代及与年代有关的事物,如:纪念/纪元/纪传等,其他用法时一律用“记”。

狡/佼(jiǎo)

狡:从“犭”,从“交”。奸诈,狡猾。贬义。

佼:从“亻”,从“交”。美好。褒义。

〔**注意**〕表示贬义时,不要误写成“佼”;表示褒义时,不要误写成“狡”。

绞/铰(jiǎo)

绞:从“纟”,从“交”。丝线绳索等扭在一起,握住条状物的两端同时向相反方向转,用绳索勒死,用绞刀切削。

铰:用金属的链条绞动、缠绕、转动。

〔**注意**〕“铰”专门用于金属链条的绞动。

睛/腈(jīng)

睛:从“目”,从“青”。黑眼球,眼珠儿。

腈:从“月”,从“青”。有机化合物,腈纶。

〔**注意**〕腈,不要读成 qíng,不要写成“睛”。

具/俱(jù)

具:从"且",从"八"。名词性,用具,才干;动词性,具有,具备;量词。

俱:从"亻",从"具"。形容词性,全。

〔**注意**〕名词性和动词性用法时,不要误写成"俱";形容词性用法时,不要误写成"具"。

K

跨/胯(kuà)

跨:从"⻊",从"夸"。动词性,抬起一只脚迈大步;横跨;跨越。

胯:从"月",从"夸"。名词性,腰下骨盆臀部部分。

〔**注意**〕动词性用法时不要误为"胯",名词性用法时,不要误为"跨"。

L

蜡/腊(là)

蜡:从"虫",从"昔"。动物、矿物或植物产生的一种油脂,蜡烛。

腊:从"月",从"昔"。腊祭,腊月。

〔**注意**〕表示油脂的"蜡"不要误写成腊月的"腊"。

蓝/篮(lán)

蓝:从"艹",从"监"。形容词性,蓝色;名词性,蓼蓝(古时用来提炼蓝色颜料的植物)。

篮:从"⺮",从"监"。名词性,篮子,有关篮球运动一些名词的简称。如:男篮/女篮/投篮/上篮/扣篮/篮板/篮筐……

〔**注意**〕表示颜色时,不要误写成"篮";与"篮子"、"篮球"事项有关时不要误写成"蓝"。

楞/愣(lèng)

楞:从"木",从"四",从"方"。林区伐木堆放的待运的原木堆。

愣:从"忄",从"四",从"方"。因惊恐而失神发呆,做事方法生硬鲁莽。

〔注意〕指原木堆时,不要误为“愣”;描写行为状态时,不要误为“楞”。

梨/犁(lí)

梨:从“木”,从“利”。梨树,梨子。

犁:从“牛”,从“利”。农具,犁杖;用犁耕地。

〔注意〕表示一种水果时,不要误为“犁”;表示农具时,不要误为“梨”。

历/厉(lì)

历:从“厂”,从“力”。经历;历法;经历过;一遍一遍地。

厉:从“厂”,从“万”。严格;严肃;严厉;姓氏。

〔注意〕表示“经历”和“历法”时,不要误写成“厉”;表示“严格”等意义时,不要误写成“历”。

梁/粱(liáng)

梁:从“氵”,从“办”,从“木”。承重构件,房梁,桥梁;条状物体中间隆起的部分,山梁,鼻梁。

粱:从“氵”,从“办”,从“米”。谷物的总称,精美的主食。

〔注意〕凡是与谷物、粮食有关,不要误写成“梁”;凡是表示承重构件、物件隆起的,不要误写成“粱”。

磷/嶙(lín)

磷:从“石”,从“粦”。一种化学元素。

嶙:从“山”,从“粦”。层层叠叠的山石。

〔注意〕指化学元素,不要误写成“嶙”;描写山势,不要误写成“磷”。

眬/胧(lóng)

眬:从“目”,从“龙”。矇眬,目光模糊不清。

胧:从“月”,从“龙”。朦胧,月光不明,模糊不清。

〔注意〕“眬”用于描写目光,不要误写成“胧”;“胧”用于描写月光,不要误写成“眬”。

昽/胧(lóng)

昽:从“日”,从“龙”。曚昽,日光不明。

胧:见上面。

〔注意〕“昽”用于描写日光，“胧”用于描写月光，不要互相混淆。

缕/褛(lǚ)

缕：从“纟”，从“娄”。像线似的一条一条的；量词。

褛：从“衤”，从“娄”。褴褛，衣服破烂。

〔注意〕表示线或线状意义时用“缕”，表示衣服破烂意义时用“褛”。

孪/娈(luán)

孪：从“子”，从“亦”。孪生，双胞胎。

娈：从“女”，从“亦”。相貌美好。

〔注意〕表示孪生时用“孪”，不要误写成“娈”；表示相貌美好时用“娈”不要误写成“孪”。

M

漫/谩(màn)

漫：从“氵”，从“曼”。水过满往外流；到处都是，广阔，随便，散漫；莫，不要。

谩：从“讠”，从“曼”。态度轻慢，说话做事没有礼貌。

〔注意〕描写态度散漫，随便时用“漫”，不要误写成“谩”；指言语行为用“谩”，不要误写成“漫”。

糜/麋(mí)

糜：从“麻”，从“米”。粥(过烂的稀饭)；烂；浪费。

麋：从“鹿”，从“米”。麋鹿，鹿的一种。

〔注意〕指粥类食物用“糜”，不要误为“麋”；指动物时用“麋”，不要误为“糜”。

密/蜜(mì)

密：从“宓”，从“山”。事物之间距离近，部分之间空隙小；关系近，感情好；精致，精细；秘密地。

蜜：从“宓”，从“虫”。蜂蜜，像蜂蜜一样的东西；甜，甜美。

〔注意〕表达“亲密、细密、秘密”等意义时用“密”，不要误写成“蜜”；指食品和甜美等意义时用“蜜”,不要误写成“密”。

渺/缈(miǎo)

渺:从“氵”,从“眇”。水面广阔看不清楚,渺茫,渺小。

缈:从“纟”,从“眇”。像纱一样朦胧缥缈。

〔**注意**〕“缥缈—飘渺”时二字通用。其他情况下,渺,主要指远而看不清楚;缈,主要指朦胧不清,不能混用。

蔑/篾(miè)

蔑:从“艹”,从“四”,从“戍”。形容词性,轻、小、无、没有;污蔑。

篾:从“⺮”,从“四”,从“戍”。名词性,竹、苇、秫秸劈成的薄片,篾子。

〔**注意**〕表示具体物体“篾子”名词性用法时,不要误写成“蔑”;表示“轻、小、污蔑”形容词性意义时,不要误写成“篾”。

谬/缪(miù)

谬:从“讠”,从“翏”。错误,差错(指思想、言论方面)。

缪:从“纟”,从“翏”。纰缪,错误(指行为、动作方面)。

〔**注意**〕指思想、言论时,不要误写成“缪”;指行为、动作时,不要误写成“谬”。

幕/募/慕(mù)

幕:从“莫”,从“巾”。幕布,戏剧的一场。

募:从“莫”,从“力”。募集,招募。

慕:从“莫”,从“⺗”。表示心理活动,爱慕,羡慕。

〔**注意**〕表示与戏剧有关的意义时,用“幕”;表示募集、招募的意义时,用“募”;表示心理活动时,用“慕”。

奈/柰(nài)

奈:从“大”,从“示”。奈何(怎么样),怎奈,无奈。

柰:从“木”,从“示”。柰子(苹果的一种)。

〔**注意**〕表示具有疑问意义的时候,用“奈”;指一种水果的时候,用

"柰"。

脑/恼(nǎo)

脑:从"月",从"亠"从"凶"。大脑,头,脑筋;物体提炼出的精华,樟脑,薄荷脑;事物剩下的零碎部分。名词性。

恼:从"忄",从"亠"从"凶"。生气,烦闷。动词性。

〔**注意**〕名词性用法表示具体意义时用"脑",不要误写成"恼";动词性用法表示情绪时,用"恼",不要误写成"脑"。

扭/忸(niǔ)

扭:从"扌",从"丑"。掉转;转动;拧,拧伤;身体左右摇动;不正。

忸:从"忄",从"丑"。忸怩,不好意思,不大方的样子。

〔**注意**〕"忸"不单用,只用于联绵词"忸怩"中。

浓/脓(nóng)

浓:从"氵"从"农"。形容词性,液体或气体中所含的某种成分多,浓重,浓厚,程度深。

脓:从"月",从"农"。名词性,肌肤等组织溃疡后形成的黏液体。

〔**注意**〕做形容词用时,不要误写成"脓";做名词用时,不要误写成"浓"。

努/弩(nǔ)

努:从"奴",从"力"。动词性,使出力气;形容词性,凸出。

弩:从"奴",从"弓"。名词性,一种可连发的短而小的弓。

〔**注意**〕动词性和形容词性用法时,不要误写成"弩";名词性用法时,不要误写成"努"。

O

沤/讴(ōu)

沤:从"氵"从"区"。水面出现的气泡,浮沤。又读 òu:浸泡。

讴:从"讠",从"区"。歌唱,讴歌;民歌。

〔**注意**〕与水泡有关时,不要误为"讴";与歌唱有关时,不要误为"沤"。

欧/殴(ōu)

欧:从“区”,从“欠”。地名,欧洲的简称;姓氏。

殴:从“区”,从“殳”。动词性,打,殴打。

〔注意〕名词性用法时,不要误为“殴”;动词性用法时,不要误为“欧”。

徘/俳(pái)

徘:从“彳”,从“非”。徘徊。

俳:从“亻”,从“非”。古代的滑稽戏;俳谐,滑稽。

〔注意〕“徘”只用于联绵词“徘徊”中,不要误写成“俳”。

蓬/篷(péng)

蓬:从“艹”,从“逢”。飞蓬;蓬松;量词。

篷:从“⺮”,从“逢”。竹、木、苇席、帆布等制成的遮挡风雨、阳光的设备。篷子,篷儿,特指带篷的船。

〔注意〕指野草飞蓬有关意义时,不要误写成“篷”;指篷子、篷儿等意义时,不要误写成“蓬”。

扑/仆(pū)

扑:从“扌”,从“卜”。用力前冲将身体伏在物体上;把全身心用在某一方面;拍打。

仆:从“亻”,从“卜”。向前仆倒。又读 pú,仆人,仆佣。

〔注意〕扑,表示主动有意向前扑,不要误写成“仆”;仆,表示非自主地仆倒,不要误写成“扑”。

骐/麒(qí)

骐:从“马”,从“其”。青黑色的马,骐骥。

麒:从“鹿”,从“其”。麒麟的简称,特指古代传说中的吉祥兽。

〔注意〕指“马”时,不要误写成“麒”;指“麒麟”时,不要误写成“骐”。

恰/洽(qià)

恰:从“忄”,从“合”。恰当,恰好。

洽:从“氵”从“合”。互相协调一致,商量。

〔**注意**〕恰,一般单独做状语,如:恰到好处/恰逢其时;洽,一般多在双音节词中使用,如:接洽/融洽/洽谈/洽商。

磬/罄(qìng)

磬:从“声”,从“殳”,从“石”。古代的一种打击乐器。

罄:从“声”,从“殳”,从“缶”。穷尽,空了,一点都没有了。

〔**注意**〕指乐器时,不要误为“罄”;指“穷尽”类意义时,不要误为“磬”。

穷/穹(qióng)

穷:从“穴”,从“力”。形容词性,贫穷,穷尽,用尽,费尽;彻底,极端。

穹:从“穴”,从“弓”。名词性,穹隆,天穹,苍穹。

〔**注意**〕形容词用法时,不要误为“穹”;名词用法时,不要误为“穷”。

R

然/燃(rán)

然:从“夕”,从“犬”,从“灬”。对,不错,如此;转折连词:然而;副词、形容词后缀,如:突然/忽然/沛然/了然。

燃:从“火”,从“然”。燃烧,点燃。

〔**注意**〕然,虚词性强,意义比较抽象,不要误写成“燃”;燃,意义具体,表示燃烧和点燃,不要误写成“然”。

嚷/攘(rǎng)

嚷:从“口”,从“襄”。喊叫,吵闹。又读 rāng:嚷嚷。

攘:从“扌”,从“襄”。排斥;抢;掠起。

〔**注意**〕“攘攘”(形容纷乱)不要误写成“嚷嚷”。

韧/纫(rèn)

韧:从“韦”,从“刃”。形容词性,柔韧。

纫:从“纟”,从“刃”。动词性,引线穿过针鼻,用针缝。

〔注意〕形容词用法时，不要误写成“纫”；动词用法时，不要误写成“轫”。

溶/熔/镕(róng)

溶：从“氵”，从“容”。在液体中使固体分解。

熔：从“火”，从“容”。高温加热使固体分解。

镕：从“钅”，从“容”。高温加热使固体金属化成液体。

〔注意〕用液体来溶解时，写成“溶”；用高温加热来熔解时，写成“熔”；化金属时，写成“镕”。“熔”与“镕”可以通用。

揉/糅/蹂(róu)

揉：从“扌”，从“柔”。揉搓，团弄。(强调用手)

糅：从“米”，从“柔”。使混合，使混杂。(强调动作的目的)

蹂：从“⻊”，从“柔”。蹂躏，践踏。(强调用“足”)

〔注意〕根据词义表达的重点和具体词义，区别使用。

姗/跚(shān)

姗：从“女”，从“册”。姗姗(走路缓慢的样子)。

跚：从“⻊”，从“册”。蹒跚(腿脚不灵便，走路缓慢又摇晃)。

〔注意〕姗，只用于重叠形式；跚，只用于联绵词“蹒跚”中。

捎/梢/稍(shāo)

捎：从“扌”，从“肖”。动词性，顺便带上。又读 shào：牲畜后退。

梢：从“木”，从“肖”。名词性，条状物较细的一头。

稍：从“禾”，从“肖”。形容词性，稍微，多少有一点。

〔注意〕根据词性和词义，区别书写使用。

畲/畬(shē)

畲：从“佘”，从“田”。专有名词，少数民族畲族的简称。

畬：从“余”，从“田”。焚烧田地里草木以充作肥料的耕作方法。

〔注意〕指畲族时，不要误写成“畬”；指耕作方法时，不要误写成“畲”。

摄/慑(shè)

摄:从“扌”,从“聂”。动词性,吸取;摄制;代理。

慑:从“忄”,从“聂”。形容词性,害怕,使害怕。

〔**注意**〕动词性用法时,不要误为“慑”;形容词性用法时,不要误为“摄”。

熟/孰(shú)

熟:从“孰”,从“灬”。动词性,成熟了;形容词性,加热到可食的程度。

孰:从“享”,从“丸”。疑问代词,谁,哪个,什么。

〔**注意**〕作疑问代词用时,不要误写成“熟”;动词和形容词用法时,不要误写成“孰”。

暑/署(shǔ)

暑:从“日”,从“者”。热,指炎热季节。

署:从“罒”,从“者”。办公处所;署理;签署;布置。

〔**注意**〕表示季节、炎热时,不要误写成“署”;表示地点及办公活动时,不要误写成“暑”。

栓/拴(shuān)

栓:从“木”,从“全”。器物上可以开关的机件,枪栓,塞子。

拴:从“扌”,从“全”。用绳子把东西系住,比喻被事情缠住不得脱身。

〔**注意**〕栓,是一种事物,不要误写成“拴”;拴,是一种行为、动作,不要误写成“栓”。

笤/苕(tiáo)

笤:从“⺮”,从“召”。笤帚。

苕:从“艹”,从“召”。古书上指凌霄花。

〔**注意**〕指“笤帚”时,不要误写成“苕”。

挺/梃(tǐng)

挺:从“扌”,从“廷”。形容词性,硬而直,凸出;动词性,努力伸直或突出，勉强支撑；副词，很。

梃：从“木”，从“廷”。花梗，棍子（顶门、窗用）。

〔注意〕表示状态、动作、程度，不要误为“梃”；指事物，不要误为“挺”。

婉/惋（wǎn）

婉：从“女”，从“宛”。婉转；柔顺；美好。

惋：从“忄”，从“宛”。惋惜。

〔注意〕婉，表达外在形象特点，不要误写成“惋”；惋，表现一种心理活动，不要误写成“婉”。

唯/维（wéi）

唯：从“口”，从“隹”。副词性，单单，只有。

维：从“纟”，从“隹”。动词性，连接，维系，维持；名词性，维度。

〔注意〕根据词性和词义，区别使用。

怃/忤（wǔ）

怃：从“忄”，从“无”。爱怜；失意；怃然。

忤：从“忄”，从“午”。不顺从，不和睦，忤逆。

〔注意〕怃，用于表现心理活动，不要误写成“忤”。忤，用于表现性格和行为，不要误写成“怃”。

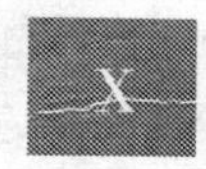

牺/栖/恓（xī）

牺：从“牛”，从“西”。名词性，古代宰杀后作祭品的牲畜；牺牲。

栖：从“木”，从“西”。形容词性，栖栖：形容不安定。又读 qī。

恓：从“忄”，从“西”。形容词性，恓惶：形容惊慌烦恼。

〔注意〕三个字均不单用，分别用于三个不同的联绵词中：牺牲、栖栖、恓惶。根据不同的联绵词来分别使用。

祥/详(xiáng)

祥:从“礻”,从“羊”。吉利,吉祥。

详:从“讠”,从“羊”。详细,细说,清楚。

〔**注意**〕表达“吉利、吉祥”时,不要误写成“详”;表达“详细、清楚”时,不要误写成“祥”。

响/饷(xiǎng)

响:从“口”,从“向”。回声,声音;响亮;发出声音,使发声。

饷:从“饣”,从“向”。用酒食款待;薪金。

〔**注意**〕与声音有关时,用“响”;与饮食、金钱有关时,用“饷”。

象/像(xiàng)

象:独体象形字。名词性,大象;形状,样子。

像:从“亻”,从“象”。名词性,影像,肖像;动词性,相像,好像。

〔**注意**〕作名词用时,除“大象”外,凡是物体类的,写成“像”;抽象类的,写成“象”,如:现象/险象/征象等;动词意义则写成“像”。

萧/箫(xiāo)

萧:从“艹”,从“肃”。形容词性,萧索,萧条;名词性,姓氏。

箫:从“⺮”,从“肃”。名词,中国传统民乐器之一。

〔**注意**〕表达“萧条”、姓氏时,不要误为“箫”;指乐器时,不要误为“萧”。

喧/暄/煊(xuān)

喧:从“口”,从“宣”。声音大。

暄:从“日”,从“宣”。温暖。

煊:从“火”,从“宣”。同“暄”;热烈。

〔**注意**〕与声音有关时,用“喧”;与“温暖、热烈”有关时,用“暄、煊”。

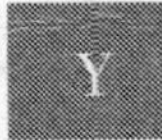

研/妍(yán)

研:从“石”,从“开”。动词性,细磨,研究。

妍:从“女”,从“开”。形容词性,美丽。

〔注意〕动词时,写成“研”;形容词时,写成“妍”。

佯/徉(yáng)

佯:从“亻”,从“羊”。假装。

徉:从“彳”,从“羊”。徜徉(安闲自在地,闲游)。

〔注意〕“徉”不单用,只用在联绵词“徜徉”中。“徜徉”有时也写作“倘佯”,但“佯”字单用时,绝不能写作“徉”。

弈/奕(yì)

弈:从“亦”,从“廾”。围棋,下围棋。

奕:从“亦”,从“大”。奕奕(精神饱满的样子)。

〔注意〕“弈”专指围棋和下围棋,不要误写成“奕”;“奕”不单用,只用于重叠形式。

阴/荫(yīn)

阴:从“阝”,从“月”。名词性,阴阳的阴,指月亮,山的北面,水的南面;背面;阴间;姓氏;形容词性,阴天;背面的,隐藏不露的;凹进去的;阴险;鬼的。

荫:从“艹”,从“阴”。树荫,树冠遮住日光形成的阴影。又读 yìn。

〔注意〕“荫”仅指树荫,其他情况一律不要误写成“荫”。

莹/茔(yíng)

莹:从“艹”,从“冖”,从“玉”。光洁像玉一样的石头;光亮透明,晶莹。

茔:从“艹”,从“冖”,从“土”。坟地。

〔注意〕表示“光洁、光亮”的意思,不要误写成“茔”;指坟地一定不要误写成“莹”。

荧/荥/萦(yíng)

荧:从“艹”,从“冖”,从“火”。光亮微弱的样子,眼光迷乱。

荥:从“艹”,从“冖”,从“水”。地名,荥经,在四川省。又读 xíng。

萦:从“艹”,从“冖”,从“糸”。围绕,缠绕。

〔注意〕根据下部偏旁所表示的意义,区分开来使用。

赢/嬴(yíng)

赢:从“贝”,从“亡、口、月、凡”。胜,获利。

嬴:从“女”,从“亡、口、月、凡”。姓氏。

〔**注意**〕表示“胜、获利”时,不要误为“嬴”;表示姓氏时,不要误为“赢”。

颖/颍(yǐng)

颖:从“匕”,从“禾”,从“页”。禾本科植物子实带芒的外壳,某些小而细长的东西的尖端;聪明。

颍:从“匕”,从“水”,从“页”。水名,颍河。发源于河南,流入安徽。

〔**注意**〕颍,为专有名称,不要误写成“颖”。

悠/攸(yōu)

悠:从“攸”,从“心”。久;远;闲适;悠荡。

攸:从“亻”,从“攵”。助词。所。

〔**注意**〕攸关,不要误写成“悠关”;悠久、悠远的“悠”不要误写成“攸”。

尤/犹(yóu)

尤:从“尢”,从“丶”。名词性,过失;姓氏;动词性,怨恨;追究;形容词性,特异的;突出的;副词性,更。

犹:从“犭”,从“尤”。动词性,如同;副词性,还,尚且。

〔**注意**〕作副词用时,二者意味不同。“尤”表示强调的语气;“犹”表示委婉的语气,不要互相写错。

鱼/渔(yú)

鱼:独体象形字。名词性,鱼类;姓氏。

渔:从“氵”,从“鱼”。动词性,捕鱼;谋取。

〔**注意**〕表达名词意义时,不要误为“渔”;表达动词意义时,不要误为“鱼”。

圆/园(yuán)

圆:从“囗”,从“员”。名词性,圆形;圆周;货币单位;圆形金属币;形容词性,圆的;圆满;周全;动词性,使圆满。

园:从“囗”,从“元”。种植蔬菜、花木的地方,供人游玩、娱乐的地方。

〔**注意**〕圆形的东西和货币不要误为“园”,种植、游玩等地不要误为“圆”。

陨/殒(yǔn)

陨:从“阝”,从“员”。陨落(指星球)。

殒:从“歹”,从“员”。死亡(指人)。

〔**注意**〕用于指人时,不要误写成“陨”(比喻义除外,如“将星陨落”);用于指星球时,不要误写成“殒”。

Z

脏/赃(zāng)

脏:从“月”,从“庄”。形容词性,物体上有尘土、汗渍、污垢,不干净。

赃:从“贝”,从“庄”。名词性,用不正当的手段获得的钱物,赃物。

〔**注意**〕形容词性时,不要误写成“赃”;名词性时,不要误写成“脏”。

燥/躁/噪(zào)

燥:从“火”,从“品”,从“木”。干燥,缺少水分。

躁:从“⻊”,从“品”,从“木”。性急,不冷静;烦躁,急躁。

噪:从“口”,从“品”,从“木”。鸣叫,大声叫嚷;广为传播。

〔**注意**〕干燥缺水则易燃,与火有关,应写成“燥”;急躁有时跳脚,与足有关,应写成“躁”;叫嚷与口有关,应写成“噪”。

帐/账/胀(zhàng)

帐:从“巾”,从“长”。用布、纱、绸做成的帐幕。

账:从“贝”,从“长”。记载货币财物等收支的簿子。

胀:从“月”,从“长”。膨胀,感到膨胀。

〔**注意**〕布类的物品用“帐”;记录收支用的本子用“账”;物体蓬松增大,感到膨胀用“胀”。

蛰/蜇(zhé)

蛰:从“执”,从“虫”。动词性,蛰伏(趴在那里不动)。

蜇:从“折”,从“虫”。名词性,海蜇。

〔**注意**〕动词性时,不要误写成“蜇”;名词性时,不要误写成“蛰”。

挣/狰(zhēng)

挣:从“扌”,从“争”。动词性,用力支撑,挣扎。又读 zhèng。

狰:从“犭”,从“争”。形容词性,面目凶恶可怕,狰狞。

〔**注意**〕动词性时,不要误写成“狰”;形容词性时,不要误写成“挣”。

洲/州(zhōu)

洲:从“氵”,从“州”。沙洲,地球上对陆地的划分。

州:独体象形字。从“川”,从三“丶”。中国传统行政区划;自治州。

〔**注意**〕表示地球的陆地时,不要误为“州”;国内行政区划,不要误为“洲”。

著/箸(zhù)

著:从“艹”,从“者”。动词性,写作;形容词性,显著;名词性,著作。

箸:从“⺮”,从“者”。筷子。

〔**注意**〕表示“著作、显著”等意义时,不要误写成“箸”,指“筷子”时不要误写成“著”。

壮/状(zhuàng)

壮:从“丬”,从“士”。形容词性,强壮,雄壮;动词性,加强使壮大;专有名词,壮族。

状:从“丬”,从“犬”。名词性,形状,情况,陈述、记载事件的文字,诉状、褒奖等文件;动词性,陈述或描摹。

〔**注意**〕表示“强壮、使壮大”等意义时,不要误写成“状”;表示“形状、状况、陈述描摹性文字”时,不要误写成“壮”。

坐/座(zuò)

坐:从双“人”,从“土”。动词性,臀部落在物体上。

座:从“广”,从“坐”。名词性,座位。

〔**注意**〕动词性时,不要误写成“座”;名词性时,不要误写成“坐”。

六、由于形体不同读音相同而容易写错的字

有些字虽然笔画结构相差甚远，但是读音完全一样，同时意义上也有某种接近的关系：有的意义相近，有的在某一个义项上相同，有的意义有关联。因此写起来也容易弄混，经常是用使用频率高的同音字代替应该写的字。这种书写错误也是同音替代的错误。

A

碍/隘(ài)

碍：从“石”，从“旦”，从“寸”。妨碍，阻碍，障碍。

隘：从“阝”，从“益”。狭隘；险要的地方。

〔**注意**〕碍，主要指使人不便于行动，不要误写成“隘”；隘，主要指险要，不要误写成“碍”。

暗/黯(àn)

暗：从“日”，从“音”。黑暗；隐藏的、秘密的(由黑暗看不见引申)。

黯：从“黑”，从“音”。阴暗。

〔**注意**〕暗，用于对光线相关的描写，不要误写成“黯”；黯，用于对色彩及抽象事物的描写，不要误写成“暗”。

B

摆/捭(bǎi)

摆:从“扌”,从“罢”。动词性,摆放,显示,摇动;谈说;名词性,钟表的装置;长袍、上衣的下端。

捭:从“扌”,从“卑”。分开。

〔注意〕捭,只用于双音节词“捭阖(分开与合拢)”中,不要误写成“摆”。

扳/搬(bān)

扳:从“扌”,从“反”。使物体在固定的位置上改换方向;把输掉的赢回来。

搬:从“扌”,从“般”。移动物体的位置,迁移。

〔注意〕扳,改变方向,位置不动,不要误写成“搬”;搬,移动位置,不要误写成“扳”。

瘢/癍(bān)

瘢:从“疒”,从“般”。疮口或伤口愈合后形成的疤痕。

癍:从“疒”,从“斑”。皮肤上生出的斑点或斑纹。

〔注意〕瘢,在表皮之上、之外,不要误写成“癍”;癍,与皮肤合为一体,在皮肤之中,不要误写成“瘢”。

拌/扮(bàn)

拌:从“扌”,从“半”。搅和,搅拌;争吵。

扮:从“扌”,从“分”。化装成;面部表情装成。

〔注意〕拌,指手或嘴的具体动作,不要误写成“扮”;扮,表示装成,不要误写成“拌”。

炮/煲(bāo)

炮:从“火”,从“包”。用锅或铛在旺火上翻炒、烘焙。又读 páo,pào。

煲:从“保”,从“火”。名词性,直壁的锅;动词性,用煲来煮或熬。

〔注意〕炮,不加水直接炒、烘、焙,不要误写成“煲”;煲,加水煮、熬。

抱/报(bào)

抱:从“扌”,从“包”。用手臂围住;初次得儿孙;领养孩子;存有某种想法;鸡孵卵,抱窝。

报:从“扌”,从“𠬝”。动词性,告诉;报答;回答;报应;报复;名词性,报纸的简称;指某种刊物。

〔注意〕抱,与手的动作及引申有关,不要误写成“报”;报,与口的动作及引申有关,不要误写成“抱”。

绷/蹦(bèng)

绷:从“纟”,从“朋”。裂开;表示程度深(绷直、绷脆)。又读 bēng,běng。

蹦:从“⻊”,从“崩”。跳起。

〔注意〕绷,表示自然裂开,不要误写成“蹦”;蹦,表示自主跳起,不要误写成“绷”。

蔽/庇(bì)

蔽:从“艹”,从“敝”。遮盖,挡住。

庇:从“广”,从“比”。遮蔽,掩护。

〔注意〕蔽,遮住光线使看不见,不要误写成“庇”;庇,掩盖真相使觉察不到,不要误写成“蔽”。

箅/篦(bì)

箅:从“⺮”,从“畀”。箅子,起箅子作用的器具。

篦:从“⺮”,从“囟”,从“比”。篦子(梳头工具),用篦子梳头。

〔注意〕箅,放置物品并使之透气的工具,不要误写成“篦”;篦,梳头工具,不要误写成“箅”。

辩/弁(biàn)

辩:从“讠”,从“辡”。辩解,辩论;辩手的简称。

弁:从“厶”,从“廾”。古代男子戴的一种帽子;也指低级武职人员。

〔注意〕辩,用语言进行的活动,不要误写成“弁”;弁,指事物,不要误写成“辩”。

镳/骠(biāo)

镳:从“钅”,从“鹿”,从“灬”。马嚼子两边露在外面的部分,代指马。

骠:从“马”,从“票”。一种马的名称,黄骠马。又读 piào:骠勇/骠骑。

〔**注意**〕镳,驭马工具,代指一般的马,不要误写成“骠”;骠,特指黄骠马,不要误写成“镳”。

拨/播(bō)

拨:从“扌”,从“发”。手脚或棍棒横着用力使物体移动;分出一部分发给、调拨;量词。

播:从“扌”,从“番”。传播,播放,播种。

〔**注意**〕拨,目的使物体移动,不要误写成“播”;播,目的使事物分散开,不要误写成“拨”。

叉/插(chā)

叉:从“又”,从“丶”。一端有两个长齿一端有柄的器具,“X”形符号的名称;用叉子来叉取东西。

插:从“扌”,从“臿”。刺入,穿入,挤入;中间加进去。

〔**注意**〕叉,指叉子或用叉子取东西,不要误写成“插”;插,指尖锐的东西用力进入另一个物体中去,不要误写成“叉”。

查/察(chá)

查:从“木”,从“旦”。检查;调查;翻检着看。

察:从“宀”,从“祭”。仔细看。

〔**注意**〕查,带着某种权力或责任来看,不要误写成“察”;察,客观地仔细地看,不要误写成“查”。

长/常(cháng)

长:独体象形字,从“一、𠃊、丿、㇏”。空间、时间的距离大;对某事做得特别好;长度;长处。

常:从“尚”,从“巾”。时常,经常;一般的,普通的。

〔**注意**〕长,主要表示长度、距离,不要误写成“常”;常,主要表示频率,不要误写成“长”。

彻/澈(chè)

彻:从“彳”,从“切”。动词性,通彻,透彻。

澈:从“氵”,从“育”,从“攵”。形容词性,水清。

〔**注意**〕动词时不能误写成“澈”;形容词时不能误写成“彻”。另,“澈”不能写成“沏”。

衬/榇(chèn)

衬:从“衣”,从“寸”。在里面托上一层,陪衬,衬托;衬在里面的;衣帽、鞋袜里面的布。

榇:从“木”,从“亲”。棺材。

〔**注意**〕衬,表示并非主体,而是陪衬;榇,只指棺材,不要误写成“衬”。

呈/承(chéng)

呈:从“口”,从“王”。具有;呈现出;恭敬地送上;呈文。

承:从“丞”,从三横。承担;接着,继续;客套话:承蒙;姓氏。

〔**注意**〕呈,动作方向向外、向上,表示呈现、送上,不要误写成“承”;承,动作方向向内,表示承受,不要误写成“呈”。

揣/搋(chuāi)

揣:从“扌”,从“耑”。藏在怀里;牲畜怀孕。又读 chuǎi,chuài。

搋:从“扌”,从“厂”从“虎”。以手用力压和揉;用搋子疏通下水道。

〔**注意**〕揣,表示装在里面,不要误写成“搋”;搋,表示压和揉,不要误写成“揣”。

词/辞(cí)

词:从“讠”,从“司”。名词性,语言单位;宋词的“词”。

辞:从“舌”,从“辛”。名词性,优美的语言;古典文学的一种体裁,古体诗的一种;动词性,告别;辞职,辞退;躲避。

〔**注意**〕词,没有动词用法,表示语言单位和“宋词”的“词”时,不要误写成“辞”;辞,不是语言单位,仅表示一般言辞,表示“楚辞”的“辞”的时候，不要误写成“词”。

撮/搓（cuō）

撮：从“扌”，从“最”。聚拢，用簸箕收拢；拢起嘴唇；量词。

搓：从“扌”，从“差”。反复摩擦。

〔**注意**〕撮，表示收拢、拢起的动作，不要误写成“搓”；搓，表示反复摩擦的动作，不要误写成“撮”。

D

呆/待（dāi）

呆：从“口”，从“木”。形容词性，迟钝，不灵活，表情死板。

待：从“彳”，从“寺”。动词性，停留。又读 dài。

〔**注意**〕形容词时，不要误写成“待”；动词时，不要误写成“呆”。

代/待（dài）

代：从“亻”，从“弋”。动词性，代替，代理；名词性，时代，年代；朝代，世代；辈分。

待：从“彳”，从“寺”。对待，招待；等待；需要，要。

〔**注意**〕作动词用时，代，表示用甲替换乙；待，表示甲如何面对乙，不能混淆。

带/戴（dài）

带：从“卌”，从“冖”，从“巾”。动词性，携带，捎带，附带；显出；带动；名词性，带子，带状物；轮胎；地带。

戴：从“異”，从“戋”。动词性，把衣物、饰品放在身体的头、面、颈、胸、背、手上面；拥护，尊敬；名词性，姓氏。

〔**注意**〕带，表示所带的是身体以外的东西，不要误写成“戴”；戴，表示所戴的东西与身体合为一体，是身体的一部分，不要误写成“带”。

担/石（dàn）

担：从“扌”，从“旦”。担子，重量单位（100 斤 = 一担）；量词，又读 dān。

石：从“一”，从“丿”，从“口”。容量单位（十斗 = 一石）。又读 shí。

〔注意〕担是重量单位，不要误写成“石”；石是容量单位，不要误写成“担”。

荡/宕(dàng)

荡：从“艹”，从“汤”。动词性，摇动，摆动；闲逛，游荡，放纵；冲，洗；全部搞光；形容词性，广阔；名词性，浅水湖。

宕：从“宀”，从“石”。拖延，不受拘束。

〔注意〕构成双音词时，放荡，不要误写成“放宕”；跌宕，不要误写成“跌荡”。

倒/捣(dǎo)

倒：从“亻”，从“到”。竖立的东西横躺下来；垮台，变坏；转移，转换，倒手。又读dào。

捣：从“扌”，从“岛”。用棍子等的一端撞击，捶打；搅乱。

〔注意〕倒，表示倒下、使东西位置变换，不要误写成“捣”；捣，表示撞击、捶打，不要误写成“倒”。

到/道(dào)

到：从“至”，从“刂”。动词性，到达，达到，往；形容词性，周到。

道：从“首”，从“辶”。名词性，道路，通道；方法，道理；道德，技艺；线条；量词；动词性，说。

〔注意〕动词用法时，到，表示身体的行为动作，不要误写成“道”；道，表示语言的行为动作，不要误写成“到”。

叠/迭(dié)

叠：从三“又”，从“冖”，从“且”。一层加一层，折叠。

迭：从“失”，从“辶”。轮流，更换；及，赶上；屡次。

〔注意〕叠，表示摞起来的具体动作，不要误写成“迭”；迭，表示动作的更替、轮换，频率，不表示具体动作，不要误写成“叠”。

定/订(dìng)

定：从“宀”，从“疋”。形容词性，平静，稳定；已经确定的，规定的；必定；动词性，固定，使固定；决定，使确定。

订:从“讠”,从“丁”。经过研究商讨而立下,预先约定,改正,装订。

〔**注意**〕定,表示决定和确定;订,表示约定和商定。所以“订单、订户、订婚、订货”,不能写成“定单、定户、定婚、定货”。

斗/逗(dòu)

斗:从双“丶”,从“十”。对打,斗争;使动物斗;比赛争胜。又读 dǒu。

逗:从“豆”,从“辶”。引逗,招引;逗留。

〔**注意**〕斗,词义重点在于“争”,不要误写成“逗”;逗,词义重点在于“引”,不要误写成“斗”。

繁/烦(fán)

繁:从“敏”,从“糸”。繁多,复杂;繁殖。

烦:从“火”,从“页”。烦闷,厌烦;又多又乱;烦劳。

〔**注意**〕繁,表示多而复杂,感情色彩中性,不要误写成“烦”;烦,表示多而乱,感情色彩贬义,不要误写成“繁”。

繁/蕃(fán)

繁:见上面。

蕃:从“艹”,从“番”。茂盛;蕃殖。

〔**注意**〕表达“繁殖”意义时,繁,用于指动物;蕃,用于指植物。“繁衍”不要写成“蕃衍”。

费/废(fèi)

费:从“弗”,从“贝”。花费,消费,浪费;费用;姓氏。

废:从“广”,从“发”。废除;荒废,没有用的,失去作用的,残了的。

〔**注意**〕费,能使用但用得多,不要误写成“废”;废,根本不能使用,不要误写成“费”。

奋/愤(fèn)

奋:从“大”,从“田”。鼓起劲来,振奋;摇动,举起。

愤:从“忄”,从“贲”。情绪激动,发怒。

〔注意〕奋,强调振作,精神兴奋,不要误写成“愤”;愤,强调情绪,生气发怒,不要误写成“奋”。

愤/忿(fèn)

愤:见上面。

忿:从“分”,从“心”。发怒;服气(用于否定,不忿:不服气)。

〔注意〕愤,强调内在情绪,比较深沉;忿,强调情绪外露。因此“愤愤”不要写成“忿忿”。

伏/服(fú)

伏:从“亻”,从“犬”。动词性,身体向前靠在物体上,趴;隐藏,潜伏;屈服,使屈服;名词性,伏天,伏特;姓氏。

服:从“月”,从“𠬝”。动词性,穿衣服;吃药;服从;担任;使信服,适应;名词性,衣服;姓氏。

〔注意〕作动词用时,伏,主要表示身体动作方面;服,主要表示思想行为方面,因此“服侍、服输、服罪”不应写成“伏侍、伏输、伏罪”。

付/傅(fù)

付:从“亻”,从“寸”。交给,给钱;姓氏。

傅:从“亻”,从“尃”。动词性,辅导,教导;附着,加上;名词性,负责教导或传授技艺的人;姓氏。

〔注意〕作动词用时,付,只表示“交付”钱物的意思;傅,表示给以知识技能(使人增加能力)的意思。作姓氏时,根据家族传统使用。

父/傅(fù)

父:从“八”,从“乂”。父亲,家族或亲属中的长辈男子。

傅:见上面。

〔注意〕父,是从血缘关系的角度来称谓的;傅,是从师徒关系的角度来称谓的。中国传统道德尊师,有“一日为师,终身为父”之语,所以把师傅称为“师父”。当然,“师父”并不完全等于“师傅”。又,习惯上还尊称和尚、道士为“师父”。

G

工/功(gōng)

工:从“二”,从“丨”。名词性,工人、工人阶级;工作、生产劳动,工作日;工业,工程;动词性,擅长,长于;形容词性,精巧,精致。

功:从“工”,从“力”。功劳,功效,技术和技术修养,物理学概念。

〔**注意**〕工,表示人和人所从事的事业;功,表示做事能力和取得的成果。

管/莞(guǎn)

管:从“⺮”,从“官”。名词性,管子,管状物;管乐器;量词;动词性,管理,管辖,管教;担任;保证;过问;介词。

莞:从“艹”,从“完”。地名,东莞,在广东省。又读 guān,wǎn。

〔**注意**〕莞,只作地名用,不要误写成“管”。

鬼/诡(guǐ)

鬼:从“由”,从“儿”,从“厶”。名词性,鬼魂;对有不良嗜好和行为的人的恶称;不可告人的打算和勾当;形容词性,躲躲闪闪,不光明;恶劣,糟糕(只作定语);机灵。

诡:从“讠”,从“危”。欺诈,奸猾;奇异,怪异。

〔**注意**〕描写行为动作,不应误为“诡”;描写品质、性质,不要误为“鬼”。

H

含/涵(hán)

含:从“今”,从“口”。放在嘴里不咽也不吐;藏在里面,包括在内;容纳;带有某种意思;情感不完全表露出来。

涵:从“氵”,从“函”。包含,包容。

〔**注意**〕含,指一个东西里面有什么,意义比较具体;涵,指一个范围里面有什么,意义比较概括。因此“含蓄”不应写作“涵蓄”。

喝/呵(hē)

喝:从“口”,从“曷”。把液体或流食咽下,特指喝酒。

呵:从“口”,从“可”。吹气,哈气。

〔**注意**〕喝,表示下咽;呵,表示吹出,动作方向不同。因此“呵护”不应写作“喝护”。

和/合(hé)

和:从“禾”,从“口”。形容词性,平和,和谐;动词性,结束战争或争执;比赛不分胜负;连带;名词性;和数,姓氏;介词。

合:从“人”,从“一”,从“口”。动词性,闭合,结合,符合,折合;形容词性,全;名词性,姓氏。

〔**注意**〕和,中心意义是没有争斗;合,中心意义是两者(多者)聚在一起。作姓氏时,根据家族传统使用。

横/恒(héng)

横:从“木”,从“黄”。横向;不顾一切,下定决心。

恒:从“忄”,从“亘”。永久,坚定持久,永远这样。

〔**注意**〕横,强调决心和意志,不要误写成“恒”;恒,强调长久永远,不要误写成“横”。

横/衡(héng)

横:见上面。

衡:从“鱼”的变形,从“行”。名词性,称重量的器具,衡器;形容词性,平衡,均衡;动词性,称重量,衡量。

〔**注意**〕作形容词用时,横表示“强”的一端;衡,表示平均一样。

弘/宏(hóng)

弘:从“弓”,从“厶”。使大,扩充,光大。

宏:从“宀”,从“𠂇”,从“厶”。规模大、气势大。

〔**注意**〕弘,意义比较抽象概括;宏,意义比较具体。因此“宏论、宏图、宏愿、宏旨”强调规模和气势,不应写成“弘论、弘图、弘愿、弘旨”;“弘扬”使光大扩展,不应写成“宏扬”。

宏/洪(hóng)

宏:见上面。

洪:从“氵”,从“共”。形容词性,大;名词性,洪水;姓氏。

〔**注意**〕宏,用于指规模和气势,不要误写成“洪”;洪,用于指水势和声音,不要误写成“宏”。

挥/麾(huī)

挥:从“扌”,从“军”。挥舞,挥动,挥泪;指挥;散发。

麾:从“麻”,从“毛”。古时指挥军队作战的旗子;用旗子指挥作战。

〔**注意**〕麾,历史词语,词义涉及面很窄,只在一定语境中使用。

惠/慧(huì)

惠:从“叀”,从“心”。名词性,恩惠,好处;动词性,给人好处。

慧:从双“丰”,从“彐”,从“心”。形容词性,聪明。

〔**注意**〕名词、动词时,不要误写成“慧”;形容词时,不要误写成“惠”。

急/亟(jí)

急:从“刍”,从“心”。形容词性,着急,使着急;快而猛烈;急迫,紧急;急躁,容易发怒;名词性,紧急严重的事情;动词性,急他人之所急。

亟:从“了、口、又、一”。书面语,急迫地。

〔**注意**〕亟,只作状语用,如:亟待解决/亟须纠正,其他情况一律作“急”。

急/疾(jí)

急:见上面。

疾:从“疒”,从“矢”。形容词性,速度极快;名词性,疾病,痛苦;动词性,痛恨。

〔**注意**〕作形容词用时,急,描写心理,不要误写成“疾”;疾,描写运动速度,不要误写成“急”。

佳/嘉(jiā)

佳:从“亻”,从“圭”。美,好。

嘉:从“士、口”,从“丷、一”,从“加”。形容词性,美好;动词性,夸奖,赞许。

〔**注意**〕作形容词用时,佳,表示客观评价,感情色彩淡;嘉,表示主观心理评价,感情色彩浓。因此“嘉宾”不应写成“佳宾”。

脚/角(jiǎo)

脚:从“月”,从“却”。人或动物腿的下端,东西的最下部。

角:从“⺈”,从“用”。犄角,号角;两条直线相交所形成的夹角;物体两个边沿相接的地方,角落;对戏曲演员的称谓。

〔**注意**〕脚,指人、物体的最下端;角,指两条线或两个面相接所形成的角度。指人时,脚,指人体的最下面的肢体;角,指整个的“人”,因此“角色”不应写作“脚色”。

截/劫(jié)

截:从“隹”,从“戋”。切断,阻拦,截止;量词。

劫:从“去”,从“力”。动词性,抢劫,威逼,胁迫;名词性,灾难。

〔**注意**〕作动词用时,截,强调动作的结果;劫,强调动作的主观意图。

竟/净(jìng)

竟:从“立”,从“曰”,从“儿”。动词性,完毕;形容词性,全;副词,终于,竟然。

净:从“冫”,从“争”。形容词性,洁净,擦洗干净;纯;没有剩余;副词,只,单纯而没有别的。

〔**注意**〕副词用法时,同作状语。竟,强调语气,表示出乎意料,不要误写成“净”;净,强调单纯、单一,不要误写成“竟”。

决/绝(jué)

决:从“冫”,从“夬”。动词性,决定;决定最后胜负;执行死刑;决口;副词,一定(用于否定前)。

绝:从“纟”,从“色”。动词性,断绝;完全没有了;气息终止;形容词性,走不通的;独一无二的;副词,最,绝对。

〔**注意**〕作副词用时,二者都有强调的语气。“绝”比“决”程度更强,有不容置疑、不容辩驳的意思;决,只是一般的坚决、坚定。

K

扣/叩(kòu)

扣:从“扌”,从“口”。动词性,套住或搭住,器物口朝下放置,比喻安上;扣留,扣押,扣除;用力朝下打击;名词性,扣儿,扣子。

叩:从“口”,从“卩”。敲,打,询问,磕头。

〔**注意**〕扣,动作的目的是处置、安排;不要误写成“叩”;叩,动作的目的是询问、了解,不要误写成“扣”。

阔/廓(kuò)

阔:从“门”,从“活”。广阔,辽阔;阔绰,阔气。

廓:从“广”,从“郭”。形容词性,广阔,寥廓;动词性,扩展,扩大;名词性,物体的外缘,轮廓。

〔**注意**〕作形容词用时,阔,表示面积广大,意义比较具体;廓,表示空间广阔,意义比较空灵。

L

蓝/兰(lán)

蓝:从“艹”,从“监”。形容词性,蓝色的;名词性,蓼蓝。

兰:从“丷”,从“三”。兰花,兰草;姓氏。

〔**注意**〕蓝,表示蓝颜色和提炼蓝颜色的植物,不要误写成“兰”,兰,繁体作“蘭”,一种观赏性的花草,不要误写成“蓝”。

烂/滥(làn)

烂:从“火”,从“兰”。松软成泥状;腐烂,破碎;头绪纷乱没有任何规律;表示程度深。

滥:从“氵”,从“监”。泛滥,到处都是;过度。

〔**注意**〕烂,主要用于描写质量,腐烂、破碎过度;滥,用于描写数量,数量过度。

利/厉(lì)

利:从“禾”,从“刂”。形容词性,锋利,锐利;顺利;便利;名词性,利益,好处;利息,利润;姓氏;动词性,使有利。

厉:从“厂”,从“万”。严格;严肃;姓氏。

〔**注意**〕作形容词用时,利,着重表现性质、状态;厉,着重表现程度。

利/力(lì)

利:见上面。

力:从“丁”,从“丿”。名词性,动力,力量;能力;体力;姓氏;形容词性,尽力,努力。

〔**注意**〕利,指利益,好处,不要误写成“力”;力,指力量、能力,不要误写成“利”。

连/联(lián)

连:从“车”,从“辶”。动词性,连接,接续,包括在内;名词性,军队编制单位;姓氏。

联:从“耳”,从“关”。动词性,联络,联合;名词性,对联。

〔**注意**〕作动词用时,连,表示接在一起,不要误写成“联”;联,表示并列在一起,不要误写成“连”。

亮/靓(liàng)

亮:从“亠”,从“口”,从“冖”,从“几”。光线强;声音响;开阔;清楚;动词性,发光;使声音响亮;显露,显示。

靓:从“青”,从“见”。漂亮,好看。又读 jìng。

〔**注意**〕亮,用于描写光线、声音,不要误写成“靓”;靓,用于描写人、人的容貌,不要误写成“亮”。

鲁/卤(lǔ)

鲁:从“鱼”,从“日”。形容词性,迟钝,笨拙,莽撞,粗野;名词性,周朝时国名;山东省的别称;姓氏。

卤:从“⺊”,从“冂”,从“×”。名词性,盐卤,卤素,汁儿;动词性,用卤汁炮制。

〔**注意**〕作形容词时,鲁,表现人的性格特征;卤,与食物、食品有关,二者词义差别很大。“鲁莽”不应写成“卤莽”。

略/掠(lüè)

略:从“田”,从“各”。形容词性,简单,粗略;名词性,简要的叙述;计划,计谋;动词性,省略;夺取领地、领土。

掠:从“扌”,从“京”。抢夺,掠夺;轻轻地擦过,拂过;拷打。

〔**注意**〕动词用法时,略,目的是夺取土地,不要误写成“掠”;掠,目的是抢夺财物,不要误写成“略”。

落/络(luò)

落:从“艹”,从“洛”。动词性,掉下来,下降,使下降;落笔;落在后面,停留,留下;得到,归属;名词性,聚居的地方,停留的地方。

络:从“纟”,从“各”。动词性,用网状物兜住,拢住;缠绕;名词性,网络;网状物;经络。

〔**注意**〕作动词用时,落,表示与一定的目标脱离;络,表示缠绕在一起。因此“络腮胡子”不应写成“落腮胡子”。

M

抹/摩(mā)

抹:从“扌”,从“末”。用手按着并向下移动,擦拭。又读 mǒ,mò。

摩:从“麻”,从“手”。摩挲(拂平,使平整)。又读 mó。

〔**注意**〕抹,动作的目的是使干净,动作时用布类作工具;摩,动作的目的是使平整,用手直接来进行。摩,读 mā 时不单用。

酶/霉(méi)

酶:从“酉”,从“每”。消化系统中起消化作用的菌类。

霉:从“雨”,从“每”。霉菌,发霉。

〔**注意**〕酶,对人体有积极作用,不要误写成“霉”;霉,对人体有害,有毒性,不要误写成“酶”。

迷/弥(mí)

迷:从“米”,从“辶”。动词性,分辨不清,失去判断能力;使看不清,使迷惑,使陶醉;过分沉醉于;名词性,分辨不清的问题;过分沉醉于某种爱好的人。

弥:从“弓”,从“尔”。动词性,填满,遮掩;形容词性,遍,满;副词,更加;名词性,姓氏。

〔**注意**〕迷,强调主观能力出现问题;弥,对客观情况的描述。

渺/藐(miǎo)

渺:从“氵”,从“眇”。渺茫,渺小。

藐:从“艹”,从“貌”。小,轻视,小看。

〔**注意**〕渺,用于客观描写;藐,表示主观态度。

磨/摩(mó)

磨:从“麻”,从“石”。研磨,打磨;折磨;消磨,磨灭;纠缠。

摩:从“麻”,从“手”。摩擦,接触,抚摩;研究,切磋。

〔**注意**〕磨,动作借助工具进行;摩,物体自身直接进行。因此“摩擦”不要写作“磨擦”;“摩拳擦掌”不要写作“磨拳擦掌”。

模/摹(mó)

模:从“木”,从“莫”。名词性,法式,规范,标准;模范的简称;动词性,效仿,仿效。

摹:从“莫”,从“手”。照着某种样子写或画。

〔**注意**〕作动词用时,模,意义比较抽象概括;摹,意义比较具体。因此“模仿”、“模拟”不要写作“摹仿”、“摹拟”;“摹写”不要写作“模写”。

P

爬/扒(pá)

爬:从“爪”,从“巴”。手脚并用在平面上移动,攀缘、攀登;身体极端放松或衰弱的情况下勉强起来。

扒:从“扌”,从“八”。用手或耙子把东西聚拢或散开;抓痒;扒窃。又读 bā。

〔注意〕爬,动作时用四肢;扒,动作用手或手持工具。

耙/筢(pá)

耙:从“耒”,从“巴”。耙子,用耙子收拢或散开谷物、柴草;松散或平整土地。

筢:从“⺮”,从“把”。像手指弯曲形状的一种工具,筢子。

〔注意〕耙,只指农具;筢,用途很广,大小不一,质料各有不同。

盘/磐(pán)

盘:从“舟”,从“皿”。名词性,盘子,像盘子似的器具;商品、股票等交易活动;姓氏;动词性,回旋地绕;垒、砌,搭(炕、灶);仔细查问或清点;搬运;量词。

磐:从“般”,从“石”。圆转的大石头,磐石。

〔注意〕磐,仅限于指大石头,“磐石”不要误写成“盘石”。其他情况下一律写作“盘”,“磨盘”不要误写成“磨磐”。

盘/蟠(pán)

盘:见上面。

蟠:从“虫”,从“番”。龙、蛇身体蜷曲成圆形。

〔注意〕蟠,只用于描写龙、蛇蜷曲时的状态。因此“盘踞、盘曲”,不要写作“蟠踞、蟠曲”。

配/佩(pèi)

配:从“酉”,从“己”。婚配,配偶;使交配;调和在一起;有计划地分派,按规格补足;陪衬,衬托;符合,相当;发配。

佩:从“亻”,从“几”,从“帀”。佩带;佩服。

〔注意〕配,相配的事物具有等同性;佩,佩带的事物是附属的。

劈/擗(pǐ)

劈:从“辟”,从“刀”。分开;分裂;腿或手指叉开。又读 pī。

擗:从“扌”,从“辟”。掰,用力使离开原物体。

〔注意〕劈,动作的结果是分,不要误写成“擗”;擗,是使脱离主体,不要误写成“劈”。

偏/翩(piān)

偏:从“亻”,从“扁”。形容词性,不正,倾斜;不公正;辅助的;动词性,与某个标准相比有差距;注重一方,偏袒。

翩:从“扁”,从“羽”。快速飞翔的样子,形容动作轻快。

〔注意〕做形容词时,偏,静态,表示不平衡;翩,动态,表示轻快。

漂/飘(piāo)

漂:从“氵”,从“票”。物体在液体中不下沉,在水中随水流方向或风向移动。又读 piǎo、piào。

飘:从“风”,从“票”。动词性,随风摇动或飞扬;形容词性,腿部发软,走路不稳;轻浮。

〔注意〕漂,指在水中;飘,指在空中。因此“漂泊、漂流”不应写作“飘泊、飘流”,“飘零”不应写作“漂零”。

祈/祇(qí)

祈:从“礻”,从“斤”。动词性,祈祷,请求,希望。

祇:从“礻”,从“氏”。名词性,地神,神祇。

〔注意〕祈,动词性,不要误写成“祇”;祇,名词性,不要误写成“祈”。

歧/岐(qí)

歧:从“止”,从“支”。名词性,岔道;形容词性,不相同,分歧。

岐:从“山”,从“支”。地名,岐山,在陕西省。

〔注意〕岐,专有名词,不要误写成“歧”;歧,一般词语,分歧,不要误写成“岐”。

歧/崎(qí)

歧:见上面。

崎:从“山”,从“奇”。倾斜,崎岖,不平坦。

〔注意〕歧,词义抽象,不相等、不相同,不要误写成“崎”;崎,词义具体,不平坦,不要误写成“歧”。

悄/愀(qiǎo)

悄:从“忄”,从“肖”。没有声音或声音很低。又读 qiāo。

愀:从“忄”,从“秋”。形容神情严肃或不愉快。

〔注意〕悄,描写声音,不要误写成“愀”;愀,描写神情、神色,不要误写成“悄”。

轻/青(qīng)

轻:从“车”,从“㞢”。形容词性,重量小,数量小,比重小,负载小、装备简单;程度浅;轻松;不重要;用力不猛;轻率,不庄重;动词性,轻视。

青:从“龶”,从“月”。形容词性,比喻年轻;名词性,蓝色或绿色,黑色;青草或没有成熟的庄稼;指青年;姓氏。

〔注意〕表示年龄时,轻,指相对年龄、比较年龄;青,指绝对年龄、实际年龄。

曲/屈(qū)

曲:独体字,从“曰”,从双“丨”。形容词性,弯曲;不公正,无理;名词性,弯曲的地方;曲霉;曲子;姓氏。又读 qǔ。

屈:从“尸”,从“出”。弯曲,使弯曲;屈服,理亏,委屈;姓氏。

〔注意〕表示弯曲的意义时,曲,描写客观状态;屈,使动,主观有意指使做出的。因此“屈膝”不能写成“曲膝”。

R

瑞/睿(ruì)

瑞:从“王”,从“耑”。吉祥。

睿:从“⺊”,从“冖”,从“一、八、人”,从“目”。极其聪明,智慧。

〔注意〕瑞,描写客观情势对人是否有利;睿,描写人的素质、品质。

S

删/芟(shān)

删:从“册”,从“刂”。去掉文句中的某些字句。

芟:从“艹”,从“殳”。割草,除去。

〔**注意**〕删,指去掉词句,不要误写成“芟”;芟,指去掉杂草,不要误写成“删”。(如果把文章中的臃词赘句比喻成杂草,也可以用“芟除”。)

上/尚(shàng)

上:从“⊥”,从“一”。形容词性,位置在高处;等级或品质高的;动词性,由低处到高处;到某个地方去。

尚:从“⺌”,从“冂”,从“口”。动词性,尊崇,注重;名词性,风尚。

〔**注意**〕作动词用时,上,表示具体行为动作;尚,表示心理思维活动。

胜/盛(shèng)

胜:从“月”,从“生”。动词性,胜利,打败;优越于;能够承担或承受;形容词性,优美的。

盛:从“成”,从“皿”。兴盛,强烈,旺盛;盛大,隆重;丰富,丰盛。

〔**注意**〕胜,主要为动词性;盛,主要为形容词性。作形容词用时,胜,强调品质好;盛,强调数量、规模大。

颂/诵(sòng)

颂:从“公”,从“页”。动词性,颂扬,歌颂,祝颂;名词性,古时诗歌体裁的一种;以颂扬为目的的诗文。

诵:从“讠”,从“甬”。朗诵,背诵,称述,述说。

〔**注意**〕颂,带着称颂的情感在说;诵,一般地述说,出声地述说。

T

苔/薹(tái)

苔:从“艹”,从“台”。苔藓。

薹:从“艹”,从“臺”。一种草本植物,菜薹。

〔**注意**〕这是两种不同的植物，苔，指苔藓，匍匐于地面；薹，有主茎，高三四尺。

提/题（tí）

提：从“扌”，从“是”。动词性，垂手拿着；使事物由下往上移；提前；提起；名词性，舀酒、油等的器具；汉字的一种笔画；姓氏。

题：从“是”，从“页”。名词性，题目；姓氏；动词性，写上，签上。

〔**注意**〕动词性用法时，题，只与写字有关；提，指提高、提出、提前等。作姓氏时，根据个人家族传统。

跳/眺（tiào）

跳：从“⻊”，从“兆”。跳起，跳过；突然弹起；越过。

眺：从“目”，从“兆”。站在高处向远处望。

〔**注意**〕跳，指下肢和足部动作；眺，指眼部动作。

拖/托（tuō）

拖：从“扌”，从“𠂉”，从“也”。拉着物体在地面或其他表面移动；在身体后面耷拉着；拖延。

托：从“扌”，从“乇”。向上擎着物体；衬托；委托；依赖；推脱。

〔**注意**〕拖，表示物体在运动中的状况；托，表示对事物的处置。

玩/顽（wán）

玩：从“王”，从“元”。动词性，玩耍，游玩；使用某种方法、手段；轻视，戏弄；名词性，供观赏的东西。

顽：从“元”，从“页”。形容词性，愚蠢无知；顽皮；固执。

〔**注意**〕动词性和名词性，不要误为“顽”，形容词性，不要误为“玩”。

挽/绾（wǎn）

挽：从“扌”，从“免”。拉弓；挽救，挽回，挽留；牵引；哀悼死者。

绾：从“纟”，从“官”。卷起衣袖、头发、丝绳等。

〔**注意**〕挽，动作的对象很广，主要表示拉、牵的动作；绾，动作的对象限于轻而软的东西，主要表示卷起。

忘/妄(wàng)

忘：从“亡”，从“心”。动词性，忘记。

妄：从“亡”，从“女”。形容词性，荒谬不合理；非分的。

〔**注意**〕忘，动词，不要误写成“妄”；妄，形容词，不要误写成“忘”。

吻/刎(wěn)

吻：从“口”，从“勿”。名词性，嘴唇；动物的嘴；动词性，用嘴唇接触。

刎：从“勿”，从“刂”。用刀割脖子。

〔**注意**〕吻，用嘴唇去做动作；刎，用刀作工具去进行。

污/乌(wū)

污：从“氵”，从“亏”。形容词性，脏，不洁；名词性，脏东西；动词性，弄脏。

乌：独体象形字。乌鸦；黑色。

〔**注意**〕污，主要强调“脏”，不干净；乌，全部为黑色细部无法看清。因此“乌七八糟”不应写成“污七八糟”。

隙/阋(xì)

隙：从“阝”，从“⺌”，从“日”，从“小”。名词性，缝隙；地区或时间上空闲；漏洞；机会；裂痕，嫌隙。

阋：从“门”，从“兒”。动词性，争斗，争吵。

〔**注意**〕隙，名词性，不要误写成“阋”；阋，动词性，不要误写成“隙”。

匣/柙(xiá)

匣：从“匚”，从“甲”。匣子。

柙：从“木”，从“甲”。关野兽的笼子。

〔**注意**〕匣，体积小，全封闭，装小物件用；柙，体积大，栏杆似的封闭，关野兽用。

线/限(xiàn)

线:从"纟",从"戋"。麻、棉、丝、金属等制成的细而长的东西;线条;路线;界线;线索。

限:从"阝",从"艮"。名词性,指定的范围,限度;门槛;动词性,指定范围不许超过。

〔**注意**〕线,语义具体,"界线"为一条实际的线;限,语义抽象,"界限"为相互区分的原则。

限/陷(xiàn)

限:见上面。

陷:从"阝",从"臽"。名词性,陷阱;缺点;动词性,掉进,凹进;陷害;被攻占,陷落。

〔**注意**〕限,词义抽象概括的程度高,动作性不强;陷,词义比较具体,动作性比较强。

现/献(xiàn)

现:从"王",从"见"。名词性,现在;现款;形容词性,临时;当时可以拿出的;动词性,表露在外面。

献:从"南",从"犬"。贡献给;表现给人看。

〔**注意**〕作动词用时,现,表示自动显现出;献,表示主动拿出来。

泻/泄(xiè)

泻:从"氵",从"写"。很快地流;腹泻。

泄:从"氵",从"世"。液体或气体排出;泄露;发泄。

〔**注意**〕泻,客观描写快速流淌,不由主观支配;泄,排出,机体、主观意志可以支配。

型/形(xíng)

型:从"刑",从"土"。模型;类型。

形:从"开",从"彡"。名词性,形状,形体;动词性,显露,对照。

〔**注意**〕作名词用时,型指有固定的结构模式,不要误写成"形";形,仅表示外表的形状和样子。

序/叙(xù)

序:从“广”,从“予”。名词性,次序;正文之前的语句;形容词性,开头的;动词性,排次序。

叙:从“余”,从“又”。动词性,谈,说;记述;评议等级次序。

〔**注意**〕序,为名词和形容词;叙,古汉语中可作名词(如:叙文),今为动词。因此“序文、序言”不应写成“叙文、叙言”。

绚/眩(xuàn)

绚:从“纟”,从“旬”。色彩华丽。

眩:从“目”,从“玄”。眼睛昏花;迷惑。

〔**注意**〕绚,描写客观事物色彩,不要误写成“眩”;眩,描写人的主观感觉,不要误写成“绚”。

Y

鸭/鸦(yā)

鸭:从“甲”,从“鸟”。通常指家鸭,鸭子。

鸦:从“牙”,从“鸟”。乌鸦。

〔**注意**〕鸭,指家禽中的鸭子,不要误写成“鸦”;鸦,指乌鸦,不要误写成“鸭”。

淹/湮(yān)

淹:从“氵”,从“奄”。动词性,淹没;汗液等浸渍皮肤;形容词性,广;久。

湮:从“氵”,从“垔”。埋没,淤塞。

〔**注意**〕淹,由水造成的;湮,指由淤泥造成。“淹没”,指被水淹没;“湮没”,引申为被埋没。

洋/扬(yáng)

洋:从“氵”,从“羊”。名词性,海洋;银圆;形容词性,盛大;丰富;外国的,外国来的;现代化的。

扬:从“扌”,从“𠃓”。动词性,高举;往上撒;传扬;名词性,扬州的简称。

〔**注意**〕洋,为名词和形容词;扬,主要为动词。“扬琴”是中国传统乐器,不能写成“洋琴”;“洋洋”是无比宽广的样子;“扬扬”是漫天飞扬的样子。

宥/囿(yòu)

宥:从“宀”,从“有”。原谅,宽恕。

囿:从“口”,从“有”。名词性,养动物的园子;动词性,局限于,拘泥于。

〔**注意**〕作动词时,二者词义方向相反:宥,表示放宽;囿,表示局限于。

御/驭(yù)

御:从“彳”,从“卸”。动词性,驾御,管理;抵挡、防御;形容词性,封建社会专指皇帝的有关事、物。

驭:从“马”,从“又”。驾驭马或马车。

〔**注意**〕御,词义的面很广;驭,仅指驾驭马或马车。御,词义比较抽象;驭,词义比较具体。“驭手”不应写成“御手”。

元/原(yuán)

元:从“二”,从“儿”。形容词性,开始的;为首的;主要,根本;名词性,元素;单元;货币单位;元朝。

原:从“厂”,从“白”,从“小”。形容词性,最初的,开始的;原来,本来;没有加工的;动词性,原谅;名词性,平原,高原,草原;姓氏。

〔**注意**〕作形容词用时,元,表示有宇宙、有人类以来的“开始”,绝对的时间概念;原,表示相对的时间概念,与说话时比较的“最初、开始”。因此“原来、原煤”不应写成“元来、元煤”。

愿/怨(yuàn)

愿:从“原”,从“心”。动词性,愿意;名词性,愿望,愿心。

怨:从“夗”,从“心”。怨恨,责怪。

〔**注意**〕二者词义方向相反,感情色彩相反。

Z

展/辗(zhǎn)

展:从“尸”,从“衣”。张开,放开;施展;展缓;展览;姓氏。

辗:从“车”,从“展”。辗转。又读 niǎn。

〔**注意**〕辗,只用于联绵词“辗转”中。辗转,与展开无关,不能误写成“展转”。

照/罩(zhào)

照:从“昭”,从“灬”。动词性,照射;对着镜子看;拍摄;比照,对着,依照;通知;知晓;名词性,相片;执照。

罩:从“罒”,从“卓”。动词性,遮盖,扣住;名词性,罩子,外罩;养鸡用的笼子,捕鱼用的器具。

〔**注意**〕照,光线直接照射;罩,遮住光线,不让光线照射。

珍/贞(zhēn)

珍:从“王”,从“人”,从“彡”。名词性,宝贵的东西;形容词性,宝贵的,值得宝贵的。

贞:从“⺊”,从“贝”。忠贞;贞洁;贞节。

〔**注意**〕珍,用于评价物;贞,用于评价人。

震/振(zhèn)

震:从“雨”,从“辰”。震动,情绪过分激动,震惊。

振:从“扌”,从“辰”。摇动,挥动,振动;振作;振兴。

〔**注意**〕震,动作的幅度很大,一般指纵向;振,幅度小,一般指横向。

作/做(zuò)

作:从“亻”,从“乍”。动词性,起;从事某种活动;写作;装作、当作;发作;名词性,作品。

做:从“亻”,从“故”。制造,动手打造,做活计。

〔**注意**〕双音节用“作”。单音节时,作,动作意义比较抽象;做,动作的意义比较具体、实在,动手去干。

七、由于随意简化而写出错字

汉字简化是一种全民性的社会规范行为,简化字由政府有关权力部门批准公布执行,个人必须遵守。随意简化指个人或少部分人造出一个没有过的“字”,或用笔画少的同音字替代笔画多的字,这些字没有经过有关部门批准公布,都是不规范的,都被视为错字。现将常见的不规范简化字罗列如下。

B

鞭(biān)—[炞]:鞭炮、放鞭等,错写成“炞炮”、“放炞”等。

辩(biàn)—[弁]:辩论、辩白等,错写成“弁论”、“弁白”等。

播(bō)—[抪]:广播、传播等,错写成“广抪”、“传抪”等。

C

菜(cài)—[芽]:白菜、韭菜、菜花等,错写成“白芽”、“韭芽”、“芽花”等。

蔡(cài)—[芽]:蔡文姬,错写成“芽文姬”。

餐(cān)—[歺]:中餐、午餐、用餐等,错写成“中歺”、“午歺”、“用歺”等。

汊、杈、衩(chà)—[叉]:江汊、树杈、裤衩,错写成“江叉”、“树叉”、“裤叉”等。

插(chā)—[扠]:插秧、穿插等,错写成“扠秧”、“穿扠”等。

场(chǎng)—[坊]:广场、场地等,错写成“广坊”、“坊地”等。

撤(chè)—[扨]:撤退、撤销等,错写成“扨退”、“扨销”等。

澈(chè)—[沏]:清澈,澄澈等,错写成“清沏”、“澄沏”等。

矗(chù)—[foo]:矗立,错写成“foo立”。

传(chuán)—[伝]:传达、传导等,错写成“伝达”、“伝导”等。

D

答(dá)—[荅]:答应、回答等,错写成“荅应”、“回荅”等。

戴(dài)—[代]:戴帽子、戴手表等,错写成“代帽子”、“代手表”等。

诞(dàn)—[旦]:诞生、圣诞等,错写成“旦生”、“圣旦”。

蛋(dàn)—[旦]:鸡蛋、蛋白质,错写成“鸡旦”、“旦白质”等。

殿(diàn)—[屄]:殿堂、殿军、佛殿等,错写成“屄堂”、“屄军”、“佛屄”等。

髑(dú)—[触]:髑髅,错写成“触髅”。

F

酆(fú)—[邦]:姓酆,错写成“姓邦”。

副(fù)—[付]:副手,二副等,错写成“付手”、“二付”等。

傅(fù)—[付]:师傅、傅粉等,错写成“师付”、“付粉”等。

覆(fù)—[复]:覆盖、颠覆等,错写成“复盖”、“颠复”等。

G

该(gāi)—[诙]:应该、活该等,错写成“应诙”、“活诙”等。

感(gǎn)—[忐]:感谢、感想、观感等,错写成“忐谢”、“忐想”、“观忐”等。

擀(gǎn)—[扞]:擀面杖、擀毡等,错写成“扞面杖”、“扞毡”等。

搁(gē)—[挌]:搁笔、搁浅、搁置等,错写成“挌笔”、“挌浅”、“挌置”等。

管(guǎn)—[菅]:管保、管家、管理、管事等,错写成“菅保”、“菅家”、“菅理”、“管事”等。

罐(guàn)—[叙]:罐头、煤气罐等,错写成“叙头”、“煤气叙”等。

鳜(guì)—[桂]:鳜鱼,错写成“桂鱼”。

H

饸(hé)—[合]、[河]:饸饹,错写成“合饹”或“河饹”。

蕻(hóng)—[红]:雪里蕻、菜蕻等,错写成“雪里红”、“菜红”。

蝴(hú)—[胡]:蝴蝶,错写成“胡蝶”。

惶(huáng)—[皇]:惶惑、惶恐、惶遽、惊惶等,错写成“皇惑”、“皇恐”、“皇遽”、“惊皇”等。

遑(huáng)—[皇]:遑遑、遑论,错写成“皇皇”、“皇论”。

J

稼(jià)—[家]:稼穑,错写成“家穑”。

建(jiàn)—[廴占]:建设、建筑、修建等,错写成“廴占设”、“廴占筑”、“修廴占”等。

健、楗、毽、腱、键(jiàn)—[亻廴占]、[木廴占]、[毛廴占]、[月廴占]、[钅廴占]。

缴(jiǎo)—[交]:上缴、缴纳、缴械等,错写成“上交”、“交纳”、“交械”等。

警(jǐng)—[井]:警察、警惕、警觉等,错写成“井察”、“井惕”、“井觉”等。

韭(jiǔ)—[艽]:韭菜、韭黄等,错写成“艽菜”、“艽黄”等。

酒(jiǔ)—[氿]:酒店、酒馆、喝酒等,错写成“氿店”、“氿馆”、“喝氿”等。

橘(jú)—[桔]:橘子、蜜橘、柑橘等,错写成“桔子”、“蜜桔”、“柑桔”等。

K

槛(kǎn)—[坎]:门槛,错写成“门坎”。

颏(kē、ké)—[壳]:下巴颏、红点颏等,错写成“下巴壳”、“红点壳”等。

魁(kuí)—[奎]:魁首、魁伟、魁星等,错写成“奎首”、“奎伟”、“奎星”等。

L

邋(lā)—[拉]:邋遢,错写成"拉他"。

蓝(lán)—[兰]:蓝色、蓝靛、蓝图等,错写成"兰色"、"兰靛"、"兰图"等。

篮(lán)—[兰]:篮球、篮坛、篮子等,错写成"兰球"、"兰坛"、"兰子"等。

斓(lán)—[烂]:斑斓,错写成"斑烂"。

澜(lán)—[泩]:波澜、微澜、狂澜等,错写成"波泩"、"微泩"、"狂泩"等。

璃(lí)—[玏]:玻璃、琉璃等,错写成"玻玏"、"琉玏"等。

燎(liáo)—[灯]:燎泡、燎原等,错写成"灯泡"、"灯原"等。

僚(liáo)—[仃]:僚机、僚属、同僚等,错写成"仃机"、"仃属"、"同仃"等。

嘹(liáo)—[叮]:嘹亮,错写成"叮亮"。

零(líng)—[另]:零活、零件、零乱等,错写成"另活"、"另件"、"另乱"等。

留(liú)—[畄]:留念、留学、留守等,错写成"畄念"、"畄学"、"畄守"等。

溜、瘤、榴、馏、遛(liú、liù)—[淄]、[瘤]、[榴]、[馏]、[遛]。

M

嘛(ma)—[么]:好嘛、喇嘛等,错写成"好么"、"喇么"等。

蟊(máo)—[毛]:蟊贼,错写成"毛贼"。

煤(méi)—[灮]:煤矿、煤气、煤炭等,错写成"灮矿"、"灮气"、"灮炭"等。

蒙(mēng、méng、měng)—[岦]:蒙事、蒙蔽、蒙古馆、蒙昧等,错写成"岦事"、"岦蔽"、"岦古馆"、"岦昧"等。

N

囊(náng)—[市]:囊括、囊肿、行囊、囊空如洗等,错写成"市括"、"市肿"、"行市"、"市空如洗"等。

腻(nì)—[肒]:腻烦、腻味、腻子等,错写成"肒烦"、"肒味"、"肒子"等。

Q

漆(qī)—[氿]:漆布、漆黑、油漆等,错写成“氿布”、“氿黑”、“油氿”等。

签(qiān)—[荟]:签署、签字、牙签等,错写成“荟署”、“荟字”、“牙荟”等。

歉(qiàn)—[欠]:歉收、歉意、抱歉等,错写成“欠收”、“欠意”、“抱欠”等。

颧(quán)—[全]、[权]:颧骨,错写成“全骨”或“权骨”。

R

壤(rǎng)—[圵]、[垠]:土壤,天壤、僻壤等,错写成“土圵”、“天圵”、“僻圵”或“土垠”、“天垠”、“僻垠”等。

嚷、攘(rǎng)—[哴]、[挘]。

褥(rù)—[衵]:被褥、褥子等,错写成“被衵”、“衵子”等。

S

撒(sā)—[掆]:撒刁、撒谎、撒娇等,错写成“掆刁”、“掆谎”、“掆娇”等。

厦(shà)—[厈]:大厦、偏厦,错写成“大厈”、“偏厈”等。

霎(shà)—[刹]:霎时、霎时间,错写成“刹时”、“刹时间”。

绱(shàng)—[上]:绱鞋,错写成“上鞋”。

事(shì)—[亊]:事故、事情等,错写成“亊故”、“亊情”等。

誓(shì)—[矢]:誓言、发誓、宣誓等,错写成“矢言”、“发矢”、“宣矢”等。

T

薹(tái)—[苔]:菜薹、蒜薹等,错写成“菜苔”、“蒜苔”等。

潭(tán)—[沄]:水潭、清潭、龙潭等,错写成“水沄”、“清沄”、“龙沄”等。

檀(tán)—[枟]:檀香、檀木、紫檀等,错写成“枟香”、“枟木”、“紫枟”等。

碳(tàn)—[炭]:碳酸气、碳水化合物等,错写成“炭酸气”、“炭水化合物”

等。

踢(tī)—[踢]:踢脚、踢踏、踢腾等,错写成"踢脚"、"踢踏"、"踢腾"等。

惕(tì)—[惕]:警惕,错写成"警惕"。

W

舞(wǔ)—[午]:舞蹈、舞台、跳舞等,错写成"午蹈"、"午台"、"跳午"等。

X

锡(xī)—[钖]:锡箔、锡杖、无锡等,错写成"钖箔"、"钖杖"、"无钖"等。

曦(xī)—[晞]:晨曦,错写成"晨晞"。

霞(xiá)—[雫]:霞光、云霞、晚霞等,错写成"雫光"、"云雫"、"晚雫"等。

镶(xiāng)—[锒]:镶牙、镶嵌等,错写成"锒牙"、"锒嵌"等。

萧(xiāo)—[肖]:萧疏、萧索、萧条等,错写成"肖疏"、"肖索"、"肖条"等。

箫(xiāo)—[筲]:吹箫、竹箫,错写成"吹筲"、"竹筲"。

携(xié)—[挟]:携带、携手、提携等,错写成"挟带"、"挟手"、"提挟"等。

雄(xióng)—[厷]:雄壮、雄伟、英雄、雄浑等,错写成"厷壮"、"厷伟"、"英厷"、"厷浑"等。

宣(xuān)—[宀]:宣布、宣泄、宣扬、宣告等,错写成"宀布"、"宀泄"、"宀扬"、宀告等。

喧、萱、揎、渲、暄、煊(xuān)—[吂]、[苎]、[挓]、[泞]、[旷]、[炉]等。

Y

桠(yā)—[丫]:桠杈、桠枝,错写成"丫杈"、"丫枝"。

檐(yán)—[沿]:房檐、檐溜、檐口等,错写成"房沿"、"沿溜"、"沿口"等。

阎(yán)—[闫]:阎王爷、阎锡三(山西军阀)等,错写成"闫王爷"、"闫锡三"等。

颜(yán)—[彦]:颜料、颜面、颜色等,错写成“彦料”、“彦面”、“彦色”等。

扬(yáng)—[扫]:扬帆、扬名、扬言、扬州等,错写成“扫帆”、“扫名”、“扫言”、“扫州”等。

杨(yáng)—[相]:杨柳、杨梅、杨桃、绿杨等,错写成“相柳”、“相梅”、“相桃”、“绿相”等。

耀(yào)—[袄]:炫耀、照耀、耀眼等,错写成“炫袄”、“照袄”、“袄眼”等。

臃(yōng)—[拥]:臃肿,错写成“拥肿”。

遇(yù)—[迂]:遇见、巧遇、遭遇等,错写成“迂见”、“巧迂”、“遭迂”等。

原(yuán)—[厡]:原来、原先、原告、原委等,错写成“厡来”、“厡先”、“厡告”、“厡委”等。

源(yuán)—[漽]:源流、源泉、源头、开源节流等,错写成“漽流”、“漽泉”、“漽头”、“开漽节流”等。

愿(yuàn)—[慝]:心愿、愿望、愿意、如愿以偿等,错写成“心慝”、“慝望”、“慝意”、“如慝以偿”等。

Z

择(zé)—[択]:择交、择偶、择优等,错写成“択交”、“択偶”、“択优”等。

泽(zé)—[沢]:泽国、恩泽,错写成“沢国”、“恩沢”。

蘸(zhàn)—[沾]:蘸酱、蘸水、蘸火,错写成“沾酱”、“沾水”、“沾火”等。

张(zhāng)—[弡]:纸张、张开、张望、张扬等,错写成“纸弡”、“弡开”、“弡望”、“弡扬”等。

整(zhěng)—[正]:整编、整顿、整齐、规整等,错写成“正编”、“正顿”、“正齐”、“规正”等。

属(zhǔ)—[屗]:属望、连属等,错写成“屗望”、“连屗”等。

嘱、瞩(zhǔ)—[啳]、[睭]。

镯(zhuó)—[蚀]:镯子、手镯等,错写成“蚀子”、“手蚀”等。

八、由于由简返繁不当而写出错字

有时候,比如表现汉字简化以前的历史时期,必须写繁体字,就要知道现在的简体字,哪个字是由哪个繁体字简化而来的。现在使用的标准字,有的一个字形对应两个或两个以上的繁体字,不知道繁体字简化的历史,容易把甲写成乙,从而写出了错别字,如把"皇后"写成了[皇後]。汉字简化以后的"后"字,对应两个繁体字:后—[后]/后—[後]。前面的是皇后的后的本字,没有简化;后面的"后"是"後"的简化字,"落後"、"後头"简化成"落后"、"后头"。因为不了解这种繁简关系,在需要写繁体字时,就容易写出错字,把没有简化的本字写成了另一个经过简化的繁体字。由简返繁时容易出错的有如下一些。(例词中除繁体本字外均用简体)

C

才(cái)/[才][纔]

才是没有简化的[才]的本字,也是[纔]的简体。

[才]才能;从才能方面指称某类人:才能/才学/才力/才思/才情/才貌/才智/才干/才气/才华/才识/才望/才略/才德兼备/才疏学浅/志大才疏/量才使用/天才/全才/庸才/蠢才。以上"才"均不作"纔"。

[纔]刚刚;仅仅:刚纔/适纔/方纔/纔回来/纔开始/只有他纔行/一共纔五个人。以上"纔"也作"才"。

〔**注意**〕在繁体系统中,“纔”实际上常作“才”,而“才”在“才能”义上不可用“纔”。

冲(chōng,chòng)/[冲][衝]

冲是没有简化的[冲]的本字,也是[衝]的简体。

[冲](chōng,也作沖)用开水等浇;水流撞击:冲茶/冲淡/冲凉/冲刷/冲洗。以上“冲”均不作“衝”。

[衝](chōng)交通要道;迅猛前闯;互相抵消;直上:要衝/衝口/衝锋/衝击/衝撞/衝突/一飞衝天/首当其衝/横衝直撞/衝账。又音 chòng,猛烈;对着,向着:水流真衝/衝床/衝劲/这话是衝他说的。以上“衝”均不作“冲”。

〔**注意**〕“冲”、“衝”意义有别。由简返繁时,不要将“冲”均作“衝”。

丑(chǒu)/[丑][醜]

丑是没有简化的[丑]的本字,也是[醜]的简体。

[丑]中国戏曲中扮演滑稽人物的角色;地支的第二位:子丑寅卯/辛丑/丑时/丑角/小丑/文丑/武丑。以上“丑”均不作“醜”。

[醜]相貌难看;可耻的,令人厌恶的:醜恶/醜类/醜化/醜剧/醜态/醜闻/献醜。以上“醜”均不作“丑”。

〔**注意**〕由简返繁时,本字的“丑”不能写作“醜”。

当(dāng,dàng)/[當][噹]

当是[當]和[噹]两个字的简体。

[當](dāng)担任,承担;主持;面对;相称等:當官/當权/當兵/當家/承當/担當/當众/當面/旗鼓相當。又音(dàng),合适;等于;当作;指同一时间;抵押:得當/适當/正當/以一當十/别把我當懦夫看/當时/當年/當铺。以上“當”均不作“噹”。

[噹](dāng)象声词,撞击金属等的声音:丁丁噹噹/哐噹/噹噹作响/噹的一声。以上“噹”均不作“當”。

〔**注意**〕由简返繁时，拟声词义上用“噹”，其他用“當”。

淀(diɑn)/[淀][澱]

淀是没有简化的[淀]的本字，也是[澱]的简体。

[淀]较浅的湖泊：荷花淀(在河北)/白洋淀(在河北)/海淀(在北京)。以上“淀”均不作“澱”。

[澱]液体里沉下的粉末或渣滓：沉澱/澱粉/积澱。以上“澱”均不作“淀”。

〔**注意**〕由简返繁时，“湖泊”的“淀”，不能写作“澱”。

斗(dǒu,dòu)/[斗][鬥]

斗是没有简化的[斗]的本字，也是[鬥]的简体。

[斗](dǒu)市制容量单位；量粮食的器具；像斗的东西：五斗米/才高八斗/大斗/斗室/斗篷/漏斗/熨斗/风斗/斗棋/泰斗/斗胆/北斗。以上“斗”均不作“鬥”。

[鬥](dòu)战鬥，鬥争；争胜：鬥争/鬥志/鬥法/鬥智/打鬥/争鬥/搏鬥/决鬥/奋鬥。以上“鬥”均不作“斗”。

〔**注意**〕由简返繁时，音 dǒu 的作“斗”，音 dòu 的作“鬥”。

发(fā,fà)/[發][髮]

发是[發]和[髮]的简体。

[發](fā)产生，生长；扩大，开展；送出；打开等：發生/發展/發凡/發扬/發布/發育/發信/發表/發汗/揭發/發掘/發现/發奋/發挥/發迹。以上“發”均不作“髮”。

[髮](fà)头发：白髮/头髮/须髮/理髮/令人髮指。以上“髮”均不作“發”。

〔**注意**〕由简返繁时，与须发有关的作“髮”，音 fà；其他作“發”，音 fā。

范(fàn)/[范][範]

范是没有简化的[范]的本字，也是[範]的简体。

[范]姓和地名用字：范蠡（春秋时楚国人）/范成大（南宋诗人）/范仲淹（北宋政治家、文学家）/范县（在山东）。以上"范"均不作"範"。

[範]模子；榜样；界限；限制：钱範/陶範/模範/示範/规範/典範/範围/就範/防範/範畴。以上"範"均不作"范"。

〔**注意**〕由简返繁时，姓氏、地名的"范"不要写作"範"。

丰(fēng)/[丰][豐]

丰是没有简化的[丰]的本字，也是[豐]的简体。

[丰]大；姿容，风采：丰姿/丰采/丰神/丰韵/丰容。以上[丰]也作"风"，但不作"豐"。

[豐]大；多，丰富；茂盛：豐碑/豐硕/豐瞻/豐功伟绩/豐富/豐登/豐盈/豐盛/豐年/豐裕/豐茂/豐饶/豐腴/豐厚/豐衣足食。又用于地名：豐台（在北京）/豐镐（在陕西，西周旧都）/海豐（在广东）/陆豐（在广东）等。以上"豐"均不作"丰"。

〔**注意**〕由简返繁时，姿容、风采的"丰"不要写作"豐"。

复(fù)/[復][複]

复对应[復][複]两个繁体字。

[復]又，再；回返，恢复；还原；回答，报复：草木復苏/復议/復诊/復审/復旦/周而復始/死灰復燃/一去不復返/復命/復学/復仇/禀復/回復/答復/復信。以上除答復、復信义中"復"同"覆"，其余"復"均不同"複"。

[複]重复，重叠；复杂，非单一的：複写/複印/複制/複杂/複数/複姓/複合词/複句。以上"複"不作"復"。

〔**注意**〕"復、複"二字在繁体系统中使用时比较复杂，由简返繁时一定要特别慎重。

G

干(gān，gàn)/[干][乾][幹]

干是没有简化的[干]的本字，也是[乾][幹]的简体。

[干](gān):盾牌;天干;水边;冒犯;关涉:干戈/干戚/干支/江干/河干/干扰/干犯/干休/干系/干谒/干涉/干连/无干。又姓,如晋代干宝等。以上“干”均不作“乾”、“幹”。

[乾](gān):缺乏水分(与“湿”相对);不用水;枯竭;空虚,徒然,白白地;拜认的亲戚关系:乾燥/乾草/乾瘪/乾巴/乾馏/乾酪/乾打垒/乾旱/乾涸/乾粮/乾洗/乾愁/乾急/乾净/外强中乾/乾瞪眼/乾嚎/乾姐妹/乾兄弟。又音 qián:八卦之一;指与天或男性有关的:乾坤/乾元/乾卦/乾象/乾符/乾清宫(在故宫内)。此义的“乾”仍用繁体。

[幹](gàn):事物的主体或重要部分(也作榦);做事;能干:树幹/骨幹/幹部/幹才/幹将/幹练/幹流/幹渠/幹事/幹劲/苦幹/巧幹/精明强幹。以上“幹”均不作“干”、“乾”。

〔**注意**〕“干、乾、幹”在繁体系统分工明确,不可互易。由简返繁时,不要将其混淆。

谷(gǔ)/[谷][穀]

谷是没有简化的[谷]的本字,也是[穀]的简体。

[谷]山谷,河川:峡谷/谷地/万丈深谷/河谷/山谷/幽谷/谷神/谷风/谷物/量谷/虚怀若谷。以上“谷”均不作“穀”。

[穀]谷类,粮食:五穀杂粮/稻穀/穀草/穀坊/穀雨/穀芽/钱穀/穀维素/穀氨酸。以上“穀”均不作“谷”。

〔**注意**〕由简返繁时,山谷、河川的“谷”不要写作“穀”。

刮(guā)/[刮][颳]

刮是没有简化的[刮]的本字,也是[颳]的简体。

[刮]:用刀子刮取;搜刮:刮胡子/刮锅/刮垢/刮脸/刮痧/搜刮/刮地皮/刮目相看。以上“刮”均不作“颳”。

[颳]吹:颳大风/树都给颳起来了。以上“颳”均不作“刮”。

〔**注意**〕“颳”仅限于刮风义,由简返繁时,不要以为“刮”都是由“颳”简化而来。

H

后(hòu)/[后][後]

后是没有简化的[后]的本字,也是[後]的简体。

[后]上古称君王;帝王的妻子:皇后/王后/太后/后妃/皇天后土/后羿/后辛/后夷/后稷/慈禧太后。以上“后”均不作“後”。

[後]与“前”相对;后代,子孙:後天/後方/後主/後门/後劲/後盾/後援/後宫/後庭/後院/後福/後效/後进/後果/後辈/後代/後世/後妈/後续/後尘/先後/以後/然後/事後/前後。以上“後”均不作“后”。

〔**注意**〕“后”由简返繁时,出错率很高,“皇後”、“後妃”之类在银屏、报刊上屡见不鲜。君王、帝妃之“后”,不能写作“後”。

划(huá,huà)/[划][劃]

划是没有简化的[划]的本字,也是[劃]的简体。

[划](huá)割开;拨开前行;合算:划玻璃/划了一个口子/划艇/划船/划拳/划拉/划算/划不来。以上“划”均不作“劃”。

[劃](huà)划分;划拨;计划;笔画:劃分/劃清/劃一/劃过/劃策/劃时代/劃账/劃拨/计劃/规劃/策劃/谋劃/笔劃(同畫)。以上“劃”均不作“划”。

〔**注意**〕“划”、“劃”意义不同、读音不同,由简返繁时音 huá 的用“划”,音 huà 的用“劃”。

回(huí)/[回][迴]

回是没有简化的[回]的本字,也是[迴]的简体。

[回]还,返;掉转;答复,报复;章回小说章节;回族:回家/回国/回转/回头/返回/回头/回信/回报/回禀/回话/回敬/回击/回天。以上“回”均不作“迴”。

[迴]曲折,环绕,旋转:迴肠九转/迴肠荡气/迴流/迴旋/迴廊/迴翔。以上“迴”均不作“回”。

〔**注意**〕由简返繁时,不要误以为“回”都是“迴”的简体。又,水“回旋”

时用“迴”。

汇(huì)/[匯][彙]

汇是[匯][彙]的简体。

[匯](滙)河流汇合;通过银行或邮局寄款:匯合/匯聚/交匯/匯流/百川所匯/百川匯海/匯单/匯票/匯率/匯款/匯费/匯寄/匯演/创匯/外匯/电匯/文匯。以上“匯”均不作“彙”。

[彙]会集,聚合:总彙/词彙/语彙/彙集/彙编/彙萃/彙总/彙报。以上“彙”均不作“匯”。

〔**注意**〕由简返繁时,注意“彙”、“匯”有别。

获(huò)/[獲][穫]

获是[獲][穫]的简体。

[獲]得到,擒住:獲得/俘獲/缴獲/查獲/猎獲/抓獲/獲救/獲胜/獲利/獲悉/獲得/獲知/獲罪/獲准。以上“獲”均不作“穫”。

[穫]收割:收穫。以上“穫”不作“獲”。

〔**注意**〕“穫”、“獲”意义有所不同,由简返繁时收获、收割义用与庄稼有关的“穫”;猎获、获得义用与打猎有关的“獲”。

饥(jī)/[飢][饑]

饥是没有简化的[飢]的本字,也是[饑]的简体。

[飢]饿:/飢肠辘辘/飢不择食/画饼充飢/飢寒交迫/如飢似渴/飢饿/飢馁/飢民/飢色/飢火/飢餐渴饮匈奴血。以上“飢”均不作“饑”。

[饑]荒年,庄稼不好或没有收成:饑馑/饑荒/饑歉/饑溺。以上“饑”均不作“飢”。

〔**注意**〕“飢”、“饑”意义有别,由简返繁时饥饿义用“飢”,饥荒义用“饑”。

几(jī,jǐ)/[几][幾]

几是没有简化的[几](jī)的本字,也是[幾](jī,jǐ)的简体。

[几](jī)矮小的桌子:茶几/窗明几净/几案/几阁。以上“几”均不作“幾”。

[幾](jī):差一点,将近:幾乎/幾率/幾希;又读 jǐ:疑问词,询问数量多少;表示不定的数目:幾许/幾多/幾成/幾何/幾个/幾何学。以上“幾”均不作“几”。

〔**注意**〕“几”、“幾”音义有别,由简返繁时茶几、几案的“几”,不能写作“幾”。

借(jiè)/[借][藉]

借是没有简化的[借]的本字,也是[藉]的简体。

[借](jiè)借进,借出:借用/借问/借光/借鉴/借贷/借调/借道/借款/借据/拆借/挪借/借风使舵/借刀杀人。以上“借”均不作“藉”。

[藉](jiè)假托;依靠:藉口/藉故/藉助/藉端/凭藉/藉以/藉手。以上“藉”均不作“借”。

〔**注意**〕“借”、“藉”意义有别,由简返繁时“借进、借出”的“借”,不能写作“藉”。又,“藉”在两种意义上未简化:①音 jí:杯盘狼藉(亦作籍)。②垫,衬:枕藉/蕴藉/慰藉/藉地而坐/以茅草为藉。

尽(jǐn,jìn)/[盡][儘]

尽是[儘]和[盡]的简体。

[儘](jǐn)极,最;老是;放在最先:儘早/儘快/儘量/儘让/儘先/儘自/儘着/儘前面/儘上头。以上“儘”均不作“盡”。

[盡](jìn)全部,完毕:盡思/盡情/盡忠/盡力/盡量/盡职/盡兴/言无不盡/盡善盡美/盡人皆知/斩盡杀绝/薪盡火藏/鞠躬盡瘁。以上“盡”均不作“儘”。

〔**注意**〕在繁体系统中,“儘”、“盡”有别,即使与同一个字搭配,意义也有不同。如儘量、盡量,前者是力求在一定范围内达到最大限度、最好结果;后者则表示一定努力达到最大限度,争取最好结果。因此,由简返繁时读 jǐn 的写作“儘”;读 jìn 的写作“盡”。

K

克(kè)/[克][剋]

克是没有简化的[克]的本字,也是[剋](亦作[尅])的简体。

[克]能;战胜;克制;制服;量词:不克分身/克己复礼/克服/克复/以柔克刚/攻必克/克勤克俭/克敌制胜/一克硫酸。以上“克”均不作“剋”。

[剋]限定;消化:剋日/剋期/剋扣/剋食/剋化(消化)/剋择/剋果。

〔注意〕在繁体系统中,“克”、“剋”意义不同。另外,“剋”又音 kēi,骂;申斥;打挨剋/剋架(打架),未简化。

困(kùn)/[困][睏]

困是没有简化的[困]的本字,也是[睏]的简体。

[困]陷于艰难困苦之中;穷苦;控制在一定范围里:困境/困苦/困惑/困顿/困守/困苦/困难/窘困/劳困/围困/困兽犹斗/人困马乏。以上“困”均不作“睏”。

[睏]疲乏欲睡;睡(方言):睏倦/睏乏/睏惫/发睏/睏觉(jiào)。以上“睏”均不作“困”。

〔注意〕“困”、“睏”意义有别。由简返繁时,只有与睡觉有关的意义时才能写作“睏”。

L

里(lǐ)/[里][裏]

里是没有简化的[里]的本字,也是[裏](亦作“裡”)的简体。

[里]市制长度单位;街坊;家乡:一泻千里/鹏程万里/里程/里手/里程碑/里巷/里间/里弄/里居/里正/里门/里人/里舍/里胥/乡里(故里,老乡)/墟里/梓里。以上“里”均不作“裏”。

[裏]里面;内部(与“外”相对);衣服的内层:裏边/裏面/裏间/裏层/表裏/那裏/这裏/心裏/乡裏/字裏行间/笑裏藏刀/裏应外合。以上“裏”均不作“里”。

〔注意〕“里”字古已有之，由简返繁时，“里程、里弄”意义的“里”不能写作“裏”、“裡”。

历(lì)/[曆][歷]

历是[曆][歷]的简体。

[曆](也作厤)历法；记录年月日节气的书、表等：阴曆/阳曆/公曆/农曆/曆法/曆书/挂曆/台曆/日曆/回曆/藏曆/玉曆/古曆。以上“曆”一般不作“歷”。

[歷](也作歴、厯)经历；历史；遍：歷史/歷程/歷访/歷览/履歷/经歷/歷年/歷届/歷来/歷次/亲歷/来歷/病歷/涉歷/游歷/资歷。以上“歷”均不作“曆”。

〔注意〕由简返繁时，与岁月有关用“曆”，与经历、历史有关用“歷”。又，“曆”还多被用于年号，如天曆(元)/万曆(明)。“歷”则常被用于地名，如歷下/歷山/歷阳/歷城。

了(liǎo)/[了][瞭]

了是没有简化的[了]的本字，也是[瞭]的简体。

[了]完结；全然：了结/了却/了局/了事/了然/了毕/了案/了了/了得/临了/末了/私了/未了/了不得/了如指掌/了无惧色/不了了之。以上“了”均不着“瞭”。

[瞭]明白：明瞭/瞭解/一目瞭然。以上“瞭”均不作“了”。“瞭”又读liào，远望：如瞭望/照瞭/瞭望台/瞭望塔等。原简化作“了”，1986年改回“瞭”。

〔注意〕由简返繁时，“完结、全然”的“了”不能写作“瞭”。

蒙(mēng，méng，měng)/[蒙][矇][濛][懞]

蒙是没有简化的[蒙]的本字，也是[矇][濛][懞]的简体。

[蒙](mēng)昏迷，神志不清；物体不清：头发蒙/蒙头转向/蒙蒙亮/白蒙蒙/灰蒙蒙。又音méng，缺乏知识；遮盖；承受：蒙昧/启蒙/蒙馆/蒙

蔽/蒙混/蒙哄/蒙汗药/蒙难/蒙受。亦为姓:蒙恬(秦代大将)。又音měng:蒙族/蒙文/蒙古包。

[朦](mēng)欺骗;随便猜测:朦骗/朦事/朦人/瞎朦。又音méng,盲,盲人;愚昧:朦童/朦叟/朦聩/朦昧/朦眬/朦瞀。以上"朦"亦作"蒙"。

[濛](méng)雨点细小;弥漫;迷茫:细雨濛濛/烟雨空濛/濛鸿/溟濛。以上"濛"不作"蒙""朦""懞"。

[懞](méng)忠厚朴实;蒙昧:懞懂(亦作懵懂)/懞汉。

〔**注意**〕这组繁简字比较复杂。如"朦"的很多词,亦作"蒙",而"蒙"的一些义项则不可作"朦"。又,古人在状物定义方面极有讲究,如心不明用"懞懂",眼不明(物不明)用"朦眬"(蒙眬),日不明用"曚昽",月不明用"朦胧"。由简返繁时,注意意义上的区别,不要错用。

面(miàn)/[**面**][**麵**]

面是没有简化的[面]的本字,也是[麵]的简体。

[麵](也作麪):粮食或其他东西磨成的粉末,特指小麦磨成的粉;面条:麵粉/麵条/麵包/麵糊/麵筋/麵汤/发麵/死麵/麵人/药麵儿/小米麵/大麵瓜。以上"麵"均不作"面"。

[面](也作靣):脸,当面;跟"里"相对;方面;全面;平面:面积/面孔/面庞/面貌/面容/面色/面纱/面善/面熟/面生/表面/反面/背面/场面/门面/相面/体面/字面/面面俱到/面面相觑/耳提面命/洗心革面/面无人色/面目一新/六面体。以上"面"均不作"麵"。

〔**注意**〕一般说来,由简返繁时,面粉,粉末义用"麵",脸面,方面等其他义用"面"。

辟(pì,bì)/[**辟**][**闢**]

辟是没有简化的[辟]的本字,也是[闢]的简体。

[闢]开辟;驳斥;透彻:开天闢地/独闢蹊径/精闢/透闢/闢谣/闢易(惊退)/闢邪/精闢/鞭闢入里。以上"闢"均不作"辟"。

[辟]法,法律;除:大辟(古代指死刑)。又音 bì,君主;排除;同“避”:复辟/辟雍(原为西周天子所设学府,东汉后指祭祀先贤处)/辟邪/辟易(退辟)/辟谷(穀,古导引术)/辟王/辟引/辟召。以上“辟”均不作“闢”。

〔**注意**〕“辟”、“闢”意义有别,由简返繁时与“法”有关的“辟”及读 bì 的辟不能写作“闢”。

仆(pū,pú)/[仆][僕]

仆是没有简化的[仆]的本字,也是[僕]的简体。

[仆](pū)向前跌倒:前仆后继/偃仆/仆顿。以上“仆”均不作“僕”。

[僕](pú)供役使的人(跟“主”相对);旧时男子谦称自己;附着:僕人/女僕/僕夫/僕从/僕役/奴僕/童僕/太僕/僕射(yè)/风尘僕僕。以上“僕”均不作“仆”。

〔**注意**〕由简返繁时,读 pū 音的“仆”不要写作“僕”。

朴(pō,pò,pǔ,piáo)/[朴][樸]

朴是没有简化的[朴]的本字,也是[樸]的简体。

[朴](pō):朴刀(古代兵器)。又音 pò:朴树/厚朴。又音 piáo,姓:朴素(明代人)。朝鲜族人多此姓。

[樸](pǔ)未加工的木材;朴实;质朴:樸实/质樸/俭樸/诚樸/樸素/樸拙/樸讷/樸玉/纯樸/淳樸/简樸/拙樸/樸直。以上“樸”均不作“朴”。

〔**注意**〕由简返繁时,读 pō,pò,piáo 音的,不要写作“樸”。“朴”与“樸”除上述区别外,尚有一些专用名,如晋代葛洪,号抱朴子,著有《抱朴子》;清代考据学,称“朴学”,均不能写成“樸”。

签(qiān)/[簽][籤]

签是[簽][籤]的简体。

[簽]在文件、单据等材料上写下姓名(画上符号)或简要意见,动词性:簽名/簽字/簽到/簽押/簽署/簽订/簽发/簽呈/簽证/簽注/草簽/代簽。以上“簽”均不作“籤”。

[籤](也作籖)竹木等制成的细棍或薄片;作为标志用的小条儿,名词性:竹籤/牙籤/书籤/标籤/求籤/中籤/题籤/籤筒/籤子/籤诗。以上"籤"有时也作"簽"。

〔注意〕"簽""籤"有分有合,由简返繁时动词性的写作"簽";名词性的写作"籤"。

纤(qiàn,xiān)/[縴][纖]

纤是[縴][纖]的简体。

[縴](qiàn)拉船用的绳子:拉縴/縴夫/縴手(旧时给人介绍房地产等交易的人)。以上"縴"均不作"纖"。

[纖](xiān)细小:纖维/纖毫/纖人/纖毛/纖弱/纖秀/纖小/化纖。以上"纖"均不作"縴"。

〔注意〕"縴"、"纖"音义不同,由简返繁时,音 qiàn 即作"縴",音 xiān 即作"纖"。

S

舍(shě,shè)/[舍][捨]

舍是没有简化的[舍]的本字,也是[捨]的简体。

[捨](shě)放弃,不要了;施舍:捨弃/捨得/捨身/取捨/割捨/捨本求末/捨近求远/捨身忘死/捨己为公/捨身取义。以上"捨"均不作"舍"。

[舍](shè)人居住或养家畜的处所;古代行军三十里为一舍;谦词,用于称自己的家和对别人称自己的亲戚或年纪小辈份低的亲属:房舍/宿舍/客舍/邸舍/庐舍/旅舍/茅舍/田舍/牛舍/猪舍/退避三舍/舍弟/舍侄/舍间/舍下/舍亲/舍处/舍长/舍人。以上"舍"均不作"捨"。

〔注意〕"捨","舍"不同。由简返繁时,音 shě 作"捨",音 shè 作"舍"。

T

台(tāi,tái)/[台][臺][檯][颱]

台是没有简化的[台]的本字,也是[臺][檯][颱]的简体。

[台](tāi)地名用字:台州/天台山/天台县/天台宗。又音 tái,用作敬辞及以下各词:台甫/台谷/台岳/台衮/台吉/台背/台阶(三台星)/三台(星名;也指三公)/台鼎/台辅/台衔。以上"台"均不作"臺"、"檯"、"颱"。

[臺]高而平的建筑物;量词;台湾省及台湾岛的简称:高臺/舞臺/臺阶/臺柱/臺词/臺步/臺历/臺球/臺子/出臺/倒臺/臺榭/楼臺/炮臺/晾臺/平臺。以上"臺"亦作"台"。

[檯]桌子类器物:写字檯/梳妆檯/櫃檯。以上"檯"均不作"台"、"臺"、"颱"。

[颱]颱风。

〔**注意**〕"台"、"臺"有分有合,由简返繁时应注意区别。又,有的词简化后完全一样,返繁就不一样了,如"台风"——颱风;臺风(演员的舞台风度)。

坛(tán)/[壇][罎]

坛是[壇][罎]的简体。

[壇]古代举行祭祀、誓师等仪式用的土石高台;用土堆成的台;指文艺界、体育界、舆论界等:天壇/地壇/神壇/高壇/壇主/壇经/花壇/讲壇/文壇/体壇/论壇/诗壇/乐壇。以上"壇"均不作"罎"。

[罎](又作壜、罈)口小腹大的陶器、瓷器:罎子/酒罎/醋罎/菜罎。以上"罎"均不作"壇"。

〔**注意**〕"罎"、"壇"泾渭分明。由简返繁时,陶、瓷器物用"罎",其他用"壇"。

系(xì,jì)/[系][係][繫]

系是没有简化的[系]的本字,也是[係][繫]的简体。

[系](xì)有联属关系的;高校按学科划分的单位,名词、形容词性:系统/系列/系谱/直系亲属/嫡系/山系/水系/派系/直系/语系/中文系/历史系。以上"系"均不作"係""繫"。

［係］(xì)关联；属，是，联系动词：关係/干係/维係/係数/国运所係/感慨係之/成败係此一举/孙中山係广东人。以上“係”不作“系”，在关联义上有时可作“繫”。

［繫］(xì)联结；拴；吊；拘禁：动词性繫怀/繫世/繫挂/繫马/繫缚/繫狱/繫念/繫绊/繫辞/联繫/萦繫。又音 jì 打结，扣动词：繫鞋带/繫纽扣/繫红领巾。以上“繫”均不作“系”、“係”。

〔**注意**〕“係”“繫”在“联系”“关系”义上有所交叉，其他义区别明显，由简返繁时，动词性的写作“繫”；联系动词的写作“繫”；名词、形容词性的写作“系”。

咸(xián)/［咸］［鹹］

咸是没有简化的［咸］的本字，也是［鹹］的简体。

［咸］全，都；地名用字；姓：咸受其益/老少咸宜/咸知其能/咸阳/咸宁/咸平/咸丰/咸宣(汉代人)。以上“咸”均不作“鹹”。

［鹹］像盐的味道(与“淡”相反)：鹹菜/鹹津津/鹹水湖。以上“鹹”均不作“咸”。

〔**注意**〕由简返繁时，表示盐味的写作“鹹”，其他的一律作“咸”。

余(yú)/［余］［餘］

余是没有简化的［余］的本字，也是［餘］的简体。

［餘］剩下的；整数后面的零头：餘粮/餘额/餘地/餘兴/餘波/餘光/餘暇/餘年/餘勇/餘党/餘韵/餘震/餘音绕梁/游刃有餘/兴奋之餘/二十有餘/五十餘岁。以上“餘”均不作“余”。

［余］我：名余曰正则兮，字余曰灵均(屈原)/余致力国民革命凡四十年(孙中山)。以上“余”均不作“餘”。

〔**注意**〕由简返繁时除作“我”义时，一律写作“餘”。

御(yù)/［御］［禦］

御是没有简化的［御］的本字，也是［禦］的简体。

[禦]抵挡:禦敌/禦寒/禦侮/禦寇/抗禦/抵禦/防禦。以上“禦”均不作“御”。

[御]赶车;与皇帝有关的:驾御/御手/御者/御用/御前/御笔/御史/御医/御赐/御书。以上“御”均不作“禦”。

〔注意〕“御”、“禦”意义有别,由简返繁时防御义用“禦”,其他用“御”。

吁(yù,xū)/[吁][籲]

吁是没有简化的[吁]的本字,也是[籲]的简体。

[籲](yù)为某种要求而呼喊:呼籲/籲求。以上“籲”亦作“吁”。

[吁](xū)叹息;文言叹词,表示惊讶;象声词:长吁短叹/噫吁戏,危乎高哉/吁,是何言欤!/气喘吁吁。以上“吁”均不作“籲”。

〔注意〕由简返繁时,读 xū 时写作“吁”;读 yù 时写作“籲”。

郁(yù)/[郁][鬱]

郁是没有简化的[郁]的本字,也是[鬱]的简体。

[郁]香气浓烈;富于文采;姓:馥郁/郁烈/浓郁/文采郁郁/郁郁乎,文哉/郁达夫(现代作家)。以上“郁”均不作“鬱”。

[鬱]草木繁茂;忧愁,烦闷:鬱闷/鬱结/鬱血/忧鬱/抑鬱/鬱鬱苍苍/鬱鬱葱葱/鬱鬱寡欢/鬱金香。以上“鬱”均不作“郁”。

〔注意〕“郁”、“鬱”有别,由简返繁时,表示香气浓烈和姓氏不要写成“鬱”。

愿(yuàn)/[愿][願]

愿是没有简化的[愿]的本字,也是[願]的简体。

[願]希望,愿望;乐意;对神佛许下的酬谢:心願/願望/如願以偿/生平之願/甘心情願/自觉自願/宁願/甘願/遂願/夙願/还願/许願/願心。以上“願”均不作“愿”。

[愿]谨慎老实;恭谨:谨愿/诚愿/乡愿/愿朴/愿悫。以上“愿”均不作“願”。

〔注意〕在繁体系统中,“愿”、“願”有别。由简返繁时,希望、愿望义用“願”,其他用“愿”。

岳(yuè)/[岳][嶽]

岳是没有简化的[岳]的本字,也是[嶽]的简体。

[嶽]高大的山:三山五嶽/山嶽/岱嶽/嶽麓。以上“嶽”亦作“岳”。

[岳]称妻的父母或叔伯;地名用字;姓:岳父/岳母/岳翁/岳家/岳婿/令岳/叔岳/岳阳(在湖南)/岳飞(宋代名将)。以上“岳”均不作“嶽”。

〔**注意**〕在繁体系统中,“岳”通“嶽”,但“岳”有的义项则不可作“嶽”。由简返繁时,妻子的亲属、姓氏、地名不要写成“嶽”。

云(yún)/[云][雲]

云是没有简化的[云]的本字,也是[雲]的简体。

[雲]云彩;像云彩的东西;指云南;地名用字;姓:雲彩/雲头/雲霞/雲端/雲层/雲海/雲鬓/雲集/雲游/雲旗/雲雨/雲霓/雲髻/雲岭/青雲/祥雲/阴雲/残雲/行雲流水/过眼烟雲/镂月裁雲/雲云雾罩/雲泥之别/雲南省/雲梦(在湖南省)/雲景龙(宋代人)。以上“雲”均不作“云”。

[云]说;文言助词:子曰诗云/人云亦云/不知所云/云尔/云谁之思/岁云暮矣。以上“云”均不作“雲”。

〔**注意**〕“云”、“雲”有别,文言当“说”时用“云”,与风云有关的用“雲”。

脏(zāng,zàng)/[臟][髒]

脏是[臟][髒]的简体。

[髒](zāng)不干净:髒土/髒字/肮髒。以上“髒”均不作“臟”。

[臟](zàng)内脏:心臟/肾臟/臟腑/五臟六腑。以上“臟”均不作“髒”。

〔**注意**〕由简返繁时表肮髒义用“髒”,表内脏义用“臟”。

征(zhēng)/[征][徵]

征是没有简化的[征]的本字,也是[徵]的简体。

[征]讨伐;远行:征讨/征战/征程/征服/征伐/征帆/征途/征衣/征袍/长征/远征/出征/亲征/南征北战/二万五千里长征。以上“征”均不作“徵”。

[徵](zhēng)由国家召集或收用;寻求;证明,验证;现象,迹象:徵召/徵兵/徵购/徵募/徵用/徵收/徵求/徵询/徵兆/徵象/徵候/徵结/特徵/横徵暴敛/旁徵博引。又音 zhǐ,古代"宫商角徵羽"五音之一:徵调(乐调名)/徵招(古乐名)。表此义的"徵"未简化。以上"徵"均不作"征"。

〔**注意**〕由简返繁时,"征战"、"讨伐"义的"征"不要写作"徵"。

只(zhī,zhǐ)/[只][隻][衹]

只是没有简化的[只]的本字,也是[隻][衹]"仅仅"义上的简体。

[只](zhǐ)仅仅,副词:只要/只有/只能/只得/只争朝夕/只要功夫深,铁杵磨成针/只许州官放火,不许百姓点灯。以上"只"可作"衹"("衹"、"衹")。

[隻](zhī)单独,少量;量词:隻言片语/隻身一人/独具隻眼/隻鸡絮酒/隻履西归/不置隻字/形单影隻/一隻羊/船隻/羊隻。以上"隻"不作"只"。

〔**注意**〕"只"原不音 zhī,简化中以"只"代"隻"(zhī)。"衹"另音 qí,僧衣。由简返繁时,表示数量或单位意义时写作"隻";副词用法时写作"只"。

致(zhì)/[致][緻]

致是没有简化的[致]的本字,也是[緻]的简体。

[致]给与,向人表示;力量、意志等专注于某个方面;招致,以致;情致:致礼/致敬/致函/致贺/致哀/致力/致命/致谢/专心致志/导致/招致/以致/不致/极致/兴致/雅致/情致/景致。以上"致"均不作"緻"。

[緻]精密,精细形容词性:细緻/緻密/精緻/工緻。以上"緻"均不作"致"。

〔**注意**〕由简返繁时,形容词性用法时写作"緻",其他的写作"致"。

制(zhì)/[制][製]

制是没有简化的[制]的本字,也是[製]的简体。

[製]制造,制作:製造/製作/製版/製图/製币/製衣/编製/采製/创製/炮製/监製/巨製/精製/精製滥造。以上"製"均不作"制"。

[制]拟定;规定;约束;限定;制度:制定/制式/因地制置/限制/控制/制约/制止/制服/制胜/制裁/制空/制度/法制/节制/抑制/压制/建制/学制/形制/体制。以上"制"均不作"製"。

〔**注意**〕由简返繁时,制造、制作义用"製",其他义用"制"。

钟(zhōng)/[鐘][锺]

钟是[鐘][锺]的简体。

[鐘]金属响器;计时器;钟点,时间:铜鐘/鐘表/永乐大鐘/警鐘长鸣/鐘鸣鼎食/鐘点/暮鼓晨鐘/鐘乳石/石鐘山(在江西)。以上"鐘"均不作"锺"。

[锺]酒杯;集中,专一;姓:酒锺(同盅)/锺情/锺爱/锺秀/锺师/老态龙锺/锺山(在南京)/锺嵘(六朝时文学家)。以上"锺"均不作"鐘"。

〔**注意**〕"鐘"、"锺"含义不同,由简返繁时,钟表义用"鐘",钟爱、钟情义用"锺"。

九、容易写错的双音节同音词

双音节同音词是指两个音节完全相同（声母、韵母、声调都相同）的词，也包括一些双音节短语。这样的词语有两种类型：第一类是不仅读音相同，写出来的汉字也完全相同，如“安心”。安心$_1$：心里安定平和，没有可惦记的事；安心$_2$：存心，心里有意要做什么事，故意怎么样。第二类是读音相同，但写出的汉字不完全相同，或完全不同，前者如“暴力—暴利—暴戾”；后者如“暴烈—爆裂”。在书写上，第一类无所谓对和错；第二类则不同，不同的汉字表示不同的意义，本来应该写成甲字，实际上写成乙字，就把词义表达错了。我们指的“容易写错的双音节同音词”，说的就是这第二类。其中，有一个汉字相同，另一个汉字不同，但是读音一样的，词义相近或相关，特别容易写错。下面将这些词列举出来，供大家使用、书写时参考。

A

碍口/隘口（àikǒu）

碍口：动宾结构，形容词。某种情形使人不便于开口：觉得有些碍口。

隘口：定中结构，名词。险要、狭窄的山口：太行山脉的一座隘口。

〔**注意**〕作形容词用时，“碍”不能写成“隘”；作名词用时，“隘”不能写成“碍”。

暗合/暗盒(ànhé)

暗合:状动结构,动词。暗中相合:他虽未明说,却暗合了我的想法。

暗盒:定中结构,名词。封闭不透光的盒子:暗盒不能在明亮处打开。

〔**注意**〕作动词时,"合"不能写成"盒";作名词时,"盒"不能写成"合"。

B

把子/靶子(bǎ·zi)

把子:根缀结构,名词。把东西扎在一起的捆子:捆成稻草把子。

靶子:根缀结构,名词。练习射箭或射击的目标:那是射箭的靶子。

〔**注意**〕指打成捆的东西不能写成"靶子";指目标时不能写成"把子"。

白蜡/白镴(báilà)

白蜡:定中结构,名词。白蜡虫分泌的蜡质:用白蜡密封起来。

白镴:定中结构,名词。锡和铅的合金,焊锡:白镴的熔点比较低。

〔**注意**〕表示蜡质,"蜡"不能写成"镴";表示金属"镴"不能写成"蜡"。

瘢痕/癍痕(bānhén)

瘢痕:定中结构,名词。疮口或伤口愈合后留下的疤:腿上留有瘢痕。

癍痕:定中结构,名词。皮肤病形成纹痕:脸上有雀斑样的癍痕。

〔**注意**〕外伤形成的"瘢"不能用"癍";皮肤病形成的"癍"不能用"瘢"。

半音/伴音(bànyīn)

半音:定中结构,名词。乐音音阶,两个音相邻的音程:降半音。

伴音:定中结构,名词。电影、电视中配合图像的声音:伴音不清晰。

〔**注意**〕指音阶时不能写成"伴音";配合图像的声音不能写成"半音"。

保镖/保膘(bǎobiāo)

保镖:动宾结构,动词,指为他人护送财物或保护人身安全;名词,聘请的保护财物和人身安全的人:常年给人保镖/后面跟着两个保镖。

保膘:动宾结构,动词。保持牲畜肥壮:马匹要加强喂养保膘。

〔**注意**〕用于人事活动时不能用"保膘";用于牲畜时不能用"保镖"。

保健/保荐(bǎojiàn)

保健:动宾结构,动词。保护健康:妇幼保健工作。

保荐:并列结构,动词。保举推荐:保荐一位得力助手。

〔**注意**〕涉及健康方面不能用“保荐”;涉及用人方面不能用“保健”。

报道/报到(bàodào)

报道:并列结构,动词。通过媒体把新闻传播出去:对此事作了报道。

报到:动补结构,动词。向组织、单位报告已经来到:你应该明天到学校报到。

〔**注意**〕指通讯活动不能写成“报到”;指到职、到任等不能写成“报道”。

暴力/暴利/暴戾(bàolì)

暴力:定中结构,名词。强制的力量:不许采取暴力行动。

暴利:定中结构,名词。用不正当手段短时间获取的巨额利润:牟取暴利。

暴戾:并列结构,形容词。粗暴而又乖张:为人暴戾恣睢。

〔**注意**〕指名词力量时不能写成“暴利”、“暴戾”;指名词利润时不能写成“暴力”、“暴戾”;作形容词用时不能写成“暴力”、“暴利”。

背弃/背气(bèiqì)

背弃:并列结构,动词。违背并抛弃:任何时候都不能背弃原则。

背气:动宾结构,动词。突然暂时停止呼吸:背过气去了。

〔**注意**〕指社会行为时不能用“背气”;指生理现象时不能用“背弃”。

本意/本义(běnyì)

本意:定中结构,名词。原来的意思:这不是我的本意。

本义:定中结构,名词。词语的原始意义:“走”的本义是跑。

〔**注意**〕指思想用意时不能用“本义”;指词语原始意义时不能用“本意”。

本原/本源(běnyuán)

本原:并列结构,名词。哲学上指一切事物的最初的根源或构成世界的最根本的实体。

本源:定中结构,名词。事物产生的根源:生活是艺术的本源。

〔注意〕哲学范畴上不能用“本源”;指某事物来源时不能用“本原”。

笔迹/笔记(bǐjì)

笔迹:定中结构,名词。每人写的字所特有的形象:这不像他的笔迹。

笔记:状中结构,名词。用笔所做的记录:听课笔记。

〔注意〕指写字的笔体特点时不能用“笔记”;与记录有关时不能用“笔迹”。

笔录/笔路(bǐlù)

笔录:状中结构,动词。用笔来记录:把他的话笔录下来。

笔路:定中结构,名词。画画、作文的技巧和特点(路数):笔路奇绝。

〔注意〕作动词用时不能写成“笔路”;作名词用时不能写成“笔录”。

必须/必需(bìxū)

必须:状动结构,副词。一定要:这件事必须坚持原则。

必需:状动结构,动词、名词。一定要有,必不可少:必需三天时间。

〔注意〕作状语时不能写成“必需”;作谓语时不能写成“必须”。

闭塞/蔽塞(bìsè)

闭塞:并列结构,动词。通道、出入口被堵住:交通完全闭塞。

蔽塞:并列结构,动词。光线、视线被遮蔽住:日光蔽塞,阴暗潮湿。

〔注意〕指交通、通道时不能写成“蔽塞”;指光线时不能写成“闭塞”。

变换/变幻(biànhuàn)

变换:并列结构,动词。事物的一种形式或内容改变成另一种形式或内容。不断地变换。

变幻:并列结构,动词。使人想象不到的没有规则的改变:变幻无常。

〔注意〕看得清的有意的改变不能写成“变幻”;神奇的不可捉摸的改变不能写成“变换”。

变异/变易(biànyì)

变异:动补结构,名词。同种生物世代之间或同代生物不同个体之间在形态特征、生理特征等方面所表现的差异。

变易:并列结构,动词。改变:时代变易了,人们的思想也在改变。

〔**注意**〕名词用法时不能写成"变易";动词用法时不能写成"变异"。

病历/病例(bìnglì)

病历:定中结构,名词。医疗部门对病人病情及诊治的记录:填写病历。

病例:定中结构,名词。某种疾病的实例:一个奇怪的病例。

〔**注意**〕指病情诊治记录时不能用"病例";指某种疾病时不能用"病历"。

病员/病原(bìngyuán)

病员:定中结构,名词。部队、机关、团体对有病人员的称呼。

病原:定中结构,名词。疾病发生的根源:查清病原。

〔**注意**〕指有病人员时不能用"病原";指疾病根源时不能用"病员"。

拨弄/播弄(bōnòng)

拨弄:并列结构,动词。来回地拨动:不停地拨弄琴弦。

播弄:并列结构,动词。搬弄是非,挑拨关系:准是有人在中间播弄。

〔**注意**〕拨弄,描写手的具体动作,不能写成"播弄";播弄,用语言从中挑拨,不能写成"拨弄"。

补养/哺养(bǔyǎng)

补养:并列结构,动词。用饮食或药物滋养身体:好好补养补养。

哺养:并列结构,动词。喂养幼儿或动物:哺养珍稀濒危动物。

〔**注意**〕补养是对自身而言,不能写成"哺养";哺养是对他身而言,不能写成"补养"。

不和/不合(bùhé)

不和:状中结构,形容词。不和睦:家庭不和总吵架。

不合:状中结构,动词。不符合:不合他的口味。

〔**注意**〕形容词用法不能写成"不合";动词用法不能写成"不和"。

不利/不力(bùlì)

不利:状中结构,形容词。没有好处;不顺利:形势对我队不利。

不力:状中结构,形容词。不得力:措施不力。

〔注意〕作客观评价时,不能用“不力”;作主观评价时,不能用“不利”。

不止/不只(bùzhǐ)

不止:状中结构,动词。继续不停止:大笑不止。

不只:状中结构,连词。不但:不只我一个人喜欢,还有其他人。

〔注意〕作动词用时不能写成“不只”;作连词用时不能写成“不止”。

部署/部属(bùshǔ)

部署:并列结构,动词。把人力或物资安排到位:部署明年生产任务。

部属:并列结构,名词。部下,下属:对部属要求严格。

〔注意〕作动词用时不能写成“部属”;作名词用时不能写成“部署”。

才力/财力(cáilì)

才力:定中结构,名词。才能、能力:才力非凡/才力不足。

财力:定中结构,名词。经济力量:财力有限。

〔注意〕指人的工作能力不能用“财力”;指经济力量不能用“才力”。

财物/财务(cáiwù)

财物:并列结构,名词。钱财和物资:保管好个人的财物。

财务:定中结构,名词。企业、单位有关财产、现金的出纳、保管、计算等事务。

〔注意〕指钱财物资时不能写成“财务”;指钱和物的管理时不能写成“财物”。

查访/察访(cháfǎng)

查访:并列结构,动词。调查访问,了解真相:经多方查访,真相大白。

察访:并列结构,动词。详细考察走访:进行实地察访、收集资料。

〔注意〕指了解真相时不能用“察访”;指考察时不能用“查访”。

查看/察看(chákàn)

查看:并列结构,动词。为解决问题实地检查了解:查看当地灾情。

察看:并列结构,动词。作决策前进行详细地考察:察看水情。

〔**注意**〕指带有检查目的和任务的行动时不能写成"察看";指准备行动做一般了解时不能写成"查看"。

常年/长年(chángnián)

常年:定中结构,形容词。一年之中经常地:常年坚持体育锻炼。

长年:定中结构,形容词。一年到头,一整年:山顶积雪长年不化。

〔**注意**〕常年指一年之中动作行为频频发生,强调频率,不能写成"长年";长年指一整年的时间,动作行为连续不间断,强调时间上的连续性,不能写成"常年"。

超生/超升(chāoshēng)

超生:状中结构,动词。①佛教指人死后再次投生为人。②超出计划生育指标。

超升:状中结构,动词。佛教指人死后升入天堂。

〔**注意**〕与出生、生育有关时不能用"超升";与升天有关时不能用"超生"。

沉没/沉默(chénmò)

沉没:并列结构,动词。没入水中:船体十小时后沉没了。

沉默:并列结构,动词。不爱说笑,默不作声:近来一直沉默不语。

〔**注意**〕指没入水中时不能用"沉默";指不爱说笑时不能用"沉没"。

尘世/尘事(chénshì)

尘世:定中结构,名词。佛教徒指现实世界:脱离污浊尘世。

尘事:定中结构,名词。旧指世俗社会的事情:尘事纷扰。

〔**注意**〕指世界、社会时不能写成"尘事";指事情时不能写成"尘世"。

辰光/晨光(chénguāng)

辰光:定中结构,名词。时候,时间(方言词):都啥辰光了,还不起床!

晨光:定中结构,名词。清晨的阳光:晨光透过竹林。

〔注意〕指时间时不能写成“晨光”；指阳光时不能写成“辰光”。

成心/诚心(chéngxīn)

成心：动宾结构，形容词。故意，思想上有意：成心让别人难看。

诚心：定中结构，名词。诚恳的心，实心实意地：诚心帮他一把。

〔注意〕作形容词用时不能写成“诚心”；作名词用时不能写成“成心”。

呈现/呈献(chéngxiàn)

呈现：并列结构，动词。显出，露出：呈现出一派欣欣向荣的气象。

呈献：并列结构，动词。恭敬地献上：呈献一片忠心。

〔注意〕指自然表现出来不能用“呈献”；指诚心献上不能用“呈现”。

迟缓/弛缓(chíhuǎn)

迟缓：并列结构，形容词。缓慢：动作迟缓。

弛缓：并列结构，形容词。心情、气氛等松弛下来：紧张的空气得以弛缓。

〔注意〕描写具体动作时不要写成“弛缓”；描写心情等状态时不要写成“迟缓”。

冲击/冲积(chōngjī)

冲击：连动结构，动词。强大的水流、气流撞击物体：海浪冲击堤岸。

冲积：动补结构，动词。水流冲刷的泥土沉积下来：冲积平原。

〔注意〕指冲撞的意义时不能写成“冲积”；指冲刷沉积的意义时不能写成“冲击”。

出版/初版(chūbǎn)

出版：动宾结构，动词。把书刊、图画等印刷发行：该书已经出版。

初版：定中结构，名词。书籍的第一版：初版已经告罄。

〔注意〕动词用法时不能写成“初版”；名词用法时不能写成“出版”。

出手$_1$/出手$_2$/出首(chūshǒu)

出手$_1$：动宾结构，动词。货物卖出：那批货昨天才出手。

出手$_2$：动宾结构，动词。开始动作或行动：出手不凡。

出首：动宾结构，动词。出面检举他人：主动出首。

〔**注意**〕指货物卖出、开始动作不能写成“出首”；指出面检举不能写成“出手”。

处世/处事(chǔshì)

处世：动宾结构，动词。在社会上活动，跟人交往：刚出校门没有什么处世经验。

处事：动宾结构，动词。处理工作、办理事情：处事仔细认真。

〔**注意**〕指在社会上活动不能用“处事”；指对待工作不能用“处世”。

处置/处治(chǔzhì)

处置：并列结构，动词。安排、处理事情：这事就由你们来处置吧。

处治：并列结构，动词。处分，惩治：这样的人一定要由法律来处治。

〔**注意**〕指处理事物时不能写成“处治”；指处分人时不能写成“处置”。

触动/搐动(chùdòng)

触动：动补结构，动词。外力撞击、碰撞，使思想震动：不要触动开关/思想深处受到了触动。

搐动：并列结构，动词。肌肉等不自主地抽搐：面部不停地搐动着。

〔**注意**〕由外力引起的震动不能写成“搐动”；神经不自主地抖动不能写成“触动”。

创口/疮口(chuāngkǒu)

创口：定中结构，名词。外伤造成的伤口：创口愈合得很好。

疮口：定中结构，名词。皮肤上疖疮等破口：在疮口上敷药。

〔**注意**〕由外伤造成的不能用“疮口”；由疮、疖形成的不能用“创口”。

创建/创见(chuàngjiàn)

创建：并列结构，动词。开创、建立：创建一所新型中学。

创见：定中结构，名词。独创的、独立的见解：有许多创见。

〔**注意**〕动词用法不能写成“创见”；名词用法不能写成“创建”。

粗纱/粗砂(cūshā)

粗纱：定中结构，名词。纺纱过程中的半成品，粗纺的纱：粗纱车间。

粗砂：定中结构，名词。冶金学用语，指透气性好孔隙大的沙粒。

〔**注意**〕指棉纱不能写成“粗砂”;指砂粒不能写成“粗纱”。

篡改/窜改(cuàngǎi)

篡改:状中结构,动词。改动或曲解他人思想或原意:肆意篡改。

窜改:状中结构,动词。有意改动现成的、已有的词句或文章:窜改成语。

〔**注意**〕恶意改动他人思想观点不能写成“窜改”;故意改动语句不能写成“篡改”。

D

打架/打价(dǎjià)

打架:动宾结构,动词。互相争斗殴打:走出家门便看见两个人在打架。

打价:动宾结构,动词。还价:买东西从不打价。

〔**注意**〕指斗殴不能写成“打价”,指还价不能写成“打架”。

打杈/打岔(dǎchà)

打杈:动宾结构,动词。除去作物茎上的杈枝:给棉花打杈。

打岔:动宾结构,动词。打断别人的话头或工作:别打岔。

〔**注意**〕指田间劳作不能写成“打岔”;指与人交往时,不能写成“打杈”。

大事/大势(dàshì)

大事:定中结构,名词。重大事情,重要事件:国家大事/婚姻大事。

大势:定中结构,名词。事物发展的基本的主要的趋势:大势已去。

〔**注意**〕指事情或事件时不能写成“大势”;指事情发展的形势时不能写成“大事”。

大意/大义(dàyì)

大意:定中结构,名词。主要的思想,大概的意思:歌词大意。

大义:定中结构,名词。大道理:深明大义。

〔**注意**〕指思想、意思时不能用“大义”;指道理、原则时不能用“大意”。

淡泊/淡薄(dànbó)

淡泊:并列结构,形容词。把个人利益看得很淡:淡泊名利。

淡薄:并列结构,形容词。浅淡、稀薄:颜色过于淡薄了些。

〔**注意**〕形容人品时不能用“淡薄”;描写事物状态时不能用“淡泊”。

蛋青/蛋清(dànqīng)

蛋青:状中结构,形容词。像青鸭蛋壳一样的颜色:蛋青色的瓷瓶。

蛋清:定中结构,名词。蛋白质构成的鸟卵中的包围蛋黄胶状物质。

〔**注意**〕蛋青形容一种颜色,蛋清指的是一种物质。指颜色时不能写成“蛋清”;指物质时不能写成“蛋青”。

刀具/刀锯(dāojù)

刀具:定中结构,名词。车刀、铣刀、刨刀一类的工具。

刀锯:定中结构,名词。刀形的锯。

〔**注意**〕刀具,指刀一类的工具,都是刀,不能写成“刀锯”;刀锯,是指一种形状的锯,不能写成“刀具”。

得计/得济(déjì)

得计:动宾结构,动词。计谋得以实现:自以为得计。

得济:动宾结构,动词。得到周济,老人得到子女的赡养、照顾。

〔**注意**〕指计谋的实现不能用“得济”;指得到赡养、照顾不能用“得计”。

地利/地力(dìlì)

地利:定中结构,名词。地理上的优势:不占天时占地利。

地力:定中结构,名词。土地的肥力:肥料、雨水和地力都很关键。

〔**注意**〕指地理优势时不能用“地力”;指土壤肥力时不能用“地利”。

电器/电气(diànqì)

电器:定中结构,名词。与电有关的器件、设备或器具:家用电器。

电气:定中结构,名词。电、电流、电能等:电气化铁路。

〔**注意**〕指具体器件、器具时不能写成“电气”;泛指电的时候不能写成“电器”。

鼎立/鼎力(dǐnglì)

鼎立:状中结构,动词。像鼎一样地立着,比喻三方势力均衡地存在。三国鼎立。

鼎力:定中结构,形容词。举起鼎来那么大的力量,大力:鼎力相助。

〔**注意**〕描写均衡稳定地存在不能写成"鼎力";形容大力不能写成"鼎立"。

斗志/斗智(dòuzhì)

斗志:定中结构,名词。战斗的意志:斗志昂扬。

斗智:动宾结构,动词。用智慧、智谋去争胜负:同敌人斗智斗勇。

〔**注意**〕名词用法时不能写成"斗智";动词用法时不能写成"斗志"。

独立/独力(dúlì)

独立:状中结构,动词。自主自立,不受他人支配:独立自主。

独力:定中结构,形容词。全凭自己的力量:独力完成/独力经营。

〔**注意**〕强调自主自立时不能写成"独力";强调自己的力量时不能写成"独立"。

对证/对症(duìzhèng)

对证:并列结构,动词。核对以便证明:现在我们来对证一下。

对症:动宾结构,动词。针对具体病症:对症下药。

〔**注意**〕表示为了证明时,不能用"对症";表示治疗疾病时,不能用"对证"。

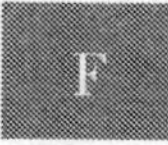

发奋/发愤(fāfèn)

发奋:并列结构,动词:振作起来:发奋自强。

发愤:动宾结构,形容词,决心努力:发愤要干出一番事业来。

〔**注意**〕发奋,表现在行为动作上;发愤,表现在思想上。有外在行为动作的不能写成"发愤",暗中表示下决心的不能写成"发奋"。

发生/发声(fāshēng)

发生:并列结构,动词。原来没有的事情出现了:发生了失密事件。

发声:动宾结构,动词。发出声音:练习发声/机械发声。

〔**注意**〕凡是指发生了事件时不能写成“发声”;指发出声音时不能写成“发生”。

法式/法事(fǎshì)

法式:定中结构,名词。标准的格式:产品的营造法式。

法事:定中结构,名词。僧、道等做法、发功的仪式。

〔**注意**〕指标准格式时不能用“法事”;指僧道做法时不能用“法式”。

法治/法制(fǎzhì)

法治:状中结构,动词。依法治理:主张法治,反对人治。

法制:定中结构,名词。法律制度:加强法制观念。

〔**注意**〕动词用法时不能写成“法制”;名词用法时不能写成“法治”。

凡是/凡事(fánshì)

凡是:状中结构,副词。表示范围,总括范围内的一切:凡是购物均不得使用购物券。

凡事:定中结构,名词。无论什么事情:凡事都要有所交代。

〔**注意**〕副词用法只表示范围,语义比较虚,不能写成“凡事”;名词用法时虽然语义比较概括,但仍有具体所指,不能写成“凡是”。

反映/反应(fǎnyìng)

反映:状中结构,动词。反照,比喻把客观事实的实质表现出来;把情况、意见等告诉上级或有关部门:向局长反映有关情况。

反应:状中结构,动词。有机体所产生的反射活动;事物受到刺激后所激发的活动:药物反应/热核反应/群众反应。

〔**注意**〕反映是指事物本身表现出来,不能写成“反应”;反应是指受到刺激而产生出来动作或活动,不能写成“反映”。

反正/反证(fǎnzhèng)

反正:动宾结构,动词。复归于正道,敌方人员投向己方:拨乱反正/

敌人纷纷反正。

反证:定中结构,名词。可以驳倒原结论的证据:拿出有力的反证。

〔注意〕动词用法时不能写成“反证”;名词用法时不能写成“反正”。

菲菲/霏霏(fēifēi)

菲菲:重叠结构,形容词。花草茂盛、美丽的样子:雨过天晴,芳草菲菲。

霏霏:重叠结构,形容词。雨雾、烟气蒙蒙飘散的样子:雨雪霏霏。

〔注意〕形容花草不能写成“霏霏”;形容雨雾烟气不能写成“菲菲”。

分辨/分辩(fēnbiàn)

分辨:并列结构,动词。辨认,把容易混淆的东西弄清楚。分辨不清。

分辩:并列结构,动词。辩白,用语言来澄清事实:这事得分辩清楚。

〔注意〕分辨是用知识、经验、观察力去辨认,不能写成“分辩”;分辩是用语言把事实真相、谁是谁非说清楚,不能写成“分辨”。

分泌/分蜜(fēnmì)

分泌:状中结构,动词。生物体细胞一点一点地生成一些物质:分泌胃液。

分蜜:动宾结构,动词。制糖过程中将糖蜜与糖的结晶体分离开来。

〔注意〕分泌是有机体一种本能的生物现象,不能写成“分蜜”;分蜜是制糖工艺中的一道工序,不能写成“分泌”。

浮尘/拂尘(fúchén)

浮尘:定中结构,名词。飞于空中或附于器物表面的尘土:擦净浮尘。

拂尘:动宾结构,名词。掸去器物表面尘土、驱除蚊蝇的用具。

〔注意〕浮尘有碍环境卫生是被清除的对象,不能写成“拂尘”;拂尘是清除尘土的工具,不能写成“浮尘”。

副本/复本(fùběn)

副本:定中结构,名词。著作原稿以外的誊录本:此为手稿没有副本。

复本:定中结构,名词。书刊收藏中同一品种不止一部,第一部以外的其他部为复本。

〔**注意**〕副本是与原稿相对的誊录本，不能写成“复本”；复本是同一版本的重复本，不能写成“副本”。

复合/复核(fùhé)

复合：并列结构，动词。合在一起，结合起来：不是单纯的，而是复合的。

复核：状中结构，动词。再一次核算，审查核对：复核无误后再发表。

〔**注意**〕复合是把物体合在一起，不能写成“复核”；复核是为了验证反复核算，不能写成“复合”。

副刊/复刊(fùkān)

副刊：定中结构，名词。媒体中新闻以外的专栏或专刊：文艺副刊。

复刊：动宾结构，动词。停刊后恢复出刊：下月一日复刊。

〔**注意**〕副刊相对正刊而言，是事物，不能写成“复刊”；复刊是重新出版发行，是行为，不能写成“副刊”。

复议/附议(fùyì)

复议：状中结构，动词。再次讨论研究已经决定的事：此事无须复议。

附议：动宾结构，动词。附和(同意)别人的提议：已有多人附议。

〔**注意**〕复议指再次讨论商议，不能写成“附议”；附议是附和别人的提议，不能写成“复议”。

复员/复原/复圆(fùyuán)

复员：动宾结构，动词。军人服役期满退役：复员转业。

复原：动宾结构，动词。病后恢复健康：身体已经复原。

复圆：动宾结构，动词。太阳和月亮蚀后恢复原来的圆形。

〔**注意**〕复员专用于军人退役，不能写成“复原”、“复圆”；复原专指身体恢复健康，不能写成“复员”、“复圆”；复圆专用于日食和月蚀方面，不能写成“复员”、“复原”。

富有/赋有(fùyǒu)

富有：状中结构，动词。大量具有：富有教育意义。

赋有：并列结构，动词。具有某种性格、特点、气质：赋有忠厚的品质。

〔注意〕富有不仅有而且强调大量,不能写成“赋有”;赋有强调事物内在所具有的品质,不能写成“富有”。

G

概述/概数(gàishù)

概述:状中结构,动词。大略地叙述:新闻概述。

概数:定中结构,名词。大概的数目:预算概数。

〔注意〕动词用法时不能写成“概数”;名词用法时不能写成“概述”。

干草/甘草(gāncǎo)

干草:定中结构,名词。晒干的草:储备干草喂羊。

甘草:定中结构,名词。一味中草药:再配上五钱甘草。

〔注意〕一般的青草晒干了,不能用“甘草”;指中草药时不能用“干草”。

感奋/感愤(gǎnfèn)

感奋:连动结构,形容词。因受感动而振作奋发:顿时感奋起来。

感愤:连动结构,动词。有所感触而愤慨:感愤不已。

〔注意〕前者描写精神振作奋发,不能写成“感愤”;后者含有愤慨情绪,不能写成“感奋”。

个别/各别(gèbié)

个别:并列结构,形容词。极少的,不多的:个别人的意见。

各别:主谓结构,形容词。各有区别,各不相同:不同意见各别听取。

〔注意〕个别强调单个的和多数以外的,不能写成“各别”;各别不强调数量多少,强调各自不同,不能写成“个别”。

工厂/工场(gōngchǎng)

工厂:定中结构,名词。直接进行工业生产活动的单位。

工场:定中结构,名词。手工业者集合在一起生产的场所。

〔注意〕工厂指包括厂房、机器设备、产品,生产者、管理者在内的综合性概念,不能写成“工场”;工场只表示生产劳作的场所,不能写成“工厂”。

工会/公会(gōnghuì)

工会:定中结构,名词。职工的群众性组织。

公会:定中结构,名词。旧时同行业企业组成的行会组织:纺织公会。

〔**注意**〕工会的会员身份是个人,不能写成“公会”;公会的会员身份是企业单位,不能写成“工会”。

工事/公事(gōngshì)

工事:定中结构,名词。打仗时为发扬火力和隐蔽安全而筑的掩蔽体:防御工事。

公事:定中结构,名词。公家的事:来办理公事。

〔**注意**〕工事,战争使用的具体名词,不能写成“公事”;公事,日常应用的抽象名词,不能写成“工事”。

公历/公例(gōnglì)

公历:定中结构,名词。国际通用的历法:新中国采用公历纪年。

公例:定中结构,名词。大家都认同的事例,指一般的规律。

〔**注意**〕指历法时不能写成“公例”;指规律时不能写成“公历”。

公式/公事(gōngshì)

公式:定中结构,名词。用数学符号表示的几个量之间关系的式子。

公事:定中结构,名词。公家的事。

〔**注意**〕数学概念不能写成“公事”;公家的事不能写成“公式”。

公务/公物(gōngwù)

公务:定中结构,名词。有关国家或集体的事务:公务繁忙。

公物:定中结构,名词。属于公家的东西:爱护公物。

〔**注意**〕指事务活动时不能写成“公物”;指物品时不能写成“公务”。

公益/公议/公意(gōngyì)

公益:定中结构,名词。公共的利益:社会公益事业。

公议:状中结构,动词。大家在一起评议:自报公议。

公意:定中结构,名词。公众的意愿:公意难违。

〔注意〕动词用法时不能写成“公益”、“公意”；名词用法指利益、福利时不能写成“公意”、“公议”；名词用法指意愿时不能写成“公益”、“公议”。

公正/公证(gōngzhèng)

公正：并列结构，形容词。公平正直，没有偏私：办事公正无私。

公证：状中结构，动名词。公证机关做证明，公证机关的证明。

〔注意〕形容词用法时不能用“公证”；动词和名词用法时不能用“公正”。

功利/功力(gōnglì)

功利：并列结构，名词。功效和利益：有一定的功利目的。

功力：并列结构，名词。功效，工夫和力量：草药功力慢/书法颇见功力。

〔注意〕强调利益时不能写成“功力”；强调力量时不能写成“功利”。

功用/公用(gōngyòng)

功用：并列结构，名词。功能，用途：充分发挥媒体的功用。

公用：状中结构，动词。大家共同使用：发展公用事业。

〔注意〕名词用法时不能写成“公用”；动词用法时不能写成“功用”。

沟通/勾通(gōutōng)

沟通：状中结构，动词。使两者通连：沟通思想/沟通民族感情。

勾通：并列结构，动词，勾结串通：暗中勾通，胡作非为。

〔注意〕后者有明显的贬义。表示一般通连时，不能写成“勾通”；表示贬义的勾结串通时不能写成“沟通”。

古昔/古稀(gǔxī)

古昔：并列结构，名词。古代、古时候。

古稀：主谓结构，名词。指七十岁(杜甫诗句“人生七十古来稀”之节缩)：年逾古稀。

〔注意〕指时间不能写成“古稀”；指年纪不能写成“古昔”。

骨膜/鼓膜(gǔmó)

骨膜：定中结构，名词。骨头表面的一层薄膜。

鼓膜:定中结构,名词。外听道和中耳之间的起传音作用的薄膜。

〔注意〕骨头的薄膜不能写成“鼓膜”;耳朵中的薄膜不能写成“骨膜”。

固态/故态(gùtài)

固态:定中结构,名词。物质的固体状态。

故态:定中结构,名词。旧日的情况或态度:故态复萌。

〔注意〕指固体状态不能写成“故态”;指旧日情况不能写成“固态”。

关隘/关碍(guān'ài)

关隘:并列结构,名词。险要的关口:山路险峻,关隘很多。

关碍:状中结构,动词、名词。妨碍,阻碍。对公司信誉大有关碍。

〔注意〕前者为具体名词,后者为抽象名词,不能相互混淆。

归公/归功(guīgōng)

归公:动宾结构,动词。交给公家:缴获一律要归公。

归功:动宾结构,动词。把功劳归于某人或某集体:成就归功于集体。

〔注意〕指上缴给公家不能写成“归功”;指功劳归属不能写成“归公”。

鬼怪/诡怪(guǐguài)

鬼怪:并列结构,名词。比喻邪恶的势力:一切妖魔鬼怪都将灭亡。

诡怪:并列结构,形容词。稀奇古怪:那样子诡怪得很。

〔注意〕名词用法时不能写成“诡怪”;形容词用法时不能写成“鬼怪”。

国事/国是(guóshì)

国事:定中结构,名词。国家的事情:国事访问。

国是:定中结构,名词。国家大计:共商国是。

〔注意〕国事,有关国家的具体事情;国是,需要研究商讨的国家发展前途的大计。前者不能写成“国是”;后者不能写成“国事”。

过虑/过滤(guòlǜ)

过虑:状中结构,动词。过于忧虑,忧虑不必忧虑的事情:不必过虑。

过滤:并列结构,动词。用密网把液体中的杂质滤掉:过滤后再用。

〔注意〕过虑指心理活动,不能写成“过滤”;过滤是手操作动词,不能写成“过虑”。

H

合计/核计(héjì)

合计:状中结构,动词。合在一起计算:两笔支出合计十五万元。

核计:状中结构,动词。考核计算:成本核计。

〔注意〕合计,结算时的行为,把已有的数目合在一起,不能写成“核计”;核计,是一种预算时的行为,经过调查做出推算,不能写成“合计”。

合数/和数(héshù)

合数:定中结构,名词。数学概念,在大于1的整数中,除了1和这个数本身,还能被其他正整数整除的数,如4,6,9,15,21。

和数:定中结构,名词。两个或两个以上的数加起来的总和,算术中简称为“和”。

〔注意〕合数的专用性强,不能简称,不能写成“和数”;和数,已成为一般用语,多用简称,不能写成“合数”。

合算/核算(hésuàn)

合算:状中结构,形容词。费力较少而收效较大,合适:太不合算。

核算:连动结构,动词。审核计算。独立核算。

〔注意〕合算不一定要计算,只是判断某种做法对自己有利,不能写成“核算”;核算,既要审核还要计算,不能写成“合算”。

合约/和约(héyuē)

合约:定中结构,名词。多指比较简单的合同(两下里的约定):两家的合约。

和约:定中结构,名词。交战双方订立的结束战争状态的条约。

〔注意〕合约用于个人或企业之间,不能写成“和约”;和约用于武装集团或国家之间,不能写成“合约”。

黑板/黑版(hēibǎn)

黑板:定中结构,名词。用粉笔在上面写字的教学工具。擦黑板。

黑版:定中结构,专有名词。印刷分色制版中的黑色底片或印版。

〔注意〕黑板是教学工具,不能写成"黑版";黑版是印刷工具,不能写成"黑板"。

横批/横披(héngpī)

横批:状中结构,名词。与对联相配的横幅:只见横批写着四个大字。

横披:状中结构,名词。长条形的横幅字画。

〔注意〕二者所指不同。有对联的,不能写成"横披";单独的横幅字画,不能写成"横批"。

横心/恒心(héngxīn)

横心:动宾结构,动词。横下一条心,下定决心不顾一切。

恒心:定中结构,名词。持久不变的意志:做事要有恒心。

〔注意〕动词用法时,不能写成"恒心";名词用法时,不能写成"横心"。

宏大/洪大(hóngdà)

宏大:并列结构,形容词。宏伟巨大:规模宏大,气势非凡。

洪大:并列结构,形容词。声音大。

〔注意〕宏大用于描写有形的可见的事物,不要写成"洪大";洪大主要用于描写声音,不要写成"宏大"。

洪亮/洪量(hóngliàng)

洪亮:并列结构,形容词。声音洪大而响亮:嗓门特别洪亮。

洪量:定中结构,名词。洪大的气量,博大的胸襟。

〔注意〕形容词的洪亮是描写声音的,不能写成"洪量";名词用法是指个人品质修养的,不能写成"洪亮"。

后世/后事(hòushì)

后世:定中结构,名词。以后的时代:为后世所耻笑。

后事:定中结构,名词。以后的事情:前事不忘,后事之师。

〔注意〕前者指时代不能写成"后事";后者指事情不能写成"后世"。

后手/后首(hòushǒu)

后手:定中结构,名词。后路,比喻回旋的余地:留后手。

后首:定中结构,名词。后来,后头、后面:先说不来,后首又来了。

〔**注意**〕后手指后路,为抽象的方位、处所,不能写成“后首”;后首,为时间名词,不能写成“后手”。

花枪/花腔(huāqiāng)

花枪:定中结构,名词。古时兵器,两头有枪刺,杆较短,有花纹。

花腔:定中结构,名词。把基本腔调复杂化、曲折化的一种演唱方法,比喻花言巧语。

〔**注意**〕指古时兵器时不能写“花腔”;指演唱发声法时不能写“花枪”。

花絮/花序(huāxù)

花絮:并列结构,名词。比喻各种有趣的零碎新闻:大会花絮。

花序:定中结构,名词。花在植株上的排列方式:伞状花序。

〔**注意**〕花絮并非指花,只有比喻义,不能写成“花序”;花序是对花的形状的一种描写,不能写成“花絮”。

回生$_1$/回生$_2$/回升(huíshēng)

回生$_1$:动宾结构,动词。死后又活过来:起死回生。

回生$_2$:动补结构,动词。已经熟了或熟悉的东西又回到生的状态或又感到生疏了:白薯放到下一顿就回生了/外语单词不复习就容易回生。

回升:状中结构,动词。下降后又往上升:股值回升。

〔**注意**〕表示生死和生熟时,不能写“回升”;表示升降时不能写“回生”。

回首/回手(huíshǒu)

回首:动宾结构,动词。回想:回首往事。

回手:动宾结构,动词。把手伸向身后或转回身去伸手:回手抽出刀来。

〔**注意**〕前者是抽象动词,不能写成“回手”;后者是动作动词,不能写成“回首”。

回想/回响(huíxiǎng)

回想:状中结构,动词。想过去的事:回想当年。

回响:定中结构,名词。回声:山谷立即发出回响。

〔**注意**〕动词用法时不能写成“回响”；名词用法时不能写成“回想”。

会合/汇合(huìhé)

会合：并列结构，动词。聚集到一起：五点钟到前面山口会合。

汇合：并列结构，动词：两股或几股水流汇聚到一起：小溪在这里汇合。

〔**注意**〕会合，指个人或团队聚集，不能写成“汇合”；汇合指水流聚合不能写成“会合”。

慧心/蕙心(huìxīn)

慧心：定中结构，名词。聪明智慧的心，泛指智慧。

蕙心：定中结构，名词。芳洁美丽的心：容貌姝好，更有一颗蕙心。

〔**注意**〕指聪明智慧时不能写成“蕙心”；指芳洁美丽时不能写成“慧心”。

火龙/火笼(huǒlóng)

火龙：定中结构，名词。形容一长串的举着火把或提着灯笼的队伍。

火笼：定中结构，名词。中间放火盆取暖的竹篮。

〔**注意**〕指火把、灯笼队伍不能写成“火笼”；指取暖用具时不能写成“火龙”。

豁然/霍然(huòrán)

豁然：根缀结构，形容词。开阔通达：豁然开朗。

霍然：根缀结构，副词。突然：霍然间电闪雷鸣风雨大作。

〔**注意**〕形容词用法时不能写成“霍然”；副词用法时不能写成“豁然”。

机体/肌体(jītǐ)

机体：定中结构，名词。具有生命的个体：不同机体有不同的结构。

肌体：定中结构，名词。身体，比喻组织机构：刚刚死亡，肌体尚温。

〔**注意**〕强调有生命时不能写成“肌体”；强调骨肉身躯时不能写成“机体”。

机智/机制(jīzhì)

机智:并列结构,形容词。智慧机警,能迅速应变:勇敢机智。

机制:定中结构,名词。事物的构造及运动原理:人的大脑机制。

〔**注意**〕形容词用法不能写成"机制";名词用法不能写成"机智"。

基数/奇数(jīshù)

基数:定中结构,名词。一、二、三……等十个自然整数。

奇数:定中结构,名词。不能被二整除的数,其整数又称单数。

〔**注意**〕指基本数目时,不能写成"奇数";指单数时,不能写成"基数"。

基因/基音(jīyīn)

基因:定中结构,名词。染色体中生物体遗传的基本单元。

基音:定中结构,名词。复合音中频率最低的音。

〔**注意**〕指生物遗传学的概念时不能写成"基音";指声学概念时不能写成"基因"。

激变/机变(jībiàn)

激变:状中结构,动词。急剧的变化:刚到山顶,气候激变。

机变:状中结构,形容词。灵活,随机应变:做事灵活,为人机变。

〔**注意**〕动词用法时不能写成"机变";形容词用法时不能写成"激变"。

激奋/激愤(jīfèn)

激奋:并列结构,动词。激动振奋:群情激奋。

激愤:并列结构,动词。激动而愤怒:群众顿时激愤起来。

〔**注意**〕表示振奋时,不能写成"激愤";表示愤怒时,不能写成"激奋"。

稽留/羁留(jīliú)

稽留:并列结构,动词。停留:洪水包围,稽留该地。

羁留:状中结构,动词。因事不得脱身而停留下来:羁留外地三月有余。

〔**注意**〕稽留,只描写较长时间停留不要写成"羁留",强调因事缠身被羁绊住,不要写成"稽留"。

及时/即时(jíshí)

及时:动宾结构,形容词。不迟不早正是时候:救援队伍及时赶到。

即时:动宾结构,副词。立即,立刻:堵塞交通要即时疏通。

〔**注意**〕及时表示在恰好需要的时候,不要写成"即时";即时表示立即不要写成"及时"。

集录/辑录(jílù)

集录:连动结构,动词。把资料汇集、抄录在一起:集录成书。

辑录:并列结构,动词。收录并加以编辑:把相关文件辑录编印成书。

〔**注意**〕前者只强调汇集抄录,不要写成"辑录";后者突出编辑过程,不要写成"集录"。

急剧/急遽(jíjù)

急剧:并列结构,形容词。迅速而剧烈:病情急剧恶化。

急遽:并列结构,形容词。快速而紧急:急遽的敲门声。

〔**注意**〕急剧强调程度剧烈,不要写成"急遽";急遽强调紧急不要写成"急剧"。

计量/剂量(jìliàng)

计量:动宾结构,动词。计算数量:药品使用要准确计量。

剂量:定中结构,名词。医学上指药品的分量:这味药剂量不能大。

〔**注意**〕动词用法时不能写成"剂量";名词用法时不能写成"计量"。

寄父/继父(jìfù)

寄父:定中结构,名词。义父:寄父来看他。

继父:定中结构,名词。子女称母亲改嫁后的丈夫。

〔**注意**〕前者即俗称的"干爹"、"干爸",不要写成"继父",后者是母亲改嫁后才有的称呼,俗称"后爸",不要写成"寄父"。

寄母/继母(jìmǔ)

寄母:定中结构,名词。义母:收养了他做了他的寄母。

继母:定中结构,名词。子女称父亲续娶的妻子为继母。

〔**注意**〕寄母是俗称的"干妈"、"干娘",不要写成"继母";继母是俗称的"后妈"不要写成"寄母"。

家境/佳境(jiājìng)

家境:定中结构,名词。家庭经济状况:家境贫寒。

佳境:定中结构,名词。美好的境界:峰回路转,渐入佳境。

〔**注意**〕指家庭状况时不能用"佳境";指好的环境和境界时不能用"家境"。

家人/佳人(jiārén)

家人:定中结构,名词。自己家里的人,旧时常指家里的仆人。

佳人:定中结构,名词。美丽的女子,美人:绝代佳人。

〔**注意**〕前者泛指家中的人,不能用"佳人";后者指美女,不能用"家人"。

家事/家世/家室(jiāshì)

家事:定中结构,名词。自己家中的事情:一切家事不用操心。

家世:定中结构,名词。家庭的世系,家庭的历史沿革:细说家世。

家室:并列结构,名词。夫妇,男子指自己的妻室。

〔**注意**〕指家中的事情时,不能写成"家世"、"家室";指家庭历史,不能写成"家事"、"家室";指妻子时,不能写成"家事"、"家世"。

艰苦/坚苦(jiānkǔ)

艰苦:并列结构,形容词。艰难困苦:生活环境艰苦。

坚苦:并列结构,形容词。坚忍刻苦:坚苦卓绝。

〔**注意**〕艰苦形容客观环境,不能写成"坚苦";坚苦形容品质意志,不能写成"艰苦"。

简洁/简捷(jiǎnjié)

简洁:并列结构,形容词。言语简明扼要,没有废话:这诗写得简洁。

简捷:并列结构,形容词。直截了当,不绕弯子:方法简捷/行文简捷。

〔**注意**〕简洁,形容言语内容,不能写成"简捷";简捷,形容表达方法,不能写成"简洁"。

简朴/俭朴(jiǎnpǔ)

简朴:并列结构,形容词。简单朴素:语言简朴/家居简朴。

俭朴:并列结构,形容词。俭省朴素:生活俭朴。

〔**注意**〕简朴描写事物本身,强调不复杂,不要写成"俭朴";俭朴强调生活观念,省钱、节约,不要写成"简朴"。

简约/俭约(jiǎnyuē)

简约:并列结构,形容词。简略、概括,不详细:条文简约但不空洞。

俭约:并列结构,形容词。俭省:俭约度日。

〔**注意**〕前者用于描写语言文字及其内容,不能写成"俭约";后者用于描写物质生活,不能写成"简约"。

俭省/减省(jiǎnshěng)

俭省:并列结构,形容词。不浪费财物:过日子懂得俭省。

减省:并列结构,动词。减少开支,节省用度:花费要减省一些。

〔**注意**〕前者强调节俭,不浪费,不能写成"减省";后者是实际减少开支、用度,不能写成"俭省"。

拣选/检选(jiǎnxuǎn)

拣选:并列结构,动词。选择:拣选其中优秀者。

检选:并列结构,动词。检查选出(不合标准、不合要求的)。

〔**注意**〕拣选,主要用于选优,不要写成"检选";检选,目的在于淘汰,不要写成"拣选"。

见于/鉴于(jiànyú)

见于:根缀结构,动词。指明出处或可以参看的地方:见于《昭明文选》。

鉴于:根缀结构,介词。觉察到,注意到:鉴于目前形势,可以考虑。

〔**注意**〕见于指所见之处,宾语是具体的,不能写成"鉴于";鉴于指考虑到某种情况,宾语是抽象无形的,不能写成"见于"。

交点/焦点(jiāodiǎn)

交点:定中结构,名词。线与线或面相交的点:经线和纬线的交点。

焦点:定中结构,名词。比喻事情的关键所在,争论集中之处。

〔注意〕交点,几何学术语不能写成"焦点";焦点,物理学术语引申为一般用语,不能写成"交点"。

交心/焦心(jiāoxīn)

交心:动宾结构,动词。把心里话毫无保留地说出来:我向你交心。

焦心:动宾结构,动词。心里焦躁,着急:没一点消息,真叫人焦心。

〔注意〕前者是把"心"交给别人,不能写成"焦心";后者是自己心里焦躁,不能写成"交心"。

浇注/浇筑/浇铸(jiāozhù)

浇注:并列结构,动词。将钢水等注入锭模:浇注钢锭。

浇筑:状中结构,动词。浇灌混凝土:浇筑水库大坝。

浇铸:状中结构,动词。传统印刷业用铅水浇制铅版。

〔注意〕浇注,用于冶金业,不要写成"浇筑"、"浇铸";浇筑,用于建筑业,不要写成"浇注"、"浇铸";浇铸,用于印刷业,不要写成"浇注"、"浇筑"。

娇气/骄气(jiāoqì)

娇气:定中结构,形容词。意志脆弱,怕苦怕累:经过磨炼,娇气全无。

骄气:定中结构,名词。骄傲自满,自以为是:从前骄气十足。

〔注意〕前者强调娇嫩,不能用"骄气";后者强调骄傲,不能用"娇气"。

节俭/节减(jiéjiǎn)

节俭:并列结构,形容词。节约俭省:过日子注意节俭。

节减:并列结构,动词。把不必要的钱和物减少下来:节减计划外开支。

〔注意〕前者强调俭省不要写成"节减";后者强调减少不要写"节俭"。

节余/结余(jiéyú)

节余:动补结构,动词。因节省而剩下:庆典费用节余三万元。

结余:动宾结构,名词。结算以后剩下的钱:年终有结余。

〔注意〕动词用法时不能写成"结余";名词用法时不能写成"节余"。

结尾/截尾(jiéwěi)

结尾:动宾结构,名词。结束的阶段:喜剧结尾。

截尾:动宾结构,动词。截去末端,截去尾部。

〔**注意**〕前者指出尾部的状况,不能写成“截尾”;后者是不要尾部,不能写成“结尾”。

截然/孑然(jiérán)

截然:根缀结构,形容词。像被截断一样,界限分明:截然不同。

孑然:根缀结构,形容词,孤单,孤独:孑然一身。

〔**注意**〕前者描写物体被截断的状态,不能写成“孑然”;后者描写人的处境,不能写成“截然”。

介词/借词(jiècí)

介词:定中结构,名词。语法术语,用于名词性成分之前构成介词短语。

借词:定中结构,名词。词汇学术语,从其他语言系统中借来的词语。

〔**注意**〕用作语法术语时,不要写成“借词”;用作词汇学术语时,不要写成“介词”。

借贷/借代(jièdài)

借贷:并列结构,动词。借钱:靠借贷度日。

借代:并列结构,名词。修辞方式的一种。

〔**注意**〕借贷指经济活动不能写成“借代”;借代指交际表达活动不能写成“借贷”。

借助/借住(jièzhù)

借助:连动结构,动词。依靠,凭借别人的帮助:借助科技界的力量。

借住:连动结构,动词。借别人的地方暂住:在朋友家借住几天。

〔**注意**〕借助为抽象动词,不能写成“借住”;借住是具体动作动词不能写成“借助”。

界限/界线(jièxiàn)

界限:并列结构,名词。不同事物的分界:是非界限要分清。

界线:定中结构,名词。地区间分界的线:赤道是南北两半球的界线。

〔注意〕界限表达的是抽象的概念,不能写成"界线";界线表达的是具体概念,不能写成"界限"。

金文/今文(jīnwén)

金文:定中结构,名词。铸造或镌刻在青铜器上的文字。

今文:定中结构,名词。汉代称当时通用的隶书。

〔注意〕青铜器上的文字不能写成"今文";指汉隶时不能写成"金文"。

进见/晋见/觐见(jìnjiàn)

进见:状中结构,动词。前去会见尊长。

晋见:状中结构,动词。会见上级。

觐见:状中结构,动词。朝见君主。

〔注意〕三者均为敬辞,尊重的程度依次递增,依据所见对象选择使用。

进入/浸入(jìnrù)

进入:动补结构,动词。进到了某个范围(空间或时间)里:进入繁荣时期/进入危险地带。

浸入:动补结构,动词。泡在液体里:逐渐浸入水中。

〔注意〕进入,表示整个物体到里面去了,不表现过程,不能写成"浸入";浸入,不仅表示泡在液体里,而且有一个渐进的过程,不能写成"进入"。

近情/尽情(jìnqíng)

近情:动宾结构,形容词。合乎情理:这样做太不近情了。

尽情:动宾结构,副词。尽量满足自己的情感:尽情歌唱。

〔注意〕形容词用法时,不能写成"尽情";副词用法时,不能写成"近情"。

精度/经度(jīngdù)

精度:定中结构,名词。精确、精密的程度:零件的精度要十分严格。

经度:定中结构,名词。地球表面东西距离的度数。

〔注意〕精度,强调精确、精密,不能写成"经度";经度为专用名词,表示专指时不能写成“精度”。

精炼/精练(jīngliàn)

精炼:状中结构,动词。除去杂质,精细地提炼:精炼油。

精练:并列结构,形容词。没有多余的词句:语言精练。

〔注意〕动词用法时不能写成“精练”;形容词用法时不能写成“精炼”。

精心/经心(jīngxīn)

精心:动宾结构,形容词。格外用心,专心用力:精心加工。

经心:动宾结构,动词。在意,留心:我一定经心此事。

〔注意〕前者强调精细用心,可作状语,不能写成“经心”;后者表示用心于某事,带宾语,不能写成“精心”。

精致/精制(jīngzhì)

精致:并列结构,形容词。精巧细致:做工十分精致。

精制:状中结构,动词。精心制造,在初加工的基础上精细加工。

〔注意〕形容词用法表示产品的特点,不能写成“精制”;动词用法表示怎样制作,不能写成“精致”。

经济/经纪(jīngjì)

经济:并列结构,名词。社会物质生产和再生产的活动:搞活经济。

经纪:并列结构,动词。筹划并管理:善于经纪。

〔注意〕名词用法时不能写成“经纪”;动词用法时不能写成“经济”。

经纶/腈纶(jīnglun)

经纶:并列结构,名词。原意为整理过的蚕丝,比喻政治上的设想、韬略和才能:满腹经纶。

腈纶:定中结构,名词。用丙烯腈合成的纤维。

〔注意〕经纶为抽象名词,不能写成“腈纶”;腈纶为具体名词,不能写成“经纶”。

竟自/径自(jìngzì)

竟自:状中结构,副词。竟然:没有吃药竟自好了。

径自:状中结构,副词。表示只凭自己主观行事:不打招呼径自走了。

〔注意〕竟自表示出乎意料,不能写成“径自”;径自表示不受任何约束自行其事,不能写成“竟自”。

境域/境遇(jìngyù)

境域:并列结构,名词。某种环境和地步,境地:危险境域。

境遇:并列结构,名词。境况和遭遇:摆脱了困难的境遇。

〔注意〕境域只表示静态的环境,不要写成“境遇”;境遇除表示环境外还表示遭遇到的事情,含有动态情况在内,不要写成“境域”。

拘留/居留(jūliú)

拘留:状中结构,动词。公安机关把人犯看押起来在一定时间内限制其人身自由:拘留十五天。

居留:并列结构,动词。停留居住:允许在境内长期居留。

〔注意〕前者为公安司法用语,不能写成“居留”;后者为居住行政用语,不能写成“拘留”。

具有/据有(jùyǒu)

具有:并列结构,动词。有:具有很多特点。

据有:状中结构,动词。占有:独自据有。

〔注意〕前者只带表示抽象事物的宾语,不能写成“据有”;后者多半带表示具体事物的宾语,财物、资料等,不能写成“具有”。

决斗/角斗(juédòu)

决斗:状中结构,动词。决定最后胜负所进行的你死我活的斗争。

角斗:并列结构,动词。搏斗比赛;在比赛场上进行角斗。

〔注意〕前者表示生死搏斗,不要写成“角斗”;后者表示比赛性的较量,不能写成“决斗”。

决口/绝口(juékǒu)

决口:动宾结构,动词。河堤被洪水冲出缺口:大堤决口了。

绝口:动宾结构,动词。回避问题一句话不说:绝口不谈。

〔注意〕前者表示自然界现象的动词,不能写成“绝口”;后者表示人的活动行为,不能写成“决口”。

决议/决意(juéyì)

决议:定中结构,名词。经过一定会议表决通过的议案:大会决议。

决意:动宾结构,动词。拿定主意:决意到西部去发展。

〔**注意**〕名词性用法不能写成“决意”;动词性用法不能写成“决议”。

绝迹/绝技(juéjì)

绝迹:动宾结构,动词。断绝了踪迹:匪患从此绝迹。

绝技:定中结构,名词。独一无二的技艺:身怀绝技。

〔**注意**〕动词用法时不能写成“绝技”;名词用法时不能写成“绝迹”。

K

开火/开伙(kāihuǒ)

开火:动宾结构,动词。开始打仗,开枪打起来了:双方已经开火了。

开伙:动宾结构,动词。开办伙食:所有的食堂都已开伙。

〔**注意**〕前者指战争,不能写“开伙”;后者指集体生活,不能写“开火”。

开进/开禁(kāijìn)

开进:动补结构,动词。队伍集体进入:向市区开进。

开禁:动宾结构,动词。解除禁令:个人兴办企业早已开禁了。

〔**注意**〕前者表示进入,不能用“开禁”;后者表示解除,不能用“开进”。

开言/开颜(kāiyán)

开言:动宾结构,动词。开口说话:未曾开言先流泪。

开颜:动宾结构,动词。脸上出现高兴的样子:三军过后尽开颜。

〔**注意**〕前者指说话,不能写成“开颜”;后者指表情,不能写成“开言”。

看轻/看清(kànqīng)

看轻:动补结构,动词。没有重视:不能看轻这类问题。

看清:动补结构,动词。认清,看清楚了:看清问题的本质。

〔**注意**〕前者表义的角度是否定的,不能写成“看清”;后者表义的角度是肯定的,不能写成“看轻”。

看中/看重(kànzhòng)

看中:动补结构,动词。经过观察感觉满意:没看中那种款式。

看重:动补结构,动词。重视,看得起:看重才能。

〔**注意**〕前者表示满意,不要用“看重”;后者表示重视,不要用“看中”。

考察/考查(kǎochá)

考察:并列结构,动词。实地观察了解:考察野生动物分布情况。

考查:连动结构,动词。用一定标准检查衡量:考查干部工作业绩。

〔**注意**〕考察只是客观地了解,为了弄清实际情况,不要写成“考查”;考查是权力部门的一种行为,了解情况后有权进行一定的处理,不要写成“考察”。

考试/考释(kǎoshì)

考试:并列结构,名词、动词。一种检查知识和技能的活动和方法:入学考试。

考释:并列结构,动词。对古文字进行考证并给以解释:考释古文字。

〔**注意**〕考试是检查人对知识和技能的掌握,不能写成“考释”;考释是专指对古文字的考证并通过考证做出一定的解释,不能写成“考试”。

考问/拷问(kǎowèn)

考问:并列结构,动词。考察询问:不信,可以考问所有的人。

拷问:状中结构,动词。拷打审问,刑讯性质的询问:不怕敌人拷问。

〔**注意**〕考问是一般的权势对话,只是询问,不能写成“拷问”;拷问是用拷打的方式来询问,不能写成“考问”。

课本/刻本(kèběn)

课本:定中结构,名词。教科书:中学课本/专业学校课本。

刻本:定中结构,名词。用木刻版印成的书:宋代刻本/明刻本。

〔**注意**〕课本是教学用的书本,指出书本的用途,不能写成“刻本”;刻本指的是书本的印刷方式,不能写成“课本”。

空阔/空廓(kōngkuò)

空阔:并列结构,形容词。地方开阔,没有树木、建筑物:空阔的原野。

空廓:并列结构,形容词。空旷而又辽阔:蔚蓝的天,空廓而又深邃。

〔**注意**〕空阔,描写地面等近视野,不要写成"空廓";空廓,描写远视野、天空,不要写成"空阔"。

口型/口形(kǒuxíng)

口型:定中结构,名词。指说话、发音时口的形状。

口形:定中结构,名词。指人的嘴长的形状。

〔**注意**〕前者指人做出的嘴的形状,不要写成"口形";后者指人的嘴先天生成的形状,不要写成"口型"。

苦工/苦功(kǔgōng)

苦工:定中结构,名词。指旧时的繁重艰苦的体力劳动及劳动者:做苦工。

苦功:定中结构,名词。刻苦的功夫:不下苦功不能获得这样的成就。

〔**注意**〕苦工,用于指人的艰苦劳动和做艰苦劳动的人,不要写成"苦功";苦功,用于人艰苦努力所花费的时间和取得的成效,不要写成"苦工"。

宽贷/宽待/宽带(kuāndài)

宽贷:并列结构,动词。宽容,饶恕:再不悔改,决不宽贷。

宽待:状中结构,动词。宽大对待:宽待俘虏。

宽带:定中结构,名词。电脑上网的方式:宽带网/宽带上网。

〔**注意**〕宽贷指对事情、错误而言,不要写成"宽待";宽待指对人而言,不要写成"宽贷"。宽带指电脑,不要写成"宽贷"、"宽待"。

L

拉锁/拉索(lāsuǒ)

拉锁:定中结构,名词。长条形的可以拉开合上的锁链:皮包上的拉锁。

拉索:定中结构,名词。起拉拽作用的绳索:拉索桥。

〔**注意**〕前者指锁链,不要写成"拉索";后者指绳索,不要写成"拉锁"。

里手$_1$/里手$_2$/里首(lǐshǒu)

里手$_1$:定中结构,名词。靠里面的一边:一进门里手有一排书柜。

里手$_2$:定中结构,名词。内行,行家:修理电脑的里手。

里首:定中结构,名词。里面,里头:请到里首坐。

〔**注意**〕除指人外,二者都表示相对方位。里手以建筑部件或家具为参照物,指在参照物的里面,不要写成“里首”;里首指所进入的空间的里面,相对于外面而言,不要写成“里手”。

礼俗/俚俗(lǐsú)

礼俗:定中结构,名词。婚丧嫁娶社会交往的礼节习俗。

俚俗:并列结构,形容词。粗野庸俗。

〔**注意**〕二者词义内容感情色彩相对。名词用法有一定的褒义,不能写成“俚俗”;形容词用法有明显贬义,不能写成“礼俗”。

力场/立场(lìchǎng)

力场:定中结构,名词。电工学术语,力的超距作用形成的场。

立场:定中结构,名词。观察和处理问题时所处的地位和所抱有的态度。

〔**注意**〕前者为科技术语,不能写成“立场”;后者为一般生活工作用语,不能写成“力场”。

力行/厉行(lìxíng)

力行:状中结构,动词。努力去做:身体力行。

厉行:状中结构,动词。严格实行,用严厉手段去推行:厉行节约。

〔**注意**〕前者用于指个人的行为,不要写成“厉行”;后者指社会行政管理行为,不要写成“力行”。

立时/历时(lìshí)

立时:定中结构,副词。立刻:问题立时得到解决。

历时:动宾结构,动词。经历多长时间:历时五个半小时。

〔**注意**〕副词用法时不能写成“历时”;动词用法时不能写成“立时”。

立言/例言(lìyán)

立言:动宾结构,动词。指著书立说:生前立言流传后世。

例言:定中结构,名词。书的正文前面说明内容、体例的文字。

〔**注意**〕动词用法指建立言论,不能写成"例言";名词用法指说明体例,不能写成"立言"。

立意/立异(lìyì)

立意:动宾结构,动词。打定主意:立意改革。

立异:动宾结构,动词。持不同的态度或看法:标新立异。

〔**注意**〕前者指下定决心,确立一种想法,不能写成"立异";后者指持有不同的看法,不能写成"立意"。

利钱/力钱(lìqián)

利钱:定中结构,名词。利息:钱存到银行得点利钱。

力钱:定中结构,名词。脚钱(出力的报酬)。每天赚些力钱。

〔**注意**〕前者是由钱生出来的钱,不能写成"力钱";后者是出卖力气获得的钱,不能写成"利钱"。

连作/连坐(liànzuò)

连作:状中结构,动词。在同一块田连续几茬种植同一种作物。

连坐:状中结构,动词。旧时一种法律制度,一人犯罪株连其他没有犯法的人也算犯罪。

〔**注意**〕前者指田地耕作,不能用"连坐";后者指犯罪,不能用"连作"。

裣衽/敛衽(liǎnrèn)

裣衽:并列结构,动词。旧时妇女行下蹲式礼。

敛衽:动宾结构,动词。整理衣襟,表示恭敬。

〔**注意**〕前者专指妇女旧式行礼,不能写成"敛衽";后者指任何人的一种动作,不能写成"裣衽"。

粮站/粮栈(liángzhàn)

粮站:定中结构,名词。调拨、管理粮食的机关。

粮栈:定中结构,名词。旧时经营粮食批发业务的粮店,存放粮食的货栈。

〔注意〕前者是管理粮食的机关，不要写成“粮栈”；后者是批发买卖、存放粮食的地方，不要写成“粮站”。

辽阔/寥廓(liáokuò)

辽阔：并列结构，形容词。辽远广阔：辽阔的草原。

寥廓：并列结构，形容词。高远空旷：晴空寥廓，万里无云。

〔注意〕前者主要用于描写地面，不要写成“寥廓”；后者主要用于描写立体视野地面和高空，不要写成“辽阔”。

猎狗/鬣狗(liègǒu)

猎狗：定中结构，名词。经过训练用于打猎的狗：带着猎狗进山。

鬣狗：定中结构，名词。外形像狗似的食肉野生动物。

〔注意〕前者属于家畜类，不要写成“鬣狗”；后者是野生动物，不要写成“猎狗”。

临近/邻近(línjìn)

临近：动补结构，动词。接近某个时间或地区：临近高考/临近野猪出没的地方。

邻近：并列结构，动词。相邻靠近：邻近大别山。

〔注意〕前者对相对的时间或空间而言，不能写成“邻近”；后者对固定位置的地理目标而言，不能写成“临近”。

灵寝/陵寝(língqǐn)

灵寝：定中结构，名词。停放灵柩的地方。

陵寝：定中结构，名词。皇帝的坟墓。

〔注意〕前者泛指出殡前停放棺木尸身的地方，不能写成“陵寝”；后者专指皇帝的坟墓，不能写成“灵寝”。

流传/留传(liúchuán)

流传：状中结构，动词。流行传播开来：社会上流传的故事。

留传：连动结构，动词。遗留下来传给后代：留传于后人。

〔注意〕前者是指同时代内的传播，多指言论、故事，不要写成“留传”；

后者是留给下一代,多指具体物品,不要写成"流传"。

流利/流丽(liúlì)

流利:并列结构,形容词。话说得流畅而清楚:说一口流利的英语。

流丽:并列结构,形容词。诗文书法流畅而华美:一手流丽的行书。

〔**注意**〕前者描写说话,不要写成"流丽";后者描写写作、书法,不要写成"流利"。

路标/陆标(lùbiāo)

路标:定中结构,名词。指示路线和道路的交通标志:行车看路标。

陆标:定中结构,名词。地面上为飞机导航的标志。

〔**注意**〕前者为一般交通的标志,不要写成"陆标";后者专指为飞机导航的标志,不要写成"路标"。

路基/陆基(lùjī)

路基:定中结构,名词。铁路和公路的基础:首先修好路基。

陆基:定中结构,名词。地理学术语,大陆边缘处大陆坡与深海平原之间的转折部分。

〔**注意**〕前者指地面上的道路说的,不能写成"陆基";后者指陆地的基础部分,不能写成"路基"。

落地/落第(luòdì)

落地:动宾结构,动词。指婴儿降生:落地时哭声特大。

落第:动宾结构,动词。科举时代考试落榜:落第举子。

〔**注意**〕前者指降生,不能写成"落第";后者指落榜,不能写成"落地"。

马兰/马蓝(mǎlán)

马兰:定中结构,名词。多年生草本植物,叶互生披针形,紫色花。

马蓝:定中结构,名词。长绿草本植物,叶对生椭圆形,靛蓝原料。

〔**注意**〕分清词语实际所指,确定书写字形,不能互相代替。

漫骂/谩骂(mànmà)

漫骂:状中结构,动词。没有明确对象放肆地乱骂。

谩骂:状中结构,动词。带有轻慢、嘲讽的态度骂人。

〔**注意**〕前者态度放肆而又张狂,不要写成“谩骂”;后者强调态度轻慢、嘲讽,不要写成“漫骂”。

蔓延/曼延(mànyán)

蔓延:状中结构,动词。像蔓草一样不断地向周围扩展:火势蔓延开来。

曼延:联绵词,形容词。连绵不断:曼延曲折的山间小路。

〔**注意**〕动词用法强调的是不断扩展,不能写成“曼延”;形容词用法描写连绵不断的状态,不能写成“蔓延”。

朦胧/矇眬/曚昽(ménglóng)

朦胧:联绵词,形容词。形容月光不明的样子:朦胧的月色。

矇眬:联绵词,形容词。目光不明,视物不清的样子:睡眼矇眬。

曚昽:联绵词,形容词。日光不强的样子:日光曚昽。

〔**注意**〕根据描写对象,选择相应偏旁的汉字来使用:描写月光用“朦胧”;描写目光用“矇眬”;描写日光用“曚昽”。

迷漫/弥漫(mímàn)

迷漫:并列结构,动词。茫茫一片看不清楚:江面上大雾迷漫。

弥漫:并列结构,动词。云雾、烟气、尘土散布充满一定的空间:车队过去,土路上烟尘弥漫。

〔**注意**〕前者是从整体环境来描写的,不要写成“弥漫”;后者是从充塞物角度来描写的,不要写成“迷漫”。

渺茫/淼茫(miǎománg)

渺茫:并列结构,形容词。因离得远而看不清,引申为难以预期:前途渺茫/希望渺茫。

淼茫:并列结构,形容词。水面宽阔看不清远处:湖面烟雾淼茫。

〔**注意**〕前者指在陆地、空中,并多用引申义,不要写成“淼茫”;后者专指宽广的水面,不要写成“渺茫”。

渺小/藐小(miǎoxiǎo)

渺小:并列结构,形容词。极远处物体小而看不清:渔帆渺小无踪影。

藐小:并列结构,形容词。显得非常微小:一己私利十分藐小。

〔**注意**〕前者用于描写远处具体物体,不要写成“藐小”;后者描写抽象事物,不要写成“渺小”。

明镜/明净(míngjìng)

明镜:定中结构,名词。明亮的镜子:湖水像一片明镜,清澈见底。

明净:并列结构,形容词。明朗而洁净:明净的天空。

〔**注意**〕名词用法指物体,不能写成“明净”;形容词用法描写状态,不能写成“明镜”。

模本/摹本(móběn)

模本:定中结构,名词。作为摹写用的底本:以原画为模本。

摹本:定中结构,名词。摹写下来的书画:原本已遗失,这是摹本。

〔**注意**〕模本指摹写所遵照的底本,不能写成“摹本”;摹本是摹写下来的本子,不能写成“模本”。

模式/摹式(móshì)

模式:定中结构,名词。让人照着做的样式:新的行为模式。

摹式:定中结构,名词。数学概念,一种元素的类。

〔**注意**〕前者为一般名词,不能写成“摹式”;后者为专有名词,不能写成“模式”。

魔杖/魔障(mózhàng)

魔杖:定中结构,名词。魔术师的手杖。

魔障:定中结构,名词。佛教指人心中的烦恼,恶魔所设的障碍。

〔**注意**〕前者为表示物品的具体名词,不能写成“魔障”;后者为表示思维的抽象名词,不能写成“魔杖”。

木板/木版(mùbǎn)

木板:定中结构,名词。加工成板状的木材:桥上搭有木板。

木版:定中结构,名词。木制的印刷版:木版印刷。

〔**注意**〕前者指一般的木质板材,不要写成“木版”;后者专指木制的印刷版,不要写成“木板”。

N

男生/男声(nánshēng)

男生:定中结构,名词。男学生:班里男生女生各占一半。

男声:定中结构,名词。声乐中的男子声部:合唱队里男声比较弱。

〔**注意**〕前者指人,不能用“男声”;后者指音乐声部,不能用“男生”。

拟订/拟定(nǐdìng)

拟订:状中结构,动词。正在草拟,尚未确定:拟订了一个基本计划。

拟定:动补结构,动词。草拟确定:文稿已经拟定。

〔**注意**〕前者只表示草拟,尚未确定,不要写成“拟定”;后者表示草拟完了并确定下来,不要写成“拟订”。

溺爱/昵爱(nì'ài)

溺爱:状中结构,动词。娇惯宠爱:对小孩不能溺爱。

昵爱:状中结构,动词。亲昵地爱恋:两人彼此昵爱。

〔**注意**〕溺爱指宠爱,贬义,多用于对小孩,不要写成“昵爱”;昵爱多用于恋人、年轻夫妻之间,不要写成“溺爱”。

年轻/年青(niánqīng)

年轻:主谓结构,形容词。年纪相对比较小一些(六十岁比七十岁年轻)。

年青:主谓结构,形容词。年纪小,多指青年人。

〔**注意**〕前者描写相对年纪,不要写成“年青”;后者描写绝对年纪。

年终/年中(niánzhōng)

年终:定中结构,名词。一年的末了:年终奖金。

年中:定中结构,名词。一年的中间:年中阶段总结。

〔**注意**〕前者表示经过了一整年,不能写成“年中”;后者表示经过了半年,不能写成"年终"。

宁静/宁靖(níngjìng)

宁静:并列结构,形容词。安宁肃静:心情宁静。

宁靖:并列结构,形容词。社会秩序安定:边疆宁靖无事。

〔**注意**〕前者用于描写心情、环境,指不嘈杂,不要写成"宁靖";后者用于表示社会状况,指无动乱,不要写成"宁静"。

P

盘结/盘诘(pánjié)

盘结:状中结构,动词。一圈一圈地缠绕:绿藤紧紧盘结在树干上。

盘诘:状中结构,动词。刨根问底地追问:反复盘诘也无结果。

〔**注意**〕前者为具体动作动词,不能写成"盘诘";后者为言语活动动词,不能写成"盘结"。

配置/配制(pèizhì)

配置:并列结构,动词。配备布置:重新配置火力。

配制:状中结构,动词。调配制造:配制无毒农药。

〔**注意**〕前者强调安排,不能用"配制";后者强调制造,不能用"配置"。

批阅/披阅(pīyuè)

批阅:并列结构,动词。阅读并加以批示或批改:不停地批阅文件。

披阅:状中结构,动词。翻看书籍:批阅群书。

〔**注意**〕前者负领导责任批示阅读,不能写成"披阅";后者指一般地翻看,不能写成"批阅"。

漂浮/飘浮/飘拂(piāofú)

漂浮:并列结构,动词。在水面上漂游浮动:小船无人驾驶,在水面上漂浮。

飘浮:并列结构,动词。在空中漂游浮动:一片落叶在风中飘浮。

飘拂:并列结构,动词。旗子等在空中舒卷拂动:红旗在微风中飘拂。

〔**注意**〕漂浮,强调在水中,不能写成"飘浮"、"飘拂";飘浮、飘拂,强调在空中,不能写成“漂浮”。飘浮,强调游动,飘拂,有固定点。

品位/品味(pǐnwèi)

品位:并列结构,名词。品级官位;物品质量;对矿石中所含元素或化合物比率的评定。

品味:并列结构,动词。品尝体味:仔细品味。

〔**注意**〕名词用法主要指等级,不能写成“品味”;动词用法指品尝感受,不能写成“品位”。

平板/平版(píngbǎn)

平板:并列结构,形容词。平淡死板,没有起伏变化:为人过于平板。

平版:定中结构,名词。表面平光没有凸凹纹的印刷版。

〔**注意**〕根据词性和词义所指,选择区分使用。

平定/评定(píngdìng)

平定:并列结构,形容词。平稳安定;动补结构,动词。平息叛乱。

评定:动补结构,动词。经过审评确定下来:评定职称。

〔**注意**〕动词用法时,前者是用武力镇压使平定下来,不能写成“评定”;后者是审评确定,不能写成“平定”。

平静/平靖(píngjìng)

平静:并列结构,形容词。平和而又安静:显得很平静。

平靖:并列结构,动词。平定镇压叛乱使社会安定。

〔**注意**〕形容词用法时不能写成“平靖”;动词用法时不能写成“平静”。

评工/评功(pínggōng)

评工:动宾结构,动词。平定工作成绩。

评功:动宾结构,动词。评定功绩。

〔**注意**〕前者是对工作好坏做出评价,感情色彩中性,不要写成“评功”;后者是对功劳、贡献大小做出评定,感情色彩褒义,不能写成“评工”。

Q

歧义/歧异(qíyì)

歧义:定中结构,名词。语言文字有两种或几种不同的意义。

歧异:并列结构,名词。分歧和差异。两种主张歧异太大无法统一。

〔**注意**〕前者专指语言文字而言,不能写成“歧异”;后者指主张、见解而言,不能写成“歧义”。

启示/启事(qǐshì)

启示:并列结构,动词。启发提示,使人有所领悟:启示人们去思考。

启事:动宾结构,名词。一种公开声明事情的应用文体:招聘启事。

〔**注意**〕前者为动词,带宾语,不能写成“启事”;后者为名词,不能写成“启示”。

启用/起用(qǐyòng)

启用:连动结构,动词。开始使用:新程序今日启用。

起用:连动结构,动词。提拔任用:起用一批新人。

〔**注意**〕前者用于事物,不能写成“起用”;后者用于人,不能写成“启用”。

气化/汽化(qìhuà)

气化:根缀结构,动词。任何一种物质转化成为气体的化学或热过程。

汽化:根缀结构,动词。液体变为气体。

〔**注意**〕前者词义概括的范围广,后者专指液体变为气体。除液体变为气体外,其余的气化过程不能写成“汽化”。

气宇/器宇(qìyǔ)

气宇:定中结构,名词。气概、气魄所表现出的度量:气宇轩昂。

器宇:定中结构,名词。人的外表和风度:器宇不凡。

〔**注意**〕前者强调人的内在气质,后者着重描写人的外在表现,二者经常通用。

气运/气韵(qìyùn)

气运:并列结构,名词。命运,运气:近年来气运不佳。

气韵:并列结构,名词。气质和韵味:这幅画气韵别致。

〔**注意**〕前者指人的遭遇对人所产生的影响,词义抽象,不能写成"气韵";后者指诗文、艺术作品所表现出的风格特点,不能写成"气运"。

浅显/浅鲜(qiǎnxiǎn)

浅显:并列结构,形容词。言语表达浅近易懂:需要一些浅显的文章。

浅鲜:并列结构,形容词。微薄,数量少、价值小:能力浅鲜。

〔**注意**〕浅显指风格特点,不要写成"浅鲜";浅鲜指数量、价值,不要写成"浅显"。

欠身/欠伸(qiànshēn)

欠身:动宾结构,动词。身体稍微向上向前,表示尊敬:欠身示意。

欠伸:并列结构,动词。打哈欠,伸懒腰。

〔**注意**〕前者是表示礼貌的行为,不能写成"欠伸";后者是解除疲劳的动作,不能写成"欠身"。

墙角/墙脚(qiángjiǎo)

墙角:定中结构,名词。两堵墙相接形成的角:在墙角处避风。

墙脚:定中结构,名词。墙基,墙的下段与地面接触的部分,比喻基础:挖人家墙脚。

〔**注意**〕前者是立体的,两个不同方向的墙体形成一定角度之处,不能写成"墙脚";后者指墙的下部,基础,不能写成"墙角"。

悄然/愀然(qiǎorán)

悄然:根缀结构,形容词。忧愁的样子:悄然泪下。

愀然:根缀结构,形容词。神情严肃愤怨的样子:愀然作色。

〔**注意**〕前者表示忧愁,不要用"愀然";后者表示严肃愤怨,不要用"悄然"。

清净/清静(qīngjìng)

清净:并列结构,形容词。清澈明净;没有事情打扰:湖水清净见底/

耳根清净。

清静:并列结构,形容词。环境安静,不嘈杂:公园里清静幽雅。

〔注意〕前者除用于指水明净外,主要用于描写心理感受,没有事情干扰打搅,不能写成“清静”;后者用于描写环境,不能写成“清净”。

清新/清馨(qīngxīn)

清新:并列结构,形容词。清爽而又新鲜:环境幽雅,空气清新。

清馨:并列结构,形容词。清香:百花盛开,满园清馨。

〔注意〕前者指一般的清爽新鲜,后者除指清爽新鲜外强调带有一股香味。

情节/情结(qíngjié)

情节:定中结构,名词。事情的变化和经过:情节生动的故事。

情结:定中结构,名词。心中的感情纠葛:浓重的思乡情结。

〔注意〕前者说明客观事物,不能写成“情结”;后者指心理状况,不能写成“情节”。

情势/情事(qíngshì)

情势:定中结构,名词。事情的现状和发展趋势:情势十分紧急。

情事:并列结构,名词。情况和事实。家乡的情事。

〔注意〕前者指事情的状态和势头,不要写成“情事”;后者指具体情况和事件,不要写成“情势”。

情谊/情意/情义(qíngyì)

情谊:并列结构,名词。感情和友谊:无比珍贵的情谊。

情意:定中结构,名词。对人的感情:情意绵绵。

情义:并列结构,名词。亲朋、同志间应有的感情。

〔注意〕情谊,强调友谊,用于社会人际交往,不要写成“情意”、“情义”;情意,强调爱恋的感情,多用于恋爱的男女之间,不要写成“情谊”、“情义”;情义,强调义气,用于朋友同志之间,不要写成“情谊”,“情意”。

权利/权力(quánlì)

权利:并列结构,名词。公民或法人依法行使的权力和享有的利益。

权力：定中结构，名词。政治上的强制力量；职责范围内的支配力量。

〔注意〕前者强调的是权和利，是与人的政治地位一致的，不要写成"权力"；后者强调一种力量，有强制性和支配性，不要写成"权利"。

权术/权数(quánshù)

权术：并列结构，名词。权谋和手段(含贬义)：善于玩弄权术。

权数：定中结构，名词。应变的机智和办法(无贬义)：超群的权数。

〔注意〕前者贬义色彩很重，不要写成"权数"；后者无贬义，有时略带褒义，不要写成"权术"。

R

人士/人氏(rénshì)

人士：并列结构，名词。有一定社会影响的人物：知名人士。

人氏：并列结构，名词。人(指籍贯说)：山西太原人氏。

〔注意〕前者强调人的社会地位和影响，不能写成"人氏"；后者用于说明那里的人，不能写成"人士"。

人事/人世(rénshì)

人事：定中结构，名词。有关人的事情(人的遭遇，人际关系，人的使用管理工作，人情往来等等)。

人世：定中结构，名词。人间，社会：不久于人世。

〔注意〕前者指人的有关事情，不能写成"人世"；后者指人生活的世界，不能写成"人事"。

融化/溶化/熔化(rónghuà)

融化：并列结构，动词。冻结的东西化解了：冰冻的心融化了。

溶化：并列结构，动词。化解成水或溶解于水等液体中：冰雪溶化/盐在水中开始溶化。

熔化：并列结构，动词。加热到高温使固体金属化成液体：熔化金块。

〔注意〕融化，多用于比喻义，与"溶化"通用，但不能写成"熔化"；溶化多指固体溶解于液体中；熔化，指把固态金属化为液态，不能写成"融化”、“溶化”。

溶剂/熔剂(róngjì)

溶剂:定中结构,名词。能溶解别种物质的液体。

熔剂:定中结构,名词。有助于金属熔化的物质。

〔**注意**〕溶剂是液体性质的物质,不能写成“熔剂”;熔剂是固体性质的物质,不能写成“溶剂”。

溶解/熔解/融解(róngjiě)

溶解:并列结构,动词。溶化。

熔解:并列结构,动词。熔化。

融解:并列结构,动词。融化。

〔**注意**〕三者的使用及其区别见(融化/溶化/熔化)条。

纱布/砂布(shābù)

纱布:定中结构,名词。包扎伤口用的消过毒的药布:用纱布包扎好。

砂布:定中结构,名词。用来磨光器物表面的粘有金刚砂的布。

〔**注意**〕二者质地不同、功用不同,包扎伤口用时不能写成“砂布”;打磨器物用时不能写成“纱布”。

沙龙/纱笼(shālóng)

沙龙:音译外来词,名词。原义为客厅,后指文人雅士聚会的场所。

纱笼:定中结构,名词。东南亚一带人穿的一种用长布裹住身体的衣服。

〔**注意**〕前者指处所,不能写成“纱笼”;后者指衣服,不能写成“沙龙”。

沙眼/砂眼(shāyǎn)

沙眼:定中结构,名词。眼睛的一种慢性传染病。

砂眼:定中结构,名词。铸件内部或表面上的小孔。

〔**注意**〕前者指眼疾,不能写成“砂眼”;后者指铸造工艺的缺陷,不能写成“沙眼”。

芟除/删除(shānchú)

芟除:动补结构,动词。除去杂草:杂草已芟除干净。

删除:动补结构,动词。去掉文辞中的字句或段落:臃词必须删除。

〔注意〕前者用于除去杂草等,不能写成"删除";后者用于去掉字句,不能写成"芟除"。

扇动/煽动(shāndòng)

扇动:状中结构,动词。摇动(像扇子一类的东西):扇动翅膀。

煽动:状中结构,动词。鼓动:煽动大家的不满情绪。

〔注意〕前者是具体动作动词,不能写成"煽动";后者是言语行为动词,不能写成"扇动"。

伤势/伤逝(shāngshì)

伤势:定中结构,名词。受伤的情况:伤势不重。

伤逝:动宾结构,动词:悲伤地悼念去世的人。

〔注意〕名词用法时,不能写成"伤逝";动词用法时,不能写成"伤势"。

上风/上峰(shàngfēng)

上风:定中结构,名词。风刮来的那一方:站在上风头喷药。

上峰:定中结构,名词。旧时指上级长官:上峰的命令。

〔注意〕前者指空气的流动,不能用"上峰";后者指上级,不能用"上风"。

上路/上陆(shànglù)

上路:动宾结构,动词。动身,出门旅行开始踏上路途:已经上路了。

上陆:动宾结构,动词。从江河、海洋中登上陆地:上陆时太阳刚出。

〔注意〕前者表示旅行开始踏上旅途,不能写成"上陆";后者指登上陆地,不能写成"上路"。

神志/神智(shénzhì)

神志:并列结构,名词。精神和意志:神志清楚。

神智:并列结构,名词。精神智慧:很有神智的孩子。

〔注意〕前者指人脑的生理构造的功能,不要写成"神智";后者指人后天习得的聪明和智慧，不要写成“神志”。

审定/审订(shěndìng)

审定：动补结构，动词。审查之后决定下来：已经审定可以执行。

审订：并列结构，动词。审阅修订：由专家委员会审订。

〔**注意**〕前者指审查完了做出决定，不能写成“审订”；后者表示只负责审查修订，不做决定，不能写成“审定”。

生气$_1$/生气$_2$/声气(shēngqì)

生气$_1$：动宾结构，动词。因不合心意而不高兴：动不动就生气。

生气$_2$：定中结构，名词。生命力：虎虎有生气。

声气：并列结构，名词。消息：好久没有他的声气了。

〔**注意**〕根据词义表达的内容，确定字形。前者是产生和活生生的“生”，后者是声音的“声”。

生事/生势/声势(shēngshì)

生事：动宾结构，动词。制造事端：借故生事。

生势：定中结构，名词。生长的趋势、势头：庄稼的生势旺盛。

声势：并列结构，名词。声威和气势：声势浩大。

〔**注意**〕动词用法指生出事端，不能写成“生势”、“声势”；名词用法要区分是“趋势”还是“气势”，表趋势时不能写成“声势”；表气势时不能写成“生势”。

圣地/胜地(shèngdì)

圣地：定中结构，名词。具有重大历史意义和作用的地方：革命圣地。

胜地：定中结构，名词。名胜之地，著名的风景优美之地：旅游胜地。

〔**注意**〕前者强调政治历史意义，不能写成“胜地”；后者强调自然风景，不能写成“圣地”。

盛世/盛事(shèngshì)

盛世：定中结构，名词。兴盛的时代：欣逢盛世，人民安居乐业。

盛事：定中结构，名词。盛大的事情：建国盛事大典。

〔**注意**〕前者指时代不能写成“盛事”；后者指事情不能写成“盛世”。

失事/失势(shīshì)

失事:动宾结构,动词。发生意外不幸事故:飞机失事。

失势:动宾结构,动词。失去权势:昨日权臣,今朝失势。

〔**注意**〕前者指出了事故,不能写成“失势”;后者指失去权势,不能写成“失事”。

师傅/师父(shīfù)

师傅:并列结构,名词。传授技艺的老师:对有技艺人的尊称。

师父:并列结构,名词。传统行业对老师的尊称,对和尚、尼姑的敬称。

〔**注意**〕前者表示师徒关系的名词,后者做称谓用,不要写成“师傅”。

石板/石版(shíbǎn)

石板:定中结构,名词。片状如木板样的石材,石板做成的书写文具。

石版:定中结构,名词。石印用的印刷版:石版印刷。

〔**注意**〕前者为一般的石板,后者专指石制的印刷版。一般石板不能写成“石版”,石制的印刷版也不能写成“石板”。

时式/时势(shíshì)

时式:定中结构,名词。时新的样式:时式冬装。

时势:定中结构,名词。某个时期的客观形势:时势造英雄。

〔**注意**〕前者指样式不能写成“时势”;后者指形势不能写成“时式”。

时事/时世(shíshì)

时事:定中结构,名词。最近的国内外新闻、大事:关心时事。

时世:定中结构,名词。时代:对时世的认识。

〔**注意**〕前者指事件、事情,不能写“时世”;后者指时代,不能写“时事”。

时限/时线(shíxiàn)

时限:定中结构,名词。时间或完成某种工作的期限:放宽时限。

时线:定中结构,名词。地质图表上表示地质年代画出的线。

〔**注意**〕前者指期限,不能写成“时线”;后者指画线,不能写成“时限”。

时效/实效(shíxiào)

时效:定中结构,名词。一定时间内的效用:超过时效就不起作用了。

实效:定中结构,名词。实际的效用、效果:不仅看外观还要看实效。

〔**注意**〕前者强调一定时间内的效用,着重时间,不要写成“实效”;后者强调实际效果,不要写成“时效”。

世故/事故(shìgù)

世故:定中结构,名词。处事经验:不懂人情世故。

事故:并列结构,名词。人为的不幸事件:重大责任事故。

〔**注意**〕前者用来评价人的品质、能力、处事方法,不能写成“事故”;后者表示人为事件,多指生命、财产受到重大损失,不能写成“世故”。

世面/市面(shìmiàn)

世面:定中结构,名词。社会上的情况:没见过世面。

市面:定中结构,名词。城市商业活动状况:市面繁荣。

〔**注意**〕前者主要用于指人对社会情况的了解和认识,不能写成“市面”;后者指城市的商业活动面貌,不能写成“世面”。

世态/事态(shìtài)

世态:定中结构,名词。社会上人对人的态度:世态炎凉。

事态:定中结构,名词。局势,一定事件的情况:关注事态的发展。

〔**注意**〕前者指人际交往相互之间的态度,不能写成“事态”;后者指社会事件的发展动态,不能写成“世态”。

事例/示例(shìlì)

事例:定中结构,名词。把已发生的事情作为例子:用典型事例说服。

示例:动宾结构,动词。拿出例子让人们看:示例演出。

〔**注意**〕名词性用法时,不能写“示例”;动词性用法时,不能写“事例”。

事物/事务(shìwù)

事物:并列结构,名词。客观存在的一切物体和现象:普通事物。

事务:定中结构,名词。所做的或所要做的事情:处理日常事务。

〔**注意**〕前者指某种东西或现象,不能写成“事务”;后者指工作,不能写成"事物"。

适宜/事宜(shìyí)

适宜:并列结构,形容词。合适:这种工作对他很适宜。

事宜:定中结构,名词。对事情的安排和处理:商谈货物交换事宜。

〔**注意**〕形容词用法时,不能用"事宜";名词用法时,不能用"适宜"。

适意/示意(shìyì)

适意:动宾结构,形容词。适合心意:分外适意。

示意:动宾结构,动词。向他人表示出自己的意思:点头示意。

〔**注意**〕形容词用法表示适合,使满意,不能写成"示意";后者指把意思表示出来,不能写成"适意"。

适用/试用(shìyòng)

适用:动宾结构,动词。适合使用:对中学生适用。

试用:状中结构,动词。正式使用前试着使用:试用期。

〔**注意**〕前者指用过觉得合适,不要写成"试用";后者指不知是否合适正在使用过程中,不要写成"适用"。

手车/首车/守车(shǒuchē)

手车:定中结构,名词。用人力推动装运物品的车:用手车运货。

首车:定中结构,名词。按班次行驶的第一班车:首车清晨五点发出。

守车:定中结构,名词。货物列车中车长办公的车厢。

〔**注意**〕手车,强调用手来推动,不能写成"首车"、"守车";首车,强调班次第一,为首,不能写成"手车""守车";守车,强调功能,看守、守护,不能写成"手车"、"首车"。

受粉/授粉(shòufěn)

受粉:动宾结构,动词。雌蕊接受雄蕊的花粉。

授粉:动宾结构,动词。雄蕊把花粉授给雌蕊。

〔**注意**〕表示接受花粉时,不能写成"授粉";表示传授花粉时,不能写成"受粉"。

受奖/授奖(shòujiǎng)

受奖:动宾结构,动词。接受奖励,得到奖励。

授奖:动宾结构,动词。把奖励发给得奖的人。

〔**注意**〕表示接受奖励,不能写成“授奖”;表示把奖励发给别人,不能写成“受奖”。

受命/授命(shòumìng)

受命:动宾结构,动词。接受命令或任务:受命于危难之时。

授命:动宾结构,动词。下命令,把任务交给人:总统授命新人组阁。

〔**注意**〕表示接受命令或任务时,不能写成“授命”;表示把任务交给某人时,不能写成“受命”。

受权/授权(shòuquán)

受权:动宾结构,动词。接受被授予某种权力做事:受权发表声明。

授权:动宾结构,动词。把某种权力交给某人或某机关:授权给基层。

〔**注意**〕表示接受到某种权力,不能写成“授权”;表示将一定权力交给谁时,不能写成“受权”。

书写/抒写(shūxiě)

书写:并列结构,动词。写:养成正确的书写习惯。

抒写:并列结构,动词。表达和描写:抒写自己的真情实感。

〔**注意**〕前者是具体动作动词,就是写字,不能写成“抒写”;后者是抽象概括动词,不能写成“书写”。

疏忽/倏忽(shūhū)

疏忽:并列结构,动词。没有注意到:一时疏忽,误了大事。

倏忽:并列结构,副词。很快地:倏忽之间就起风了。

〔**注意**〕动词用法时,不能写成“倏忽”;副词用法时,不能写成“疏忽”。

树立/竖立(shùlì)

树立:并列结构,动词。建立(多用于抽象的好的事情):树立典型。

竖立:状中结构,形容词。物体与地面垂直地立着:门前竖立着一根旗杆。

〔**注意**〕前者表示抽象动作,不能写成“竖立”;后者描写物体状态,不能写成“树立”。

水利/水力(shuǐlì)

水利:定中结构,名词。水给人带来的好处,水的利用:兴修水利。

水力:定中结构,名词。水流动所产生的力量、能力:水力发电。

〔**注意**〕前者指水带给人的好处,不要写成“水力”;后者指水所蕴涵的能量和能力,不要写成“水利”。

水陆/水路(shuǐlù)

水陆:并列结构,名词。水上和陆地上:水陆联运/水陆并进。

水路:定中结构,名词。水上的道路,即水上航线:从水路走。

〔**注意**〕前者包括了水面和陆地,不能写成“水路”;后者单指水上,不能写成“水陆”。

说合/说和(shuō·he)

说合:动补结构,动词。把两方面说到一块:婚姻自主不是谁来说合的。

说和:动补结构,动词。调解使矛盾双方和解:经过说和重修旧好。

〔**注意**〕前者强调把二者合在一起,不要写成“说和”;后者强调使矛盾双方和解,不要写成“说合”。

算术/算数(suànshù)

算术:定中结构,名词。计算之术,数学中最基础最初等的部分。

算数:动宾结构,动词。承认有效:我们说话绝对算数。

〔**注意**〕名词用法指数学的基础,不能写成“算数”;动词用法指有效,不能写成“算术”。

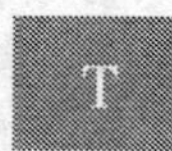

炭化/炭画(tànhuà)

炭化:状中结构,动词。远古植物沉积变成煤的过程。

炭画:定中结构,名词。用木炭所画的画。

〔**注意**〕动词性用法时不能写成“炭画”;名词用法时不能写成“炭化”。

特意/特异(tèyì)

特意:定中结构,副词。专为某一目的去做:特意定做的生日蛋糕。

特异:并列结构,形容词。特殊而又奇异:风格特异,与众不同。

〔**注意**〕副词用法只做状语,不能写成“特异”;形容词用法突出强调奇异,不能写成“特意”。

特制/特质(tèzhì)

特制:状中结构,动词。为某种需求特地制造的:特制的登山防寒服。

特质:定中结构,名词。特有的性质:部件打煅需要特质钢。

〔**注意**〕动词用法指的是制造,不能写成“特质”;名词用法指的是品质,不能写成“特制”。

提花/题花(tíhuā)

提花:定中结构,名词。在织物上织出的凸起的花纹图案:提花被面。

题花:定中结构,名词。刊物上配合标题的美化性图案:题花选得好。

〔**注意**〕前者指织法,凸起在织物表面 ,不能写成“题花”;后者强调是配合标题用的图案,不能写成“提花”。

提名/题名(tímíng)

提名:动宾结构,动词。选举中提出候选人的名字:有群众提名。

题名:动宾结构,动词。写上名字:在书的扉页上作者亲笔题名。

〔**注意**〕前者指的是提出,不能用“题名”;后者指的是题写,不能用“提名”。

体形/体型(tǐxíng)

体形:定中结构,名词。人或动物身体的形状:体形优美。

体型:定中结构,名词。人的体质的类型,如瘦弱型、肥胖型、运动型。

〔**注意**〕前者指形状,为具体名词,不要写成“体型”;后者指类型,为抽象概括名词,不要写成“体形”。

通连/通联(tōnglián)

通连:并列结构,动词。接连而又相通:客房与书房由一条走廊通连。

通联:并列结构,动词。通讯联络:办公室负责通联工作。

〔注意〕前者描写两个物体接连相通,不要写成"通联";后者表示社会人际关系相互联系,不要写成"通连"。

通明/通名(tōngmíng)

通明:状中结构,形容词。十分明亮:十里长街灯火通明。

通名:动宾结构,动词。通报自己的姓名:来人请通名。

〔注意〕形容词用法时不能写成"通名";动词用法时不能写成"通明"。

铜锈/铜臭(tóngxiù)

铜锈:定中结构,名词。铜或铜器上面生成的锈。

铜臭:定中结构,名词。铜钱发出的臭味,表示对金钱的鄙视。

〔注意〕前者指的是一种物质,不能写成"铜臭";后者表示一种情感,不能写成"铜锈"。

统治/统制(tǒngzhì)

统治:并列结构,动词。支配、控制,指利用政权来控制、管理。

统制:状中结构,动词。统一控制:剧毒药品要统制起来。

〔注意〕前者强调治理,针对人来说的,不能写成"统制";后者强调控制,针对物来说的,不能写成"统治"。

投生/头生(tóushēng)

投生:动宾结构,动词。迷信指人或动物死后再转生。

头生:状中结构,名词。第一胎生的。

〔注意〕前者是迷信说法,不能写"头生";后者是现实状况,不能写"投生"。

投胎/头胎(tóutāi)

〔注意〕意义、用法及相互差别同"投生/头生",见上面。

突出$_1$/突出$_2$/凸出(tūchū)

突出$_1$:状中结构,动词。冲出:突出重围。

突出$_2$:状中结构,形容词。超出一般:表现很突出。

凸出:状中结构,动词。在平面上高出来一块:凸出水面形成沙洲。

〔**注意**〕前两者意义抽象,不能写成"凸出";后者意义具体,不能写成"突出"。

突起/凸起(tūqǐ)

突起:状中结构,动词。突然发生:风云突起。

凸起:状中结构,动词。高出来:头上凸起一个大包。

〔**注意**〕前者意义比较抽象,不要写成"凸起";后者意义十分具体,不要写成"突起"。

图版/图板(túbǎn)

图版:定中结构,名词。印制照片、图表、表格等的铜锌印刷版。

图板:定中结构,名词。制图时垫在图纸底下的木板。

〔**注意**〕二者原料不同,功用不同。前者不要写成"图板";后者不要写成"图版"。

推脱/推托(tuītuō)

推脱:动补结构,动词。找理由不承担责任(含贬义):有意推脱责任。

推托:并列结构,动词。找理由拒绝(无贬义):推托有事没去赴宴。

〔**注意**〕推脱,专就责任而言,即寻找理由把应负的责任推掉,不要写成"推托";推托,对具体事情、活动而言,即寻找理由把送来的礼品、邀请推掉,不要写成"推脱"。

推卸/推谢(tuīxiè)

推卸:并列结构,动词。推脱责任,不承担责任:推卸不了罪责。

推谢:并列结构,动词。借故拒绝:推谢再三还是接受了邀请。

〔**注意**〕前者用法与"推脱"同,后者用法与"推托"同,使用时注意区别。参见"推脱/推托"条。

退化/蜕化(tuìhuà)

退化:状中结构,动词。指事物由优变劣、由好变坏:要防止种子退化。

蜕化:状中结构,动词。原义为虫蛇等蜕皮,多比喻人堕落:蜕化变质。

〔**注意**〕退化多用于无生命的事和物，不能写成“蜕化”；蜕化用于指有生命的动物和人，不能写成“退化”。

拖把/脱靶/拖靶(tuōbǎ)

拖把：定中结构，名词。有长把的擦地板的工具。

脱靶：动宾结构，动词。打靶没有打中：十发子弹有一发脱靶。

拖靶：定中结构，名词。被牵引在飞机后面的空中射击目标。

〔**注意**〕三者首先根据结构区分使用，两个名词根据实物区别使用。

W

外手/外首(wàishǒu)

外手：定中结构，名词。赶车或操作机器时的右手。

外首：定中结构，名词。外头，外边。

〔**注意**〕前者以人身定位不能写成“外首”；后者以屋室等空间定位不能写成“外手”。

完聚/完具(wánjù)

完聚：状中结构，动词。团聚：合家完聚。

完具：状中结构，动词。完全具备，该有的都有了：设备已经完具。

〔**注意**〕前者指人的聚合，不能写成“完具”；后者指物的聚合，不能写成“完聚”。

枉然/惘然(wǎngrán)

枉然：根缀结构，形容词。不会有任何结果，白费事：谁去也是枉然。

惘然：根缀结构，形容词。因有所失落而失神的样子：神色惘然。

〔**注意**〕前者用于对事件的评价，不能写成“惘然”；后者用于对人的神态的描写，不能写成“枉然”。

危及/危急(wēijí)

危及：主谓结构，动词。危害所及，危害到：伤势很重危及生命。

危急：并列结构，形容词。危险而又急迫：形势万分危急。

〔**注意**〕动词用法时，不能写“危急”；形容词用法时，不能写“危及”。

微行/微型(wēixíng)

微行:状中结构,动词。隐瞒身份,改装出行:微行私访。

微型:定中结构,形容词。比常用的器物形状小的:微型收录机。

〔注意〕前者指人的行为,不能写成"微型";后者指器物的体积不能写成"微行"。

违心/唯心(wéixīn)

违心:动宾结构,形容词。违背心愿,不是出于本心:不做违心的事。

唯心:动宾结构,形容词。只凭自己思维,不顾客观实际:唯心主义。

〔注意〕前者就两种想法对比而言,不能写成"唯心";后者就主观与客观对比而言,不能写成"违心"。

委托/伪托(wěituō)

委托:并列结构,动词。请人代办:委托中介公司办理。

伪托:状中结构,动词,假冒别人名义(多指著作、艺术作品):伪托名家手笔。

〔注意〕前者指托付,不能写成"伪托";后者指假冒,不能写成"委托"。

文理/纹理(wénlǐ)

文理:定中结构,名词。文章内容组织、词句使用的条理:文理不通。

纹理:定中结构,名词。物体上呈线条状的花纹:化石纹理清晰。

〔注意〕前者指语言信息,不能写成"纹理";后者用于物体,不能写成"文理"。

无理/无礼(wúlǐ)

无理:动宾结构,形容词。没有道理:无理要求。

无礼:动宾结构,形容词。没有礼貌:无礼的举动。

〔注意〕前者指道理而言,不能用"无礼";后者指礼貌而言,不能用"无理"。

无谓/无畏/无味(wúwèi)

无谓:动宾结构,形容词。没有意义:无谓的牺牲。

无畏:动宾结构,形容词。无所畏惧:无畏的战士。

无味：动宾结构，形容词。没有趣味：索然无味。

〔注意〕根据语义内容区别使用，不能相互混淆。

无形/无行(wúxíng)

无形：动宾结构，形容词。看不见形状的，不具备某种形式。

无行：动宾结构，形容词。没有品行、品行恶劣的：无行文人。

〔注意〕前者指物体形状而言，不能写成“无行”；后者指人的品德而言，不能写成“无形”。

五行/五刑(wǔxíng)

五行：定中结构，名词。指金、木、水、火、土五种物质。

五刑：定中结构，名词。中国古代的五种刑罚。

〔注意〕前者指五种基本物质，不能写成“五刑”；后者指古代五种刑罚，不能写成“五行”。

细雨/细语(xìyǔ)

细雨：定中结构，名词。小雨：细雨如丝。

细语：状中结构，动词。小声说话：慢声细语。

〔注意〕名词用法指雨水，不能写“细语”；动词用法指说话，不能写“细雨”。

下限/下陷(xiàxiàn)

下限：定中结构，名词。时间最晚或数量最小方面的限度。

下陷：状中结构，动词。向下或向内凹进：地基下陷/眼眶下陷。

〔注意〕名词词义抽象，指限度，不能写成“下陷”；动词词义具体，指凹陷，不能写成“下限”。

闲事/闲适(xiánshì)

闲事：定中结构，名词。无关紧要的事，与己无关的事：爱管闲事。

闲适：并列结构，形容词。清闲安逸：晚年心情闲适。

〔注意〕名词用法指事情，不能写成“闲适”；形容词用法描写心情、生活状态,不能写成“闲事”。

显要/显耀(xiǎnyào)

显要:并列结构,形容词。旧指官位高权柄大,显赫重要:地位显要。

显耀:并列结构,动词。显示夸耀:显耀自己的财富。

〔**注意**〕形容词用法描写表现出来的特点,不能写成“显耀”;动词用法表示主观有意地表现什么,不能写成“显要”。

现实/现时(xiànshí)

现实:定中结构,名词。当前客观存在的事物:面对现实。

现时:定中结构,名词。现在:现时还有些困难。

〔**注意**〕前者指客观存在,不能写成“现时”;后者指时间,不能写成“现实”。

现行/现形(xiànxíng)

现行:状中结构,形容词。现在施行的:现行政策允许。

现形:动宾结构,动词。现出原形:隐蔽的敌人开始现形。

〔**注意**〕形容词用法功能在于说明情况,不能写成“现形”;动词用法在于指出露出本来面目,不能写成“现行”。

献身/陷身(xiànshēn)

献身:动宾结构,动词。献出全部精力或生命:献身祖国航天事业。

陷身:动宾结构,动词。身体陷入:陷身于酒色的泥潭不能自拔。

〔**注意**〕前者是把自己贡献出来,不能写成“陷身”;后者是自身陷入不利、危险、肮脏的境地,不能写成“献身”。

限于/陷于(xiànyú)

限于:根缀结构,动词。受到某种限制:限于条件目前不能实现。

陷于:根缀结构,动词。落入:陷于我军重围,只好投降。

〔**注意**〕前者为抽象语义动词,不能写成“陷于”;后者为实义语义动词,不能写成“限于”。

相像/相向(xiāngxiàng)

相像:状中结构,形容词。彼此有相同的地方:两人字体很相像。

相向:状中结构,动词。面对面:两列火车相向而行。

〔**注意**〕前者表示两者有一致的地方,不能写成“相向”;后者指两者面对的方向完全相反,不能写成“相像”。

相应/相映(xiāngyìng)

相应:状中结构,动词。互相呼应:文章前后不相应。

相映:状中结构,动词。互相辉映、衬托:古刹与青松翠柏相映。

〔**注意**〕前者强调彼此呼应不能写成“相映”;后者强调彼此映衬不能写成“相应”。

降伏/降服(xiángfú)

降伏:动补结构,动词。制伏,使驯服、听命:烈马很难降伏。

降服:并列结构,动词。投降屈服:敌人终于降服了。

〔**注意**〕前者表示使别人(或物)屈服,不能写成“降服”;后者表示屈服于别人,不能写成“降伏”。

向背/项背(xiàngbèi)

向背:并列结构,动词。朝向和背对,指拥护和反对;人心向背。

项背:并列结构,动词。后脖颈和背部,指人的背影:项背相望。

〔**注意**〕前者两者方向相对不能写成“项背”;后者只指后背一面不能写成“向背”。

消逝/消释(xiāoshì)

消逝:并列结构,动词。看不见了或不存在了:背影在远处渐渐消逝。

消释:并列结构,动词。消融、溶化,消除、解除:疑虑随之消释。

〔**注意**〕前者主要用于物体,词义具体,不能写成“消释”;后者主要用于思维、感觉,词义抽象,不能写成“消逝”。

小注/小住(xiǎozhù)

小注:定中结构,名词。竖行排版中正文下面的小字号的注文。

小住:状中结构,动词。短时间几日之内的居住:小住数日。

〔**注意**〕前者指小字号注解文字,不能写成“小住”;后者指居住时间很短,不能写成“小注”。

小传/小篆(xiǎozhuàn)

小传:定中结构,名词。简略的传记:萧红小传。

小篆:定中结构,名词。汉字形体的一种,秦朝李斯改大篆而成。

〔**注意**〕前者指传记文章,不能写成“小篆”;后者指篆书字体,不能写成“小传”。

挟持/胁持(xiéchí)

挟持:状中结构,动词。从两旁抓住或架住而绑架某人:被歹徒挟持。

胁持:状中结构,动词。用武力胁迫绑架。

〔**注意**〕前者强调绑架的具体动作,不要写成“胁持”;后者强调武力威胁,不要写成“挟持”。

协和/谐和(xiéhé)

协和:并列结构,动词。使协调融洽:把两种不同的节奏协和起来。

谐和:并列结构,形容词。和谐:色调看起来还谐和。

〔**注意**〕前者强调用外力达到协调,不能写成“谐和”;后者是事物自身的表现给人的感觉,不能写成“协和”。

邪路/斜路(xiélù)

邪路:定中结构,名词。邪恶的道路:跟着坏人走上了邪路。

斜路:定中结构,名词。不是直路,歪路:比喻错误的道路。

〔**注意**〕前者指邪恶的、严重违法犯罪的生活行为及途径;后者既指具体的道路,又比喻行事的方法及途径,比喻义时前者比后者程度严重。前者不要写成“斜路”;后者不要写成“邪路”。

泄漏/泄露(xièlòu)

泄漏:并列结构,动词。液体或气体从密闭的容器或管道中漏出。

泄露:并列结构,动词。保密的消息或机密被人知道了。

〔**注意**〕前者多用于液体或气体等具体物质,不要写成“泄露”;后者多用于消息、机密等抽象的对象,不要写成“泄漏”。

泄气/懈气(xièqì)

泄气:动宾结构,动词。指干劲、本领等失去了,丧失信心:别泄气。

懈气：动宾结构，动词。松劲，信心不足：坚持不住逐渐有些懈气。

〔注意〕前者指劲头、信心等完全丧失，不要写成“懈气”；后者指劲头、信心等没有开头时那么强，逐渐松懈，不要写成“泄气”。

心非/心扉（xīnfēi）

心非：主谓结构，动词。嘴上没说，心里不认为对或不以为然。

心扉：定中结构，名词。心的门，思考问题的门路：敞开心扉。

〔注意〕动词用法时，不能写成“心扉”；名词用法时，不能写成“心非”。

心计/心迹/心悸（xīnjì）

心计：定中结构，名词。心中思考的计谋：小伙子很有心计。

心迹：定中结构，名词。心里的真实情况：借此表明自己的心迹。

心悸：主谓结构，动词。心跳。

〔注意〕名词用法时，前者指计谋，不能写成“心迹”；后者指思想情况不能写成“心计”；动词用法，表示生理现象，不能写成“心计”、“心迹”。

心里/心理（xīnlǐ）

心里：定中结构，名词。思想里，头脑里：不知他心里怎么想的。

心理：定中结构，名词。人的内心活动：人物心理描写。

〔注意〕前者为一般名词，指心里头，不要写成“心理”；后者指思维、人的内心活动，不要写成“心里”。

心术/心数（xīnshù）

心术：定中结构，名词。存心，居心（多含贬义）：心术不正。

心数：定中结构，名词。计谋，心计：此人很有心数。

〔注意〕前者含明显贬义，不要写成“心数”；后者无贬义，不要写成“心术”。

心酸/辛酸（xīnsuān）

心酸：主谓结构，形容词。心里感到悲痛：悲惨遭遇令人心酸。

辛酸：并列结构，形容词。辣和酸，比喻痛苦和悲伤：辛酸泪。

〔注意〕前者用于描写人的感觉和情绪，不要写成“辛酸”；后者指痛苦和悲伤本身，不要写成“心酸”。

欣羡/歆羡(xīnxiàn)

欣羡:并列结构,动词。喜爱并想要得到:十分欣羡他家的藏书。

歆羡:并列结构,动词。羡慕:一手绝技令人歆羡。

〔**注意**〕前者多用于物质的东西,不要写成“歆羡”;后者多用于技艺、才能等方面,不要写成“欣羡”。

信使/信史(xìnshǐ)

信使:定中结构,名词。担任通报消息和传递书信的使者。

信史:定中结构,名词。真实可靠的历史。

〔**注意**〕前者指人,不能写成“信史”;后者指历史事实,不能写成“信使”。

信守/信手(xìnshǒu)

信守:状中结构,动词。忠实地遵守:信守合同。

信手:动宾结构,动词。随手:信手拿起一支笔来。

〔**注意**〕前者为抽象动词,指遵守,不能写成“信手”;后者是具体动作动词,不能写成“信守”。

星象/星相(xīngxiàng)

星象:定中结构,名词。指星体的明暗、位置等现象。

星相:并列结构,名词。星座和相貌,讲迷信的星相学认为人的吉凶祸福与一定星座有联系,并能从人的外貌表现出来。

〔**注意**〕二者词义有交叉,指星体现象,不能写成“星相”;在迷信星相学中二者通用。

行迹/形迹(xíngjì)

行迹:定中结构,名词。行动留下的痕迹:追寻罪犯的行迹。

形迹:定中结构,名词。举止和神色:形迹可疑。

〔**注意**〕前者指从一地到另一地的大的行动的痕迹,不能写成“形迹”;后者指动作和神色,不能写成“行迹”。

行使/行驶(xíngshǐ)

行使:并列结构,动词。使用:行使否决权。

行驶:并列结构,动词。车船等行走:汽车在马路上行驶。

〔**注意**〕前者指动用自己的权力,不能写成“行驶”;后者指车船开动行走,不能写成“行使”。

形式/形势(xíngshì)

形式:并列结构,名词。事物的外形和结构:采用各种形式来表达。

形势:并列结构,名词。事态发展的状况和趋势:国际形势。

〔**注意**〕前者指事物的外在样式,不能写成“形势”;后者指社会时局的状况,不能写成“形式”。

形象/形相(xíngxiàng)

形象:定中结构,名词。能引起人们思想和感情活动的具体形状和姿态,通常指文艺作品中塑造的生活图景、人物的精神面貌和性格特征。

形相:定中结构,名词。人的外貌,外表。形相端庄秀丽。

〔**注意**〕前者词义概括,为抽象名词,指人物时表示对人物的感受和评价,不能写成“形相”;后者为具体名词,如果专指人的外貌、长相不能写成“形象”。

形状/行状(xíngzhuàng)

形状:并列结构,名词。物体或图形外表的样子:形状特别。

行状:定中结构,名词。人的品格和他的事迹。

〔**注意**〕前者只用于事物,不能写成“行状”;后者只用于人,不能写成“形状”。

雄蜂/熊蜂(xióngfēng)

雄蜂:定中结构,名词。蜂类的雄性者,通常特指雄性蜜蜂。

熊蜂:定中结构,名词。昆虫的一种,形状类似蜂。

〔**注意**〕雄蜂指蜂类雄性,不能写成“熊蜂”;熊蜂特指该类昆虫,不能写成“雄蜂”。

雄师/雄狮(xióngshī)

雄师:定中结构,名词。强而有力的军队:百万雄师过大江。

雄狮:定中结构,名词。雄性狮子,即公狮子。

〔注意〕前者指人类名词,不能写成“雄狮”;后者指动物,不能写成“雄师”。

休养/修养(xiūyǎng)

休养:并列结构,动词。休息调养:休养一段时间。

修养:并列结构,名词。理论、知识、艺术、思想品德等方面的学习、锻炼达到的水平。

〔注意〕前者指对身体的休息调养,不能写成“修养”;后者指人的素质的培养,不能写成“休养”。

休整/修整(xiūzhěng)

休整:并列结构,动词。休息并整顿:经过休整,养得兵强马壮。

修整:并列结构,动词。修理整治:出土文物修整之后再展出。

〔注意〕前者用于人,不能写成“修整”;后者用于物,不能写成“休整”。

需要/须要(xūyào)

需要:并列结构,动词。必须有或应该有:需要一定的资金。

须要:并列结构,助动词。一定要:处理问题须要果断。

〔注意〕前者能带宾语,且宾语为具体事物,不要写成“须要”;后者只做状语,不能写成“需要”。

序幕/序目(xùmù)

序幕:定中结构,名词。多幕剧的第一幕前起交代、铺垫作用的一场戏。比喻重大事件的开端。

序目:并列结构,名词。书籍的序文和目录。

〔注意〕前者用于戏剧,不能写“序目”;后者用于书籍,不能写“序幕”。

悬乎/玄乎(xuán·hu)

悬乎:根缀结构,形容词。危险:真悬乎,差点掉到山涧里。

玄乎:根缀结构,形容词。距离实际太远,不可捉摸。

〔注意〕前者用于身体安全方面,不能写成“玄乎”;后者用于话语内容方面,不能写成“悬乎”。

选集/选辑(xuǎnjí)

选集:定中结构,名词。个人或多人文章编选成的集子:郭沫若选集。

选辑:并列结构,动词、名词。挑选并编辑;挑选编辑而成的集子。

〔**注意**〕名词用法时,前者强调"集子"本体,不要写成"选辑";后者强调编选辑录,不要写成"选集"。动词用法时,不能写成"选集"。

学级/学籍(xuéjí)

学级:定中结构,名词。学生学习所属的年级和班级。

学籍:定中结构,名词。登记学生姓名的簿子,证明学生的资格。

〔**注意**〕前者指班级排列,不能写成"学籍";后者指登记在册,不能写成"学级"。

学历/学力(xuélì)

学历:定中结构,名词。学习的经历,指上过哪一种什么程度的学校。

学力:定中结构,名词。学问达到的水平,所具有的程度:同等学力。

〔**注意**〕前者指在哪些学校学习过,不能写成"学力";后者指学问的水平和程度,不一定经过学校学习,自学或实践中学习积累也可以,不能写成"学历"。

学时/学识(xuéshí)

学时:定中结构,名词。学校里安排的一节课时间:一周24学时。

学识:并列结构,名词。学问和知识,指学术上的修养:学识渊博。

〔**注意**〕前者指学习的时间,不能写成"学识";后者指学术,不能写成"学时"。

迅疾/迅急/迅即(xùnjí)

迅疾:并列结构,形容词。非常迅速:我军迅疾做出反映。

迅急:并列结构,形容词。快速而又紧急:迅急救援。

迅即:状中结构,副词。立即:形势紧迫,必须迅即解决。

〔**注意**〕迅疾强调动作非常快,不要写成"迅急"、"迅即";迅急强调紧急,不要写成"迅疾"、"迅即";迅即强调时间,不要写成"迅疾"、"迅急"。

淹没/湮没(yānmò)

淹没:并列结构,动词。大水漫过:大片农田被洪水淹没。

湮没:并列结构,动词。埋没:湮没无闻。

〔**注意**〕前者为具体实义动词,不能写成“湮没”;后者为抽象比喻动词,不能写成“淹没”。

严谨/严紧(yánjǐn)

严谨:并列结构,形容词。严密谨慎,严密细致:作风严谨/结构严谨。

严紧:并列结构,形容词。严格紧密:下手严紧。

〔**注意**〕前者用于描写思维、做事风格等抽象事物,不能写成“严紧”;后者用于描写具体行动,不能写成“严谨”。

演义/演绎(yǎnyì)

演义:动宾结构,动词,名词。敷陈义理加以引申编纂;用历史、传说加工改编创作的章回体小说。

演绎:并列结构,名词。由一般原理推导出个别具体结论的推理方法。

〔**注意**〕名词用法时,前者指小说不能写成“演绎”;后者指推理,不能写成“演义”。

佯言/扬言(yángyán)

佯言:状中结构,动词。说假话:佯言受到很大损失。

扬言:动宾结构,动词。故意声张:到处扬言。

〔**注意**〕前者指话语内容,不能写成“扬言”;后者指话语的声势,不能写成“佯言”。

佯装/洋装(yángzhuāng)

佯装:状中结构,动词。假意装做:佯装不知。

洋装:定中结构,名词。西服(洋人的服装)。

〔**注意**〕前者指动作,不能写成“洋装”;后者指物品,不能写成“佯装”。

一般/一斑(yībān)

一般:定中结构,形容词。一样,同样;普通,通常:一般高/见识一般。

一斑:定中结构,名词。豹子身上的一个花斑,比喻同类事物中的有代表性的一小部分:管中窥豹,可见一斑。

〔**注意**〕形容词用法不能写成“一斑”;名词用法不能写成“一般”。

移民$_1$/移民$_2$/遗民(yímín)

移民$_1$:动宾结构,动词。居民迁移到外地或外国去落户:移民海外。

移民$_2$:定中结构,名词。迁移到外地或外国居住的人:新一代移民。

遗民:定中结构,名词。改朝换代后仍然效忠前朝的人,泛指大乱后遗留下来的人民。

〔**注意**〕名词用法中,前者强调移居,不能写成“遗民”;后者强调遗留,不能写成“移民”。

以至/以致(yǐzhì)

以至:动补结构,连词。延伸到:从一到万,以至无穷。

以致:动补结构,连词。因此而造成,连接原因和结果。

〔**注意**〕前者表示递进或递升,不能写成“以致”;后者连接因果,不能写成“以至”。

意气/义气(yìqì)

意气:并列结构,名词。意志和气概:意气风发,斗志昂扬。

义气:定中结构,名词。主持公道、甘于承担风险或牺牲自己利益的气概。

〔**注意**〕前者只是指出意志和气概,没有评价,不能写成“义气”;后者用“义”修饰和评价气概,不能写成“意气”。

意向/意象(yìxiàng)

意向:定中结构,名词。意图所在:了解群众的意向。

意象:定中结构,名词。意境,作品内容构成的引起读者联想图景。

〔**注意**〕前者强调思维的指向性,不能写成“意象”;后者强调思维的形象性,不能写成“意向”。

引见/引荐(yǐnjiàn)

引见:连动结构,动词。引人相见,使彼此认识:我给你引见引见。

引荐:并列结构,动词。推荐,为需求者介绍人才:引荐两位工程师。

〔**注意**〕前者指引人见面,不要写成“引荐”;后者指推举介绍,不要写成“引见”。

隐晦/隐讳(yǐnhuì)

隐晦:并列结构,形容词。意思不明显:文字写得很隐晦。

隐讳:并列结构,动词。因为有顾忌而隐瞒不说出来:隐讳不说。

〔**注意**〕形容词用法指不明显,不能写成“隐讳”;动词用法指隐瞒,不能写成“隐晦”。

荫蔽/荫庇(yìnbì)

荫蔽:并列结构,动词。树叶遮蔽住阳光:在树影的荫蔽下木耳菌快速生长。

荫庇:并列结构,动词。像大树遮蔽阳光一样保护着:荫庇子孙后代。

〔**注意**〕前者为具体实义动词,不能写成“荫庇”;后者为抽象比喻动词,不能写成“荫蔽”。

营利/赢利(yínglì)

营利:动宾结构,动词。谋求利润:开办企业不能完全以营利为目的。

赢利:定中结构,名词。赢得的利润:今年的赢利超过往年。

〔**注意**〕动词性用法指获得利润,不能写成“赢利”;名词性用法指利润,不能写成“营利”。

优裕/优遇(yōuyù)

优裕:并列结构,形容词。充裕,充足。优裕的生活。

优遇:状中结构,动词、名词。规格高、条件好的接待:受到优遇。

〔**注意**〕形容词用法时不能写成“优裕”;动词、名词用法时不能写成“优遇”。

油船/游船/邮船(yóuchuán)

油船:定中结构,名词。专门运输散装油的轮船。

游船:定中结构,名词。运载旅客游览观光的船。

邮船:定中结构,名词。在海洋中行驶的大型客货运轮船。

〔注意〕油船专门运输油类,不能写成“游船”、“邮船”;游船专供游览用,不分大小,不能写成“油船”、“邮船”;邮船特指海洋上综合性运输的大型轮船,不能写成“油船”、“游船”。

油花/邮花(yóuhuā)

油花:定中结构,名词。汤汁上面浮着的油滴:菜汤上没有几滴油花。

邮花:定中结构,名词。邮票的别称。

〔注意〕分指两种不同的事物,应根据所指事物本体选择不同的汉字来书写。

有理/有礼(yǒulǐ)

有理:动宾结构,动词。有道理:我方有理,对方无理。

有礼:动宾结构,形容词。有礼貌:彬彬有礼。

〔注意〕动词用法时不能写成“有礼”;形容词用法时不能写成“有理”。

有利/有力(yǒulì)

有利:动宾结构,动词。有好处:体育锻炼有利于健康。

有力:动宾结构,形容词。有力量,有能力:有力偿还债务。

〔注意〕前者指的是利益,好处,不能写成“有力”;后者指的是力量,能力,不能写成“有利”。

余利/余力(yúlì)

余利:定中结构,名词。工商业所得的利润。

余力:定中结构,名词。有余的力量:不遗余力。

〔注意〕前者指利润,不能写成“余力”;后者指力量,不能写成“余利”。

余利/渔利(yúlì)

余利:见上面。

渔利:动宾结构,动词。趁机谋取非分的利益:从中渔利。

〔注意〕前者为名词,不能写成“渔利”;后者为动词,不能写成“余利”。

预定/预订(yùdìng)

预定:状中结构,动词。预先约定:按预定的时间集合。

预订:状中结构,动词。预先订购:预订后天的机票。

〔**注意**〕前者指约定事情,不能写成“预订”;后者指订购物品,不能写成“预定”。

预言/寓言(yùyán)

预言:状中结构,动词。预先说出:那时就预言一定成功。

寓言:定中结构,名词。有所寄托的话,用神话故事比喻等手法写出的文学作品。

〔**注意**〕动词用法指言说,不能写成“寓言”;名词用法指言语作品,不能写成“预言”。

预知/预支(yùzhī)

预知:状中结构,动词。预先知道,根据事物的规律事先判断出结果。

预支:状中结构,动词。在规定的时间之前支取:预支工资。

〔**注意**〕前者是思维动词,不能写成“预支”;后者是行为动词,不能写成“预知”。

遇合/愈合(yùhé)

遇合:连动结构,动词。相遇而性情投合:在患难中遇合,相依为命。

愈合:动补结构,动词。伤口或疮口长好了:创面已经完全愈合。

〔**注意**〕前者指两人相遇投合,不能写成“愈合”;后者指创面平复,不能写成“遇合”。

元件/原件(yuánjiàn)

元件:定中结构,名词。构成机器、仪表等的部件,由若干零件组成。

原件:定中结构,名词。文件的底本(相对复印件而言):原件已存档。

〔**注意**〕前者指机器的部件,不能写成“原件”;后者指文件,不能写成“元件”。

原形/原型(yuánxíng)

原形:定中结构,名词。原来的样子:立刻现了原形。

原型:定中结构,名词。原来的类型或模型:小说中人物的原型。

〔注意〕前者指形状、样子,不要写成"原型";后者指类型、模型,不要写成"原形"。

Z

澡堂/澡塘(zǎotáng)

澡堂:定中结构,名词。供人洗澡的地方,多指经营洗浴的场所。

澡塘:定中结构,名词。澡堂中洗澡的池子。

〔注意〕前者指经营场所,不要写成"澡塘";后者指具体洗澡的池子,不要写成"澡堂"。

展现/展限(zhǎnxiàn)

展现:状中结构,动词。像合着的东西打开一样清楚地表现出来:走出山谷,一片原野展现在众人面前。

展限:动宾结构,动词。放宽期限:展览截止日期展限三天。

〔注意〕前者指表现出来,不能写成"展限";后者指放宽限制,不能写成"展现"。

仗势/仗恃(zhàngshì)

仗势:动宾结构,动词。依仗权势:不许仗势欺人。

仗恃:并列结构,动词。依仗,依靠:仗恃豪门。

〔注意〕前者指出依仗某种势力,不能写成"仗恃";后者只说依仗,依仗什么由宾语来表达,不能写成"仗势"。

贞洁/贞节(zhēnjié)

贞洁:主谓结构,形容词。妇女的贞操是纯洁的:公主贞洁如玉。

贞节:并列结构,名词。坚贞的节操:做人要有贞节。

〔注意〕贞洁,所指范围很窄,只用于描写妇女的贞操;贞节,所指范围很广,男人、女人都可以用,多表示人的政治立场、气节,不能用贞洁。

珍惜/珍稀(zhēnxī)

珍惜:并列结构,动词。珍重爱惜:珍惜时间。

珍稀:并列结构,形容词。珍贵而稀有:珍稀动物。

〔**注意**〕动词用法时不能写成“珍稀”;形容词用法时不能写成“珍惜”。

侦察/侦查(zhēnchá)

侦察:并列结构,动词。实地观察作战需要掌握的情况:侦察地形。

侦查:并列结构,动词。公安司法机关对案件进行调查:立案侦查。

〔**注意**〕前者为军事用语,重点在观察,不要写成“侦查”;后者为公安司法用语,重点在查验,不要写成“侦察”。

振动/震动(zhèndòng)

振动:状中结构,动词。物体经过一个中心做往复的运动。

震动:状中结构,动词。颤动,使受到震颤:引起了很大震动。

〔**注意**〕振动是物体往复位移的运动,不要写成“震动”;震动是物体不作位移的自身的颤动,不要写成“振动”。

征购/争购(zhēnggòu)

征购:状中结构,动词。国家根据法律向生产者或所有者购买:征购公粮。

争购:状中结构,动词。争先购买:争购国库券。

〔**注意**〕前者是征收性购买,不能写成“争购”;后者是争抢性购买,不能写成“征购”。

政论/正论(zhènglùn)

政论:定中结构,名词。针对政治问题发表的评论:政论文章。

正论:定中结构,名词。正确合理的言论,正面论述问题的文章。

〔**注意**〕前者强调文章的内容为政治性,不能写成“正论”;后者强调内容的正确性和表达问题的方式,不能写成“政论”。

政体/正体(zhèngtǐ)

政体:定中结构,名词。政治体制,国家政权的构成形式:我们的政体是人民代表大会制。

正体:定中结构,名词。文字的规范的字形、写法:板书用正体字。

〔**注意**〕前者指国家制度,不能写成“正体”;后者指文字字形,不能写成“政体”。

枝节/肢节(zhījié)

枝节:并列结构,名词。植物的枝杈,比喻次要的东西:枝节问题。

肢节:定中结构,名词。特指节肢动物肢体的节。

〔**注意**〕前者只用比喻意义,不能写成“肢节”;后者用专门特指意义,不能写成“枝节”。

指明/指名(zhǐmíng)

指明:动补结构,动词。明确指出:指明前进的方向。

指名:动宾结构,动词。指出名字:指名道姓地批评。

〔**注意**〕前者表示经指出而明确,不能写成“指名”;后者表示说出姓名,不能写成“指明”。

指示/指事(zhǐshì)

指示:并列结构,动词。上级向下级提出意见、指出作法:请首长指示。

指事:动宾结构,名词。汉字造字方法,六书之一:“刃”是指事字。

〔**注意**〕前者表示指出提示,不能写成“指事”;后者为造字方法,不能写成“指示”。

制定/制订(zhìdìng)

制定:动补结构,动词。经讨论研究定出法律、计划等:制定宪法。

制订:并列结构,动词。创制拟订:制订实施方案。

〔**注意**〕前者强调行为的结果,不要写成“制订”;后者强调行为的过程,不要写成“制定”。

制伏/制服(zhìfú)

制伏:动补结构,动词。用强力使之驯服:制伏洪水/制伏野兽。

制服:定中结构,名词。某种制式的服装:学生制服。

〔**注意**〕前者强调动作的结果,彻底驯服,不要写成“制服”;后者为某种服装样式,不能写成“制伏”。

质疑/置疑(zhìyí)

质疑:动宾结构,动词。提出疑问,质问可疑之处:人大代表质疑交通法规。

置疑：动宾结构，动词。怀疑：（多用于否定）：毋庸置疑。

〔注意〕前者是对可疑之处提出质问，不能写成“置疑”；后者仅仅表示怀疑，不能写成“质疑”。

中饱/中保（zhōngbǎo）

中饱：状中结构，动词。经手财物时从中谋取个人私利：中饱私囊。

中保：状中结构，动词。从中保证，亦指从中作保的人：有人中保。

〔注意〕前者指肥私，贬义，不能写成“中保”；后者指作保，不能写成“中饱”。

中伏/终伏（zhōngfú）

中伏：定中结构，名词。三伏中的第二伏：过了中伏就立秋。

终伏：定中结构，名词。三伏中的末伏，最后一个伏天。

〔注意〕前者指的是当中，不能写“终伏”；后者指的是末尾，不能写“中伏”。

中古/终古（zhōnggǔ）

中古：定中结构，名词。古代中间的那一阶段，我国指魏晋隋唐时期。

终古：动宾结构，形容词。整个古代，指永久、永远：终古长新。

〔注意〕前者指确定的一段时间，不能写成“终古”；后者只是形容时间长久，不能写成“中古”。

中间/中坚（zhōngjiān）

中间：定中结构，名词。里面：他们中间有许多优秀人才。

中坚：定中结构，名词。群体中起主要作用的骨干：中坚力量。

〔注意〕前者只是指时间或方位的里面，不能写成“中坚”；后者指人群中的骨干，不能写成“中间”。

中天/终天（zhōngtiān）

中天：动宾结构，动词。正处于天空的当中：如日中天。

终天：定中结构，名词。全天，终日：终天闷闷不乐。

〔注意〕前者指所处位置，不能写成“中天”；后者指整天的时间，不能写成“中天”。

中止/终止(zhōngzhǐ)

中止:状中结构,动词。中间停止:缺乏资金,试验不得不中止。

终止:并列结构,动词。结束,停止:终止各项活动。

〔注意〕前者强调进行中间停止了,不能写成“终止”;后者强调彻底停止,不能写成“中止”。

忠心/中心/衷心(zhōngxīn)

忠心:定中结构,名词。忠诚的心:一颗忠心献给人民。

中心:定中结构,名词。跟四周处于相等的位置:广场位于市中心。

衷心:定中结构,形容词。发自内心的:衷心祝愿。

〔注意〕忠心和衷心都是描写人的,不能写成“中心”;忠心是指什么样的心,不能写成“衷心”;衷心强调从内心发出,不能写成“忠心”。

衷情/钟情(zhōngqíng)

衷情:定中结构,名词。内心的情感:倾诉衷情。

钟情:动宾结构,动词。感情专注:一见钟情。

〔注意〕前者指什么样的感情,不能写成“钟情”;后者指怎样对待感情,不能写成“衷情”。

专程/专诚(zhuānchéng)

专程:定中结构,副词。专为某事而到某地:专程前往迎接。

专诚:并列结构,副词。特地,特意:专诚拜访。

〔注意〕前者指动身去,强调动作,不要写成“专诚”;后者强调做出动作的心意,不能写成“专程”。

专利/专力(zhuānlì)

专利:定中结构,名词。法律保护下的创造发明者个人享有的利益。

专力:定中结构,副词。集中力量专做某事:这段时间专力学英语。

〔注意〕名词用法指利益,不能写成“专力”;副词用法指集中力量去做,不能写成“专利”。

专注/专著(zhuānzhù)

专注:状中结构,形容词。专心注意:神情十分专注。

专著:定中结构,名词。专门著作:一生写了五部专著。

〔**注意**〕形容词用法用于描写注意力,不能写成“专著”;名词用法指著作,不能写成“专注”。

装饰/妆饰(zhuāngshì)

装饰:并列结构,动词。对物品进行装潢修饰:营业大厅装饰一新。

妆饰:并列结构,动词。人化妆打扮:妆饰新娘。

〔**注意**〕前者用于物,不能写成“妆饰”;后者用于人,不能写成“装饰”。

资材/资财(zīcái)

资材:并列结构,名词。物资和器材:利用好现有的资材。

资财:并列结构,名词。物资和资金:广积资财,搞好建设。

〔**注意**〕前者偏重于指物资,不要写成“资财”;后者偏重于指资金,不要写成“资材”。

资力/资历(zīlì)

资力:定中结构,名词。物资力量,指财力:资力不足。

资历:并列结构,名词。资格和经历:重资历更要重能力。

〔**注意**〕前者指经济力量,不能写成“资历”;后者指资格和经历,不能写成“资力”。

自是/自视/自恃(zìshì)

自是:主谓结构,形容词。自己认为自己对:倔强但不自是。

自视:主谓结构,动词。自己评价自己:自视甚高。

自恃:主谓结构,形容词。过分自信而骄横;自认为有可靠的依仗。

〔**注意**〕形容词用法中都含有“自以为是”的意思,都含有一定的贬义,但前者程度轻;后者程度重,应根据程度轻重选择使用。动词用法本身无贬义,不能写成“自是”、“自恃”。

自诩/自许(zìxǔ)

自诩:主谓结构,动词。自己夸耀自己:自诩为中国第一歌手。

自许:主谓结构,动词。自己肯定自己、赞许自己:不敢以渊博自许。

〔**注意**〕前者自夸的程度重,后者自夸的程度轻;前者含明显贬义,后者无贬义。

自治/自制$_1$/自制$_2$(zìzhì)

自治:主谓结构,动词。民族、团体、地区除了受所隶属的国家、政府或上级单位领导外,自己行使一定的权力。

自制$_1$:主谓结构,动词。自己制造:主要部件都是自制的。

自制$_2$:主谓结构,动词。自己克制自己:善于自制。

〔**注意**〕前者主体是群体,不能写成"自制";后二者主体是个人,不能写成"自治"。

十、成语中容易写错的字

有一些常用成语往往被人写错其中的某个字或某几个字，而这种现象又和错读错误理解成语的含意，错误使用成语密切相关。因此现代汉语成语的规范工作应包括正确读、正确写、正确释义、正确使用等几个方面工作。下面我们列举出经常出现在报刊及其他文字材料中写错的常用成语的用字，并作简要说明。

A

爱屋及乌（àiwūjíwū）“乌”指乌鸦。因喜爱一个人，连带喜爱他屋顶上的乌鸦。人们对乌鸦往往有恶感，连乌鸦也喜爱，从而比喻对某人具有强烈的好感。“乌”不要错写成“鸟”。

安营扎寨（ānyíng-zhāzhài）安：安置，使有适当位置。安营：安置营房。“安”不要错写成“按”。

按兵不动（ànbīng-bùdòng）按：抑制，控制。控制部队不行动，借指接受任务而不执行。“按”不要错写成“安”。

按部就班（ànbù-jiùbān）部、班：门类、次序。原指按照一定门类、一定的次序安排文章的结构，后泛指按一定规矩、程序办事。“部”不要错写成“步”。

按迹循踪（ànjì-xúnzōng）循：顺着，沿着。按照一定的线索，顺着一定的踪迹（去了解真相）。“循”不要错写成“寻”。

按捺不住(ànnàbùzhù) 捺:抑制。抑制、控制不住。“捺”不要错写成“耐”。

黯然失色(ànrán-shīsè) 黯然:暗淡无光的样子。形容相比之下,显得暗淡无光,大为逊色。“黯”的左偏旁是“黑”,不要错写左偏旁是“日”的“暗”。

B

白璧微瑕(báibì-wēixiá) 璧:扁平圆形,中间有孔的玉石,古人常做人身上的佩饰物。洁白的璧玉上有微小的斑点,比喻人或事物存在小毛病和小缺点。“璧”的下部偏旁是“玉”,不要错写成“壁”(“壁”的下部偏旁是“土”)。

百废俱兴(bǎifèijùxīng) 俱:表示不同的主体发出同样的动作或者具备相同的特征,相当于“都”。所有被废置的事情都兴办起来了。“俱”不要错写成“具”。

百口莫辩(bǎikǒumòbiàn) 辩:提出某种理由或根据来说明、解释真伪或是非。即使有许多嘴也辩解不清。“辩”不要错写成“辨”。

斑驳陆离(bānbó-lùlí) 斑驳:色彩错杂的样子。形容色彩纷繁杂乱。“斑”不要错写成“班”。

暴虎冯河(bàohǔ-pínghé) 冯河:不用船而趟水过河。指徒手打虎,趟水过河。比喻有勇无谋,冒险蛮干。“冯”不要错写成“凭”。

暴戾恣睢(bàolì-zìsuī) 恣睢:任意胡为。形容凶恶残横,任意横行。“睢”左偏旁是“目”,不要错写成“雎”(“雎”的左偏旁是“且”)。

暴殄天物(bàotiǎntiānwù) 殄:尽、绝。暴殄:残害灭绝。残害灭绝自然界的万物,任意糟踏浪费物品。“殄”的左偏旁是“歹”,不要错写成“珍”(“珍”的左偏旁是“王”)。

杯盘狼藉(bēipánlángjí) 狼藉:众多、杂乱。形容宴饮后桌上杯盘杂乱。“藉”上面偏旁是“艹”,不要错写成“籍”(“籍”的上部偏旁是“⺮”)。

卑躬屈膝(bēigōng-qūxī) 屈:使弯曲。弯腰下跪,形容没有骨气,谄媚讨好的丑态。“屈”不要错写成“曲”。

变本加厉(biànběnjiālì) 厉:猛烈。指比原来更加发展,形容情况较前更加严重。“厉”不要错写成“利”“历”“励”。

别具匠心(biéjùjiàngxīn) 具:有。具有与众不同的巧妙构思。“具”不要错写成“俱”。

病入膏肓(bìngrùgāohuāng) 肓:心脏与膈膜之间,是药力达不到的地方。形容病情严重,不可救药。也比喻事情严重到无可挽救的程度。“肓”的下部偏旁是“月”,不要错写成“盲”(“盲”的下部偏旁是“目”)。

拨乱反正(bōluàn-fǎnzhèng) 反:掉转头向反方向“行动”。治理混乱的局面,使之恢复到正常的状态。“反”不要错写成“返”。

不寒而栗(bùhán'érlì) 栗:发抖。天不冷而发抖,形容非常害怕。“栗”不要错写成“粟”“票”“慄”(已被简化的繁体字)。

不即不离(bùjí-bùlí) 即:接近。指(待人)既不接近,也不疏远。“即”不要错写成“既”。

不胫而走(bùjìng'érzǒu) 胫:小腿。没有腿却能跑,比喻事物没有宣传、推行,就流行开来。“胫”的左偏旁是“月”,不要错写成左偏旁是“彳”的“径”。

不稂不莠(bùláng-bùyǒu) 稂、莠:禾苗中的野草。原意是田里没有野草,后指既不像稂又不像莠,比喻不成材,没出息。“稂”不要错写成“粮”;“莠”不要错写成“秀”。

不落窠臼(bùluòkējiù) 窠臼:喻指现成的格式,陈旧的手法。比喻(文艺作品等)不落俗套,有独特风格。“窠”的上部偏旁是“穴”,不要错写成“巢”。

C

惨不忍睹(cǎnbùrěndǔ) 惨:处境或遭遇不幸,使人悲伤难过。悲惨得使人看不下去。不要错写成“残”。

惨不忍闻(cǎnbùrěnwén) 惨:处境或遭遇不幸,使悲伤难过。悲惨得使人不忍心听下去。“惨”不要错写成“残”。

草菅人命(cǎojiānrénmìng) 菅:一种多年生野草。把人命看得如同野草一样,指任意杀害人。“菅”的上部偏旁是“艹”,不要错写成“管”(“管”的上部偏旁是“⺮”)。

层峦叠嶂(céngluán-diézhàng) 嶂:像屏障一样直立的山。山峰重叠,连绵起伏。“嶂”的左偏旁是“山”,不要错写成“障”(“障”的左偏旁是“阝”)。

豺狼当道(cháilángdāngdào) 当:掌管、主持。比喻坏人、恶人掌权、得势。“当”不要错写成“档”。

长此以往(chángcǐyǐwǎng) 长:某段时间的起讫点之间的距离大。长期这样下去(后果不好)。“长”不要错写成“常”。

长吁短叹(chángxū-duǎntàn) 长:某段时间的起讫点之间的距离大。吁:叹息。一声长,一声短地不停地叹息。“长”不要错写成“常”;“吁”的右偏旁是“于”,不要错写成“嘘”。

陈词滥调(chéncí-làndiào) 滥:浮泛不切实际。指陈旧过时而不切实际的言词。“滥”不要错写成“烂”“乱”。

称心如意(chènxīn-rúyì) 称:符合,适合。完全符合心愿。“称”不要错写成“趁”“乘”。

趁火打劫(chènhuǒ-dǎjié) 趁:表示利用时间或机会。利用人家失火的机会抢劫。“趁”不要错写成“乘”。

趁热打铁(chènrè-dǎtiě) 趁:表示利用时间或机会。在铁烧红的时候锤打。比喻抓住有利时机去做。“趁”不要错写成“乘”。

成绩斐然(chéngjìfěirán) 斐然:有文采的样子,引申指显著、明显。成绩很显著。“斐”不要错写成“蜚”。

重蹈覆辙(chóngdǎofùzhé) 覆:翻倒。重走上翻车的道路。“覆”不要错写成“复”。

重振雄风(chóngzhènxióngfēng) 振:振作。重新振作起雄风。“振”不要错写成“整”。

川流不息(chuānliúbùxī) 川:河流。像河水那样流动,永不停息。多比喻行人、车马接连不断。“川”不要错写成“穿”。

刺刺不休(cìcì-bùxiū) 刺刺:形容话多。说话没完没了。“刺”的左偏旁是“朿”(cì),不要错写成“剌”(“剌”(là)的左偏旁是“束”)。

粗制滥造(cūzhì-lànzào) 滥:胡乱。指马虎草率制造产品或做事。“滥”不要错写成“乱”“烂”。

厝火积薪(cuòhuǒjīxīn) 厝:放置。把火置于堆积的柴草之下,比喻潜藏着极大的危险。“厝”不要错写成“措”。

错落有致(cuòluòyǒuzhì) 致:情趣。形容交错纷杂参差不齐,却很有情趣。“致”不要错写成“治”。

D

大势已去(dàshìyǐqù) 势:局势、局面。指整个局势已无可挽回。“势”不要错写成“事”。

大势所趋(dàshìsuǒqū) 势:局势、局面。指整个局势的发展趋向。“势”不要错写成“事”。

大庭广众(dàtíng-guǎngzhòng) 庭:厅堂。指人多的公共场所。“庭”不要错写成“厅”。

待价而沽(dàijià'érgū) 沽:卖。等待好价格出卖。比喻等待有人重用才肯出来做事。“沽”不要错写成“估”。

戴罪立功(dàizuì-lìgōng) 戴:头顶着,引申为负有。身负罪责而建立功业。“戴”不要错写成“带”“代”。

淡妆浓抹(dànzhuāng-nóngmǒ) 妆:化妆。化淡妆,化浓妆。“妆”不要错写成“装”。

东施效颦(dōngshīxiàopín) 效:照,模仿。东施(人名)模仿西施因病皱眉。比喻生硬机械模仿,效果适得其反。“效”不要错写成“笑”。

独出心裁(dúchūxīncái) 心裁:内心的谋划。原指诗文的构思有独到之处,现泛指观点见解与众不同。“裁”不要错写成“栽(zāi)”。

独具慧眼(dújùhuìyǎn) 具:有。独自有聪慧的眼力。慧:聪明,有才智。“具”不要错写成“俱”;“慧”不要错写成“惠”。

独树一帜(dúshùyīzhì) 树:树立、建立。单独树立起一面旗帜。比喻自成一家。“树”不要错写成“竖”。

度日如年(dùrìrúnián) 度:经过,经历。过一天就像一年一样,形容日子难熬。“度”不要错写成“渡”。

短小精悍(duǎnxiǎo-jīnghàn) 悍:勇猛,干练。身材短小,精明强悍,也形容文章或讲话简短而有力。“悍”不要错写成“干”“旱”。

多才多艺(duōcái-duōyì) 才:才能、能力。有多种才能,多种技艺。“才”不要错写成“材”。

E

耳鬓厮磨(ěrbìnsīmó) 厮:互相。两人的耳朵和鬓发互相接触,相处十分亲近。“厮”不要错写成“斯”。

F

罚不责众(fábùzézhòng) 罚:处罚。因很多人都那样做,所以就不好采取责罚的办法。“罚”不要错写成“法”。

飞黄腾达(fēihuáng-téngdá) 腾达:升腾。原指神马升腾上天。比喻官职地位上升很快。“腾达”不要错写成“腾踏”。

飞扬跋扈(fēiyáng-báhù) 跋扈:强横。形容骄横放肆。“跋”的左偏旁是“⻊”,不要错写成“拔”(“拔”的左偏旁是“扌”)。

蜚声海外(fēishēnghǎiwài) 蜚:飞。形容名声很大,国外都知道。“蜚”

不要错写成“飞”。

沸沸扬扬(fèifèi-yángyáng) 沸沸:液体受热到一定温度而翻滚。像开锅的水一样翻滚升腾。比喻人声喧闹,议论纷纷。“沸”的左偏旁是“氵”,不要错写成“拂”(“拂”的左偏旁是“扌”)。

风尘仆仆(fēngchénpúpú) 仆仆:劳累的样子。形容旅途奔波劳累。“仆仆”不要错写成“扑扑”或“朴朴”。

负隅顽抗(fùyú-wánkàng) 隅:山水弯曲的地方。背靠险要地势,顽固抵抗。比喻依仗某种条件拼死抵抗。“隅”不要错写成“偶”(ǒu)。

覆水难收(fùshuǐnánshōu) 覆:翻倒,倾覆。倒在地上的水不能回收。原指夫妻关系破裂不能弥合。现比喻事情已成定局,无法挽回。“覆”不要错写成“复”。

G

感恩戴德(gǎn'ēn-dàidé) 戴:尊奉、推崇。感激别人的恩德。“戴”不要错写成“带”“载”。

膏肓之疾(gāohuāngzhījí) 肓:心脏与横膈膜之间,是药力达不到的地方。指难以治愈的危重疾病,比喻致命的缺点和问题。“肓”下部偏旁是“月”,不要错写成“盲”(“盲”的下部偏旁是“目”)。

膏粱子弟(gāoliángzǐdì) 粱:精美的饭食。指富家子弟。“粱”下部偏旁是“米”,不要错写成下部偏旁是“木”的“梁”。

槁木死灰(gǎomù-sǐhuī) 槁:干枯。枯死的树木和冷却的灰烬。比喻毫无生气,极端消沉。“槁”的左偏旁是“木”,不要错写成“稿”(“稿”的左偏旁是“禾”)。

个中三昧(gèzhōngsānmèi) 三昧:精要,诀窍。指其中的精要或诀窍。“昧”的左偏旁是“日”,不要错写成“味”(“味”的左偏旁是“口”)。

躬逢其盛(gōngféngqíshèng) 躬:亲自。亲身经历了某一盛况或盛世。“躬”不要错写成“恭”。

钩心斗角(gōuxīn-dòujiǎo) 钩:钩连,连结。原形容宫殿建筑结构精巧。后比喻用尽心机,明争暗斗。“钩”不要错写成“勾”。

呱呱坠地(gūgūzhuìdì) 坠:落下。婴儿呱呱地降生。也形容新事物出现。“坠”上部偏旁是“队”,不要错写成“堕”(“堕”的上部偏旁是“陏”)。

关心备至(guānxīnbèizhì) 备:完备,齐全。关心体贴很全面、齐备。“备”不要错写成“倍”。

鬼鬼祟祟(guǐguǐsuìsuì) 祟:迷信认为鬼神带来的灾害;借指不光明正大的行为。“祟”上部偏旁是“出”,不要错写成“崇”(“崇”的上部偏旁是“山”)。

鬼蜮伎俩(guǐyùjìliǎng) 蜮:传说中的一种怪物,专在水中暗地害人。比喻用心险恶、暗中害人的手段。“蜮”左偏旁是:“虫”,不要错写成“域”(“域”的左偏旁是“土”)。

H

海市蜃楼(hǎishì-shènlóu) 蜃:大蛤蜊。指古人传说蜃能吐气形成楼台城郭或自然景观。实际上是光线在大气中折射而形成的奇异幻景,常发生在夏季的海边或沙漠地带。比喻虚幻的事物。“蜃”不要错写成“辰”。

汗流浃背(hànliújiābèi) 浃:湿透。汗流得使背上的衣服都湿透了。原形容极端惶恐、惭愧或紧张,现也形容汗太多。“浃”不要错写成“夹”。

好高骛远(hàogāo-wùyuǎn) 骛:追求。喜好过高的,追求过远的。形容喜好和追求的都不切实际。“骛”的下部偏旁是“马”,不要错写成“鹜”(“鹜”的下部偏旁是“鸟”)。

好行小惠(hàoxíngxiǎohuì) 惠:恩惠、好处。喜好给人一点小恩惠。“惠”不要错写成“慧”。

和盘托出(hépántuōchū) 和:连带。连带。连带盘子一起托出来。比喻全部说出、拿出，一点保留也没有。“和”不要错写成“合”。

呼天抢地（hūtiān-qiāngdì）抢（qiāng）地：用头撞地。形容极度悲痛的状态。“抢”不要错写成“抡”。

虎视眈眈（hǔshì-dāndān）眈眈：形容眼睛注视的样子。“眈”的左偏旁是“目”，不要错写成“耽”（“耽”的左偏旁是“耳”）。

怙恶不悛（hù'èbùquān）怙：依靠，凭借。悛：悔悟。坚持作恶，不思悔改。“怙”的左偏旁是“忄”，不要错写成“估”（“估”的左偏旁是“亻”）；“悛”的左偏旁是“忄”，不要错写成“俊”（“俊”的左偏旁是“亻”）。

画地为牢（huàdìwéiláo）画：在地上画出界限。在地上画个圈作为牢狱。比喻只许在指定范围内活动。“画”不要错写成“划”。

涣然冰释（huànrán-bīngshì）涣：消散。像冰块消融似地完全消失了。比喻疑团、误会等一下子都消除了。“涣”的左偏旁是“氵”，不要错写成“焕”或“换”（“焕”的左偏旁是“火”；“换”的左偏旁是“扌”）。

焕然一新（huànrán-yìxīn）新：鲜明，光亮。形容一改旧颜，呈现出一派崭新的面貌。“焕”的左偏旁是“火”，不要错写成“涣”或“换”（“涣”的左偏旁是“氵”；“换”的左偏旁是“扌”）。

惶惶不可终日（huánghuáng-bùkězhōngrì）惶惶：恐惧不安的样子。惊慌得一天也过不下去。形容惊慌到了极点。“惶”不要错写成“皇”或“慌”。

灰心丧气（huīxīn-sàngqì）气：指精神状态。形容因失败或不顺利而失去信心，意志消沉。“气”不要错写成“意”。

毁家纾难（huǐjiā-shūnàn）纾：缓解，消除。指拿出家产以解救国难。“纾”的左偏旁是“纟”，不要错写成左偏旁是“扌”的“抒”。

浑浑噩噩（húnhún'è'è）浑浑：浑厚朴实的样子。原形容浑厚朴质，现多形容愚昧无知或糊里糊涂。“浑”不要错写成“混”或“昏”。

浑水摸鱼（húnshuǐ-mōyú）浑：浑浊。在浑浊的水里摸鱼。比喻乘混乱捞取好处。“浑”不要错写成“混”。

活蹦乱跳(huóbèng-luàntiào) 蹦:跳。蹦蹦跳跳,形容非常快乐,充满活力。“蹦”不要错写成“迸”。

火中取栗(huǒzhōngqǔlì) 栗:栗子。从火中拿栗子。比喻替别人冒险出力,自己无所得反而受害。“栗”的下部偏旁是“木”,不要错写成“粟”(“粟”的下部偏旁是“米”)。

祸起萧墙(huòqǐxiāoqiáng) 萧墙:指古代宫室内作为屏障的小墙,借指家内或单位内部。比喻祸害、事端产生在内部。“萧”不要错写成“肖”或“箫”。

畸轻畸重(jīqīng-jīzhòng) 畸:偏。偏轻偏重。形容事物发展不均衡或采取的态度、措施有偏向,不合常理。“畸”的左偏旁是“田”,不要错写成“倚”(“倚”的左偏旁是“亻”)。

激浊扬清(jīzhuó-yángqīng) 激:冲刷。冲刷污浊的东西,掀起清澈的水波。比喻扶植优秀的,抨击低劣的。“激”不要错写成“击”。

佶屈聱牙(jíqū-áoyá) 佶屈:形容曲折的样子,引申为不通顺。“佶”的左偏旁是“亻”,不要错写成“结”或“诘”(“结”的左偏旁是“纟”;“诘”的左偏旁是“讠”)。“屈”不要错写成“曲”。

计日程功(jìrì-chénggōng) 程:估量。可以按日子来计算、估量功效。形容进展快,成功指日可待。“程”不要错写成“成”。

戛然而止(jiárán'ěrzhǐ) 戛然:形容声音突然停止。声音突然停止。“戛”不要错写成“嘎”。

尖酸刻薄(jiānsuān-kèbó) 刻薄:冷酷无情,过分苛求。形容说话、待人不宽容、不厚道。“刻”不要错写成“苛”。

坚如磐石(jiānrúpánshí) 磐石:大石头。形容团结友谊等非常牢固,不可动摇。“磐”不要错写成“盘”。

剑拔弩张(jiànbá-nǔzhāng) 剑:宝剑。剑出鞘,弩张开。比喻形势非常紧张,有一触即发之势。“剑”不要错写成“箭”。

矫揉造作(jiǎoróu-zàozuò) 矫:使弯的变成直的。形容故意做作,极有自然。“矫”的左偏旁是“矢”,不要错写成“娇”或“骄”(“娇”的左偏旁是“女”;“骄”的左偏旁是“马”)。

矫枉过正(jiǎowǎngguòzhèng) 矫:使弯的变直。指矫正弯曲的东西超越了限度,反而又弯向另一面。比纠正错误和偏向却超过了限度。“矫”的偏旁是“矢”,不要错写成“娇”或“骄”(“娇”的左偏旁是“女”;“骄”的左偏旁是“马”)。

节哀顺变(jié'āi-shùnbiàn) 变:变故,变化。节制哀痛,顺应变故(指亲朋逝世)。用作慰问吊唁之词。“变”不要错写成“便”。

解甲归田(jiějiǎ-guītián) 解:脱下,卸下。脱下战服,回家种田。指将士退位返乡。“解”不要错写成“卸”。

金碧辉煌(jīnbì-huīhuáng) 碧:碧绿色。形容红墙绿瓦的宫殿建筑壮观宏伟。“碧”不要错写成“壁”“璧”。

金瓯无缺(jīn'ōuwúquē) 瓯:指盆碗之类器皿。比喻国家的疆土完整无缺。“瓯”的右偏旁是“瓦”,不要错写成“欧”(“欧”的右偏旁是“欠”)。

锦上添花(jǐnshàng-tiānhuā) 锦:有彩色花纹的纺织品。添:加上。比喻使美丽的事物更加美丽。“锦”的左偏旁是“钅”,不要错写成“绵”(“绵”的左偏旁是“纟”)。“添”不要错写成“填”。

荆棘塞途(jīngjísāitú) 荆棘:带刺的灌木。荆棘布满道路。比喻环境艰险,障碍重重。“棘”是由两个“朿”(cì)左右结构而成,不要错写成两个“束”(shù)。

迥然不同(jiǒngránbùtóng) 迥然:形容差别很大。很明显不一样。“迥”不要错写成“廻”。

居心叵测(jūxīnpǒcè) 叵:不可。安什么心,令人揣测不透。形容内心险诈。“叵”不要错写成“巨”。

K

看风使舵(kànfēng-shǐduò) 使:操纵。看准风向,操纵船舵。比喻根据局势变化而随时改变态度和策略。“使”不要错写成“驶”。

可望不可即(kěwàng-bùkějí) 即:接近。可以望见,但不能接近。多形容事一时难以实现。“即”不要错写成“及”。

克敌制胜(kèdí-zhìshèng) 制:做,造。战胜敌人,取得胜利。“制”不要错写成“致”。

脍炙人口(kuàizhìrénkǒu) 炙:烤熟的肉。美味食品人人爱吃,比喻优秀的文艺作品,人人赞美和传诵。“炙”的上部偏旁是“⺼”,不要错写成“灸”(“灸”的上部偏旁是“久”)。

L

滥竽充数(lànyúchōngshù) 滥:不切实。指不会吹竽的人,混在乐队里凑人数。比喻没有真本领的人混在行家里面凑数或以次充好。有时也作自谦词用。“竽”的上部偏旁是“⺮”,不要错写成“芋”(“芋”的上部偏旁是“艹”);“滥”不要错写成“烂”、“乱”。

老奸巨猾(lǎojiān-jùhuá) 猾:奸诈,诡诈。形容非常奸诈狡猾。“猾”不要错写成“滑”。

老牛舐犊(lǎoniú-shìdú) 舐:舔。老牛舔小牛犊。比喻父母疼爱儿女。“舐”的右偏旁是“氏”,不要错写成右偏旁是“忝”的“舔”(tiǎn)。

礼尚往来(lǐshàngwǎnglái) 尚:注重。在人际礼节上注重有来有往。也指你怎样对待我,我就怎样对待你。“尚”不要错写成“上”。

良莠不齐(liángyǒubùqí) 莠:狗尾草。比喻坏人和好人混杂在一起,难以辨认。“莠”不要错写成“秀”。

流言蜚语(liúyán-fēiyǔ) 蜚语:诽谤性的话,没有根据的话。指背后散布的挑拨离间或造谣中伤的话。“蜚”不要错写成“飞”。

M

漫不经心(mànbùjīngxīn) 漫:随便。随随便便,毫不在意。“漫”的左偏旁是“氵”不要错写成“慢”(“慢”的左偏旁是“忄”)。

漫无边际(mànwúbiānjì) 漫:遍布,引申为无边无际。非常广阔,没有边际。比喻说话,写文章离题太远,没有中心。“漫”的左偏旁是“氵”不要错写成“慢”(“慢”的左偏旁是“忄”)。

毛骨悚然(máogǔsǒngrán) 悚:恐惧,害怕。汗毛竖起,脊背发冷。形容十分恐惧。“悚”不要错写成“耸”。

美轮美奂(měilún-měihuàn) 轮:轮囷(qūn),古代圆形高大的谷仓。奂:众多。形容建筑物高大和众多。“轮”的左偏旁是“车”,不要错写成左偏旁是“亻”的“伦”或“仑”;“奂”不要错写成“焕”“涣”。

门庭若市(méntíngruòshì) 庭:正房前的院子。门口和庭院里像集市一样。形容宾客很多,热闹非常。“庭”不要错写成“廷”。

靡靡之音(mǐmǐzhīyīn) 靡靡:奢靡,颓废。颓废不健康的音乐。“靡”的下部偏旁是“非”,不要错写成“迷”。

名缰利锁(míngjiāng-lìsuǒ) 锁:锁链。比喻名和利就像缰绳和锁链一样束缚人。“锁”不要错写成“索”。

命运多舛(mìngyùnduōchuǎn) 舛:不幸,不顺利。命运非常不幸,非常不顺利。“舛”不要错写成“桀”。

谬种流传(miùzhǒngliúchuán) 谬种:荒谬错误的东西。指把荒谬错误的东西广泛散布并流传下去。“谬”的左偏旁是“讠”,不要错写成左偏旁是“纟”的“缪”。

N

耐人寻味(nàirénxúnwèi) 耐:经得起:经得起人们仔细体味。形容诗文、语句等意味深长。“耐”不要错写成“爱”。

拈花惹草(niānhuā-rěcǎo) 比喻男性招惹、挑逗女性,搞不正当的两性关系。"拈"的左偏旁是"扌",不要错写成"沾"("沾"的左偏旁是"氵")。

拈轻怕重(niānqīng-pàzhòng) 拈:用手指夹或捏取。形容做事只拣轻易的,躲避繁重的。"拈"的左偏旁是"扌",不要错写成左偏旁是"氵"的"沾"。

年高德劭(niángāo-déshào) 劭:美好。年纪大,品德好。"劭"的右偏旁是"力",不要错写成右偏旁是"阝"的"邵"或左偏旁是"纟"的"绍"。

奴颜婢膝(núyán-bìxī) 婢:婢女。奴才的表情,婢女的膝盖。形容一副卑躬屈膝、谄媚奉承的奴才相。"婢"不要错写成"卑"。

O

呕心沥血(ǒuxīn-lìxuè) 呕:吐。形容费尽心血。"呕"的左偏旁是"口",不要错写成"沤"("沤"的左偏旁是"氵")。

P

旁征博引(pángzhēng-bóyǐn) 征:征集,收集。指说话写文章广泛引用各种材料。"征"的左偏旁是"彳",不要错写成"证"("证"的左偏旁是"讠")。

蓬荜生辉(péngbìshēnghuī) 蓬荜:用树枝、蓬草做的门。自己简陋的房屋增添了光彩,表示别人的到来或接到别人赠送的字、画等礼物而感到荣幸。"荜"不要错写成"壁"。

平铺直叙(píngpū-zhíxù) 叙:叙述。指文章、说话不修饰,只按顺序直接叙述。常形容说话写文章平淡无味,重点不突出。"叙"不要错写成"序"。

破绽百出(pòzhànbǎichū) 破绽:裂口。比喻说话、做事漏词很多。"绽"不要错写成"定"。

Q

岐路亡羊(qílùwángyáng) 歧:岔路。因为岔路而丢失了羊。比喻因情况复杂多变而迷失方向,误入歧途。“歧”的左偏旁是“止”,不要错写成“岐”(“岐”的左偏旁是“山”)。

气冲霄汉(qìchōngxiāohàn) 霄:云霄。气冲入云霄银河。形容气概极其豪迈,压倒一切。“霄”上部偏旁是“雨”,不要错写成“宵”(“宵”的上部偏旁是“宀”)。

气势汹汹(qìshìxiōngxiōng) 形容来势凶猛恶狠狠。“气”不要错写成“其”。

前倨后恭(qiánjù-hòugōng) 倨:傲慢。先前傲慢,后来恭顺。形容态度前后截然不同。“倨”的左偏旁是“亻”,不要错写成“据”(“据”的左偏旁是“扌”)。

前仆后继(qiánpū-hòujì) 仆:倒下。前面的人倒下去,后面的人跟上来。形容后继有人,英勇壮烈。“仆”的左偏旁是“亻”,不要错写成“扑”(“扑”的左偏旁是“扌”)。

锲而不舍(qiè'érbùshě) 锲:刻。一直刻下去不放弃。比喻有恒心、有毅力,坚持不懈。“锲”不要错写成“契”。

青出于蓝(qīngchūyúlán) 蓝:蓼蓝,草名,从中可以提取靛青。靛青是由蓼蓝中提取的。比喻学生是老师培养出来的。“蓝”不要错写成“兰”。

轻歌曼舞(qīnggē-mànwǔ) 曼:柔美。轻快的歌声,柔美的舞姿。“曼”不要错写成“慢”。

情景交融(qíngjǐngjiāoróng) 交融:融合一起。指文艺作品中描写景物与抒发感情结合紧密,融为一体。“融”不要错写成“溶”。

罄竹难书(qìngzhú-nánshū) 罄:用尽,用完。把竹子用尽了也写不完。形容罪恶极多。“罄”的下部偏旁是“缶”(fǒu),不要错写成“磬”(“磬”的下部偏旁是“石”)。

曲突徙薪(qūtū-xǐxīn) 曲:使弯曲。徙:迁移。指把烟囱改成弯的,搬走灶旁的柴木,以防止火灾发生。比喻事先采取措施,防患于未然。“曲”不要错写成“屈”。“徙”的右偏旁是“走”不要错写成“徒”(“徒”的右偏旁是“走”)。

屈打成招(qūdǎchéngzhāo) 屈:冤屈。指无罪的人在严刑拷打下被迫招认。“屈”不要错写成“曲”。

屈指可数(qūzhǐkěshǔ) 屈:使弯曲。弯着手指可以数出来。形容数量很少。“屈”不要错写成“曲”。

趋之若鹜(qūzhīruòwù) 鹜:鸭子。像鸭子一样成群跑过去。比喻很多人争着追逐某事物。“鹜”的下部偏旁是“鸟”,不要错写成“骛”(“骛”的下部偏旁是“马”)。

全军覆没(quánjūnfùmò) 覆:灭亡。全部军队被消灭。比喻彻底失败。“覆”不要错写成“复”。

R

惹是生非(rěshì-shēngfēi) 招惹是非,引起争端或麻烦。“是”不要错写成“事”。

人人自危(rénrénzìwēi) 危:危险,不安全。每个人都感到自己不安全。“危”不要错写成“卫”。

人心惶惶(rénxīnhuánghuáng) 惶:惊慌。每个人都惊慌失措。“惶”的右偏旁是“皇”,不要错写成“慌”(“慌”的右偏旁是“荒”)。

如法炮制(rúfǎ-páozhì) 炮:中药制法。按照成法制作中药。比喻照着现成方法去办事。“炮”的左偏旁是“火”,不要错写成“泡”(“泡”的左偏旁是“氵”)。

如火如荼(rúhuǒ-rútú) 荼:一种开白花的柔草。原形容军容整齐、盛大。现泛指场面气势量旺盛,气氛热烈。“荼”的下部偏旁是“禾”,不要错写成“荼”（“荼”的下部偏旁是“木”）。

如愿以偿（rúyuànyǐcháng）以：而。偿：得到满足。指愿望得到满足。“以”不要错写成“已”。“偿”不要错写成“尝”。

锐不可当（ruìbùkědāng）当：阻拦，抵挡。气势旺盛，不可抵抗。“当”不要错写成“挡”。

若即若离（ruòjí-ruòlí）即：接近。又像接近，又好像离开。形容保持一定距离，既不接近，又不疏远。“即”不要错写成“既”。

弱不禁风（ruòbùjīnfēng）禁：忍受。形容身体柔弱，连风都经受不起。“禁”不要错写成“经”。

色厉内荏（sèlì-nèirěn）荏：软弱。外表强横，内心软弱。“荏”不要错写成“忍”。

姗姗来迟（shānshānláichí）姗姗：走路缓慢从容的样子形容慢慢腾腾，不能准时到达。“姗”的左偏旁是“女”，不要错写成“跚”（“跚”的左偏旁是“⻊”）。

身心交瘁（shēnxīnjiāocuì）瘁：过度劳累。身体和精神都过度劳累。“瘁”从“疒”旁，不要错写成“悴”（“悴”的左偏旁是“忄”）。

神采奕奕（shéncǎiyìyì）采：风采。形容人精神旺盛，容光焕发，也形容艺术作品生动传神。“采”不要错写成“彩”。

生杀予夺（shēng-shā-yǔ-duó）予：给予。指生死赏罚。“予”不要错写成“与”。

声名狼藉（shēngmíng-lángjí）狼藉：杂乱不堪。形容人的名声坏到极点。“藉”的上部偏旁是“艹”，不要错写成“籍”（“籍”的上部偏旁是“竹”）。

声誉鹊起（shēngyùquèqǐ）鹊：喜鹊。形容人的名声荣誉一下子都提高了。“鹊”不要错写成“雀”。

时过境迁（shíguò-jìngqiān）境：环境，时间过去了，环境也不同了。“境”不要错写成“景”。

拾金不昧（shíjīn-bùmèi）昧：隐藏。拣到财物不隐藏据为己有。“昧”的左偏旁是“日”，不要错写成左偏旁是“口”的“味”。

世外桃源（shìwàitáoyuán）源：源头。指人世间以外的幸福地方（在桃花盛开的溪水源头）。“源”不要错写成“园”。

事必躬亲（shìbìgōngqīn）躬：亲身。事情都必须自己亲身去办，不让别人代替。“躬”不要错写成“恭”。

拭目以待（shìmùyǐdài）拭：擦拭。擦亮眼睛等待着。形容密切关注事态的发展。“拭”的左偏旁是“扌”，不要错写成“试”（“试”的左偏旁是“讠”）。

室如悬磬（shìrúxuánqìng）磬：古代打击乐器，悬挂在架上演奏。屋子里就像悬挂的磬，四周空荡无物。形容家境贫穷，室内空空。“磬”的下部偏旁是“石”，不要错写成“罄”（“罄”的下部偏旁是“缶”）。

舐犊情深（shìdú-qíngshēn）舐：用舌头舔。（老牛）舔小牛感情深切。比喻父母疼爱子的感情真切。“舐”的右偏旁是“氏”，不要错写成右偏旁是“忝”的“舔”。

首屈一指（shǒuqūyīzhǐ）屈：使弯曲：指板指头计数时，首先弯下大拇指，表示位居第一。“屈”不要错写成“曲”。

睡眼惺忪（shuìyǎnxīngsōng）惺忪：刚刚醒来的样子。“忪”的左偏旁是“忄”，不要错写成“松”（“松”的左偏旁是“木”）。

死不瞑目（sǐbùmíngmù）瞑目：闭眼。形容人死时心里有放不下的事，所以死后眼不闭上。现常用来形容不达目的，到死也不甘心。“瞑”的左偏旁是“目”，不要错写成“暝”（“暝”的左偏旁是“日”）。

肆无忌惮（sìwújìdàn）忌惮：顾忌，害怕。指行为放肆，毫无顾忌。“惮”的左偏旁是“忄”，不要错写成“弹”（“弹”的左偏旁是“弓”）。

搜罗人才（sōuluóréncái）搜罗：寻求。寻求各种人才。“搜”不要错写成

“收”。

素昧平生(sùmèipíngshēng) 昧:指不了解。指一向不了解;素不相识。“昧”的左偏旁是“日”,不要错写成“味”(“味”的左偏旁是“口”)。

随声附和(suíshēng-fùhè) 别人怎样说,自己就跟着怎么说。“附”不要错写成“符”。“和”不要错写成“合”。

所向披靡(suǒxiàngpīmǐ) 披靡:草木被吹而倒伏。比喻力量到达地方,一切阻碍全被扫清。“靡”的下部偏旁是“非”,不要错写成下部偏旁是“米”的“糜”。

T

太仓一粟(tàicāngyīsù) 粟:小米。比喻非常渺小,微不足道。“粟”的下部偏旁是“米”,不要错写为下部偏旁是“示”或“木”的“票”“栗”。

螳臂当车(tángbìdāngchē) 当:阻拦。螳螂用前腿阻拦车子前进。比喻自不量力,做根本不可能的事情。“当”不要错写成“挡”。

提纲挈领(tígāng-qièlǐng) 挈:提起。提起渔网上的大绳,拎起衣服的领子。比喻抓住要领或简明扼要提出问题。“挈”不要错写成“携”。

天翻地覆(tiānfān-dìfù) 覆:倾覆,颠倒。天地颠倒。形容发生了根本性的变化,或扰闹得很凶,“覆”不要错写成“复”。

天花乱坠(tiānhuāluànzhuì) 形容话说得漂亮动听,有声有色,但不符合实际。“坠”的上部偏旁是“队”,不要错写成上部偏旁是“阵”的“堕”。

铤而走险(tǐng’érzǒuxiǎn) 铤:快跑。指无路可走时急不择路,采取冒险行动。“铤”的左偏旁是“钅”,不要错写成左偏旁是“扌”的“挺”。

同仇敌忾(tóngchóu-díkài) 忾:愤恨。指持着同样的愤恨,一致抗击敌人。“忾”不要错写成“慨”。

投鼠忌器(tóushǔ-jìqì) 忌:担心,害怕。投掷东西打老鼠,担心砸坏旁边的器物。比喻想除掉坏人,但又有所顾虑。“忌”不要错写成“记”。

兔起鹘落(tùqǐ-húluò) 鹘:隼(sǔn)类猛禽。兔子刚跳起,鹘就扑下去。

形容动作迅猛准确，又形容才思敏捷，下笔迅速，势气充沛。“鹘”不要错写成“狐”。

W

纨绔子弟（wánkùzǐdì）纨：细绢做的裤子，泛指华美的衣服。指不务正业，游手好闲的富家子弟。“绔”的右偏旁是“夸”，不要错写成右偏旁是“库”的“裤”。

完璧归赵（wánbìguīzhào）璧：扁圆形中心有孔的玉。古人用为衣饰物。比喻完好无损的归回原主人。“璧”的下部偏旁是“玉”，不要错写成下部偏旁是“土”的“壁”。

万夫不当（wànfūbùdāng）当：抵挡。很多人都阻挡不住。形容非常勇猛。“当”不要错写成“挡”。

万箭攒心（wànjiàncuánxīn）攒：聚拢，攒集。许多箭集中射在心中。形容极度伤心悲痛。“攒”不要错写成“穿”。

万马齐喑（wànmǎqíyīn）喑：哑。许多马同时都哑了。比喻人们都沉默不语，不发表意见，气氛特别死寂。“喑”的左偏旁是“口”，不要错写成左偏旁是“日”的“暗”。

万事亨通（wànshìhēngtōng）亨通：顺利，通畅。一切事情都很顺当。“亨”的下部偏旁是“了”，不要错写成下部偏旁是“子”的“享”。

望风披靡（wàngfēng-pīmǐ）披靡：随风倒伏。指草木等遇到风就倒伏。比喻看到对方来势汹汹而不敢抵抗，或不打仗就溃败了。“靡”的下部偏旁是“非”，不要错写成下部偏旁是“米”的“糜”。

危如累卵（wēirú-lěiluǎn）累：堆积。形容极其危险。“累”不要错写成“垒”。

威震天下（wēizhèntiānxià）震：震动，震撼。威力震动了天下（世界）。“震”不要错写成“振”。

为恶不悛（wéi’èbùquān）悛：悔改。坚持作恶事，毫不悔改。“悛”的左偏旁是“忄”,不要错写成左偏旁是“亻”的“俊”。

为丛驱雀(wèicóngqūquè) 雀:鸟雀,泛指各种鸟。给树丛驱赶鸟雀。比喻方法不对头结果与原意相反。“雀”不要错写成“鹊”。

为虎作伥(wèihǔzuòchāng) 伥:传说被老虎吃掉的人,变成伥鬼,专门给老虎带路找人吃。比喻作恶人的帮凶。“伥”的左偏旁是“亻”,不要错写成左偏旁是“巾”的“帐”。

未雨绸缪(wèiyǔchóumóu) 绸缪:指用绳索缠捆。引申为修补。在下雨之前,先修补一下门窗。比喻事先做好防备。“缪”的左偏旁是“纟”,不要错写成左偏旁是“讠”的“谬”。

稳操胜券(wěncāoshèngquàn) 胜券:指胜利的把握。形容有把握取得胜利。“券”的下部偏旁是“刀”,不要错写成下部偏旁是“㔾”的“卷”。

乌合之众(wūhézhīzhòng) 乌:乌鸦。像乌鸦似的聚合在一起。比喻临时凑合起来,没有组织纪律的人群。“乌”不要错写成“鸟”。

乌烟瘴气(wūyān-zhàngqì) 乌烟:黑烟。比喻环境嘈杂,秩序混乱或社会黑暗。“乌”不要错写成“鸟”。

无稽之谈(wújīzhītán) 稽:考核。无法考核、没有根据的话。“稽”不要错写成“计”。

无可讳言(wúkěhuìyán) 讳:忌讳。指没有什么忌讳不可以直说的,即可以坦率地说。“讳”不要错写成“会”。

无事生非(wúshì-shēngfēi) 指无缘无故创造出是非纠纷。“事”不要错写成“是”。

无所不至(wúsuǒbùzhì) 至:到。没有不到的地方,也指什么事都干得出来。“至”不要错写成“致”。

无隙可乘(wúxìkěchéng) 乘:利用。没有漏洞可以利用。“乘”不要错写成“趁”。

无庸讳言(wúyōnghuìyán) 讳:忌讳。指不必忌讳,可以直说。“讳”不要错写成“会”。

物极必反(wùjíbìfǎn) 反:去向反面。事物发展到极端,就会走向它的反面。“反”不要错写成“返”。

误入歧途(wùrùqítú) 歧途:邪路。错误地走上邪路。“歧”的左偏旁是“止”,不要错写成左偏旁是“山”的“岐”。

嬉皮笑脸(xīpí-xiàoliǎn) 嬉:玩耍,游玩。形容人嬉笑不严肃的样子。“嬉”的左偏旁是“女”,不要错写成左偏旁是“口”的“嘻”。

瑕不掩瑜(xiábùyǎnyú) 瑜:玉的光彩。玉上的斑点掩盖不了玉的光彩。比喻缺点掩盖不了优点。“瑜”不要错写成“玉”。

先发制人(xiānfāzhìrén) 制:制伏。先发动攻势来制伏对方。“制”不要错写成“治”。

纤毫不爽(xiānháobùshuǎng) 纤毫:细小的毫毛。指连丝毫的差错都没有。“毫”的下部偏旁是“毛”,不要错写成下部偏旁是“豕”的“豪”。

相濡以沫(xiāngrúyǐmò) 濡:沾湿。指鱼在干涸的地方,用唾沫相互滋润。比喻在困境中相互救助,支持。“濡”的左偏旁是“氵”,不要错写成左偏旁是“亻”的“儒”。

相形见绌(xiāngxíngjiànchù) 绌:不足。相互比较之下,(一方)显得不足。“绌”的左偏旁是“纟”,不要错写成左偏旁是“扌”的“拙”。

向隅而泣(xiàngyú'érqì) 隅:墙角。面对墙角哭泣。形容孤立、绝望。“隅”的左偏旁是“阝”,不要错写成左偏旁是“亻”的“偶”。

销声匿迹(xiāoshēng-nìjì) 销:销除,去掉。指躲藏起来,不说话,不公开出面。“销”的左偏旁是“钅”,不要错写成左偏旁是“氵”的“消”。

挟天子以令诸侯(xiétiānzǐyǐlìngzhūhóu) 挟:挟制,强迫别人就范。挟制皇帝,以皇帝名义号令诸侯。比喻假借权威名义发号施令,达到利己的目的。“挟”不要错写成“夹”。

心驰神往(xīnchí-shénwǎng) 驰:奔跑。指心神飞快地被吸引去了。形容急切地向往(某事物)。“驰”的右偏旁是“也”,不要错写成右偏旁是“史”的“驶”。

心怀叵测(xīnhuáipǒcè) 叵:不可。心里隐藏着不可揣测的恶毒用意。“叵”不要错写成“巨”。

心力交瘁(xīnlìjiāocuì) 瘁:过度劳累。精神、身体都极度劳累。“瘁”字从“疒”,不要错写成左偏旁是“忄”的“悴”。

心心相印(xīnxīnxiāngyìn) 相印:相合。指彼此心意相合。“印”不要错写成“映”。

信而有征(xìn'éryǒuzhēng) 征:证验;证明。真实而有证据。“征”的左偏旁是“彳”,不要错写成左偏旁是“讠”的“证”。

信手拈来(xìnshǒu-niānlái) 拈:用两三个手指捏(东西)。随手拿来,多形容工作时自由熟练运用材料或驾驭语言。“拈”的左偏旁是“扌”,不要错写成左偏旁是“氵”的“沾”。

兴高采烈(xìnggāo-cǎiliè) 采:神采。兴致高,精神饱满。“采”不要错写成“彩”。

休戚与共(xiūqīyǔgòng) 休:欢乐。欢乐和忧愁共同承受。形容彼此同甘共苦。“休”不要错写成“相”。

秀外慧中(xiùwài-huìzhōng) 慧:智慧。形容人才貌双全。多指女性聪明,漂亮。“慧”不要错写成“惠”。

嘘寒问暖(xūhán-wènnuǎn) 嘘:吐气,引申为说。形容对人的生活十分关心体贴。“嘘”的右偏旁是“虚”,不要错写成右偏旁是“于”的“吁”。

烜赫一时(xuǎnhèyīshí) 赫:形容声势、气势盛大。在一个时期内,名声很大。“烜”的右偏旁是“亘”,不要错写成右偏旁是“宣”的“煊”。

循规蹈矩(xúnguī-dǎojǔ) 循:遵守。指一举一动都遵守规矩。“循”不要错写成“寻”。

循序渐进(xúnxù-jiànjìn) 循:遵守。遵照一定步骤逐渐深入、提高。“循”不要错写成“寻”。

徇情枉法(xúnqíngwǎngfǎ) 徇:无原则地照顾。无原则地照顾私情,歪曲破坏法律。“徇”的左偏旁是“彳”,不要错写成左偏旁是“歹”的“殉”。

徇私舞弊(xúnsī-wǔbì) 徇:无原则地遵从。指为了私利而弄虚作假,违法乱纪。“徇”的左偏旁是“彳”,不要错写成左偏旁是“歹”的“殉”。

Y

牙牙学语(yáyáxuéyǔ) 牙牙:模拟婴儿学话的声音。牙牙地学说话。“牙”不要错写成“呀”。

湮没无闻(yānmò-wúwén) 湮没:埋没。指名声或事迹被埋没,没有人知道。“湮”的右偏旁是“垔”,不要错写成右偏旁是“奄”的“淹”。

严阵以待(yánzhènyǐdài) 以:而。摆好严整阵势,等待来犯的敌人。“以”不要错写成“已”。

言不由衷(yánbùyóuzhōng) 衷:内心。话不是从内心发出的,形容口心不一。“衷”不要错写成“中”。

言简意赅(yánjiǎn-yìgāi) 赅:完备。语言简短而意思却很完备。“赅”的左偏旁是“贝”,不要错写成左偏旁是“讠”的“该”。

眼花缭乱(yǎnhuā-liáoluàn) 缭乱:纷乱。指看到纷繁杂乱的事物而使眼睛昏花,神志迷乱。“缭”的左偏旁是“纟”,不要错写成左偏旁是“扌”的“撩”。

偃旗息鼓(yǎnqí-xīgǔ) 偃:放倒。放倒军旗,停止击鼓。指军人隐蔽行踪或停止战斗。“偃”的左偏旁是“亻”,不要错写成左偏旁是“扌”的“揠”(yà)。

仰人鼻息(yǎngrénbíxī) 仰:依赖。依赖别人的呼吸而生活。比喻依靠别人,看别人脸色行事。“仰”不要错写成“养”。

摇摇欲坠(yáoyáo-yùzhuì) 坠:掉下。摇摇晃晃就要掉下来。形容地位不稳固,就要垮台。“摇”的左偏旁是“扌”不要错写成左下偏旁是“辶”的“遥”。“坠”的上部偏旁是“队”,不要错写成上部偏旁是“隋”的“堕”。

杳如黄鹤(yǎorúhuánghè) 杳:不见踪影。比喻无影无踪或没有消息。“杳”不要错写成“沓”。“杳”的上部偏旁是“木”,不要错写成上部偏旁是“水”的“沓”。

杳无音信(yǎowúyīnxìn) 杳:不见踪影。比喻无影无踪或没有消息。杳不要错写成“沓”。“杳”的上部偏旁是“木”,不要错写成上部偏旁是“水”的“沓”。

夜以继日(yèyǐjìrì) 以:而。晚上继续白天。形容日夜不停(工作或学习等)。“以”不要错写成“已”。

一筹莫展(yīchóumòzhǎn) 筹:筹码,用来计数的竹签,引申指计策。没有一点计策,一点办法也没有。“筹”不要错写成“愁”。

一气呵成(yīqì-hēchéng) 呵:呼(气)。一口气呵成。形容做事不拖拉、不间断。“呵”不要错写成“啊”。

一丘之貉(yīqiūzhīhé) 貉:外形像狐狸的一种动物。同一个土山上的貉。比喻彼此相同,毫无差别。“貉”不要错写成“狐”。

一隅之见(yīyúzhījiàn) 隅:角落。在一个角落见到的。形容狭隘、浅薄的见解。“隅”的左偏旁是“阝”,不要错写成左偏旁是“亻”的“偶”。

怡然自得(yíránzìdé) 怡然:喜悦的样子。形容喜悦、满足的样子。“怡”不要错写成“移”。

贻笑大方(yíxiàodàfāng) 贻:留下。指被内行人笑话。“贻”不要错写成“遗”。

以儆效尤(yǐjǐngxiàoyóu) 儆:警告。指用处理坏人坏事来警戒别人仿效做坏事。“儆”的左偏旁是“亻”,不要错写成下部偏旁是“言”的“警”。

倚老卖老(yǐlǎo-màilǎo) 倚:凭借,依仗。仗着年纪大,卖弄老资格。“倚”不要错写成“以”。

倚势凌人(yǐshìlíngrén) 倚:凭借,依仗。仗着势力欺侮。“倚”不要错写成“以”。

义无反顾(yìwúfǎngù) 反顾:回首看。按照道理只能向前,绝不回头。

“反”不要错写成“返”。

异口同声（yìkǒu-tóngshēng）异口：不同的嘴。不同的嘴，发出同一个声音。形容许多人说出同样的话。“异”不要错写成“一”。

阴谋诡计（yīnmóu-guǐjì）诡计：阴险奸诈的计谋。指暗中策划的阴险的计策。“诡”不要错写成“鬼”。

引吭高歌（yǐhánggāogē）吭：嗓子。放开嗓子高声唱歌。“吭”不要错写成“亢”。

饮泣吞声（yǐnqì-tūnshēng）饮泣：让眼泪往肚里咽。形容内心忍受痛苦，不敢公开表露。“饮”不要错写成“忍”。

饮鸩止渴（yǐnzhèn-zhǐkě）鸩：指浸泡过鸩鸟羽毛的毒酒。喝鸩酒来止渴。比喻只顾眼前困难而不顾后患。“鸩”的左偏旁是“冘”，不要错写成左偏旁是“九”的“鸠”。

忧心忡忡（yōuxīnchōngchōng）忡忡：忧愁不安的样子。形容心事重重，忧愁不安。“忡”不要错写成“重”。

有恃无恐（yǒushì-wúkǒng）恃：倚靠，仗恃。因为有依靠而毫不害怕。“恃”的左偏旁是“忄”，不要错写成左偏旁是“扌”的“持”。

有条不紊（yǒutiáo-bùwěn）紊：乱。有条理不紊乱。“紊”不要错写成“稳”。

有张有弛（yǒuzhāng-yǒuchí）弛：松弛。有紧张有松弛，有劳有逸。“弛”的左偏旁是“弓”，不要错写成左偏旁是“马”的“驰”。

与人为善（yúrén-wéishàn）与：和。原指和别人一起做好事，现指善意帮助别人。“与”不要错写成“予”。

原原本本（yuányuán-běnběn）原：原来，本来。按照事物原样，从头到尾叙述。“原”不要错写成“源”。

越俎代庖（yuèzǔ-dàipáo）俎：古代祭祀时使用的器具。厨师不做饭，主持祭祀的人也不应放下祭器去替他做饭。比喻超越职权去处理别人应管的事。“俎”的左偏旁是“仌”，不要错写成左偏旁是“礻”的“祖”。

芸芸众生(yúnyúnzhòngshēng) 芸芸:众多的样子。佛教指一切生灵,现指普普通通的人群。“芸”不要错写成“云”。

Z

再接再厉(zàijiē-zàilì) 厉:磨。原指斗鸡时,公鸡每次交锋前,都要磨一磨嘴。后比喻一次接一次不断努力。“厉”右下部偏旁是“万”,不要错写成右下部偏旁是“力”的“历”,也不要错写成“励”。

责无旁贷(zéwúpángdài) 贷:推卸。自己应尽的责任,不能推卸给别人。“责”不要错写成“债”。“贷”不要错写成“货”。

啧有烦言(zéyǒufányán) 形容很多人说话的样子。“啧有”不要错写成“啧啧”。

崭露头角(zhǎnlùtóujiǎo) 崭:突出。突出地显露出才能和本领。“崭”不要错写成“暂”。

辗转反侧(zhǎnzhuǎn-fǎncè) 辗转:翻来覆去。形容翻来覆去地不能入睡。“辗”不要错写成“展”。

战战兢兢(zhànzhàn-jīngjīng) 兢兢:小心谨慎。形容因害怕而发抖,也形容小心谨慎。“兢”不要错写成“竟”。

振聋发聩(zhènlóng-fākuì) 振:使奋起。比喻唤醒糊涂麻木的人,使他们猛醒。“振”不要错写成“震”。

震古烁今(zhèngǔ-shuòjīn) 震:震惊,震动。震惊古人,显耀今人。形容事业或功绩伟大,无与伦比。“震”不要错写成“振”。

正襟危坐(zhèngjīn-wēizuò) 正:使不歪斜。把衣服整理整齐,端端正正地坐着。形容严肃、恭敬,或拘谨的样子。“正”不要错写成“整”。

正言厉色(zhèngyán-lìsè) 厉:严厉。说话严正,态度严厉。“厉”的右下偏旁是“万”,不要错写成右下偏旁是“力”的“历”。

正颜厉色(zhèngyán-lìsè) 厉:严厉。神情严肃,态度严厉。“厉”的右下偏旁是“万”,不要错写成右下偏旁是“力”的“历”。

只字不提(zhīzìbùtí) 一个字也不提,表示根本不说。"只"不要错写成"支"。

支支吾吾(zhīzhī-wúwú) 形容说话不清楚,不明白。"支"不要错写成"吱"。"吾"不要错写成"唔"。

直截了当(zhíjié-liǎodàng) 形容言行简捷爽快。不绕弯子。"截"不要错写成"接"。

纸醉金迷(zhǐzuì-jīnmí) 形容骄奢淫逸,腐朽糜烂的生活。"纸"不要错写成"只"。

指手画脚(zhǐshǒu-huàjiǎo) 说话时兼用手脚动人示意。形容说话时得意忘形,也形容轻率地指点和批评。"画"不要错写成"划"。

炙手可热(zhìshǒu-kěrè) 炙:烤。用手一摸就感到烫手。比喻气焰极盛,权势很大。"炙"的上部偏旁是"夕",不要错写成上部偏旁是"久"的"灸"。

忠心耿耿(zhōngxīngěnggěng) 耿耿:忠诚的样子。形容非常忠诚。"耿"不要错写成"梗"。

众目睽睽(zhòngmùkuíkuí) 睽睽:睁大眼睛注视。"睽"不要错写成"癸"。

蛛丝马迹(zhūsī-mǎjì) 蛛:蜘蛛。蜘蛛的细丝,马蹄的痕迹。比喻隐约可见的线索或痕迹。"蛛"的左偏旁是"虫",不要错写成左偏旁是"王"的"珠"。

煮豆燃萁(zhǔdòu-ránqí) 萁:豆。烧豆,煮豆。比喻骨肉之间自相残害。"萁"的上部偏旁是"艹",不要错写成上部偏旁是"竹"的"箕"。

专横跋扈(zhuānhèng-báhù) 跋扈:霸道不讲理。专断蛮横,任意妄为。"跋"的左偏旁是"⻊",不要错写成左偏旁是"扌"的"拔"。

装腔作势(zhuāngqiāng-zuòshì) 拿腔拿调,故意作出某种姿态。"作"不要错写成"做"。

惴惴不安(zhuìzhuìbù'ān) 惴惴:忧虑害怕的样子。形容因担心害怕而心神不定。“惴”的左偏旁是“忄”，不要错写成左偏旁是“口”的“喘”或左偏旁是“扌”的“揣”。

锱铢必较（zīzhūbìjiào）锱铢：古代重量单位，比喻极小的事物。极小的事物也要计较。“铢”的左偏旁是“钅”，不要错写成左偏旁是“王”的“珠”。

自圆其说（zìyuánqíshuō）圆：使圆满，周全。使自己的说法、观点圆满周全，不出现漏洞。“圆”不要错写成“园”。

纵横驰骋（zònghéng-chíchěng）驰骋：马快跑。形容到处奔跑不受阻挡。也比喻尽情发挥，奔放自如。“驰”的右偏旁是“也”，不要错写成右偏旁是“史”的“驶”。

走投无路（zǒutóuwúlù）投：投奔。无路可走。形容陷入绝境，没有出路。“投”不要错写成“头”。

左支右绌（zuǒzhī-yòuchù）绌：不足。指财力或能力不足，顾此失彼。“绌”的左偏旁是“纟”，不要错写成左偏旁是“扌”的“拙”。

下编　正　义

正义,就是正确地理解词语的意义和正确地使用词语的意义。本编直接就词语意义问题作一定的分析,举出常见的由于错误地理解词义而出现的使用上的错误。错误地理解词义,主要是因为有的词语读音相近,有的词语意义相近,使用时容易混淆。这里列举出常见的一些错用类型并指出错误出现的原因以及改正的办法,帮助大家正确地使用词语,提高运用语言的水平。

本编主要章节如下:

一、常见的由于不解词义而出现的用词错误

二、常见的音近义近易混词语辨析

三、容易用混用错的同义、近义词辨析

四、常见的成语运用错误及纠正

一、常见的由于不解词义而出现的用词错误

字词的使用,关键在对意义的理解。不理解字词的意义或者把字词的意义理解错了,就必然会出现使用上的错误。前面两编所列举的误读、误写的错误,有很多也是因为不了解意义或错误地理解意义造成的。

下面列举出常见的由于误解词义而产生的用词错误。

爱戴(àidài):敬爱并且拥护,表示下级对上级、晚辈对长辈、群众对领袖的态度。如:船员们都很爱戴老船长/爱戴人民领袖。

*错例:在领导岗位这么多年,爱戴部下的作风始终没有变。

〔**注意**〕爱戴只能用于下级对上级、对领导、对长辈,此例错误地用于上级对下级了。应改为"爱护"。

安顿(āndùn):使人的生活、工作有着落,稳定下来。如:一家老小刚刚安顿下来。

*错例:事情繁杂,头绪又太多,救灾工作还没有安顿好。

〔**注意**〕"安顿"主要用于指人,这里用于指事情了,应改为"安排"。

安排(ānpái):有条理化、分先后地处理事物,安置人员。如:开会的日期、地点,会议人员的食宿问题都安排好了。

*错例:国务院已就全国的夏粮收获、收购工作,作了全面安排。

〔**注意**〕"安排"指对具体工作进行处理或处置;总体性的全局性的工

作,应用“部署”。

B

拔取(báqǔ):从中选拔人才。如:从新来的年轻人中拔取几个骨干。

*错例:一大堆零件都是伪劣产品,你想拔取几个合格的用都做不到。

〔**注意**〕“拔取”用于指人,这里用来指物,不恰当,应改为“挑选”。

把揽(bǎlan):把持包揽,一点也不让别人插手。如:几个人把揽这里的运输活儿/由他们把揽,他人一概不能介入。

*错例:看见大家非常辛苦,剩下的脏活累活他就全部把揽下来。

〔**注意**〕“把揽”是用强力全部控制,有明显贬义色彩;这里应用褒义词或中性词,可改为“包揽”。

拜谒(bàiyè):带着崇敬的心理去见尊贵者;瞻仰陵墓、碑碣。如:拜谒活佛/拜谒黄帝陵。

*错例:入学的第一天,我和几个学友便一同去拜谒我们的导师张先生。

〔**注意**〕“拜谒”旧时用于社会地位极其悬殊的一般人和尊贵者之间,今天人们的社会地位是平等的,即使对尊敬的人,一般也不要用,应改为“拜见”或“拜访”。

颁发(bānfā):政府或领导机关发布法令、政策或授予单位、个人奖状、奖章等。如:颁发管理条例/向受奖单位颁发奖状。

*错例:星期天一大早,班长手里提着一个旅行袋进来,给大家颁发生活日用品。

〔**注意**〕“颁发”是由政府、领导机关在隆重的场合就庄重的事件发布法令或授予奖励,不能用于一般生活情境。这里应改为“发放”。

饱尝(bǎocháng):经受很多不如意的事情或体验。如:饱尝艰苦/饱尝辛酸。

*错例:多年来我饱尝组织的关怀和领导的帮助,得以愉快地成长。

〔**注意**〕“饱尝”所带的宾语一定是不如意的事，带有贬抑的色彩。这里显然用得不当，可改为“受到”或“得到”。

比来(bǐlái)：近来（书面语色彩）。如：比来可好/比来生意繁忙。

* 错例：姐俩差不多一般高，一个皮肤白嫩，一个微黑，比来十分明显。

〔**注意**〕此例错把“比来”当作“比较起来”理解了，应改为“相差”。

庇护(bìhù)：袒护；保护。如：庇护坏人/庇护走私贩子。

* 错例：高科技赚大钱人所共知，企业要想在激烈的市场竞争中立足更离不开高科技的庇护。

〔**注意**〕“庇护”是贬义色彩词，庇护的对象都是不好的人或事。庇护这种行为当然是错误的、不好的行为。高科技在竞争中起的是积极作用，怎么能说成是“庇护”呢？可改为“离不开高科技的应用”。

编纂(biānzuǎn)：编辑（多指资料较多、篇幅较大的著作）。如：编纂大词典/编纂百科全书。

* 错例：先生临终前还念念不忘他的事业，这是他晚年把自己的心得体会编纂成的一本著作，这是他的心血啊！

〔**注意**〕“编纂”做的多是现成资料或他人著作的编辑、处置工作，虽有一定的文字加工，但不能算是个人的创作或写作成果。个人参考现成的材料写出自己研究心得叫做“编撰”，这里应改成“编撰”。

标榜(biāobǎng)：提出好听的名义、口号但并实行或者互相吹嘘。如：标榜自由/互相标榜。

* 错例：“走出国门，创建一流的品牌”是我们认真讨论标榜的口号。

〔**注意**〕“标榜”就是宣扬，是言行不一，带有明显贬义色彩。此句中所讲的是准备认真执行努力去做的方针、目标，不能叫做“标榜”，应改为“实践”。

病征(bìngzhēng)：疾病的征象或征候。如：发烧、头疼、流涕、嗓子红肿是感冒的病征。

* 错例：像这种疑难病征，目前的医学水平治愈率很低。

〔**注意**〕“病征”是疾病的外在表现，而疾病本身应该叫做“病症”。此句中“疑难”指的是疾病本身，而不是它的征候、表现，应改为“病症”。

不日（bùrì）：要不了几天，几天之内。说明时间短，但只限于表示未来。如：这部耗资巨大的影片，不日将在各影院上映。

＊错例：王某某的儿子突然失踪，不日人们在村头的小卖店里发现了一封匿名信。

〔**注意**〕“不日”用于表示尚未实现的，但是可以预期的事情。错例中说的是已经出现的事，不合词义；可改为“不久”或“过了几天”。

C

采取（cǎiqǔ）：选择施行（某种方针、政策、措施、手段、形式、态度等）；取样。如：采取紧急措施/采取指纹。

＊错例：反正是在现场，人数又不多，也不牵涉人事关系，可以采取举手表决的方式，既省事又发扬了民主。

〔**注意**〕“采取”表示的意义比较抽象概括，是一些原则性的做法，此句所指出的非常具体，而且是立即可以实行的做法，应改为“采用”。

沧桑（cāngsāng）：“沧”指“沧海”，即大海；“桑”指“桑田”，即农田。大海变农田，农田变大海，如是者多次，人们称之为“沧桑之变”或“沧桑”，比喻世事发生了巨大的变化。

＊错例：香港，你百年沧桑，苦不堪言，你忍受着百年沧桑啊！

〔**注意**〕“沧桑”表示时代、社会发生了巨大的翻天覆地的变化。变化的结果，有的往往是很积极的。有的人有怀旧思想，用起这个词来，带着深深的感慨，于是有人便把“沧桑”理解为“苦难”、“耻辱”等消极的意思了。可改为：“香港，你百年屈辱，苦不堪言，你忍受着百年苦痛啊！”

操持（cāochí）：料理，处理；筹划，筹办。如：操持家务/操持着办个化肥厂。

＊错例：为了体会另外一种生活方式，他们住在我们的简朴的房子里……有兴趣地还亲自操持农具下地干活。

〔注意〕“操持”意义比较抽象概括，并非指手里拿着。此句意义具体，应改为“拿起”或“抄起”。

草拟(cǎonǐ)**:**起草;初步设计。如:草拟文稿/草拟发展规划。

* 错例:草拟好了的规划,怎么还能变动呢? 先执行再说吧。

〔注意〕“草拟”不是确定,不是形成决议的东西,怎么不能变动呢? 应改为“制定”。

车辆(chēliàng)**:**各种车的总称(不表单个车)。如:过往车辆/所有车辆都通过了年检。

* 错例:室内灯火辉煌,门前停着许多车辆。

〔注意〕“车辆”是集合名词,意义比较概括,不能用于表示具体单个的车,也不能同表示个数的量词搭配。应改为“车”或“小汽车”。

沉寂(chénjì)**:**十分寂静;消息全无。如:沉寂的深夜/音信沉寂。

* 错例:在单亲家庭里长大,性格孤僻沉寂,对人比较冷漠。

〔注意〕“沉寂”用于形容环境或消息,不形容人的性格。应删掉“沉寂”或改为“过分沉静”。

沉湎(chénmiǎn)**:**(兴趣、爱好)陷入不良的境地之中。如:沉湎于声色犬马/沉湎于温柔之乡,不思进取。

* 错例:沉湎于幸福的回忆之中,把一切烦恼都忘却了。

〔注意〕“沉湎”为贬义词,不能用于表示欢乐、如意的心境,应改为“沉浸”。

称赏(chēngshǎng)**:**称赞赏识。如:领导称赏他的才能/老师对他的作文很是称赏。

* 错例:她善于启发学生独立思考,教学方法非常好,受到学生的一致称赏。

〔注意〕“称赏”用于上对下或泛指群众对具体的个人。此句用于学生对老师不够合适,应改为“喜爱”或“爱戴”。

持重(chízhòng)**:**谨慎,稳重,不浮躁。如:老成持重/沉稳持重。

* 错例:链条打磨得很光滑,又镀了一层银色,看起来很漂亮,就是不

持重,用力一拉就断。

〔**注意**〕“持重”用于描写人的性格、作风,此句作者理解成负担重量因而用错,应改为“就是不够结实”。

充分(chōngfèn):足够(多用于抽象事物);尽量。如:充分的理由/准备工作很充分/充分利用现有条件。

＊错例:生意做得不红火,因为资金不充分。

〔**注意**〕“充分”表示抽象的程度,不表示具体数量,这里用于表示资金的数量,不当。应改为“资金不够”或“资金不足”。

宠爱(chǒng'ài):过分喜爱;娇纵地爱。如:孩子要教育不能宠爱。

＊错例:家里祖传的几本宋版书,是他最宠爱的东西,谁也不敢碰。

〔**注意**〕“宠爱”只用于对人,且是上对下;不能用于物品,应改为“珍爱”或“爱惜”。

刍议(chúyì):刍(chú)本义是割草,引申为割草的人。刍议,割草人的议论,即山野村夫的很不高明的见解。

＊错例:本报特辟“刍议园地”,摘登一些对市委、市政府提出的意见或建议,以广开言路。

〔**注意**〕“刍议”是自谦的说法,说自己的见解很不高明,是割草人的见解。媒体代表市委、市政府征求广大群众的意见,怎能把群众的意见说成“刍议”呢?这不是一点虚心的态度都没有了吗?应将园地的名字更换成合适的词语。

纯朴(chúnpǔ):诚信朴实。如:民情纯朴/纯朴的作风。

＊错例:生活节俭,衣着纯朴。

〔**注意**〕“纯朴”用于表示社会风气、人的作风、修养,不用于物质器物。应改为“朴素”。

词汇(cíhuì):集合名词,所有词的总称。如:汉语词汇/鲁迅作品的词汇/《红楼梦》词汇。

＊错例:我们特意选用这几个词汇,以表示我们的急切的心情。

〔**注意**〕“词汇”是集合名词,只表示总称,不表示单个的词。这里应改为“词”或“词语”。

粗放(cūfàng):做事不精细;粗疏不严密。如:粗放经营/管理粗放。

*错例:听到他的名字——刘汝梅,大家还以为是一个文雅娴静的姑娘呢。见面之后,吓了一大跳,原来是一个身材高大、性格粗放的山东大汉。

〔**注意**〕“粗放”用于描写行为方式,带有贬义色彩,形容人的性格特点时,特别有褒奖的意味时不能用“粗放”,应改为“粗犷”。

窜改(cuàngǎi):改动(成语、文字、古书等)。如:这是一部伪书,文字经过后人窜改/窜改原文。

*错例:原原本本地传达,切切实实地贯彻执行,绝不允许窜改党的方针政策。

〔**注意**〕“窜改”指改动原文的字句,贬义色彩较轻。此句显然是把“窜改”误当成“篡改”了。“篡改”是有意改动曲解经典、理论、政策的精神实质,贬义色彩很重。这里应改成“篡改”。

D

大肆(dàsì):肆,放肆,放纵。大肆,不顾一切,恣意妄为。贬义词。如:台湾当局近年来将“弹性务实外交”引入联合国领域,大肆鼓噪“重返”联合国。

*错例:《宰相刘罗锅》播出前并未大肆宣传,可播出后却成了人们街谈巷议的热门话题。

〔**注意**〕全句的意思是说电视剧《宰相刘罗锅》播出后受到热烈的欢迎,是赞扬的意思,但却用了贬义词“大肆”,非常不恰当。

呆板(dāibǎn):死板,不灵活;脸上表情死板。如:这篇文章写得太呆板/目光无神,表情呆板。

*错例:办事原则性倒是很强,就是太呆板,不懂得灵活、变通。

〔**注意**〕“呆板”用于形容事物的样子、人物的表情,不用于描写行为方式。这里应改为“死板”。

待承(dàichéng):招待;看待。如:王老汉拿出最好的东西待承客人/把他当成亲孙子一样待承。

＊错例:孩子太小不懂事,您可得多待承一些。

〔**注意**〕"待承"是招待、对待的意思,此句表达的是"原谅""谅解"的意思,显然是把"待承"理解为"担待"了,应改为"担待"。

担当(dāndāng):接受并负起责任。如:担当重任/把工作担当起来。

＊错例:爸爸生前欠了很多债,现在他一死,只好我这个做儿子的来担当了。

〔**注意**〕"担当"主要用于责任、任务之类的抽象事物,不用于债务之类的具体事情。这里应改为"担负"或"偿还"。

雕砌(diāoqì):雕琢堆砌。如:写文章切忌雕砌。

＊错例:整个建筑为砖木结构,到处都雕砌着花鸟人物的图案,工艺十分考究。

〔**注意**〕"雕砌"指语言运用过于造作,不朴实自然;不是雕刻累砌图案花饰。这里应改为"雕饰"。

吊唁(diàoyàn):祭奠死者并慰问死者家属。如:许多生前好友前来吊唁。

＊错例:清明节时,少先队员手持鲜花到烈士纪念碑前进行吊唁。

〔**注意**〕"吊唁"是对刚刚去世的人的祭奠和慰问家属的行为活动,对碑墓、陵园等地方进行祭奠、纪念活动叫"凭吊",这里应改为"凭吊"。

鼎足(dǐngzú):鼎,原指古代炊器,多为圆腹三足两耳,用于盛、煮食物。比喻三方对立的局势。

＊错例:在这次英国足球联赛中,这两支劲旅,已各自过关斩将,形成了鼎足之势。

〔**注意**〕"鼎足",只能形容三方,三股力量;两方不能说成"鼎足",可改成"形成了双峰对峙的局面"。

洞察(dòngchá):看得透彻、深刻。如:洞察内情/洞察其奸。

＊错例:外表看很平静,不过根据我的洞察,这里面可能还有问题。

〔**注意**〕“洞察”指看问题深透，是褒义词。此句自己说自己“洞察”，太不谦虚，何况问题还没看清楚，还只是一种推测。应改为“观察”。

动荡（dòngdàng）：波浪起伏；局势不稳定、不平静。如：湖水动荡/社会动荡/动荡的年代。

*错例：这几年经常在外面搞调研，东奔西走的，生活一直动荡不安。

〔**注意**〕“动荡”本义指水面波浪起伏不平静，比喻社会情况、局势不稳定，用于对社会环境和状况的描写。个人生活只能说“不安定”或“不安闲”，这里可改为“忙碌不安定”。

杜绝（dùjué）：彻底制止、消灭坏事或坏现象。如：杜绝贪污、浪费/杜绝舞弊现象。

*错例：越来越没有共同语言，再不一见面就吵，所以就杜绝了和他的交往。

〔**注意**〕“杜绝”是用外力、强力使坏事不再发生。两人交往是个人自愿的事，可以自主决定，不应用“杜绝”，可改为“断绝”。

端倪（duānní）：事情的眉目、头绪。如：事情的解决已见端倪/略有端倪。

*错例：虽然每个人面上没有端倪，肚腑中却挤撞着超标分贝。

〔**注意**〕“端倪”是对事情、事物而言，不指人的表情和情绪。此句可改为“没表现出来”或“表露”。

敦厚（dūnhòu）：忠厚。如：温柔敦厚/表情敦厚。

*错例：突出的胸部，耸立的乳峰，敦厚的臀部，构成了特有的女性曲线美。

〔**注意**〕“敦厚”用于描写人的性情、性格、品性，不能用于描写人体，可改为“丰满”（如果是贬义则可改为“肥厚”）。

E

讹误（éwù）：记载事情时文字上的错误。如：该文记述与事实不符，讹误颇多。

*错例：工作中出现一些讹误是难免的，问题是应该及时发现，及时

改正。

〔**注意**〕“讹误”是指语言文字使用上的错误，不是一般意义上的“错误”，这里应改为“错误”。

俄顷（éqǐng）**：**书面语词，指很短的时间；片刻。如：飞船速度极快，俄顷就是千里/时光飞速，俄顷百年。

＊错例：大家坐在山坡的草地上休息、午餐，俄顷便下起了大雨。

〔**注意**〕“俄顷”指时间极短，一小会儿，此句错当做“突然”来使用了，应改为“突然”。

恶毒（èdú）**：**形容阴险狠毒。如：恶毒攻击/恶毒的计谋/用心恶毒。

＊错例：一旦被蛇咬伤，赶紧在伤口上端绑扎紧，减慢血液回流速度，用口吮吸伤处，防止蛇的恶毒通过血液快速传播到神经中枢。

〔**注意**〕“恶毒”为形容词，不是“凶恶的毒素”或有毒物质，此句错把“恶毒”理解为一种毒素了，应把“蛇的恶毒”改为“蛇毒”。

F

发生（fāshēng）**：**指原来没有的事情产生了。如：发生交通事故/发生变化。

＊错例：泥石流发生虽然已经持续了两个多月，但时间上还是有规律的。

〔**注意**〕“发生”是瞬时动词，某事物或现象一经出现，“发生”阶段即结束，“持续了两个多月”不能再叫发生了。应删掉“发生”。

繁荣（fánróng）**：**经济、事业蓬勃发展；昌盛。如：繁荣经济/文化事业开始繁荣。

＊错例：商业街经过改造之后，一改过去破旧冷清的局面，变得十分繁荣。

〔**注意**〕“繁荣”用于描写抽象的事物，描写具体事物如街道、集市等应用“繁荣”的近义词“繁华”。此句中的“繁荣”应改为“繁华”。

反诘（fǎnjié）**：**诘是责问，反诘指反问。如：立即反诘道：“你问我，我问谁呢?”

＊错例:一点民主思想也没有,明明说错了还不准别人反诘,这叫什么讨论!

〔**注意**〕“反诘”是反问,不是辩论,不一定是表达与对方不同的意见,所以此句不应用“反诘”,应改为“反驳”。

方略(fānglüè):事业创建之初制定的全盘计划和策略。如:建国方略/作战方略。

＊错例:市场竞争这么激烈,对手已经用降价的手段提出了挑战,我们总得有个应对的方略吧。

〔**注意**〕“方略”是总体性的全局性策略和办法.是准备长期执行或一个时期执行的行事的思想,不是针对具体的问题马上要实行的原则和思想。此句可改为“方针”或“办法”。

放任(fàngrèn):听其自然,不加约束或干涉,任其自由行事。如:放任自流/对错误行为不能放任不管。

＊错例:原来“凶宅”附近有一家水银温度计厂,由于忽视环保,放任水银溢出而渗入地下,污染了地下水源,从而酿成了悲剧。

〔**注意**〕“放任”用于人而不用于物,此句“放任水银”不合词义。应该删去“放任”或改为“听凭”。

飞逝(fēishì):很快地过去或消失。如:时光飞逝/流星飞逝。

＊错例:车子越跑越快,驾辕的黑马简直是在飞逝一般。

〔**注意**〕“飞逝”形容速度极快而且转眼之间就看不见了。物体运动的速度再快,但在一段时间内仍在视野之中,不能叫做“飞逝”,应改为“飞驰”。

菲薄(fěibó):微薄(指数量少,质量差);瞧不起。如:待遇菲薄/菲薄的礼物/妄自菲薄/菲薄前人。

＊错例:其实我也没做什么,不过取得了一点菲薄的成绩,不值得夸奖。

〔**注意**〕“菲薄”形容事物时指数量少、质量差,都是能够称数得出来的具体事物,如酬金、礼品等,而不是抽象的事物。此句用来形容成绩,虽然是自我谦虚,但仍属不当,应改为“微小”。

纷争(fēnzhēng):纠纷和争执。如:引起一场纷争。

*错例:因为看法不同,两个人当场就纷争起来。

〔**注意**〕“纷争”分歧比较大往往涉及个人的不同的利益,因而矛盾争执的程度也激烈。句中的意思是观点不同、认识不同各谈自己的看法,应改为“争论”。

丰碑(fēngbēi):高大的石碑,比喻不朽的杰作,或伟大的功绩。如:历史的丰碑。

*错例:马季是中国相声发展的一块丰碑。

〔**注意**〕“丰碑”,只能用于指事物,不能用于指人。因此不能说“马季是……丰碑”,可改为“马季是中国相声发展史上一个里程碑式的人物。”

丰满(fēngmǎn):身体或身体的某一部位胖得匀称而好看。如:体态丰满/丰满发达的胸肌。

*错例:灿烂的思想政治工作之花,结出丰满的经济之果。

〔**注意**〕“丰满”只用于形容人或物的外形表现,不用于形容抽象的事物,应改为“丰硕”。

肤泛(fūfàn):浮浅又空泛。如:言谈肤泛/肤泛的见解。

*错例:你的见解具体又实际,就是太表面化了,给人一种肤泛之感。

〔**注意**〕既然“具体又实际”就不空泛,不应用“肤泛”,可改为“肤浅”。

抚养(fúyǎng):关怀、照料并教养。如:抚养子女/抚养了三名孤儿。

*错例:丈夫患病卧床,她一个人既要耕田犁地、照料一双儿女,又要抚养公婆,全家生活重担都压在她的肩上。

〔**注意**〕“抚养”不只是提供生活资料,还有教育培养的含义在内,用于上对下,父母对子女、长辈对晚辈之间的关系上;不能用于下对上,不能说抚养老人,应改为“供养”或“赡养”。

俯允(fǔyǔn):敬辞,称对方或上级对自己的允诺,意为你的允许对下级是一种关照,对你自己是降下了身份。如:承蒙俯允,不胜感激。

* 错例:他的要求态度十分恳切,又没有违背原则,所以我就俯允了。

〔注意〕“俯允”只能用于对方或上级,表示对对方或上级的尊重与恭敬;不能用于自己,说自己“俯允”则是把自己的地位看得太高了,是自傲的表现。此句的“俯允”应改为“允许”或“答应”、“同意”。

复辟(fùbì):本义指失位的君主复位,后泛指被推翻的统治者恢复原有的地位或被消灭的制度复活。如:企图复辟封建统治/复辟君主制度。

* 错例:他在担任队长期间,就犯过男女关系错误,后来靠疏通关系讨好上级当了主任,现在老毛病复辟又和人非法同居,犯了重婚罪。

〔注意〕“复辟”只能用于政治,不能用于生活,这里可改为“老毛病复发”。

G

干涸(gānhé):(河道、池塘等)没有水了。如:村边的小湖已经干涸。

* 错例:久旱不雨,天气炎热,空气干涸,呼吸道都要出血了。

〔注意〕“干涸”是动词,只表示水没有了;空气湿度小不能说成干涸。应改为“干燥”。

干枯(gānkū):形容草木由于衰老或缺乏营养、水分而失去生机,也形容皮肤因缺少脂肪或水分而干燥粗糙。如草木干枯/肌肤干枯。

* 错例:大学校园的生活是单调的,尤其是中医学院的生活更是乏味,整天都与干枯的药理和一些花草打交道,全然没有一点浪漫的感觉。

〔注意〕“干枯”是描写物体外部形态的,不用于形容有机物物体因缺少水分、营养而造成的状况,不用于描写抽象的事物,这里可改为“枯燥”。

缟素(gǎosù):白衣服,指丧服。为祖母发丧,全家缟素。

* 错例:她就喜欢穿白色服装,经常打扮得全身缟素。

〔注意〕“缟素”现代汉语中只用来表示丧服或穿丧服,不表示一般的白色服装,可改为“全身雪白”。

拱卫(gǒngwèi):环绕在周围起保卫作用。如:山东半岛和辽东半岛环抱渤海,拱卫北京。

*错例:安排了很多保安人员,在大厅前维持秩序,拱卫参观者的安全。

〔**注意**〕“拱卫”用于指地理形势所起的作用,不是指具体地保卫。此句把“拱卫”理解成环绕保卫了,应改成“保卫”。

怪诞(guàidàn):荒诞离奇。如:怪诞的传说/行为怪诞/怪诞不经。

*错例:长期独居的生活,形成了他怪诞的性格和一些特殊的癖好。

〔**注意**〕“怪诞”用于形容人的行为和事件、传说,不用于描写人的性格,这里应改成“古怪”或“怪异”。

光辉(guānghuī):闪烁耀目的光;光明、灿烂。如:太阳的光辉/光辉的前程。

*错例:一双眼睛总是闪耀出圣洁的光辉。

〔**注意**〕“光辉”形容巨大的发光体所发出的光并形容光所具有的强度,眼睛放光只是一种描写,再强也达不到“光辉”的程度,可改为“光”或“光芒”。

归咎(guījiù):把罪过或过错归于某人或某种原因。如:把失败归咎于装备落后/只怨自己不谨慎,不能归咎他人。

*错例:作者写他的思想升华,抛弃了一般作品中仅归咎于领导的耐心帮助、同志们的信任和鼓励等老套,而是抓住了他的对立面——三个儿子来铺开的。

〔**注意**〕“归咎”是把错误或过错的原因推给别人,具有贬义色彩,此句表达的意思则具有褒义或中性色彩,应改为“归于”或“归结为”。

规劝(guīquàn):郑重地劝告使改正错误。如:规劝儿子改邪归正/多次规劝仍不悔改。

*错例:“介斌,回母校工作吧!”何校长和学友们怜爱地规劝他。

〔**注意**〕“规劝”是对有错误或毛病的人规诫劝勉,不能用于对好人或正面人物的劝告和开导。这里应改为“劝告”。

圭臬(guīniè):书面语词,本指测定节气和时间的天文仪器,比喻某种准则或法度。如:奉为圭臬。

*错例:工作样样出色,深得群众的喜爱,大家都把他当作圭臬。

〔**注意**〕“圭臬”指行事依据准则和必须遵守的法度,不是指榜样,这里应改为“楷模”。

H

骸骨(háigǔ):尸骨,死人的骨头。如:荒漠古战场,骸骨堆成山/掘开古墓,棺内骸骨一具。

*错例:若不是好人相救,医院抢救及时,我这副骸骨还说不定丢在哪儿呢!

〔**注意**〕“骸骨”只指死人的骨头,活着时候不能称为骸骨,应改为“我这副老骨头”。

豪迈(háomài):形容气魄大。如:豪迈的事业/豪迈的气概。

*错例:他魁梧的身材,豪迈的性格,说起话来瓮声瓮气的声音,给人留下十分深刻的印象。

〔**注意**〕“豪迈”形容事物表现出来的外在的气势,不形容人物的内在的性格,应改为“豪爽”。

横贯(héngguàn):横着贯通某个区域或地面。如:陇海铁路横贯我国中部/横贯东西。

*错例:行人不遵守交通规则,横贯马路,跨越栅栏,实在危险。

〔**注意**〕“横贯”所表现的地方非常广阔,“马路”是很窄的地面,不能用“横贯”,应改为“横穿”。

呼应(hūyìng):一呼一应,互相联系或照应。如:前后互应/遥相呼应。

*错例:看了这个故事,可以能呼应出十九世纪千千万万意大利人统一建国的理想?

〔**注意**〕“呼应”表示两个事物都已存在,只是位于不同地方或处于不同时代,但彼此互相配合、联系或照应。此句中只有“前事”,说“后事”是由“前事”“呼应”出来的,不合词义,“呼应出”可改为“了解到”。

花蕾(huālěi):没有开放的花,即花骨朵。如:含苞待放的花蕾/一枝主干分蘖出几个支茎,上面都长出花蕾。

*错例:一登上小岛,我便被满山遍野盛放的花蕾吸引住了。

〔**注意**〕“花蕾”是没有开放的花骨朵,怎么会“盛放”呢?应改为“野花”或“鲜花”、“花朵”。

荒疏(huāngshū):因缺乏经常性的练习而生疏。如学业荒疏/荒疏了技艺。

*错例:青壮年大都进城了,剩下妇女老幼,本来咱们这就是地多人少,现在更是侍弄不过来,有的地块已经荒疏了。

〔**注意**〕“荒疏”用于人的能力、工作方面,多指学业、功课、技艺、业务等,不用于土地、田野耕种等事情,这里应改成“荒芜”。

会心(huìxīn):彼此对某事心领神会;领会别人没有明白表示的意思。如:两人互相看了一眼,会心一笑。

*错例:40多岁的人,竟如孩童般摆弄餐桌上插着的小旗,并会心地发出笑声。

〔**注意**〕“会心”用于人与人之间的相互理解,心灵相会,个人自己、个人对物无所谓“会心”因为没有交会的对象。此句中“会心”可改为“天真”。

会意(huìyì):领会了对方的心意、意图。如:张君一摆手,他妻子已经会意。

*错例:松本抬头看了看标价:8000元人民币,便会意地笑了笑,马上不动声色地掏出8000元人民币迅速地将这只红木书柜买走了。

〔**注意**〕此句本意是松本看了物品标价之后,认为价格合理甚至便宜得超乎自己的想象,于是笑了,而不是“领会”卖主的意图,因此可将“便会意地笑了笑”改为“狡黠地笑了笑,马上……”或删去。

货源(huòyuán):货物的来源。如:扩大货源/组织货源。

＊错例：为了丰富节日市场，这些厂家已向粮店、副食店和自选市场投放了充足的货源，请顾客在购买时认明商标。

〔**注意**〕“厂家”自己是货源，投放的是自己的产品不是投放自己。应将“货源”改为“货物”。

J

激化(jīhuà)**：**向激烈尖锐的方面发展。如：避免矛盾激化/不要激化矛盾。

＊错例：这个案子加深了温和派和保守派之间矛盾的激化。

〔**注意**〕“激化”是一个动态过程，向激烈尖锐方面发展没有界限，谈不到“加深”。应改为“加深了温和派和保守派之间的矛盾”，或“激化了温和派和保守派之间的矛盾”。

技巧(jìqiǎo)**：**指在艺术、工艺或体育方面巧妙的技能。如：绘画技巧/技巧比赛。

＊错例：果然林达在气氛越来越亲密和谐时很技巧地把朵拉推了出来，朵拉也很技巧地表现了自己。

〔**注意**〕“技巧”是名词，不能用来形容或描写行为动作。此句中两个“技巧”都应改为“巧妙”。

坚定(jiāndìng)**：**稳定坚强，不动摇。如：立场坚定/坚定信心/坚定地依靠群众。

＊错例：我对音乐与气功的交融的效果是坚定不移的。

〔**注意**〕“坚定”用于描写人的主观意志、信念、主张等，不用来表现客观事物和状况。“效果”是客观成效，不由人的意志、信念决定，无所谓“坚定”不“坚定”，应改为“坚信不疑”。

监督(jiāndū)**：**察看并督促。接受人民群众监督/自觉遵守，无须监督。

＊错例：自此，刘备被安置在馆驿之中，给予美衣美食以消磨刘备之志，并暗中派人监督和探听刘备的动静。

〔**注意**〕“监督”指当面进行察看和督促，暗中进行的只能称作“监视”，这里应改为“监视”。

简短(jiǎnduǎn):内容简单,言词不长。如:文章写得很简短/简短的谈话。

＊错例:芦川先生来华办事时,经朋友介绍,得到了王宪宗简短的治疗,解除了病痛。

〔**注意**〕“简短”指谈话、文章因内容简单而短小,不用于指时间的短长。这里可改为“短暂”。

简陋(jiǎnlòu):简单粗陋,不完备。如:设备简陋/简陋的工棚。

＊错例:古诗中写气功的还有不少,本人才疏学浅,不揣简陋,略陈管见,以期抛砖引玉并求教于大方之家。

〔**注意**〕“简陋”形容居室、设施等具体的物质名词,不形容才学、知识等抽象名词。这里应改成“浅陋”。

简朴(jiǎnpǔ):简单朴素。如:衣着简朴/陈设简朴/生活简朴。

＊错例:老人饮食十分简朴,早晚喝加奶的红茶吃几片面包。

〔**注意**〕“简朴”概括地形容生活状况,不反映生活起居的具体内容,此句中用“简朴”形容饮食内容,不当。应改为“简单”。

减少(jiǎnshǎo):减去一部分使数量比从前少了。如:减少人员/工作中缺点减少了。

＊错例:我国东西部经济发展不平衡,西部城市数量很少,这不利于减少东西部的差距。

〔**注意**〕“减少”与“差距”搭配不当,数量可以说“减少”,“差距”既指距离,词义又是抽象的,无法减少。应改为“缩小”。

解体(jiětǐ):指物体的结构分解;社会组织瓦解或崩溃。如:联盟解体/飞机坠海解体/完整的家庭解体了。

＊错例:家庭功能日趋解体,离婚率剧增,单亲家庭日众,父母多忙于事业、名利与享受,无暇也无心管教儿女。

〔**注意**〕“解体”用于具体的物体或社会组织等内部有构造的事物,“功能”是抽象的,内部无所谓结构或构造,不能叫“解体”。另外“解体”是即时完成动词,不表示过程,所以不能说"日趋解体"。此句中的"日趋解体"应改为"日益削弱"。

精良(jīngliáng):精致优良。如:武器精良/装备精良/机械设备精良。

* 错例:这个团连续十年被上级评为"军事训练先进单位",涌现出200多名素质精良的"武状元"。

〔**注意**〕"精良"用于形容武器、装备、设备等物品或物品的加工制作,不能用来形容人。这里的"精良"应改成"优秀"。

狙击(jūjī):狙,音 jū,传说中的猴子,灵巧,敏捷,善于偷袭。故人们用"狙击"来形容暗中埋伏,偷袭敌人的战术。

* 错例:今日是本周最后一个交易日,多、空双方进行了"决战"。多方欲乘势冲破千点大关;空方则利用980这个阻力区做顽强狙击。

〔**注意**〕"狙击"是军事术语,做比喻义使用时有明显的贬义色彩,而且也不做"阻止"的意义讲。此例显然时把"狙击"与"阻击"混同了,十分不当,应改为"阻击"。

举措(jǔcuò):举动,措施。如:新举措/举措适当。

* 错例:从现在到年底,北京市各级人民法院将同时展开大力度、大范围的"催账"举措。

〔**注意**〕"举措"语义概括抽象,而"展开"要求具体行为做宾语,与"举措"不相搭配,可将"举措"改为"行动"。

矍铄(juéshuò):形容老年人很有精神的样子。如:刚进村就碰见一位老者,面色红润,精神矍铄。

* 错例:我们见到的余昌青,30多岁,总是面带微笑,精神矍铄,带着山里人的纯朴和羞涩。

〔**注意**〕"矍铄"只能形容老年人,用来形容30多岁的村妇,十分不当。应改为"精神饱满"。

K

开端(kāiduān):起头,开头。如:良好的开端/开端不利。

＊错例:不总结经验,不找出失败的开端,还怎么能重新开始呢?

〔**注意**〕“开端”是事情运行的起点,不反映事情成败的因果关系,不反映问题的实质,找出“开端”也不一定能总结出经验来,应改为“根源”。

开销(kāixiāo):支付(费用);支付的费用。如:一路上开销很大/收入不够开销。

＊错例:老爷子死的时候积攒了很多家产,不光是房屋土地,还有许多布疋、粮食、金银珠宝,几年的工夫都被他开销掉了。

〔**注意**〕“开销”指金钱方面的花销,不用来指其他方面物质的消费。此句中的“开销”应改为“挥霍”。

凯旋(kǎixuán):战胜归来。如:全队凯旋,午夜到达机场。

＊错例:他们将在这里迎接从内蒙古凯旋归来的抓逃英雄。

〔**注意**〕“凯旋”用于战争和激烈的比赛、竞赛等分胜负的活动。抓捕逃犯不是对抗性的行动,不应使用“凯旋”,应改为“圆满完成任务归来”。另外,“凯旋”与“归来”搭配不当,因为“凯旋”本身已含“归来”之意。

伉俪(kànglì):书面语,敬辞,对他人夫妻俩的敬称和美称。如:祝贵伉俪金安。

＊错例:她说服父母,顶住世俗的偏见,不要分文彩礼,与我结为伉俪。

〔**注意**〕“伉俪”只能用于敬称他人,不能用于自己,应改成“夫妻”。

窠臼(kējiù):现成的格式,老套子。如:摆脱前人的窠臼/不落窠臼。

＊错例:我剿匪大军各小分队集中起来,乘胜前进,直捣敌人的窠臼。

〔**注意**〕“窠臼”指某种套路或格式,不是“巢穴”、“老窝”的意思。此句作者显然误解“窠臼”的词义,应改为“巢穴”或“老巢”。

恪守(kèshǒu):严格遵守。如:恪守中立/恪守诺言/恪守商订的各项条款。

＊错例:在万人欢呼声中,他恬然地恪守着自己的平和心境。

〔**注意**〕“恪守”是严格遵守某种有约束性的事情,不许违背,不许任意改变的意思;“心境”是自我的一种心思、情绪状况,是个人自主掌握的,是个人生活、工作状况自然形成的,无所谓遵守不遵守的问题。这里应将“恪守”改为“保持”。

口碑(kǒubēi):群众口头上对某人、某事的称颂,有如刻成的纪念性的石碑一样。如:口碑载道/口碑甚好。

*错例:他在这一带很多地方担任过领导工作,口碑一直不好。

〔**注意**〕“口碑”表示群众口头上的积极评价,是称颂、赞扬,具有很强烈的褒义,不能把“口碑”当成“口头议论”“口头评价”来理解。这里可改为“群众的评价一直不高”。

枯竭(kūjié):水源干涸、断绝;体力、资财用尽;智慧才能穷竭。如:河道枯竭/精力枯竭/才思枯竭。

*错例:这使得生活空间原本狭小的孩子们的视野更窄,心灵更枯竭。

〔**注意**〕人人都有心灵,“枯竭”是穷尽了,没有了,所以说“心灵”“枯竭”不当。“心灵”指内心精神、思想,只有高尚、纯洁或肮脏、龌龊之分,以及广阔与狭小之别。这里应改为“视野更窄,心灵也不广阔了”。

困顿(kùndùn):劳累到不能支持;生活十分困难窘迫。如:终日劳碌,十分困顿/多年没有固定收入,生活非常困顿。

*错例:一连三天,每天工作十三四个小时,实在困顿得不行,倒头便睡。

〔**注意**〕“困顿”指身体和生活状况,不指睡眠,作者这里把“困顿”理解为“困倦”了,应改为“困倦”。

阔别(kuòbié):长时间的分别。如:阔别多年。

*错例:小两口刚结婚不久,他就总出差,有时一走就是阔别一两个月,家里的事一点也顾不上。

〔**注意**〕“阔别”是指相当长的一段时间,多半是以年来计算的,“一两个月”不能算是阔别。这里应删掉“阔别”。

L

来由(láiyóu):缘故,原因。如:我的话不是没来由的/没来由地瞎说一气。

*错例:做什么事情都不能任意胡来,总得有一定的来由吧?你说说,这次的来由是什么?

〔**注意**〕"来由"只是事情发生的起因,是"导火索"而不是事情的前提和基础,不一定是事情产生的根本原因,这里说的是做事的依据,不能用"来由",可改为"根据"或"依据"。

阑珊(lánshān):音 lán shān。联绵词,是"衰落"、"末尾"的意思。李煜《浪淘沙》:"帘外雨潺潺,春意阑珊";辛弃疾《青玉案》:"众里寻他千百度,蓦然回首,那人却在灯火阑珊处"。春意阑珊,是说春意将尽;"灯火阑珊处"是指灯火稀落、稀疏之处。

*错例:远望那灯火阑珊的维多利亚海港,一片欢腾。

〔**注意**〕这是1997年7月2日,某电视台驻港记者发回的"香港人民庆回归"新闻报道中的一句话。从电视画面来看,维多利亚海港一带灯火辉煌,亮如白昼。那样热烈红火的场面,怎么是"灯火阑珊"呢?显然是把"阑珊"当成"繁盛"来理解了,应将"阑珊"改为"辉煌"。

滥觞(lànshāng):原指江河发源的地方,因为水很少,只能浮起酒杯。现指事物的开端。是一个感情色彩中性的词语。

*错例:我们研究问题要深入细致,对于那些滥觞现象,那些违反规律的现象决不能轻易放过。

〔**注意**〕把"滥觞"同"违反规律"并列、等同起来,明显地把它当作贬义词来看待了。应改为"对于那些一开始就出现的不良现象"。

离异(líyì):离婚。如:结婚五年生了一个女儿,后来离异了。

*错例:处了一个男朋友,好几年了,快要结婚时发现他还同别的女人鬼混,怎么规劝也不听就坚决离异了。

〔**注意**〕"离异"就是"离婚",没有结婚不能叫"离异",应改为"分手"。

利润(lìrùn):经营农、工、商业获得的合法收入赚的钱。

*错例:这些毒贩子将毒品过秤,分成小包,转手贩卖,从中赚取高额利润。

〔**注意**〕这是对“利润”一词的误解,并不是一切收入都可以成为利润的。只有合法经营所得才能叫做“利润”。毒贩子转卖毒品赚到的钱,应该称为“非法所得”。

恋战(liànzhàn):形容战争或激烈比赛应该退守时而不退守,具有贬义色彩。

*错例:我已经做了七年校长,不想恋战,所以还是退下来好。

〔**注意**〕“当校长”是一种工作,职责,不是战斗,也不是激烈比赛,何谈“恋战”。显然作者把“恋战”当成“留恋”、“舍不得离开”来理解了,可改为“不想继续再干了”。

列举(lièjǔ):一个一个地举出来。如:一一列举/列举了许多事实。

*错例:他列举了一个例子,当一名箭手瞄准靶心时,如能集中精神,将会感觉到靶心在增大。

〔**注意**〕“列举”是指许多事情一个一个举出,“一个例子”不能叫“列举”,应删去“列”字,改成“他举了一个例子”。

伶俐(línglì):聪明灵活;口齿清楚灵便。如:聪明伶俐的女孩/口齿伶俐,能言善辩。

*错例:前几天,办公室来了一位长者,腿脚伶俐,口齿清晰。

〔**注意**〕“伶俐”用于描写思维、智力及口齿言谈,不用于描写身体动作,应改为“灵便”。

流行(liúxíng):广泛传播;盛行。如:流行性感冒/流行戴墨镜。

*错例:现代人强调此时此地,一切要新要快,要跟得上流行。

〔**注意**〕“流行”是形容词性及动词性,不是某种现象,不能说“跟得上流行”,可改为“跟得上时代潮流”或“跟得上新潮”。

沦丧(lúnsàng):消亡、丧失。如:国土沦丧/道德沦丧。

*错例:他让我的良心一天一天地沦丧。

〔注意〕“沦丧”用于表示国土彻底丧失，不用于个人所属的事物、能力、智慧等。这里可改为“泯灭”。

M

埋没(máimò)：掩埋起来；使显不出来或不能发挥作用。如：耕地被流沙埋没/埋没人才。

*错例：要接近群众，常下去走走，听听群众的呼声；不要总坐在办公室里，让沙发埋没了手脚。

〔注意〕“埋没”表示实指时，指用沙土将物体掩埋住，彻底盖住不露出一丝一毫，沙发如何能埋没手脚呢？可改为“让沙发缠住了手脚”或“瘫软在沙发里”。

蔓延(mànyán)：像蔓草一样不断向周围扩展。如：蔓延滋长/火势蔓延/疾病蔓延得到了遏止。

*错例：为了塑造国际都市的形象，开展旅游业，一个学习外语的热潮已在本市蔓延开来。

〔注意〕“蔓延”用于指不好的事情，人们不愿意出现的事情，如野草、火势、疾病等。“学习外语的热潮”是好事，不能用“蔓延”，应改为“铺展”。

盲从(mángcóng)：不问是非地附和别人。如：独立自主，不要盲从。

*错例：她第一次到这个地方来，路不熟天又黑，只得盲从地跟在那人后面。

〔注意〕“盲从”指做事没有自己的见解，稀里糊涂地看别人怎么做便跟着做，不指行路。此句应删掉“盲从地”或将“盲从”改为“顺从”。

茂密(màomì)：草木茂盛而繁密。如：树木茂密/茂密的竹林。

*错例：身材高大，看起来很强健，黝黑的皮肤，茂密的头发。

〔注意〕“茂密”只用于野草、树木等自然界的植物，不能用来形容人的头发，应改为“浓密”。

蒙受(méngshòu)：受到，遭受。如：蒙受冤屈/蒙受羞辱。

＊错例:今日蒙受您仁慈的宽恕,我感到万分荣幸。

〔**注意**〕“蒙受”具有贬义色彩,用于不幸、不如意的事情。这里是真诚的感谢不应用“蒙受”,应改为“受到”。

弥漫(mímàn):布满,充满。如:烟雾弥漫/乌云弥漫了天空。

＊错例:大厅里聚集着许多人,窃窃私语声、叽叽咕咕的谈话声弥漫了整个空间。

〔**注意**〕“弥漫”用于烟尘、云气、水雾等物体,不用于声音。这里应改为“充塞”或“充满”。

面世(miànshì):作品、产品等与世人见面。如:两部新作面世/新产品面世。

＊错例:儿子没出生就遭遇许多苦难,跟着我颠沛流离,好不容易面世人间。

〔**注意**〕“面世”只能用于物,不能用来指人。这里应改为“降生”。

名义(míngyì):做某事时用来作为依据的名称或称号;表面上,形式上。如:以我个人的名义送上/名义上我当家,实际上她做主。

＊错例:不论做什么事,总得顾全自己的名义,不能什么脸面都不顾。

〔**注意**〕“名义”与“名誉”音近容易混淆,此句根据句子的意思分析,指的是“名誉”而混淆成“名义”了,应改为“名誉”。

N

难过(nánguò):不容易过活;思想、情感上不好受。如:日子难过/心里非常难过。

＊错例:胡乱地塞了几口面包,又喝了点生水就上路了。过了不到一个钟头,肚子便觉得十分难过。

〔**注意**〕“难过”用于指生活和内心情感,不用于身体生理上的感觉,此处身体上生理方面的感觉,应该用“难受”。

难免(nánmiǎn):不容易避免。如:难免要走弯路/困难是难免的。

＊错例:做任何工作都难免不犯错误,问题在于正视错误,改正错误。

〔**注意**〕“难免”的词义本身就含有否定意味，所以只用于肯定形式前面表示否定；如果用到否定形式前面，就成了双重否定，表达肯定的意思，与说话的主旨恰好相反。此句应删去“不”字。

念旧(niànjiù)：不忘过去的交情。如：要是他还念旧，应该出席这次聚会。

*错例：他带着念旧的情怀，对故乡的一草一木都流连不舍。

〔**注意**〕“念旧”所怀念的是人，是往日同某人的交往之情，不是对物的怀念。这里应改为“他带着怀旧的情思……”。

鸟瞰(niǎokàn)：从高处往下看；事物的概括描写。如：登上西山，鸟瞰整个京城/世界大势鸟瞰。

*错例：时间来不及了，上午九点半就要换车北上，只好用这一个多小时鸟瞰一下这条新修的商业街了。

〔**注意**〕“鸟瞰”是从高处往下看，看某地、某事物的全景，不是粗略地浏览。此句中“鸟瞰”用得不对，可改为“粗略地浏览一下”。

P

排遣(páiqiǎn)：借某种事情消除心里的寂寞和烦闷。如：心中的郁闷难以排遣/到湖边来钓鱼以排遣平日的烦恼。

*错例：时间长了，他发现这个人很不地道，决计把他排遣出去。

〔**注意**〕“排遣”只用于心理、情绪，不用于具体的人或事。这里应改为“打发出去”、“清除出去”或“把他辞退掉”。

庞大(pángdà)：很大，过大，大而无当。如：机构庞大/组织庞大/体积庞大。

*错例：其中有个体形庞大、手挥长剑的巨汉。

〔**注意**〕“庞大”只用来形容事物，指过大，含贬义，不用于形容人。这里应改为“高大”。

旁骛(pángwù)：骛，追求。旁骛，指不专心，不务正业追求与正业无关的东西。如：专心致志，意不旁骛/驰心旁骛，主业荒疏。

＊错例:后来发现他感情不专一,和我谈恋爱的同时还旁骛着另外一个姑娘。

〔**注意**〕“旁骛”只用于表示事业、工作上,不用于表示感情的事。这里应改为“还追求着另外一个姑娘”。

抨击(pēngjī):用评论来攻击某人某事。如:抨击时弊/恶意抨击。

＊错例:今天的会议大家都是怀着治病救人的心情来抨击你的严重错误,你应该虚心接受,彻底改正。

〔**注意**〕“抨击”不是指一般的严厉批评,而是指带有彻底否定情绪的指摘或用于对立双方的相互攻击。此句既说“治病救人”,就是站在朋友和同志的立场上进行批评帮助,言词再激烈也不能叫“抨击”,应改为“批评”。

偏颇(piānpō):认识、观点偏于一方,不公平。如:文章论点有些偏颇/失之于偏颇。

＊错例:盖房时地基就没打好,现在已经向东北方向偏颇了。

〔**注意**〕“偏颇”用于指理论、思想、观点,不指具体物体的位置状况。这里应改为“偏斜”或“倾斜”。

企图(qǐtú):图谋、打算。如:敌军逃跑的企图没有得逞/企图表现出人物的具体神态。

＊错例:队长指示得很原则,我们领会他的企图是慢慢查访,然后再公开。

〔**注意**〕“企图”做名词用时有明显的贬义色彩,用于指坏的打算。这里是错用,应改为“意图”。

器重(qìzhòng):上级对下级、长辈对晚辈看重或重视。如:器重这个学生/领导上很器重他。

＊错例:他的教练杨中杰很器重刘洪波的这一特点,说他心理素质好,不畏强手,比赛从不怯场。

〔**注意**〕“器重”是对整个人而言的,不指人的能力、特性等。这里应改为“赏识”。

迁就(qiānjiù):将就别人。如:坚持原则,不能迁就/你越迁就他,他越得意。

*错例:你要的那种我们这里没有,我们都用这个东西代替,你就迁就着用吧。

〔**注意**〕“迁就”的对象只能是人,不是物品。这里应改为“凑合”或“对付”、“将就”。

签字(qiānzì):在文件上签上自己的名字,表示负责。如:请您在文件上签字/签字画押。

*错例:他们对影片原型李勇的肺腑之言根本没听进去,倒是拿着小本子冲上舞台忙着让演员、导演签字、留影。

〔**注意**〕“签字”表示负责任,不是一般的签名。签名表示友好、留念。这里并不是要负什么责任,应改为“签名”。

怯弱(qièruò):胆小软弱。如:怯弱女子/生性怯弱。

*错例:我们家那时候生活艰难,妹妹生来怯弱,身子骨单薄,哪经得起这么折腾!

〔**注意**〕“怯弱”指性格、心理特征,不指体质。这里应删掉“怯弱”,或者将后一句改为“身子骨又单薄”,将性格和体质并列。

轻微(qīngwēi):不重的,程度浅的。如:轻微劳动/轻微脑震荡/轻微的响声。

*错例:给您带来点轻微的礼物,请您务必收下。

〔**注意**〕“轻微”形容能体现程度的事物,指向程度浅的一端;“礼物”体现一种情谊,本身没有程度之分,故不能用“轻微”,应改为“小”或“并不贵重”。

R

染指(rǎnzhǐ):出自《左传宣公四年》,传中记载:郑灵公请众大臣吃甲鱼,但是故意不请大臣子公。子公很生气,就伸出食指在盛甲鱼的鼎里蘸了点汤,尝尝味道就忿忿地走了。后来“染指”被用来比喻占有、获取非分的利益、好处。带有贬义。

* 错例:中、日、韩三国的代表队都有染指这个项目金牌的实力。

〔注意〕靠实力夺取金牌是值得褒扬的行为,用“染指”一词,便把正当的行为,说成是获取非分利益了,应改为“夺取”。

融资(róngzī):融通资金,通过借贷、租赁、集资等方式而使资金得以融合并流通。如:通过融资使企业得以发展。

* 错例:原来住的房子又小又破,想趁这次拆迁的机会彻底改善一下,可是有点积蓄加上拆迁费还是不够,只好向老爸和我姐融资,算是解决了。

〔注意〕“融资”是指企业、商家融通资金,不指个人的消费上挪借。这里应改为“借钱”。

S

稍许(shāoxǔ):稍微,多少有一点。如:接到他的电话,心里稍许安定了一些。

* 错例:在现有的成分中,再加上稍许安神的药物。

〔注意〕此例显然是把“稍许”与“少许”弄混了。“稍许”表示轻微的程度;“少许”表示数量小,二者音近,但意义不同。这里应改为“少许”。

莘莘(shēnshēn):形容众多。如:莘莘学子。

* 错例:没想到这位高等学府毕业的莘莘学子竟然沦落为窃贼。

〔注意〕“莘莘”指众多,一位不能称“莘莘学子”,应删去“莘莘”。

渗漏(shènlòu):液体或气体从小缝隙中慢慢透出或漏出。如:管道发生渗漏。

* 错例:牛尸堆不密封,渗漏疯牛病。

〔注意〕“渗漏”与“疯牛病”搭配不当。渗漏,指液体或气体从小缝隙中慢慢透出或漏出。“疯牛病”是一种病,不是物质,没有具体形态,不能渗漏。可改为“传染”。

生僻(shēngpì):不常见的,不熟悉的词语、文字等。如:生僻字/这个典故太生僻。

＊错例:来人我从来没见过,觉得十分生僻。

〔注意〕“生僻”只用于指语言、文字、书籍方面,不用于指人,应改为“面生”。

视觉(shìjué):物体的影像刺激视网膜所产生的感觉;眼睛看物体的感觉。如:视觉敏锐/视觉灵敏。

＊错例:在人才问题上出现了视觉偏差,只注意名牌学校出身,不注意是否有真才实学。

〔注意〕“视觉”指眼睛视物的感觉,只有生理学意义。作者这里指的是认识、观念,错误使用,应改为“认识”或“观念”。

书籍(shūjí):书的总称。如:地上堆放着很多书籍。

＊错例:当叶永烈结束了近三年的干校生活后,很快就出版了五本书籍。

〔注意〕“书籍”是集合名词,书的总称,不能单个来查数(shǔ),应删去“籍”字,改为“五本书”。

率先(shuàixiān):带头,首先的意思,用于描写人的主动行为。如:率先承包了荒山/率先进行了产权制度改革。

＊错例:面试开始了,按照抽签顺序,1号候选人率先被召进办公室。

〔注意〕这里说“被召进办公室”,是被动行为,不能用“率先”,应改为“首先”。

搜刮(sōukuā):搜刮,用各种方法掠夺。如:搜刮民脂民膏。

＊错例:她热心张罗着,恨不得把家里所有的食物全搜刮过来。

〔注意〕“搜刮”多指用强权或奸诈等等方法掠夺人民的财产,家里的东西用不着搜刮,应改为“搜罗”。

搜集(sōují):到处寻找所需要的事物,并把找到的东西收拢聚集在一起。如:搜集革命文物。

＊错例:手边的材料过于零散,分散,要花一定的时间把他们搜集在一起。

〔**注意**〕此例显然是把“收集”和“搜集”弄混了。“收集”是把已有的分散的东西聚拢在一起;搜集,是对不在手边、不在眼前,不知道有还是没有的东西,经过搜寻,找到之后再聚拢到一起,二者音近容易混淆。应改为“收集”。

随和(suíhé):和气而不固执己见。如:他脾气随和,跟谁都合得来。

＊错例:该鞋不但具有旅游鞋的舒适、随和、轻巧的特点,而且具有消除脚汗,核磁共振的磁疗保健功能。

〔**注意**〕“随和”形容人的脾气、性格,不能形容物品,可改为“随脚”或“方便”。

弹劾(tánhé):国家、政府中人们揭发、抨击君主或高级领导人的罪状。如:弹劾总统。

＊错例:政府官员犯了严重错误都可以罢免呢,何况我一个小小老百姓,你们随便弹劾好了!

〔**注意**〕“弹劾”用于国家、政府在监督管理上对掌权人物的抨击和处分,不用于对个人生活、工作中缺点错误的处理,显然不当,应改为“批评”或“指责”。

唐突(tángtū):莽撞,冒犯。如:唐突求见。

＊错例:为了赶火车,来得太唐突,连准备好的家乡土特产都忘带了。

〔**注意**〕“唐突”用于描写行为,冒冒失失,对别人显得不够礼貌。此句表现的意思是时间紧迫,有些事来不及做,应改为“仓促”。

陶冶(táoyě):无形之中给人的思想、性格以有益的影响。如:陶冶情操/大自然的陶冶。

＊错例:到艰苦的环境中去,到激烈的斗争中去,陶冶自己的能力和毅力。

〔**注意**〕“陶冶”是指无形的、渐进的对人的性格、品质的影响，强调客观环境对人的自然的作用，不是指人主观的有意识的努力追求。这里应改为“培养自己的能力，锻炼自己的毅力”。

恬静(tiánjìng)**:**安静、宁静。如:环境幽雅恬静/恬静的生活。

*错例:她出身于知识分子家庭，从小受过良好的教育，性格恬静，举止安详。

〔**注意**〕“恬静”指生活环境而言，不用于表现人。这里应改为“文静”。

挑衅(tiǎoxìn)**:**借端生事，企图引起冲突或战争。如:武装挑衅/借故挑衅。

*错例:姑嫂之间本来关系就不融洽，经她一再挑衅，俩人便不断地吵嘴，有时竟然一再动起手来。

〔**注意**〕“挑衅”指两国之间或两个团体之间，一方对另一方挑起事端发生冲突。这里指的是有人居间挑拨，使双方关系不和，应改为“挑拨”。

投放(tóufàng)**:**投下去，放进。如:投放鱼饵/投放资金/投放大量劳力/把商品投放市场。

*错例:兼职多、会议多，应酬也多，在教学上反倒不能投放更多的精力。

〔**注意**〕“投放”的无论是食物、还是资金、人力，或者是产品，都是具体的东西，“精力”是抽象的，不能用“投放”，应改为“投入”。

W

顽固(wángù)**:**思想保守，不愿接受新鲜事物;坚持错误，不肯改变;不易制伏。如:顽固不化/顽固守旧/顽固异常，不易根除。

*错例:老头异常顽固，想找个人陪他去医院，他说什么也不干，非说自己能行。

〔**注意**〕“顽固”形容人时主要指政治态度问题，不表人的性格。这里的“顽固”应改为“固执”。

挽救(wǎnjiù):从危险中救回来。如:挽救遇险船员的生命/挽救垂危病人。

* 错例:文字不规范,使用混乱,不仅给文化教育造成危害,也会给经济、技术、国际交流等方面造成不易挽救的损失。

〔**注意**〕"挽救"只用于指人,不用于指物。这里应改为"挽回"。

危亡(wēiwáng):国家、民族接近于灭亡的危险局势。如:在国家危亡之际,谁还能保留个人私利。

* 错例:在他病情危亡的时候,我去医院看了他最后一眼,如今已经两年多了。

〔**注意**〕"危亡"只用于指国家、民族,不用于个人。这里应改为"危险"或"危急"。

温馨(wēnxīn):温和清新,温暖。如:温馨的春夜/温馨的家庭。

* 错例:从厨房飘来一股温馨的香味,老妈又做她那拿手的淮扬菜了。

〔**注意**〕"温馨"描写人精神上的感受,不表现嗅觉器官的感觉。这里应改为"诱人的"或删去"温馨的"。

妩媚(wǔmèi):形容女子、花木等姿态美好可爱。如:妩媚多姿/妩媚动人。

* 错例:一阵轻轻的敲门声,喊"请进"之后,进来一个年青人,态度妩媚,过于谦卑,弄得老于很不自在。

〔**注意**〕"妩媚"形容人体姿态美好,是褒义词。这里描写带有明显的贬义色彩,应改为"谄媚"。

X

牺牲(xīshēng):原指古代供祭祀用的纯色的整个牲畜,后引申为为了正义的目的舍弃自己的生命或利益,带有明显的褒义色彩。

* 错例:一直到日本被降伏的近一年间,日军制造了 244 条这种人体鱼雷,实际被派出牺牲的达 106 人。

〔**注意**〕“牺牲”一词使用不当。人体鱼雷是为军国主义的侵略战争充当炮灰，根本不是“为了正义的目的”，即使死了，也不能叫做“牺牲”，只能叫做“送命”。

狭隘(xiá'ài)：宽度小；心胸、气量、见识局限在一个小范围里，不宽广，不宏大。如：思想狭隘/狭隘的眼光/见识狭隘。

*错例：目前的演员类型过于狭隘，可谓“老的老，少的少”。

〔**注意**〕“狭隘”表示具体事物时，主要用于道路；表现抽象事物时，用于人的素质方面，不用于其他事物。这里用“狭隘”来描写说明“类型”搭配不当，应改为“狭小”或者说“太少”。

狭窄(xiázhǎi)：宽度小；不宏大、不宽广。如：出口很狭窄/狭窄的走廊/心胸狭窄。

*错例：我们决不能用过去狭窄的经验束缚自己。

〔**注意**〕“狭窄”用于描写具体的道路、空间等实体，不用于描写抽象的见识、经验等事物。这里应改为“狭隘”。

遐迩(xiá'ěr)：书面语词，远近。如：遐迩闻名/声震遐迩。

*错例：湖北的李德复，当年也不过三十刚出头，以一篇《典型报告》而遐迩文坛。

〔**注意**〕“遐迩”是处所名词，可以作宾语，也可以做状语，但是不能作谓语，应改为“闻名”。

下榻(xiàtà)：敬辞，指客人住宿。如：贵宾下榻长城饭店。

*错例：河南许昌男青年魏某、张某，日前结伴来京行窃。二人下榻景山旅馆后，到附近商店……

〔**注意**〕“下榻”是对尊贵的客人说的，表示尊敬，这里用于行窃者身上是非常不妥当的，应改为“住进”。

先父(xiānfù)：称自己死去的父亲。如：先父在世时一再教育我们。

*错例：我真不知道贤弟家中有此变故，敢问：先父几时去世的？

〔**注意**〕“先父”一词用得不对。“先父”是自己对别人谦称自己死去的父亲。敬称别人的父亲，不管去世没去世，都只能用“令尊”。这里应改成“敢问,令尊几时去世的?”

效尤(xiàoyōu):效:模仿,效法。尤:过失,罪过。效尤:明知是错还要效仿,即模仿别人做坏事。带有明显的贬义色彩。

*错例:让股民回“娘家”,实在是一个金点子,值得上市公司效尤。

〔注意〕说是“金点子”却让别人“效尤”,说明作者不知道“效尤”是贬义词,因而犯了褒贬错位的错误,可改为“效仿”。

心绪(xīnxù):心情。如:心绪平静/心绪不宁。

*错例:回想起前前后后半年多来在我进入这小楼前所走过的路,不禁心绪万千。

〔注意〕“心绪”是心情,在某一时间内只能处于一种状态,不会有“万千”的变化。此句作者明显地误把“心绪”当作“思绪”了。“思绪”是思想的头绪,在一时之间头绪可以有很多,故应改为“思绪”。

醒悟(xǐngwù):认识由模糊而清楚,由错误而正确。如:猛然醒悟过来。

*错例:一旦准备休息,只要压按一下神功元气袋周围的肌肉,在几秒钟内便会进入甜美的梦乡,每到清晨六点,又会自然醒悟。

〔注意〕“醒悟”描写人的认识,是思维认知的事情,不指人的生理睡眠问题,应改为“醒来”。

汹汹(xiōngxiōng):形容波涛的声音;形容声势盛大的样子。如:涛声汹汹/来势汹汹。

*错例:站在火灾现场,陈文莉心如刀绞,她只有机械地端起一盆水,泼向汹汹燃烧的大火。

〔注意〕“汹汹”形容涛声水势,引申到形容某种声势,不描写场面、状态,不能形容“大火”,应改为“熊熊”。

掩埋(yǎnmái):用泥土盖在物体上面。如:掩埋尸骨/掩埋垃圾。

*错例:尽管西德尼·霍华德是最终的署名者和奥斯卡编剧奖的得主,但这很难掩埋斯科特、费兹杰拉德、乔·斯维林……迈克尔·福斯特

等人的功劳。

〔**注意**〕“掩埋”只用于具体事物，不用于抽象事物。这里应改为“埋没”。

摇曳(yáoyè)**：**轻轻地摇摆、摇荡。如：摇曳的灯光/柳丝摇曳。

＊错例：睡梦中突然感到床铺、家具连房子都摇曳起来，我突然醒悟：啊，地震了。

〔**注意**〕“摇曳”表示摇摆、晃动的程度轻，此例中所表示的程度很大，不能用“摇曳”，应改为“摇撼”。

依赖(yīlài)**：**完全依靠自身以外的力量，不能自立或自给。如：自己不能生产，只得依赖进口/独立自主，不依赖别人。

＊错例：这项工作虽然我们自己能做，可是不能孤军作战，还得依赖组织、依赖群众。

〔**注意**〕“依赖”指的是没有自主能力，完全靠外力来做，此句表现的是自己能做到，只是靠外力帮助才能做得更好，所以不应该用“依赖”，可改为“依靠”。

异议(yìyì)**：**不同的意见。如：提出异议/没有异议，全体通过。

＊错例：毫无异议，国人现在最大的娱乐方式是运动。运动热随之带来的是运动消费热。

〔**注意**〕“异议”表示意见不一致，有另外的不同的看法，此句的意思是强调一致，没有可怀疑、可争辩的地方，不应用“异议”，应改为“疑义”。

慵懒(yōnglǎn)**：**困倦，不精神不愿活动的样子。如：刚刚睡醒，一副慵懒的神态。

＊错例：不管什么时代要想过好日子，必须手脚勤快，不能养成慵懒的坏毛病。

〔**注意**〕“慵懒”只是一种因困倦而表现出懒散的样子，是一种生理上的外在表现，与主观意识没有必然的联系，句中说的是一种习惯，是后天培养成的毛病，是个人主观意识造成的，应改为“懒惰”。

永远(yǒngyuǎn):副词,表示时间长久,没有终止。如:永远怀念我的母亲/这种精神永远值得我们学习。

* 错例:这个老怀表留给你吧,当作永远的纪念。

〔**注意**〕"永远"是副词,不能用来形容名词,应改为"永久"。

优美(yōuměi):美好。如:风景优美/优美的姿态/优美的诗句。

* 错例:山楂风味优美,营养丰富,而且具有药用价值。

〔**注意**〕"优美"表示视觉和听觉上的美好感觉,用于环境、风景、舞姿、语言、诗句、旋律等,不用于心理上的感受,所以不能说"风味优美",可改为"风味纯正"、"风味独特"或"味道鲜美"。

愚兄(yúxiōng):对年纪比自己小的平辈人称自己。

* 错例:愚兄,你是几时到京的?

〔**注意**〕这里"愚兄"用错了。汉语中,一般称与自己同辈的比自己年长的人为"兄",但有敬谦之分。对方比自己年长,称对方为"仁兄","兄"之前要加敬辞"仁";如果自己比对方年长,说自己则说"愚兄","兄"之前加谦辞"愚"。此句正好用反了,应改为"仁兄"。

郁结(yùjié):积聚不得发泄。如:郁结在心头的烦闷/怨气郁结在心头。

* 错例:令人心有余悸的 1952 年伦敦黑雾事件,就是由于伦敦出现严重热岛效应,风速减弱,使烟尘和以二氧化硫为主的烟雾郁结不散。

〔**注意**〕"郁结"指不良情绪积聚在思想中发泄不出来,不用于具体物体。这里应改为"聚集"。

Z

珍本(zhēnběn):珍贵而不易获得的书籍。如:宋代珍本。

* 错例:经过公安局辨认,这两本护照正是费普夫妇失落的珍本。

〔**注意**〕"护照"与"珍本"搭配不当。珍本,是对普通本而言的,指书籍的版本。年代比较早的,现在不容易找到的版本,被认为是珍本。"护照"只有一种,是官方发给出国公民个人的身份证件,与发放的年代、印刷的质量无关,无所谓"珍"与"不珍",因此不能说成"珍本",可改为"正是费普夫妇失落的宝贵证件”。

阵营(zhènyíng):为了共同利益和目标而联合起来的集团。如:两大阵营对峙。

＊错例:尽管编导阵营强大,人物间恩恩怨怨也不乏动人之处,但对于观众来说,总有点“至于如此吗”的疑问。

〔**注意**〕“阵营”是指国家与国家,至少是固定的群体与群体之间形成的集团,不是指性别、职业、年龄、爱好的个人形成的群体,因此,此句中“编导”不能形成“阵营”,应改为“阵容”。

主题(zhǔtí):文学、艺术作品所表现出的思想;谈话、文件的主要内容。如:小说的主题是表现战争的残酷性/年终分配成了人们议论的主题。

＊错例:1979年,滕文骥以一位小提琴家的生活变迁为主题,拍摄了影片《生活的颤音》,将音乐与时代融为一体,感动了无数人。

〔**注意**〕“主题”所表现的思想是有明确倾向的,代表了作家和说话人对事物的认识,不是指某种现象或生活中的事件。此句中“小提琴家的生活变迁”只是生活中的一个事件,一种有特定内容的生活现象,不反映思想观点,不能说是“主题”,应改为“题材”。

茁壮(zhuózhuàng):强壮,健壮。如:孩子们又茁壮又活泼/牛羊茁壮/小麦长得十分茁壮。

＊错例:松树啊,松树,你的枝干是那样的挺拔,你的针叶是那样的茁壮。

〔**注意**〕“针叶”与“茁壮”搭配不当。针叶的特点是尖细;茁壮的意义是强健、强盛,多用于人或植物的发育、生长状况,形容植物的状态时给人一种粗壮的感觉,用于表示松树的针叶不甚恰当,应改为“茂密”。

自持(zìchí):控制自己的欲望或情绪。如:清廉自持/激动得不能自持。

＊错例:特别是青年人自持身强力壮,不注意自己的健康,等到大病骤至,才追悔莫及。

〔**注意**〕“身强力壮”是生长发育的结果,不完全是由人的主观愿望控制得了的。句中的意思是倚仗身体好,应改为“自恃”。

足迹(zújì):脚印。野兽的足迹/留下了足迹。

*错例:在香山老人的传说里,曹雪芹的足迹走遍了香山。

〔**注意**〕“足迹”与“走遍”不能搭配。“足迹”是“走”后留下的痕迹,能“走”的是“足”而不是“足迹”,应改为“曹雪芹的足迹遍布香山”。

二、常见的音近义近易混词语辨析

词语读音相近,意义有时相关,不仔细分辨就容易用混。这里举出常见的容易用混的词语进行辨析,帮助大家正确理解音近义近词语的意义,从而做到正确地使用这类词语。

A

哀怜(āilián)/爱怜(àilián)

哀怜:对别人的不幸遭遇表示同情。如:孤儿寡母生活无着,令人哀怜。

爱怜:十分喜爱,怜爱。如:母亲爱怜地抚摩着女儿的脸。

〔**注意**〕带有同情、怜悯的感情时用“哀怜”;带有喜爱、怜爱的感情时用“爱怜”,二者不能相混,不能说“对她们的遭遇大家都十分爱怜”。

爱怜(àilián)/爱恋(àiliàn)

爱怜:同上。

爱恋:热爱而难以分离,形容男女之间恋爱时的情感。如:信中流露出爱恋之情。

〔**注意**〕爱恋的适用范围很窄,只用于表示恋爱方面,不能用于表示其他方面的喜爱的情感。不能说“母亲爱恋着女儿”。

B

拔出(báchū)/拔除(báchú)

拔出:从中抽出来。如:把手指上的刺拔出。

拔除:除去,去掉。如:拔除杂草/拔除敌军的据点。

〔**注意**〕拔出,只强调抽出来;拔除,强调彻底去掉。不能说“拔出敌军据点”。

拔除(báchú)/罢黜(bàchù)

拔除:同上。

罢黜:排斥,免除,免去。如:罢黜百家/罢黜首相职位。

〔**注意**〕拔除用于物,罢黜用于思想、职务。不能说“拔除首相职位”。

把揽(bǎlǎn)/包揽(bāolǎn)

把揽:尽量占有,把持住。如:凡是重要的他都把揽着/把揽大权。

包揽:全部承担,所有的都包下来。如:政府部门不可能把所有的事务都包揽起来。

〔**注意**〕把揽,强调把持住,不让别人参与;包揽,强调全部包下。

扳子(bānzi)/板子(bǎnzi)

扳子:又叫扳手,是许多工种的一种手工工具。如:活扳子/大号扳子。

板子:片状的较硬的物体,是一种半加工的器物的原材料。如:竹、木板子/纸板子。

〔**注意**〕扳子是工具,板子是半加工的原材料,二者字形相近。扳子容易错写成“板子”而造成错用。

包藏(bāocáng)/保藏(bǎocáng)

包藏:隐藏在里面。如:包藏祸心/眼神里包藏着抑郁之情。

保藏:把东西保管收藏起来以免受到损失或丢失。如:保藏好手稿/已经选好的种子要好好保藏起来。

〔**注意**〕所包藏的东西多是不如意或不好的东西,保藏的则多是比较贵重或珍稀的东西。所以不能说“他的神态里保藏着一种怪异、奸猾的东西”,应该用“包藏”。

包管(bāoguǎn)/保管(bǎoguǎn)

包管:语气副词。一定,保证,表示说话人的自信的语气。如:包管让您满意/包管能够治好。

保管:动词。保藏和管理,如:把粮食保管好;做保藏和管理工作的人。如:老保管病了;语气副词,表示完全有把握,如:保管能做好。

〔注意〕做语气副词用时,二者可以通用,包管的语气更坚决些;保管的前两个义项不能用“包管”。

饱尝(bǎocháng)/报偿(bàocháng)

饱尝:充分地品尝,引申为长期经受或体验。如:饱尝忧患/饱尝艰苦。

报偿:报答和补偿,报答和偿还。如:你能常回来看看,就是对我最好的报偿。

〔注意〕饱尝的“尝”是品尝的“尝”,引申义用于不如意的事;报偿的“偿”是偿还和补偿的“偿”,整个词具有褒义色彩。所以,不能说“饱尝您的恩德”。

背理(bèilǐ)/背离(bèilí)

背理:违背事理,不合道理。如:背理的事不能干。

背离:离开;违背。如:背离故土/背离原则。

〔注意〕背理,动宾结构,违背真理、事理、道理。抽象名词,有内含宾语,适用范围较窄;背离,动词+动词的并列结构,没有内含宾语,适用范围较宽。

编撰(biānzhuǎn)/编纂(biānzuǎn)

编撰:编纂并撰写。如:编撰大型工具书/图书编撰工作。

编纂:编辑(多指资料较多的大型著作)。如:编纂成册/编纂百科全书。

〔注意〕编撰,指编辑的同时还有个人的撰写、著述工作;编纂,主要是编辑工作,个人撰写的部分很少,且多是说明性、连缀性文字。应根据工作的具体情况选择使用。

标明(biāomíng)/表明(biǎomíng)

标明:做出记号使人知道。如:标明号码/参观人数的要求已在表格中标明。

表明：表示清楚。如：表明态度/我的意图已经表明了。

〔注意〕标明要用具体标志物或文字；表明是指用语言说清楚。

标示(biāoshì)/表示(biǎoshì)

标示：标明显示出来。如：地图上已经用红线标示清楚了。

表示：借助于言语、事物表明显示出思想、感情、态度、意图、意义等。如：说些安慰的话语表示关心/夜间设红灯表示有危险性障碍。

〔注意〕标示是具体动作性动词，用标志物显示出来，有具体指示作用；表示是抽象动词，意思仅仅是表达出来、显示出来。所以，“用红线具体标示出来”不能说“用红线具体表示出来”。

C

惨景(cǎnjǐng)/惨境(cǎnjìng)

惨景：凄惨的景象。如：一幕幕惨景在眼前闪过。

惨境：悲惨的境地。如：陷入惨境。

〔注意〕惨景，表达的是视觉形象，词义具体；惨境，表达的是抽象的环境，词义比较抽象。因此不能说“那种惨境，目不忍视”，也不能说“匪徒使一家人陷入惨景”。

岑寂(cénjì)/沉寂(chénjì)

岑寂：孤独，冷清，寂寞。如：晚年生活岑寂/事情年代过于早，现已岑寂。

沉寂：十分寂静；消息全无。如：沉寂的深夜/音信沉寂。

〔注意〕岑寂形容人和事物的状况，沉寂形容声音、音信，二者所指对象不同。因此，不能说“夜晚院子里十分岑寂”，也不能说“独居生活非常沉寂”。

差异(chāyì)/诧异(chàyì)

差异：差别，不相同。如：南北气候差异很大/两地海拔高度差异太大。

诧异:觉得十分奇怪。如:听了之后,大家都十分诧异。

〔**注意**〕差异,指事物的各种属性很不一样;诧异,描写人的心理感受,词义所指不同,但容易写错,无形中也就用错了。

差使(chāishǐ)/**差事**(chāishì)

差使:差遣,派遣。如:已经差使一个妥当人去处理了。

差事:被派遣去做的事情。如:这趟差事办得很累。

〔**注意**〕差使是动词,现代汉语中已不能作名词用;差事是名词,不能作动词用。

扯淡(chědàn)/**扯谈**(chětán)

扯淡:闲扯,胡扯(轻微骂人语)。如:别瞎扯淡了/不干正经事净扯淡。

扯谈:闲谈,攀谈。如:在路边和乘凉的人扯谈起来。

〔**注意**〕扯淡有贬义,对非常熟的朋友可作戏谑语用;扯谈没有贬义,是不熟悉的人相互接近的一种很好的方式。

陈规(chénguī)/**成规**(chéngguī)

陈规:陈旧的规矩,过时的不适用的规章制度。如:不要墨守陈规/陈规陋习。

成规:现成的或久已通行的规则、方法。如:新事物新情况可以打破成规。

〔**注意**〕陈规有贬义,一般作彻底否定;成规没有贬义,不能完全否定。因此不能说"打破陈规",而应说"彻底抛弃陈规陋习"。

传唤(chuánhuàn)/**串换**(chuánhuàn)

传唤:传话呼唤,招呼;法律用语,用传票通知有关人前来。如:有事请别人传唤一声/传唤被告。

串换:互相调换。如:因地制宜,两地串换了优良品种。

〔**注意**〕传唤的对象是人,串换的对象是物,二者不易混淆,但容易因写错而在无形中用错。

D

导读(dǎodú)/倒读(dàodú)

导读:指导人如何阅读书刊、文章。如:世界名著导读。

倒读:按倒着的语序或顺序来读。如:有些回文诗倒读才能读通。

〔**注意**〕导读不是自己读,也不是怎么去读,而是指导别人读;倒读是一种特殊的读诗书的方法,使用的情况很少。

导轮(dǎolún)/倒轮(dǎolún)

导轮:装在机车或某些机械前部、不能自动而只起支撑作用的轮子。

倒轮:自行车上装的脚向后蹬使车体停住的轮子。

〔**注意**〕二者功能不同,不能混为一个。

凋落(diāoluò)/掉落(diàoluò)

凋落:凋谢,植物的枝叶死亡脱落。如:秋天了花叶开始凋落。

掉落:从较高的地方掉下来。如:飞机从高空中掉落下来。

〔**注意**〕凋落,指有生命的植物的枝叶因凋谢、死亡而脱落下来;掉落泛指一般物体从高处掉下来。二者适用的对象和使用的语境不同。

短路(duǎnlù)/断路(duànlù)

短路:电路中不同电势的两点直接碰撞,造成电路不通,跳闸断电。

断路:拦路抢劫。如:土匪断路劫财。

〔**注意**〕短路,专业用语;断路,社会用语。专业用语不应用“断路”,不能说“电线发生断路”。

短气(duǎnqì)/断气(duànqì)

短气:缺乏自信心,灰心丧气。如:事情还没有做,自己就短气了/别说短气的话。

断气:停止呼吸,死亡。如:医生赶到时,他已经断气了。

〔**注意**〕短气形容心理现象,断气形容自然现象。断气不能说成“短气”。

E

遏止(èzhǐ)/遏制(èzhì)

遏止:用力控制使其止住。如:洪流滚滚不可遏止/火势终于被遏止住了。

遏制:用力控制。如:遏制住对方的攻势/遏制不住的激情。

〔**注意**〕遏止,控制的程度深,目的是让其止住;遏制,控制的程度相对浅一些,不是彻底制止,而是使其不再发展下去。应视表达的对象和程度选用其中之一。

F

发力(fālì)/乏力(fálì)

发力:运动中突然用力。如:锁住杠铃后发力推举/突然发力将铁饼掷出。

乏力:身体疲倦,没有力气;没有能力,缺乏有效办法和措施。如:浑身乏力/回天乏力。

〔**注意**〕二者语义相对,容易因写错而无形中用错。

翻身(fānshēn)/反身(fǎnshēn)

翻身:翻转身体;比喻从被压迫的地位解放出来,把落后的面貌改变过来。如:床板不好,翻身都难/翻身解放/打翻身仗。

反身:反回身来,反回自身。如:弯腰之后再反身向上。

〔**注意**〕翻身指躺着身体翻转,反身指回过身来;翻身有比喻义,反身没有比喻义。所以,"翻身打滚"不能说成"反身打滚"。

翻修(fānxiū)/返修(fǎnxiū)

翻修:房屋、道路拆除后按原有规模重建。如:翻修古建筑/翻修老房子。

返修:退回重修,返回去进行再修理。如:一次成功,不用返修/这台彩电返修了两次才修好。

规正:规劝,使改正;匡正。如:规正风俗/互相规正。

〔**注意**〕规整是形容词,规正是动词。规整的“规”是规矩的意思,规正的“规”是规劝的意思。所以“东西摆放得很规整”不能说成“东西摆放得很规正”;“我们一齐来规正他的错误”不能说成“我们一齐来规整他的错误”。

H

豪气(háoqì)/浩气(hàoqì)

豪气:英雄的气概,豪迈的气势。如:英雄的部队豪气冲天。

浩气:浩然之气,正气。如:浩气长存/浩气凛然。

〔**注意**〕豪气强调豪迈,形容气魄、气概;浩气强调刚正,形容性质、品质。所以,“豪气冲天”不能说成“浩气冲天”;“浩气凛然”不能说成“豪气凛然”。

花灯(huādēng)/华灯(huádēng)

花灯:用花彩装饰的灯,特指元宵节供观赏的灯。如:每年元宵节都要闹花灯。

华灯:雕饰华美或光辉灿烂的灯。如:华灯初上/一排排华灯犹如星光的长河。

〔**注意**〕花灯等于专有名词,华灯形容灯的华美,可以泛指所有的灯。所以,“华灯初上”不能说成“花灯初上”;“闹花灯”也不能说成“闹华灯”。

回水(huíshuǐ)/汇水(huìshuǐ)

回水:循环系统中回流的水。如:暖气回水管道。

汇水:汇费。如:金融往来加大,汇水剧增。

〔**注意**〕回水是建筑行业的专有名词,汇水是金融行业的专有名词,二者不能混用。

J

积聚(jījù)/集聚(jíjù)

积聚:一点一点地积累使之聚集起来。如:把一次次的雨水积聚起来。

集聚:把分散的东西聚集在一起。如:把大家集聚起来组成一个志愿者队伍。

〔**注意**〕积聚,强调积累的过程,不是一次聚集起来的;集聚,强调把分散的东西集合起来。所以,“把一次次的雨水积聚起来”不应说成“把一次次的雨水集聚起来”。

激进(jījìn)/急进(jíjìn)

激进:要求社会进步态度激烈。如:采取激进态度。

急进:急于改革和进取。如:急进派。

〔**注意**〕激进比急进态度更强烈,激进有一定的贬义色彩,急进感情色彩中性。

激流(jīliú)/急流(jíliú)

激流:汹涌不平的水流。如:激流险滩。

急流:湍急的水流,流速过快的江河。如:急流勇退。

〔**注意**〕激流,强调激荡汹涌;急流,强调流速太快。所以,“急流勇退”不能说成“激流勇退”。

即时(jíshí)/既是(jìshì)

即时:立即。如:即时开工/现场办公,有了问题即时解决。

既是:既然。如:既是他不愿意,那就算了吧。

〔**注意**〕即时是副词,既是是让步连词;即时做状语修饰动词,既是连接分句不做句子成分。

即使(jíshǐ)/既是(jìshì)

即使:连词。提出假设条件。如:即使你不去,他们也能办。

既是:同上面。

〔注意〕即使,具有假设性,提出的条件可以是未实现的,也可以与现有事实相反;既是,没有假设性,承认现有的事实。因此,不能说“既是你不去,他们也能办”,应该说“既是你不愿意去,那就再找别人吧”。

坚忍(jiānrěn)/**坚韧**(jiānrèn)

坚忍:坚持忍耐,(在艰难困苦的情况下)坚持而不动摇。如:坚忍不拔。

坚韧:坚固而有韧性。如:质地坚韧/品质坚韧不易拉断。

〔注意〕坚忍形容人的品质、意志,坚韧形容物的品性。因此,不能说“坚韧不拔”,也不能说“坚忍性强,不易拉断”。

监察(jiānchá)/**检察**(jiǎnchá)

监察:监督察看有关人员是否失职、违纪、违法。如:尽职尽责执行监察任务。

检察:检举核查;考察。如:检察贪污案件。

〔注意〕监察属于国家行政职权,检察属于国家司法部门的职权;监察不直接处理案件,检察有权核查并提起公诉。

交接(jiāojiē)/**交结**(jiāojié)

交接:连接;移交和接替。如:夏秋交接的季节/前任和后任要办好交接手续。

交结:结交,交往。如:交结朋友/他在文艺界交结面很广。

〔注意〕交接的对象是事物,交结的对象是人。因此,不能说“交接朋友”,也不能说“交结工作”。

交接(jiāojiē)/**绞接**(jiǎojiē)

交接:见上面。

绞接:把两个条状的物体(或物体的一部分)扭在一起衔接上。如:电线的接头要绞接或焊接在一起。

〔注意〕这是两种不同的联结方式,交接没有指出具体方式;绞接强调用扭在一起的方式联结。交接可以指抽象的事物,如季节、工作等;绞接必须是具体的物体。

脚注(jiǎozhù)/校注(jiàozhù)

脚注:列在每页末尾(书脚)的附注。如:本书采用行间注,不用脚注。

校注:校勘、校订并注释。如:《文心雕龙》校注/这是新的校注本。

〔**注意**〕脚注是名词,是注解的一种方式;校注是动词,不只是注解,还有校勘、校订的工作在内。

接合(jiēhé)/结合(jiéhé)

接合:连接使合在一起。如:两个部分已经接合上了。

结合:人或事物间发生密切联系;指结为夫妻。如:理论结合实际/由相识到结合不到半年时间。

〔**注意**〕接合指具体物体连接在一起;结合除指结为夫妻外,也可以指抽象的事物。物体不能用"结合",人和抽象的事物不能用"接合"。

接手(jiēshǒu)/接受(jiēshòu)

接手:接替工作。如:这项工作我刚刚接手/俱乐部的工作由老张接手。

接受:承认、容纳而不拒绝。接受任务/接受教训/接受这批大学生。

〔**注意**〕接手指接下某项工作;接受指容纳人、事物或观点、认识等。"这项工作我刚刚接手"指刚刚接替下来;"这项工作我刚刚接受"指同意,不拒绝。

截止(jiézhǐ)/截至(jiézhì)

截止:到一定日期为止,停止不再进行。如:报名到6月30日截止。

截至:到某个时期。如:有效日期截至到今年年底。

〔**注意**〕截止,指的是停止;截至,指出停止的日期;截止可落在句尾,日期放在词的前面;截至,后面必须有日期宾语。

解除(jiěchú)/戒除(jièchú)

解除:去掉,消除。如:解除警报/解除顾虑/解除职务。

戒除:改掉不良习惯。如:戒除烟酒。

〔**注意**〕解除的对象非常广,凡是可以去掉、消除的事物,大的、小的,具体的、抽象的都可以;戒除的对象很窄,只指个人的不良习惯。

惊醒(jīngxǐng)/警醒(jǐngxǐng)

惊醒:受惊动而醒来;使惊醒。如:突然从梦中惊醒/让他多睡一会儿,别惊醒它。

警醒:睡眠时警戒易醒;警戒醒悟。如:我睡觉很警醒,有什么动静都知道/这次事故损失很大,值得我们警醒。

〔**注意**〕惊醒,因受惊而醒来,是客观原因影响睡眠;警醒,主观原因影响睡眠,因头脑中有所警戒而睡不实。因此,不能说"突然从睡梦中警醒",也不能说"别警醒他"。

聚积(jùjī)/聚集(jùjí)

聚积:一点一点地凑集,积聚。如:多少年才聚积起来的产业。

聚集:集合,凑在一起。如:聚集力量/聚集资金/广场上聚集了很多人。

〔**注意**〕聚积,强调由少到多;聚集,强调由分散到集中。所以,不能说"多少年才聚集起来的产业"。"聚积资金"是说:由少到多积攒资金,过程可能很长;"聚集资金"是说:把许多人或许多处的钱集中起来,虽然也要经过一定的过程,但相对来说,过程较短。

K

枯涩(kūsè)/苦涩(kǔsè)

枯涩:干燥不滑润;枯燥不流畅。如:两眼枯涩/文字枯涩。

苦涩:又苦又涩的味道;形容内心痛苦。如:山杏还没成熟,咬了一口满嘴苦涩/一脸苦涩的表情。

〔**注意**〕枯涩描写的是肤觉,并从肤觉引申开去;苦涩描写的是味觉,并从味觉引申开去。因此,不能说"两眼苦涩"、"文字苦涩",也不能说"味道枯涩"、"枯涩的表情"。

苦刑(kǔxíng)/酷刑(kùxíng)

苦刑:痛苦难以忍受的刑罚。如:在国民党监狱中忍受着各种苦刑。

酷刑:残暴狠毒的刑罚。如:敌人施以各种酷刑。

〔**注意**〕苦刑是从受刑者的角度来形容的，酷刑是从施刑者的角度来说的。因此，不应说“忍受酷刑”，也不应说“施以苦刑”。

窥视(kuīshì)/**窥伺**(kuīcì)

窥视：暗中察看，隐蔽地进行探视。如：窥视敌情/探头向门外窥视。

窥伺：暗中观望动静以准备有所行动(含有贬义)。如：几个敌人在窥伺我们的虚实/敌人在窥伺时机，准备反扑。

〔**注意**〕窥视的目的是了解情况，窥伺的目的是等待时机有所行动。因此，不能说“窥伺敌情”，也不能说“窥视时机”。

L

烂熳(lànmàn)/**浪漫**(làngmàn)

烂熳：颜色鲜明而美丽；坦率自然，毫不做作。如：山花烂熳/天真烂熳。

浪漫：富有诗意，充满幻想；行为放荡，不拘小节。如：富有浪漫色彩/生活作风过于浪漫。

〔**注意**〕烂熳的核心意义是纯真美好，褒义词；浪漫的核心意义是不拘束，有时带有轻微的贬义或批评色彩。

里程(lǐchéng)/**历程**(lìchéng)

里程：路程；发展的过程。如：此去的里程有3000公里/革命的里程。

历程：经历的过程。如：光辉的历程/艰难的历程。

〔**注意**〕里程，道路的长短、状况，可用具体数量称量；历程，一定是经历过的，只能指过去或已经走完的，不能用于指未来。

历时(lìshí)/**历史**(lìshǐ)

历时：经过的时日。如：这一战役历时六十五天。

历史：社会发展的具体过程，个人的经历，过去发生过的事件、实事。如：社会发展的历史/个人的历史/地球的历史/此事已成为历史。

〔**注意**〕历时，只指时间，已经过去的或经历过的时间；历史，指过去发生过的事件、实事。历时，动词性；历史，名词性。二者不能混淆。

例举(lìjǔ)/列举(lièjǔ)

例举:通过例子摆出实事加以证明。如:例举重要事实/不需全部列出,只需例举即可。

列举:将全部事实一个一个地举出来。如:指示中列举了各种具体办法。

〔**注意**〕例举,就是举出例子,以例子作为代表;列举,将有限范围内的全部事实按顺序全部列出。前者是举例性的,后者是包罗性的。常见的错误是将例举说成列举。

连接(liánjiē)/联结(liánjié)

连接:互相衔接。如:把几个孤立事件连接起来看/山岭连接山岭。

联结:结合在一起。如:用长廊把两个主楼联结成一体。

〔**注意**〕连接,只强调衔接上,被连接的个体仍保持自己的独立性;联结,把各自独立的个体联结为一个新的整体。联结的紧密性更强,连接的内部比较松散,因此,不能说"山岭联结山岭"。二者应根据事物衔接的紧密程度区别使用。

了结(liǎojié)/了解(liǎojiě)

了结:结束,完了。如:案子已经了结/了结了一桩心愿。

了解:打听,调查,弄清楚。如:了解案情/不了解真相/了解群众的疾苦。

〔**注意**〕了结指事情结束,了解指弄明白;前者是陈述客观情况,后者是使主观得到认知。二者语义指向不同,应根据语义指相区别使用。

凛冽(lǐnliè)/凌厉(línglì)

凛冽:刺骨地寒冷。如:凛冽的北风,吹得人手脚发麻。

凌厉:迅速而猛烈的气势。如:攻势凌厉/发动凌厉的进攻。

〔**注意**〕凛冽形容十分寒冷,凌厉形容气势猛烈。因此,不能说"凌厉的北风",也不能说"凛冽的攻势"。

流落(liúluò)/沦落(lúnluò)

流落:穷困潦倒,漂泊外地。如:流落他乡/流落街头/流落江湖。

沦落:没落,衰落,沉沦。道德沦落/半壁江山沦落敌手。

〔**注意**〕流落形容个人生活穷困、不安定的样子;沦落形容事物彻底衰败。不能说“沦落他乡”、“沦落街头”，也不能说“道德流落”、“半壁江山流落敌手”。

M

茫茫(mángmáng)/莽莽(mǎngmǎng)

茫茫：没有边际，看不清楚。如：茫茫大海/前途茫茫。

莽莽：形容草木茂盛，形容原野辽阔。如：杂草莽莽/莽莽草原，无边无际。

〔**注意**〕茫茫，形容气势大，但是烟雾或水汽弥漫看不清楚；莽莽，形容气势大，同时又粗犷、辽阔，具有原始面貌。茫茫多形容广阔的水域，莽莽多形容陆地、山野。

眉骨(méigǔ)/媚骨(mèigǔ)

眉骨：上眼眶。如：眉骨很高。

媚骨：谄媚的姿态。如：奴颜媚骨/长着一身媚骨。

〔**注意**〕眉骨是身体骨骼的一部分，是实指；媚骨是形容人的品质，是虚指。实指时不要说成“媚骨”，虚指时不要说成“眉骨”。

名义(míngyì)/名誉(míngyù)

名义：做事时用来作为依据的名称或称号；表面上，形式上。如：以我个人的名义/名义上是主管，实际上什么也不管。

名誉：名声，荣誉性的名称或职位。如：爱护自己的名誉/名誉主席。

〔**注意**〕名义，只是一种名称或称号，不涉及别人的评价；名誉指好的名声，获得了外界的称许或赞扬。

明令(mínglìng)/命令(mìnglìng)

明令：明文宣布的命令，公开宣布的命令。如：明令禁止/明令实施。

命令：上级对下级的指示。如：连长命令一排担任警戒/刚刚接到命令。

〔**注意**〕明令是命令的一种方式，向社会或全体公开，与“密令”相对，一般只作状语(或说只带动词性宾语)；命令是一般性动词，外延比“明令"宽。

凝视(níngshì)/凝思(níngsī)

凝视:聚精会神地看,目光集中一点。如:凝视着对方的眼睛/凝视谛听。

凝思:集中精神思考。如:凝思默想/坐在那里凝思许久。

〔**注意**〕凝视强调看,凝思强调想;凝视多带具体目标作宾语,凝思一般不能带宾语。因此,不能说"对空凝视",也不能说"凝思对方的眼睛"。

忸怩(niǔní)/扭捏(niǔnie)

忸怩:形容不好意思、不大方的样子。如:忸怩的神态/神情忸怩。

扭捏:走路扭动身体,做事手足无措,形容言谈举止不大方。如:扭捏了半天才说话。

〔**注意**〕忸怩形容神态、神情,扭捏描写身体动作。忸怩是形容词,扭捏是具体动词。因此,不能说"扭捏的神态"也不能说"忸怩了半天"。

拍板(pāibǎn)/排版(páibǎn)

拍板:拍卖行拍板表示拍卖成功,比喻主事人做出决定。拍板成交/这件事需要厂长来拍板。

排版:印刷车间将稿本拼成版面。如:已经排版明天上机开印。

〔**注意**〕拍板是用板子拍打,排版是排成版面,二者不能混用。

喷涌(pēnyǒng)/奔涌(bēnyǒng)

喷涌:迅速往外冒。如:岩浆喷涌而出/激情喷涌。

奔涌:急速地奔流,大江奔涌/热流奔涌。

〔**注意**〕喷涌是喷射涌出,奔涌是快速奔流涌动;喷涌多指由地下喷射般冒出来,奔涌指在外面快速涌出流动。因此,不能说"岩浆奔涌",岩浆由地下喷射出来之后,流动起来速度就慢了,所以不能用“奔涌”。

偏狭(piānxiá)/褊狭(biǎnxiá)

偏狭:偏斜而又狭小;不公正,见识短浅。如:偏狭之地/意见偏狭。

褊狭:狭小。土地褊狭/气量褊狭。

〔**注意**〕偏狭,除狭小之外更强调偏斜、偏颇;褊狭,书面语性,只表示狭小,现在应多用“偏狭”。

牵制(qiānzhì)/钳制(qiánzhì)

牵制:拖住使之不能集中专心于所要做的事(多用于军事)。如:牵制敌人的兵力。

钳制:用强力限制使不能自由活动或行动。如:钳制言论/钳制住敌人的兵力。

〔**注意**〕牵制,表示牵扯住使不能专一行动;钳制,死死控制住使不能做任何行动。二者程度不同,语义重心不同。

强夺(qiángduó)/抢夺(qiǎngduó)

强夺:用强力夺下。如:不给就强夺/把他手中的棍子强夺下来。

抢夺:用强力把别人的东西夺来据为己有。如:抢夺财物/抢夺民女。

〔**注意**〕强夺,强硬性比较轻,目的不是据为己有,或非要看看,或制止对方的持械行为;抢夺,是一种强盗行为。所以,“把他手中的棍子强夺下来”的“强夺”不能用“抢夺”。

强占(qiángzhàn)/抢占(qiǎngzhàn)

强占:用暴力侵占,强行霸占;用武力攻占,用武力占领。如:强占土地/日本强占东三省。

抢占:抢先占领或占据;非法占有。抢占地盘/抢占集体财产。

〔**注意**〕强占,词义比较概括,表现比较大的规模的行动;抢占,词义更具体些,并有抢先、与人争夺的意思,表现的行动比较具体。所以,“强占土地”不能说“抢占土地”。

情景(qíngjǐng)/情境(qíngjìng)

情景:情形,景象。如:别看夏天桃红柳绿,冬天又是一番情景。

情境:情况和境地。如:那时他将处于怎样的情境啊。

〔**注意**〕情景,词义具体,且视野不大,用于直接描写;情境,词义比较概括,理解时需要人们根据自己的经验去想象。"冬天又是一番情景"不能说成"冬天又是一番情境"。

权宜(quányí)/权益(quányì)

权宜:暂时适宜,变通。如:权宜之计/这只是权宜的做法。

权益:应该享受的不容侵犯的权利。如:妇女儿童权益保护。

〔**注意**〕权宜是形容词,权益是名词,二者音近,不能写错,写错即用错。

劝解(quànjiě)/劝诫(quànjiè)

劝解:劝导宽解,劝架。如:经过大家劝解,终于想通了/两人吵了起来,我只好从旁劝解。

劝诫:规劝告诫。如:整天咳嗽,大家劝诫他把烟戒了。

〔**注意**〕二者词义不同,适用的对象不同。劝解是针对各种不好的情绪进行的,劝诫是针对不好的习惯。因此,不能说"经过劝诫终于想通了",也不能说"劝解他把烟戒了"。

R

嚷嚷(rāngrāng)/攘攘(rǎngrǎng)

嚷嚷:喊叫,吵闹。如:别嚷嚷了,别人都睡着了/有理慢慢说,嚷嚷什么。

攘攘:形容纷乱嘈杂。如:熙熙攘攘。

〔**注意**〕一个人的喊叫或吵闹也可以说是"嚷嚷",而攘攘一定是由很多人造成的纷乱和嘈杂。因此,不能说"别攘攘了",也不能说"你攘攘什么"。另外,"熙熙攘攘"也不能说成"熙熙嚷嚷"。

饶舌(ráoshé)/绕舌(ràoshé)

饶舌:唠叨,多嘴。如:这类问题用不着你来饶舌/不是我饶舌,是你太不像话了。

绕舌:不直接表达,绕着弯子说话。如:有什么问题直接说,别绕舌。

〔**注意**〕饶舌是说得太多,绕舌是不直接说,二者词义有些相背。因此,“用不着你来饶舌”不能说成“用不着你来绕舌”;“有话直接说,别绕舌”,也不能说成“有话直接说,别饶舌”。

忍性(rěnxìng)/韧性(rènxìng)

忍性:忍住性情。如:动心忍性/忍性接待,没有发火。

韧性:柔韧不易折断的性质;比喻顽强持久不怕挫折的精神。

〔**注意**〕忍性,动词,用于指人;韧性,形容词,用于指物和人的精神。

入时(rùshí)/入世(rùshì)

入时:穿着合乎时尚。如:打扮入时/穿着入时。

入世:投身到社会里。如:入世不深。

〔**注意**〕入时为形容词,入世为动词;入时可以做描写性谓语,入世做陈述性谓语。因此,不能说“打扮入世”、“穿着入世”;也不能说“入时不深”。

S

洒落(sǎluò)/散落(sǎnluò)

洒落:分散地落下。如:碗里的米洒落了一地/断了线的串珠洒落到地上。

散落:分散地往下落。如:花瓣散落了一地/高空的礼花像群星散落下来。

〔**注意**〕二者都是分散地落下,洒落是指装在容器里的东西或系连在一起的东西由于外力的原因或不经意地落下了;散落指应该下落的或正在下落的东西不是集中地落下而是分散地落下。前者强调“洒”,后者强调“散”。

申述(shēnshù)/**申诉**(shēnsù)

申述:详细说明。如:申述理由/申述来意/申述了自己的想法。

申诉:提出对自己处分的反对意见;诉讼当事人对判决或裁定提出自己的不同甚至反对的意见。如:再次提起申诉。

〔**注意**〕申述,指一般地陈述自己的意见;申诉,指不同意对自己的处分决定、裁定、判决提出意见,说明理由。因此,不能说"申诉来意";"申诉理由"则特指处罚、司法范围内的含义。

深交(shēnjiāo)/**神交**(shénjiāo)

深交:深厚的交情,密切地交往。如:我们俩有深交/不要和这种人深交。

神交:没有见过面但彼此早已了解,精神上已有交往。如:二人神交已久。

〔**注意**〕深交指交往很深;神交,指精神上的交往,相对于面交而言。所以,不能说"不要和这种人神交"。

失实(shīshí)/**失事**(shīshì)

失实:跟事实不符。如:传闻失实/报道失实。

失事:发生不幸的事故。如:飞机在大海上空失事。

〔**注意**〕失实是失去真实,失事是发生事故。不能说"报道失事"、"传闻失事";也不能说"飞机失实"。

失宜(shīyí)/**失意**(shīyì)

失宜:不得当。如:处置失宜/决策失宜。

失意:不得志,不如意。如:情场失意/仕途失意。

〔**注意**〕失宜用于对动作、行为的判断,失意用于对理想、追求目标的判断。因此,不能说"处置失意",也不能说"情场失宜"。

施行(shīxíng)/**实行**(shíxíng)

施行:法律、规章开始生效执行。如:自公布之日起施行/明年1月1日起施行。

实行:用行动来实现。如:实行改革。

〔注意〕施行,司法、行政术语,表示开始具体执行;实行,一般动词,即表示做,干。司法行政用“施行”;一般用“实行”。

施用(shīyòng)/实用(shíyòng)

施用:具体使用。如:施用化肥/施用新技术。

实用:实际使用,有实际使用价值。如:切合实用/美观实用。

〔注意〕施用是动词,实用是形容词;施用强调具体使用,实用强调评价。因此,在上述各例中二者不能互换。

实例(shílì)/事例(shìlì)

实例:实际的例子。如:请拿出实例来/用实例证明。

事例:具有代表性的可以作为例子用的事情。如:结合具体事例来说明。

〔注意〕实例,强调所举的例子是实际的,不是想象的、推测的;事例,指具体的事情。前者表示真实、实际,后者指具体事情。

史籍(shǐjí)/史迹(shǐjì)

史籍:历史典籍,历史书籍。如:这个书架摆史籍典册。

史迹:历史遗迹。如:革命史迹/这一带还残留有唐宋的史迹。

〔注意〕史籍指的是书,史迹指的是遗迹,二者不要弄混。

收集(shōují)/搜集(sōují)

收集:使聚集在一起。如:收集现有的资料/收集废品。

搜集:到处寻找并聚集在一起。如:搜集意见/搜集革命文物。

〔注意〕收集的对象是现成的,只是分散地存在,把分散的东西收来聚集在一起叫“收集”;搜集的对象是到底有没有,在什么地方都不得而知,通过搜寻,然后集中到一起叫“搜集”。

收缴(shōujiǎo)/搜缴(sōujiǎo)

收缴:接收,缴获;征收上交。如:收缴武器/收缴税款。

搜缴:搜查缴获、没收。如:搜缴私藏武器/搜缴非法出版物。

〔注意〕收缴,把找到的东西接收、缴获上来;搜缴,通过搜查把暗藏的非法的东西找出来没收、缴获上来。

随机(suíjī)/随即(suíjí)

随机:根据情况变化,掌握时机。如:随机应变/随机抽样。

随即:随后就,立刻。如:他刚提出建议,大家便随即响应。

〔注意〕随机,强调看准时机,即随着恰当时机来动作;随即,强调立即、马上,即随着前面的事情立即进行要做的事。所以,“随机应变”、“随机抽样”不能说成“随即应变”、“随即抽样”;“随即响应”不能说成“随机响应”。

随意(suíyì)/遂意(suìyì)

随意:任凭自己的心意。如:随意出入/随意选购。

遂意:满足了自己的心意。如:搬进了新居,我也就遂意了。

〔注意〕随意是形容词,主要做状语用;遂意是动宾结构动词,做描写性谓语用。所以,“随意出入”、“随意选购”不能说成“遂意出入”、“遂意选购”;“我也就遂意了”不能说成“我也就随意了”。

T

踏勘(tàkān)/踏看(tàkàn)

踏勘:对大型工程直接到现场实地勘察。如:踏勘线路/踏勘油田。

踏看:到现场查看。如:踏看地形。

〔注意〕踏勘含有设计与现场相互勘验、校订的目的在内,表示对工作十分慎重;踏看,指一般地到现场查看。故,“踏勘线路”、“踏勘油田”等不能说成“踏看线路”、“踏看油田”。

体惜(tǐxī)/体恤(tǐxù)

体惜:体谅爱惜。如:体惜她的队员。

体恤:设身处地为人着想,给以同情照顾。如:体恤孤寡老人。

〔注意〕体惜的词义重心在“爱惜”;体恤的词义重心在同情关怀照顾。所以,“体恤孤寡老人”不能说成“体惜孤寡老人”。

庭园(tíngyuán)/庭院(tíngyuàn)

庭园:有花木的庭院,附属于住宅的花园。如:一幢洋楼加上很大的庭园。

庭院:正方前的院子。如:五间住房和一个不大的庭院。

〔**注意**〕庭园,指园林性的建筑,有住宅和花园或院子里种有花木;庭院,泛指一般性的院子。

停止(tíngzhǐ)/**停滞**(tíngzhì)

停止:不再进行。如:停止营业/停止操练/正常工作都停止了。

停滞:因受到阻碍,不能顺利地运动或发展。如:停滞不前/生产停滞。

〔**注意**〕停止是彻底停了下来;停滞是还在进行,但遇到阻碍速度非常慢或原地踏步。

同一(tóngyī)/**统一**(tǒngyī)

同一:共同的一个;两者一致,如同一个。如:同一形式/向同一目标前进/同一性。

统一:联成整体,归于一致。如:统一战线/意见最后统一了/统一调配。

〔**注意**〕同一,指两个一样或两者一致,描写事物的当前表现;统一,指两者变成一样或一致,含有一个变化过程(由不一致变成一致)在内。所以,"同一形式"与"统一形式"意义不一样。

退还(tuìhuán)/**退换**(tuìhuàn)

退还:已经收下或买下的东西交还回去。如:原物退还/退还给本人。

退换:退还不合适的,换回合适的。如:不满意可无条件退换。

〔**注意**〕退还是还给原所有者,退换是以不满意的换回满意的。所以,"原物退还"、"退还给本人",不能说成"原物退换"、"退换给本人"。

吞食(tūnshí)/**吞噬**(tūnshì)

吞食:吞着吃进去。如:大鱼吞食小鱼/蟒蛇吞食野兔。

吞噬:大口咬食吞咽,引申为吞并、兼并。如:猛虎吞噬野鹿/中小农户土地尽被豪强吞噬。

〔**注意**〕吞食,强调吃食物的方式,没有引申义;吞噬,大口咬食吞咽,主要用于引申义。吞食根本不用牙齿咬,吞噬是咬嚼后吞咽。

囤积(túnjī)/囤聚(túnjù)

囤积:储存货物准备高价出售。如:囤积居奇。

囤聚:储存聚集货物。如:囤聚粮食,以备不时之需。

〔**注意**〕囤积,旧时商人投机倒把控制市场的一种做法,有明显的贬义色彩;囤聚,一般的储存聚集,多半指国家政府行为,目的是平抑物价或准备战争、灾荒之用。

晚景(wǎnjǐng)/晚境(wǎnjìng)

晚景:傍晚的景色;晚年的景况。如:夕阳晚景,美丽异常/古稀晚景,安闲恬静。

晚境:晚年的境遇、景况。如:诗人晚境孤独凄凉。

〔**注意**〕晚境的意义与晚景的第二个义项相同,但没有第一个义项。因此,"夕阳晚景"不能说成"夕阳晚境"。

违反(wéifǎn)/违犯(wéifàn)

违反:不遵守;不符合。如:违反操作规程/违反政策/违反纪律。

违犯:违背和触犯法律法规。违犯现行法律/违犯宪法。

〔**注意**〕违反,指行为不符合正常的规律、规则,是一种错误的做法;违犯,指行为触犯了法律。二者错误的性质、程度都不同,后者比前者严重。因此,"违反操作规程"、"违反纪律"、"违反政策"等都不能说成"违犯"。

违忤(wéiwǔ)/违误(wéiwù)

违忤:有意违背;不顺从。如:违忤父意。

违误:违反明令,耽误公事。如:从速办理,不得违误。

〔**注意**〕违忤,书面语词,主观上有意逆着行事;违误,不一定是主观有意违背,但行动上违反了上面的意图以致延误了公事。因此,"违忤父意"不能说成"违误父意"。

畏忌(wèijì)/畏惧(wèijù)

畏忌:担心对自己不利而有所忌妒;猜忌。如:互相畏忌。

畏惧:害怕。如:畏惧心理/畏惧打针/无所畏惧。

〔**注意**〕畏忌的“畏”指“担心”,畏惧的“畏”指“恐惧、害怕”。畏忌的词义重心是“忌”,猜忌;畏惧的词义重心是“惧”,害怕。因而“互相畏忌”不能说成“互相畏惧”。

物质(wùzhì)/物资(wùzī)

物质:有具体实体的东西,金钱、生活资料等。如:精神和物质/物质生活/物质享受。

物资:生产和生活上所需要的物质资料。如:物资交流/战略物资。

〔**注意**〕物质,指具体的物,有实体的东西;物资,指物的功能,作为资料的物。因此,不能说“精神和物资”,也不能说“战略物质”。

细密(xìmì)/细腻(xìnì)

细密:精细密实,仔细。如:质地细密/布织得很细密/经过细密的分析。

细腻:精细光滑;细致入微。如:皮肤细腻/表现手法细腻。

〔**注意**〕细密,形容事物的质地(内部成分之间的)紧密,不粗疏;细腻,形容事物的表面细而光滑,手法细致。所以,“质地细密”、“布织得很细密”、“细密的分析”中的“细密”不应说成“细腻”。

鲜明(xiānmíng)/显明(xiǎnmíng)

鲜明:颜色明亮;分明而确定,不含糊。如:色调鲜明/主题鲜明/鲜明的对比/鲜明的立场。

显明:清楚明白。如:显明的对照。

〔**注意**〕鲜明,指颜色明亮,彼此之间的对比分界十分清楚;显明,指事物的本质特点表现得很清楚,让人一看就明白。故,“色调鲜明”、“主题鲜明”不能说成“色调显明”、“主题显明”。

现时(xiànshí)/现世(xiànshì)

现时：现在，当前。如：现时是农忙季节/现时表现情况良好。

现世：今生，这一辈子。如：只有现实，没有来世。

〔**注意**〕现时，指说话的当时；现世，佛教用语，与“来世”相对。现时表达的是一个时点(时间很短)，现世表达的是一个时段(一生的时间)。所以，“现时是农忙季节”不能说成“现世是农忙季节”。

相通(xiāngtōng)/相同(xiāngtóng)

相通：事物之间彼此连贯沟通。如：沟渠相通/息息相通。

相同：彼此一样，没有区别。如：两个人年龄相同/相同的题目。

〔**注意**〕相通，只是彼此沟通，个性可能很不一样；相同，强调完全一样。所以，“沟渠相通”、“息息相通”不能说成“沟渠相同”、“息息相同”；“年龄相同”、“题目相同”也不能说成“年龄相通”、“题目相通”。

消失(xiāoshī)/消逝(xiāoshì)

消失：事物逐渐减少以至没有。如：脸上的笑容消失了/破败的景象消失了。

消逝：很快过去，看不见了。如：岁月消逝/时光消逝/流星在夜空中消逝。

〔**注意**〕消失，指事物本体没有了；消逝，走动的东西、流动的东西，在视野中看不见了，本体还在。所以，“笑容消失”、“景象消失”不能说成“笑容消逝”、“景象消逝”；“时光消逝”、“流星消逝”也不能说成“时光消失”、“流星消失”。

行经(xíngjīng)/行径(xíngjìng)

行经：行程中经过。如：去杭州行经上海/行经巴黎时，作短暂停留。

行径：行为，举动。如：强盗行径/无耻行径。

〔**注意**〕行经是动词，后面一定要有地点宾语；行径是名词，有明显贬义色彩。所以，作动词用时，不能说成“行径”，不能说“行径上海”、“行径巴黎”；作名词用时，不能说成“行经”，不能说“罪恶行经”。

Y

严紧(yánjǐn)/严禁(yánjìn)

严紧:严格,严厉;严密。如:管理要严紧/窗户糊得挺严紧。

严禁:严格禁止。如:库房重地,严禁烟火/病房所在,严禁喧哗。

〔**注意**〕严紧是形容词,主要作描写性谓语和状语;严禁是动词,语义上必须有宾语出现。所以,"严禁烟火"、"严禁喧哗"不能说成"严紧烟火"、"严紧喧哗";也不能说"管理要严禁"、"窗户糊得挺严禁"。

严整(yánzhěng)/严正(yánzhèng)

严整:严肃,整齐;严谨,严密。如:军容严整/这幅画的布局严整。

严正:严肃并富有正义。如:严正声明/严正的立场。

〔**注意**〕严整,主要形容事物的外表或外部的状况;严正,主要形容事物的内在本质和特点。所以,"军容严整"、"布局严整"不能说成"军容严正"、"布局严正";"严正声明"、"严正的立场"也不能说成"严整声明"、"严整的立场"。

一经(yījīng)/一径(yījìng)

一经:表示一旦经过某个步骤或某种行为,就会如何如何。如:一经表决通过就不能再变了。

一径:径直,直接。如:不和任何人打招呼,一径朝前走去。

〔**注意**〕一经是副词,与"就"搭配起连词作用;一径是形容词,多作状语用。所以,"一经……就……"不能说成"一径……就……"。

一齐(yīqí)/一起(yīqǐ)

一齐:同时做。如:大家一齐鼓掌/人和行李一齐到了/一齐用力。

一起:同在一处,在一块儿。如:我们坐在一起/咱们一起去北京。

〔**注意**〕一齐表示同一时间,一起表示同一地点(同一地点行动往往也是同一时间,但着眼点不同)。因此,"人和行李一齐到了"不能说成"人和行李一起到了";"坐在一起"不能说"坐在一齐"。

一时(yīshí)/一世(yīshì)

一时:一个时期;短时间内,暂时;临时,偶然。如:称雄于一时/此一时,彼一时/一时还用不着/一时糊涂/一时性起。

一世:永生,一辈子。如:一世没出过远门/一世没白活。

〔**注意**〕一时,是从时间的角度说的,指时间短;一世,是从人的角度说的,指人一生整个的时间。因此,“此一时,彼一时”、“一时还用不着”、“一时糊涂”、“一时性起”中的“一时”都不能作“一世”;“一世没出过远门”、“一世没白活”也不能作“一时”。

依靠(yīkào)/倚靠(yǐkào)

依靠:凭借别的力量(来完成),指望。如:再也没有旁人了,我只有依靠你了/依靠群众的力量。

倚靠:身体靠在物体上;完全凭借别的力量。如:倚靠在门框边/没儿没女,又丧失劳动能力,倚靠侄儿过活。

〔**注意**〕依靠,词义抽象、概括;倚靠,词义具体,本义指身体倚在什么地方、靠在什么地方,后来引申用于抽象事物。倚靠的程度比“依靠”重。

议程(yìchéng)/日程(rìchéng)

议程:会议上议案讨论的程序。如:按会议议程明天表决。

日程:按日排定行事程序。如:议事日程/工作日程。

〔**注意**〕议程专指会议议案的程序;日程,泛指各种事情所排定的一天一天的程序。所以,“会议议程”不等于“会议日程”。议案的程序可能在一天之内办完,而会议日程却是会议每一天要做的事。

抑止(yìzhǐ)/抑制(yìzhì)

抑止:压制住使不再发生、进行或活动。如:这种势头必须立即抑止。

抑制:控制到一定程度。如:一定要抑制自己的情绪。

〔**注意**〕二者的程度不同,分寸不同。抑止的目的是“止住”,抑制只是控制。

意旨(yìzhǐ)/意志(yìzhì)

意旨:意图,希望达到某种目的的打算。如:秉承您的意旨。

意志:要做某种事情的心理状态。如:意志薄弱/意志坚强。

〔**注意**〕意旨,虽然没有说出来,但是这种意图或打算很明确,别人容易掌握;意志,只是一种心理状态,有强弱之分,没有本体,没有具体内容。因此,不能说"秉承您的意志";也不能说"意旨薄弱"、"意旨坚强"。

约集(yuējí)/约计(yuējì)

约集:邀集;请人到一起。如:约集大家来开个小会/约集诸位来协商一下。

约计:约略计算,大致地计算。如:约计有百人左右/只是约计,不是准确数字。

〔**注意**〕约集是集中人,约计是计算事物(包括东西和人)的数量。因此"约集大家……"、"约集诸位……"不能说成"约计大家……"、"约计诸位……"。"约集有百人左右"与"约计有百人左右"意义不同:前者说邀请到的人的数量;后者只说人数。

Z

杂记(zájì)/札记(zhájì)

杂记:记载风景、琐事、感想等的文体;零碎的笔记。如:旅途杂记/学习杂记。

札记:读书时纪录的要点和心得。如:晚年读书札记。

〔**注意**〕杂记,杂七杂八,什么都记;札记,书札的札,专指读书所作的笔记,有的是摘抄,有的是心得体会。所以,"旅途杂记"不能说成"旅途札记";"读书札记"也不能说成"读书杂记"。

正规(zhèngguī)/正轨(zhèngguǐ)

正规:符合正式规定或一般的公认的标准的。如:正规部队/正规方法。

正轨:正常的发展道路。如:纳入正轨/走上正轨/步入正轨。

〔**注意**〕正规是形容词,正轨是名词。做定语时,不能用“正轨”;做宾语时,不能用“正规”。

支出(zhīchū)/**支绌**(zhīchù)

支出:支付,把钱款付给人家;付给人家的钱款。如:多支出一笔/非正常支出。

支绌:不够支配,入不敷出。如:经费已经支绌。

〔**注意**〕支出是动词,就是花钱或把钱花出去;支绌是形容词,就是钱不够花。所以,“经费已经支绌”不能说成“经费已经支出”。

直接(zhíjiē)/**直截**(zhíjié)

直接:动作、行为不经过中间事物或环节。如:直接交谈/直接领导/直接指挥/直接关系。

直截:做事不拐弯抹角、不隐晦曲折。如:直截了当/直截交涉。

〔**注意**〕直接跟“间接”相对应,强调没有中间过程;直截强调痛快、干脆。

指使(zhǐshǐ)/**指示**(zhǐshì)

指使:出主意叫别人去做某事。如:幕后有人指使/是他自己干的,没有人指使。

指示:指给人看;上级对下级说明处理问题的原则和方法。如:这是领导的指示/没有明确指示。

〔**注意**〕指使,只表示让做某事,彼此之间任何关系都可以;指示,不仅表示让做某事而且包括怎么做,并且一定是上级对下级、长辈对晚辈。“有人指使”只强调背后有人;“有人指示”这个“人”一定是领导或长辈。

终究(zhōngjiū)/**终久**(zhōngjiǔ)

终究:毕竟,归终到了(liǎo)。如:问题终究是要解决的/你终究还是来了。

终久:不管多久到最后。如:假的长不了,终久是要被揭穿的。

〔**注意**〕二者意义极其相近,多数情况下可以互相替代,但是二者仍有细微差别:终究,强调最后结果;终久,强调经历一定的过程到最后。

终身(zhōngshēn)/终生(zhōngshēng)

终身:一辈子。如:婚姻乃终身大事/终身之计。

终生:一生。如:为之奋斗终生/终生奋斗的目标。

〔**注意**〕终身,用于个人切身利益的事;终生,用于个人所从事的事业。所以,“终身大事”、“终身之计”不能说成“终生大事”、“终生之计”;“奋斗终生”、“终生奋斗”一般也不说成“终身奋斗”、“奋斗终身”。

自持(zìchí)/自恃(zìshì)

自持:控制自己的欲望和情绪。如:清廉自持/激动得不能自持。

自恃:过分自信而骄傲自满,自负;有所倚仗,仗恃。如:自恃功高/自恃根子硬/自恃有后台。

〔**注意**〕自持是自己把握自己,强调自我控制,为实意动词,具有褒义色彩,用于客观陈述;自恃是认为有所倚仗,是心理活动动词,用于对人的状态的推测和估价,具有贬义色彩。因此,“清廉自持”、“不能自持”不能说成“清廉自恃”、“不能自恃”;“自恃功高”也不能说成“自持功高”。

自经(zìjīng)/自刭(zìjǐng)

自经:自缢。如:一时想不开,自经身亡。

自刭:自刎。如:自感罪孽深重,害怕追查持刀自刭了。

〔**注意**〕二者都是自杀,但方式不同:自经,用的是绳子,就是“上吊”;自刭,用的是刀斧,就是“抹脖子”。

总览(zǒnglǎn)/纵览(zònglǎn)

总览:全面地看,综观。如:总览全局。

纵览:放开眼任意观看。如:纵览四周/纵览群书。

〔**注意**〕总览,指把某一范围内的事物或问题全部观察一遍;纵览,指任意地去看或了解有关的事物或情况。前者强调全面、全部;后者强调任意、自由。因此,“总览全局”不能说成“纵览全局”;“纵览四周”、“纵览群书”也不能说成“总览四周”、“总览群书”。

三、容易用混用错的同义、近义词辨析

汉语中有相当数量的同义词。这些同义词里包括意义完全相同的等义词，也包括意义大体相同，又有细微差别的近义词。正因为这些词词义相近(大同小异)，我们如果不辨析清楚，就容易混淆、用错。在我们语言运用实践中，甚至在各种传媒中就常常出现把意义相近的词用混、用错的现象，因此有必要把常见的容易用混、用错的同义、近义词进行列举对照，并作简要辨析说明。

A

哀痛(āitòng)/哀恸(āitòng)

这两个词同音，都表示悲痛的意思，但程度有所不同。“哀痛”表示悲伤、悲痛；“哀恸”表示极为悲痛，非常悲哀，程度比“哀痛”重。

爱护(àihù)/爱戴(àidài)

“爱护”表示爱惜和保护，指人时，用于上级对下级，长辈对晚辈，如“老师爱护学生”；指物时，包括具体事物，也包括抽象事物，如“爱护花草”、“爱护集体荣誉”。“爱戴”表示敬爱并拥护，只指人，不能指物。指人时，用于下级对上级，群众对领袖，如“人民爱戴自己的领袖”、“群众爱戴老一辈无产阶级革命家”。对那些名扬中外的有突出成就的科学家、学者，也可以用“爱戴”，如“这位语言学大师受到人民的真诚爱戴”。

爱好(àihào)/嗜好(shìhào)

这两个词都表示“对某种事物具有浓厚兴趣”的意思，但表达的轻重程度不同，在运用时要注意区别。“爱好”表示的是“一般的喜好”程度较轻；“嗜好”表示特殊的爱好程度较重，而且往往是不好的爱好，如“他的嗜好是喝酒、抽烟、打麻将”。

安排(ānpái)/部署(bùshǔ)

这是被人们经常混用的一组词，我们应该辨析一下它们有什么区别：“安排”表示有条理，分先后地处理事情，也表示对人员的安置，如“安排一下节日庆祝活动”、“先安排他在总务科工作”。“部署”多指对人力、工作任务的布置，如“部署今冬征兵工作”、“部署重兵把守路口”。“安排”的对象大体上是一般性的事物；“部署”的对象多为重要的全局性的事物。如“国务院部署抗震救灾工作”，这句话里的“部署”，就不能改用“安排”。

B

办法(bànfǎ)/举措(jǔcuò)

“办法”指处理事情或解决问题的具体方法；“举措”指举动、措施，多用于较大的事情，或带有全局性、重要性的问题，如“解决下岗人员再就业的新举措”、“政府出台新举措，确实保障低保到位”，这些语句中的“举措”都不能换为“办法”。

保护(bǎohù)/保障(bǎozhàng)

“保护”指尽力照顾，使不受损害；“保障”指保护(生命、财产、权利等)，使不受侵犯和破坏。“保护”涉及的对象多为较具体的事物，如“保护眼睛”、“保护公共设施”；“保障”涉及的对象多为较抽象有全局普遍意义的事物，如“保障公民合法权益”、“保障人身安全”。

保卫(bǎowèi)/捍卫(hànwèi)

“保卫”的意思，是保护使之不受侵犯；“捍卫”则表示保卫和防御的意思，两个词的词义并不完全相等，因此在运用时一定要注意它们之间的区别。如“捍卫祖国的领空”，如果把“捍卫”改为“保卫”，语句中就没有“防御敌人”的含意，显然这是不妥当的，因此应说“捍卫祖国的领空”。又如“锻炼身体，保卫祖国”就不能把“保卫”换为“捍卫”，因为用“保卫”表达意思更准确一些。

奔驰(bēichí)/驰骋(chíchěng)

这两个词都表示(车、马等)很快地跑的意思，但它们有区别，不能相互替代混用。“奔驰”的主体是马和车，没有引申、比喻用法，如“骏马奔驰”、“列车奔驰在千里铁道线上”；“驰骋”原指骑马奔跑，但有比喻用法，如“广阔的草原任你纵马驰骋”、“这位老将驰骋体坛二十余年”。

鄙视(bǐshì)/蔑视(mièshì)

这两个词词义很接近，都表示“轻视，看不起”的意思，但有语义程度轻重之分。“鄙视”表示的程度轻，“蔑视”表示的程度重，如“鄙视困难”和“蔑视困难”相比较，后者带有特别小看困难，没把困难放在眼里的含意，而前者就没有。

边疆(biānjiāng)/边境(biānjìng)

“边疆”指靠近国界的领土；“边境”指靠近边界的地方(这里“边界”是指国与国之间的界线)。“边疆”包括的领土面积较大，如“黑龙江省地处祖国北部边疆”，而“边境”所指范围就较小，仅包括靠边界线一带的地方，如“黑河市是对俄边境贸易的重要口岸”，以上这两句话中的“边疆”和“边境”是不能互换的。又如可以说“保卫祖国边疆”不能说“保卫祖国边境”；可以说“在祖国边境站岗放哨”，不能说“在祖国边疆站岗放哨”。

变化(biànhuà)/演变(yǎnbiàn)

“变化”指事物在形态上或本质上产生新的状况，一般不着重时间的长短；“演变”多指历时较久的发展变化，如“宇宙万物都在不停地演变”、“人类的历史在不断演变”，这些句子中的“演变”都不宜改用“变化”。“下岗后，我的思想也起了变化”这句中的“变化”就不宜改用“演变”。

C

场面(chǎngmiàn)/**局面**(júmiàn)

“场面”是表示一定场合的具体情景,“局面”是一个时期内重要事情的状态,前者所涉及的范围较后者的范围小。我们可以说“婚礼的场面真热闹”、“什么场面我没见过”、“有力稳定了局面”、“出现了前所未有的新局面”;而不可以说“比赛的局面真热烈”、“宴会的局面多气派”等。

诚恳(chéngkěn)/**诚挚**(chéngzhì)

“诚恳”是真诚而恳切,“恳切”是形容人的态度很殷切、真诚;“诚挚”是真诚而真挚,“真挚”是指人感情真诚。“待人诚恳”不能改为“待人诚挚”,“诚挚的友谊”也不能改为“诚恳的友谊”,由此可以看出“诚恳”和“诚挚”之间的区别。

叱责(chìzé)/**斥责**(chìzé)

这是在使用中较容易被人们用混的一组词。“叱责”指大声责骂,如“不应当当客人的面叱责孩子”、“领导也不能动不动就叱责人”。“斥责”指用严厉的言词指出别人的错误或罪行,如“这种缺乏公德的行为,受到大家的斥责”。“叱责”侧重于“叱”,“叱”就是“骂”;“斥责”侧重于“斥”,“斥”是“责备”。

充分(chōngfèn)/**充足**(zhōngzú)

“充分”和“充足”基本意义相同,都表示足够,不匮乏的意思,但“充分”适用对象多为抽象性的事物,如“充分的把握”、“充分的自由”、“理由充分”、“准备工作充分”等等;“充足”适用的对象多是比较具体的事物,如“充足的经费”、“充足的阳光”、“时间充足”、“能源充足”等等。我们不可以说“讲的道理不充足”,因为“道理”是具有“抽象性”的,应该说“讲的道理不充分”;我们不可以说“今年雨水很充分”,因为“雨水”是具体的,应该说“今年雨水很充足”。

丑恶(chǒuè)/丑陋(chǒulòu)

"丑恶"指丑陋恶劣,指人的思想品德或行为低下、卑劣,不是指人的相貌;"丑陋"指人的相貌、长相难看。这两个词有明确的分工,可以说"丑恶的灵魂"、"丑恶的行为",不可以说"丑陋的思想"、"丑陋的品德";可以说"丑陋的长相"、"丑陋的姿态",不可以说"丑恶的相貌"、"丑恶的打扮"("丑恶的嘴脸"是比喻说法,并不是形容嘴脸丑恶,而是说"人品"丑恶)。

垂危(chuíwēi)/病危(bìngwēi)

这两个词都表示人已经到了死亡的边缘了,但它们的具体用法不同。"垂危"指病重将要死了,也指受到意外伤害(如:车祸、空难、海难、火灾、溺水等)而接近死亡边缘。"病危"则专指病势危险,快要死亡,不包括其他原因造成将要死亡的情况。可以说"病危通知",不说"垂危通知";可以说"垂危病人",不能说"病危病人"。

摧毁(cuīhuǐ)/摧残(cuīcán)

"摧毁"表示用强大的力量使攻击的对象遭到破坏。"毁"就是"毁坏"、"破坏"。"摧毁"的对象多数是具体的,客观存在的实体,如"猛烈的炮火摧毁了敌人的阵地",但有时用比喻用法,对象较抽象,如"犯罪嫌疑人的思想防线已经被摧毁"。"摧残"表示破坏、伤害的意思,指国家政治、经济、文化等或个人的肉体、精神受到严重损坏时,用"摧残"一词。如"十年动乱,我国知识分子队伍受到严重摧残"、"敌人用酷刑使这位革命者的身心受到极大摧残"。

D

担任(dānrèn)/担负(dānfù)

"担任"表示担当某种职务或某种工作的意思。在这个意义上,"担任"和"担当"可以换用。"担负"表示承担某种责任、任务、义务、费用等。在这个意义上"担负"和"承担"可以换用。简言之,这对近义词的差别就在于："担任"的对象是"职务"；"担负"的对象是"责任"、"义务"等。因此我们可以说"担任工会主席"、"我不能担负责任"、"公民要担负纳税义务"；我们不可以说"担负领导职务"、"有了问题谁担任责任"。

抵赖(dǐlài)/狡赖(jiǎolài)

"抵赖"指用谎言和狡辩来否认犯过的错误或罪行。"抵赖"中的"抵"是"对抗"、"抗拒"的意思，"抵赖"就是死不认账，妄想赖过去。"狡赖"是狡辩抵赖。"狡赖"中的"狡"是"狡猾"、"狡诈"的意思，"狡赖"就是狡猾强辩，妄想赖过去。可以说，"抵赖"、"狡赖"的目的都是"妄想赖过去"，但一个侧重于"抵"，一个侧重于"狡"。所以使用时还是要注意区别。如，"铁证如山，再狡赖也是没有用的"，其中"狡赖"不能换成"抵赖"；"证据确凿，不容抵赖"，其中"抵赖"不能换成"狡赖"。

F

繁华(fánhuá)/繁荣(fánróng)

"繁华"是形容城市、街道等繁荣热闹的景象，它侧重表示事物表面的情景；"繁荣"是形容经济及其他事业蓬勃发展，兴旺昌盛，它侧重表示事物从外到内整体的态势。因此我们可以说"这是个繁华的市区"、"王府井是繁华的商业步行街"、"祖国繁荣昌盛"、"市场繁荣，物价稳定"；但不可以说"上海南京路很繁荣"、"市场越来越繁华"。

防卫(fángwèi)/防御(fángyù)

"防卫"是防御和保卫；"防御"是抗击敌人的进攻，其中"防"和"御"是同义语素，以并列(联合)关系构成"防御"这个词。由此可以看出"防卫"和"防御"在词义上的差别。我们可以说"正当防卫"、"增强防卫意识"、"不能消极防御，要主动进攻"，但不可以说"正当防御"、"增强防御意识"、"不能消极防卫，要主动进攻"，就是因为"防卫"是主动积极的行为，而"防御"带有一定被动消极的含意。

愤慨(fènkǎi)/愤怒(fènnù)

"愤慨"是指气愤不平，"慨"有愤慨、慨叹的意思；"愤怒"是指因极度不满而动怒。“愤慨”侧重于“慨”；“愤怒”侧重于“怒”，正因为词义各有所侧重，所以具体运用就有所不同。我们对社会上一些丑恶现象、极端自私缺乏公德的行为等，可以说“令人愤慨”，而不说“令人愤怒”；对于敌人、侵略者之类，我们可以说“愤怒声讨敌人的滔天罪行”，而不说“愤慨声讨敌人的滔天罪行”。

敷衍(fūyǎn)/应付(yìngfù)

“敷衍”表示做事情不认真，不负责任，对人不诚恳，只图表面上应付交差就行。“应付”就是凑合事儿，对对付付了事的态度。从词义包涵的量来说，“敷衍”包容的内容多于“应付”，“敷衍”不仅表现在行为上，而且表现在思想作风上的随随便便极端散漫、对事不经意的缺陷。我们可以说“敷衍塞(sè)责”、“敷衍了事”、“应付差事”，不可以说“应付塞责”、“敷衍差事”。另外，这两个词虽然都是动词，但“应付”可以带宾语(是及物动词)，“敷衍”不能带宾语(不是及物动词)，如可以说“应付领导”，不可以说“敷衍领导”。

富丽(fùlì)/华丽(huálì)

“富丽”指宏大而美丽，“富”是丰富、富贵的意思。这个形容词多用来形容建筑物、陈设等，如“这是一座富丽堂皇的宫殿”、“客厅的布置显得很豪华富丽”。“华丽”指华美而艳丽。这个形容词多用来形容服饰、穿戴以及词语运用等方面，如“服饰非常华丽”、“写文章不可追求词藻过分华丽”。

富裕(fùyù)/宽裕(kuānyù)

“富裕”表示充裕，即充足有余，主要是钱财上的充裕。“宽裕”指宽绰、富余，包括钱财，也包括其他，如“时间宽裕”、“住房宽裕”等等。所以说，“富裕”所指范围较窄，“宽裕”所指范围较宽。如“退休后，我看书写文章的时间更宽裕了”，其中的“宽裕”换用“富裕”就不合适。

G

感染(gǎnrǎn)/传染(chuánrǎn)

这两个词原来都是临床医学的术语,在运用中逐渐产生了比喻意义和引申用法。我们下面的辨析是从医学术语角度说,不涉及它们的比喻意义和引申用法。

"感染"和"传染"从医学上说都指受到细菌或病毒的侵害,但它们有区别:"感染"指受到病原体的侵害,不包括"由此及彼"的传播的意思;"传染"指病原体从有病的生物体侵入到另一个生物体内,含有"由此及彼"的传播的意思。所以我们常说"细菌感染"、"伤口感染","传染上肺结核"、"预防流感传染";不说"细菌传染"、"伤口传染","感染上肺结核"、"预防流感感染"。

果断(guǒduàn)/武断(wǔduàn)

"果断"指正确处理问题的态度,办事决断,不犹豫。很明显这是个含褒义的形容词。"武断"指错误处理问题的态度,不听取别人的意见,完全凭个人主观判断去处理问题。很明显这个词是个含贬义的形容词。"果断"和"武断"有褒贬之分,在具体运用时,一定要避免褒词贬用,贬词褒用的错误,如"办事不能犹豫不决,该武断就得武断"(这是贬词褒用);"这个人有很多优点,但就是办事太果断"(这是褒词贬用)。

关心(guānxīn)/关怀(guānhuái)

"关心"指把人或事物放在心上,表示重视和爱护,如"关心国家大事"、"关心下一代"、"关心集体利益"。"关怀"表示关心爱护,但与"关心"不同,它用在前辈对晚辈,上级对下级,组织对个人,如"感谢党对青年人的关怀"、"革命前辈非常关怀孩子的健康成长",而"关心"的使用没有这些限制。

H

忽然(hūrán)/突然(tūrán)

这两个词常被用混,因为它们的差别很细微。“忽然”表示来得迅速又出乎意料。“突然”表示在短促的时间里发生出乎意料。“突然”与“忽然”相比较,表示来得更迅速这点,“突然”的语意程度更重些。如“刚才还是晴天,忽然下起雨来了”、“刚才还是晴天,突然下起雨来了”,这后一句,更突出了“雨”来得急,人们一点儿预料都没有。

化妆(huàzhuāng)/化装(huàzhuāng)

这是一组同音词,词义也有相近之处,所以很容易被用混。“化妆”指用各种化妆品来妆饰,使容貌美丽动人。“化装”指修饰装扮,如演员在表演需化装成戏剧演出时的形象(包括男化装成女,女化装成男等)。因此,我们可以说“参加化装舞会”、“服务员都化妆上岗”,但不可以说“参加化妆舞会”、“服务员都化装上岗”。

J

坚苦(jiānkǔ)/艰苦(jiānkǔ)

这既是一组同音词,也是一组近义词。“坚苦”是“坚忍刻苦”的意思,如“坚苦奋斗”是说意志坚毅不畏艰苦地努力奋斗,“坚苦卓绝”是说坚忍刻苦的精神超过一般。可以说,“坚苦”是表示人的精神面貌的词。“艰苦”是“艰难困苦”的意思,“艰苦奋斗”是说人在艰苦的环境(或工作条件)下努力奋斗。可以说,“艰苦”是表示一种极其恶劣的环境或条件。“艰苦奋斗”、“坚苦奋斗”这两种都可以用,要根据具体语境的需要来选择。

交换(jiāohuàn)/交流(jiāoliú)

这两个词都表示彼此把自己的供给对方,但各自支配的对象,有所不同。“交换”的双方拿出的一般是具体的物品,如“交换纪念品”、“交换队旗”、“交换住房”等等。而“交流”的本义是交相流淌，如古人说“涕泗交流”（“涕”眼泪；“泗”鼻涕），现“交流”指彼此供给对方的往往是较抽象的具有宏观特点的事物，如“文化交流”、“经验交流”、“人才交流”等等。所以“经验”等可以“交流”不能“交换”；“场地”等可以“交换”不能“交流”。

揭发（jiēfā）/检举（jiǎnjǔ）

这组近义词经常在一起使用，人们往往认为它们之间没有差别，其实细微差别是存在的。“揭发”就是“揭露”，就是使隐蔽的别人不知道的事物显露出来，如“揭发贪污事实”、“揭发罪行”等等。“检举”是指向司法部门（如公安、检察机关）揭发违法犯罪行为。“检举”也可以叫“举报”。“揭发”可以向公安机关，也可以向其他有关部门（包括本人所在的单位），而“举报”的受理部门一定是司法机关。所以像“向上级部门揭发本单位领导违法事实”、“鼓励公民向反贪局大胆举报”这些句子中的“揭发”、“举报”，是不能互换的。

杰出（jiéchū）/卓越（zhuóyuè）

“杰出”指才能出众的、才智过人的；“卓越”表示非常优秀，超出一般的意思。“杰出”只能用来形容人，如“杰出的科学家”、“杰出的人物”等等，而“卓越”多用来形容业绩、才能，如“卓越的贡献”、“卓越的指挥艺术”等等，有时也用来形容取得辉煌业绩的人，如“卓越的军事家”、“卓越的外交家”等。用“卓越”形容的人，他的成就往往在“杰出”之上。

界限（jièxiàn）/界线（jièxiàn）

“界限”是指不同事物的分界，如“在古代，科学与文学之间并没有清晰的界限”。“界限”有时也表示“尽头”、“限度”，如“科学的发展是没有界限的”。“界线”是指两个地区分界的线，如“这条河是两省的界线”、“三八线是朝鲜和韩国的界线”。“界限”表示不同事物的分界，往往具有一定的抽象性，而“界线”表示的一般是具体的客观存在的“线”，这就是二者的根本不同之处。

精明(jīngmíng)/精干(jīnggàn)

“精明”表示精细明察,机警聪明;“精干”表示精明强干,办事能力很强。“精明”和“精干”这两个词的差别就体现在后一个语素上,“明”就是聪明、机灵;“干”就是能干、干练。所以我们说,“这个小伙子很精明”和“这个小伙子很精干”意思是不一样的,前一句话是着重说这个人很聪明、头脑反应灵敏,后一句话是着重说这个人很会处理事情,办事能力强。

剧烈(jùliè)/激烈(jīliè)

“剧烈”表示猛烈;“激烈”表示某些动作或言论的剧烈。这两个形容词的区别就在于:“激烈”所涉及的范围较广,包括一些具体的言论或行为,如“激烈的比赛”、“激烈的辩论”、“性情激烈”等等;“剧烈”所涉及的范围包括某些感觉和较抽象的事物、现象,如“剧烈的运动”、“肚子剧烈疼痛”、“剧烈的刺激”等等。上述各例中的“剧烈”和“激烈”是不宜互换的。

眷恋(juànliàn)/留恋(liúliàn)

“眷恋”指对自己喜爱的人或地方深切地留恋;“留恋”是不忍舍弃或离开。两词相比照,很明显“眷恋”比“留恋”表示的感情更为深切强烈。因此对于值得特别留恋的人或事物可以用“眷恋”,如“眷恋生我养我的祖国”,对于一般性的人或事物,应该用“留恋”,如“毕业晚会上,同学们表示了留恋之情”。

考查(kǎochá)/考察(kǎochá)

这两个词词义十分接近,致使有人把它们作为互换的等义词使用,其实它们之间仍然存在着差别。“考查”指按一定标准对人的行为表现、学习、工作等进行检查衡量;“考察”指到实地进行观察、调查。可以说“考查”强调的是对人的言行情况的检查,“考察”强调的是对事物进行实地细致深入的观察。我们可以说“考查学生的学习成绩”、“考察农田水利工程使用情况”,但不能说“考察学生的学习成绩”、“考查农田水利工程使用情况”。

扩大(kuòdà)/扩展(kuòzhǎn)

“扩大”是表示使事物的范围、规模等比原来的大。扩大的事物往往是较抽象的或具有宏观特点的,如“扩大生产”、“扩大影响”、“扩大势力范围”、“扩大办学规模”等等。“扩展”是指向外伸展。扩展的事物往往是较具体的具有微观特点的,如“扩展马路”、“造林面积扩展一千亩”、“扩展场地”等等。

L

落后(luòhòu)/后进(hòujìn)

在实际生活中,我们常听到有人把学习成绩差的学生叫做“落后生”,也有人叫“后进生”,这两种叫法其实是有区别的。“落后”表示在行进中落在别人后面的意思,也表示工作进展迟缓,停留在较低的水平。“后进”表示虽然在进步,但比较慢,赶不上别人的步伐。把学习成绩较差的学生叫“后进生”,是肯定他也在进步,学习上也取得一定成绩,但和别人相比,有一定差距。这是从发展动态的角度去对待这样的学生,含有鼓励和期待的意味。如果叫“落后生”,就带有静止的评价和结论,具有歧视和刺激意味,不利于学生的健康成长。

履行(lǚxíng)/执行(zhíxíng)

“履行”指实践自己的承诺或应该做的事情,如“履行诺言”、“履行合同”、“履行手续”等。凡属“履行”的都是自己承诺过的或者自己分内的、应尽的义务。“执行”是实施、实行的意思,如“执行任务”、“执行命令”、“执行会议决议”。凡属“执行”的事情,都是规定的,带有强制性的。“履行”是自觉自愿去做的;“执行”是按规定必须去做的。所以“履行合同”不能说“执行合同”;“执行任务”不能说“履行任务”。

M

麻痹(mábì)/麻木(mámù)

“麻痹”本指神经发生病变,失去感觉,如:“小儿麻痹症”、“面部神经麻痹”等。引申为失去应有的警惕,没有感知和预防能力,如“麻痹大意”、“思想麻痹”等。“麻木”指神经末稍有发麻的感觉,实为神经传导不畅,如:“手脚麻木”。引申为反应迟钝,不灵敏,如:“麻木不仁”、“思想麻木”等。“麻痹”是一种病变,程度较重;“麻木”有时是一种临时性的症状,程度轻,很快能够恢复。在引申义上亦然,如说“思想麻痹”则指丧失警惕性;“思想麻木”则只是反应较慢,批评的意味轻。

满意(mǎnyì)/满足(mǎnzú)

二者都表示一种心理状态,都有心满意足的感觉,但也存在细微的差别。“满意”表示心愿的实现,外界的事物或做法符合自己的心愿,如:“对现在的生活状况很满意”、“环境清幽、居室宽敞,心里满意”;“满足”则表示精神或物质的需要达到了足够的程度,暂时没有更高、更多的要求了,如:“有了这么多东西已经很满足了”。另外,“满意”只有形容词用法,如说“很满意”、“不满意”;“满足”除形容词用法外,还有动词用法,如说“满足于……”、“满足人民群众的需求”。因此,表示需求方面的心理活动或现实状况的评价,不能用“满意”,不能说“满意人民群众的需求”。

茂盛(màoshèng)/旺盛(wàngshèng)

都表示植物的根、茎、叶花等长势良好,但“茂盛”指植物的外部形态和群体的生长趋势,多而茁壮、繁密;“旺盛”则强调植株的生命力,生机勃勃。因此,“旺盛”有引申义,可以形容人的精力、欲望、情绪等,而“茂盛”只能用于描写植物的生长状况和态势,不能用于人。

密切(mìqiè)/亲密(qīnmì)

“密切”和“亲密”都是形容词,都表示彼此关系近。“密切”的使用面广,可以用于指人与人的关系,事物与事物的关系,人与事物的关系。如:“她们姐妹间关系日益密切”、“物理学与数学有着密切的联系”。“亲密”使用的范围窄,只能表示人与人之间关系,并且带有感情成分,如:“两人由生疏变得亲密起来”。在指人际关系时,“亲密”比“密切”更深一层。另外,“密切”还有使动用法,如说“密切师生关系”,还可以作状语,如“密切注视”;“亲密”则没有这两种用法,“亲密”多用于恋爱中的男女和夫妻之间,或同性人之间,若用于除上述特定关系以外的异性之间便往往带有贬义和非议。

敏捷(mǐnjié)/敏锐(mǐnruì)

二者都有灵敏,迅速的意思,但“敏捷”着重描写动作灵巧、反应迅速,如:“身手敏捷”;“敏锐”强调思维灵敏,认识问题尖锐、深刻,能很快抓住要害、本质,如:“眼光敏锐”、“思想敏锐”。“敏捷”形容具体动作,“敏锐”形容抽象的思维和思考。

名誉(míngyù)/荣誉(róngyù)

“名誉”指名声,社会上流传的对某某人的评价。如:“名誉颇佳”、“爱惜名誉”。“名誉”有时是指赠予的含有尊重意义的名义,如:“名誉主席”、“名誉会员”,不是实际的职位或称号。“荣誉”是光荣的名誉,如:“荣誉军人”、“荣誉称号”。名誉有好有坏,荣誉则都是好的、光荣的、荣耀的。

N

年纪(niánjì)/年龄(niánlíng)

“年纪”指人的岁数,使用范围较窄,只用于人,如:“小小年纪”、“都这么大年纪了”。“年龄”指事物存在的年数,使用范围很宽,除用于指人以外,也可以指动植物、天体等。如:“地球的年龄”、“这个大熊猫的年龄已经三十多岁了”。使用时,除指人以外,不能用“年纪”。

凝集(níngjí)/凝聚(níngjù)

“凝集”指流动的液体由分散状态集聚在一起,如“叶子上凝集着露珠”,“眼角凝集着泪花”。“凝聚”泛指事物聚集在一起,如“这条绒毯凝聚着两个人的战斗友谊”。“凝集”多指滚动的水珠、水滴,聚成大的水珠、水滴,所指的范围很小;“凝聚”所指的范围则非常宽,不仅指具体的物体如水汽、水等液体物质,还喻指思想、感情、精神、智慧和心血等抽象的事物或现象。

凝视(níngshì)/注视(zhùshì)

二者都指“注意地看”,对象往往是静止的事物,可以是人,也可以是物。如:“眼睛一眨不眨地凝视着海面上那艘帆船”,“她聚精会神地注视着海面”。但“凝视”指目标更集中,往往集中到某一点上;“注视”更强调精神集中。另外,“注视”也指暗中注意观察,对象除了具体的静止的事物以外,还可以是抽象的、动态的,如:“密切注视着当前形势的发展变化”。在表达对抽象的、动态的事物或现象时,不能用“凝视”,如:不能说“凝视对方采取什么样的应对策略”。

O

偶尔(ǒuěr)/偶然(ǒurán)

二者都是副词,都表示“很不经常”的意思。但“偶尔”主要着眼于数量,表示次数少,如:“偶尔去游泳馆游泳”、“夜已经很深了,偶尔有几个行人匆匆走过”;“偶然”主要着眼于意外,事情发生出乎一般事理和规律,如:“她是偶然闯进我的生活里面来的”。“偶尔”跟“经常”相对,“偶然”跟“必然”相对。因此,不能说“偶然去游泳馆游泳”,也不能说“她是偶尔闯进我的生活里面来的”。

P

排挤(páijǐ)/排斥(páichì)

二者都是迫使别人离开,严格拒绝,绝不在一起的意思。“排挤”词义核心在于“挤”,已经在一起了或处于同一范围内了,但是想方设法把对方挤出去,迫使其离开,如:“排挤新来的同志”、“排挤不同政见的人”。“排斥”词义核心在于“斥”,对于要进来的人,准备到一起的人,加以拒绝,想方设法不让他们进来,不使他们到一起,如:“排斥异己”、“排斥不同的创作方法和流派”。前者是将里面的挤出去,后者是不让外面的进来,应根据语言环境选择使用。

疲惫(píbèi)/疲倦(píjuàn)

二者都表示精力消耗过多,十分劳累,但侧重点有所不同。“疲惫”形容劳累的程度重,过度疲劳,如:“疲惫不堪”、“拖着疲惫的脚步一步一步往前挪”。“疲倦”形容劳累所导致的结果,描写因劳累而表现出的状态(困倦欲睡),如:“实在疲倦了,趴在桌子上睡着了”。即是说,“疲惫”表现劳累程度,而且程度重;“疲倦”表现因劳累所产生的状态,程度相对较轻。因此,“疲惫不堪”、“疲惫的脚步”不能说成“疲倦不堪”、“疲倦的脚步”。

朴实(pǔshí)/朴素(pǔsù)

“朴实”表示纯朴、实在,不讲究虚浮,用于形容思想、情感、作风。如:“思想朴实,不好高骛远”、“他是一个作风朴实的人”。“朴素”表示自然、保持初始时的面目,不讲装饰,不浓艳、不华丽,用于形容衣着、陈设,也用于形容思想,表示单纯、单一,保持原有的自然状态。如:“朴素的唯物主义”,“衣着朴素”。“朴实”多用于抽象事物,“朴素”多用于具体事物;“朴实”褒义色彩很强,“朴素”有时褒中有贬(在形容思想问题时如此)。

欺凌(qīlíng)/欺侮(qīwǔ)

“欺凌”,欺压并凌辱,指以极大的权势、地位侵犯、压迫、侮辱他人,蛮横无理、气势逼人,如:“欺凌弱小”、“受尽了敌寇的欺凌”。“欺侮”以轻慢的态度欺负并侮辱别人,如:“谁也不许欺侮人”、“用污言秽语欺侮妇女”。“欺凌”形容位高权重、势力强大的人或力量,凌驾在别人头上欺负别人,程度重;“欺侮”着重在侮辱,多指在态度上轻慢不尊重他人人格,程度较轻。

启发(qǐfā)/启示(qǐshì)

“启发”,开启引发,指通过事理或事例对问题有所解释说明,使人打开思路、引起联想,从而对问题有所领悟、弄明白原因或原委。如:“文章对我有很大的启发”、“他的话启发我去进一步思考”。“启示”,开启揭示,指揭示出事物的本质或事情的真相,让人有所认识和领悟。如:“这本书启示我们如何去认识生活”、“人生启示录”。“启发”强调引发,让别人自己得出结论;“启示”强调揭示出本质或核心,让别人产生进一步的认识。

谦虚(qiānxū)/谦逊(qiānxùn)

二者都是不抬高自己,不自满,不自傲,但侧重点有所不同。“谦虚”主要形容人的思想、品质、作风、态度。如:“为人谦虚,不接受对他的恭维”、“谦虚谨慎,从不骄傲自满”。“谦逊”主要形容人做事谦让而有礼貌,不争功,不争先,不出风头。如:“谦逊地退了一步,站在一旁”。前者主要用于描写人的态度;后者主要用于描写人的行为动作。

侵犯(qīnfàn)/侵占(qīnzhàn)

“侵犯”表示非法干涉别人而侵害了他人的权利,如:“侵犯个人利益”、“侵犯人身自由”、“侵犯领空”等。“侵占”指非法占有别人的财产或侵略占领别国的领土,如:“侵占公有财产”、“侵占邻国领土”等。“侵犯”的词义核心是非法触犯,“侵占”的词义核心是非法占有。前者的对象是抽象的权利或不能占有的东西,后者的对象是财产、领土等具体的物质性的东西。因此不能说“侵犯他人的财产”,也不能说“侵占他人的利益”。

侵蚀(qīnshí)/腐蚀(fǔshí)

“侵蚀”指外力的入侵使物体受到损害逐渐变坏,如:“病菌侵蚀人体”、“风雨的侵蚀使屋顶、墙面逐渐破损”。“腐蚀”指通过化学作用使物体逐渐消损破坏或使人变质堕落,如:“硝酸对物体有很强的腐蚀作用”、“腐蚀人的灵魂”。“侵蚀”强调外力直接作用于物体,直接损害物体;“腐蚀”强调外力作用于物体,物体自身逐渐消损变坏。因此,不能说“病菌腐蚀人体”,也不能说“侵蚀人的灵魂”。

轻视(qīngshì)/忽视(hūshì)

“轻视”指思想上不重视,看不起,不认真对待,如:“轻视妇女”、“轻视社会科学”。“忽视”指一时没有注意到,由于疏忽大意而没有重视,如:“忙于抓生产而忽视了计划生育工作”。“轻视”是主观上就是那么认识的,从思想上就没看得起;“忽视”并不是主观上的根本认识,只是注意力没有放到那上面。因此,不能说“轻视安全生产”、“轻视身体健康”,只能说“忽视安全生产”、“忽视身体健康”;也不能说“忽视妇女”、“忽视社会科学”。

取缔(qǔdì)/取消(qǔxiāo)

二者都表示“使之不再存在”的意思,但强调的方式和程度有所不同。“取缔”是明令取消或禁止,其对象大都是违法的、有害的事物或现象,如:“取缔无照商贩”、“取缔非法网吧”。“取消”表示使原有的制度、规章、资格、权力等失去效力,如:“取消不合理的规章制度”、“取消人大代表资格”。被取消的不一定是违法的、有害的事物,大都是已经陈旧的、不合时宜的或无益的事物、现象,而且是容易做到的,有些是主体自动做出并可以执行的。“取缔”的对象则是不会自动消失的,并且必须用强力(法律或法令)去执行的。

R

热忱(rèchén)/热诚(rèchéng)

“热忱”,发自内心的真挚的、热烈的情感,如:“满腔热忱”、“爱国热忱”。“热诚”,对人热心而又诚恳,如:“热诚相待”。“热忱”主要表示从内心发出的一种情感,描写人的主观的状态,以名词用法为主;“热诚”形容待人接物的态度,以形容词用法为主。因此,“满腔热忱”、“爱国热忱”不能说成“满腔热诚”、“爱国热诚”;同样,“热诚相待”也不能说成

"热忱相待"。

忍耐(rěnnài)/忍受(rěnshòu)

"忍耐"指抑制住自己的情绪或痛苦的感觉,使之不表现出来,如:"天气太热又没有降温设备,请大家忍耐一下"、"四面是旷野,同伴又不在,只好忍耐暂时的孤独。""忍受"指外部原因强加的痛苦、困难或不幸的遭遇,因无力反抗或解决,只得勉强承受下来,如:"忍受战争带来的苦难"、"忍受耻辱"。"忍耐",强调主体主观上控制,多指令人不悦的事情;"忍受"则指主体无力解决不得不承受,多指令人痛苦和不幸的事情。

仍旧(réngjiù)/仍然(réngrán)

"仍旧"指还是保持旧时的状态,还是依照旧有的样子,如:"修订版体例仍旧"、"意志仍旧很坚强"。"仍然"表示情况、状态持续至今都是这样,没有变化,如:"仍然保持一贯的勤俭作风"。"仍旧"强调与过去相比较,与过去一样,没有改变;"仍然"强调事物状态从过去一直持续到现在。

S

闪烁(shǎnshuò)/闪耀(shǎnyào)

二者都表示光亮四射,比喻放射出光辉。"闪烁"着重指光亮忽明忽暗,不断地闪动,如:"闪烁不定"、"三三两两的电灯在树荫间闪烁"。"闪耀"着重在光彩耀眼,如:"太阳闪耀着夺目的光辉"。"闪烁"的词义核心在"闪";"闪耀"的词义核心在"耀"。"闪烁"可以引申为说话吞吞吐吐、躲躲闪闪,如"闪烁其词";"闪耀"没有这种用法。

商量(shāngliang)/商榷(shāngquè)

"商量"指对事情的进行交换意见,以期取得一致的意见,做出对策,同步行动,如:"大家正在商量妥善的办法"、"我们找你来商量,看看怎么做才妥帖"。"商榷"多半指有不同的意见互相磋商、研究,最好能取得一致的看法。“商量”多指事先都没有固定的意见和看法，通过讨论研究，找到比较好的办法，用于指一般事物。“商榷”多指互相有了不同的看法，通过磋商、研究，找到大家都认同的意见，或者明确问题的本质所在，多用于学术观点方面。

设备(shèbèi)/装备(zhuāngbèi)

二者都指成套的器材或建筑。“设备”指为某一专门用途而准备的成套器材，如：“厂房设备”、“机器设备”等；“装备”指为军队配备的武器、军装、器材，如：“现代化装备”、“一只装备精良的部队”。

审慎(shěnshèn)/谨慎(jǐnshèn)

“审慎”指详细、周密而又慎重，如：“经过审慎地思考，终于做出了决定”。“谨慎”指动作行为十分注意，以免发生不利或不幸的事情，如：“小心谨慎”、“谨慎行事”。“审慎”是褒义词，书面语色彩比较浓；“谨慎”中性词，有时用于贬义，有胆小怕事的味道，口语色彩。

熟识(shúshí)/熟悉(shúxī)

“熟识”指对人和事物接触得时间长，了解得比较深透，如：“他们个个熟识水性”、“永别了熟识的老屋，远离了熟识的故乡”。“熟悉”指知道得清楚、详细，如：“窗外人说话的声音听起来非常熟悉”、“熟悉《三国演义》里的每个故事”。“熟识”多用于描写视觉方面的活动，从形象、感觉出发；“熟悉”使用的方面很广，视觉、听觉各方面的认识活动都可以，还可以指抽象的事物，如：“熟悉情况。”

思考(sīkǎo)/思索(sīsuǒ)

“思考”指周到、深入地想，往往是有了初步的、清晰的想法，为了周全、妥帖再进一步地想一想，如：“经过周密地思考，一个完善的计划便确定下来了”。“思索”指费力地、探寻地想问题，经常是问题刚刚出现，还没有明确的解决办法，因而费心寻求对策或弄清楚问题的关键所在，如：“一连思索了好几天，总算弄清了事情的原委”。

T

坦率(tǎnshuài)/直率(zhíshuài)

“坦率”,坦诚率真,形容言语行为表达真实的思想,不隐讳,有什么说什么,怎么想的就怎么说,如:“有话就坦率地说出来,不暗中跟人闹别扭”、“他是用一种真诚坦率的友谊在向她劝告”。“直率”,直爽率真,形容性格耿直,言行直截了当、不绕弯子,如:“你的斗争勇气还不错,性格也直爽可爱”。“坦率”词义核心在于“坦”字,说明人所具有内在品质,着重于“坦诚”;“直率”词义核心在于“直”,描写人的作风和态度,着重于“直爽”、“痛快”、“干脆”。

体会(tǐhuì)/体味(tǐwèi)

二者都指通过自身的实践去了解和认识事物。“体会”着重于指领会、理解事物的本质、思想内容和精神实质,是人的抽象思维的活动,如:“他能够体会到别人不曾体会的古人的幽默感”。“体味”着重指玩味、感受事物的情趣、意味,形容人的形象思维的活动,如:“诗歌所表现出来的意趣、情景要细心地去体味才能得到”。

停顿(tíngdùn)/停留(tíngliú)

二者都表示事物正在进行时止住不动了。“停顿”指事物进行过程中遇到外力阻止而暂时不动了,如:“资金遇到困难,研究开发工作只好停顿”。“停留”指留在某地或某一阶段,不再前进了,如:“我们在哈尔滨一共停留了四天”、“美丽的焰火,人们总是希望它在夜空中多停留一会儿”。“停顿”主要描写事物进行的状态,短暂的停止不再进行;“停留”主要描写事物,特别是人的本体停在某地。因此,在指人或事物本身时,不能用“停顿”,不能说“我们在哈尔滨停顿了四天”;在指事物活动状态时不能用“停留”,不能说“试验因此停留下来”。

推辞(tuīcí)/推托(tuītuō)

二者都指用言语表示拒绝,不肯承担。“推辞”泛指用礼貌性的言语拒绝接受任务、任命、邀请、馈赠等,如:“她表示可以让我做她的公司的总经理,我推辞了”。“推托”指借故拒绝,即找上一定的理由拒绝接受,如:“推托说嗓子不好,怎么也不肯唱”。“推辞”的事情,多半是于个人有利的;“推托”的事情,多半是于个人不利、执行起来困难、承担一定风险或者是自己不愿意做的。因此,“推辞她的盛情邀请”不能说成“推托她的盛情邀请”;“不要推托责任”也不能说成“不要推辞责任”。

脱节(tuōjié)/脱离(tuōlí)

二者都有“与某事物分开,中断联系”的意思。“脱节”指在系统中的或一定链条上的事物与前后环节脱开,失去了联系,如:“生产和消费脱节,既影响生产的发展,也影响消费水平的提高”。“脱离”指离开原来与之相近或有某种关系的事物,如:“脱离集体”、“脱离关系”。“脱节”因有内部宾语,不能再带宾语,不能说“脱节……”;“脱离”多半带上宾语,句子的意思才能完整。

W

完美(wánměi)/完善(wánshàn)

“完美”,完备而美好,没有缺点,如:“完美的形式”、“完美的艺术形象”。“完善”,完备良好,如:“设备完善”、“组织机构完善”。“完美”主要从主观感觉方面对事物进行评价,多注意事物的整体的形式、形象;“完善”主要用于对客观事物本身进行评价,不强调事物给人所产生的感觉,而强调事物本身的数量和质量,多用于成套的系列的事物。“完美”只有形容词用法;“完善”除形容词用法外,还有使动用法,如:“完善管理制度”。

维持(wéichí)/保持(bǎochí)

“维持”指使现有的状况能够继续下去,不管人们对现有的状况是否满意,都不要使它向坏的方向发展、不要使已有的状况减弱或消失,如:“维持现状”、“维持已有的局面”、“维持生命”。“保持”指保住现有的状况或局面使其持续下去,以期得到进一步发展、扩大、提高,如:“保持优良传统”、“保持冷静”。二者都有使现状暂时不变的意思，但心理方向、感情趋势并不一致。“维持”的“状况”并不令人满意，但就个人感觉来看勉强说得过去，又没有使之改善的可能，所以想方设法让这种现状不变。“保持”的“状况”基本上是好的，令人满意的，为了进一步改善或在现有基础使之发扬光大而不能使现状有所变化。

温存(wēncún)/温柔(wēnróu)

“温存”指关怀、体贴，主要用于描写人的行为动作。如：“母亲含着温存的微笑”、“妻子的温存，使他情绪安定了下来”。“温柔”指柔和，不强硬，多用于描写性格、情绪和态度。如：“性格温柔，举止大方”、“样子显得十分温柔”。

稳定(wěndìng)/稳固(wěngù)

“稳定”着重指安定，不变动，使用范围较广，既可以用于具体事物，也可以用于抽象事物。常用以形容人的立场、思想、情绪，社会的状况、市场的物价等等。如：“群众的情绪稳定下来了”、“制止了通货膨胀，稳定了物价”。“稳固”指巩固、牢固，不动摇。使用范围较窄，一般只形容基础、地位、根基之类的事物。如：“使公司建立在稳固的基础上”、“稳固现有地位再图发展”。这两个词有时连在一起使用，如：“我国现在是政权稳固，民心稳定”。

习惯(xíguàn)/习气(xíqì)

“习惯”指长期形成的一时不易改变的行为的方式和做法，如：“多年生产劳动养成了到哪都闲不住的习惯”、“习惯于夜里读书、写作”。“习气”指不良的习惯和风气，如：“嗜酒如命终归不是好习气”、“整天蹲办公室养成了一种官僚习气”。“习惯”是中性词，“习气”是贬义词；因此，“闲不住的习惯”不能说成“闲不住的习气”。“习惯”还有动词用法，“习气”只有名词用法。

消费(xiāofèi)/消耗(xiāohào)

二者都有“把东西用掉”的意思。“消费”多指为满足生活需要而把钱物用掉了,对象经常是具体的财物——金钱、日用品等,如:“一个大学生的消费一年至少要一两万块钱”。“消耗”指逐渐减少,一点一点的用掉,如:“在书桌上面消耗了我一生中最好的时间”。“消费”的对象是具体的财物,“消耗”的对象十分广泛,可以是具体的财物,也可以是抽象的东西,如时间、精力、体力、能量等等;“消费”是中性词,“消耗”则带有一定的贬义。因此,“正常消费”、“消费观念”等不能说成“正常消耗”、“消耗观念”。

信赖(xìnlài)/信任(xìnrèn)

“信赖”,信任并依赖,认为可靠而把一切事情交给某人,全凭其全权处理,特别相信,如:“他是值得信赖的朋友”。“信任”,相信而放心使用。“正因为我了解他们,所以我信任他”、“他以自己出色的工作,获得了人民的信任”。二者都有“认为可靠而相信”的意思,但“信赖”的程度重,指什么事情都相信,从不怀疑达到了依赖的程度;“信任”着重于放心地使用。

虚假(xūjiǎ)/虚伪(xūwěi)

二者均指不真实,与实际情况不符。“虚假”多形容事物的内容、证据、情况、情节、因素、成分等。如:“用虚假的广告欺骗了许多人”、“用表面上虚假的现象来掩盖本质上的真实”。“虚伪”形容故意作假,不诚实,多指言语、行为、作风、态度等方面。如:“为人处事到处都表现得非常虚伪”、“他是一个虚伪的小人,不是坦荡的君子”。“虚假”使用面广,多指事物,“虚伪”主要指人的道德品质和思想作风。因此,“虚假的广告”不能说成“虚伪的广告”;“虚伪的作风”也不能说“虚假的作风”。

宣布(xuānbù)/宣告(xuāngào)

都表示公开地向公众讲明一些事情。“宣告”,公开地告知。宣告的范围比较广,公开在社会传播,因而范围是开放的,使用的手段也是多种多样的,直接发布、张贴公告,利用各种媒体等等。如:“青年歌手大奖赛宣告结束”、“宣告成立”、“宣告破产”。“宣布”，当面正式告诉。范围比较小，可以是个人或部分人，而且是直接面对要告知的对象。如：“当众宣布”、“会上宣布”了人事任免名单。“宣告”只是公开向社会公众告知，传递某种信息；“宣布”则具有某种法律或行政的效力，具有一定的权威性，比较庄重严肃。

压抑(yāyì)/压制(yāzhì)

“压抑”指对感情、力量等加以限制，使不能充分流露或发挥。如：“压抑住悲愤的情感”、“心里感到十分的压抑”。“压制”竭力限制或制止，如：“发扬民主，不许压制批评”、“压制新生力量”。“压抑”主要指心理现象，其对象也是心理活动；“压制”则不单指心理现象，可以是客观世界和社会的各种现象。“压抑”指不能表露出来或不使其表露出来，只能控制在内心里；“压制”指尽量不使其出现或不使其成长、发展。因此：“心里感到十分的压抑”不能说成“心里感到十分的压制”；“压制批评”也不能说成“压抑批评”。

掩盖(yǎngài)/掩饰(yǎnshì)

“掩盖”指用其他东西把事物或真相遮盖起来或隐瞒下来，不使别人看见或知道。如：“大雪掩盖着田野”、“掩盖不住内心的喜悦”。“掩饰”指设法掩盖，用假象来掩盖真实情况，不使人看到真相。如：“不要找任何借口来掩饰错误”、“故作镇定来掩饰自己的惶恐”。“掩盖”的东西即可以是抽象的又可是具体的事物，使用面很广；“掩饰”的对象主要指情感或行为。“掩盖”是中性词，“掩饰”有明显的贬义色彩。

摇曳(yáoyè)/摇撼(yáohàn)

“摇曳”形容物体轻轻摆动晃荡的样子，如：“摇曳的灯光”、“垂柳轻轻地摇曳”。“摇撼”，摇动，晃动，如：“飓风扫过，小屋在摇撼”、“怀抱粗的大树也摇撼起来”。二者都表示“摇摆不定，晃动”的意思，但“摇曳”用于轻微、柔弱的物体，并给人以荡来荡去轻轻晃动的感觉；“摇撼”用于指大型物体，如树木、建筑物的摇摆、晃动，程度比较强。因此“摇曳的灯光”、“垂柳摇曳”不能说成“摇撼的灯光”、“垂柳摇撼”；“小屋在摇撼”、“大树也摇撼起来”不能说成“小屋在摇曳”、“大树也摇曳起来”。

疑虑(yílǜ)/**疑惧**(yíjù)

“疑虑”指怀疑而有所顾虑，如：“究竟怎么做还有些疑虑”、“消除疑虑，放手去做”。“疑惧”指怀疑而恐惧，如：“听说要动手术，心里不免疑惧起来”、“面露疑惧之色”。“疑虑”主要指犹疑、思虑和顾忌，程度较轻，“疑惧”主要指怀疑和极度担心而产生恐惧感，程度较重。

遗落(yíluò)/**遗弃**(yíqì)

“遗落”指物品掉在什么地方，丢失在什么地方了，如：“把钱包遗落在车上了”、“身份证遗落在宾馆的柜台上了”。“遗弃”指抛掉某些不想要的东西或携带不了的物品，如：“敌军遗弃辎重无数”。“遗落”不是主观故意的，是因马虎、慌乱遗忘造成的，只用于具体物品；“遗弃”是主观故意做的，尽管有客观原因迫使不得不丢掉，但主观上是清楚的。“遗弃”不仅指具体物品，还可以指人，如：“遗弃老人不管”；“遗落”则没有这种用法。

屹立(yìlì)/**耸立**(sǒnglì)

“屹立”，巨大物体稳固地立在那里，比喻坚定，毫不动摇：“新中国像一位巨人屹立在东方”、“人民英雄纪念碑屹立在天安门广场上”。“耸立”，高高地直立，如：“群山耸立”、“珠穆朗玛峰高高耸立在帕米尔高原之巅”。“屹立”和“耸立”均指高大的物体，“屹立”着重指稳固、坚定；“耸立”强调高而向上。

殷切(yīnqiè)/**急切**(jíqiè)

“殷切”，内心里的深厚而迫切的心情，如：“殷切的期望”、“他希望祖国富强的心异常殷切”。“急切”，紧急而又迫切，如：“急切地等待着援助大军的到来”。二者都表示一种迫切的心情，但“殷切”是指从内心发出的实现主观愿望和追求的心理状态；“急切”是指客观形势和环境的作用而使人产生的心理状态。“殷切”不一定表现出来，可以存在于内心里；“急切”则一定有外部的情绪表现出来。

优裕（yōuyù）/优越（yōuyuè）

“优裕”指富裕、充足，如“生活优裕”。“优越”指优胜、优良，如：“优越的条件”、“地理位置十分优越”。“优裕”用于经济、财物的消费方面，强调金钱、物质生活的优势；“优越”用于各种条件、环境及事物本身特点的比较，强调质量强、突出，超越一般。因此，“生活优裕”不能说成“生活优越”；“优越的条件”、“地理位置优越”也不能说成“优裕的条件”、“地理位置优裕”。

愚笨（yúbèn）/愚蠢（yúchǔn）

“愚笨”指头脑迟钝，动作笨拙，如：“做事愚笨”、“生性愚笨，基本生活能力都不行”。“愚蠢”，缺乏智慧，思维方式简单，是非判断能力差。如：“愚蠢无知”、“这种做法也太愚蠢了”。“愚笨”主要形容动作，不会做事，没有灵活、巧妙的方法；“愚蠢”主要形容思想、思维能力。

Z

灾害（zāihài）/灾荒（zāihuāng）

“灾害”指各种自然现象急遽发生或战争等社会因素造成的祸害，如：“只是一阵冰雹就给果树造成了不小的灾害”、“连续三年发生自然灾害”。“灾荒”指因各种灾害而造成的粮菜严重短缺使大片地区人口饥饿甚至死亡，如：“我十岁的时候家里闹灾荒，爹娘都饿死了”。“灾害”概括的面非常广，泛指各种祸害，程度有轻有重；“灾荒”专指粮食短缺引起的大量人口饥饿、死亡，概括的面积大、程度重，但内容单一。

赞赏（zànshǎng）/赞叹（zàntàn）

都指用话语对人或事物给予好的评价。“赞赏”着重于赏识、欣赏，如：“我很赞赏那小桔灯”、“龙王赞赏鲁班的好手艺”。“赞叹”着重于叹服、佩服，如：“谁都赞叹这是高度的图案美”、“不由得心里发出由衷的赞叹”。“赞赏”多表示地位高、能力强的人对他人的行为、成果的欣赏，指事的成分重;“赏叹”表示对他人能力、成果的叹服,指人的成分重。

遭受(zāoshòu)/遭遇(zāoyù)

“遭受”指自身受到不利或有害的事,如:“人民遭受战争的苦痛”、“遭受反动派的迫害”。“遭遇”指碰上、遇到不幸或不顺利的事,如:“我军先头部队和敌人遭遇了”、“工作中遭遇到不少困难”、“童年的遭遇”。“遭受”多指不得不承受的,多半是由环境、社会地位决定的,有时是必然的;“遭遇”指非意愿的,没有想到就碰上了,偶然性很强。“遭受”到的都是不如意的、不利的、有害的事情;“遭遇”到的并非都是不如意的,有时单指碰面、相遇。

只要(zhǐyào)/只有(zhǐyǒu)

二者表示行为所需要的条件。“只要”表示必要条件,不是惟一的条件,几个条件中有一个就可以了,如:“只要坚持,就会取得胜利”、“只要到过万里长城,都会对它的雄伟赞叹不已”。“只有”表示必需的条件,惟一的条件,除此以外的条件都不行,如:“只有下到水里才能学会游泳”、“只有同心协力,才能把事情办好”。“只要”同“就会”搭配,形成“只要……,就会……”格式;“只有”同“才能”搭配,形成“只有……,才能……”格式,二者不能替换。

忠诚(zhōngchéng)/忠实(zhōngshí)

“忠诚”指诚心诚意,尽心尽力,如:“对国家和人民无限忠诚”、“忠诚党的教育事业”。“忠实”指可靠,没有二心,如:“忠实可靠”、“主子的忠实奴仆”。“忠诚”着重表现人的道德品质,是褒义词;“忠实”着重表现人对他人或事物的态度,是中性词,可用于贬义。因此,“对党和人民无限忠诚”不能说成“对党和人民无限忠实”;“主子的忠实奴仆”不能说成“主子的忠诚奴仆”。

阻挡(zǔdǎng)/阻拦(zǔlán)

二者都表示使不能顺利前进或发展。“阻挡”着重指挡住,不让发展或前进,对象常是重大抽象的事物,如:“谁要阻挡历史潮流,谁就自取灭亡”、“企图阻挡历史前进的车轮”。“阻拦”着重指拦截,不让顺利通过或进行，对象多是人、动物或人及动物的行动，如："受到鲨鱼网的阻拦，鲨鱼便不会到游泳区来伤人了"、"幸亏有邻居阻拦才没有干出傻事"。

罪恶(zuìè)/罪过(zuìguò)

"罪恶"指严重损害人民利益的行为，对他人对社会产生严重危害的行为，如："日本侵略军犯下了不可饶恕的罪恶"、"罪恶滔天"。"罪过"指较严重的过失或错误，如："他知道自己的罪过，愿意今后给以补偿"、"我的事让您这么费心，真是罪过"。"罪恶"的程度重，多用于谴责罪恶的制造者；"罪过"的程度轻，可用于个人的自省或表达歉意的心理。因此，"不可饶恕的罪恶"、"罪恶滔天"不能说成"不可饶恕的罪过"、"罪过滔天"。

四、常见的成语运用错误及纠正

正确运用成语,必须首先正确掌握和理解成语。有些成语中积淀着古代汉语的语义成分,语法结构特点。有些成语的褒贬色彩也需要特别注意。这些都是我们正确掌握和理解成语的难点、重点。下面我们列举出常见的成语运用失误的实例,以期对读者正确运用成语能起一定的参考作用。

B

白头如新(báitóurúxīn)

*错例:感情可以被十年八年地冷冻起来,就像冷冻一块肉,一旦碰到化解的机会,重新恢复的感情竟像从前一样鲜活。古人所谓“白头如新”是也。

“白头如新”这个成语出自《史记·鲁仲连邹阳列传》。白头:指直到老年。新:指两人相互刚刚认识,彼此不了解。两人虽然相识很久,到了老年,但仍然像新交一样彼此不了解。这个成语是具有贬斥含义的,可是上述例句的作者却当作有肯定赞扬意味的词语使用,把“白头如新”理解为相交时间很长,感情仍然新鲜、鲜活,这是错误的。这个成语往往与“倾盖如故”连在一起使用,而后者恰恰是具有赞扬意味的(“倾盖”指停下车子,两人初次相逢。虽然是初交,但却像老朋友一样,彼此十分了解)。

比翼双飞(bǐyìshuāngfēi)

*错例:比翼双飞两“状元”——记我市理科最高分获得者吕静姝、王晓波。

这是一篇报道的标题，作者把两名高中毕业生（吕静姝，女；王晓波，男）同时获得全市高考理科最高分比喻为比翼双飞。这种比喻是完全错误的。“比翼双飞”见《尔雅·释地》：“南方有比翼鸟焉，不比不飞”。翅膀挨翅膀齐飞（一说比翼鸟一目一翼两鸟相比才能飞），特指夫妻相亲相爱，亲密无间，形影不离。白居易在《长恨歌》中曾写到：“在天愿为比翼鸟，在地愿为连理枝”，用来歌颂李隆基与杨玉环之间的爱情。这里用来形容两位高考“状元”，不妥。

不耻下问（bùchǐxiàwèn）

＊错例：我父亲向这些人请教他所想到的每一个问题。他也很喜欢这个不耻下问的年轻人，遂把自己摸索出来，别的人从未问过的捷径指给他。

《论语·公冶长》：“敏而好学，不耻下问。”“不耻下问”是不以向地位比自己低、知识比自己少的人请教为可耻的意思。而上例中却将知识较少的年轻人向知识丰富的“父亲”请教称为不耻下问，这是典型的误用。

不孚众望（bùfúzhòngwàng）

＊错例：1995 年 1 月 6 日，郎平不孚众望，果然从美国新墨西哥州来了传真，这次传真，让许多女孩都哭了。

孚：信任。“不孚众望”即不为大家信服，也就是有背于群众的希望。这个成语明显地含有贬斥的意思。现代汉语另有一个成语“不负众望”是“没有辜负群众的希望”的意思。作者显然是将不孚众望理解为不负众望，也就把对郎平的赞扬，变成了对郎平的批评。应改用“不负众望”。“孚”与“负”一字之差，褒贬不同。

不刊之论（bùkānzhīlùn）

＊错例：他这些年一直坚持业余创作，虽然写了一些作品，除极少数发表外，大多数都是不刊之论。

刊：削除，修改。古人把字写在竹简上，错了就削除。“不刊之论”指不可改动的或不可磨灭的言论、文章，形容论点精当无懈可击。上述例句的作者却把这个成语当作不能刊登、刊载的作品去使用，与原意恰好相反。

不以为然（bùyǐwéirán）

* 错例1：开始，人家送上烟、酒他都不收，让人家拿回去。时间长了，他就认为是小事一桩，犯不着太认真，也就不以为然了。

* 错例2：有个同志不以为然直点着头："对对，像公鸡回头！"

* 错例3：妻子在前一天晚上对我说，她明天要送我一件意想不到的礼物。当时，我不以为然，只是笑笑。

上述三个例子出现了同样的错误，都错用了成语"不以为然"。然：对。"不以为然"，不认为对，表示不同意。而上述三个例句中都没有按这个正确含意去使用，显然是把"不以为然"理解成成语"不以为意"（没有当作一回事，不放在心上，不重视，不认真对待）。"然"与"意"一字之差，相去千里。

不知所云（bùzhīsuǒyún）

* 错例：据当年一些学生回忆，陈先生（指国学大师、著名史学家陈寅恪）上课时旁征博引，还不时夹杂着所引史料的数种语言文字。这使得外语尚未过关，文史基础知识贫乏的学生简直不知所云。

"不知所云"原为自谦之词。诸葛亮《前出师表》："临表涕泣，不知所云。"后泛指内容空泛，没有中心，语言混乱，不可理解的口头或书面表达，显然具有贬义。此处用"不知所云"不确。陈寅恪先生讲课有些学生听不懂，那是因为他们文化程度低，接受能力太差。而用"不知所云"便有贬低陈先生之意了。如果一定要用成语表达文意，可以考虑用"如聆梵音"（梵音即梵语。梵语：古代印度的一种语言，十分难学难懂）。

惨淡经营（cǎndàn-jīngyíng）

* 错例：虽然特里肯集团在亚洲地区的必胜客、肯德基连锁店一直业

绩不错，并仍呈上升趋势，但它在欧美却一直是惨淡经营。两个月来，在该地区的连锁店已亏损3亿英镑。

这样使用“惨淡经营”是错误的。作者认为经营得不好，亏损严重，可以说是“凄惨”得很。其实“惨淡经营”，说的是尽心竭力、苦心经营。杜甫《丹青引赠曹将军霸》：“诏谓将军拂绢素，意匠惨澹（淡）经营中。”是说作画时要先用浅淡颜色勾勒轮廓，苦心构思，经营位置。后来在使用中，逐渐扩大到竭尽心力，谋划并从事某种事情（文学创作、经商等等）。

差强人意（chāqiángrényì）

* 错例1：由于服务技能的差强人意，不仅给人们的生活带来诸多不便，而且有损职能部门在公众中的形象，干扰市场经济的正常运作，对此不少群众早已啧有烦言。

* 错例2：这些村办企业虽几经努力，终因成绩差强人意，而受到有关领导的批评。

很明显，上述两例的作者把“差强人意”理解为水平低、能力差、完全不能令人满意的意思了。这种理解使用“差强人意”是错误的。“差强人意”来源于《后汉书·吴汉传》。该文中写道：（帝）乃叹曰：“吴公（即吴汉）差强人意，隐若一敌国矣。”这句话的意思是说，吴汉还算能振奋士气。差：稍微。“差强人意”是大体上能使人满意，和上述错误理解正好相反。

* 错例3：我本来就对那里的情况不熟悉，你却硬要派我去工作，这不是差强人意吗？

这是对“差强人意”的另一种错误理解使用，把它理解为成语“强人所难”（勉强人去做某件事）了。

城下之盟（chéngxiàzhīméng）

* 错例：中美缔结城下之盟。（这是一篇关于中美就知识产权问题达成协议文章的标题）

《左传·桓公十二年》记载，楚国攻打绞国，楚军大胜，迫使绞人在城下订立了盟约。后来人们就用“城下之盟”来比喻兵临城下被迫屈服讲和,订立丧权辱国的条约。很明显,上例中“城下之盟”用法不妥。中美双方本着相互尊重和平等磋商的精神,经历了长时间的九轮谈判才就知识产权问题达成协议,这个结果是“双赢”,怎么能说“城下之盟”呢?

触目惊心(chùmù-jīngxīn)

*错例:当他们看到几栋现代化的大楼拔地而起,耸立在赣江边的山坡上时,不由啧啧赞叹:师院(指江西赣南师范学院——引者),不简单,师院的事业,令人触目惊心!

“触目惊心”是说眼睛看到的情景使人震惊,形容事态极其严重。是一个贬义成语。上述例句中人们明明是赞叹师院快速发展的喜人情景,怎么能用“触目惊心”呢?

春蚓秋蛇(chūnyǐn-qiūshé)

*错例:作为书法家,毛泽东与舒同有着明显的区别:毛体行行春蚓、字字秋蛇,流动飞舞,恣肆磅礴;而舒体含蓄善藏,筋骨老健,肥而不露肉,风骨洒脱。

“春蚓秋蛇”是说像蚯蚓和蛇行动时那样弯弯曲曲,比喻字迹难看、拙劣。这是对书法不工的批评、嘲讽。把毛体字比喻为“春蚓秋蛇”,又“流动飞舞,恣肆磅礴”,不知作者是批评毛体字,还是赞扬毛体字?

从长计议(cóngchángjìyì)

*错例:筹建办公室组织专门人员反复论证,从长计议,确定二桥通航标准为满足万吨级海轮和大型平顶摊船安全航行的要求,二桥右汊主航道按通航水位以上 40 米设计,比现在南京长江大桥高出 16 米。

“长”指较长时间;“计议”指商量、研究、讨论。“从长计议”指放长时间商量,就是不要匆忙做出决定或结论。而例句中却把“从长计议”当作“从长远考虑”的意思去使用,这显然是错误的。

登堂入室(dēngtáng-rùshì)

＊错例:他(指朱光潜先生——引者)于嬉耍的间隙,经常蹲在教室窗下听父亲讲课。父亲无意间发现了他,便让他登堂入室,成为最年幼的学生。

《论语·先进》:"由也升堂矣,未入于室也。"堂:指堂屋。室:指内室。人们用"登堂入室"比喻学识由浅入深,由低到高,达到相当的造诣。父亲让他进屋听课,由教室外到教室内,与"登堂入室"的意义相差甚远。这是典型的"望文生义",错误理解、使用成语的例证。

豆蔻年华(dòukòuniánhuá)

＊错例:经过选拔,66 名正值豆蔻年华的女孩子(指女大学生——引者)踏进北京警方的最高学府——北京人民警察学院的大门,成为名副其实的警花。

"豆蔻年华"来自唐代诗人杜牧的两句诗:"娉娉袅袅十三余,豆蔻梢头二月初。"(《赠别》)他用早春二月枝头含苞待放的豆蔻花来比喻芳龄十三余的少女。这一妙喻,一直流传至今。上例中进入警察学院的女大学生是早已超过豆蔻年华的姑娘了,怎么说是正值"豆蔻年华"呢?

粉墨登场(fěnmò-dēngchǎng)

＊错例:这位朋友正在筹办一家股份制公司,据说一切已经就绪,只待选定日子粉墨登场。

粉墨:原指化妆品,这里指进行化妆。"粉墨登场"指化妆后上台表演,比喻经过打扮改装后登上政治舞台活动。这是个贬义成语,通常指人们政治方面的行为,一般不用在商业贸易等方面。而且,"粉墨登场"只能说"人",而不能说"公司"。如:这个大独裁者,经过一番策划之后,又以一个“民选总统”的面目粉墨登场了。上述例句应删去“粉墨登场”改用“开张”或“开业”。

感同身受(gǎntóngshēnshòu)

＊错例:台湾同胞是我们的骨肉兄弟。当台风在台湾岛上肆虐,台湾同胞生命财产遭到严重损失的时候,我们感同身受。

感:感谢、感激。身:自身,自己。感同身受:内心感谢,如同自己亲身受到(恩惠、好处)一样。多用于代表亲友向对方表示谢意。这是常用的客套话。上述例句把这个成语当作“亲身感受到”去使用是不正确的,可改为:“当……的时候,我们也有同样的感受。”

狗尾续貂(gǒuwěixùdiāo)

＊错例:现在新锐导演安德烈·麦克兰德伦将为著名影片《印度之行》狗尾续貂。

貂:一种皮毛珍贵的哺乳动物。中国古代皇帝的侍从官员往往用貂尾做帽子的装饰物,因为封官太滥太多,貂尾不够用,就拿狗尾充当貂尾来用,于是人们讽刺说:“貂不足,狗尾续”。现比喻用不好的东西接补在好东西之后,前后极不相称,多指文艺作品,有时也用作自谦之词。上述例句中说这位“新锐”导演将要拍摄影片,并未真正面世,怎么能事前就定论为“狗尾”呢！应该删去“狗尾续貂”,改为“将为……拍摄续集”。

过江之鲫(guòjiāngzhījì)

＊错例:拂晓时,整个部队(指八路军某部——引者)从铁路桥下像过江之鲫一样跨过铁路。

“过江之鲫”典出东晋。东晋王朝在江南建立后,北方的许多名士纷纷过江来到南方。当时有人说:“过江名士多于鲫。”后就用“过江之鲫”形容追求某种时尚,赶时髦的人很多很杂乱,明显含有贬斥讽刺意味。

而上述例句的作者大概是着眼部队人很多,用“过江之鲫”来形容其越过铁路,这是贬词褒用感情错位。

H

汗牛充栋(hànniú-chōngdòng)

* 错例:由广播转向电视,身兼两职者,有不少人是成功的,但也有一些是不能令电视观众满意的。现在,广播不景气,电视频道却越开越多,由于缺乏电视节目主持人,难免汗牛充栋。

从上述例句中揣摩,作者是把“汗牛充栋”理解为:牛身上的汗毛充当栋梁,比喻有的人不具备主持人的素质也当上了电视节目主持人,因此引起观众不满。这种理解是完全错误的。“汗牛充栋”出自唐代柳宗元《陆文通先生墓志》:“其为书,处则充栋宇,出则汗牛马。”汗牛:使牛出汗。栋:楼宇,指屋子。用牛运书,把牛累出汗;用屋子放书,就堆满屋子,形容藏书极多。这个成语用在上述例句中是完全没有道理的,可换用成语“滥竽充数”。

花容月貌(huāróng-yuèmào)

* 错例:想用化妆品使自己更加花容月貌,谁知脸上却长出一大片小痘痘。

这个例句错误使用成语“花容月貌”,关键在于错误地理解了“花容月貌”的结构和功能。“花容月貌”是由“花容”和“月貌”并列构成的。“花容”和“月貌”都是名词性偏正词组。它不能接受表示程度的副词修饰,不能说“很”“非常”“更加”“花容月貌”,也不能充当句子的谓语。这个例句中应该改用成语“如花似玉”(“如花似玉”是谓词性的成语),或者改为“想用化妆品使自己变成花容月貌”。

黄粱美梦(huángliángměimèng)

* 错例:现在全村家家盖了新房,有了存款,不愁吃不愁穿,真正实现了共同富裕的黄粱美梦。

“黄粱美梦”出自唐人沈既济《枕中记》。《枕中记》记载：卢生在邯郸旅店遇见一位道士，卢生自叹穷困，道士取出一个枕头让他枕上睡觉。这时店主正在煮小米饭。卢生在梦中娶妻、做官、生子，享尽了人间的荣华富贵。一觉醒来，店主人的小米饭还未好。黄粱：小米。“黄粱美梦”又可写作“一枕黄粱”、“黄粱一梦”，比喻不切实际，不能实现的空想，或已经破灭的幻想，有明显的贬义。上述例句中把“共同富裕”说成“黄粱美梦”是贬词褒用。

皇天后土（huángtiān-hòutǔ）

＊错例：屋后那两个小坟旁，又多了一堆新土。皇天后土之下，三座小小的坟茔一字排开，让人心悚，心酸，心疼。

皇天，对天的尊称；后土，对大地的尊称。合称皇天后土，即为天地之意。“皇天后土之下”就是“天地之下”，这种说法，显然不合情理。现代汉语中有“天地之间”的说法，没有“天地之下”的说法。此处可删去“皇天后土之下”，或改为“天地之间”。

活灵活现（huólíng-huóxiàn）

＊错例：文亚那么活灵活现的人去学驾驶却变得笨手笨脚了，屡遭师傅白眼。

作者用“活灵活现”来形容文亚，又和“笨手笨脚”相对，这是把“活灵活现”理解为“灵活”“灵巧”的结果，这种理解是不对的。“活灵活现”又可写作“活龙活现”，是指活生生地出现在眼前，形容文章或讲话把事物描绘得非常生动逼真。此处可改用成语“心灵手巧”。

J

戛然而止（jiáránérzhǐ）

＊错例1：亚运会绝大多数金牌由中国、日本、韩国三家瓜分的势头今日嘎然而止，11个代表团分享33枚金牌。

＊错例2：正在紧急之时，一辆警车开来，嘎然而止。

* 错例 3:美国作家约翰·沃尔夫说:“演讲最好在听众兴趣未尽时嘎然而止。”

三个例句中的“嘎”都应写作“戛”。现代汉语中只有“戛然而止”这个成语,而没有“嘎然而止”。“戛”(jiá)据说是一种古代兵器名称,后来引申指停止。“戛然而止”指声音突然停止,扩大指事情突然停止。“嘎”(gā)又读 gǎ,是象声词,在某些方言中有乖僻、调皮的意思(“嘎子”就是此义)。

敬谢不敏(jìngxièbùmǐn)

* 错例 1:前些年,时常有某外资企业或合资企业对应聘的共产党员敬谢不敏的新闻;近来又有外企或合资企业招聘时党员优先的消息。

* 错例 2:多数国人对美国菜敬谢不敏,因为其味道实不能与中国菜相比。

上述两例中都是错误使用“敬谢不敏”。谢:辞谢,推辞。不敏:不聪明,没有才干。敬谢不敏,即以自己能力不够为理由而恭敬推辞,常用做拒绝做某事时说的客气话。例一“某外资企业或合资企业”不可能面对“应聘的共产党员”贬低自己;“应聘的共产党员”也不可能向“某外资企业或合资企业”故作姿态,谢绝聘用。此处“敬谢不敏”可改为“婉言谢绝”。例二更是使人不可理解,“敬谢不敏”似可改为“不感兴趣”或“不敢恭维”。

酒囊饭袋(jiǔnáng-fàndài)

* 错例 1:想到一边喊“为人民服务”,一边用公款填饱酒囊饭袋的所谓公仆。

* 错例 2:公款吃喝未治理时,公款都流入了个体餐馆老板的酒囊饭袋里了。

囊:口袋。“酒囊饭袋”:盛酒和饭的口袋。比喻只会吃喝,不会做事的人。这个成语是讽刺无能的人,而不是指人的肠胃之类。上述例句误把它当作肠胃或装酒钱、饭钱的口袋的同义语使用了。

绝无仅有(juéwú-jǐnyǒu)

＊错例1:可以断言,所有大大小小的知识分子,没有得到这位“不说话的老师”(指各类辞典——引者)的,绝无仅有。

＊错例2:清廉贤明的官吏离任,老百姓挽留不住时,攀住车前辕木、卧在车道之上拦阻,古代称为攀辕卧辙。如今用这样的方式挽留好官的,恐怕绝无仅有了。但表达此种眷恋的心情,不能说没有。

“绝无仅有”是指极其少有,也就是几乎没有,有也仅止一二而已的意思。“绝无”,是起衬托作用的,“仅有”才是语义所在。换句话说:“绝无仅有”不是“绝无”,而是“仅有”(即极少有)。这两例都把“绝无仅有”当作“绝无”的意思使用,不妥。

K

夸夸其谈(kuākuāqítán)

＊错例:上海就有一个钢厂厂长,伪装清廉好些日子,直到被捕那天他还在廉政座谈会上夸夸其谈反腐倡廉的经验体会呢!

例句可以紧缩成:他……夸夸其谈……经验体会。“夸夸其谈”是谓词性成语,可以充当句子的谓语,也可以充任状语、定语等修饰成分,但它不能带宾语,上述例句恰恰误使它带宾语“经验体会”。修改的办法有二:一是把“夸夸其谈”改为“大谈特谈”;二是在“夸夸其谈”之后加逗号,在“反腐倡廉”前加“介绍”一词,即写成“他……夸夸其谈,介绍反腐倡廉的经验体会呢”。

L

累试不爽(lěishìbùshuǎng)

＊错例:笔者有一位朋友办小报,但因自觉自家“庙小”,所以常给一些大报投稿,但往往累试不爽,稿子最后还是回到自家的小报上。

理解成语“累试不爽”关键在“爽”字上。上例的作者把“爽”误解为

“如愿”“成功”,“不爽”就是“不如愿”“不成功”。其实,“爽”是“差错”“失败”的意思。“不爽”是“没有差错”“没有失败”的意思。“累试不爽”(也可写作“屡试不爽”)是多次试验均无差错的意思。例句可删去“累试不爽”,改为“屡投不中(zhòng)”。

M

美轮美奂(měilún-měihuàn)

*错例1:导游人员带着大家饱览了莫高窟美轮美奂的彩塑和壁画。

*错例2:影声乐画,美轮美奂:第二届音乐音像制品展销会侧记(新闻标题)

*错例3:九十年代新印机　奉献美轮美奂一流印品(新闻标题)

《礼记·檀弓》:“晋献文子成室,晋大夫发焉。张老曰:‘美哉轮焉!美哉奂焉!’”郑玄注:“轮(“轮囷”指古代圆形高大的谷仓),言高大。奂,言众多。”“美轮美奂”形容建筑物的高大、华美、众多,不可任意扩大使用范围。例1指“彩塑和壁画”;例2指音乐音像制品;例3指印刷品,均属不当。

P

蓬荜生辉(péngbìshēnghuī)

*错例:使用我厂生产的涂料装修您的居室,保您蓬荜生辉!(涂料推销广告)

蓬荜:蓬门荜户,即指用蓬草、树枝等做的门。代指极其简陋破蔽的房屋。“蓬荜生辉”是自谦词语,表示由于别人的到来或赠送字画等礼物而使自己感到荣幸,致使简陋破蔽的房屋都发出“光辉”。这则广告词仅仅考虑到宣传所推销的涂料的作用,但忘记了广告词必须尊重客户、对方的原则,说客户用了这种涂料可以“蓬荜生辉”,那不是说客户穷困不堪,居室破旧吗?而且“蓬荜生辉”是一种谦词,只能说自己,不能形容对方。此处改为“居室生辉”即可。

Q

七月流火(qīyuèliúhuǒ)

*错例:烈日当空,晒得人们像被火烧着一样,不知为什么今年已进入夏末还是这样热,正如古人说的那样,“七月流火”啊!

“七月流火”原出《诗经·豳风·七月流火》:“七月流火,九月授衣”。火:指大火星;流:指向下移动。“七月流火”就是七月份(指周历七月,相当于公元纪年的九月)大火星向下移动。从季节上说,正相当于夏末秋初,天气逐渐转凉。正因为如此,古人才说:“七月流火,九月授衣”(七月天气转凉,九月接受赶制冬衣任务)。我们不能看到“火”字,就误解为天热得像下火一样。

奇货可居(qíhuòkějū)

*错例:电视剧《水浒》拍摄前有上百个女演员争演潘金莲。《水浒》中不乏鲜明、生动、英武的女性形象,但都不如潘金莲这样奇货可居。

“奇货可居”见于《史记·吕不韦列传》。吕不韦在赵国国都邯郸做商人时,看到秦国子楚被当作人质扣留在邯郸,曾说“奇货可居”,所以子楚被立为秦庄襄王后,吕不韦被封为相国(秦庄襄王即秦始皇的父亲)。居:指囤积。“奇货可居”原指把珍奇的货物囤积起来,等待涨价后出售。比喻把能够图利的人或物当作商品囤积起来,以谋取好处。上述例句谈许多女演员争演潘金莲,虽然有争夺名利的因素,但怎么能说潘金莲是“奇货”,又怎么说“可居”呢?

巧夺天工(qiǎoduótiāngōng)

*错例:诚然,在石人山上看不到一处人文遗迹,然而有些自然景观比如“石人”“王母桥”等实在是巧夺天工。

夺:指胜过,超过。天工:指大自然的创造,天然的成果。“巧夺天工”是说人工的精巧胜过大自然的创造,形容人力创造极其精妙可观。例句说“自然景观……实在是巧夺天工”显然是误解词义。

倾巢而出(qīngcháoérchū)

＊错例:上级紧急命令:午夜我军倾巢而出,急行军占领602高地,堵住南逃的敌人。

倾:尽。“倾巢而出”指巢穴中所有人全部出动,很明显是贬义成语,只用于敌人或坏人。例句中是说自己部队的军事行动,怎么能用“倾巢而出”呢?应该改为“全部出动”。

雀屏中选(quèpíngzhòngxuǎn)

＊错例:我们在英特尔内部展开公开征名(指品牌名称——引者)活动,雀屏中选者可赢得大奖。

“雀屏中选”指的并非一般普通的“中选”,而是指“选中女婿”。《旧唐书·高祖太黎皇后窦氏传》记载:窦毅为女儿选择女婿,在门屏上画了两只孔雀,要求凡来求婚的人每人射两箭,能射中孔雀眼睛的就把女儿许配给他。后来李渊两发两中,娶了窦家女儿。李渊当了皇帝(唐高祖),她就是窦皇后。例句中把品牌征名活动说成“雀屏中选”,使人啼笑皆非。

R

忍俊不禁(rěnjùnbùjīn)

＊错例:坐在笔者身边的一位外国记者突然忍俊不禁扑哧一声笑起来。

忍俊:含笑。不禁(jīn):忍不住。“忍俊不禁”是忍不住发笑的意思。上例中“忍俊不禁……笑起来”,用“忍俊不禁”修饰“笑”,语义重复,这就相当于说“忍不住发笑地笑起来”。上例作者所以误用,原因是把“忍俊不禁”当作“忍不住”、“禁不住”来使用了。应把“扑哧……起来”删去,在“忍俊不禁”后加“,”号,再加“笑出声来”。

任重道远(rènzhòng-dàoyuǎn)

＊错例:经济建设正在飞速发展,入世给我们提供了巨大的机遇和挑战,我们的事业任重而道远,我们的前途无限光明。

“任重道远”就是担子、任务重大,路途遥远。形容责任大,必须长期奋斗努力。很显然这个成语是对人而言的,也就是说只能说人“任重道远”,而不能说事业或其他“任重道远”。上例应改为:“我们任重道远,我们的前途无限光明。”

如火如荼(rúhuǒ-rútú)

＊错例:叫我惊讶的倒不是他们的与西方相差无几的工作效率,也不是办事处内部处处见精神的凝聚力,而是悬挂于屋门前旗杆上的那一面如火如荼的国旗。

荼:茅草的白花。如火如荼,典出《国语·吴语》:吴王把吴军排列成几个万人的方阵,其中有的方阵的旗帜和士兵穿戴都是白色的,像“荼”那样白;有的方阵的旗帜和士兵的穿戴都是红的,像火那样红。“如火如荼”即形容军容整齐,气势盛大,后扩大为气氛热烈,场面恢弘。上例作者误以为“如火如荼”表示红色,用以形容一面国旗,一面红旗是不对的。

如丧考妣(rúsàngkǎobǐ)

＊错例:这位作家呕心沥血十几年写成的书稿被窃,他伤心至极,如丧考妣。

考妣:古人把死去的父亲称考,把死去的母亲称妣。这个成语原具有褒义。《尚书·舜典》:“二十有(又)八载,帝乃殂落,百姓如丧考妣。”意思是说,因为百姓拥戴尧帝,所以他死后百姓就像死去父母一样极其悲痛。后来在语言发展变化中,这个成语的感情色彩逐渐由褒义转移为贬斥、讽刺含意。如“当着我们在谈判的准备工作还没有做好的时候,你们如丧考妣地急着要谈判”。用“如丧考妣”形容值得同情的这位作家的悲伤心情是不恰当的。

如坐春风(rúzuòchūnfēng)

* 错例:当他谈起学习“十五大”的体会时,更是眉飞色舞,如坐春风,不由人不受到感染。

“如坐春风”指好像置身于温暖的春风之中。比喻受到良好的教诲培养。只能说对方或来人“如坐春风”,而不能说主体“如坐春风”。如:我在这位老教师身边工作多年,经常聆听他的教诲,真有如坐春风的感觉。上述例句中,他自己谈体会,不能说“如坐春风”,可改为“春风满面”。

莘莘学子(shēnshēnxuézǐ)

* 错例 1:一个莘莘学子的哭泣(新闻标题)

* 错例 2:这位莘莘学子在这种困难中真正感到了无可抗拒的巨大压力。

“莘莘”形容众多。“莘莘学子”从来就是一个“集体概念”的词,表示众多、很多,不能用于单独个体。“一个”“这位”修饰“莘莘学子”是错误的。上述例句中的“莘莘”都应删掉。

时起时伏(shíqǐ-shífú)

* 错例:世界杯比赛后,张岩受膝伤困扰,竞技状态时起时伏。

“时起时伏”通常用来形容高低不平,可以说“山势高低不一,冈陵时起时伏”、“浪涛涨落不定,时起时伏”。也可以形容心情,如说“心情如潮,时起时伏”。而体育竞技训练状态只能用好坏来衡量,可以说“竞技状态最佳”、“竞技状态最差”等等,而不说“竞技状态高(低)”等等。

始作俑者(shǐzuòyǒngzhě)

* 错例:成名歌手签约上海,高林生成了始作俑者。

俑:古代用以陪葬的木偶或土偶。孔子反对用俑殉葬,他曾说:“始作俑者,其无后乎!”(《孟子·梁惠王上》)意思是开始用俑殉葬的人,大概没有后代吧。后人就用“始作俑者”比喻那些首开恶例,那些最先提倡某些坏风气的人,所以这是一个贬义成语。上述例句的作者本意是肯定赞扬高林生作为第一个签约歌手,带动了整个上海歌手签约的好风气,却用“始作俑者”这个具有贬义色彩的成语,当属褒贬错位。

T

弹冠相庆(tánguān-xiāngqìng)

*错例:斯韦思林杯(即乒乓球男子团体冠军杯——引者)终于回到我们的怀抱!当普天弹冠相庆时,人们不由得不佩服总教练蔡振华在用人上的眼光和胆量。

“弹冠相庆”是掸去帽子上的尘土,相互祝贺。多指因即将做官而互相庆贺。原为中性成语,逐渐成为贬义成语,用来形容坏人当道,小人得志的局面。在上述例句中,用这个成语形容全国人民庆祝我国乒乓球队重获斯韦思林杯的盛况是完全错误的。上文可改为“当普天同庆时,人们不由得……”。

天作之合(tiānzuòzhīhé)

*错例:也许是天作之合,蒲万春循着一个长长的喊声望去,瞟见一张瘦骨嶙峋的刀形脸,陡地窜出灵感,冒出假设,一问方知正是踏破铁鞋寻找的“秦刀币”。

《诗经·大雅·大明》:“文王初载,天作之合。”记的是周文王即位之初娶大姒为皇后的事。后来就用这个成语赞颂婚姻美满,多作为新婚的祝词使用。上述例句讲蒲万春巧遇在逃的文物走私疑犯“秦刀币”,用“天作之合”显然不妥。

W

万人空巷(wànrénkōngxiàng)

*错例:他回忆起那段沦陷区的悲惨生活情景,在日本侵略者殖民统

治下，天一黑城里就出现了万人空巷的景象，到处充满着白色恐怖的气氛。

“万人空巷”是指很多的人都到大街上来了(集中在一起)，致使小巷上都空了。用来形容盛大隆重、热烈的场面或因某轰动性事件吸引群众出动参加的情景。古代用例有宋朝大文坛人苏东坡《八月十七复登望海楼》：“赖有明朝看潮在，万人空巷斗新妆。”现代的例句：“因庆狂欢之夜，万人空巷，天安门广场人如潮涌。”例句的作者是把“万人空巷”理解为“街巷上没有人”，用以形容一种凄凉、恐怖的场面，显然不妥。

忘年之交(wàngniánzhījiāo)

*错例：光明比俟果年长十岁，平时也颇自负，但跟俟果深谈之后，惊叹不已，自认不如，两人遂成为忘年之交。

“忘年之交”是指忘记了年龄、辈分的较大差距而结成的好友。上述例句中光明仅比俟果年长十岁，不能说是“忘年之交”。“忘年之交”大多指老年人与青少年或中年人与少年或两辈人之间的结交，如历史上有名的忘年之交：东汉时的孔融与祢(mí)衡结交(孔比祢大20岁)。例句中的“忘年之交”可改为“莫逆之交”。

望尘莫及(wàngchénmòjí)

*错例：书稿的责任编辑敢对文字部分负责任，书籍的其他环节，他就望尘莫及了。

及：赶上。望尘莫及：远望前面人马行进中扬起的尘土却追赶不上，比喻远远落在后面。一本书的责任编辑只能对文字负责，而对书籍装帧、封面设计、印刷用纸等方面的质量是力所不及，顾及不到的。要表达这样的意思，使用“望尘莫及”不确，可用成语“鞭长莫及”。

望其项背(wàngqíxiàngbèi)

*错例：仅以大家熟知的CD(一种国外服装品牌)为例，它对面料的牢固度、弹性回复、悬垂性、缩水比率等方面的要求近乎苛刻，令国产货望其项背。

作者的本意是说，国产货同国外名牌相比，仅在面料牢固度等方面就相差很大。但作者没有在否定格式中使用“望其项背”,致使句子传达的信息与作者本意正好相反。项:脖子的后部。望其项背:望见脖子和后背,比喻有希望赶上或达到。这个成语用于否定格式中,表示难以赶上或达到。上述例句应改为:“令国产货难以望其项背。”这样才符合原意。

危言耸听(wēiyán-sǒngtīng)

*错例:他小的时候,父母从没告诉他有这么一个姑妈。那种年代,有海外亲属是危言耸听的。

危言耸听:故意说些夸大吓人的话,使人听了震惊。“有海外亲属”这是事实,说出这个事实,不能说是“危言耸听”。在文化大革命年代人们都是不愿不敢说“有海外亲属”的,上述例句可改为:“那种年代,人们是讳言有海外亲属的。”

为虎作伥(wèihǔzuòchāng)

*错例:就在这边紧锣密鼓准备收网时,这帮家伙为虎作伥,毫不收敛,在他们的罪行簿上又添新恶。

伥:传说被老虎吃掉的人,变为伥鬼,专门给老虎带路找人吃。“为虎作伥”比喻做坏人的帮凶。上例中是说这帮家伙毫不收敛,用“为虎作伥”不当,应该说他们“怙恶不悛”,坚持作恶才对。

文不加点(wénbùjiādiǎn)

*错例:更少有人知道他最近还出版了一本文不加点、几乎没有注释的旧体诗集《槐聚诗存》——书这样出法,读起来确实累人。

揣摩这段话作者的原意,是把“文不加点”当作“文章不加标点”来使用的。点:涂改。文不加点:文章一气写成,不涂改。形容文思敏捷,技巧纯熟。人们用“文不加点”是对作者的赞扬,而不是批评、贬斥。上述例句恰恰是把“文不加点”当作缺点来批评,因为这样的诗集“读起来确实累人”。可改为:“他最近还出版了一本不加标点……”

无可非议(wúkěfēiyì)

* 错例:长达三个多月的洪灾,直接经济损失逾千亿元,对灾区经济的影响无可非议。但同时也可能为艰苦运行中我国经济带来机会。

"无可非议"是没有什么可以批评责难的,表示合情合理,并无错误。三个多月的水灾给国家和人民造成巨大的损失,怎么能说"合情合理"、"并无错误"?例句作者显然是错误理解了"无可非议"的含义,这里应该改用"无可置疑"。

洗劫一空(xǐjiéyīkōng)

* 错例:全车40多名旅客被洗劫一空……

"洗劫一空"是形容大肆抢劫或杀戮后形成的一空如洗的状态。例句的作者这样写容易使读者误以为车上的旅客全部被害,财物全部抢光,而联系上下文看,作者的原意只是说旅客财物被洗劫。因此可改成:全车40多名旅客的财物被洗劫一空。

心有余悸(xīnyǒuyújì)

* 错例:陈仰贤在受贿之初,心有余悸,犹抱琵琶半遮面。过了一段时间,他逐渐觉得受人家钱物,为人家办事,心安理得。

"心有余悸"指事情过去以后,心里还害怕。既然是"受贿之初",刚刚接受别人的贿赂,怎么能谈到"心有余悸"呢?只能说"心有顾忌"而已。

轩然大波(xuānrándàbō)

* 错例:平江不肖生的《江湖奇侠传》、《近代侠义英雄传》,姚民哀的《山东响马传》及程小青的《霍桑探案》,正是受到当时文化市场的有意推销而在小市民阶层掀起轩然大波。

轩然:高高的样子。"轩然大波"是指高高涌起的波涛,比喻大的纠纷或风潮。上述例句中的几部武侠小说在小市民阶层中能掀起什么"轩然大波"吗?揣摩作者的原意是这几部小说,在小市民阶层的读者中引起热烈的反响,受到这些读者的欢迎,因此可改为:“在小市民……风行一时。”

Y

眼高手低(yǎngāo-shǒudī)

＊错例:由于有像宗炳、王维、苏轼、米芾等眼高手低、非师而能的文士哲人的前赴(仆)后继,才能使中国画“道”与“器”之间必要张力始终绵绵不断。

“眼高手低”是谈人的眼光高而能力低,自己的要求标准高,但实际动手能力差。显然这个成语是对人的批评、贬斥,属贬义成语。上述例句的作者怎么能把宗炳、王维、苏轼、米芾等四位大师级的人物贬斥为“眼高手低”?若真是“眼高手低”,那又怎么能使“必要张力始终绵绵不断”呢?揣摩作者的意思是指宗炳等人有着宏观的高瞻远瞩和微观的探求精神。这里可以改为:“像宗炳……等大处着眼、小处着手,非师而能的文士哲人……”

贻笑大方(yíxiàodàfāng)

＊错例:年青人应该虚心、谨慎、不要总以为自己了不起,瞧不起老年人,贻笑大方,这样是不好的。

贻笑:留下笑柄。大方:大方之家,指内行人或专家。“贻笑大方”指被行家耻笑。“大方”是耻笑行为的主体。上述例句中显然是把年青人作为耻笑行为的主体,“大方”是耻笑行为的接受者(客体),即是说年青人耻笑那些“内行”“专家”,这显然是对“贻笑大方”的误用,可删去。

以德报怨(yǐdébàoyuàn)

＊错例:李敏之对徐东以德报怨的下流行为痛恨不已,从感情上也对他感到深切的失望。

以德报怨:用施加恩惠的办法来报答别人对自己的怨恨。应该说这是一种高尚的表现,怎么能说是“下流行为”?很显然例句的作者是把现代汉语中“以德报怨”和“以怨报德”两个成语用混了。此处当用“以怨报德”。

Z

振聋发聩(zhènlóng-fākuì)

＊错例:今晚,天津体育馆内万余名观众的掌声经久不息,振聋发聩,淹没了馆外的惊雷。

“振聋发聩”是比喻唤醒糊涂麻木的人,使他们猛醒(聋、聩:聋子,借指糊涂麻木的人)。而“震耳欲聋”才是形容声音很大,耳朵都要被震聋了的意思。应将“振聋发聩”改为“震耳欲聋”。

炙手可热(zhìshǒukěrè)

＊错例1:自去年《中国社会科学辑刊》提出建立社会科学规范化以来,“规范化”就成为学人之间一个炙手可热的论题了。

＊错例2:“二战”成了时下影视、美术、文学等艺术创作炙手可热的题材。

炙:烤。炙手可热:用手一摸就感到烫手。比喻气焰极盛,权势很大,使人不敢接近。上述两例显然是错用了这个成语。揣摩作者的原意是说这个“论题”、“题材”大家都感兴趣,大家都去研究、创作。因此,这里的“炙手可热”应该换成“热门”。

附　编

一、常见的语法错误及纠正
二、常见的不合逻辑的错误及纠正
三、数字规范使用12问
　〔附〕数字使用正误对照表
四、常见的标点符号使用错误及纠正
　〔附〕标点符号使用17问

一、常见的语法错误及纠正

用词错误是从单个词的使用来说的,语法错误是指词与词组合成句之后所产生的句子结构上的错误,有时一个词语用错也影响到句子的结构,违背了句子结构的规律。在日常语言的使用中,违背语法结构规律的用法屡屡发生,有必要加以指出,供广大读者参考,以利于全社会语言文字使用水平的提高。

常见的语法错误也有多种类型,现分类例举如下。

(一)词性错用

词性就是词的语法属性,具有相同语法属性的词归为一类,就是词类。词类不同、语法属性不同的词,功能不同,在句中的作用不同,不能随意改变。错用词性的错误,常见的是把名词当作形容词或动词使用,或者把不能带宾语的形容词、不及物动词带上了宾语。下面列举一些错用的例子加以说明。

1. 技巧: 名词。指艺术、工艺、体育等活动中表现出来的巧妙的技能。

* 错例:排球运动员使劲而技巧地托着球,不让对方有空子可钻。

句中“技巧”作了动词“托”的状语,现代汉语语法规律表明:名词不能作状语。这是误把名词当作形容词或副词用了。

2. 欲望: 名词。想要得到某种东西或达到某种目的愿望和要求。

* 错例:广大师生员工在科研中对“四人帮”的干扰进行了抵制,并且欲望党中央有一天把这群恶魔打倒,给科技战线指明方向。

此例中“欲望”带上了“党中央有一天把这群恶魔打倒”这一小句作宾

语，显然是误把名词当作动词用了。应把“欲望”改为“希望”或“盼望”。

3. 关键：名词。门闩或功能类似门闩的东西，比喻事物最关紧要的部分，对情况起决定性作用的因素。

＊错例：是潦潦草草、敷衍了事，还是勤勤恳恳、扎扎实实地学，这是关键到学好学坏的大问题。

“关键”是名词，名词后面不能跟补语。此句“关键”后面用“到”作补语，并且在补语后面带了“学好学坏的大问题”的宾语。说明作者误把名词当作动词用了。可将“关键”改为作动词用的“关系”一词。

4. 痛快：形容词。舒畅、高兴的意思。

＊错例：粉碎“四人帮”的喜讯传来，他感到有一股说不出的痛快。

“痛快”是形容词，“一股”是“数量短语”。现代汉语中，形容词不能受数量短语的修饰，不能说“一股痛快”。这是误把形容词当作名词用了，可去掉“一股”两个字。

5. 钻研：动词。深入研究。

＊错例：虽然他的专业是流体力学，但他对电脑、化学也很钻研，在计算机房的建立过程中，做出了一定的贡献。

“钻研”是动词，“很”是程度副词。现代汉语中，动词不能受程度副词的修饰，不能说“很钻研”。这是误把动词当作形容词用了，可改为“也很努力钻研”。

6. 相映：不及物动词。相互映照的意思。

＊错例：我们到达上海时已经入夜了，只见满天点点繁星相映万顷红绿灯海。

“相映”是不及物动词，不能直接带受事宾语。不能说：什么相映什么，只能说什么与什么相映。词句说成“繁星相映灯海”不合现代汉语语法规则。这是误把不及物动词当作及物动词用了，可改成“满天点点繁星与万顷红绿灯海交相辉映”。

7. 协作：不及物动词。若干人或若干单位互相配合来完成任务。

＊错例：我们班和二班协作了一个宣传新时期主旋律的文艺节目。

“协作”是不及物动词，不能直接带宾语，不能说“协作了一个……节目”。这是误把不及物动词当作及物动词来用了，可在“协作”后加上及物动词“演出”，变成“我们班与二班协作演出了一个宣传新时期主旋律的文艺节目”。

8. 针对性： 名词。具有对准某事物的性质和特点。

* 错例：除了上大课之外，分小班上习题课，是一个很好的形式，能够针对性地解决学生存在的问题。

“针对性”是名词，现代汉语中名词不能作状语。此句中“针对性”作了“解决”的状语，违背了现代汉语的语法规则。这是误把名词当作形容词用了，可在“针对性”前加一“有”字，变成“有针对性地”。

9. 讲座： 名词。利用报告会、广播、电视或刊物连载的方式进行教学的一种教学形式。

* 错例：画家田雨霖义务为学生讲座。

“讲座”是名词，不能在叙述句中作谓语。此句误把“讲座”当作动词用，作了全句的谓语，可将“讲座”改为动词“讲课”。

10. 耻辱： 名词。声誉上所受的损害。

* 错例：这是对他极大的摧残和耻辱。

句式要求“极大的”后面的中心词，必须是意念上的动词。“摧残”是动词，符合规则的要求；“耻辱”是名词，不符合要求，这是误把“耻辱”当作动词用了，可将“耻辱”改成“侮辱”。

(二)滥用虚词

虚词是汉语的重要语法手段，意义十分抽象。不同的虚词表示不同的语法关系，一旦错用就会改变整个句子的结构，或者使句子极不通顺，或者改变说话人的本意，影响思想内容的表达。现代汉语的虚词很多，各有各的用途。常见的错例很多，现举例如下：

1. 或： 选择连词。表示“也许是这个，也许是那个”的意思。

＊错例:奶皮子是内蒙古自治区呼伦贝尔盟或锡林郭勒盟牧区的名产。

“或”表示的是或然关系,意思不确定,要听话人去选择。此句是介绍情况,告诉人们有两个盟都出产“奶皮子”。由于错用了“或”,等于把一个不确定的情况告诉给别人。应该把“或”改为并列连词“和”。

2. 为了: 介词。表示行为动作的目的。

＊错例:他为了身体比较弱,所以非常注意锻炼身体。

错用目的介词“为了”,误把它当作原因介词来用了。“身体弱”不是目的,任何人都不愿意自己身体弱;它是行为动作的原因,正因为身体弱,才“非常注意锻炼身体”。把“为了”与“因为”弄混了,应改为“因为”。

3. 但是: 转折连词。经常与“虽”、“虽然”搭配,放在后面的分句中与前面呼应,表示转折的语气。

＊错例:这样极可珍贵的作品,只剩了很不完整的一段,但是很可惜的。

全句读下来,根本没有转折的意思,却用了转折连词“但是”,显然是误用。前面的分句是介绍情况,后面的分句是对所介绍的情况,表示主观的态度,前后一意相承。应去掉“但是”和后面的“的”,改为“真是很可惜”。

4. 尽管: 连词。表示“姑且承认某种事实”,然后进行反向连接。如:尽管你说的有道理,可是并不符合事实。使用时有人经常与“不管”弄混。

＊错例:尽管大家怎样地劝慰她,她还是哭起来没个完。

此句是把“尽管”与“不管”弄混了,错把“尽管”当“不管”了。不管,表示不要任何条件,动作始终进行。下面比较两个连词的正确用法:

尽管大家一再地劝慰她,她还是哭起来没个完。

不管大家怎样地劝慰她,她还是哭起来没个完。

此句应将“尽管”改为“不管”。

5. 由于: 因果连词,提出事件发生的原因,常与“因而”、“因此”呼应配合。

＊错例:由于川西许多土特产畅销,因而引起成都市场日渐活跃。

“由于”是表示事件发生的原因,“因而”、“因此”表示事件的结果。此句前后两个分句没有因果关系,“土特产畅销”是市场活跃的表现,不是市场活跃的原因;市场活跃另有其他原因。可删掉“由于”、“因而”两个连词。全句变为“川西许多土特产畅销,成都市场日渐活跃”两种表现并列。

(三)否定不当

否定的表达在各种语言中都比较复杂,汉语也是如此,有的用直接的否定形式,有的用肯定的形式,有的是双重否定,使用不当很容易弄错,应时时加以注意。现举一些错例进行分析,提请大家注意:

＊1. 谁能否认今天的经济繁荣不是改革开放带来的成果呢?

这是反问形式的否定,其特点是肯定判断表示否定;否定判断表示肯定,形式表达与意图正好相反。此句正好把意思搞反了。“谁能否认”就是谁也不能否认,也就是承认。承认什么呢?承认“今天的经济繁荣不是改革开放带来的成果”,承认一个否定的命题。作者原意显然不是这样,应去掉“不”字,全句变成:“谁能否认今天的经济繁荣是改革开放带来的成果呢?”

＊2. 我实在忍不住不把心中最大的激动告诉给关心我的亲人们。

“忍不住”本身就是一个双重否定动词短语,是肯定的语气。后面又加上一层否定“不把”,结果成了对“不把”的肯定,这也和作者要表达的意思相反。应去掉后面的“不”字,全句变成:“我实在忍不住把心中最大的激动告诉给关心我的亲人们”。

＊3. 说话不能把话说绝,一定要留有余地,切忌莫说过头话。

“切忌”是一个表达否定意义的动词,后面又加了一个否定词“莫”,等于双重否定。双重否定就是肯定,就是鼓励“人们要说过头话”的意思,与前面的意思正好矛盾,应去掉“莫”字。

＊4. 这次事故的教训是深刻的,我们保证今后避免不再发生这类事

情。

“避免”本身就是否定动词,后面再加否定就是双重否定,结果又成了肯定的意义了,好像说:今后一定还要发生这类事情。应去掉“不”字。

*5. 难道作为一个年过古稀的老首长,就不可以闹特殊吗?

这也是一个反问形式的否定句。句子的本意是尽管老首长已经年过古稀了,但是也不能闹特殊。然而由于用错了否定,表达出来的意思与本意恰好相反。应去掉“不”字。

(四)词序不对

词在句子结构中充当不同的成分,并且由句法结构关系决定了它们要处于结构中的适当的位置上。词在句中的位置我们称之为词序,词序不对,也就是词的位置放得不合适,读起来会让人感到别扭、费解,有时候造成结构混乱,有时候会形成歧义,一个句子有两种理解,让人琢磨不定。这些都是写作中应该极力避免的。现将比较典型的举例如下:

*1. 内地的产品为什么不好销售,因为它们的质量不是比沿海的低,就是成本比沿海的高。

“不是……就是”是一对关联词语,应当放在前后两个分句的相对的同一位置上。此句中这对关联词语位置放得参差不齐(前者放在分句主语之后,后者放在分句主语之前了),读起来非常拗口。应调整为“因为它们不是质量比沿海的低,就是成本比沿海的高”。

*2. 做好在职干部学习新学期的准备工作。

“在职干部学习”与“新学期”次序颠倒了。“新学期”是修饰“在职干部学习”的,不是直接修饰“准备工作”的,应放到“在职干部学习”之前,变成“做好新学期在职干部学习的准备工作”。

*3. 原来是作品中的那些人物和故事的生动逗得他们发笑。

这是典型的欧化句法,修饰语和中心语位置互换,语法结构虽然讲得通,但不合汉语的表达习惯。应调整为“原来是作品中那些生动的人物和故事逗得他们发笑”。

＊4. 师长来团里检查工作，先找政委谈话，之后又找了其他几个团干部谈话，直到深夜才休息。

句中“其他”和“几个”次序颠倒了，句子产生了歧义。一个是指同一个团的除政委之外的其他团级干部；另一个是指这个团以外的其他几个团的干部。从这篇报道的整个内容来看，其实是前者。应把这两个词的位置颠倒过来。

＊5. 一位二十五岁的老工人的女儿考上了大学，大家都来祝贺。

主语中心词如果同时有几个定语，就要考虑定语的位置。此句主语的中心词是“女儿”，有两个定语：一个是“老工人”，一个是“二十五岁”。但是作者却把“二十五岁”放在“老工人”的前面，成为“老工人”的定语了。结果使句子出现了逻辑错误。“二十五岁”的工人如果进工厂的时间长，固然可以称为“老”，但绝对不会有“考上大学”的女儿。应将“二十五岁”移至“女儿”前，使其紧紧贴近主语中心词。全句变成“一位老工人的二十五岁的女儿考上了大学”。

＊6. 我们从这部著作中，完全可以看出他是如何对文字普及工作的重视了。

“如何”表示对工作重视的程度，应在“重视”的前面修饰“重视”，做“重视”的状语，现在却成了宾语子句的全句的状语了，而且语义变成真正的疑问了。其实整个的句子应是“……，完全可以看出他对文字普及工作是如何重视了”。

＊7. 最近，博物院展出了二千九百年前新出土的文物。

从字面上看，句子语义矛盾，实际上两个定语前后颠倒了。应改为“最近，博物院展出了新出土的二千九百年前的文物”。

＊8. 在讨论会上，大家建设性地发表了充分的意见。

此句状语和定语的位置颠倒：“建设性”应该是“意见”的定语，“充分”应该是“发表”的状语，现在的词序使语义极不顺畅。把二者颠倒过来，变成“在讨论会上，大家充分地发表了(许多)建设性的意见”，就顺畅多了。

＊9.《我的第一个师父》是记叙一个作者在童年时曾拜之为师的和尚的事迹。

数量短语做定语位置很重要，放在不同的名词前，就会成为不同名词的定语。所以，一定要弄清他到底是修饰哪个名词的，修饰哪个名词就紧放到哪个名词前面。此句的作者到底是“一个”还是几个，其实无须说明，因为有书在，可见它是修饰名词“和尚”的，应移至“和尚”的前面，变为：“《我的第一个师父》是记叙作者童年时曾拜之为师的一个和尚的事迹”。

＊10. 我怀着无限的敬意而又为她感到残废的难过的心情，目送她坐车远去了。

“为她感到残废”让人十分费解，到底是真残废，还只是感到残废呢？仔细分析才知道作者把词序弄错了。应是“为她的残废而感到”，全句便成为：“我怀着无限的敬意而又为她（的）残废感到难过的心情，目送她坐车远去了”。

（五）成分残缺

从理论上说，汉语的句子有六种成分，即主、谓、宾，定、状、补。但在应用中，并不是每句话六个成分都得齐全，根据表达需要有几个都可以，只要意思表达清楚就不算成分残缺。我们所说的成分残缺，是指应该有的成分缺少了，句子结构不完整，意思表达不清楚，这样才算成分残缺。如果在一定的上下文中，有意省略的成分、根据表达习惯隐含在语境中的成分，这些都能从语境中补充出来，也不算成分残缺。经常容易缺少的成分，主要是主语和宾语，有时也有谓语和定语等。

＊1. 文章论述了农业的重要性并展示了农村大有可为，使回乡青年受到很大的鼓舞。

前面的分句缺宾语。动词“展示”要求一个名词性宾语，即展示了什么；但是它后面的成分是“农村大有可为”，是一个主谓结构，不是名词性的，不能做“展示”的宾语，因而造成了宾语残缺。可将“农村大有可为”作为定语,后面加上“的前景”做宾语中心词。全句变成“……并展示了农村大有可为的前景”。

*2. 从中国人民感到自己落后被人侵凌之日起,就开始了自己的反抗。

全句没有主语,主语被介词的错位给掩盖了。应将介词“从”从句首移至“中国人民”后,把被掩盖的主语亮出来,让“中国人民”做实实在在的、名副其实的主语。句子则成为“中国人民从感到自己落后被人侵凌之日起,就开始了自己的反抗”。

*3. 汽车飞驰着,胜利公园、人民电影院闪在脑后,进入郊区了。

三个分句在时间上有承接关系,但语法结构是并列的,每一句都应有自己的主语,但是第三分句缺少主语。有人以为第三分句的主语是“汽车”承第一分句省略了。这是逻辑分析,不是句法结构自身表现出来的。第一分句是描写句,第三分句是陈述句,中间还有第二分句隔着,主语已经转换了,不能承接。这是主语转换而使主语残缺的典型例子。应在第三分句前面加上“我们”,补上主语。

*4. 凡机关、团体、工厂、企业的职工,在校的大中专学生,社会青年,[ ]利用业余时间,[ ]参加演唱。(某业余合唱团招生广告)

有[ ]框的地方都缺少必要的成分,前面缺少表示统括范围的副词状语;后面缺少承接性动词(谓语,部分残缺)。前面应加上“都可”,后面应加上“前来报名”使谓语部分完整起来:“凡……,都可利用业余时间,前来报名参加演唱”。

*5. 我们现在要做的第一位的工作,是稳定和提高干部。

此句的宾语部分,部分残缺,只有宾语部分的修饰语,没有宾语中心词。动词“稳定和提高”后面的“干部”不能充当完整的宾语,“稳定和提高干部的什么”没有说明,语义不明确,不完整。应改成:“稳定干部的情绪,提高干部的素质”。

(六)句式杂糅

不同结构的句子,表现为不同的模式,称为句式。说话和写作都要一句一句地说,每句话都应该说完整。就句式来说,就是一个句式一个句式地使用,不能在一句话里同时使用两种结构不同的句式;使用了就会造成句子结构的混乱,我们称之为“句式杂糅”。请看下面的例子:

*1. 热烈庆祝长春市朝阳区妇女代表大会即将召开!

这是将感叹句“热烈庆祝长春市朝阳区妇女代表大会的召开”与陈述句“长春市朝阳区妇女代表大会即将召开”两种不同句式套叠在一起,成为一个句子,造成了句子的结构混乱。改正的办法是根据需要选取上述两个句子中的一个。

*2. 他对自己的不良行为进行了反思感到后悔。

此句将“他对自己的不良行为进行了反思”和“他对自己做出不良行为感到后悔”两个句子捏到一起,使人认为他后悔的不是“不良行为”而是“对不良行为的反思”,结构混乱还让人产生误解。改正的办法是二者选一。

*3. 我们在安全生产方面做了很多工作是可行的。

将陈述句和判断句套叠在一起,造成了句子结构混乱。改正的办法是:或者用陈述句“我们在安全生产方面做了很多工作”;或者用判断句“我们在安全生产方面做的工作是可行的”。

*4. 我为有这样的一个朋友感到骄傲而十分自豪。

这是将一个陈述句和一个描写句套叠在一起,引起句式结构混乱。应分成两句话来说:“我为有这样的一个朋友感到骄傲”/“我为有这样的一个朋友而十分自豪”。或者删掉描写句的套子,把句子改成:“我为有这样的一个朋友感到骄傲和自豪”。句子结构和语义都清楚了。

*5. 这里,几年以后便会出现一片动人多么可喜的景象啊。

这是将判断句和感叹句套叠在一起的句子。或者改成:“这里,几年以后便会出现一片动人的可喜景象”;或者改成:“这里,几年以后将出现一片多么动人可喜的景象啊”。

二、常见的不合逻辑的错误及纠正

语言的正确使用，既要符合词语使用的规律，又要符合语法规则，同是还要符合逻辑。逻辑是思维的规律，它使人的思维清楚、有条理，符合客观实际，说出话来别人容易理解，所以语句的使用必须还要符合逻辑规律。所谓不合逻辑，既有词语使用的问题，也有语法结构的问题，更主要的是语义内容的问题。这里，我们主要从语义内容的表达方面归纳出一些常见的错误类型，供大家参考。

(一)概念混乱

概念由词和短语来表达。概念混乱主要指词和短语的使用，内容没有界定清楚，所指前后不一致，别人看了以后，不知道你说的究竟是什么。从逻辑上讲，有概念不清、偷换概念等错误。请看下面的例子：

*1. 这是一个歌舞片，大家都喜欢看，我也坐在屏幕前欣赏它的每一个艺术镜头。

"艺术镜头"是作者自己提出的概念。"镜头"前加上"艺术"就有一个分类的作用，就是把"镜头"分成"艺术镜头"和"非艺术镜头"两类。可什么是"艺术镜头"作者并没有解释，也就是说，对自己提出的概念没有界定。作者看的是歌舞片，就是大家常说的艺术片。那么，艺术片中的镜头，哪一个是"艺术"的，哪一个是"非艺术"的，人们怎么去划分呢？最简单的办法就是干脆把"艺术"两字删掉。

*2. 韩师傅父子的英雄行为，我们要发扬下去，实现四个现代化，就

需要这样的共产党员。

句中有两处语病：一是“……英雄行为，我们要发扬下去”；二是偷换概念，前面说的是“英雄行为”，后面变成“共产党员”了。“行为”是不能“发扬”的，可将“发扬下去”改为“大力提倡”。“英雄行为”和“共产党员”不是等同概念，不能暗中转换，可将“共产党员”改为“无名英雄”。全句变成“韩师傅父子的英雄行为，我们要大力提倡，实现四个现代化，就需要这样的无名英雄”。

*3. 流经干涸土地的河，肯定要渗进去的。

这仍然是概念混乱暗中转换的逻辑错误。前面的分句的主语是“河”，按句法结构分析后面分句的主语承前省略，也应是“河”，不过隐含起来罢了。但是实际上“渗进去”的是河水。“河”指的是河床或河道，它一经形成就会长时间存在，除非被淤平了或者改道了，否则它是不会“渗进去”的。渗进去的是河水，但是句中又没有出现，在暗中偷着转换了。

*4.《大清药王》跟《大宅门》没什么关系。

《大清药王》和《大宅门》是两部长篇电视连续剧，都是以北京老字号药店《同仁堂》为背景写成的。两位编剧不是一个人，彼此也没有约定、商量，写作的角度都不同，内容、情节、故事、人物也不一致；但是背景一致，题材相同。从写作过程看，可以说“没什么关系”，而从“背景”和“题材”看，又有一定的关系。文句并没有指明是写作过程，只提出两个电视剧的名字，让人不好理解。问题在于“关系”所表达的概念不清楚，不知指的是什么，指的是哪方面。

*5. 有人说“爱情是永恒的主题”，那么，一部没有写爱情的作品，不就成了没有主题的作品了吗？

这句话里“主题”这一概念出现两次，但内涵不同。前者指的是“主要题材”，后者指的是“中心思想”。说话人是按后面的概念来理解这个词的，并把前面的概念也作了同样的理解，用在同一个句子里，造成了概念使用的混乱。

(二)并列不当

句子的并列成分,从思维逻辑的角度要求,应该性质一致,地位相同、相等,彼此之间不能有交叉关系和包容关系。这与对事物的分类有关,在给事物分类时,一次只能使用同一个标准。用两个不同标准分出的类别应该分立,分开来说,不能并列在一起,否则就是并列不当。请看下面的例子:

*1. 家电、服装、化妆品、食品四大类、45 种商品,上千个品牌的调查结果隆重揭晓。

前面 4 项与“45 种商品”并列不当,它们也是“商品”,即包含在商品里面,不能并列在一起。究其原因是用错了一个“、”号,“四大类”后面不应用“、”号,改为“的”就没有逻辑错误了。

*2. 我场是北京市国营日用工业品的批发市场之一。当前主要经营:文具、纸张、体育文化用品、日用百货、化妆品、针棉织品、家用电器等。

此句中的并列成分层次混乱,“文化用品”、“日用百货”、“针棉织品”、“家用电器”是一个层次的;文具、纸张属于文化用品,化妆品属于日用百货是又一个层次,不能并列。可删掉“文具、纸张”和“化妆品”或改为“文具、纸张”等体育文化用品,化妆品等日用百货,针棉织品和家用电器等。

*3. 码头上停靠许多船只,船上装满了粮食、大米、面粉、食用油、衣服、被褥等救灾物资。

“大米、面粉”是从属于“粮食”的,粮食是上位概念,大米、面粉是粮食的下位概念,二者具有包容关系,不能并列。可删掉“大米、面粉”。

*4. 展览会开幕的第一天来参观的人便络绎不绝,有职员、工人、学生、军人和老人、妇女等上千人。

此句中的并列成分是用三个不同标准分类得出的结果,并列在一起,形成了一种交叉关系:前四项是用社会职业标准分出的类,“老人”是用年龄标准分出的类,“妇女”是用性别标准分出的类。把三个不同标准分出的类并列在一起,必然引起逻辑上的混乱,应去掉“老人”和“妇女”。

*5. 由于现今的政策好,许多“港商”和“台商”前来我市兴办“中港合资”和“中台合资”或港、台独资企业。

此句由于并列不当出现了政治性错误。香港和台湾是中国的两个地区,包括在中国版图之内,怎么能把地区同整个国家并列在一起呢?应改成“……兴办了多家‘大陆与香港合资’、‘大陆与台商合资’或港、台独资企业”。

(三)施受错位

施,施事,指动作行为的发出者,即主动者;受,受事,指动作行为的承受者,即被动者。施受错位则是指句中把主动者和被动者的地位弄颠倒了,造成与事实或者表达的本意完全相反的结果。请看下面的例子:

*1. 电器时代的到来,电器对人们的依赖越来越强。

不是“电器对人们的依赖”,而是人对电器的依赖,应把二者颠倒过来。

*2. 律师在执业中特别是参与刑事诉讼活动中,侵权时有发生。

律师在执业时,经常受到辱骂甚至殴打、被限制辩护等,律师是受侵权者,不是侵权的行为的实施者。这句话恰恰把“侵权”与“被侵权”弄颠倒了,应该改为“被侵权”时有发生。

*3. 卓别林的电影早在中国普遍放映过,所以卓别林对中国人并不陌生。

受各种原因和条件的限制,卓别林并没有来过中国,只是他演的电影被放映过,他本人对中国和中国人了解得并不多,怎么能说“不陌生”呢?原来说话人把施受关系弄颠倒了。应改为“所以,中国人对卓别林并不陌生”。

*4. 对于靠卖血来维持血源,各地的血站都显得无可奈何。

“卖血”就是把血卖出去,血站是血的供应单位,它就是血源。如果它把血都卖出去了,还怎么维持血源?实际上是血站靠买血和公民义务献血来维持血源的。这句话也是把施受关系颠倒了,应改为“对于单靠买血来维持血源”。

*5. 老王:“小刘,请你马上到我这里来一趟,有件急事!”小刘:“好,我马上就来。”

小刘的答话是说话角度的颠倒,是施受关系颠倒的特殊类型,现在成了一种普遍的趋势,成了一种“语言时髦”。从逻辑的角度来看,是说话人角色地位的颠倒,小刘应说:“好,我马上就去”。现在的说法是靠听话人的反向思维来理解的,至于能否成为大家公认的规范的说法,要看今后的流行趋势。

(四)自相矛盾

一句话的意思应该前后一致,不能一会儿肯定,一会儿否定;忽而这样,忽而那样。如果一句话的意思出现了上述情况,就叫做自相矛盾,这也是语言使用中常见的不合逻辑的错误。请看下面的例子:

*1. 船桨忽上忽下地拍打着水面,发出紊乱的节奏声。

由于用词不当而引起句子的语义自相矛盾。“紊乱”就是没有规律,而“节奏声”是指符合某种节拍的有规律的声响,二者搭配在一起必然是自相矛盾的。

*2. 除了上大课之外,分小班上习题课,是一种很好的形式,能够有针对性地解决学生的普遍问题。

“分小班上习题课”目的应该是解决个别学生或少数学生的特殊问题,现在把它说成是“解决学生的普遍问题”了,“学生的普遍问题”大课就应该解决,为什么还要“分小班”呢?手段与目的的关系应该是一致的,这里却说成是矛盾的了。

*3. 最近孩子的班主任老师对我说:“我有信心把孩子教好,但没有把握”。

“有信心”是坚定的肯定语气,“没有把握”是犹豫的语气,这两种思维活动是矛盾的,一个人不可能同时存在这两种矛盾对立的心理。应改为“我有决心把孩子教好”。

*4. 到了现场,几十双眼睛都盯住了那颗还没有被发现的定时炸弹上。

听说有人放了定时炸弹,安全部门派部队去搜寻,目的是发现定时炸弹以便及时排除。现在的情况是定时炸弹的具体位置还没有找到,几十双眼睛怎么可能盯住呢?没有具体目标,眼睛盯住的是什么呢?应改为:“几十双眼睛都集中所有的注意力在搜寻那颗还没有被发现的定时炸弹”。

*5. 作者没有充分认识到马克思主义学说有别于世界上一切学说,无产阶级革命有别于人类历史上任何阶级的革命。

“一切学说”包括了“马克思主义学说”在内,“任何阶级的革命”包括了“无产阶级革命”在内,还怎么“有别于”呢?难道说,自己有别于自己吗?这也是自相矛盾。应该说:“马克思主义学说有别于世界上其他学说,无产阶级革命有别于其他任何阶级的革命。”

(五)不合事理

句子表达的意思虽然是明确的,但与事实对照起来与理不合。有些是理由不充足,结论过于武断;有些是说出来的事实是根本不可能发生的;有些是结论与前提之间没有必然的联系。请看下面的例子:

*1. 一路上我们同行,但谁也没说什么,他在长辛店下的车,我断定他就是长辛店铁路工厂的工人。

结论过于武断,仅仅凭“在长辛店下车”怎么就能断定“他是长辛店铁路工厂的工人”呢?长辛店是一个地区,有各种不同的单位,住着各式各样的人,说话人根据一条不成理由的理由就下结论,不是过于武断了吗?

*2. 大约傍晚十点多钟,我来到了北京,一下车我就去瞭望北京的全

景。

且不说北京在十点多钟算不算傍晚，总是天黑了，这时候到什么地方能瞭望北京的全景呢？这恐怕是谁也做不到的事。

*3. 鬼子兵死了的，半死不活的，都躺在血泊里乱喊乱叫。

半死不活的能够乱喊乱叫，死了的还怎么能乱喊乱叫呢？

*4. 我们的"画法几何"课是由一位助教讲授的，他讲得平淡、肤浅，同学们听了都觉得吃力。

讲得"平淡、肤浅"应该很容易懂而且可能觉得没意思，怎么会觉得吃力呢？与常理不合。

*5. 在炎热的太阳下，在冰天雪地中，不间断地行军作战，以至把他的手指甲和脚指甲都冻掉了。

前提和结论联系不上。环境和条件是各种各样的，得到的结论只是各种条件之一的情况下产生的，"在炎热的太阳下"是不会把"手指甲"和"脚指甲""冻掉"的。前提具有普遍性，而结论却是特殊的。

*6. 人们都知道，牢固的记忆是建立在透彻的理解上的，要记得牢，首先就要理解得透，这就是背诵能起到帮助学生深入领会课文的作用的道理。

整个推理不合逻辑，首先是前提与结论没有联系。前提说的是记忆和理解的关系，结论却谈的是背诵。读者不知"背诵"是怎样提出来的，和记忆、理解究竟有什么关系？其次，结论的判断也是错误的，违背常理。一般的认识是，单纯的背诵就是死记硬背，它是不能帮助人理解的。

三、数字规范使用 12 问

数字在现代汉语书面语表达中有两套系统，一套是我国传统的汉字数字系统，一套是由外国引进的世界通行的阿拉伯数字系统。这两套数字系统在书面表达中没有明确的分工，往往混用，很不规范。有人曾用下面一段文字来说明数字使用的混乱不规范的情况：

“老鼠传染二十多种疾病。公元 6 世纪，罗马帝国在一次鼠疫中全国死了一半人。公元 14 世纪，鼠疫在欧洲流行，夺去了 2 千 5 百万人的生命。”

要使现代汉语书面表达中数字用法统一、规范，关键是对汉字数字和阿拉伯数字这两种系统在使用上做出比较明确和科学的分工。为此，由国家语言文字工作委员会、原国家出版局、原国家标准局等中央七部门于 1987 年 1 月 1 日联合颁布了《关于出版物上数字用法的试行规定》。在试行的基础上，经过研究、修订，1995 年 12 月 13 日国家技术监督局批准，发布了国家标准《出版物上数字用法的规定》，于 1996 年 1 月 1 日起正式实施。

下面根据国家标准《规定》的内容，针对数字使用的不规范现象，列出“数字规范使用 12 问”，供读者参考。

1.《规定》适用的范围是什么？

国家标准《出版物上数字用法的规定》适用于各级新闻报刊、普及性读物和专业性社会人文科学出版物。自然科学和工程技术出版物同样应用这个标准,并可制定专业性细则。这个标准不适用文学书刊和重排古籍。

2. 在什么情况下必须使用阿拉伯数字或汉字数字?

①统计表中的数值,如正负数(36、-15)、小数(125.03)、百分比(63%—68%)、分数(2/5、1/3)、比例(1:3)等必须使用阿拉伯数字。

②汉语中定型的词(一律、二倍体、三叶虫)词组(短语)(四书五经、八国联军、第四方面军)、成语(一衣带水、七上八下、三阳开泰)、惯用语(二一添作五、不管三七二十一)、缩略语(五讲四美三热爱、十一届三中全会)或具有修辞色彩的词语中作为语素的数字(白发三千丈、二八年华),必须使用汉字数字。

3. 记录时间,如何规范使用数字?

记录时间(世纪、年代、年、月、日、时刻)要求使用阿拉伯数字,有以下情况:

①公历世纪、年代、年、月、日

例:公元前 10 世纪/公元 1644 年/1999 年 10 月 1 日

②公历年份一般不简写

例:1990 年不应写作"九〇年"或"90 年"

③引文著录、行文注释、表格、索引、年表等的年、月、日

例:1994—09—30(读作 1994 年 9 月 30 日)

④时、分、秒的写法有以下两种:

例:4 时/15 时 40 分(下午 3 点 40 分)/8 时 15 分 16 秒

例:04:00(读作 4 时)/08:15 分(读作 8 时 15 分)/14:12:15(读作 14 时 12 分 15 秒)

记录时间(年、月、日)要求使用汉字数字的有以下情况:

①中国干支纪年和夏历(农历)月日

例:壬午年二月十五日/腊月(十二月)初八/正月(一月)初七/八月十五中秋节

②中国清代和清代以前的历史纪年、各民族的非公历纪年,不应与公

历年月混用，应采用阿拉伯数字括注公历的办法。

例：明嘉靖三十三年（公元 1554 年）/太平天国庚申十年九月二十四日（清咸丰十年九月二十日，公元 1860 年 11 月 2 日）/藏历阳木龙年八月二十六日（公元 1964 年 10 月 1 日）/日本庆应三年（公元 1867 年）

③含有月日简称表示事件、节日和其他意义的词组。其中一月、十一月、十二月用间隔号把月日的数字隔开，并外加引号，避免歧义。其他月份不用间隔号，是否用引号，视事件知名度而定。

例："一二·九"运动（12 月 9 日）/"一二·一"案件（12 月 1 日）/"一一·七"事件（11 月 7 日）

例：五四运动/七七事变/三八国际劳动妇女节/"九一三"事件/"六四"风波

4. 记录物理量时，怎样使用数字和单位？

①记录物理量量值，必须使用阿拉伯数字和法定计量单位。

例：300g/100kg—150kg/85.25m²/37℃—38℃/0.48A

②在小学、初中教科书、非专业科技书刊中，计量单位可使用中文符号。

例：538.8 千米/380 克/25.3 平方米/39.3℃摄氏度/6 安（培）

5. 记录非物理量时，怎样使用数字和单位？

①一般情况下使用阿拉伯数字。

例：85.3 万元/835 欧元/66 岁/4480 人/3.5 万册

②整数一到十，如果不是出现在具有统计意义的一组数字中，可以用汉字，但要保持局部体例的一致。如前后文中用阿拉伯数字，则整数一到十也应使用阿拉伯数字。

例：八个人/六本书/七个百分点/六种新产品/八条建议

例：截至 1984 年 9 月，我国高等学校有新闻系 6 个，新闻专业 7 个，新闻班 1 个，新闻教育教师 274 名，在校学生 1561 人。

6. 在表示概数和约数时，怎样使用数字？

①相邻的两个数字并列连用表示概数，必须使用汉字数字，连用的两

个数字之间不用间隔号。

例:七八米/二三天/六七个月/五六吨/二三十个/二千五六百元

②用“几”字的数字表示约数,必须用汉字数字。

例:三十几个人/几百年/十几天/一百几十次/几十万分之一

③用“多”“余”“左右”“上下”等表示约数时,一般用汉字数字,但为了保持局部体例上的一致,其约数也可用阿拉伯数字。

例:三百多件/约三千名/二十岁上下/五万元左右

例:该省从机动财力中拿出1900万元,调拨钢材3000多吨、水泥2万多吨、柴油1400吨,用于农田水利建设。

7. 记录代号、代码和序号时,怎样使用数字?

部队番号、文件编号、证件号码及其他序号一律用阿拉伯数字。

例:8341部队/国家标准GB2312—80/中办发[1990]7号文件/国内统一刊号CN11—1440/21/22次特别快车/维生素B6/HP—3000型电子计算机

8. 引文注释怎样使用数字?

①引文注释中的版次、卷次、页码,一律用阿拉伯数字。

例:列宁:《新生的中国》,见《列宁全集》,中文第2版,第22卷,208页,北京,人民出版社,1990。

刘少奇:《论共产员的修养》,修订第2版,76页,北京,人民出版社,1962。

例:许慎:《说文解字》,影印陈昌治本,126页,北京,中华书局,1963年。

②古籍应该跟所据版本一致使用汉字数字或阿拉伯数字。

例:许慎:《说文解字》,四部丛刊本,卷六上,十五页。

9. 使用数目较大的阿拉伯数字时,怎样使数字醒目、易读?

①专业性科技出版物中采用分节法。从小数点起,向左和向右每三位数字一组,组间空四分之一个汉字(二分之一个阿拉伯数字)的位置。

例:2 748 546/3.141 592 65

②非专业性科技出版物中可采用千分撇“,”分节的办法。小数、四位以内的整数不分节。

例:2,748,456/3.14159265/8703

③用阿拉伯数字书写的纯小数必须写出小数点前定位的“0”,小数点是齐底线的黑圆点。

例:0.46(不要写成 .46 或 0·46)

④尾数有多个“0”的整数数值,在非科技出版物中,一般可以用“万”“亿”为单位。

例:三亿四千五百万可写成 345,000,000,也可写成 34,500 万或 3.45 亿,但不可写成 3 亿 4 千 5 百万。

也就是说,在数值特别巨大时可以同时使用“亿”“万”,但不能同时使用“亿”“万”“千”“百”“十”。

10. 使用阿拉伯数字能否断开移行?

根据《规定》,用阿拉伯数字书写的数值应该避免断开移行,因为一旦断开,读者就难以快速准确无误认读。如果一行末尾的空间放不下一个完整的数值,那么就要把这一数值整个放到下一行的开头,大数值可用“亿”“万”作单位。

例:　　××××××

可写成　31865××××

不可写成　×××××31

　　　　865×××××

11. 使用阿拉伯数字书写数值范围时,能否使用浪纹式连接号“~”?

使用阿拉伯数字书写数值范围时可以使用浪纹式连接号“~”。“~”占一个字空间。

例:180 千米~200 千米/37℃~39℃/2600 元~3000 元/150m² ~ 180m²

12. 竖排文章中的数字怎样书写?

竖排文章中除必须保留的阿拉伯数字以外,应一律使用汉字数字。必须保留的阿拉伯数字,外文字母和符号都要按顺时针方向旋转 90 度。

例：　雪花牌BCD188型家用电冰箱容量是一百八，十八升功率为一百二十五瓦，市场售价两千零五十元，返修率仅为百分之零点一五。

【附】数字使用正误对照表

正	误	正	误
星期三	星期3	19世纪	十九世纪
八月十五中秋节	8月15中秋节	七八岁	7、8岁
大年三十	大年30	七上八下	7上8下
丁丑年三月十二日	丁丑年3月12日	一衣带水	1衣带水
嘉靖八年	嘉靖8年	80年代	八十年代
1992年	92年	“一二·九”运动	“一二九”运动
1950—1980年	1950—80年	五四运动	5·4运动
八国联军	8国联军	三百多件	300多件
白发三千丈	白发3000丈	二十岁上下	20岁上下
4.35万元	4万3千5百元	0.46	0·46
43500元	4万3千5百元	第四方面军	第4方面军
十几斤	10几斤	二三天	二、三天
二万五千里长征	25000里长征	7号文件	七号文件
《毛选》1卷 213页	《毛选》一卷 二一三页	《诗刊》2期	《诗刊》二期
		8时5分	八时五分

四、常见的标点符号使用错误及纠正

标点符号是辅助文字记录语言的符号，是书面语的有机组成部分，用来表示停顿、语气以及词语的性质和作用。正确使用标点符号对准确表达和理解语言、对汉语书写规范有重要的辅助作用。标点符号绝不是可有可无的。

1951年9月原中央人民政府出版总署公布了《标点符号用法》，共列了14种符号。过了40年，有关部门考虑到汉语书面语已由以直排为主改为以横排为主，标点符号用法也有了某些发展变化，为了使人们正确掌握标点符号用法，以准确表达文意，推动汉语书面语言的规范化，1990年3月由国家语言文字工作委员会和新闻出版署重新发布了修订后的《标点符号用法》，符号增加为16种。在此基础上又制定为国家标准，由国家技术监督局于1995年12月13日批准、发布，从1996年6月1日起实施。

下面我们列举出从报纸、刊物及其他文字材料中收集到的常见的使用标点符号的错误，并加以简要说明。

(一)句号的错误使用

句号是标点符号中句末点号的主要一种，表示句末的停顿的语气。在陈述句或语气舒缓的祈使句末尾都应用句号。

错误使用句号的常见情况有两类，其一是少用句号，就是应该用句号的地方用了逗号及其他符号,有人概括为“一逗到底”。

例1　吃菜用筷,喝汤用勺,这叫各有所能,各有所用,用勺品菜,勉为其难,用筷尝汤,那是胡来,人,如筷似勺,有其长,亦有其短,知人善任,就是用人之长,避人之短,当官如此,做教头亦如此。

这段话是用比喻的方法说明“知人善任”“用人所长”的道理。这段话包含五层意思,由五句话构成。第一句:从“吃菜用筷”到“各有所用”句末用“。”这句话是用比喻正面说明。第二句:从“用勺品菜”到“那是胡来”,句末用“。”。“勉为其难”后“,”改为“;”是用比喻反面说明。第三句:从“人”到“亦有其短”,由喻体“筷”“勺”转而对本体“人”的论述句末应用“。”。第四句:从“知人善任”到“避人之短”,句末用“。”。这句话是这段话的中心。第五句:是讲哪些人应懂得用人之道,用来开启下文。

例2　我刚生下来,父亲便因病离开了人世,为了分担家庭的负担,每逢放假,我便为生产队放牛挣工分,天长日久,我渐渐对牛产生了好感,我也不知道自己怎么就画起牛来的,也许画画的萌芽就是从牛开始的。

这段话,说了四层意思,由四句话构成。第一句:从“我刚生下来”到“离开了人世”,句末应用“。”。第二句:从“为了分担”到“挣工分”,句末应用“。”。第三句:从“天长日久”到“产生了好感”,句末应用“。”。最后是第四句话。

该用句号而用了逗号,有的人是怕隔断了意思上的联系。其实这是一种误解,一段话中的若干个句子彼此间是有联系的,但是联系有紧有松,联系较松的地方用句号断开,这样就会使层次结构清晰,更利于理解。

其二是多用句号。就是不应该用句号而用了句号。换句话说,就是把一句话拆成了两句或几句话。

例3　产生经费紧张的原因,一个是实在缺得太多。另一个是在教育战略目标、教育结构和教育经费使用效率上也存在一些问题。

例3是一句话,“缺得太多”后面的句号应改为逗号。“一个”和“另一个”在结构上是平等,分别说明上文的“原因”。

另外,有人认为在“但是”前边不能用句号,只能用逗号。其实,这也是一种错误的认识。在“虽然……但是……”或“尽管……但是……”两种句式中,“但是”前不能用句号。如果不是这两种句式,“但是”前可以用句号,也可以不用句号。

例4 1911年孙中山先生领导的辛亥革命,废除了封建帝制,创立了中华民国。但是,中国人民反对帝国主义和封建主义的历史任务还没有完成。(《中华人民共和国宪法·序言》)

例5 文化大革命已经成为我国社会主义历史过程中的一个阶段,总要总结,但是不必匆忙去做。

例4“但是”前用句号,例5“但是”前用逗号。

(二)问号的错误使用

《标点符号用法》规定:疑问句末尾的停顿,用问号“?”。这是问号的主要用法。问题是,什么是疑问句?有人认为只要句中有“谁”“什么”等疑问词就是疑问句,其实并非如此。“谁”“什么”等疑问词也可以出现在非疑问句中。一个句子是否为疑问句,要看它是不是有疑问语气,是不是希望对方回答。如果在非疑问句的末尾用了问号,那就是误用,这种现象很常见。

例6 江西省原副省长因受贿被判处死刑并伏法后,人们关注着检察机关对那些给胡长清行贿的人将如何处置?

例7 要懂得哥德巴赫猜想是怎么一回事?只需把早先在小学三年级里就学到过的数学再来温习一下。

例6句末的问号和例7“一回事”后的问号都应改为句号。

有的句子内有“是……还是……”、“是否”等也不一定是疑问句,也不能一律用问号。

例8 她独自走着,低着头,分不清下的是雨还是雪?

例9 大家关心的是,这样的冤案,今后在我们党内是否还会出现?

上述两个例句中的问号都应改为句号,因为全句是陈述句不是疑问句。

如果是倒装句式,问号要放在全句的末尾。

例10　明天学校还上课吗,张老师?

这句话不应写成:“明天学校还上课吗?张老师。”

另外问号还可以叠用,但也不能滥用。造成强烈的疑问语气,主要通过遣词造句,而不能靠同时使用几个问号取得。

例11　实现四个现代化的重任历史地落在我们这代年青人身上,我们应该怎样做才能不辜负人民的期望呢???

上例中三个问号叠用是多余的,应改为一个问号。

(三)叹号的错误使用

在感叹句的末尾,在语气强烈的祈使句、反问句的末尾用叹号,而不能在带有一般感情的陈述句末尾用叹号。

例12　面对这严峻的挑战,怎么办?实践告诉我们:只有开拓技术市场,实行技术商品化,才能使科学技术迅速转化为生产力!

例13　对烧伤面积达89.31%的丘财康,有的医生觉得无法挽救!

上述这两例中的叹号都应改为句号。

其次,叹号的错误使用还有一种表现,就是在句中使用叹号。叹号是句末的点号,是不允许用在句子当中的。有的人认为有语气词就应该用叹词,不管是不是在句末,这种用法是错误的。

例14　祖国壮丽的大自然啊!就像一块巨大的磁石强烈地吸引着游子的心。

例15　那醉人的绿呀!仿佛一张极大极大的荷叶铺着,满是奇异的绿呀。

上述两侧中的叹号都应改为逗号。

再次,关于叹号和问号并用的问题。在我们的书面语中有时可以看见叹号和问号并用在句末的现象。这表现在两种语言环境中,其一是用在带有强烈感情的反问句末：

例16 “什么?”男人强烈抗议道,“你以为我会随便退出娱乐圈吗?!”

例17 过来先吃碗饭！毒不死你！两碗老豆腐管什么事?!

其二是用在带有惊异语气的疑问句末：

例18 周朴园:鲁大海,你现在没有资格和我说话——矿上已经把你开除了。

鲁大海:开除了!?

叹号和问号并用不宜滥用,只用在上述两种情况中。其形式应统一为“?!”,在书写时占一个字的位置。

(四)逗号的错误使用

逗号是句内点号中使用最频繁的一种(其他三种是顿点、分号和冒号)。逗号的作用就是表示句子内部的一般性停顿。逗号的错误使用现象之一就是该用逗号的地方没有用,造成理解上的困难。

例19 《暂拟汉语教学语法系统》把语气词“的、地、得”,“了、着、过”三种毫不相干的词硬捏到“助词”一类里,就不能算是“科学的”,这个词类的定义就不好下,划分词类的标准也不好用。

在“语气词”和“的、地、得”之间要用逗号或加上“和”字。按上文的写法,读者很容易把“的、地、得”理解为语气词,而实际上“的、地、得”不是语气词而是结构助词。

逗号的错误使用现象之二就是多用逗号,把句子分割得过于细碎。

例20 总理听了,在黄昏的庭院里,停了脚步,两道浓眉下,闪着炯炯目光,深情地望着这个同志,激动地说:“在文化大革命中,我只有八个字:鞠躬尽瘁,死而后已!”

上例中第二个和第四个逗号应该删掉。

多用逗号还有一种具体现象,就是在该用别的标点符号的地方误用了逗号,特别是在该用句号的地方用了逗号,出现了上文提到的“一逗到底"的现象。

例21　10年改革,使北京市农场系统发生了巨大变化,1977年以前,国家平均每年要向农场系统补贴300万元,10年后的今天,国营农场系统已成为北京重要的农副产品供应基地。

这段话共有两层意思,由两句话构成。先是概括10年的巨大变化,第二个逗号应改为句号。"从1977年以前"开始是第二句话,是具体说明这个变化。这句话又可分为两小层,是对比地说明。"10年后的今天"前的逗号应改为分号。

(五)顿号的错误使用

顿号表示句子内部并列词语之间的停顿。词语包括词和短语(词组)。顿号在具体使用中出现的问题很多,概括起来就是"现在顿号用得太多,用得很乱"(叶圣陶语)。下面分别举例说明。

第一,词语间不是并列或不是同一层次的并列关系,不应使用顿号。

例22　他受到领导信任,单独掌管一个国家重点建设项目、大发电厂的拨款计划。

"国家重点建设项目"和"大发电厂的拨款计划"之间用顿号是错误的。"重点建设项目"就是"大发电厂",两者之间是同一关系,或称复指关系。应删去顿号,改用破折号"——"即改为"重点建设项目——大发电厂的拨款计划"。

例23　两国领导人对两国政府签署的贸易协定、投资保护协定、关于设立经济、贸易、技术联合委员会协定和科学技术合作协定表示满意。

这一段话共用了四个顿号,但不是同一层次关系上的并列。前二个顿号用在"协定"之间,后二个顿号用在"协定"名称内部并列词语之间,很显然,前后两者是两个不同的层面,都使用顿号,就可能引起理解上的混乱。前两个顿号应去掉,改为逗号,后两个顿号保留。

例24　艺术节期间还要举办形式多样的文艺评论活动、内容独特的文物、风情、美术、摄影展览，以及大规模的经贸活动。

这段话在使用顿号上与例23有同样的错误。共用了四个顿号。但内容是两个层次。第一个顿号用在“评论活动”和“内容独特的……展览”之间，这是一个大层次；后三个顿号用在“文物”“风情”“美术”“摄影”之间，这是一个层次。第一个顿号应删掉，改用逗号。

第二，没有停顿的并列词语之间不应使用顿号。

有人对顿号的使用存在一种错误认识，认为只要是并列词语之间就要用顿号。因此造成书面表达中顿号过多，过滥。其实没有停顿的并列词语之间就不应该使用顿号，使用了反而把句子拆得过碎，不利于阅读。

例25　当时才十来岁的我……耳濡目染，也就知道了京剧的一些知识，知道了许多流派，知道了生、旦、净、丑，唱念做打……

例26　“九五”期间各地要从经济建设大局出发，加大对农田基本建设的投资力度，宁肯少上几个楼、台、馆、所项目，也要把农田建设搞上去。

例27　众所周知，枪支、弹药，是保卫国防、打击敌人、防范犯罪的武器，应管好、用好。

例28　西安我在抗战期间住过一阵，大、小雁塔，碑林等都是跑空袭警报的时候去看过的。

上述各例中的“生旦净丑”“楼台馆所”“枪支弹药”“管好用好”“大小雁塔”等都是没有停顿的并列词语组成的词组，之间不应用顿号。汉语中那些由四个并列单音节组成的四字格词组中都不应用顿号，如“青红皂白”“煎炒烹炸”“生老病死”“酸甜苦辣”等等。

第三，表示概数的两个邻近数字之间不应使用顿号。

例29　精神状态要赶超广东、软硬建设环境需比上厦门，争取经济发展隔三、五年就上一个新台阶。

例30　在双方相持的四、五秒钟里，谢明右手掏出手枪，艰难地朝刘雄才扣动扳机。

“三五年”“四五秒”是一种概数的表示，用来说明时间短，中间不应用顿号。类似的还有“二三米”“三五天”“四十五六岁”“七八十种”“十之八九”等等都是表示概数,两个相邻的数字之间不用顿号。但是不表示概数,相邻两个数字连用是一种紧缩形式,这两个数字之间要用顿号。请看下例:

例31　向中顾委委员和退居二、三线的老同志系统地介绍了党的对外开放政策和特区建设的方针,以及几年来所取得的成就。

这里“二、三线”是“第二线”和“第三线”的紧缩形式,不是表示概数,之间应该用顿号。不应写成“二三线”。

第四,引号连用时,引号之间不宜用顿号。

在行文中连用的两个或两个以上引号之间是否用顿号,《标点符号用法》并没有明确规定,但在《标点符号用法》中确有引号连用不用顿号的实例。吕叔湘、朱德熙《语法修辞讲话》中也提出引号连用时不宜用顿号的问题。

例32　《奇异的性婚俗》案是去冬今春“扫黄”、“打非”中的特大案件。

此例中“扫黄”和“打非”之间的顿号宜删去。

(六)分号的错误使用

分号的主要作用是表示复句内部并列分句的停顿。

例33　语言,人们用来抒情达意;文字,人们用来记言记事。

例34　一根普通电话线,只能通三路电话;一条微波线路,可通十万路电话;而一条激光通讯线路,可以通一亿路电话!

这两个例句中分句间都用了分号,大家一比较就可以看出,它们与例35之间的区别。

分号的用法比较复杂,掌握起来较难,在使用中要特别注意。

分号使用错误的现象主要有以下几种:

其一,分号当作逗号使用,也就是没有区别开分号和逗号,在应使用逗号的地方却使用了分号。

例35　我要供正读中专的儿子;还要供养八十高龄的公婆。

这个复句虽由两个并列分句组成的复句,但其含义却不是并列的。因此分句间不必用分号,用逗号分开就可以了。

例 36 我希望每个人都能像松树一样具有坚强的意志和崇高的品质;我希望每个人都成为具有共产主义风格的人。

例 37 循循善诱固然令人感动;对民主党派推心置腹更令人感奋不已。

这两个例子与例 35 一样,不应使用分号,分号应改为逗号。

其二,在非并列关系的分句之间错误使用分号。前面说过,分号的主要作用是表示复句中并列分句之间的停顿。所以是否应该使用分号的关键是能否正确判断分句间的关系。

例 38 去年 12 月 13 日,在河北省香河县公安局的配合下,通县公安局破获了盗窃高压输电线路铁塔塔材的案件;抓获犯罪分子二十余人。

例 39 它不仅代表了 2100 多年以前,我国的养蚕、纺织、印染、刺绣和缝纫工艺方面所达到的高度水平;也显示出我国古代劳动人民的聪明智慧和惊人的创造才能。

上述两例中的分句间的关系都不是并列关系。例 38 是承接关系,例 39 是递进关系。这两个例子中的分号都应改为逗号。

例 40 对于一切犯错误的同志,要历史地全面地评价他们的功过是非,不要一犯错误就全盘否定;也不要纠缠历史上发生过而已经查清的问题和历史上犯过而已经纠正了的错误。

这个复句分两层含义,第一层在"功过是非"和"不要一犯错误就全盘否定"之间。"全盘否定"后的分号应改为逗号。

例 41 每逢我领到了津贴费,拿出钱来缴党费的时候;每逢我看着党小组长接过钱,在我的名字下面填上钱数的时候,我就不由得心里一热,想起 1934 年的秋天。

这个复句也分两层含义,第一层在"缴党费的时候"和"每逢我看着……"之间,第二层在"心里一热"和"想起了……"之间,二层间应用逗号。

其三,不能正确区别句号和分号,应该用句号的地方误用了分号,应该用分号的地方误用了句号。

例 42　李艳萍说着拿出了她的画册,里面有各种旗袍的图片,有两件套,三件套;那些是旗袍,又不是过去那样的旗袍,每件服装都闪烁着令人陶醉的东方色彩。

这一段话是由两句话构成的。两个句子分界在“三件套”和“那些是旗袍”之间。这里的分号应改为句号。

例 43　这样的“豪言壮语”,究竟出自谁人之口呢?不是别人,正是叛徒卖国贼林彪;它是否合乎马克思主义呢?它是赤裸裸的反马克思主义的谬论。

这段话也是由两句话构成。原文中的分号应改为句号。

例 44　浅处,水底卵石历历可见,轻舟过时,如箭离弦,惊心动魄。深处,绿水悠悠,黑不见底,从倒影中观青山,更觉清幽绰如。

例 45　鲸的种类很多,总的来说可以分为两大类:一类是须鲸,没有牙齿。一类是齿鲸,有锋利的牙齿。

这两个例句和例 42、43 正好相反,应用分号却用了句号把句子点断。“惊心动魄”后面,“没有牙齿”后面,句号都要改为分号。

(七)冒号的错误使用

冒号是句内点号的一种。它表示提示性、总括性、解释性话语或某些动词之后的停顿,用来提起下文。常见的冒号的错误使用,有以下几种:

其一,在句内不应停顿的地方错误使用冒号。

例 46　有的请他讲:“从小立志成才”,有的求他讲:“小学生守则”,有的从外地赶来为他录音,还有的让他讲什么都行……

例 47　至于我这位朋友,是写诗的,除了报刊杂志出版社与他经常书信来往以外,别人一般均无求于他,因此,他虽然也住在小楼区,倒也地道的是:“结庐在人境,而无车马喧”了。

例 48　不久,村里又在孙九堂的倡导下,接管并扩建了乡里的一所中学。1984年又办起了人不息第一个农民电大视听班,24名青年不出村就上了电大。傻吗?省教育厅在给孙旗屯村建造的纪念碑上却刻着:“办学功绩,永垂青史”八个大字。

上述三个例句中用冒号的地方,均无停顿的必要,冒号应删去。

其二,在句中停顿的地方应用冒号,却用了其他点号。

例49　记者案头放着一大摞观众来信,其中多数是农民、基层干部写的,也有农村教师、部队战士写的。一一阅看之后,一个来自广阔天地的呼声响在耳旁,电影,要关注八亿农民。

例50　当他在售票窗口付那八角钱的时候,心里还是在斗争着,去呢?还是不去?

例51　要改变那些长期不能令人满意的食堂的面貌,出路只有一条,改革。

上述三个例子有相同的问题:应该使用冒号表示带有解释性的词语之后的停顿,并引出解释。例49“一个……响在耳旁”后应用冒号;例50“心里还是在斗争着”后用冒号;例51“出路只有一条”后用冒号。原用逗号删去。

其三,句中出现双重冒号。

例52　以年龄一刀切的思想,已引起不可忽视的消极影响:《中国妇女报》报道:女干部40岁以上不招聘,45岁以上不培养,50岁以上不提升重用。

例53　也还有另一种论点:当作品涉及到某些阴暗现象的时候,有的同志会说:你写的现象虽然是真实的,但要考虑文艺的党性原则。

两例中第一个冒号都应改为句号。整段话由两个句子构成,第一句是概括性说明,第二句是具体阐述。

(八)引号的错误使用

引号要标示的是行文中直接引用的话、需要着重论述的对象和具有特殊含义的词语。引号的错误使用的具体表现有以下三类：

首先是对直接引用的话没有使用引号。

例 54　清华大学研究生会主席壮迁说，前几天，一名外国记者到清华大学采访时问我们，你们年复一年地纪念“一二·九”运动到底是为了什么？我们回答说，是为了继承光荣传统，在党的领导下奋发成才，建设四化。清华大学的同学们认为，我们前进的道路上还会遇到许多困难，必须依靠党的领导来克服。

在这段话里，“清华大学的同学认为……”是壮迁的原话，作者在这里是直接引用不是转述，应该在其上加引号，以明确标示。

其次是对没有特殊含义的词语却错误地使用引号。

例 55　引文要注意其“权威性”和“必要性”。要力求做到意义完整，逻辑清楚，观点明确，而不可断章取“义”，各取所“需”。

例 56　这本书写得还是太“赶”了，它的每一部分几乎都是“急就章”。

例 57　只要是革命工作我就要干，“嫌脏怕累”绝不是革命青少年应有的思想。

以上三例中，所用的引号都应删去，因为被引的词语都不是有特殊含义的，都不需要加引号特殊标示。

再次是行文中对作者着重论述的对象没有使用引号。

例 58　认知一词最早是承认父子关系的法律用语，后来又用于哲学，表示“认识”的意思。

这段话中，“认识”用了引号是没有必要的，而句首的“认知”是作者论述的对象应加引号。

例 59　然而，她还感到遗憾，总觉得有两个是字没有唱好。

此例中的“是”，恰恰应用引号标示，而作者却没有用。

（九）括号的错误使用

括号是标明行文中注释性（解释，补充说明）的话。括号的错误使用大体可分以下几种。

其一,不应用括号的地方使用括号。

用不用括号关键在于行文中需要不需要注释。如果是在用不着解释、补充说明的地方用括号就是多余的,如果把解释、补充说明的内容直接写入正文同样也不需要括号。

例 60 请务必在汇款单上写清姓名及详细地址。(部队代号前写明所在省、市、县名称)。在汇款单附言栏务必注明所报专业。

"部队代号……"应以正文出现,删去括号即可。

例 61 溪东大队十二户用一百八十五担牛粪在蔗田培育蘑菇,平均单产(每担牛粪产菇量)五十斤,比该大队室内栽培蘑菇增产五成以上。

"单产"就是"每担牛粪产菇量"这样行文显得累赘、啰嗦,应改为:删去括号,直接写"平均每担牛粪产菇量五十斤"。

例 62 拿一只小塑料袋(没有破损),排去其中的空气,使它的两壁贴紧(口部不封合)。

此例中的两处括号都应删去,改写成:拿一只没有破损的小塑料袋,排去其中的空气,使它的两壁贴紧,口部不封合。

其二,应该用括号却没用括号。

对解释、补充说明性的词语应加括号,如果不用,就会使注释和正文混在一起,给读者阅读造成困难。

例 63 原来这是钾正推开水中的氢离子——水分子是由一个氢离子和一个氢氧离子结合而成的,硬将自己代替氢离子而与氧离子"结合",变成氢氧化钾。

"水分子是由……"是补充说明,应加括号,删去破折号。另外,也应删去后面的引号。

例 64 说国殇的英雄形象是以屈原为代表的孔于丹浙之战,也就是丹阳之战的阵亡将士。这是对的。

"也就是丹阳之战"是"丹浙之战"的补充说明,应用括号。删去"也就是",第一个句号改为逗号。全句改成:谈国殇的英雄形象是以屈原为代表的孔于丹淅之战(丹阳之战)的阵亡将士,这是对的。

其三,句内括号的位置不当。

例 65　不久,国民议会迁到清皇的内宫凡尔赛去(在巴黎成西南十八公里)。

括号要紧跟在“凡尔赛”之后,把“去”移至最后,句号之前。

例 66　唯心论历来反映剥削阶级的利益,代表剥削阶级的意识形态,是“反动派的武器,反动派的宣传工具”。(列宁:《我们的取消派》)

括号内是对引号内容的注释,应紧贴在一起。句号应移至括号之后。

其四,与括号有关的点号的使用不对。

例 67　出版社除出了《读书生活》和《认识》两种杂志(均因抗战爆发而停刊。后一种杂志好像出了两期,现已很少为人所知,然而是很有分量的一种杂志。)外,还出了若干译著。

括号内的语句中可使用标点,而句末不能用,所以“一种杂志”后的句号应删去。

例 68　1861 年以后,那拉氏(慈禧)曾经在这里搞“垂帘听政”,(这是那拉氏直接掌管政权的一种形式。)指使大刽子手曾国藩、李鸿章、左宗棠等,并勾结帝国主义强盗,组织“洋枪队”,疯狂地镇压太平天国革命。

“垂帘听政”和括号的内容要紧贴在一起,其间的逗号移至括号后面。括号内的句号删去。

(十)破折号的错误使用

破折号的最常见的作用是引起解释性的语句,而用破折号最常见的错误也往往在于此。

例 69　这一切,使人们想起了解放前——一九三七年大旱五十天,赤地千里,四处逃荒的悲惨往事。

例 70　浙江萧山县广大贫下中农在有名的强潮河流——钱塘江口,筑起了拦海大堤,夺回了大片农田。

例69中“解放前”范围大,“一九三七年”范围小,两者不相等,应删掉破折号,用“的”字。例70中“强潮河流”应是“钱塘江”而不是“钱塘江口”。应改为“强潮河流——钱塘江的江口”。

有时用破折号取代其他标点也是错误的。

例71 《李自成——巾帼悲歌》是尤小刚执导的第一部历史题材的电视剧。

例72 一个士兵惊慌失措地跑进来向戒严司令报告:“不——不好了!工人冲了进来,挤上楼梯来了。我们用枪也拦不住。”

例71中“——”应改为间隔号“·”。

例72中“——”应删去,改用省略号“……”。

另外,应该使用破折号时又往往没有使用。

例73 这就是董毓德;橙橙的妈妈;阿才的老婆;美校的教师。

这里并列的词语间用了分号,很可能被误解,应该改为:“这就是董毓德——橙橙的妈妈、阿才的老婆、美校的教师。”

例74 计算机科学的另一个实用分支情报检索中,语言学的问题更具体。

这里应该用破折号,改为:“计算机科学的另一个实用分支——情报检索中,语言学的问题更具体。”

(十一)省略号的错误使用

使用省略号是标明行文中有省略了的话。但是,这种省略不是不必让读者知道的事,而是需要让读者知道,又要省略的,这时才用省略号。

例75 铁牛快到跟前时,只没头没脑听到这么一句:“……万家大门上那一张,是张神枪手贴的……”

这一例句中两次用省略号都是没有必要的,应该删去。“万家大门上那一张,是张神枪手贴的”这句话本身就是“没头没脑”的,不需要用省略号标明。

例 76　一位女大学生对布源说:“我并不指望您给我回信,只希望有人听我倾诉……”另一个女孩也说:“……深夜里拥被而坐,与你说话,从未打算要你解答问题,仅仅想开口低语一番。”

与前例同理,比例中的省略号也应删去。

在句子语意已尽或叙述已尽的地方不用省略号。

例 77　在燕山上下,太行山麓,秦岭南北,都留下了他新近的足迹……

例 78　轿夫的差事很辛劳,他们在山里抬上抬下时,那一前一后在崎岖的小径上一步一脚地走着的影子,犹如两棵饱经沧桑的松树在艰难地漫步岁月……

上述两例中的省略号当删,因语意已完整。

省略号和“等”“等等”不能同时使用,应删掉省略号。

例 79　宋庆龄、茅盾、周建人……等,都热心为本书撰稿和改稿。

例 80　在英国逗留期间,技术考察组参观访问了伦敦……等地的一些大学、科学研究机关和工厂,并同英国科学界的同行就一些学术问题进行了讨论。

(十二)书名号的错误使用

《标点符号用法》规定:书名、篇名、报纸名、刊物名等,用书名号标示。但在实际应用中,使用范围比规定的要宽,诸如法律规章、丛书、报刊专版名、绘画书法摄影等艺术作品等也都可以使用书名号。有人由此就错误地认为可以随意扩大书名号的使用范围,对产品、奖品、单位、活动、课程、竞赛、展览会、讨论会、交流会等等名称也都冠以书名号。

例 81　王教授昨天给三年级的学生讲授《教育心理学》课程。

例 82　由比利时世界文化艺术交流中心主办的《布鲁塞尔首届世界书画艺术作品展》,目前在比利时布鲁塞尔开幕。

例 83　木材检查人员执行公务时,必须持有《林政检查证》。

例 84　环顾四周，拜堂桌前贴着《百世流芳》《天地君亲师》的大字，桌前放着果子。

例 85　河南省首届《教育学》、《心理学》师资培训班于 3 月 15 日在郑州市蒙阳师范学校正式开学。

例 86　他们一天中要完成《学生宿舍内规整化卫生打分表》《学生宿舍内个人卫生打分表》的填写工作。

上述各例中的书名号都应改为引号。

（十三）连接号的错误使用

因为连接号的形式与破折号的形式很相近，所以在实际使用中常常把连接号写成破折号。

例 87　李四光向毛主席汇报，在我国，第三沉降带的呼伦贝尔——巴音和硕盆地、陕北——鄂尔多斯盆地、四川盆地；第二沉降带的松辽平原、包括渤海湾在内的华北大平原、江汉平原和北部湾；尤其是第一沉降带的黄海、东海和南海，都有天然石油和天然气。

例 88　青年旅社 1——7 月住房率比去年同期增长 4%。

上述两侧中占两字格的破折号，应该改为占一字格的连接号。

有时，该用连接号的地方却用了其他标点。

例 89　声调不仅是一种生理·物理现象，更重要的它是一种具有社会功能的能够区分语义的“语言现象”，因此，不能单纯地从生理·物理方面去注意。

“生理·物理现象”中使用间隔号是错误的，应该改为“生理—物理现象”。

【附】标点符号使用 17 问

1. 选择问句怎样使用问号？

选择问句是说话人提出几种可能的情况，希望对方加以选择做出回答。每种可能的情况构成一个选择项，几个选择项构成选择问句，在全句的末尾用问号，选择项之间用逗号。

例1　是那个年代更适合我们，还是我们在那个年龄上更快乐？

例2　你觉得在家里种地好，还是在这里学习好？

如果选择项比较短，选择项之间的停顿也比较短，甚至没有停顿，选择项之间也可以不用逗号，只在句末用问号。

例3　你是留下还是走？

例4　他是你哥哥还是弟弟？

如果强调每个选择句的独立性，几个选择项构成句群（句组），它们之间用“是……？还是……？”连接，在每个句子末尾都用问号。

例5　还是历来惯了，不以为非呢？还是丧了良心，明知故犯呢？

例6　这是在迷惘的梦中？还是在死亡的门前？

例7　究竟什么力量是强大的呢？生活？岁月？精神？

2. 有疑问词的句子是不是都用问号？

有疑问词的句子不一定都是疑问句，疑问句也可以用在非疑问句中。疑问句应该用问号，非疑问句就不应用问号。下面的例句中虽然有疑问词，但不是疑问句，所以不应该用问号。

例8　我不知道这件事是谁做的，但我猜做这件事的人一定对我们的情况比较熟悉。

例9　你告诉他我们这里都有什么规矩。

例8中有疑问代词“谁”；例9中有疑问词“什么”，但两句都是陈述句，不是疑问句，句末都不用问号。

3. 文章标题的末尾用不用句末点号？

文章的标题在文章之首，处于相对独立的位置上。标题一般只有一句话，并不处于句群之中，所以不存在句间停顿问题，标题末尾完全可以不用句末点号。但是，有一种特殊情况需要我们注意，就是句末点号与标题语义表达有密切关系，不用句末点号就会产生歧义，造成阅读上的困难，甚至起误导作用，在这种情况下，标题末尾就要用句末点号。

例 10　己所不欲,勿施于人=己之所欲,施之于人?

例 11　大幅面打印到头了?

例 12　今年太阳晒不得?

从三篇文章内容上看,如果标题末尾不用问号,就表达一种与作者原意完全相反的意思。

4. 公式、表格的末尾用不用句末点号?

在数理化等自然科学公式出现时,如果这个公式可以用语言读出来,我们就应该用标点符号,但句末的句号形式不是"。"而是"·"。

例 13　如果 A > B,B > C,那么 A < C.

在表格中,如果只有数字、单词,末尾不该用标点,如果有句子,就应该和一般语句一样使用句内标点和句末标点。

5. 为什么并列词语之间有时用逗号,有时用顿号?

并列词语之间如果没有停顿,就不用任何标点。例如:"他的父母很爱他","父母"之间就不用标点。"大中小学生""指战员""公安干警"等等都不用标点。并列词语有停顿,停顿较长就用逗号,停顿较短用顿号。长短当然是相对而言,依行文的人自由选择而定。一般习惯是并列词语作主语和宾语时用逗号和顿号都有。

例 14　战鼓声,金锣声,呐喊声,叫号声,啼哭声,马蹄声,车轮声,机器声,掺杂在一起,像千军万马混战了起来。

例 15　说话声、欢笑声、唱歌声、嬉闹声,响遍了整个海滩。

例 16　在延安,美的观念有更健康的内容,那就是整洁,朴素,自然。

例 17　西诺莱表演艺术的最大特点是纯朴、自然、真实。

例 14 和例 16 中并列词语作主语和宾语之间用逗号;例 15 和例 17 中并列词语作主语和宾语,之间用顿点。并列词语作定语,之间多用顿号;并列词语作状语,之间也多用顿号。

例 18　近日,我怀着万分崇敬的心情,瞻仰了这座巍峨、雄伟、庄严的纪念碑。

例 19　中国人在国际交往方面,应当坚决、彻底、干净、全部地消灭帝国主义。

例15中并列词语作定语;例16中并列词语作状语。

在一段话中,如果并列词语是多层次的,就用顿点表示较低层次的停顿,用逗号表示较高层次的停顿。

例20　最近几十年来,随着全球经济的发展,城市的扩大,人口的猛增,生活质量的变化、提高,城市和乡村的垃圾不断增加,垃圾处理成为困扰全球的严重问题之一。

例21　上海的越剧、沪剧、淮剧,安徽的黄梅戏,河南的豫剧,她都能来上几段。

上述两例典型地显示出逗号和顿号在标示不同层次停顿上的区别。

6. 在"某某说"的后面如何使用点号?

①"某某说"在引文的前边,它的后边用冒号。

例22　同伴让我一起去看看,我心情黯淡地说:"算了,不看了,你们去吧。"

例23　大家马上都立了起来:"怎啦?怎啦?"

在"五四"白话文运动初期的文章中,"某某说"的后边可以用逗号,现在这种用法已很少见了。

②"某某说"在引文的后边,它的后边用句号。

例24　"让大家知晓,有什么不好?我又不少了些什么。"他说。

例25　"大娘,您到哪里去?"雷锋赶上前去问道。

③"某某说"插在引文中间,它前后的引文是一个人的话,它后面要用逗号。

例26　"他不信,"砌成台子的全体石块一齐说,"马上给他看看,把他扔下去!"

例27　"啊!你也天天上班!"我把他搂在怀里说,"妈妈干啥去啦?"

如果"某某说"后面不是直接引文,而是转述大意,"某某说"的后面一般用逗号。

例28　女朋友去看了回来报告说,喜欢那套短打:紧身的悬短花色皮衣,很孩子气的。

7. 引文末尾标点的位置是在引号之内,还是在引号之外?

如果把引文当作完整独立的句子,那么引文末尾的标点放在引号之内。

例 29　总之,在任何工作中,都要记住:“虚心使人进步,骄傲使人落后。”

例 30　恩格斯说:“运动本身就是矛盾。”

如果把引文当作引用者自己话的一部分,那么引文的末尾不出现点号(问号、叹号除外)。

例 31　从火车上遥望泰山,几十年来有好些次了,每次想起“孔子登东山而小鲁,登泰山而小天下”那句话来,就觉得过而不登,像是欠下悠久的文化传统一笔债似的。

例 32　织女心里恨极了,望着两个可爱的女儿,一时说不出话来,只喊了一句“快去找爸爸”。

例 33　在护国寺街西口和新街口没有一个招呼“西苑哪? 清华哪?”的。

例 34　所以,先前是刊物的封面上画一个工人,手捏铁铲或鹤嘴镐,文中有“革命! 革命!”“打倒! 打倒!”者,一帆风顺,算是好的。

例 31、32 的引文末尾没有句号;例 33、34 引文末尾有“?”或“!”。

8. 冒号的提示范围究竟有多大?

冒号的作用是表示提示性话语之后的停顿,用来提起下文。一般说来,冒号的提示范围到本句的句末。

例 35　不用问,这孩子像我碰到的千百个孩子一样:工地里出生,工地里成长。

有时候冒号的提示范围只到句末的某处,而不是句末。

例 36　中间挂着一块匾道:三味书屋;匾下面是一幅画,画着一只很肥大的梅花鹿伏在古树下。

这句话中的冒号的提示范围只到“三味书屋”。

有时冒号的提示范围可以超出一个句子,可以管到几个句子,几个段落,甚至整篇文章。讲话稿、演说词中开头写“同志们:”“同学们:”,冒号就是起统领全文的作用。

例37　我想:希望是本无所谓有,无所谓无的。这正如地上的路;其实地上本没有路,走的人多了,也便成了路。

例38　概括地说是两句话:一是希望纪检部门的干部和全党同志,时时刻刻注意,在物质文明建设的同时,认真抓精神文明建设,两个文明一起抓。二是抓社会主义的精神文明,关键是搞好执政党的党风,提高共产党员的党性觉悟,坚定地保持共产主义的纯洁性。要同一切违反共产主义理想的错误言行,进行坚决斗争。

9. 什么是句内括号,什么是句外括号?

句内括号是只注释句子里的某个词语,必须处于紧贴着所注释的词语,中间不能被其他标点词语等隔开。

例39　让那些看不起民众、贱视民众、顽固的倒退的人们去赞美那贵族化的楠木(那是直挺秀颀的),去鄙视这极常见、极易生长的白杨树吧,我要高声赞美白杨树!

括号内的话是对“楠木”的注释,这样的括号就是句内括号。

句外括号是对整个句子的注释,处于整个句子之后。句外括号与句子之间有点号。

例40　又比如,某些语言里名词变格是适应句法上的需要,可是附加在名词上面的形容词也跟着变格,不免是重复,是不经济。(像拉丁语那样可以把名词和形容词分在两处,那么,形容词的变格又就有必要了。)

10. 括号内如何使用标点?

句内括号内的语句可以使用各种标点,但句末不能使用句号(可以使用问号、叹号)。

例41　我先看那后记(我读鲁迅先生的书,一向是这么读法),但是看完第一面就翻不开了;书没有切边。

例42　可是只要下雨(记得有一年足足下了一个月!)家里和面的瓦

盆，搪瓷脸盆，甚至尿盆就全得请出来，先是滴滴嗒嗒地漏，下大发了就哗哗地往下流。

句外括号内如果是一个完整的句子，那么句子末尾可以使用句号、问号或叹号。

例 43　一点事情都还没有办成，就让我这样破费，你说这有多刻薄；要是我这个人有点才能的话，这对整个国家又是多么刻薄！（我要感谢地说，现在我的发明算是被接受啦，而且还应用得不错呢。）

11. 破折号的前后需要不需要用其他标点？

在破折号引出注释性话语或分说词语时，破折号前一般不用标点。但表示话题或谈话对象突然转变，或语意有所跃进的时候，破折号前可用句末点号。

例 44　过了一会儿，又听见一个说："怎么，你们都走啦？难得来一趟，自由自在地洗个澡，也不多玩一会儿。——哎呀！我的衣裳哪儿去了？谁瞧见我的衣裳啦？"

例 45　嘿，几十层楼的高房子，两层楼的汽车，各种各样好看的好用的外国东西……老乡！人生一世，你也得去见识一下啊！——做满三年，以后赚的钱就归你啦！我们是同乡，有交情。——交给我带去，有什么三差两错，我还能回家乡吗？

破折号的后面不能用任何标点符号。

12. 省略号的前后能不能用其他标点？

如果省略号前面是一个完整的句子，应该在句子的末尾用句末点号。

例 46　夜正长，路也正长，我不如忘却，不说的好罢。但我知道，即使不是我，将来总会有记起他们，再说他们的时候的。……

如果省略号前面的句子不是一个完整的句子，原则上不加任何标点。省略号的后面一般不用其他标点。但如果省略号后面还有文字，为了表示这些文字跟省略号及省略号前的文字关系较远，可以在省略号后面加上句末点号。

例 47　现在创作上有一种长的趋向：短篇向中篇靠拢，中篇向长篇靠拢，长篇呢？一部，二部，三部……。当然也有长而优、非长不可的，但大多数是不必那么长，确有“水分”可挤的。

13. 书名或篇名的简称能否使用书名号？

书名或篇名的简称也可以使用书名号。全称和简称是等价的，只是在行文中为了节约文字才使用简称。

例 48　1996 年 6 月 1 日实施的《中华人民共和国国家标准标点符号用法》（简称《用法》）对此无明确规定。

例 49　《现代汉语词典》（1978 年）新增收了不少词目……当然，《现汉》的这些情况在修订本中大有改观。

14. 书报的版本、版别是放在书名号之内，还是放在书名号之外？

书报的版本、版别，如书报的“中文版”“修订版”“重排版”“海外版”等等一般地说不是书报名称的本身，而只是一个对书报的注释性的说明，因此应该把它们放在书名号之外，用括号括起来，紧贴在书名号之后；也可以不用括号括起来，直接写在书名号之后，或在书名号之前。如：黄伯荣、廖序东主编《现代汉语》（增订二版）

《北京大学学报》（社科版）

《语言文字报》（小学版）

《读者文摘》（中文版）

中文版的《读者文摘》

《读者文摘》中文版

另外法令、规定、方案、条例等的草案、试用稿等，往往用括号括起来放在书名号之内。如：

《汉语拼音正词法基本规则》（试用稿）

《中华人民共和国民事诉讼法（试行）》

《城市建设规划方案（草案）》

有的不用括号，直接写入书名。如：

《普通话异读词审音表初稿》

《现代汉语异形词规范表初稿》

15. 用数词表示历史事件名称时怎样加标点？

用数词表示历史事件名称时，应该在数词外加引号，一月、十一月、十二月这几个数词与后面所带的日期之间用间隔号。例如："一二·九"运动、"九·一八"事变。加引号是因为这些数词具有特殊含义，它们是某月某日的省略写法。使用间隔号是为了避免误解"一二·九"是12月9日，不是1月29日。

如果事件本身有名，不加引号也不会妨碍理解，可以不用引号。如：五一劳动节、六一儿童节、五四运动。

16. 序次语后面如何使用标点符号？

序次语包括表示序次的语词和数字。

常见序次语后面使用标点符号的情况如下：

第一，第二，第三，……后面用逗号。

首先，其次，再次，……后面用逗号。

一则，二则，三则，……后面用逗号。

一、二、三、……后面用顿号，或空一格。

1.2.3.……后面用"."。

(一)(二)(三)(四)……后面不用点号。

A.B.C.……后面用"."或空一格。

表示结构层次的序数，可以只用阿拉伯数字，在不同层次间用小圆点隔开。例如：1.1/1.1.1/1.1.2

1.1/1.2.1/1.2.2/1.2.3

如果只有两层，中间也可以用短横。例如：

1－1/1－2/1－3/2－1/2－2/2－3

17. 标点符号的位置都在哪儿？

①句号、问号、叹号、逗号、顿号、分号、冒号这七种点号占一个字的位置，可以放在一行的末尾，不能放在一行的开头。如果这七种点号正好赶上在一行之首，就要把它提到上一行的最后一个格内，和格内的汉字挤在一起。

②引号、括号、书名号的前半个不能放在一行的末尾，后半个不能放在另一行的开头。

③省略号和破折号都占两个字的位置，中间不能断开。不能出现前半截放在上行的末尾，后半截放在下行的开头。

④连接号和间隔号占一个字的位置。

⑤在横排的文稿、印刷品中，着重号、专名号和浪线式书名号标在字的下边；在直排的文稿、印刷品中，着重号标在字的右侧，专名号和浪线式的书名号标在字的左侧。

附　录

一、汉语拼音方案

一　字　母　表

字母：	Aɑ	Bb	Cc	Dd	Ee	Ff	Gg
名称：	ㄚ	ㄅㄝ	ㄘㄝ	ㄉㄝ	ㄜ	ㄝㄈ	ㄍㄝ
	Hh	Ii	Jj	Kk	Ll	Mm	Nn
	ㄏㄚ	ㄧ	ㄐㄧㄝ	ㄎㄝ	ㄝㄌ	ㄝㄇ	ㄋㄝ
	Oo	Pp	Qq	Rr	Ss	Tt	
	ㄛ	ㄆㄝ	ㄑㄧㄡ	ㄚㄦ	ㄝㄙ	ㄊㄝ	
	Uu	Vv	Ww	Xx	Yy	Zz	
	ㄨ	ㄪㄝ	ㄨㄚ	ㄒㄧ	ㄧㄚ	ㄗㄝ	

v只用来拼写外来语、少数民族语言和方言。

字母的手写体依照拉丁字母的一般书写习惯。

二　声　母　表

b	p	m	f	d	t	n	l
ㄅ玻	ㄆ坡	ㄇ摸	ㄈ佛	ㄉ得	ㄊ特	ㄋ讷	ㄌ勒
g	k	h		j	q	x	
ㄍ哥	ㄎ科	ㄏ喝		ㄐ基	ㄑ欺	ㄒ希	
zh	ch	sh	r	z	c	s	
ㄓ知	ㄔ蚩	ㄕ诗	ㄖ日	ㄗ资	ㄘ雌	ㄙ思	

在给汉字注音的时候，为了使拼式简短，zh ch sh 可以省作 ẑ ĉ ŝ。

三 韵母表

	i ㄧ 衣	u ㄨ 乌	ü ㄩ 迂
a ㄚ 啊	ia ㄧㄚ 呀	ua ㄨㄚ 蛙	
o ㄛ 喔		uo ㄨㄛ 窝	
e ㄜ 鹅	ie ㄧㄝ 耶		üe ㄩㄝ 约
ai ㄞ 哀		uai ㄨㄞ 歪	
ei ㄟ 欸		uei ㄨㄟ 威	
ao ㄠ 熬	iao ㄧㄠ 腰		
ou ㄡ 欧	iou ㄧㄡ 忧		
an ㄢ 安	ian ㄧㄢ 烟	uan ㄨㄢ 弯	üan ㄩㄢ 冤
en ㄣ 恩	in ㄧㄣ 因	uen ㄨㄣ 温	ün ㄩㄣ 晕
ang ㄤ 昂	iang ㄧㄤ 央	uang ㄨㄤ 汪	
eng ㄥ 亨的韵母	ing ㄧㄥ 英	ueng ㄨㄥ 翁	
ong (ㄨㄥ) 轰的韵母	iong ㄩㄥ 雍		

(1)“知、蚩、诗、日、资、雌、思”等七个音节的韵母用 i，即：知、蚩、诗、日、资、雌、思等字拼作 zhi，chi，shi，ri，zi，ci，si。

(2)韵母儿写成 er,用作韵尾的时候写成 r。例如:"儿童"拼作 ertong,"花儿"拼作 huar。

(3)韵母せ单用的时候写成 ê。

(4)i 行的韵母,前面没有声母的时候,写成 yi(衣),ya(呀),ye(耶),yao(腰),you(忧),yan(烟),yin(因),yang(央),ying(英),yong(雍)。

u 行的韵母,前面没有声母的时候,写成 wu(乌),wa(蛙),wo(窝),wai(歪),wei(威),wan(弯),wen(温),wang(汪),weng(翁)。

ü 行的韵母,前面没有声母的时候,写成 yu(迂),yue(约),yuan(冤),yun(晕);ü 上两点省略。

ü 行的韵母跟声母 j,q,x 拼的时候,写成 ju(居),qu(区),xu(虚),ü 上两点也省略;但是跟声母 n,l 拼的时候,仍然写成 nü(女),lü(吕)。

(5)iou,uei,uen 前面加声母的时候,写成 iu,ui,un。例如 niu(牛),gui(归),lun(论)。

(6)在给汉字注音的时候,为了使拼式简短,ng 可以省作 ŋ。

四　声调符号

阴平	阳平	上声	去声
ˉ	ˊ	ˇ	ˋ

声调符号标在音节的主要母音上。轻声不标。例如:

妈 mā	麻 má	马 mǎ	骂 mà	吗 ma
(阴平)	(阳平)	(上声)	(去声)	(轻声)

五　隔音符号

a,o,e 开头的音节连接在其他音节后面的时候,如果音节的界限发生混淆,用隔音符号(')隔开,例如:pi'ao(皮袄)。

关于重新发表《简化字总表》的说明

为纠正社会用字混乱，便于群众使用规范的简化字，经国务院批准重新发表原中国文字改革委员会于 1964 年编印的《简化字总表》。

原《简化字总表》中的个别字，作了调整。“叠”、“覆”、“像”、“囉”不再作“迭”、“复”、“象”、“罗”的繁体字处理。因此，在第一表中删去了“迭[叠]”、“象[像]”，“复”字字头下删去繁体字[覆]。在第二表“罗”字字头下删去繁体字[囉]，“囉”依简化偏旁“罗”类推简化为“啰”。“瞭”字读“liǎo”（了解）时，仍简作“了”，读“liào”（瞭望）时作“瞭”，不简作“了”。此外，对第一表“余[餘]”的脚注内容作了补充，第三表“讠”下偏旁类推字“雠”字加了脚注。

汉字的形体在一个时期内应当保持稳定，以利应用。《第二次汉字简化方案（草案）》已经国务院批准废止。我们要求社会用字以《简化字总表》为标准：凡是在《简化字总表》中已经被简化了的繁体字，应该用简化字而不用繁体字；凡是不符合《简化字总表》规定的简化字，包括《第二次汉字简化方案（草案）》的简化字和社会上流行的各种简体字，都是不规范的简化字，应当停止使用。希望各级语言文字工作部门和文化、教育、新闻等部门多作宣传，采取各种措施，引导大家逐渐用好规范的简化字。

国家语言文字工作委员会
1986 年 10 月 10 日

二、简化字总表

（1986 年新版）

第　一　表

不作简化偏旁用的简化字

本表共收简化字 350 个，按读音的拼音字母顺序排列。本表的简化字都不得作简化偏旁使用。

A

碍〔礙〕
肮〔骯〕
袄〔襖〕

B

坝〔壩〕
板〔闆〕
办〔辦〕
帮〔幫〕
宝〔寶〕
报〔報〕
币〔幣〕
毙〔斃〕
标〔標〕
表〔錶〕
别〔彆〕
卜〔蔔〕
补〔補〕

C

才〔纔〕
蚕〔蠶〕①
灿〔燦〕
层〔層〕
搀〔攙〕
谗〔讒〕
馋〔饞〕
缠〔纏〕②
忏〔懺〕
偿〔償〕
厂〔廠〕
彻〔徹〕
尘〔塵〕
衬〔襯〕
称〔稱〕
惩〔懲〕
迟〔遲〕
冲〔衝〕
丑〔醜〕
出〔齣〕
础〔礎〕
处〔處〕
触〔觸〕
辞〔辭〕

① 蚕：上从天，不从夭。
② 缠：右从廛，不从厘。

聪〔聰〕
从〔叢〕

D

担〔擔〕
胆〔膽〕
导〔導〕
灯〔燈〕
邓〔鄧〕
敌〔敵〕
籴〔糴〕
递〔遞〕
点〔點〕
淀〔澱〕
电〔電〕
冬〔鼕〕
斗〔鬥〕
独〔獨〕
吨〔噸〕
夺〔奪〕
堕〔墮〕

E

儿〔兒〕

F

矾〔礬〕
范〔範〕
飞〔飛〕
坟〔墳〕
奋〔奮〕
粪〔糞〕
凤〔鳳〕
肤〔膚〕
妇〔婦〕
复〔復〕
　〔複〕

G

盖〔蓋〕
干〔乾〕①
　〔幹〕
赶〔趕〕
个〔個〕
巩〔鞏〕
沟〔溝〕
构〔構〕
购〔購〕
谷〔穀〕
顾〔顧〕
刮〔颳〕
关〔關〕
观〔觀〕
柜〔櫃〕

H

汉〔漢〕
号〔號〕
合〔閤〕
轰〔轟〕
后〔後〕
胡〔鬍〕
壶〔壺〕
沪〔滬〕
护〔護〕
划〔劃〕
怀〔懷〕
坏〔壞〕②
欢〔歡〕
环〔環〕
还〔還〕
回〔迴〕
伙〔夥〕③
获〔獲〕
　〔穫〕

J

击〔擊〕
鸡〔鷄〕
积〔積〕
极〔極〕
际〔際〕
继〔繼〕
家〔傢〕
价〔價〕
艰〔艱〕
歼〔殲〕
茧〔繭〕
拣〔揀〕
硷〔鹼〕
舰〔艦〕
姜〔薑〕
浆〔漿〕④
桨〔槳〕
奖〔獎〕
讲〔講〕
酱〔醬〕
胶〔膠〕
阶〔階〕
疖〔癤〕
洁〔潔〕

---

① 乾坤、乾隆的乾读 qián(前),不简化。

② 不作坯。坯是砖坯的坯,读 pī(批),坏坯二字不可互混。

③ 作多解的夥不简化。

④ 浆、桨、奖、酱:右上角从夕,不从夕或爫。

借〔藉〕①
仅〔僅〕
惊〔驚〕
竞〔競〕
旧〔舊〕
剧〔劇〕
据〔據〕
惧〔懼〕
卷〔捲〕

K

开〔開〕
克〔剋〕
垦〔墾〕
恳〔懇〕
夸〔誇〕
块〔塊〕
亏〔虧〕
困〔睏〕

L

腊〔臘〕
蜡〔蠟〕
兰〔蘭〕
拦〔攔〕
栏〔欄〕
烂〔爛〕
累〔纍〕
垒〔壘〕
类〔類〕②
里〔裏〕
礼〔禮〕
隶〔隸〕
帘〔簾〕
联〔聯〕
怜〔憐〕
炼〔煉〕
练〔練〕
粮〔糧〕
疗〔療〕
辽〔遼〕
了〔瞭〕③
猎〔獵〕
临〔臨〕④
邻〔鄰〕
岭〔嶺〕⑤
庐〔廬〕
芦〔蘆〕
炉〔爐〕
陆〔陸〕
驴〔驢〕
乱〔亂〕

M

么〔麽〕⑥
霉〔黴〕
蒙〔矇〕
〔濛〕
〔懞〕
梦〔夢〕
面〔麵〕
庙〔廟〕
灭〔滅〕
蔑〔衊〕
亩〔畝〕

N

恼〔惱〕
脑〔腦〕
拟〔擬〕
酿〔釀〕
疟〔瘧〕

P

盘〔盤〕
辟〔闢〕
苹〔蘋〕
凭〔憑〕
扑〔撲〕
仆〔僕〕⑦
朴〔樸〕

Q

启〔啓〕
签〔籤〕
千〔韆〕
牵〔牽〕

---

① 藉口、凭藉的藉简化作借，慰藉、狼藉等的藉仍用藉。
② 类：下从大，不从犬。
③ 瞭：读 liǎo(了解)时，仍简作了，读 liào(瞭望)时作瞭，不简作了。
④ 临：左从一短竖一长竖，不从刂。
⑤ 岭：不作岺，免与岑混。
⑥ 读 me 轻声。读 yāo(夭)的么应作幺(么本字)。吆应作吆。麽读 mó(摩)时不简化，如幺麽小丑。
⑦ 前仆后继的仆读 pū(扑)。

纤〔縴〕
〔纖〕[①]
窍〔竅〕
窃〔竊〕
寝〔寢〕
庆〔慶〕[②]
琼〔瓊〕
秋〔鞦〕
曲〔麯〕
权〔權〕
劝〔勸〕
确〔確〕

R

让〔讓〕
扰〔擾〕
热〔熱〕
认〔認〕

S

洒〔灑〕
伞〔傘〕
丧〔喪〕
扫〔掃〕
涩〔澀〕
晒〔曬〕
伤〔傷〕
舍〔捨〕
沈〔瀋〕
声〔聲〕
胜〔勝〕
湿〔濕〕
实〔實〕
适〔適〕[③]
势〔勢〕
兽〔獸〕
书〔書〕
术〔術〕[④]
树〔樹〕
帅〔帥〕
松〔鬆〕
苏〔蘇〕
〔囌〕
虽〔雖〕
随〔隨〕

T

台〔臺〕
〔檯〕
〔颱〕
态〔態〕
坛〔壇〕
〔罎〕
叹〔嘆〕
誊〔謄〕
体〔體〕
粜〔糶〕
铁〔鐵〕
听〔聽〕
厅〔廳〕[⑤]
头〔頭〕
图〔圖〕
涂〔塗〕
团〔團〕
〔糰〕
椭〔橢〕

W

洼〔窪〕
袜〔襪〕[⑥]
网〔網〕
卫〔衛〕
稳〔穩〕
务〔務〕
雾〔霧〕

X

牺〔犧〕
习〔習〕
系〔係〕
〔繫〕[⑦]
戏〔戲〕
虾〔蝦〕
吓〔嚇〕[⑧]
咸〔鹹〕
显〔顯〕
宪〔憲〕

---

① 纤维的纤读 xiān(先)。

② 庆:从大,不从犬。

③ 古人南宫适、洪适的适(古字罕用)读 kuò(括)。此适字本作适,为了避免混淆,可恢复本字适。

④ 中药苍术、白术的术读 zhú(竹)。

⑤ 厅:从厂,不从广。

⑥ 袜:从末,不从未。

⑦ 系带子的系读 jì(计)。

⑧ 恐吓的吓读 hè(赫)。

县〔縣〕①
响〔響〕
向〔嚮〕
协〔協〕
胁〔脅〕
亵〔褻〕
衅〔釁〕
兴〔興〕
须〔鬚〕
悬〔懸〕
选〔選〕
旋〔鏇〕

Y

压〔壓〕②
盐〔鹽〕
阳〔陽〕
养〔養〕
痒〔癢〕
样〔樣〕
钥〔鑰〕
药〔藥〕
爷〔爺〕
叶〔葉〕③
医〔醫〕
亿〔億〕
忆〔憶〕
应〔應〕
痈〔癰〕
拥〔擁〕
佣〔傭〕
踊〔踴〕
忧〔憂〕
优〔優〕
邮〔郵〕
余〔餘〕④
御〔禦〕
吁〔籲〕⑤
郁〔鬱〕
誉〔譽〕
渊〔淵〕
园〔園〕
远〔遠〕
愿〔願〕
跃〔躍〕
运〔運〕
酝〔醞〕

Z

杂〔雜〕
赃〔贜〕
脏〔臟〕
〔髒〕
凿〔鑿〕
枣〔棗〕
灶〔竈〕
斋〔齋〕
毡〔氈〕
战〔戰〕
赵〔趙〕
折〔摺〕⑥
这〔這〕
征〔徵〕⑦
症〔癥〕
证〔證〕
只〔隻〕
〔祗〕
致〔緻〕
制〔製〕
钟〔鐘〕
〔鍾〕
肿〔腫〕
种〔種〕
众〔衆〕
昼〔晝〕
朱〔硃〕
烛〔燭〕
筑〔築〕
庄〔莊〕⑧
桩〔樁〕
妆〔妝〕
装〔裝〕
壮〔壯〕
状〔狀〕
准〔準〕
浊〔濁〕
总〔總〕
钻〔鑽〕

① 县：七笔。上从且。
② 压：六笔。土的右旁有一点。
③ 叶韵的叶读 xié(协)。
④ 在余和馀意义可能混淆时，仍用馀。如文言句“馀年无多”。
⑤ 喘吁吁、长吁短叹的吁读 xū(虚)。
⑥ 在折和摺意义可能混淆时，摺仍用摺。
⑦ 宫商角徵羽的徵读 zhǐ(止)，不简化。
⑧ 庄：六笔。土的右旁无点。

第 二 表

可作简化偏旁用的简化字和简化偏旁

本表共收简化字 132 个和简化偏旁 14 个。简化字按读音的拼音字母顺序排列，简化偏旁按笔数排列。

A

爱〔愛〕

B

罢〔罷〕
备〔備〕
贝〔貝〕
笔〔筆〕
毕〔畢〕
边〔邊〕
宾〔賓〕

C

参〔參〕
仓〔倉〕
产〔産〕
长〔長〕①
尝〔嘗〕②
车〔車〕
齿〔齒〕
虫〔蟲〕
刍〔芻〕
从〔從〕
窜〔竄〕

D

达〔達〕
带〔帶〕
单〔單〕
当〔當〕
　〔噹〕
党〔黨〕
东〔東〕
动〔動〕
断〔斷〕
对〔對〕
队〔隊〕

E

尔〔爾〕

F

发〔發〕
　〔髮〕
丰〔豐〕③
风〔風〕

G

冈〔岡〕
广〔廣〕
归〔歸〕
龟〔龜〕
国〔國〕
过〔過〕

H

华〔華〕

---

① 长：四笔。笔顺是：丿 ㇐ 𠄌 长。
② 尝：不是賞的简化字。賞的简化字是赏（见第三表）。
③ 四川省酆都县已改丰都县。姓酆的酆不简化作邦。

画〔畫〕
汇〔匯〕
〔彙〕
会〔會〕

J

几〔幾〕
夹〔夾〕
戋〔戔〕
监〔監〕
见〔見〕
荐〔薦〕
将〔將〕①
节〔節〕
尽〔盡〕
〔儘〕
进〔進〕
举〔舉〕

K

壳〔殼〕②

L

来〔來〕
乐〔樂〕
离〔離〕
历〔歷〕
〔曆〕
丽〔麗〕③
两〔兩〕
灵〔靈〕
刘〔劉〕
龙〔龍〕
娄〔婁〕
卢〔盧〕
虏〔虜〕
卤〔鹵〕
〔滷〕
录〔録〕
虑〔慮〕
仑〔侖〕
罗〔羅〕

M

马〔馬〕④
买〔買〕
卖〔賣〕⑤
麦〔麥〕
门〔門〕
黾〔黽〕⑥

N

难〔難〕
鸟〔鳥〕⑦
聂〔聶〕
宁〔寧〕⑧
农〔農〕

Q

齐〔齊〕
岂〔豈〕
气〔氣〕
迁〔遷〕
佥〔僉〕
乔〔喬〕
亲〔親〕
穷〔窮〕
区〔區〕⑨

S

啬〔嗇〕
杀〔殺〕
审〔審〕
圣〔聖〕
师〔師〕
时〔時〕
寿〔壽〕

---

① 将:右上角从夕,不从夕或爫。
② 壳:几上没有一小横。
③ 丽:七笔。上边一横,不作两小横。
④ 马:三笔。笔顺是㇆马马。上部向左稍斜,左上角开口,末笔作左偏旁时改作平挑。
⑤ 卖:从十从买,上不从士或土。
⑥ 黾:从口从电。
⑦ 鸟:五笔。
⑧ 作门屏之间解的宁(古字罕用)读 zhù(柱)。为避免此宁字与寧的简化字混淆,原读 zhù 的宁作宀。
⑨ 区:不作区。

属〔屬〕
双〔雙〕
肃〔肅〕①
岁〔歲〕
孙〔孫〕

T

条〔條〕②

W

万〔萬〕
为〔爲〕
韦〔韋〕
乌〔烏〕③
无〔無〕④

X

献〔獻〕
乡〔鄉〕
写〔寫〕⑤
寻〔尋〕

Y

亚〔亞〕
严〔嚴〕
厌〔厭〕
尧〔堯〕⑥
业〔業〕
页〔頁〕
义〔義〕⑦
艺〔藝〕
阴〔陰〕
隐〔隱〕
犹〔猶〕
鱼〔魚〕
与〔與〕
云〔雲〕

Z

郑〔鄭〕
执〔執〕
质〔質〕
专〔專〕

简化偏旁

讠〔言〕⑧
饣〔食〕⑨
𠃓〔昜〕⑩
纟〔糸〕
収〔臤〕
𫇧〔𤇾〕
𭕄〔臨〕
只〔戠〕
钅〔金〕⑪
𰃮〔𦥯〕
𠬤〔睪〕⑫
𢀖〔巠〕
亦〔䜌〕
呙〔咼〕

---

① 肃:中间一竖下面的两边从八,下半中间不从米。
② 条:上从夂,三笔,不从攵。
③ 乌:四笔。
④ 无:四笔。上从二,不可误作旡。
⑤ 写:上从冖,不从宀。
⑥ 尧:六笔。右上角无点,不可误作尧。
⑦ 义:从乂(读 yì)加点,不可误作叉(读 chā)。
⑧ 讠:二笔。不作⻈。
⑨ 饣:三笔。中一横折作乛,不作亅或点。
⑩ 𠃓:三笔。
⑪ 钅:第二笔是一短横,中两横,竖折不出头。
⑫ 睾丸的睾读 gāo(高),不简化。

第　三　表

应用第二表所列简化字和简化偏旁得出来的简化字

本表共收简化字 1753 个(不包含重见的字。例如“缆”分见“纟、𠂉、见”三部,只算一字),以第二表中的简化字和简化偏旁作部首,按第二表的顺序排列。同一部首中的简化字,按笔数排列。

爱

嗳〔噯〕
嫒〔嬡〕
叆〔靉〕
瑷〔璦〕
暧〔曖〕

罢

摆〔擺〕
〔襬〕
罴〔羆〕
䎬〔䎱〕

备

惫〔憊〕

贝

贞〔貞〕
则〔則〕
负〔負〕
贡〔貢〕
呗〔唄〕
员〔員〕
财〔財〕
狈〔狽〕
责〔責〕
厕〔厠〕
贤〔賢〕
账〔賬〕
贩〔販〕
贬〔貶〕
败〔敗〕
贮〔貯〕
贪〔貪〕
贫〔貧〕
侦〔偵〕
侧〔側〕
货〔貨〕
贯〔貫〕
测〔測〕
浈〔湞〕
恻〔惻〕
贰〔貳〕
贲〔賁〕
贳〔貰〕
费〔費〕
郧〔鄖〕
勋〔勛〕
帧〔幀〕
贴〔貼〕
贶〔貺〕
贻〔貽〕
贱〔賤〕
贵〔貴〕
钡〔鋇〕
贷〔貸〕
贸〔貿〕
贺〔賀〕
陨〔隕〕
涢〔溳〕
资〔資〕
祯〔禎〕
贾〔賈〕
损〔損〕
贽〔贄〕
埙〔塤〕
桢〔楨〕
唝〔嗊〕
唢〔嗩〕
赅〔賅〕
圆〔圓〕
贼〔賊〕
贿〔賄〕
赆〔贐〕
赂〔賂〕
债〔債〕
赁〔賃〕
渍〔漬〕
惯〔慣〕

琐〔瑣〕
赍〔賫〕
匮〔匱〕
掼〔摜〕
殒〔殞〕
勚〔勩〕
赈〔賑〕
婴〔嬰〕
啧〔嘖〕
赊〔賒〕
帻〔幘〕
偾〔僨〕
铡〔鍘〕
绩〔績〕
溃〔潰〕
溅〔濺〕
赓〔賡〕
愦〔憒〕
愤〔憤〕
蒉〔蕢〕
赍〔賫〕
蒇〔蕆〕
赌〔睛〕
赔〔賠〕

赕〔賧〕
遗〔遺〕
赋〔賦〕
喷〔噴〕
赌〔賭〕
赎〔贖〕
赏〔賞〕①
赐〔賜〕
赒〔賙〕
锁〔鎖〕
馈〔饋〕
赖〔賴〕
赪〔赬〕
碛〔磧〕
殨〔殨〕
赗〔賵〕
腻〔膩〕
赛〔賽〕
襀〔襀〕
赘〔贅〕
撄〔攖〕
槚〔檟〕
嘤〔嚶〕
赚〔賺〕

赙〔賻〕
罂〔罌〕
镄〔鐨〕
箦〔簀〕
鲗〔鰂〕
缨〔纓〕
璎〔瓔〕
聩〔聵〕
樱〔櫻〕
赜〔賾〕
篑〔簣〕
濑〔瀨〕
瘿〔癭〕
懒〔懶〕
赝〔贗〕
豮〔豶〕
赠〔贈〕
鹦〔鸚〕
獭〔獺〕
赞〔贊〕
赢〔贏〕
赡〔贍〕
癞〔癩〕
攒〔攢〕

籁〔籟〕
缵〔纘〕
瓒〔瓚〕
臜〔臢〕
赣〔贛〕
趱〔趲〕
躜〔躦〕
戆〔戇〕

笔

滗〔潷〕

毕

荜〔蓽〕
哔〔嗶〕
筚〔篳〕
跸〔蹕〕

边

笾〔籩〕

宾

傧〔儐〕
滨〔濱〕

摈〔擯〕
嫔〔嬪〕
缤〔繽〕
殡〔殯〕
槟〔檳〕
膑〔臏〕
镔〔鑌〕
髌〔髕〕
鬓〔鬢〕

参

渗〔滲〕
惨〔慘〕
掺〔摻〕
骖〔驂〕
毵〔毿〕
瘆〔瘮〕
碜〔磣〕
穇〔穇〕
糁〔糝〕

仓

伧〔傖〕

① 赏:不可误作尝。尝是嘗的简化字(见第二表)。

创〔創〕
沧〔滄〕
怆〔愴〕
苍〔蒼〕
抢〔搶〕
呛〔嗆〕
炝〔熗〕
玱〔瑲〕
枪〔槍〕
戗〔戧〕
疮〔瘡〕
鸧〔鶬〕
舱〔艙〕
跄〔蹌〕

产

浐〔滻〕
萨〔薩〕
铲〔鏟〕

长

伥〔倀〕
怅〔悵〕
帐〔帳〕
张〔張〕
枨〔棖〕
账〔賬〕
胀〔脹〕
涨〔漲〕

尝

鲿〔鱨〕

车

轧〔軋〕
军〔軍〕
轨〔軌〕
厍〔厙〕
阵〔陣〕
库〔庫〕
连〔連〕
轩〔軒〕
诨〔諢〕
郓〔鄆〕
轫〔軔〕
轭〔軛〕
匦〔匭〕
转〔轉〕
轮〔輪〕
斩〔斬〕
软〔軟〕
浑〔渾〕
恽〔惲〕
砗〔硨〕
轶〔軼〕
轲〔軻〕
轱〔軲〕
轷〔軤〕
轻〔輕〕
轳〔轤〕
轴〔軸〕
挥〔揮〕
荤〔葷〕
轹〔轢〕
轸〔軫〕
轺〔軺〕
涟〔漣〕
珲〔琿〕
载〔載〕
莲〔蓮〕
较〔較〕
轼〔軾〕
轾〔輊〕
辂〔輅〕
轿〔轎〕
晕〔暈〕
渐〔漸〕
惭〔慚〕
皲〔皸〕
琏〔璉〕
辅〔輔〕
辄〔輒〕
辆〔輛〕
堑〔塹〕
啭〔囀〕
崭〔嶄〕
裤〔褲〕
裢〔褳〕
辇〔輦〕
辋〔輞〕
辍〔輟〕
辊〔輥〕
椠〔槧〕
辎〔輜〕
暂〔暫〕
辉〔輝〕
辈〔輩〕
链〔鏈〕
翚〔翬〕
辏〔輳〕
辐〔輻〕
辑〔輯〕
输〔輸〕
毂〔轂〕
辔〔轡〕
辖〔轄〕
辕〔轅〕
辗〔輾〕
舆〔輿〕
辘〔轆〕
撵〔攆〕
鲢〔鰱〕
辙〔轍〕
錾〔鏨〕
辚〔轔〕

齿

龀〔齔〕
啮〔嚙〕
龆〔齠〕
龅〔齙〕
龃〔齟〕
龄〔齡〕
龇〔齜〕
龈〔齦〕
龉〔齬〕
龊〔齪〕
龌〔齷〕
龋〔齲〕

虫

蛊〔蠱〕

刍

诌〔謅〕
㑇〔㑳〕
邹〔鄒〕
㤘〔㥮〕
驺〔騶〕
绉〔縐〕
皱〔皺〕
趋〔趨〕
雏〔雛〕

从

苁〔蓯〕
纵〔縱〕
枞〔樅〕
怂〔慫〕
耸〔聳〕

窜

撺〔攛〕
镩〔鑹〕
蹿〔躥〕

达

㳠〔澾〕
闼〔闥〕
挞〔撻〕
哒〔噠〕
鞑〔韃〕

带

滞〔滯〕

单

郸〔鄲〕
惮〔憚〕
阐〔闡〕
掸〔撣〕
弹〔彈〕
婵〔嬋〕
禅〔禪〕
殚〔殫〕
瘅〔癉〕
蝉〔蟬〕
箪〔簞〕
蕲〔蘄〕
冁〔囅〕

当

挡〔擋〕
档〔檔〕
裆〔襠〕
铛〔鐺〕

党

谠〔讜〕
傥〔儻〕
镋〔钂〕

东

冻〔凍〕
陈〔陳〕
岽〔崬〕
栋〔棟〕
胨〔腖〕
鸫〔鶇〕

动

恸〔慟〕

断

簖〔籪〕

对

怼〔懟〕

队

坠〔墜〕

尔

迩〔邇〕
弥〔彌〕
〔瀰〕
祢〔禰〕
玺〔璽〕
猕〔獼〕

发

泼〔潑〕
废〔廢〕
拨〔撥〕
钹〔鈸〕

丰

沣〔灃〕
艳〔艷〕
滟〔灩〕

风

讽〔諷〕
沨〔渢〕
岚〔嵐〕
枫〔楓〕
疯〔瘋〕
飒〔颯〕
砜〔碸〕
飓〔颶〕
飔〔颸〕
飕〔颼〕
飗〔飀〕
飘〔飄〕
飙〔飆〕

冈

刚〔剛〕
㧏〔掆〕
岗〔崗〕
纲〔綱〕
㭎〔棡〕
钢〔鋼〕

广

邝〔鄺〕

圹〔壙〕
扩〔擴〕
犷〔獷〕
纩〔纊〕
旷〔曠〕
矿〔礦〕

归

岿〔巋〕

龟

阄〔鬮〕

国

掴〔摑〕
帼〔幗〕
腘〔膕〕
蝈〔蟈〕

过

挝〔撾〕

华

哗〔嘩〕
骅〔驊〕
烨〔燁〕
桦〔樺〕
晔〔曄〕
铧〔鏵〕

画

婳〔嫿〕

汇

㧟〔擓〕

会

刽〔劊〕
郐〔鄶〕
侩〔儈〕
浍〔澮〕
荟〔薈〕
哙〔噲〕
狯〔獪〕
绘〔繪〕
烩〔燴〕
桧〔檜〕
脍〔膾〕
鲙〔鱠〕

几

讥〔譏〕
叽〔嘰〕
饥〔饑〕
机〔機〕
玑〔璣〕
矶〔磯〕
虮〔蟣〕

夹

郏〔郟〕
侠〔俠〕
陕〔陝〕
浃〔浹〕
挟〔挾〕
荚〔莢〕
峡〔峽〕
狭〔狹〕
惬〔愜〕
硖〔硤〕
铗〔鋏〕
颊〔頰〕
蛱〔蛺〕
瘗〔瘞〕
箧〔篋〕

戋

刬〔剗〕
浅〔淺〕
饯〔餞〕
线〔綫〕
残〔殘〕
栈〔棧〕
贱〔賤〕
盏〔盞〕
钱〔錢〕
笺〔箋〕
溅〔濺〕
践〔踐〕

监

滥〔濫〕
蓝〔藍〕
尴〔尷〕
槛〔檻〕
褴〔襤〕
篮〔籃〕

见

苋〔莧〕
岘〔峴〕
觃〔覎〕
视〔視〕
规〔規〕
现〔現〕
枧〔梘〕
觅〔覓〕
觉〔覺〕
砚〔硯〕
觇〔覘〕
览〔覽〕
宽〔寬〕
蚬〔蜆〕
觊〔覬〕
笕〔筧〕
觋〔覡〕
觌〔覿〕
靓〔靚〕
搅〔攪〕
揽〔攬〕
缆〔纜〕
窥〔窺〕
榄〔欖〕
觎〔覦〕
觏〔覯〕
觐〔覲〕
觑〔覷〕
髋〔髖〕

荐

鞯〔韀〕

将

蒋〔蔣〕
锵〔鏘〕

节

栉〔櫛〕

尽

浕〔濜〕
荩〔藎〕
烬〔燼〕
赆〔贐〕

进

琎〔璡〕

举

榉〔櫸〕

壳

悫〔愨〕

来

涞〔淶〕
莱〔萊〕
崃〔崍〕
徕〔徠〕
赉〔賚〕
睐〔睞〕
铼〔錸〕

乐

泺〔濼〕
烁〔爍〕
栎〔櫟〕
轹〔轢〕
砾〔礫〕
铄〔鑠〕

离

漓〔灕〕
篱〔籬〕

历

沥〔瀝〕
坜〔壢〕
苈〔藶〕
呖〔嚦〕
枥〔櫪〕
疬〔癧〕
雳〔靂〕

丽

俪〔儷〕
郦〔酈〕
逦〔邐〕
骊〔驪〕
鹂〔鸝〕
酾〔釃〕
鲡〔鱺〕

两

俩〔倆〕
唡〔啢〕
辆〔輛〕
满〔滿〕
瞒〔瞞〕
颟〔顢〕
螨〔蟎〕
魉〔魎〕
懑〔懣〕
蹒〔蹣〕

灵

棂〔欞〕

刘

浏〔瀏〕

龙

陇〔隴〕
泷〔瀧〕
宠〔寵〕
庞〔龐〕
垄〔壟〕
拢〔攏〕
茏〔蘢〕
咙〔嚨〕
珑〔瓏〕
栊〔櫳〕
䶮〔龑〕
昽〔曨〕
胧〔朧〕
砻〔礱〕
袭〔襲〕
聋〔聾〕
龚〔龔〕
龛〔龕〕
笼〔籠〕
詟〔讋〕

娄

偻〔僂〕
溇〔漊〕
蒌〔蔞〕
搂〔摟〕
嵝〔嶁〕
喽〔嘍〕
缕〔縷〕
屡〔屢〕
数〔數〕
楼〔樓〕
瘘〔瘻〕
褛〔褸〕
窭〔窶〕
瞜〔瞜〕
镂〔鏤〕
屦〔屨〕
蝼〔螻〕
篓〔簍〕
耧〔耬〕
薮〔藪〕
擞〔擻〕
髅〔髏〕

卢

泸〔瀘〕
垆〔壚〕
栌〔櫨〕
轳〔轤〕
胪〔臚〕
鸬〔鸕〕
颅〔顱〕
舻〔艫〕
鲈〔鱸〕

虏

掳〔擄〕

卤

鹾〔鹺〕

录

箓〔籙〕

虑

滤〔濾〕
摅〔攄〕

仑

论〔論〕
伦〔倫〕
沦〔淪〕
抡〔掄〕
囵〔圇〕
纶〔綸〕
轮〔輪〕
瘪〔癟〕

罗

萝〔蘿〕
啰〔囉〕
逻〔邏〕
猡〔玀〕
椤〔欏〕
锣〔鑼〕
箩〔籮〕

马

冯〔馮〕
驭〔馭〕
闯〔闖〕
吗〔嗎〕
犸〔獁〕
驮〔馱〕
驰〔馳〕
驯〔馴〕
妈〔媽〕
玛〔瑪〕
驱〔驅〕
驳〔駁〕
码〔碼〕
驼〔駝〕
驻〔駐〕
驵〔駔〕
驾〔駕〕
驿〔驛〕
驷〔駟〕
驶〔駛〕
驹〔駒〕
驺〔騶〕
骀〔駘〕
驸〔駙〕
驽〔駑〕
骂〔罵〕
蚂〔螞〕
笃〔篤〕
骇〔駭〕
骈〔駢〕
骁〔驍〕
骄〔驕〕
骅〔驊〕
骆〔駱〕
骊〔驪〕
骋〔騁〕
验〔驗〕
骏〔駿〕
骎〔駸〕
骑〔騎〕
骐〔騏〕
骒〔騍〕
骓〔騅〕
骖〔驂〕
骗〔騙〕
骘〔騭〕
骛〔騖〕
骚〔騷〕
骞〔騫〕
骜〔驁〕
蓦〔驀〕
腾〔騰〕
骝〔騮〕
骟〔騸〕
骠〔驃〕
骢〔驄〕
骡〔騾〕
羁〔羈〕
骤〔驟〕
骥〔驥〕
骧〔驤〕

买

荬〔蕒〕

卖

读〔讀〕
渎〔瀆〕
续〔續〕
椟〔櫝〕
觌〔覿〕
赎〔贖〕
犊〔犢〕
牍〔牘〕
窦〔竇〕
黩〔黷〕

麦

唛〔嘜〕
麸〔麩〕

门

闩〔閂〕

闪〔閃〕
们〔們〕
闭〔閉〕
闯〔闖〕
问〔問〕
扪〔捫〕
闱〔闈〕
闵〔閔〕
闷〔悶〕
闰〔閏〕
闲〔閑〕
间〔間〕
闹〔鬧〕①
闸〔閘〕
钔〔鍆〕
阂〔閡〕
闺〔閨〕
闻〔聞〕
闼〔闥〕
闽〔閩〕
闾〔閭〕
闿〔闓〕
[illegible]〔[illegible]〕
阁〔閣〕
阀〔閥〕
润〔潤〕
涧〔澗〕
悯〔憫〕
阆〔閬〕
阅〔閱〕
阃〔閫〕
阄〔鬮〕②
[illegible]〔[illegible]〕
娴〔嫻〕
阏〔閼〕
阈〔閾〕
阉〔閹〕
阊〔閶〕
阍〔閽〕
阌〔閿〕
阋〔鬩〕③
阐〔闡〕
阎〔閻〕
焖〔燜〕
阑〔闌〕
裥〔襇〕
阔〔闊〕
痫〔癇〕
鹇〔鷳〕
阕〔闋〕
阒〔闃〕
搁〔擱〕
锏〔鐧〕
锎〔鐦〕
阙〔闕〕
阖〔闔〕
阗〔闐〕
榈〔櫚〕
简〔簡〕
谰〔讕〕
阚〔闞〕
蔺〔藺〕
澜〔瀾〕
斓〔斕〕
㘓〔囒〕
镧〔鑭〕
躏〔躪〕

黾

渑〔澠〕
绳〔繩〕
鼋〔黿〕
蝇〔蠅〕
鼍〔鼉〕

难

傩〔儺〕
滩〔灘〕
摊〔攤〕
瘫〔癱〕

鸟

凫〔鳧〕
鸠〔鳩〕
岛〔島〕
茑〔蔦〕
鸢〔鳶〕
鸣〔鳴〕
枭〔梟〕
鸩〔鴆〕
鸦〔鴉〕
䴓〔鳾〕
鸥〔鷗〕
鸨〔鴇〕
鸧〔鶬〕
窎〔窵〕
莺〔鶯〕
鸪〔鴣〕
捣〔搗〕
鸫〔鶇〕

---

① 鬥字头的字，一般也写作門字头，如鬧、鬮、鬩写作閙、𨶮、閲。因此，这些鬥字头的字可简化作门字头。但鬥争的鬥应简作斗（见第一表）。

② 鬥字头的字，一般也写作門字头，如鬧、鬮、鬩写作閙、𨶮、閲。因此，这些鬥字头的字可简化作门字头。但鬥争的鬥应简作斗（见第一表）。

③ 鬥字头的字，一般也写作門字头，如鬧、鬮、鬩写作閙、𨶮、閲。因此，这些鬥字头的字可简化作门字头。但鬥争的鬥应简作斗（见第一表）。

鸬〔鸕〕
鸭〔鴨〕
鸯〔鴦〕
鸮〔鴞〕
鸲〔鴝〕
鸰〔鴒〕
鸳〔鴛〕
鸵〔鴕〕
袅〔裊〕
鸱〔鴟〕
鸶〔鷥〕
鸾〔鸞〕
鸡〔䳒〕
鸿〔鴻〕
鸷〔鷙〕
鸸〔鴯〕
鸹〔鴷〕
鸼〔鵃〕
鸽〔鴿〕
鸹〔鴰〕
鸺〔鵂〕
鸻〔鴴〕
鹈〔鵜〕
鹇〔鷴〕
鹁〔鵓〕
鹂〔鸝〕

鹃〔鵑〕
鹆〔鵒〕
鹄〔鵠〕
鹅〔鵝〕
鹑〔鶉〕
鹒〔鶊〕
鹊〔鵲〕
鹉〔鵡〕
鹊〔鵲〕
鹋〔鶓〕
鹌〔鵪〕
鹏〔鵬〕
鹐〔鵮〕
鹚〔鷀〕
鹕〔鶘〕
鹖〔鶡〕
䴗〔鶪〕
鹗〔鶚〕
鹘〔鶻〕
鹙〔鶖〕
鹜〔鶩〕
鹛〔鶥〕
鹤〔鶴〕
鹣〔鶼〕
鹞〔鷂〕
鹡〔鶺〕

鹧〔鷓〕
鹨〔鷚〕
鹥〔鷖〕
鹦〔鸚〕
鹨〔鷚〕
鹫〔鷲〕
鹪〔鷦〕
鹬〔鷸〕
鹩〔鷯〕
鹰〔鷹〕
鹯〔鸇〕
鹭〔鷺〕
䴙〔鸊〕
鹳〔鸛〕

聂

慑〔懾〕
滠〔灄〕
摄〔攝〕
嗫〔囁〕
镊〔鑷〕
颞〔顳〕
蹑〔躡〕

宁

泞〔濘〕

拧〔擰〕
咛〔嚀〕
狞〔獰〕
柠〔檸〕
聍〔聹〕

农

侬〔儂〕
浓〔濃〕
哝〔噥〕
脓〔膿〕

齐

剂〔劑〕
侪〔儕〕
济〔濟〕
荠〔薺〕
挤〔擠〕
脐〔臍〕
蛴〔蠐〕
跻〔躋〕
霁〔霽〕
鲚〔鱭〕
齑〔齏〕

岂

剀〔剴〕
凯〔凱〕
恺〔愷〕
闿〔闓〕
垲〔塏〕
桤〔榿〕
觊〔覬〕
硙〔磑〕
皑〔皚〕
铠〔鎧〕

气

忾〔愾〕
饩〔餼〕

迁

跹〔躚〕

佥

剑〔劍〕
俭〔儉〕
险〔險〕
捡〔撿〕
猃〔獫〕

验〔驗〕
检〔檢〕
殓〔殮〕
敛〔斂〕
脸〔臉〕
裣〔襝〕
睑〔瞼〕
签〔簽〕
潋〔瀲〕
蔹〔蘞〕

乔

侨〔僑〕
挢〔撟〕
荞〔蕎〕
峤〔嶠〕
骄〔驕〕
娇〔嬌〕
桥〔橋〕
轿〔轎〕
硚〔礄〕
矫〔矯〕
鞒〔鞽〕

亲

榇〔櫬〕

穷

䓖〔藭〕

区

讴〔謳〕
伛〔傴〕
沤〔漚〕
怄〔慪〕
抠〔摳〕
奁〔奩〕
呕〔嘔〕
岖〔嶇〕
妪〔嫗〕
驱〔驅〕
枢〔樞〕
瓯〔甌〕
欧〔歐〕
殴〔毆〕
鸥〔鷗〕
眍〔瞘〕
躯〔軀〕

啬

蔷〔薔〕
墙〔墻〕

嫱〔嬙〕
樯〔檣〕
穑〔穡〕

杀

铩〔鎩〕

审

谉〔讅〕
婶〔嬸〕

圣

柽〔檉〕
蛏〔蟶〕

师

浉〔溮〕
狮〔獅〕
蛳〔螄〕
筛〔篩〕

时

埘〔塒〕
莳〔蒔〕
鲥〔鰣〕

寿

俦〔儔〕
涛〔濤〕
祷〔禱〕
焘〔燾〕
畴〔疇〕
铸〔鑄〕
筹〔籌〕
踌〔躊〕

属

嘱〔囑〕
瞩〔矚〕

双

扨〔㩳〕

肃

萧〔蕭〕
啸〔嘯〕
潇〔瀟〕
箫〔簫〕
蟏〔蠨〕

岁

刿〔劌〕
哕〔噦〕
秽〔穢〕

孙

荪〔蓀〕
狲〔猻〕
逊〔遜〕

条

涤〔滌〕
绦〔縧〕
鲦〔鰷〕

万

厉〔厲〕
迈〔邁〕
励〔勵〕
疠〔癘〕
虿〔蠆〕
趸〔躉〕
砺〔礪〕
粝〔糲〕
蛎〔蠣〕

为

伪〔僞〕
沩〔潙〕
妫〔嬀〕

韦

讳〔諱〕
伟〔偉〕
闱〔闈〕
违〔違〕
苇〔葦〕
韧〔韌〕
帏〔幃〕
围〔圍〕
纬〔緯〕
炜〔煒〕
祎〔禕〕
玮〔瑋〕
韨〔韍〕
涠〔潿〕
韩〔韓〕
韫〔韞〕
韪〔韙〕
韬〔韜〕

乌

邬〔鄔〕
坞〔塢〕
呜〔嗚〕
钨〔鎢〕

无

怃〔憮〕
庑〔廡〕
抚〔撫〕
芜〔蕪〕
呒〔嘸〕
妩〔嫵〕

献

谳〔讞〕

乡

芗〔薌〕
飨〔饗〕

写

泻〔瀉〕

寻

浔〔潯〕
荨〔蕁〕
挦〔撏〕
鲟〔鱘〕

亚

垩〔堊〕
垭〔埡〕
挜〔掗〕
哑〔啞〕
娅〔婭〕
恶〔惡〕
〔噁〕
氩〔氬〕
壶〔壺〕

严

俨〔儼〕
酽〔釅〕

厌

恹〔懨〕
厣〔厴〕
靥〔靨〕
餍〔饜〕
魇〔魘〕
黡〔黶〕

尧

侥〔僥〕
浇〔澆〕
挠〔撓〕
荛〔蕘〕
峣〔嶢〕
哓〔嘵〕
娆〔嬈〕
骁〔驍〕
绕〔繞〕
饶〔饒〕
烧〔燒〕
桡〔橈〕
晓〔曉〕
硗〔磽〕
铙〔鐃〕
翘〔翹〕
蛲〔蟯〕
跷〔蹺〕

业

邺〔鄴〕

页

顶〔頂〕
顷〔頃〕
项〔項〕
顸〔頇〕
顺〔順〕
须〔須〕
颃〔頏〕
烦〔煩〕
顼〔頊〕
顽〔頑〕
顿〔頓〕
颀〔頎〕
颁〔頒〕
颂〔頌〕
倾〔傾〕
预〔預〕
庼〔廎〕
硕〔碩〕
颅〔顱〕
领〔領〕
颈〔頸〕
颇〔頗〕
颏〔頦〕
颊〔頰〕

颉〔頡〕
颍〔潁〕
颌〔頜〕
颋〔頲〕
滪〔澦〕
颐〔頤〕
蓣〔蕷〕
频〔頻〕
颓〔頹〕
颔〔頷〕
颖〔穎〕
颗〔顆〕
额〔額〕
颜〔顏〕
撷〔擷〕
题〔題〕
颙〔顒〕
颛〔顓〕
缬〔纈〕
濒〔瀕〕
颠〔顛〕
颟〔顢〕
颞〔顳〕
颡〔顙〕
嚣〔囂〕
颢〔顥〕
颤〔顫〕
巅〔巔〕
颥〔顬〕
癫〔癲〕
灏〔灝〕
颦〔顰〕
颧〔顴〕

义

议〔議〕
仪〔儀〕
蚁〔蟻〕

艺

呓〔囈〕

阴

荫〔蔭〕

隐

瘾〔癮〕

犹

莸〔蕕〕

鱼

鱽〔魛〕
渔〔漁〕
鲂〔魴〕
鱿〔魷〕
鲁〔魯〕
鲎〔鱟〕
蓟〔薊〕
鲆〔鮃〕
鲏〔鮍〕
鲅〔鮁〕
鲈〔鱸〕
鲇〔鮎〕
鲊〔鮓〕
䲟〔鮣〕
稣〔穌〕
鲋〔鮒〕
鲍〔鮑〕
鲐〔鮐〕
鲞〔鯗〕
鲝〔鮺〕
鲚〔鱭〕
鲛〔鮫〕
鲜〔鮮〕
鲑〔鮭〕
鲒〔鮚〕
鲔〔鮪〕
鲟〔鱘〕
鲗〔鰂〕
鲖〔鮦〕
鲙〔鱠〕
鲨〔鯊〕
噜〔嚕〕
鲡〔鱺〕
鲠〔鯁〕
鲢〔鰱〕
鲫〔鯽〕
鲥〔鰣〕
鲩〔鯇〕
鲣〔鰹〕
鲤〔鯉〕
鲦〔鰷〕
鳔〔鰾〕
橹〔櫓〕
氇〔氌〕
鲸〔鯨〕
鲭〔鯖〕
鲮〔鯪〕
鲰〔鯫〕
鲲〔鯤〕
鲻〔鯔〕
鲳〔鯧〕
鲱〔鯡〕
鲵〔鯢〕
鲷〔鯛〕
鲶〔鯰〕
藓〔蘚〕
䲡〔鰌〕
鲼〔鱝〕
鲹〔鰺〕
鳊〔鯿〕
鲽〔鰈〕
鳁〔鰮〕
鳃〔鰓〕
鳄〔鱷〕
镥〔鑥〕
鳅〔鰍〕
鳆〔鰒〕
鳇〔鰉〕
鳌〔鰲〕
䲢〔鰧〕
䲢〔鰧〕
鳒〔鰜〕
鳍〔鰭〕
鳎〔鰨〕
鳏〔鰥〕
鳑〔鰟〕

癣〔癬〕
鳖〔鱉〕
鳙〔鱅〕
鳛〔鰼〕
鳕〔鱈〕
鳔〔鰾〕
鳓〔鰳〕
鳘〔鰵〕
鳗〔鰻〕
鳝〔鱔〕
鳟〔鱒〕
鳞〔鱗〕
鳜〔鱖〕
鳣〔鱣〕
鳢〔鱧〕

与

屿〔嶼〕
欤〔歟〕

云

芸〔蕓〕
昙〔曇〕
叆〔靉〕
叇〔靆〕

郑

掷〔擲〕
踯〔躑〕

执

垫〔墊〕
挚〔摯〕
贽〔贄〕
鸷〔鷙〕
蛰〔蟄〕
絷〔縶〕

质

锧〔鑕〕
踬〔躓〕

专

传〔傳〕
抟〔摶〕
转〔轉〕
䏝〔膞〕
砖〔磚〕
啭〔囀〕

讠

计〔計〕
订〔訂〕
讣〔訃〕
讥〔譏〕
议〔議〕
讨〔討〕
讧〔訌〕
讦〔訐〕
记〔記〕
讯〔訊〕
讪〔訕〕
训〔訓〕
讫〔訖〕
访〔訪〕
讶〔訝〕
讳〔諱〕
讵〔詎〕
讴〔謳〕
诀〔訣〕
讷〔訥〕
设〔設〕
讽〔諷〕
讹〔訛〕
䜣〔訢〕
许〔許〕
论〔論〕
讼〔訟〕
讻〔訩〕
诂〔詁〕
诃〔訶〕
评〔評〕
诏〔詔〕
词〔詞〕
译〔譯〕
诎〔詘〕
诇〔詗〕
诅〔詛〕
识〔識〕
诌〔謅〕
诋〔詆〕
诉〔訴〕
诈〔詐〕
诊〔診〕
诒〔詒〕
诨〔諢〕
该〔該〕
详〔詳〕
诧〔詫〕
诓〔誆〕
诖〔詿〕
诘〔詰〕
诙〔詼〕
试〔試〕
诗〔詩〕
诩〔詡〕
诤〔諍〕
诠〔詮〕
诛〔誅〕
诔〔誄〕
诟〔詬〕
诣〔詣〕
话〔話〕
诡〔詭〕
询〔詢〕
诚〔誠〕
诞〔誕〕
浒〔滸〕
诮〔誚〕
说〔說〕
诫〔誡〕
诬〔誣〕
语〔語〕
诵〔誦〕
罚〔罰〕
误〔誤〕
诰〔誥〕

诳〔誑〕
诱〔誘〕
诲〔誨〕
诶〔誒〕
狱〔獄〕
谊〔誼〕
谅〔諒〕
谈〔談〕
谆〔諄〕
谉〔譒〕
谇〔誶〕
请〔請〕
诺〔諾〕
诸〔諸〕
读〔讀〕
诼〔諑〕
诹〔諏〕
课〔課〕
诽〔誹〕
诿〔諉〕
谁〔誰〕
谀〔諛〕
调〔調〕
谄〔諂〕

谂〔諗〕
谛〔諦〕
谙〔諳〕
谜〔謎〕
谚〔諺〕
谝〔諞〕
谘〔諮〕
谌〔諶〕
谎〔謊〕
谋〔謀〕
谍〔諜〕
谐〔諧〕
谏〔諫〕
谞〔諝〕
谑〔謔〕
谒〔謁〕
谔〔諤〕
谓〔謂〕
谖〔諼〕
谕〔諭〕
谥〔謚〕
谤〔謗〕
谦〔謙〕
谧〔謐〕

谟〔謨〕
谠〔讜〕
谡〔謖〕
谢〔謝〕
谣〔謠〕
储〔儲〕
谪〔謫〕
谫〔譾〕
谨〔謹〕
谬〔謬〕
谩〔謾〕
谱〔譜〕
谮〔譖〕
谭〔譚〕
谰〔讕〕
谲〔譎〕
谯〔譙〕
蔼〔藹〕
槠〔櫧〕
谴〔譴〕
谵〔譫〕
谳〔讞〕
辩〔辯〕
䜩〔讌〕

雠〔讎〕①
谶〔讖〕
霭〔靄〕

饣

饥〔饑〕
饦〔飥〕
饧〔餳〕
饨〔飩〕
饭〔飯〕
饮〔飲〕
饫〔飫〕
饩〔餼〕
饪〔飪〕
饬〔飭〕
饲〔飼〕
饯〔餞〕
饰〔飾〕
饱〔飽〕
饴〔飴〕
饳〔飿〕
饸〔餄〕
饷〔餉〕
饺〔餃〕

饻〔餏〕
饼〔餅〕
饵〔餌〕
饶〔饒〕
蚀〔蝕〕
饹〔餎〕
饽〔餑〕
馁〔餒〕
饿〔餓〕
馆〔館〕
馄〔餛〕
馃〔餜〕
馅〔餡〕
馉〔餶〕
馇〔餷〕
馈〔饋〕
馊〔餿〕
馐〔饈〕
馍〔饃〕
馎〔餺〕
馏〔餾〕
馑〔饉〕
馒〔饅〕

① 雠：用于校雠、雠定、仇雠等。表示仇恨、仇敌义时用仇。

馓〔饊〕
馔〔饌〕
馕〔饢〕

𠃓

汤〔湯〕
扬〔揚〕
场〔場〕
旸〔暘〕
饧〔餳〕
炀〔煬〕
杨〔楊〕
肠〔腸〕
疡〔瘍〕
砀〔碭〕
畅〔暢〕
钖〔鍚〕
殇〔殤〕
荡〔蕩〕
烫〔燙〕
觞〔觴〕

纟

丝〔絲〕
纠〔糾〕
纩〔纊〕
纡〔紆〕
纣〔紂〕
红〔紅〕
纪〔紀〕
纫〔紉〕
纥〔紇〕
约〔約〕
纨〔紈〕
级〔級〕
纺〔紡〕
纹〔紋〕
纬〔緯〕
纭〔紜〕
纯〔純〕
纰〔紕〕
纽〔紐〕
纳〔納〕
纲〔綱〕
纱〔紗〕
纴〔紝〕
纷〔紛〕
纶〔綸〕
纸〔紙〕
纵〔縱〕
纾〔紓〕
纼〔紖〕
咝〔噝〕
绊〔絆〕
线〔綫〕
绀〔紺〕
绁〔紲〕
绂〔紱〕
绋〔紼〕
绎〔繹〕
经〔經〕
绍〔紹〕
组〔組〕
细〔細〕
䌷〔紬〕
绅〔紳〕
织〔織〕
绌〔絀〕
终〔終〕
绉〔縐〕
绐〔紿〕
哟〔喲〕
绖〔絰〕
荮〔葤〕
荭〔葒〕
绞〔絞〕
统〔統〕
绒〔絨〕
绕〔繞〕
绔〔絝〕
结〔結〕
绗〔絎〕
给〔給〕
绘〔繪〕
绝〔絶〕
绛〔絳〕
络〔絡〕
绚〔絢〕
绑〔綁〕
莼〔蒓〕
绠〔綆〕
绨〔綈〕
绡〔綃〕
绢〔絹〕
绣〔綉〕
绥〔綏〕
绦〔縧〕
鸶〔鷥〕
综〔綜〕
绽〔綻〕
绾〔綰〕
绻〔綣〕
绩〔績〕
绫〔綾〕
绪〔緒〕
续〔續〕
绮〔綺〕
缀〔綴〕
绿〔緑〕
绰〔綽〕
绲〔緄〕
绳〔繩〕
绯〔緋〕
绶〔綬〕
绸〔綢〕
绷〔綳〕
绺〔綹〕
维〔維〕
绵〔綿〕
缁〔緇〕
缔〔締〕
编〔編〕
缕〔縷〕
缃〔緗〕
缂〔緙〕
缅〔緬〕
缘〔緣〕
缉〔緝〕
缇〔緹〕
缈〔緲〕

缗〔緡〕
缊〔緼〕
缌〔緦〕
缆〔纜〕
缓〔緩〕
缄〔緘〕
缑〔緱〕
缒〔縋〕
缎〔緞〕
缮〔繕〕
缞〔縗〕
缤〔繽〕
缟〔縞〕
缣〔縑〕
缢〔縊〕
缚〔縛〕
缙〔縉〕
缛〔縟〕
缜〔縝〕
缝〔縫〕
缡〔縭〕
潍〔濰〕
缩〔縮〕
缥〔縹〕
缪〔繆〕
缦〔縵〕
缨〔纓〕
缫〔繅〕
缧〔縲〕
蕴〔藴〕
缮〔繕〕
缯〔繒〕
缬〔纈〕
缭〔繚〕
橼〔櫞〕
缰〔繮〕
缳〔繯〕
缲〔繰〕
缱〔繾〕
缴〔繳〕
辫〔辮〕
缵〔纘〕

収

坚〔堅〕
贤〔賢〕
肾〔腎〕
竖〔豎〕
悭〔慳〕
紧〔緊〕
铿〔鏗〕
鲣〔鰹〕

𫇦

劳〔勞〕
茕〔煢〕
茔〔塋〕
荧〔熒〕
荣〔榮〕
荥〔滎〕
荦〔犖〕
涝〔澇〕
崂〔嶗〕
莹〔瑩〕
捞〔撈〕
唠〔嘮〕
莺〔鶯〕
萤〔螢〕
营〔營〕
萦〔縈〕
痨〔癆〕
嵘〔嶸〕
铹〔鐒〕
耢〔耮〕
蝾〔蠑〕

览

览〔覽〕
揽〔攬〕
缆〔纜〕
榄〔欖〕
鉴〔鑒〕

只

识〔識〕
帜〔幟〕
织〔織〕
炽〔熾〕
职〔職〕

钅

钆〔釓〕
钇〔釔〕
钌〔釕〕
钋〔釙〕
钉〔釘〕
针〔針〕
钊〔釗〕
钗〔釵〕
钎〔釺〕
钓〔釣〕
钏〔釧〕
钍〔釷〕
钐〔釤〕
钒〔釩〕
钖〔鍚〕
钕〔釹〕
钔〔鍆〕
钬〔鈥〕
钫〔鈁〕
钚〔鈈〕
钘〔鈃〕
钪〔鈧〕
钯〔鈀〕
钭〔鈄〕
钙〔鈣〕
钝〔鈍〕
钛〔鈦〕
钘〔鈃〕
钮〔鈕〕
钞〔鈔〕
钢〔鋼〕
钠〔鈉〕
钡〔鋇〕
钤〔鈐〕
钧〔鈞〕
钩〔鈎〕
钦〔欽〕
钨〔鎢〕
铋〔鉍〕

钰〔鈺〕
钱〔錢〕
钲〔鉦〕
钳〔鉗〕
钴〔鈷〕
钺〔鉞〕
钵〔鉢〕
钹〔鈸〕
钼〔鉬〕
钾〔鉀〕
铀〔鈾〕
钿〔鈿〕
铎〔鐸〕
䥽〔鏺〕
铃〔鈴〕
铅〔鉛〕
铂〔鉑〕
铄〔鑠〕
铆〔鉚〕
铍〔鈹〕
钶〔鈳〕
铊〔鉈〕
钽〔鉭〕
铌〔鈮〕
钷〔鉅〕
铈〔鈰〕

铉〔鉉〕
铒〔鉺〕
铑〔銠〕
铕〔銪〕
铟〔銦〕
铷〔銣〕
铯〔銫〕
铥〔銩〕
铪〔鉿〕
铞〔銱〕
铫〔銚〕
铵〔銨〕
衔〔銜〕
铲〔鏟〕
铰〔鉸〕
铳〔銃〕
铱〔銥〕
铓〔鋩〕
铗〔鋏〕
铐〔銬〕
铏〔鉶〕
铙〔鐃〕
银〔銀〕
铛〔鐺〕
铜〔銅〕
铝〔鋁〕

铡〔鍘〕
铠〔鎧〕
铨〔銓〕
铢〔銖〕
铣〔銑〕
铤〔鋌〕
铭〔銘〕
铬〔鉻〕
铮〔錚〕
铧〔鏵〕
铩〔鎩〕
揿〔撳〕
锌〔鋅〕
锐〔鋭〕
锑〔銻〕
锒〔鋃〕
铺〔鋪〕
铸〔鑄〕
嵚〔嶔〕
锓〔鋟〕
锃〔鋥〕
链〔鏈〕
铿〔鏗〕
锏〔鐧〕
销〔銷〕
锁〔鎖〕

锄〔鋤〕
锅〔鍋〕
锉〔銼〕
锈〔銹〕
锋〔鋒〕
锆〔鋯〕
铹〔鐒〕
锔〔鋦〕
锕〔錒〕
锎〔鐦〕
铽〔鋱〕
铼〔錸〕
锇〔鋨〕
锂〔鋰〕
锧〔鑕〕
锘〔鍩〕
锞〔錁〕
锭〔錠〕
锗〔鍺〕
锝〔鍀〕
锫〔錇〕
错〔錯〕
锚〔錨〕
锛〔錛〕
锯〔鋸〕
锰〔錳〕

锢〔錮〕
锟〔錕〕
锡〔錫〕
锣〔鑼〕
锤〔錘〕
锥〔錐〕
锦〔錦〕
锨〔鍁〕
锱〔錙〕
键〔鍵〕
镀〔鍍〕
镃〔鎡〕
镁〔鎂〕
镂〔鏤〕
锲〔鍥〕
锵〔鏘〕
锷〔鍔〕
锶〔鍶〕
锴〔鍇〕
锾〔鍰〕
锹〔鍬〕
锿〔鎄〕
镅〔鎇〕
镄〔鐨〕
锻〔鍛〕
锸〔鍤〕

锼〔鎪〕
锽〔鍠〕
镓〔鎵〕
镋〔钂〕
镔〔鑌〕
镒〔鎰〕
镉〔鎘〕
镑〔鎊〕
镐〔鎬〕
镉〔鎘〕
镊〔鑷〕
镇〔鎮〕
镍〔鎳〕
镌〔鎸〕
镏〔鎦〕
镜〔鏡〕
镝〔鏑〕
镛〔鏞〕
镞〔鏃〕
镖〔鏢〕
镚〔鏰〕
镗〔鏜〕
锗〔鍺〕

镘〔鏝〕
镩〔鑹〕
镦〔鐓〕
镨〔鐥〕
镨〔鐠〕
镧〔鑭〕
镥〔鑥〕
镤〔鏷〕
镢〔鐝〕
镣〔鐐〕
镫〔鐙〕
镪〔鏹〕
镰〔鐮〕
镱〔鐿〕
镭〔鐳〕
镬〔鑊〕
镮〔鐶〕
镯〔鐲〕
镲〔鑔〕
镳〔鑣〕
镴〔鑞〕
镶〔鑲〕
镢〔钁〕

⺍

峃〔嶨〕
学〔學〕
觉〔覺〕
搅〔攪〕
喾〔嚳〕
鲎〔鱟〕
黉〔黌〕

⺇

译〔譯〕
泽〔澤〕
怿〔懌〕
择〔擇〕
峄〔嶧〕
绎〔繹〕
驿〔驛〕
铎〔鐸〕
萚〔蘀〕
释〔釋〕
箨〔籜〕

𢀖

劲〔勁〕
刭〔剄〕
陉〔陘〕
泾〔涇〕
茎〔莖〕
径〔徑〕
经〔經〕
烃〔烴〕
轻〔輕〕
氢〔氫〕
胫〔脛〕
痉〔痙〕
羟〔羥〕
颈〔頸〕
巯〔巰〕

亦

变〔變〕
弯〔彎〕
孪〔孿〕
峦〔巒〕
娈〔孌〕
恋〔戀〕
栾〔欒〕
挛〔攣〕
鸾〔鸞〕
湾〔灣〕
蛮〔蠻〕
脔〔臠〕
滦〔灤〕
銮〔鑾〕

呙

剐〔剮〕
涡〔渦〕
埚〔堝〕
㖞〔喎〕
莴〔萵〕
娲〔媧〕
祸〔禍〕
脶〔腡〕
窝〔窩〕
锅〔鍋〕
蜗〔蝸〕

三、普通话异读词审音表

（1985 年 12 月修订）

说　明

一、本表所审，主要是普通话有异读的词和有异读的作为“语素”的字。不列出多音多义字的全部读音和全部义项，与字典、词典形式不同。例如：“和”字有多种义项和读音，而本表仅列出原有异读的八条词语，分列于 hè 和 huo 两种读音之下（有多种读音，较常见的在前。下同）；其余无异读的音、义均不涉及。

二、在字后注明“统读”的，表示此字不论用于任何词语中只读一音（轻声变读不受此限），本表不再举出词例。例如：“阀”字注明“fá（统读）”，原表“军阀”、“学阀”、“财阀”条和原表所无的“阀门”等词均不再举。

三、在字后不注“统读”的，表示此字有几种读音，本表只审订其中有异读的词语的读音。例如“艾”字本有 ài 和 yì 两音，本表只举“自怨自艾”一词，注明此处读 yì 音；至于 ài 音及其义项，并无异读，不再赘列。

四、有些字有文白二读，本表以“文”和“语”作注。前者一般用于书面语言，用于复音词和文言成语中；后者多用于口语中的单音词及少数日常生活事物的复音词中。这种情况在必要时各举词语为例。例如:“杉”字下注“(一)shān(文):紫~、红~、水~;(二)shā(语):~篙、~木”。

五、有些字除附举词例之外,酌加简单说明,以便读者分辨。说明或按具体字义,或按“动作义”、“名物义”等区分,例如:“畜”字下注“(一)chù(名物义):~力、家~、牲~、幼~;(二)xù(动作义):~产、~牧、~养”。

六、有些字的几种读音中某音用处较窄,另音用处甚宽,则注“除××(较少的词)念乙音外,其他都念甲音”,以避免列举词条繁而未尽、挂一漏万的缺点。例如:“结”字下注“除‘~了个果子’、‘开花~果’、‘~巴’、‘~实’念 jiē 之外,其他都念 jié”。

七、由于轻声问题比较复杂,除《初稿》涉及的部分轻声词之外,本表一般不予审订,并删去部分原审的轻声词,例如:“麻刀(dao)”、“容易(yi)”等。

八、本表酌增少量有异读的字或词,作了审订。

九、除因第二、六、七各条说明中所举原因而删略的词条之外,本表又删汰了部分词条。主要原因是:1. 现已无异读(如“队伍”、“理会”);2. 罕用词语(如“俵分”、“仔密”);3. 方言土音(如“归里包堆〔zuī〕”、“告送〔song〕”);4. 不常用的文言词语(如“刍荛”、“氍毹”);5. 音变现象(如“胡里八涂〔tū〕”、“毛毛腾腾〔tēngtēng〕”);6. 重复累赘(如原表“色”字的有关词语分列达 23 条之多)。删汰条目不再编入。

十、人名、地名的异读审订,除原表已涉及的少量词条外,留待以后再审。

A

阿（一）ā

~訇 ~罗汉 ~木林 ~姨

（二）ē

~谀 ~附 ~胶 ~弥陀佛

挨（一）āi

~个 ~近

（二）ái

~打 ~说

癌 ái（统读）

霭 ǎi（统读）

蔼 ǎi（统读）

隘 ài（统读）

谙 ān（统读）

埯 ǎn（统读）

昂 áng（统读）

凹 āo（统读）

拗（一）ào

~口

（二）niù

执~ 脾气很~

坳 ào（统读）

B

拔 bá（统读）

把 bà

印~子

白 bái（统读）

膀 bǎng

翅~

蚌（一）bàng

蛤~

（二）bèng

~埠

傍 bàng（统读）

磅 bàng

过~

龅 bāo（统读）

胞 bāo（统读）

薄（一）báo（语）

常单用，如“纸很~”。

（二）bó（文）

多用于复音词。

~弱 稀~ 淡~ 尖嘴~舌 单~ 厚~

堡（一）bǎo

碉~ ~垒

（二）bǔ

～子 吴～ 瓦窑～ 柴沟～
(三) pù
十里～
暴 (一) bào
～露
(二) pù
一～(曝)十寒
爆 bào(统读)
焙 bèi(统读)
惫 bèi(统读)
背 bèi
～脊 ～静
鄙 bǐ(统读)
俾 bǐ(统读)
笔 bǐ(统读)
比 bǐ(统读)
臂 (一) bì
手～ ～膀
(二) bei
胳～
庇 bì(统读)
髀 bì(统读)
避 bì(统读)
辟 bì
复～
裨 bì
～补 ～益
婢 bì(统读)
痹 bì(统读)
壁 bì(统读)
蝙 biān(统读)
遍 biàn(统读)
骠 (一) biāo
黄～马
(二) piào
～骑 ～勇
傧 bīn(统读)
缤 bīn(统读)
濒 bīn(统读)
髌 bìn(统读)
屏 (一) bǐng
～除 ～弃 ～气 ～息
(二) píng
～藩 ～风
柄 bǐng(统读)
波 bō(统读)
播 bō(统读)
菠 bō(统读)
剥 (一) bō(文)
～削
(二) bāo(语)

泊（一）bó

淡～　飘～　停～

（二）pō

湖～　血～

帛 bó(统读)

勃 bó(统读)

钹 bó(统读)

伯（一）bó

～～(bo)　老～

（二）bǎi

大～子(丈夫的哥哥)

箔 bó(统读)

簸（一）bǒ

颠～

（二）bò

～箕

膊 bo

胳～

卜 bo

萝～

醭 bú(统读)

哺 bǔ(统读)

捕 bǔ(统读)

鵏 bǔ(统读)

埠 bù(统读)

C

残 cán(统读)

惭 cán(统读)

灿 càn(统读)

藏（一）cáng

矿～

（二）zàng

宝～

糙 cāo(统读)

嘈 cáo(统读)

螬 cáo(统读)

厕 cè(统读)

岑 cén(统读)

差（一）chā(文)

不～累黍　不～什么　偏～　色～　～别　视～　误～　电势～　一念之～　～池　～错　言～语错　一～二错　阴错阳～　～等　～额　～价　～强人意　～数　～异

（二）chà(语)

～不多　～不离　～点儿

（三）cī

参～

猹 chá(统读)
搽 chá(统读)
阐 chǎn(统读)
羼 chàn(统读)
颤 (一) chàn
~动 发~
(二) zhàn
~栗(战栗) 打~(打战)
韂 chàn(统读)
伥 chāng(统读)
场 (一) chǎng
~合 ~所 冷~ 捧~
(二) cháng
外~ 圩~ ~院 一~雨
(三) chang
排~
钞 chāo(统读)
巢 cháo(统读)
嘲 cháo
~讽 ~骂 ~笑
耖 chào(统读)
车(一) chē
安步当~ 杯水~薪 闭门造~ 螳臂当~
(二) jū
(象棋棋子名称)
晨 chén(统读)
称 chèn
~心 ~意 ~职 对~ 相~
撑 chēng(统读)
乘(动作义,念 chéng)
包~制 ~便 ~风破浪 ~客 ~势 ~兴
橙 chéng(统读)
惩 chéng(统读)
澄(一) chéng(文)
~清(如"~清混乱"、"~清问题")
(二) dèng(语)
单用,如"把水~清了"。
痴 chī(统读)
吃 chī(统读)
弛 chí(统读)
褫 chǐ(统读)
尺 chǐ
~寸 ~头
豉 chǐ(统读)
侈 chǐ(统读)
炽 chì(统读)
舂 chōng(统读)

冲 chòng
　～床　～模
臭（一）chòu
　遗～万年
　（二）xiù
　乳～　铜～
储 chǔ（统读）
处 chǔ（动作义）
　～罚　～分　～决　～理
　～女　～置
畜（一）chù（名物义）
　～力　家～　牲～　幼～
　（二）xù（动作义）
　～产　～牧　～养
触 chù（统读）
搐 chù（统读）
绌 chù（统读）
黜 chù（统读）
闯 chuǎng（统读）
创（一）chuàng
　草～　～举　首～　～造
　～作
　（二）chuāng
　～伤　重～
绰（一）chuò
　～～有余
　（二）chuo
　宽～
疵 cī（统读）
雌 cí（统读）
赐 cì（统读）
伺 cì
　～候
枞（一）cōng
　～树
　（二）zōng
　～阳[地名]
从 cóng（统读）
丛 cóng（统读）
攒 cuán
　万头～动　万箭～心
脆 cuì（统读）
撮（一）cuō
　～儿　一～儿盐　一～儿匪帮
　（二）zuǒ
　一～儿毛
措 cuò（统读）

D

搭 dā（统读）
答（一）dá

报～　～复

(二) dā

～理　～应

打 dá

苏～　一～(十二个)

大 (一) dà

～夫(古官名)　～王(如爆破～王、钢铁～王)

(二) dài

～夫(医生)　～黄　～王(如"山～王")　～城[地名]

呆 dāi(统读)

傣 dǎi(统读)

逮 (一) dài(文)如"～捕"。

(二) dǎi(语)单用,如"～蚊子"、"～特务"。

当 (一) dāng

～地　～间儿　～年(指过去)　～日(指过去)　～天(指过去)　～时(指过去)　螳臂～车

(二) dàng

一个～俩　安步～车　适～　～年(同一年)　～日(同一时候)　～天(同一天)

档 dàng(统读)

蹈 dǎo(统读)

导 dǎo(统读)

倒 (一) dǎo

颠～　颠～是非　颠～黑白　颠三～四　倾箱～箧　排山～海　～板　～嚼　～仓　～嗓　～戈　潦～

(二) dào

～粪(把粪弄碎)

悼 dào(统读)

纛 dào(统读)

凳 dèng(统读)

羝 dī(统读)

氐 dī[古民族名]

堤 dī(统读)

提 dī

～防

的 dí

～当　～确

抵 dǐ(统读)

蒂 dì(统读)

缔 dì(统读)

谛 dì(统读)

点 dian

打～（收拾、贿赂）
跌 diē（统读）
蝶 dié（统读）
订 dìng（统读）
都（一）dōu
～来了
（二）dū
～市　首～　大～（大多）
堆 duī（统读）
吨 dūn（统读）
盾 dùn（统读）
多 duō（统读）
咄 duō（统读）
掇（一）duō（"拾取、采取"义）
（二）duo
撺～　掂～
裰 duō（统读）
踱 duó（统读）
度 duó
忖～　～德量力

E

婀 ē（统读）

F

伐 fá（统读）
阀 fá（统读）
砝 fǎ（统读）
法 fǎ（统读）
发 fà
理～　脱～　结～
帆 fān（统读）
藩 fān（统读）
梵 fàn（统读）
坊（一）fāng
牌～　～巷
（二）fáng
粉～　磨～　碾～　染～
油～　谷～
妨 fáng（统读）
防 fáng（统读）
肪 fáng（统读）
沸 fèi（统读）
汾 fén（统读）
讽 fěng（统读）
肤 fū（统读）
敷 fū（统读）
俘 fú（统读）
浮 fú（统读）
服 fú
～毒　～药
拂 fú（统读）

辐 fú(统读)
幅 fú(统读)
甫 fǔ(统读)
复 fù(统读)
缚 fù(统读)

G

噶 gá(统读)
冈 gāng(统读)
刚 gāng(统读)
岗 gǎng
  ～楼 ～哨 ～子 门～
  站～ 山～子
港 gǎng(统读)
葛 (一) gé
  ～藤 ～布 瓜～
  (二) gě[姓](包括单、复姓)
隔 gé(统读)
革 gé
  ～命 ～新 改～
合 gě(一升的十分之一)
给 (一) gěi(语)单用。
  (二) jǐ(文)
  补～ 供～ 供～制
  ～予 配～ 自～自足
亘 gèn(统读)
更 gēng
  五～ ～生
颈 gěng
  脖～子
供 (一) gōng
  ～给 提～ ～销
  (二) gòng
  口～ 翻～ 上～
佝 gōu(统读)
枸 gǒu
  ～杞
勾 gòu
  ～当
估 (除"～衣"读 gù 外，都读 gū)
骨 (除"～碌"、"～朵"读 gū 外，都读 gǔ)
谷 gǔ
  ～雨
锢 gù(统读)
冠 (一) guān(名物义)
  ～心病
  (二) guàn(动作义)
  沐猴而～ ～军
犷 guǎng(统读)

庋 guǐ(统读)
桧 (一) guì[树名]
　(二) huì[人名]秦～
刽 guì(统读)
聒 guō(统读)
蝈 guō(统读)
过 (除姓氏读 guō 外，都读 guò)

H

虾 há
　～蟆
哈 (一) hǎ
　～达
　(二) hà
　～什蚂
汗 hán
　可～
巷 hàng
　～道
号 háo
　寒～虫
和 (一) hè
　唱～　附～　曲高～寡
　(二) huo
　搀～　搅～　暖～　热～
　软～
貉 (一) hé(文)
　一丘之～
　(二) háo(语)
　～绒　～子
壑 hè(统读)
褐 hè(统读)
喝 hè
　～采　～道　～令　～止
　呼幺～六
鹤 hè(统读)
黑 hēi(统读)
亨 hēng(统读)
横 (一) héng
　～肉　～行霸道
　(二) hèng
　蛮～　～财
訇 hōng(统读)
虹 (一) hóng(文)
　～彩　～吸
　(二) jiàng(语)单说。
讧 hòng(统读)
囫 hú(统读)
瑚 hú(统读)
蝴 hú(统读)
桦 huà(统读)

徊 huái(统读)
踝 huái(统读)
浣 huàn(统读)
黄 huáng(统读)
荒 huang
　饥～(指经济困难)
诲 huì(统读)
贿 huì(统读)
会 huì
　一～儿　多～儿　～厌
　(生理名词)
混 hùn
　～合　～乱　～凝土　～淆　～血儿　～杂
蠖 huò(统读)
霍 huò(统读)
豁 huò
　～亮
获 huò(统读)

J

羁 jī(统读)
击 jī(统读)
奇 jī
　～数
芨 jī(统读)
缉 (一) jī
　通～　侦～
　(二) qī
　～鞋口
几 jī
　茶～　条～
圾 jī(统读)
戢 jí(统读)
疾 jí(统读)
汲 jí(统读)
棘 jí(统读)
藉 jí
　狼～(籍)
嫉 jí(统读)
脊 jǐ(统读)
纪 (一) jǐ[姓]
　(二) jì
　～念　～律　纲～　～元
偈 jì
　～语
绩 jì(统读)
迹 jì(统读)
寂 jì(统读)
箕 ji
　簸～
辑 ji

逻～
茄 jiā
雪～
夹 jiā
～带藏掖　～道儿　～攻
～棍　～生　～杂　～竹
桃　～注
浃 jiā(统读)
甲 jiǎ(统读)
歼 jiān(统读)
鞯 jiān(统读)
间 (一) jiān
～不容发　中～
(二) jiàn
中～儿　～道　～谍　～
断　～或　～接　～距
～隙　～续　～阻　～作
挑拨离～
趼 jiǎn(统读)
俭 jiǎn(统读)
缰 jiāng(统读)
膙 jiǎng(统读)
嚼 (一) jiáo(语)
味同～蜡　咬文～字
(二) jué(文)
咀～　过屠门而大～
(三) jiào
倒～(倒嚼)
侥 jiǎo
～幸
角 (一) jiǎo
八～(大茴香)　～落　独
～戏　～膜　～度　～儿
(犄～)　～楼　勾心斗～
号～　口～(嘴～)　鹿～
菜　头～
(二) jué
～斗　～儿(脚色)　口～
(吵嘴)　主～儿　配～儿
～力　捧～儿
脚 (一) jiǎo
根～
(二) jué
～儿(也作"角儿",脚色)
剿 (一) jiǎo
围～
(二) chāo
～说　～袭
校 jiào
～勘　～样　～正
较 jiào(统读)
酵 jiào(统读)

嗟 jiē(统读)
疖 jiē(统读)
结 (除"～了个果子"、"开花～果"、"～巴"、"～实"念 jiē 之外,其他都念 jié)
睫 jié(统读)
芥 (一) jiè
～菜(一般的芥菜)　～末
(二) gài
～菜(也作"盖菜")　～蓝菜
矜 jīn
～持　自～　～怜
仅 jǐn
～～　绝无～有
馑 jǐn(统读)
觐 jìn(统读)
浸 jìn(统读)
斤 jin
千～(起重的工具)
茎 jīng(统读)
粳 jīng(统读)
鲸 jīng(统读)
境 jìng(统读)
痉 jìng(统读)
劲 jìng
刚～
窘 jiǒng(统读)
究 jiū(统读)
纠 jiū(统读)
鞠 jū(统读)
鞫 jū(统读)
掬 jū(统读)
苴 jū(统读)
咀 jǔ
～嚼
矩 (一) jǔ
～形
(二) ju
规～
俱 jù(统读)
龟 jūn
～裂(也作"皲裂")
菌 (一) jūn
细～　病～　杆～　霉～
(二) jùn
香～　～子
俊 jùn(统读)

K

卡 (一) kǎ
～宾枪　～车　～介苗

～片　～通
(二) qiǎ
～子　关～
揩 kāi(统读)
慨 kǎi(统读)
忾 kài(统读)
勘 kān(统读)
看 kān
～管　～护　～守
慷 kāng(统读)
拷 kǎo(统读)
坷 kē
～拉(垃)
疴 kē(统读)
壳 (一) ké(语)
～儿　贝～儿　脑～　驳～枪
(二) qiào(文)
地～　甲～　躯～
可 (一) kě
～～儿的
(二) kè
～汗
恪 kè(统读)
刻 kè(统读)
克 kè
～扣
空 (一) kōng
～心砖　～城计
(二) kòng
～心吃药
眍 kōu(统读)
矻 kū(统读)
酷 kù(统读)
框 kuàng(统读)
矿 kuàng(统读)
傀 kuǐ(统读)
溃 (一) kuì
～烂
(二) huì
～脓
篑 kuì(统读)
括 kuò(统读)

L

垃 lā(统读)
邋 lā(统读)
罱 lǎn(统读)
缆 lǎn(统读)
蓝 lan
苤～
琅 láng(统读)

捞 lāo(统读)
劳 láo(统读)
醪 láo(统读)
烙 (一) lào
~印 ~铁 ~饼
(二) luò
炮~(古酷刑)
勒 (一) lè(文)
~逼 ~令 ~派 ~索
悬崖~马
(二) lēi(语)多单用。
擂 (除"~台"、"打~"读 lèi 外,都读 léi)
礌 léi(统读)
羸 léi(统读)
蕾 lěi(统读)
累 (一) lèi
(辛劳义,如"受~"[受劳~])
(二) léi
(如"~赘")
(三) lěi
(牵连义,如"带~"、"~及"、"连~"、"赔~"、"牵~"、"受~"[受牵~])
蠡 (一) lí
管窥~测
(二) lǐ
~县 范~
喱 lí(统读)
连 lián(统读)
敛 liǎn(统读)
恋 liàn(统读)
量 (一) liàng
~入为出 忖~
(二) liang
打~ 掂~
踉 liàng
~跄
潦 liáo
~草 ~倒
劣 liè(统读)
捩 liè(统读)
趔 liè(统读)
拎 līn(统读)
遴 lín(统读)
淋 (一) lín
~浴 ~漓 ~巴
(二) lìn
~硝 ~盐 ~病
蛉 líng(统读)
榴 liú(统读)

馏（一）liú（文）如“干～”、“蒸～”

（二）liù（语）如“～馒头”

镏 liú

～金

碌 liù

～碡

笼（一）lóng（名物义）

～子　牢～

（二）lǒng（动作义）

～络　～括　～统　～罩

偻（一）lóu

佝～

（二）lǚ

伛～

瞜 lou

眍～

虏 lǔ（统读）

掳 lǔ（统读）

露（一）lù（文）

赤身～体　～天　～骨　～头角　藏头～尾　抛头～面　～头（矿）

（二）lòu（语）

～富　～苗　～光　～相　～马脚　～头

榈 lǘ（统读）

捋（一）lǚ

～胡子

（二）luō

～袖子

绿（一）lǜ（语）

（二）lù（文）

～林　鸭～江

孪 luán（统读）

挛 luán（统读）

掠 lüè（统读）

囵 lún（统读）

络 luò

～腮胡子

落（一）luò（文）

～膘　～魄　涨～　～花生　～槽　着～

（二）lào（语）

～架　～色　～炕　～枕～儿　～子（一种曲艺）

（三）là（语）遗落义

丢三～四　～在后面

M

脉（除“～～”念 mòmò 外，一律念 mài）

漫 màn(统读)
蔓 (一) màn(文)
~延 不~不支
(二) wàn(语)
瓜~ 压~
牤 māng(统读)
氓 máng
流~
芒 máng(统读)
铆 mǎo(统读)
瑁 mào(统读)
虻 méng(统读)
盟 méng(统读)
祢 mí(统读)
眯 (一) mí
~了眼(灰尘等入目,也作“迷”)
(二) mī
~了一会儿(小睡) ~缝着眼(微微合目)
靡 (一) mí
~费
(二) mǐ
风~ 委~ 披~
秘 (除“~鲁”读 bì 外,都读 mì)
泌 (一) mì(语)
分~
(二) bì(文)
~阳[地名]
娩 miǎn(统读)
缈 miǎo(统读)
皿 mǐn(统读)
闽 mǐn(统读)
茗 míng(统读)
酩 mǐng(统读)
谬 miù(统读)
摸 mō(统读)
模 (一) mó
~范 ~式 ~型 ~糊 ~特儿 ~棱两可
(二) mú
~子 ~具 ~样
膜 mó(统读)
摩 mó
按~ 抚~
嬷 mó(统读)
墨 mò(统读)
耱 mò(统读)
沫 mò(统读)
缪 móu
绸~

N

难（一）nán

困～（或变轻声）　～兄～弟（难得的兄弟，现多用作贬义）

（二）nàn

排～解纷　发～　刁～　责～　～兄～弟（共患难或同受苦难的人）

蝻 nǎn（统读）

蛲 náo（统读）

讷 nè（统读）

馁 něi（统读）

嫩 nèn（统读）

恁 nèn（统读）

妮 nī（统读）

拈 niān（统读）

鲇 nián（统读）

酿 niàng（统读）

尿（一）niào

糖～症

（二）suī（只用于口语名词）

尿（niào）～　～脬

嗫 niè（统读）

宁（一）níng

安～

（二）nìng

～可　无～［姓］

忸 niǔ（统读）

脓 nóng（统读）

弄（一）nòng

玩～

（二）lòng

～堂

暖 nuǎn（统读）

衄 nǜ（统读）

疟（一）nüè（文）

～疾

（二）yào（语）

发～子

娜（一）nuó

婀～　袅～

（二）nà

［人名］

O

欧 ōu（统读）

呕 ǒu（统读）

P

杷 pá（统读）

琶 pá(统读)

牌 pái(统读)

排 pǎi

~子车

迫 pǎi

~击炮

湃 pài(统读)

爿 pán(统读)

胖 pán

心广体~(~为安舒貌)

蹒 pán(统读)

畔 pàn(统读)

乓 pāng(统读)

滂 pāng(统读)

脬 pāo(统读)

胚 pēi(统读)

喷 (一) pēn

~嚏

(二) pèn

~香

(三) pen

嚏~

澎 péng(统读)

坯 pī(统读)

披 pī(统读)

匹 pǐ(统读)

僻 pì(统读)

譬 pì(统读)

片 (一) piàn

~子　唱~　画~　相~

影~　~儿会

(二) piān(口语一部分词)

~子　~儿　唱~儿　画

~儿　相~儿　影~儿

剽 piāo(统读)

缥 piāo

~缈(飘渺)

撇 piē

~弃

聘 pìn(统读)

乒 pīng(统读)

颇 pō(统读)

剖 pōu(统读)

仆 (一) pū

前~后继

(二) pú

~从

扑 pū(统读)

朴 (一) pǔ

俭~　~素　~质

(二) pō

~刀

（三）pò

～硝　厚～

蹼 pǔ(统读)

瀑 pù

～布

曝（一）pù

一～十寒

（二）bào

～光(摄影术语)

栖 qī

两～

戚 qī(统读)

漆 qī(统读)

期 qī(统读)

蹊 qī(统读)

～跷

蛴 qí(统读)

畦 qí(统读)

萁 qí(统读)

骑 qí(统读)

企 qǐ(统读)

绮 qǐ(统读)

杞 qǐ(统读)

槭 qì(统读)

洽 qià(统读)

签 qiān(统读)

潜 qián(统读)

荨（一）qián(文)

～麻

（二）xún(语)

～麻疹

嵌 qiàn(统读)

欠 qian

打哈～

戕 qiāng(统读)

镪 qiāng

～水

强（一）qiáng

～渡　～取豪夺　～制

博闻～识

（二）qiǎng

勉～　牵～　～词夺理

～迫　～颜为笑

（三）jiàng

倔～

襁 qiǎng(统读)

跄 qiàng(统读)

悄（一）qiāo

～～儿的

（二）qiǎo

~默声儿的

橇 qiāo(统读)

翘 (一) qiào(语)

~尾巴

(二) qiáo(文)

~首　~楚　连~

怯 qiè(统读)

挈 qiè(统读)

趄 qie

趔~

侵 qīn(统读)

衾 qīn(统读)

噙 qín(统读)

倾 qīng(统读)

亲 qìng

~家

穹 qióng(统读)

黢 qū(统读)

曲 (麯)qū

大~　红~　神~

渠 qú(统读)

瞿 qú(统读)

蠼 qú(统读)

苣 qǔ

~荬菜

龋 qǔ(统读)

趣 qù(统读)

雀 què

~斑　~盲症

R

髯 rán(统读)

攘 rǎng(统读)

桡 ráo(统读)

绕 rào(统读)

任 rén[姓,地名]

妊 rèn(统读)

扔 rēng(统读)

容 róng(统读)

糅 róu(统读)

茹 rú(统读)

孺 rú(统读)

蠕 rú(统读)

辱 rǔ(统读)

挼 ruó(统读)

S

靸 sǎ(统读)

噻 sāi(统读)

散 (一) sǎn

懒~　零零~~　~漫

(二) san

零～
丧 sang
哭～着脸
扫（一）sǎo
～兴
（二）sào
～帚
埽 sào（统读）
色（一）sè（文）
（二）shǎi（语）
塞（一）sè（文）动作义
（二）sāi（语）名物义，如“活～”、“瓶～”；动作义，如“把洞～住”
森 sēn（统读）
煞（一）shā
～尾　收～
（二）shà
～白
啥 shá（统读）
厦（一）shà（语）
（二）xià（文）
～门　噶～
杉（一）shān（文）
紫～　红～　水～
（二）shā（语）
～篙　～木
衫 shān（统读）
姗 shān（统读）
苫（一）shàn（动作义，如“～布”）
（二）shān（名物义，如“草～子”）
墒 shāng（统读）
猞 shē（统读）
舍 shè
宿～
慑 shè（统读）
摄 shè（统读）
射 shè（统读）
谁 shéi，又音 shuí
娠 shēn（统读）
什（甚）shén
～么
蜃 shèn（统读）
葚（一）shèn（文）
桑～
（二）rèn（语）
桑～儿
胜 shèng（统读）
识 shí
常～　～货　～字

似 shì

~的

室 shì(统读)

螫 (一) shì(文)

(二) zhē(语)

匙 shi

钥~

殊 shū(统读)

蔬 shū(统读)

疏 shū(统读)

叔 shū(统读)

淑 shū(统读)

菽 shū(统读)

熟 (一) shú(文)

(二) shóu(语)

署 shǔ(统读)

曙 shǔ(统读)

漱 shù(统读)

戍 shù(统读)

蟀 shuài(统读)

孀 shuāng(统读)

说 shuì

游~

数 shuò

~见不鲜

硕 shuò(统读)

蒴 shuò(统读)

艘 sōu(统读)

嗾 sǒu(统读)

速 sù(统读)

塑 sù(统读)

虽 suī(统读)

绥 suí(统读)

髓 suǐ(统读)

遂 (一) suì

不~ 毛~自荐

(二) suí

半身不~

隧 suì(统读)

隼 sǔn(统读)

莎 suō

~草

缩 (一) suō

收~

(二) sù

~砂密(一种植物)

嗍 suō(统读)

索 suǒ(统读)

T

趿 tā(统读)

鳎 tǎ(统读)

獭 tǎ(统读)
沓 (一) tà
重~
(二) ta
疲~
(三) dá
一~纸
苔 (一) tái(文)
(二) tāi(语)
探 tàn(统读)
涛 tāo(统读)
悌 tì(统读)
佻 tiāo(统读)
调 tiáo
~皮
帖 (一) tiē
妥~　伏伏~~　俯首~耳
(二) tiě
请~　字~儿
(三) tiè
字~　碑~
听 tīng(统读)
庭 tíng(统读)
骰 tóu(统读)
凸 tū(统读)
突 tū(统读)
颓 tuí(统读)
蜕 tuì(统读)
臀 tún(统读)
唾 tuò(统读)

W

娲 wā(统读)
挖 wā(统读)
瓦 wà
~刀
㖞 wāi(统读)
蜿 wān(统读)
玩 wán(统读)
惋 wǎn(统读)
脘 wǎn(统读)
往 wǎng(统读)
忘 wàng(统读)
微 wēi(统读)
巍 wēi(统读)
薇 wēi(统读)
危 wēi(统读)
韦 wéi(统读)
违 wéi(统读)
唯 wéi(统读)
圩 (一) wéi

~子
(二) xū
~(墟)场
纬 wěi(统读)
委 wěi
~靡
伪 wěi(统读)
萎 wěi(统读)
尾 (一) wěi
~巴
(二) yǐ
马~儿
尉 wèi
~官
文 wén(统读)
闻 wén(统读)
紊 wěn(统读)
喔 wō(统读)
蜗 wō(统读)
硪 wò(统读)
诬 wū(统读)
梧 wú(统读)
牾 wǔ(统读)
乌 wù
~拉(也作"靰鞡") ~拉草
杌 wù(统读)
骛 wù(统读)

X

夕 xī(统读)
汐 xī(统读)
晰 xī(统读)
析 xī(统读)
皙 xī(统读)
昔 xī(统读)
溪 xī(统读)
悉 xī(统读)
熄 xī(统读)
蜥 xī(统读)
螅 xī(统读)
惜 xī(统读)
锡 xī(统读)
樨 xī(统读)
袭 xí(统读)
檄 xí(统读)
峡 xiá(统读)
暇 xiá(统读)
吓 xià
杀鸡~猴
鲜 xiān
屡见不~ 数见不~

锨 xiān(统读)

纤 xiān

～维

涎 xián(统读)

弦 xián(统读)

陷 xiàn(统读)

霰 xiàn(统读)

向 xiàng(统读)

相 xiàng

～机行事

淆 xiáo(统读)

哮 xiào(统读)

些 xiē(统读)

颉 xié

～颃

携 xié(统读)

偕 xié(统读)

挟 xié(统读)

械 xiè(统读)

馨 xīn(统读)

囟 xìn(统读)

行 xíng

操～　德～　发～　品～

省 xǐng

内～　反～　～亲　不～人事

芎 xiōng(统读)

朽 xiǔ(统读)

宿 xiù

星～　二十八～

煦 xù(统读)

蓿 xu

苜～

癣 xuǎn(统读)

削 (一) xuē(文)

剥～　～减　瘦～

(二) xiāo(语)

切～　～铅笔　～球

穴 xué(统读)

学 xué(统读)

雪 xuě(统读)

血 (一) xuè(文)用于复音词及成语，如“贫～”、“心～”、“呕心沥～”、“～泪史”、“狗～喷头”等

(二) xiě(语)口语多单用，如“流了点儿～”及几个口语常用词，如“鸡～”、“～晕”、“～块子”等

谑 xuè(统读)

寻 xún(统读)

驯 xùn(统读)

逊 xùn(统读)

熏 xùn

煤气～着了

徇 xùn(统读)

殉 xùn(统读)

蕈 xùn(统读)

Y

押 yā(统读)

崖 yá(统读)

哑 yǎ

～然失笑

亚 yà(统读)

殷 yān

～红

芫 yán

～荽

筵 yán(统读)

沿 yán(统读)

焰 yàn(统读)

夭 yāo(统读)

肴 yáo(统读)

杳 yǎo(统读)

舀 yǎo(统读)

钥 (一) yào(语)

～匙

(二) yuè(文)

锁～

曜 yào(统读)

耀 yào(统读)

椰 yē(统读)

噎 yē(统读)

叶 yè

～公好龙

曳 yè

弃甲～兵　摇～　～光弹

屹 yì(统读)

轶 yì(统读)

谊 yì(统读)

懿 yì(统读)

诣 yì(统读)

艾 yì

自怨自～

荫 yìn(统读)

(“树～”、“林～道”应作“树阴”、“林阴道”)

应 (一) yīng

～届　～名儿　～许　提出的条件他都～了　是我～下来的任务

(二) yìng

～承　～付　～声　～时

~验　~邀　~用　~运
~征　里~外合
萦 yíng(统读)
映 yìng(统读)
佣 yōng
~工
庸 yōng(统读)
臃 yōng(统读)
壅 yōng(统读)
拥 yōng(统读)
踊 yǒng(统读)
咏 yǒng(统读)
泳 yǒng(统读)
莠 yǒu(统读)
愚 yú(统读)
娱 yú(统读)
愉 yú(统读)
伛 yǔ(统读)
屿 yǔ(统读)
吁 yù
呼~
跃 yuè(统读)
晕 (一) yūn
~倒　头~
(二) yùn
月~　血~　~车

酝 yùn(统读)

Z

匝 zā(统读)
杂 zá(统读)
载 (一) zǎi
登~　记~
(二) zài
搭~　怨声~道　重~
装~　~歌~舞
簪 zān(统读)
咱 zán(统读)
暂 zàn(统读)
凿 záo(统读)
择 (一) zé
选~
(二) zhái
~不开　~菜　~席
贼 zéi(统读)
憎 zēng(统读)
甑 zèng(统读)
喳 zhā
唧唧~~
轧 (除"~钢"、"~辊"念 zhá 外,其他都念 yà)(gá 为方言,不审)

摘 zhāi(统读)
粘 zhān
~贴
涨 zhǎng
~落 高~
着 (一) zháo
~慌 ~急 ~家 ~凉
~忙 ~迷 ~水 ~雨
(二) zhuó
~落 ~手 ~眼 ~意
~重 不~边际
(三) zhāo
失~
沼 zhǎo(统读)
召 zhào(统读)
遮 zhē(统读)
蛰 zhé(统读)
辙 zhé(统读)
贞 zhēn(统读)
侦 zhēn(统读)
帧 zhēn(统读)
胗 zhēn(统读)
枕 zhěn(统读)
诊 zhěn(统读)
振 zhèn(统读)
知 zhī(统读)
织 zhī(统读)
脂 zhī(统读)
植 zhí(统读)
殖 (一) zhí
繁~ 生~ ~民
(二) shi
骨~
指 zhǐ(统读)
掷 zhì(统读)
质 zhì(统读)
蛭 zhì(统读)
秩 zhì(统读)
栉 zhì(统读)
炙 zhì(统读)
中 zhōng
人~(人口上唇当中处)
种 zhòng
点~(义同“点播”。动宾结构念 diǎnzhǒng,义为点播种子)
诌 zhōu(统读)
骤 zhòu(统读)
轴 zhòu
大~子戏 压~子
碡 zhou
碌~

烛 zhú(统读)
逐 zhú(统读)
属 zhǔ
　～望
筑 zhù(统读)
著 zhù
　土～
转 zhuǎn
　运～
撞 zhuàng(统读)
幢 (一) zhuàng
　一～楼房
　(二) chuáng
　经～(佛教所设刻有经咒的石柱)
拙 zhuō(统读)
茁 zhuó(统读)
灼 zhuó(统读)
卓 zhuó(统读)
综 zōng
　～合
纵 zòng(统读)
粽 zòng(统读)
镞 zú(统读)
组 zǔ(统读)
钻 (一) zuān
　～探　～孔
　(二) zuàn
　～床　～杆　～具
佐 zuǒ(统读)
唑 zuò(统读)
柞 (一) zuò
　～蚕　～绸
　(二) zhà
　～水(在陕西)
做 zuò(统读)
作 (除"～坊"读 zuō 外,其余都读 zuò)

中华人民共和国文化部
中国文字改革委员会

关于发布《第一批异体字整理表》的联合通知

（1955 年 12 月 22 日）

中国文字改革委员会根据全国文字改革会议讨论的意见，已经把第一批异体字整理完毕，我们现在随文发布，并且决定从 1956 年 2 月 1 日起在全国实施。从实施日起，全国出版的报纸、杂志、图书一律停止使用表中括弧内的异体字。但翻印古书须用原文原字的，可作例外。一般图书已经制成版的或全部中分册尚未出完的可不再修改，等重排再版时改正。机关、团体、企业、学校用的打字机字盘中的异体字应当逐步改正。商店原有牌号不受限制。停止使用的异体字中，有用作姓氏的，在报刊图书中可以保留原字，不加变更，但只限于作为姓用。

四、第一批异体字整理表

本书编者说明：

1. 本表于 1955 年 12 月 22 日由中华人民共和国文化部、中国文字改革委员会联合发布。

2. 下表是经过调整的《第一批异体字整理表》，共 793 组、1815 字，其中被选用的规范字形 793 字、被淘汰的异体字形 1022 字。调整时，删掉了不构成异体关系的字组，改正了某些错误的字形。

3. 为了方便读者使用，编者对《第一批异体字整理表》重新作了编排。字表按选用字的汉语拼音字母顺序排列。同音节的字再按笔画数排列，笔画少的在前，多的在后。笔画数相同的按起笔笔形横（一）、竖（丨）、撇（丿）、点（丶）、折（乛）的顺序排列。为了方便读者使用，另编有《从被淘汰的异体字查选用字部首检字表》。

A

an

岸[屽]
庵[菴]
暗[闇晻]
鞍[鞌]

ao

坳[坳]
拗[抝]
翱[翺]
鳌[鼇]

B

ba

霸[覇]

bai

柏[栢]
稗[粺]

ban

坂[岅]

bang

榜[牓]
膀[髈]
幫[幚幇]

bao

刨[鉋鑤]
褓[緥]
褒[襃]
寶[寳]

bei

杯[盃桮]
背[揹]
悖[誖]
備[俻]

ben

奔[犇奔逩]

beng

绷[繃]

bi

秕[粃]
秘[祕]
逼[偪]
痹[痺]
弊[獘]
斃[獘]

bian

遍[徧]

biao

膘[臕]

bie

癟[癟]
鱉[鼈]

bing

冰[氷]
并[倂並竝]
禀[稟]

bo

脖[頦]
博[愽]
鉢[缽盋]
駁[駮]

bu

布[佈]

C

cai

采[寀採]
彩[綵]
睬[倸]
踩[跴]

can

参[叅]
慚[慙]

cao

草[艸]
操[捺撡]

ce

册[冊]
厕[廁]
策[筞筴]

cha

查[査]
插[揷]
碴[餷]
察[詧]

chan

鏟[剷]

chang

場[塲]
腸[膓]
嘗[嚐甞]

che

扯[撦]

chen

趁[趂]
嗔[瞋]

cheng

乘[乗棄]
塍[堘]
撑[撐]
澄[瀓]

chi

吃[喫]
耻[恥]
翅[翄]
敕[勅勑]
痴[癡]

chou

仇[讐]
酬[酧詶醻]
瞅[瞧田]

chu

厨[廚厨]
鋤[鉏耡]
橱[櫥]
蹰[躕]

chuan

船[舩]

chuang

床[牀]
創[剏刱]
窗[窓窗窻牕牎]

chui

捶[搥]
棰[箠]
錘[鎚]

chun

春[萅]
唇[脣]
淳[湻]
莼[蒓]
醇[醕]
蠢[惷]

ci

词[䛐]
糍[餈]
辭[辤]
鷀[鶿]

cong

匆[悤怱]
葱[蔥]

cou

凑[湊]

cu

粗[觕麤]
蹴[蹵]

cuan

篡[簒]

cui

脆[脃]
悴[顇]

cun

村[邨]

cuo

銼[剉]

D

da

瘩[瘩]

dai

呆[獃騃]
玳[瑇]

dan

耽[躭]
啖[啗噉]

dang

蕩[盪]
擋[攩]

dao

島[㠀]
搗[擣㨶]

de

德[悳]

deng

凳[櫈]

di

抵[牴觝]
堤[隄]
蒂[蔕]

diao

吊[弔]
雕[彫鵰琱]

die

喋[啑]
叠[疊曡疉]
蝶[蜨]

ding

碇[椗矴]

dong

動[働]

dou

豆[荳]
鬥[鬦鬪鬭]
兜[兠]

du

妒[妬]
睹[覩]

dun

惇[惇]
敦[敦]
遁[遯]
墩[墪]

duo

朵[朶]
垛[垜]
跺[跥]

E

e

厄[阨戹]
扼[搤]
峨[峩]
婀[娿媕]
訛[譌]
萼[蕚]
腭[齶]
鵝[鵞䳘]
額[頟]
鰐[鱷]

en

恩[恩]

er

爾[尒]

F

fa

法[灋浤]
珐[琺]
筏[栰]
罰[罸]

fan

凡[凣]
帆[帆颿]
泛[汎氾]
繁[緐]
翻[飜繙]

fang

仿[髣倣]

fei

痱[疿]
廢[癈]

fen

氛[雰]

feng

峰[峯]
蜂[蠭逢]

fu

佛[彿髴]
附[坿]
俯[俛頫]
婦[媍]
麩[粰麬]

G

ga

嘎[嘠]

gai

丐[匄匃]
概[槩]

gan

杆[桿]
秆[稈]
乾[亁乹]
幹[榦]
贛[贑灨]

gang

扛[摃]
杠[槓]
肛[疘]

gao

皋[臯皐]
槁[槀]
稿[稾]
糕[餻]

ge

個[箇]
胳[肐]
閣[閤]
歌[謌]

gen

亘[亙]

geng

耕[畊]
鯁[骾]

gong

躬[躳]

gou

够[夠]
鈎[鉤]
構[搆]

gu

雇[僱]
鼓[皷]

gua

挂[掛罣]

guai

拐[柺]
怪[恠]

guan

管[筦]
館[舘]
罐[鑵]

gui

规[槼]
瑰[瓌]

guo

果[菓]
椁[槨]

H

han

函[圅]
捍[扞]
悍[猂]
焊[銲釬]

hao

蚝[蠔]
皓[皜暠]
嗥[嘷獋]

he

和[龢咊]
盍[盇]
核[覈]

heng

恒[恆]

hong

哄[閧鬨]

hou

糇[餱]

hu

呼[虖嘑謼]
胡[衚]
糊[粘餬]

hua

花[苍蘤]
嘩[譁]
話[諙]

huan

浣[澣]
獾[貛貛]
歡[懽讙驩]

huang

恍[怳]
晃[熀]

hui

迴[廻逥]
蛔[蛕蚘痐蜖]
匯[滙]
毁[燬譭]
輝[煇]
徽[幑]

hun

昏[昬]
魂[䰟]

huo

禍[旤]

J

ji

迹[跡蹟]
期[朞]
楫[檝]
賫[賷齎]
績[勣]
鷄[雞]
羈[羇]

jia

夾[裌袷]
戛[戞]
假[叚]

jian

奸[姦]
減[减]
碱[堿]
箋[牋椾]
劍[劒]
緘[椷]
繭[蠒]
鑒[鑑鍳]

鹼[鹻]

jiang

獎[奬]
僵[殭]
繮[韁]

jiao

叫[呌]
脚[腳]
剿[勦劋]
僥[儌]

jie

劫[刦刧刼]
杰[傑]
屆[屇]
捷[㨗]
秸[稭]
階[堦]
潔[絜]

jin

斤[觔]
晋[晉]

緊[緊緊]

jing

阱[穽]
净[凈]
徑[逕]
脛[踁]
粳[稉秔]

jiong

迥[逈]
炯[烱]

jiu

糾[糺]
韭[韮]
厩[廐廄]
救[捄]
揪[揫]

ju

巨[鉅]
局[侷跼]
矩[榘]
據[攄]
舉[擧]

䬘[颶]

juan

倦[勌]
狷[獧]
眷[睠]

jue

决[決]
撅[噘]
橛[橜]

jun

俊[儁儁]
隽[雋]
浚[濬]

K

kai

慨[嘅]

kan

刊[栞]
坎[埳]
侃[偘]

瞰[矙]

kang

炕[匟]
糠[穅粇]

kao

考[攷]

ke

剋[尅]
咳[欬]
疴[痾]

ken

肯[肎]

keng

坑[阬]

kou

叩[敂]
扣[釦]
寇[寇冦]

ku

裤[袴]

kuan

款[欵]

kuang

况[況]
矿[鑛]

kui

愧[媿]
窥[闚]
馈[餽]

kun

坤[堃]
昆[崑崐]
捆[綑]

kuo

括[擓]
阔[濶]

L

la

辣[辢]
腊[臈]

lai

赖[頼]

lan

婪[惏]
懒[嬾]

lang

琅[瑯]
螂[蜋]

lei

泪[淚]

leng

棱[稜]

li

荔[茘]

厘[釐]
莅[蒞涖]
栗[凓慄]
狸[貍]
梨[棃]
犁[犂]
里[裡]
璃[琍瓈]
历[歴厯]
历[厤]
隶[隷隸]
藜[蔾]

lian

廉[亷廡]
炼[鍊]
奁[匳匲
籢]
敛[斂]
镰[鐮鎌]

liang

凉[涼]
梁[樑]

lin

吝[悋]
淋[痳]
鄰[隣]
磷[燐粦]
麟[麐]

ling

菱[蔆]

liu

柳[栁桺]
留[畱畄
　畂]
琉[瑠璢]
碌[磟]
瘤[癅]

long

弄[衖挵]

lu

虜[虏]
戮[剹勠]
櫓[艣樐艪
　櫖]
爐[鑪]

lü

緑[菉]

lüe

略[畧]

lun

侖[崘崙]

luo

裸[躶臝]
騾[臝]

M

ma

麻[蔴]
蟆[蟇]
罵[駡傌]

mai

脉[脈衇
　衂]

mao

卯[夘戼]
牦[犛氂]
冒[冐]
猫[貓]
帽[帽]

mei

梅[楳槑]

meng

虻[蝱]

mi

眯[瞇]
覓[覔]
冪[羃]

mian

綿[緜]
麵[麪]

miao

妙[玅]
眇[玅]
渺[淼淼]

mie

咩[哶咩]

min

泯[泯]

ming

命[㑘]
冥[寘冥]

mo

謨[謩]
饃[饝]

mu

畝[畂晦畆
　畮畞]
幕[幙]

N

na

拿[舒拏
　挐]

nai

乃[迺廼]
奶[嬭妳]

nan

楠[枏柟]

nao

鬧[閙]

nen

嫩[嫰]

ni

你[妳]
昵[暱]
霓[蜺]
擬[儗]

nian

年[秊]
拈[撚]
念[唸]

niang

娘[孃]

niao

裊[嫋嬝褭]

nie

揑[揑]
涅[湼]
嗫[囁囁]
孽[孼]

ning

寧[寍甯]

nong

農[辳]

nü

衄[衂䘐]

nuan

暖[煖暝煗]

nuo

挪[挼捼]
糯[穤稬]

P

pao

炮[砲礮]
疱[皰]

pei

胚[肧]

peng

碰[掽踫]

pi

匹[疋]
毗[毘]

piao

飘[飃]

ping

瓶[缾]
凴[凭]

po

迫[廹]

pu

鋪[舖]

Q

qi

弃[棄]
栖[棲]
凄[淒悽]
戚[慼慽]
啓[啟唘]
棋[棊碁]
旗[旂]
憩[憇]

qian

愆[諐]
鉛[鈆]
潜[濳]

qiang

羌[羗羫]
强[彊強]
槍[鎗]
墻[牆]
檣[艢]
襁[繦]

qiao

峭[陗]
蕎[荍]
憔[顦癄]
鍬[鍫]
蹺[蹻]

qie

愜[㥦]

qin

琴[琹]
勤[懃]
寢[寑]
揿[撳]

qiu

丘[坵]
虬[虯]
秋[秌龝]
球[毬]

qu

麯[麴]
驅[駈敺]

que

却[卻卻]
榷[搉榷]

qun

裙[帬裠]
群[羣]

R

ran

冉[冄]
髯[髥]

蘂]

rao

繞[遶]

ren

妊[姙]
衽[袵]
軔[軔]
飪[餁]
韌[靭靱
韌]

rong

冗[宂]
絨[羢毧]
融[螎]

ru

蠕[蝡]

ruan

軟[輭]

rui

睿[叡]
蕊[蘂橤

ruo

箬[篛]

S

sa

颯[颭]

sai

腮[顋]

san

散[散]
傘[傘繖]

sang

桑[桒]

se

澀[澁濇]

sha

廈[厦]

shan

刪[刪]
姍[姗]
珊[珊]
柵[栅]
膳[饍]
膻[羶羴]
鱔[鱓]

shao

筲[籂]

she

射[躰]
蛇[虵]
懾[慴]

shen

深[滚]
參[葠蓡]
慎[昚]

sheng

升[陞昇]
剩[賸]

shi

尸[屍]
虱[蝨]
柿[杮]
是[昰]
時[旹]
視[眂眎]
實[寔]
謚[諡]
濕[溼]

shu

倏[儵儵]
庶[庻]
疏[踈]
豎[竪]
漱[潄]
薯[藷]

si

似[佀]
祀[禩]
俟[竢]
飼[飤]
廝[厮]

sou

搜[蒐]
嗽[嗽]

su

宿[宿]
訴[愬]
溯[泝遡]
蘇[蘓甦]

sui

歲[嵗]

sun

筍[笋]
飧[飱]

suo

挲[挱]
蓑[簑]
瑣[瑣]
鎖[鎻]

T

ta

它[牠]
拓[搨]
塔[墖]

tan

袒[襢]
嘆[歎]
罈[罎壜]

tang

趟[趟蹚
踼]
糖[餹]

tao

掏[搯]
縧[絛縚]

teng

藤[籐]

ti

剃[薙鬀]
啼[嗁]
蹄[蹏]

tiao

眺[覜]

tong

同[仝衕]
峒[峝]
筒[筩]

tou

偷[媮]

tu

兔[兎兔]

tui

腿[骽]
頹[穨]

tun

臀[臋]

tuo

托[託]
拖[拕]
馱[駄]
駝[駞]

W

wa

蛙[鼃]
襪[韈韤]

wan

玩[翫]
挽[輓]
碗[盌椀
瓮]

wang

亡[亾]
罔[冈]
往[徃]
望[朢]

wei

喂[餵餧]
猬[蝟]

wen

吻[脗]
蚊[螡蟁]

weng

瓮[甕罋]

wu

污[汙汚]
忤[啎]
塢[隖]

X

xi

席[蓆]
晰[晢晳]
溪[谿]
熙[熈煕]
嘻[譆]
膝[厀]
戲[戱]

xia

狹[陿]

xian

仙[僊]
弦[絃]
秈[秈]
涎[次]
閑[閒]
銜[銜啣]
嫻[嫺]
綫[線]
鮮[尟鱻
尠]

xiang

享[亯]
厢[廂]
餉[饟]
嚮[曏]

xiao

笑[咲]
效[効傚]

淆[殽]

xie

邪[衺]
泄[洩]
脅[脇]
紲[絏]
携[攜擕攜
攜]
鞋[鞵]
蝎[蠍]
燮[爕]
蟹[蠏]

xing

幸[倖]

xiong

凶[兇]
汹[洶]
胸[胷]

xiu

修[脩]
綉[繡]
銹[鏽]

xu

叙[敘敍]
恤[卹賉
䘏]
勖[勗]
婿[壻]

xuan

萱[萲蕿藼
蘐]
喧[諠]
楦[楥]
璇[璿]

xue

靴[鞾]

xun

巡[廵]
徇[狥]
勛[勳]
尋[尋]
塤[壎]
熏[燻]

Y

ya

丫[枒椏]
鴉[鵶]

yan

岩[巗巖
嵒]
咽[嚥]
烟[煙菸]
宴[讌]
胭[臙]
雁[鴈]
腌[醃]
焰[燄]
燕[鷰]
檐[簷]
贋[贗]
驗[騐]
鼴[鼹]
艷[豔豓]

yang

揚[颺敭]

yao

夭[殀]
肴[餚]
咬[齩]
窑[窰窯]
耀[燿]

ye

夜[亱]
野[埜壄]
燁[爗]

yi

以[㕥㠯]
异[異]
咿[吚]
移[迻]
翳[瞖]

yin

因[囙]
吟[唫]
姻[婣]
殷[慇]
陰[隂]

淫[婬滛]
堙[陻]
喑[瘖]
飲[歙]
蔭[廕]

ying

映[暎]
穎[頴]
罌[罃]
鶯[鸎]

yong

咏[詠]
涌[湧]
恿[慂惥]
雍[雝]

you

游[遊]

yu

欲[慾]
逾[踰]
寓[庽]
愈[瘉癒]

鬱[欝鬰]

yuan

冤[寃寃]
猿[猨蝯]

yue

岳[嶽]

yun

韵[韻]

Z

za

匝[帀]
雜[襍]

zai

再[再再]
灾[災烖
菑]

zan

咱[喒喒偺
偺]

暫[蹔]
簪[簮]
贊[賛讚]

zang

葬[塟塟]

zao

皂[皁]
唣[啅]
噪[譟]
糟[蹧]

zha

扎[紥紮]
札[剳劄]
咤[吒]
閘[牐]
榨[搾]

zhai

寨[砦]
齋[亝]

zhan

占[佔]
沾[霑]
盞[琖醆]
嶄[嶃]
氈[氊]

zhang

獐[麞]

zhao

棹[櫂]
照[炤]

zhe

哲[喆]
浙[淛]
輒[輙]
謫[讁]

zhen

珍[珎]
砧[碪]
針[鍼]
偵[遉]
鴆[酖]

zhi

卮[巵]
址[阯]
志[誌]
帙[袟袠]
侄[姪妷]
祗[秖秪]
梔[栀]
紙[帋]
跖[蹠]
置[寘]
稚[穉穉]

zhong

冢[塚]
衆[眾]

zhou

咒[呪]
周[週]
帚[箒]

zhu

伫[竚佇]
注[註]
猪[豬]
煮[煑]
箸[筯]

zhuan

專[耑]
撰[譔]
磚[甎塼]
饌[籑]

zhuang

妝[粧]

zhuo

斫[斲斵
斮]
桌[槕]

zi

姊[姉]
眦[眥]
資[貲]

zong

傯[偬]
棕[椶]

粽[糉]
踪[蹤]
鬃[騌騣
　鬉]

zu

卒[卆]

zuan

纂[篹]
鑽[鑚]

zui

最[冣冣]
罪[辠]

zun

樽[罇]

五、第一批异形词整理表

A

按捺—按纳 ànnà

按语—案语 ànyǔ

B

百废俱兴—百废具兴 bǎifèi-jùxīng

百叶窗—百页窗 bǎiyèchuāng

斑白—班白、颁白 bānbái

斑驳—班驳 bānbó

孢子—胞子 bāozǐ

保镖—保镳 bǎobiāo

保姆—保母、褓姆 bǎomǔ

辈分—辈份 bèifen

本分—本份 běnfèn

笔画—笔划 bǐhuà

毕恭毕敬—必恭必敬 bìgōng-bìjìng

编者按—编者案 biānzhě'àn

扁豆—萹豆、稨豆、藊豆 biǎndòu

标志—标识 biāozhì

鬓角—鬓脚 bìnjiǎo

秉承—禀承 bǐngchéng

补丁—补靪、补钉 bǔding

C

参与—参预 cānyù

惨淡—惨澹 cǎndàn

差池—差迟 chāchí

掺和—搀和 chānhuo[①]

掺假—搀假 chānjiǎ

掺杂—搀杂 chānzá

铲除—刬除 chǎnchú

徜徉—倘佯 chángyáng

车厢—车箱 chēxiāng

彻底—澈底 chèdǐ

---

① "掺""搀"实行分工:"掺"表混合义,"搀"表搀扶义。

沉思—沈思　chénsī[1]
称心—趁心　chènxīn
成分—成份　chéngfèn
澄澈—澄彻　chéngchè
侈靡—侈糜　chǐmí
筹划—筹画　chóuhuà
筹码—筹马　chóumǎ
踌躇—踌蹰　chóuchú
出谋划策—出谋画策
chūmóu-huàcè
喘吁吁—喘嘘嘘　chuǎnxūxū
瓷器—磁器　cíqì
赐予—赐与　cìyǔ
粗鲁—粗卤　cūlǔ

D

搭档—搭当、搭挡　dādàng
搭讪—搭赸、答讪　dāshàn
答复—答覆　dáfù
戴孝—带孝　dàixiào
担心—耽心　dānxīn
担忧—耽忧　dānyōu
耽搁—担搁　dānge
淡泊—澹泊　dànbó
淡然—澹然　dànrán
倒霉—倒楣　dǎoméi
低回—低徊　dīhuí[2]
凋敝—雕敝、雕弊　diāobì[3]
凋零—雕零　diāolíng
凋落—雕落　diāoluò
凋谢—雕谢　diāoxiè
跌宕—跌荡　diēdàng
跌跤—跌交　diējiāo
喋血—蹀血　diéxuè
叮咛—丁宁　dīngníng

---

① “沉”本为“沈”的俗体，后来“沉”字成了通用字，与“沈”并存并用，并形成了许多异形词，如“沉没—沈没｜沉思—沈思｜深沉—深沈”等。现在“沈”只读shěn，用于姓氏。地名沈阳的“沈”是“瀋”的简化字。表示“沉没”及其引申义，现在一般写作“沉”，读 chén。

② 《普通话异读词审音表》审定“徊”统读 huái。“低回”一词只读 dīhuí，不读dīhuái。

③ “凋”“雕”古代通用，1955 年《第一批异体字整理表》曾将“凋”作为“雕”的异体字予以淘汰。1988 年《现代汉语通用字表》确认“凋”为规范字，表示“凋谢”及其引申义。

订单—定单 dìngdān[①]
订户—定户 dìnghù
订婚—定婚 dìnghūn
订货—定货 dìnghuò
订阅—定阅 dìngyuè
斗拱—枓拱、枓栱 dǒugǒng
逗留—逗遛 dòuliú
逗趣儿—斗趣儿 dòuqùr
独角戏—独脚戏 dújiǎoxì
端午—端五 duānwǔ

E

二黄—二簧 èrhuáng
二心—贰心 èrxīn

F

发酵—酦酵 fājiào
发人深省—发人深醒 fārén-shēnxǐng
繁衍—蕃衍 fányǎn
吩咐—分付 fēnfù
分量—份量 fènliàng
分内—份内 fènnèi
分外—份外 fènwài
分子—份子 fènzǐ[②]
愤愤—忿忿 fènfèn
丰富多彩—丰富多采 fēngfù-duōcǎi
风瘫—疯瘫 fēngtān
疯癫—疯颠 fēngdiān
锋芒—锋铓 fēngmáng
服侍—伏侍、服事 fúshi
服输—伏输 fúshū
服罪—伏罪 fúzuì
负隅顽抗—负嵎顽抗 fùyú-wánkàng
附会—傅会 fùhuì

---

① “订”“定”二字中古时本不同音，演变为同音字后，才在“预先、约定”的义项上通用，形成了一批异形词。不过近几十年二字在此共同义项上又发生了细微的分化：“订”多指事先经过双方商讨的，只是约定，并非确定不变的；“定”侧重在确定，不轻易变动。故有些异形词现已分化为近义词，但本表所列的“订单—定单”等仍为全等异形词，应依据通用性原则予以规范。

② 此词是指属于一定阶级、阶层、集团或具有某种特征的人，如“地主～|知识～|先进～”。与分母相对的“分子”、由原子构成的“分子”（读 fēnzǐ）、凑份子送礼的“份子”（读 fènzi），音、义均不同，不可混淆。

复信—覆信　fùxìn
覆辙—复辙　fùzhé

G

干预—干与　gānyù
告诫—告戒　gàojiè
耿直—梗直、鲠直　gěngzhí
恭维—恭惟　gōngwei
勾画—勾划　gōuhuà
勾连—勾联　gōulián
孤苦伶仃—孤苦零丁　gūkǔ-língdīng
辜负—孤负　gūfù
古董—骨董　gǔdǒng
股份—股分　gǔfèn
骨瘦如柴—骨瘦如豺　gǔshòu-rúchái
关联—关连　guānlián
光彩—光采　guāngcǎi
归根结底—归根结柢　guīgēn-jiédǐ
规诫—规戒　guījiè
鬼哭狼嚎—鬼哭狼嗥　guǐkū-lángháo
过分—过份　guòfèn

H

蛤蟆—虾蟆　háma
含糊—含胡　hánhu
含蓄—涵蓄　hánxù
寒碜—寒伧　hánchen
喝彩—喝采　hècǎi
喝倒彩—喝倒采　hèdàocǎi
轰动—哄动　hōngdòng
弘扬—宏扬　hóngyáng
红彤彤—红通通　hóngtōngtōng
宏论—弘论　hónglùn
宏图—弘图、鸿图　hóngtú
宏愿—弘愿　hóngyuàn
宏旨—弘旨　hóngzhǐ
洪福—鸿福　hóngfú
狐臭—胡臭　húchòu
蝴蝶—胡蝶　húdié
糊涂—胡涂　hútu
琥珀—虎魄　hǔpò
花招—花着　huāzhāo
划拳—豁拳、搳拳　huáquán
恍惚—恍忽　huǎnghū
辉映—晖映　huīyìng
溃脓—殨脓　huìnóng
浑水摸鱼—混水摸鱼

húnshuǐ-mōyú
伙伴—火伴 huǒbàn

J

机灵—机伶 jīling
激愤—激忿 jīfèn
计划—计画 jìhuà
纪念—记念 jìniàn
寄予—寄与 jìyǔ
夹克—茄克 jiākè
嘉宾—佳宾 jiābīn
驾驭—驾御 jiàyù
架势—架式 jiàshi
嫁妆—嫁装 jiàzhuang
简练—简炼 jiǎnliàn
骄奢淫逸—骄奢淫佚
jiāoshē-yínyì
角门—脚门 jiǎomén
狡猾—狡滑 jiǎohuá
脚跟—脚根 jiǎogēn
叫花子—叫化子 jiàohuāzi
精彩—精采 jīngcǎi
纠合—鸠合 jiūhé
纠集—鸠集 jiūjí
就座—就坐 jiùzuò
角色—脚色 juésè

K

克期—刻期 kèqī
克日—刻日 kèrì
刻画—刻划 kèhuà
阔佬—阔老 kuòlǎo

L

褴褛—蓝缕 lánlǚ
烂漫—烂缦、烂熳 lànmàn
狼藉—狼籍 lángjí
榔头—狼头、鎯头 lángtou
累赘—累坠 léizhui
黧黑—黎黑 líhēi
连贯—联贯 liánguàn
连接—联接 liánjiē
连绵—联绵 liánmián[①]
连缀—联缀 liánzhuì
联结—连结 liánjié
联袂—连袂 liánmèi
联翩—连翩 liánpiān
踉跄—踉蹡 liàngqiàng

① “联绵字”“联绵词”中的“联”不能改写为“连”。

嘹亮—嘹喨　liáoliàng
缭乱—撩乱　liáoluàn
伶仃—零丁　língdīng
囹圄—囹圉　língyǔ
溜达—蹓跶　liūda
流连—留连　liúlián
喽啰—喽罗、偻㑩　lóuluó
鲁莽—卤莽　lǔmǎng
录像—录象、录相　lùxiàng
络腮胡子—落腮胡子
luòsāi-húzi
落寞—落漠、落莫　luòmò

M

麻痹—痲痹　mábì
麻风—痲风　máfēng
麻疹—痲疹　mázhěn
马蜂—蚂蜂　mǎfēng
马虎—马糊　mǎhu
门槛—门坎　ménkǎn
靡费—糜费　mífèi
绵连—绵联　miánlián
腼腆—靦覥　miǎntiǎn
模仿—摹仿　mófǎng
模糊—模胡　móhu
模拟—摹拟　mónǐ
摹写—模写　móxiě
摩擦—磨擦　mócā
摩拳擦掌—磨拳擦掌
móquán-cāzhǎng
磨难—魔难　mónàn
脉脉—眽眽　mòmò
谋划—谋画　móuhuà

N

那么—那末　nàme
内讧—内哄　nèihòng
凝练—凝炼　níngliàn
牛仔裤—牛崽裤　niúzǎikù
纽扣—钮扣　niǔkòu

P

扒手—掱手　páshǒu
盘根错节—蟠根错节
pángēn-cuòjié
盘踞—盘据、蟠踞、蟠据
pánjù
盘曲—蟠曲　pánqū
盘陀—盘陁　pántuó
磐石—盘石、蟠石　pánshí
蹒跚—盘跚　pánshān
彷徨—旁皇　pánghuáng

披星戴月—披星带月 pīxīng-dàiyuè
疲沓—疲塌 píta
漂泊—飘泊 piāobó
漂流—飘流 piāoliú
飘零—漂零 piāolíng
飘摇—飘飖 piāoyáo
凭空—平空 píngkōng

Q

牵连—牵联 qiānlián
憔悴—蕉萃 qiáocuì
清澈—清彻 qīngchè
情愫—情素 qíngsù
拳拳—惓惓 quánquán
劝诫—劝戒 quànjiè

R

热乎乎—热呼呼 rèhūhū
热乎—热呼 rèhu
热衷—热中 rèzhōng
人才—人材 réncái
日食—日蚀 rìshí
入座—入坐 rùzuò

S

色彩—色采 sècǎi
杀一儆百—杀一警百 shāyī-jǐngbǎi
鲨鱼—沙鱼 shāyú
山楂—山查 shānzhā
舢板—舢舨 shānbǎn
艄公—梢公 shāogōng
奢靡—奢糜 shēmí
申雪—伸雪 shēnxuě
神采—神彩 shéncǎi
湿漉漉—湿渌渌 shīlūlū
什锦—十锦 shíjǐn
收服—收伏 shōufú
首座—首坐 shǒuzuò
书简—书柬 shūjiǎn
双簧—双锁 shuānghuáng
思维—思惟 sīwéi
死心塌地—死心踏地 sǐxīn-tādì

T

踏实—塌实 tāshi
甜菜—菾菜 tiáncài
铤而走险—挺而走险

tǐng'érzǒuxiǎn
透彻—透澈　tòuchè
图像—图象　túxiàng
推诿—推委　tuīwěi

W

玩意儿—玩艺儿　wányìr
魍魉—蝄蜽　wǎngliǎng
诿过—委过　wěiguò
乌七八糟—污七八糟
wūqībāzāo
无动于衷—无动于中
wúdòngyúzhōng
毋宁—无宁　wúnìng
毋庸—无庸　wúyōng
五彩缤纷—五采缤纷
wǔcǎi-bīnfēn
五劳七伤—五痨七伤
wǔláo-qīshāng

X

息肉—瘜肉　xīròu
稀罕—希罕　xīhan
稀奇—希奇　xīqí
稀少—希少　xīshǎo
稀世—希世　xīshì
稀有—希有　xīyǒu
翕动—噏动　xīdòng
洗练—洗炼　xǐliàn
贤惠—贤慧　xiánhuì
香醇—香纯　xiāngchún
香菇—香菰　xiānggū
相貌—像貌　xiàngmào
潇洒—萧洒　xiāosǎ
小题大做—小题大作
xiǎotí-dàzuò
卸载—卸儎　xièzài
信口开河—信口开合
xìnkǒu-kāihé
惺松—惺忪　xīngsōng
秀外慧中—秀外惠中
xiùwài-huìzhōng
序文—叙文　xùwén
序言—叙言　xùyán
训诫—训戒　xùnjiè

Y

压服—压伏　yāfú
押韵—压韵　yāyùn
鸦片—雅片　yāpiàn
扬琴—洋琴　yángqín
要么—要末　yàome

夜宵—夜消 yèxiāo

一锤定音——槌定音 yīchuí-dìngyīn

一股脑儿——古脑儿 yīgǔnǎor

衣襟—衣衿 yījīn

衣着—衣著 yīzhuó

义无反顾—义无返顾 yìwúfǎngù

淫雨—霪雨 yínyǔ

盈余—赢余 yíngyú

影像—影象 yǐngxiàng

余晖—余辉 yúhuī

渔具—鱼具 yújù

渔网—鱼网 yúwǎng

与会—预会 yùhuì

与闻—预闻 yùwén

驭手—御手 yùshǒu

预备—豫备 yùbèi[①]

原来—元来 yuánlái

原煤—元煤 yuánméi

原原本本—源源本本、元元本本 yuányuán-běnběn

缘故—原故 yuángù

缘由—原由 yuányóu

月食—月蚀 yuèshí

月牙—月芽 yuèyá

芸豆—云豆 yúndòu

Z

杂沓—杂遝 zátà

再接再厉—再接再砺 zàijiē-zàilì

崭新—斩新 zhǎnxīn

辗转—展转 zhǎnzhuǎn

---

① "预""豫"二字，古代在"预先、约定"的意义上通用，故形成了"预备—豫备 | 预防—豫防 | 预感—豫感 | 预期—豫期"等 20 多组异形词。现在此义项已完全由"预"承担。但考虑到鲁迅等名家习惯用"豫"，他们的作品影响深远，故列出一组特作说明。

战栗—颤栗　zhànlì[①]
账本—帐本　zhàngběn[②]
折中—折衷　zhézhōng
这么—这末　zhème
正经八百—正经八摆　zhèngjīng-bābǎi
芝麻—脂麻　zhīma
肢解—支解、枝解　zhījiě
直截了当—直捷了当、直接了当　zhíjié-liǎodàng
指手画脚—指手划脚　zhǐshǒu-huàjiǎo
周济—赒济　zhōujì
转悠—转游　zhuànyou
装潢—装璜　zhuānghuáng
孜孜—孳孳　zīzī
姿势—姿式　zīshì
仔细—子细　zǐxì
自个儿—自各儿　zìgěr
佐证—左证　zuǒzhèng

---

① "颤"有两读，读 zhàn 时，表示人发抖，与"战"相通；读 chàn 时，主要表物体轻微振动，也可表示人发抖，如"颤动"既可用于物，也可用于人。什么时候读 zhàn，什么时候读 chàn，很难从意义上把握，统一写作"颤"必然会给读音带来一定困难，故宜根据目前大多数人的习惯读音来规范词形，以利于稳定读音，避免混读。如"颤动、颤抖、颤巍巍、颤音、颤悠、发颤"多读 chàn，写作"颤"；"战栗、打冷战、打战、胆战心惊、冷战、寒战"等词习惯多读 zhàn，写作"战"。

② "账"是"帐"的分化字。古人常把账目记于布帛上悬挂起来以利保存，故称日用的账目为"帐"。后来为了与帷帐分开，另造形声字"账"，表示与钱财有关。"账""帐"并存并用后，形成了几十组异形词。《简化字总表》、《现代汉语通用字表》中"账""帐"均收，可见主张分化。二字分工如下："账"用于货币和货物出入的记载、债务等，如"账本、报账、借账、还账"等；"帐"专表用布、纱、绸子等制成的遮蔽物，如"蚊帐、帐篷、青纱帐(比喻用法)"等。

〔附〕

含有非规范字的异形词(44组)

抵触(*牴触) dǐchù
抵牾(*牴牾) dǐwǔ
喋血(*啑血) diéxuè
仿佛(彷*佛、*髣*髴) fǎngfú
飞扬(飞*飏) fēiyáng
氛围(*雰围) fēnwéi
构陷(*搆陷) gòuxiàn
浩渺(浩*淼) hàomiǎo
红果儿(红*菓儿) hóngguǒr
胡同(*衚*衕) hútòng
糊口(*餬口) húkǒu
蒺藜(蒺*蔾) jílí
家伙(*傢伙) jiāhuo
家具(*傢具) jiājù
家什(*傢什) jiāshi
侥幸(*儌*倖、徼*倖) jiǎoxìng
局促(*侷促、*跼促) júcù
撅嘴(*噘嘴) juēzuǐ
克期(*剋期) kèqī
空蒙(空*濛) kōngméng
昆仑(*崑*崙) kūnlún
劳动(劳*働) láodòng
绿豆(*菉豆) lǜdòu
马扎(马*劄) mǎzhá
蒙眬(*矇眬) ménglóng
蒙蒙(*濛*濛) méngméng
弥漫(*瀰漫) mímàn
弥蒙(*瀰*濛) míméng
迷蒙(迷*濛) míméng
渺茫(*淼茫) miǎománg
飘扬(飘*飏) piāoyáng
憔悴(*顦*顇) qiáocuì
轻扬(轻*飏) qīngyáng
水果(水*菓) shuǐguǒ
趟地(*蹚地) tāngdì
趟浑水(*蹚浑水) tānghúnshuǐ
趟水(*蹚水) tāngshuǐ
纨绔(纨*袴) wánkù

丫杈（＊桠杈）　yāchà
丫枝（＊桠枝）　yāzhī
殷勤（＊慇＊懃）　yīnqín
札记（＊劄记）　zhájì
枝丫（枝＊桠）　zhīyā
跖骨（＊蹠骨）　zhígǔ